发现

历史的曲折

与

智慧的光芒

# 美国通史
## AMERICA

/ 上 /

〔美〕威廉·本内特——著
刘军 等——译

北京理工大学出版社
BEIJING INSTITUTE OF TECHNOLOGY PRESS

## 译者前言

国内中文版美国通史类著作和译著已经有几部了，[1]威廉·本内特的这部《美国通史》有什么新看点吗？回答是肯定的！这是一位教育家和社会政治活动家写的通俗历史著作，读者阅读时，不会遇到专业史学家历史作品中常有的阅读障碍。这是一部弘扬美国精神的历史著作；同时，它也是一部语言生动、引人入胜的历史著作。

在本书前言中，本内特表明了写作的原因或动机。首先和最主要的是保持对美国的希望。第二是让美国人享受他们国家的故事，愉快和骄傲地感受美国的成就和现状。第三是提醒和唤起美国人对使今日美国的自由和幸福生活成为可能的那些人的感激之心。第四是讲出真相，让事实现身，更正记述，呈现一种理性的、平衡的美国历史。第五是激励一种新的爱国主义，一种新的思考和理性的爱国主义。

本书英文版副标题"最后的美好希望"，出自林肯在1862年12

月致国会的一封信。本内特解释说，当时美国内战中最血腥的安提塔姆河战役刚结束仅三个月，联邦胜负未卜，国内满目疮痍，但林肯仍视美国为"这个地球的最后的美好希望"。21世纪美国的状况远非当年可比，作者希望以此激励人们坚信美国的使命，热爱和维护这个美好希望。

作为译者和史学工作者，感到有必要简介作者及其时代背景，作为阅读此书的参考。

威廉·本内特1943年7月31日生于纽约布鲁克林，1965年在威廉斯学院获哲学学士学位，1970年获得克萨斯大学哲学博士学位，1971年获哈佛大学法学博士学位。1980年本内特在传统基金会（Heritage Foundation）做副教授期间，参与该会对领导层建议的政治报告的写作，这份报告成为里根政府在整个20世纪80年代的政策蓝图。很大程度上由于这个原因，1981—1985年本内特被任命为全国人文学科基金会（National Endowment for the Humanities）[2]主席。1985—1988年担任里根政府的教育部部长。他原为民主党人，1986年加入共和党。1989—1990年任全国毒品控制政策办公室主任。本内特现为美国克莱尔蒙特研究所（The Claremont Institute）高级研究员，美国国家电台《美国早晨》节目主持人。目前为止，他先后写作和主编了16本书，在美国很多有影响的报刊上发表大量评论文章，经常做客于美国一些有影响的电视节目。在近几十年里，本内特被认为是"共和党人传统价值派的首席发言人"，对内宣传保守主义社会政策，对外主张强硬的外交路线，包括坚决支持布什政府的反恐战争。他也被认为是关于"自豪、爱国、信仰和道德等题目的最受欢迎的社会评论家"。

他编写的主要著作有：《美国爱国者年历》（American Patriots Almanac，2008）；《为什么我们战斗：道德与反恐战争》（Why We Fight: Moral Clarity and the War on Terrorism，2002）；《破碎的家庭》（Broken Hearth，2001）；《我们国家的创建者》（Our Country's Founders，1998）；《道德指南》（Moral Compass，1995）；《美德书》（The Book of Virtues）；《儿童美德书》（The Children's Book of Virtues）；《儿童美国读物》（The Children's Book of America）；《儿童英雄读物》（The Children's Book of Heroes）；《儿童家庭读物》（The Children's Book of Home and Family）；《美国的贬值：为我们的文化和孩子们而奋斗》（The Devaluing of America:The Fight for Our Culture and Our Children，1992）；《教育儿童：学龄前到八年级家长指南》（The Educated Child:A Parents Guild from Preschool through Eighth Grade）。其中《美德书》和《儿童美德书》是美国过去十年中最成功的畅销书，曾在包括中国在内的 65 个国家出版发行。[3]

这些书虽然内容不同，但有一个共同特点：弘扬美国传统价值观念，尤其重视儿童和青少年的道德教育。《美国爱国者年历》收集了 365 个美国爱国者的故事，让美国人在每天翻阅日历时，不知不觉地感受爱国精神。《道德指南》和那些儿童读物的内容也都是一个个精心挑选的善恶道德类故事，培养少年儿童的同情心、友爱心、爱国心、责任感等。在《破碎的家庭》和《美国的贬值：为我们的文化和孩子们而奋斗》中，他激烈抨击与传统价值相悖的种种社会现象：如堕胎、离婚、吸毒、同性恋等。他认为，"传统家庭对我们的文明成功是至关重要的。如果它垮了，几乎所有的东西都垮了"。

本内特目前所在的克莱尔蒙特研究所[4]建立于 1979 年，其宗旨是在美国社会生活中恢复美国的传统原则，这些原则曾被《独立宣言》阐述为："人人生而平等，造物主赋予他们不可剥夺的权利。"恢复这些权利意味着，恢复一个尊重个人财产权、鼓励稳定的家庭生活和保持强大国防力量的有限的和负责任的政府。20世纪70年代末，西方保守主义思潮崛起，以英国的撒切尔夫人和美国的里根先后主政为标志。这是本内特走上政治舞台的社会环境。

本内特重视教育，曾为教育部部长，却一贯抨击教育部，因为他认为，教育部没有承担起应有的职责。1980年，他在一份报告中写道，成立教育部是一个历史性的错误。2007年，他仍表示，近15年来，他没有从教育部发言人那里听到过任何有趣的信息。教育是全国最重要的事之一，但一直很糟糕，在他当部长时也如此，因此需要大家来弥补。

本内特特别强调基础教育的重要性，他所言的基础教育有：数学、历史、科学和英语，其中他尤其不满的是历史教育。近年来一项关于美国教育进步评估报告显示：超过50％的美国高中生已达到选民年龄，对美国历史知识是半文盲，大多数公立学校的高中生从没有被要求写一份超过12页长的历史作业。这使他忧心忡忡，在一篇《我们国家的异化和健忘：如何让我们的孩子们为一个他们不知道的国家去战斗或牺牲？》的文章中，他引用获得普利策奖的史学家戴维·麦卡洛（David McCllough）的话说，美国历史是学校中最糟糕的课程，"社会的健忘同个人的健忘一样有害。我们面临极大的危险。我们的自由依赖教育，但我们却没有为孩子们提供这种教育"。

本内特认为，这是一种双重悲剧，一是孩子们不知道他国家的历史；二是他们不知道他们国家的故事是所有故事中最伟大的。这不是孩子们的过错,而是那些职业史学家的问题。一方面,大量历史教材中只讲一种观点,宁愿讲美国的失败,而不是讲它的成功。另一方面,这些教材的内容都很乏味无奇。他赞同麦卡洛的观点:将那些"曾有无限乐趣的资源"变成"乏味""是一种罪行"。因此,本书的写作是本内特要纠正那些史学教材的一种努力。

为什么本内特如此不满近年来的美国史学,还需要稍微回顾一下美国史学的发展概况。美国史学起源于殖民地初期的一些回忆录和编年史,1884年美国历史协会的诞生,标志着美国史学开始走向职业化。传统美国史就是讲述开国元勋们如何摆脱英国的专制统治,开创自由民主的共和国,历届总统又是如何维护和发扬美国精神的历史。当时,史学的社会功能主要是维护社会秩序,规范社会生活,培养未来的政治家、职业史学家和各种领导人才,在历史观念上充满了英雄崇拜、西方中心主义、白人种族主义。所以,有美国学者说,在1940年以前,占人口99%的大众的思想和情感从没有被载入史册。

第二次世界大战以后,尤其是20世纪60年代以来,美国传统史学受到新史学的严重冲击和挑战。新史学在内容上抛弃了上层政治人物和重大政治事件,转而关注下层民众如土著人、黑人、劳工、妇女和非白人移民团体的日常生活;在历史观念上批判英雄崇拜、白人种族主义。美国史学在研究内容、书写形式和价值评价等方面都呈现出多元化特征,原有的美国主流价值无形中被削弱或淡化。

20世纪80年代以来,美国史学界出现一种要恢复史学政治价值和叙述性特点的变革之音,尤其呼吁史学以喜闻乐见的形式回到普通大众中。不少专业史学家也开始注意史学的趣味性、可读性,一时,讲故事成为史学界的一种时髦。其实,最初的史学就是讲故事,上一代人讲给下一代人的故事,各种各样口述故事。在造纸术和印刷术发明以前,这些故事就记在兽骨、竹简和布帛上。有些故事甚至不是真事,而是想象和神话。在古英语中,故事(story)一词就有历史的意思;而现代英语历史(history)[5]一词中还包含着故事(story)。中文的"故"也有"从前的""过去的""原来的"的意思,所以,说"故事"是历史上的事也未尝不可。尽管史学早已成为一门学问或一种职业,但在老百姓那里,它还是故事。甚至一些职业史学家出于自谦或迎合普通读者的目的,也将他们的学术作品称作故事。[6]

但历史又不是谁都可以讲或随便讲的故事,因为它有着重要的社会功能。简单地说,它以一种集体记忆的方式传承着一个民族或国家的政治文化传统和生产经验。其中政治史尤其承载着一个国家或民族的基本价值观念,有着培养公民意识的重要作用,历来为各国政府所重视。20世纪90年代中期,美国社会曾围绕全国中小学历史教学标准进行过激烈的辩论,核心问题是如何平衡传统价值观念和新史学观念。[7]当代英国史学家霍布斯·鲍姆说,史学家"恰恰是一批专职的要记住那些他们的公民同胞希望忘却的事物的人"[8]。

一般而言,美国注重活的历史教育:历史教育没有"统编教材",也没有"唯一正确"的标准答案,学生有自圆其说的观点往往会得到鼓励。公共历史教育更注重通过各种历史纪录片和纪实性电影,通过参观历史博物馆和历史遗迹,来进行生动的历史教育。本内特就建议老师们在退伍军人节(11月11日)时,请退伍军人到学校给学生们讲他们的亲身经历;建议家长们在暑假时带孩子参观历史遗迹和纪念碑。他在鼓励史学教授们上电视时说,用带几个学生的时间和精力可以教一万人,这样的事为什么不做呢?这岂不是浪费宝贵的历史资源？他还引用里根的话说："如果我们忘记我们过去的业绩，我们就不知道我们是谁。我在警告：消除美国人的记忆，最终将导致美国精神的腐蚀。"在本内特看来，史学家霍华德·津恩（Howard Zinn）的《美国人民的历史》（中译本由上海人民出版社在2000年出版）就是专门揭露美国历史黑暗面的史学著作。

本内特并不是要恢复新史学以前的美国史学传统，对美国历史一味地歌功颂德，相反，他主张从美国的成功和失败中吸取教训。本内特写这本书的最终目的是："以这部历史来激发浪漫情绪，鼓励美国人再次或首次热爱这个国家。不是不加思考地，不是盲目地，而是睁大眼睛。"应该说，爱国主义是所有国家都有的，区别只在于它采取什么形式。

本内特的写作技巧很有特色，他不是空讲道理或原则，而是用一个个故事、一个个具体的细节来感动你、影响你。他能从大量的通史素材中，借助文字技巧，发掘出历史人物的心声与情感，以寥寥数笔让你如身临其境般地感受到栩栩如生的人物性格。这的确不是一般专业通史著作能做到的。我们几位译者对此颇有认同，相信读者也会有相似的感受。

毫无疑问，本内特是美国社会中的保守派，他的一些见解和认识，特别是关于共产主义、社会主义的一些观点，是我们不能接受的，也请读者阅读时予以注意。但是，这并不妨碍我们从这本书中获得对美国社会和历史的了解和认识，欣赏作者的写作风格甚至其维护美国传统文化价值的坦率和执著。

**译者分工与鸣谢：**

本书译者均为中国社会科学院世界历史所研究人员：刘军（上册：第1—6章）、董欣洁（上册：第7—10章）、金海（上册：第11—13章）、张旭鹏（下册：第1—5章）、吴英（下册：第6—9章）、张文涛（下册：第10—12章）；刘军翻译全书的前言和后记并负责全书校对和统稿。

本书中一些非英文词汇的翻译得到世界历史所秦海波、景德祥和黄艳红等同事的热情帮助，在此表示感谢。

因译者水平所限和其他原因，译文中可能有一些粗糙甚至错误之处，诚恳欢迎专家、读者指正。

1. 刘绪贻主编：《美国通史》（六卷本），人民出版社2002年版；黄绍湘：《美国通史简编》，人民出版社1979年版；林立树：《美国通史》，中国台北五南图书出版公司1999年版；纳什等编著：《美国人民：创建一个国家和一种社会》，刘德斌主译，北京大学出版社2008年版；马克·C.卡恩斯、约翰·A.加勒迪：《美国通史》，吴金平等译，山东画报出版社2008年版；倪文斯、甘迈格：《美国通史》，林牧野译，中国香港今日世界社1968年版。

2. 国内很多出版物将 National Endowment for the Humanities 翻译为"全国慈善捐款委员会"，这是误解，应该译为"全国人文学科基金会"。这是美国政府专门资助人文学科公共项目研究的一个机构。请参见该基金会网站（www.neh.gov）。

3. 美国《时代》周刊建议：应当像产品说明书一样，把《美德书》分发给每对新生婴儿的父母。2001年，中央编译出版社出版了本书作者的《美德书》中文版后，国内好评如潮，接连再版；市场上还出现了国内其他出版社的中文版。

4. 浏览该所网站 www.claremont.org 可了解本内特主要著作和文章的内容；本文中本内特的观点均来自该网站。

5 英语 history 一词来自古希腊文 historia，意为叙述，与英文 story 并无直接的关系，与古希腊文 histor 有关，histor 意为了解真相和追求公正。至今它还是史学的本意。

6 如曾任美国历史学家组织主席和美国历史协会主席的 E. 方纳的一本关于美国政治观念史的书，其书名是：《美国自由的故事》(*The Story of American Freedom*)，王希译，商务印书馆 2002 年版。

7 参见王希：《何谓美国历史：围绕〈全国历史教学标准〉引起的辩论》，《美国研究》1998 年第 4 期。

8 E. 方纳：《美国自由的故事》，王希译，商务印书馆 2002 年版，第 19 页。

## 致 谢

写作本书是一件我乐于做的事。在写作过程中,我对我们国家的爱加深了、更强烈了。没有朋友和同事们的帮助和鼓励,我不能完成这项成果。

鲍勃·莫里森(Bob Morrison),我以前在教育系的同事,从一开始就关注着这个项目,并给予了巨大的帮助。他的努力是一种榜样,而且,他对本书的关爱是一种激励。同威廉·福克纳(William Faulkner)一样,鲍勃相信"往事没有逝去——它甚至还没有成为过去"。

塞斯·莱伯索恩(Seth Leibosohn),我的《美国早晨》(*Morning in America*)节目的监制人和一位真诚的朋友,慷慨地贡献了他的时间和思想。塞斯的智慧和热情对本书是必不可少的。

诺仁·伯恩斯(Noreen Burns)对本书有很多敏锐的意见,如同她对很多事情都有类似的见解。

史蒂夫·奥克斯（Steve Ochs）是一位了不起的老师。我的儿子们和其他许多人受益于他的学识和他对学生们和这个国家的历史的奉献。我感谢他对本书前几章的无私贡献。

文·坎内托（Vin Cannato）阅读了书稿并提出很多有益的建议。作为著名作家和教授，他提供了许多真知灼见，并帮助我核对书中大量的史实。

马克斯·舒尔茨（Max Schulz）和肯·沃森（Ken Watson）阅读了书中的关键部分并提出了有根据的评论。我感谢他们的友谊和有价值的帮助。

约翰·克里伯（John Cribb）有很好的建议，我都接受了。

布赖恩·肯尼迪（Brian Kennedy）和克莱尔蒙特研究所（Claremont Institute）、劳伦斯·卡迪什和苏珊·卡迪什（Lawrence and Susan Kadish）都鼓励和支持我的写作。他们的鼓励是"重要的"，我感谢他们。

鲍勃·巴尼特（Bob Barnett）如以往那样同我商讨、建议，并作出了使此书出版成为可能的安排。

我感谢出版人戴维·邓纳姆（David Dunham）热情将此书纳入纳尔逊潮流公司出版，以及他的平易近人和及时回复。我还要感谢编辑乔尔·米勒（Joel Miller）的辛勤、细心和帮助。

我想感谢我的听众，那些给我的广播谈话节目打电话的人，一直以来他们对这个国家的热爱和奉献给了我巨大的鼓励。他们值得我们做最大的努力。

最后是伊莱恩（Elayne）的鼓励、阅读和她一贯的探讨性评论。我感谢她和我的儿子们对我的爱和支持。

# 序　言

我写这部书有许多原因。首先和最主要的是需要希望。1862年12月，林肯总统在签署预告解放宣言后不久，在致国会的信中写道，"我们将体面地拯救或卑微地失去这个地球的最后的美好希望"。在这封信之前的近一个世纪和此后的一个多世纪中，美国人始终没有怀疑这个国家确实是那个最后的美好希望。预定于1963年11月22日在达拉斯作一次讲演，肯尼迪总统的演讲稿上写着："这个国家中的我们是世界自由壁垒的守望者。"肯尼迪的观点来自他之前的林肯和林肯之前的杰斐逊。后来，这也成为里根的观点。民主党人、共和党人、联邦党人和反联邦党人……都是如此。一种持久意义上的美国伟大、美国目标和美国例外论长期以来塑造了我们的很多领导人和千百万美国民众。我们长期拥有这种希望。

我相信美国仍然有那种希望，但我也相信，我们对美国之伟大和理想的确信在今天已不那么强烈了。新闻报纸和电视报道中充满了冷嘲热讽。很多人对美国在世界舞台上的动机表示怀疑。一些美国人似乎愿意相信我们的领导人和国家是最坏的。认为和相信我们是最坏的，显然不是有希望的。我的一个微小的愿望是，那些阅读本书的人将找到恢复那些我们失去的希望和确信的理由。

第二个原因是给美国人一个机会以享受他们国家的故事，愉快和骄傲地感受我们的成就和现状。许多关于美国的书不仅疏于抵制愤世嫉俗和无望情绪，而且字里行间不鼓励任何积极的东西。一些书没有约束、期待、教育或激励。在这方面，历史教科书经常是最差的。一些全国性的测试反复表明，很多高中（和学院的）学生对他们国家的过去知之甚少。乏味的历史驱使年轻人离开了重要的学习，没有像成年人那样阅读历史，也背离了对他们国家的一种理性的、思考的和发自内心的了解。愚笨的史学、公民学和所有科目中最糟糕的社会研究教科书，也许就是选民和公民冷漠的一个原因。一种有激励性的相反趋势是极少数史学和传记作品非常流行。戴维·麦卡洛（David McCullough）的《1776年》和沃尔特·艾萨克森（Walter Isaacson）的《本杰明·富兰克林》都是这方面的例子。这类书的成功是理所当然的，它们提供了乐趣、教育和愉悦。但这种书很少尝试着讲一个完整的美国的故事。我希望本书能提供完整的美国历史。

第三个原因是表示我的感谢并提醒我的同胞，对那些使我们的自由和幸福生活成为可能的那些人的感激的责任。对林肯及其之前的建国者们和其后的许多历史人物，应给予公正的评价。淡漠和遗忘不是他们应该得到的。

美国人可以不断地感谢，我们的前辈和当代人明智的选择和以他们的言行将我们界定为一个民族。我们一次次地显示了近乎独特的美国人的自我更新的能力。在我们历史中的那些关键时刻,智力和领导能力一次次地显示了价值。想想 1787 年在费城的那些美国人,他们在这个年轻的国家似乎要分裂的历史时刻,设计出非凡的政治文献。还有那些在长期浩劫性的内战之后携手重建国家,和在冷战时期以坚定的立场反对极权主义的美国人。

同时,遗憾但真实的是,一些美国人的选择是不明智的。例如,在这个国家建立之时,我们没能消除奴隶制。在一个过于长的时期内,面对种族隔离的黑奴法典,我们没能坚持我们宣称的原则。

我们可以感谢如弗里德里克·道格拉斯(Frederick Douglass)和马丁·路德·金(Martin Luther King Jr.)博士唤起了我们的道德心,促使我们观察我们自己的灵魂,尽管这有些姗姗来迟。我们需要他们帮助我们改进那些错误。值得注意的是,在这些领导人挺身而出时,他们有一种感恩之心,道格拉斯和金博士都诉诸美国建国之父们的理念。他们提醒美国人,要使这个国家名副其实,必须关注"建立正义"的事业和尊重不可剥夺的对生命、自由和追求幸福的权利。这些改革者指出,因为肤色而否认一些人的这些普遍的权利,就是否认美国对这个世界的本质意义。那些否认这些基本权利的人,如林肯所言,"吹灭了环绕我们的道德之光",玷污了我们的国父们。我们需要铭记这些建国者和指导他们的人生哲理。

第四个原因是讲出真相,让事实现身,更正记述,呈现一种理性的、平衡的美国历史。在本书中,我不想掩盖很多谬误。不公正总是需要阳光这种最好的纠正方法,如大法官布兰代斯(Brandeis)所言。我将试图描绘美国,像奥利佛·克伦威尔(Oliver Cromwell)要求其被画成的那样：有肉赘，但要全身的。但我将不像今天一些人的时髦做法，他们眼中的美国除了肉赘没有其他的。

我们必须铭记，美国仍然是一个极为成功的故事。当我们批评，如我们必须批评时，我们应当扮演如詹姆斯·麦迪逊（James Madison）所提倡的一个"表示出爱的批评者"。前民主党参议员丹尼尔·帕特里克·莫尼汉（Daniel Patrick Moynihan）说得最好："我为一个不那么完美的民主辩护很窘迫吗？一点也不。给我找一个更好的民主。我设想过没有罪恶的社会吗？没有，我没有这样设想。我认为我们的国家总体而言，是这个世界上所拥有的不可比拟的、最有希望的人类关系吗？是的，我是这样认为的。我们做过可憎之事吗？是的，我们做过。我们的人民是如何获悉这些丑事的呢？他们是从电视和报纸上得知的。"

第五个原因是激励一种新的爱国主义，一种新的思考和理性的爱国主义。

罗纳德·里根特别为在其两届总统任内所激励的这种新爱国主义而感到自豪。这甚至是他的反对者弗里茨·蒙戴尔（Fritz Mondale）也豁达大度地予以赞扬的事。但是，里根认识到，除非是一种开明的爱国主义，否则这种精神很难持续。有趣的是，这个梦想过这些梦想和活着看到这些梦想变成现实的老人，在对美国人民的告别演说中回首以往。这是他很少做的事情：

> 在历届总统告别演说中有一种告诫的伟大传统，一些时期以来它存在于我的心灵中，但奇怪的是，它开始于过去八年中我最自豪的事情之一，即恢复我称之为新爱国主义的民族骄傲。这种

民族感情是有益的，但除非被置于思考和知识的基础之上，否则它将不会有很大的价值，也不会持久。

一种开明的爱国主义才是我们需要的。我们正在做一件足以有益的工作来教育我们的孩子：美国是什么？美国在长期的世界历史中代表着什么？我们中那些35岁左右以上的人成长在一个不同的美国中。我们被非常直接地教导，成为一个美国人意味着什么。我们几乎在空气中吸收一种对国家的爱和对其制度的一种赏识。如果你没有从你的家庭中得到这些，你会在邻居中得到，从临街的那位曾在朝鲜打过仗的父亲，或那个在安齐奥（Anzio）失去亲人的家庭那里得到。或者你可以从学校得到爱国主义观念。要是所有其他方式都失效的话，你可以从大众文化中感受爱国主义观念。电影赞美民主价值，内在地强化着美国特殊的意识。从60年代中期\*起，电视也如此。

但是现在，我们要进入90年代，一些事情发生了变化。年轻的家长们并不确信一种不含混的对美国的正确评价是教育现代孩子们的正确的事情。对塑造大众文化的那些人而言，有着良好基础的爱国主义不再时髦。我们的精神在倒退，只是我们还没有使之再次地制度化。我们必须做一件更好的工作，以使人们知晓美国是自由的——言论自由、宗教自由、企业自由。自由是特殊和稀有的。自由是脆弱的，它需要保护。

所以我们不得不讲授历史，不是按照什么时髦，而是依据什么重要。为什么最初的英国清教徒来到这里？杰米·杜利特尔

---

\* 编者注：该告别演说发生于1989年，文中的60年代及90年代均为20世纪。

（Jimmy Doolittle）是谁？东京上空30秒是什么意思？你们知道，在四年前D日（D日是美军常用军事术语，表示作战或军事行动开始的那天。"二战"时，盟军将1944年6月6日定为诺曼底战役的D日——译者注）40周年之时，我读了一位年轻妇女写给她曾在奥马哈海滩（Omaha Beach）作战的已故父亲的一封信。她的名字叫利萨·扎纳塔·亨（Lisa Zanatta Henn），她写道："我们将永远铭记，我们将永不忘记诺曼底战士们的功绩。"好吧，让我们帮助她信守她的诺言。

如果我们忘记我们过去的业绩，我们就不知道我们是谁。我在警告：消除美国人的记忆，最终将导致美国精神的腐蚀。让我们从一些基础开始：更多地关注美国历史和更加重视公民仪式。

最后，我以这部历史来激发浪漫情绪，鼓励美国人再次或首次热爱这个国家。不是不加思考地，不是盲目地，而是睁大眼睛。

大作家、探险家和地图爱好者伯纳德·德沃托（Bernard DeVoto）曾以很好的理由写信给他的朋友鲍恩（Catherine Drinker Bowen），一位出色的史学家，其作品《费城的奇迹》（*Miracle at Philadelphia*）和《来自奥林波斯的美国佬》（*Yankee from Olympus*），使历史走进广大读者的生活。她在历史写作中感到沮丧，失去信心。她的那些美国故事重要吗？她如实地赞美她的国家及其成就了吗？浪漫精神在哪里？德沃托对她这样写道：

如果哥伦布、卡蒂尔、拉萨尔（La Salle）［拉萨尔（1643—

1683），法国探险家，曾到北美探险——译者注]、科罗拉多或约翰·莱迪亚德狂热的、不可思议的航行不是浪漫的，如果我们的制宪会议召开时群星没有在天空中闪烁，如果亚特兰蒂斯号有任何更奇妙的风景或月球另一面的任何光线、色彩或形态，比惯于朴实的林肯和杰克逊的晨礼服更加神奇，那么，我不知道什么是浪漫了。我们的历史是一个狂热与不可能的故事，它因脱离了梦想而混乱，它以梦想开始并继续着梦想直到你新近在报纸上读到的标题……关于我们的历史，你所能写的最简单的真相将饱含和充满着浪漫主义。

当然，德沃托所写的梦想是美国人的梦想，他提醒我们，尽管有障碍、挫折、愚蠢和暴行，这里有这个梦想正成为现实的一份无比的和文献性的记录。美国过去、现在和——我们祈祷——将来始终是比其他地方更能实现梦想的那个地方。

# 目　录

001 — 第一章
　　　西行的航程（1492—1607）

038 — 第二章
　　　山巅之国（1607—1765）

078 — 第三章
　　　最伟大的革命（1765—1783）

137 — 第四章
　　　思考与选择：构建宪法（1783—1789）

170 — 第五章
　　　新共和国（1789—1801）

223 — 第六章
　　　杰斐逊派（1801—1829）

279 — 第七章
　　　杰克逊与民主政治（1829—1849）

345 — 第八章
　　　日益动荡的时代（1849—1861）

404 — 第九章
　　　自由的残酷考验（1860—1863）

468 — 第十章

　　自由的新生（1863—1865）

517 — 第十一章

　　粘合国家的创伤（1865—1877）

576 — 第十二章

　　一个比镀金更加辉煌的时代？（1877—1897）

634 — 第十三章

　　美国发电机——在战争的阴影下（1897—1914）

# 图片列表

022 — 克里斯托弗·哥伦布。

022 — 费迪南德·麦哲伦。

023 — 雅克·卡蒂尔。

023 — 弗朗西斯·德雷克爵士。

104 — 富兰克林在巴黎。

104 — 乔治·华盛顿将军。

105 — 《独立宣言》的作者杰斐逊。

105 — 独立宫。

115 — 渡过特拉华河。

116 — 英舰"萨拉皮斯"号（Serapis）与美船"好人理查德"号（Bonhomme Richard）1779年9月23日在英国（Flambrough Head）附近海域的战斗。

118 — 约克敦的投降者。

175 — 总统华盛顿。

175 — 马撒·华盛顿。

176 — 总统约翰·亚当斯。

176 — 艾比盖尔·亚当斯。

187 — 胡敦制作的华盛顿雕像。

| 187 | — | 胡敦制作的杰斐逊雕像。 |
| 188 | — | 詹姆斯·麦迪逊。 |
| 189 | — | 财政部部长亚历山大·汉密尔顿。 |
| 250 | — | 梅里韦瑟·刘易斯和威廉·克拉克。 |
| 252 | — | 美国首席大法官约翰·马歇尔。 |
| 252 | — | 民兵指挥官安德鲁·杰克逊。 |
| 309 | — | 总统杰克逊。 |
| 309 | — | 美国参议员亨利·克莱。 |
| 310 | — | 总统詹姆士·门罗（James Monroe）。 |
| 310 | — | 约翰·昆西·亚当斯。 |
| 311 | — | 美国参议员约翰·C.卡尔霍恩。 |
| 311 | — | 美国参议员丹尼尔·韦伯斯特。 |
| 416 | — | 哈里特·比彻·斯托。 |
| 416 | — | 弗雷德里克·道格拉斯。 |
| 417 | — | 1858年伊利诺斯州林肯—道格拉斯辩论。 |
| 417 | — | 向萨姆特要塞开火。 |
| 418 | — | 莫尼特号铁甲舰和梅里麦克号装甲舰（Monitor and Merrimack）。 |
| 419 | — | 安提塔姆河战斗的死者。 |
| 443 | — | 林肯总统。 |
| 443 | — | 罗伯特·E.李将军。 |
| 444 | — | 乔治·B.麦克莱伦将军。 |
| 444 | — | "石壁"将军杰克逊。 |
| 445 | — | 尤利塞斯·S.格兰特（Ulysses S.Grant）将军。 |

| | | |
|---|---|---|
| 445 | – | 威廉·特库姆塞·谢尔曼（William Tecumseh Sherman）将军。 |
| 446 | – | 阿波马托克斯（Appomattox）投降。 |
| 546 | – | 对安德鲁·约翰逊的弹劾。· |
| 546 | – | 横贯大陆的铁路（1869年钉下了接轨的金色道钉）。 |
| 547 | – | 作为总统的格兰特。 |
| 547 | – | "高个子的亚伯拉罕·林肯再干长点儿。" |
| 548 | – | 大平原上的印第安人捕猎野牛。 |
| 563 | – | 托马斯·纳斯特：特威德老大。 |
| 563 | – | 托马斯·纳斯特：驴和象。 |
| 563 | – | 托马斯·纳斯特：圣诞老人。 |
| 564 | – | 布克·T. 华盛顿。 |
| 564 | – | 威廉·詹宁斯·布赖恩。 |
| 565 | – | 自由女神像。 |
| 666 | – | 义勇骑兵团成员西奥多·罗斯福。 |
| 666 | – | 简·亚当斯。 |
| 667 | – | 西奥多·罗斯福总统。 |
| 667 | – | 塔夫脱和威尔逊在1913年的总统就职典礼上。 |

# 第一章
# 西行的航程（1492—1607）

在西方地平线以外的美洲逐渐地进入了欧洲人的视野。在哥伦布的带领下，一批批勇敢而冷酷的探险者竞相进行新的发现并对广大的地区提出权利要求。同葡萄牙一样，西班牙追求帝国统治。使伊比利亚半岛从几百年穆斯林统治下解放出来的西班牙人却保留了莫尔人的一种恐怖的习俗——人的奴隶制度。法国和英国来得晚些，分别在加拿大和大西洋沿岸立足。这些后来者，英国人挑战西班牙庞大的帝国，最终从他们以前的伊比利亚主人那里夺取了对海洋的控制权。尽管有对未知的畏惧——疾病、贫困、野兽和有时是怀有敌意的土著人——欧洲人还是不可阻挡地被新世界中新生活的可能性所吸引。

## 1. 哥伦布："基督的捎信人"

1488年12月，巴塞洛米厄·迪亚斯（Bartholomeu Dias）的两条航船颠簸着驶回了里斯本港，带来了惊人的消息：他成功地绕过了非洲南端的好望角。这条通往富庶的印度和亚洲的香料群岛的海路呈现在以航海为业的葡萄牙人面前了。在里斯本等待迪亚斯将其报告送呈国王若昂二世（John Ⅱ）的那些人中，有一个高个子、红头发，来自意大利热亚那的水手，名叫克里斯托弗·哥伦布（Christopher Columbus）。迪亚斯的成就将意味着这位意大利水手更多的失望。如果印度可以由向东行而到达，国王就没有什么兴趣资助哥伦布的伟大事业——向西航行到印度。[1]

一个世纪以来葡萄牙人始终在非洲海岸缓慢地活动。与他们的西班牙邻居不同，西班牙人在15世纪大多数时间里为了使他们的祖国摆脱穆斯林莫尔人而战斗，葡萄牙一直是统一的，也一直在寻求着机会。航海者亨利王子（Prince Henry the Navigator）在萨格里什（Sagres）建立了一个世界闻名的学校，收集了各种水手设备、绘制地图，研究导航和航海技术。[2] 亨利王子向非洲加那利群岛以南的博贾多尔角（Cape Bojador）派出的探险考察船队多达15次。他的船长们都回来证实，浅水和急流使那里无法通航。最后，亨利王子命令吉尔·埃安内斯（Gil Eannes）驾船通过那个海角。1434年，埃安内斯出发了，他先向西驶入大西洋，然后再回到非洲海岸。他终于穿越了那个令人恐惧的海角。[3] 10年后，还是这个埃安内斯竟带回首批一整船200名非洲奴隶。与埃安内斯同时到达的一个葡萄牙人戈麦斯·埃涅斯·德·苏拉拉（Gomes Eanes de Zurara）写道，那些绝望的非洲母

第一章　西行的航程（1492—1607）

亲们"用胳膊紧抱着她们的幼儿们，趴在地上用自己的身体盖着孩子们，不顾对自身的任何伤害，以使她们能保护自己的孩子不与她们分离"[4]。苏拉拉试图减轻这些场面的恐怖，使读者相信这些奴隶被"善意地对待，他们与葡萄牙出生的自由的用人之间没有什么区别"。他说，他们学习贸易，皈依基督教，与葡萄牙人通婚。[5]然而，他的描述："多么铁石心肠的人才能不被眼见那些人们而生的怜悯之情所打动呢？"[6]还是使我们有所洞悉。这些阳光肤色的非洲人出现在他们中间表明，至少其中一些奴隶是在市场上从"无所不在的穆斯林商人"[7]那里买来的。

奴隶制是非洲人生活中不可避免的一部分。曼萨·穆萨（Mansa Musa）是一个虔诚的穆斯林，马里（尼日尔的一部分）国王。1324年，他卖出14000名女奴为其埃及之旅筹资。[8] 14世纪90年代，博努（Bornu）（今尼日利亚）的黑人国王向埃及苏丹抱怨说，阿拉伯人总是"抢我们的人当作货物"[9]。随着穆斯林向西非黄金海岸扩展，黑奴贸易逐渐繁荣起来。[10]信基督教的葡萄牙人极力仿效这种活动。在美国宪法被通过之前的三百年间，欧洲和非洲的一些决定，将给一个当时还难以想象的国家和还没有名字的民族，造成巨大和灾难性的影响。

当穆斯林奥斯曼土耳其人在1453年最终征服君士坦丁堡时，葡萄牙的努力就更加强烈了。这意味着一些城市国家如热那亚和威尼斯不得不为一些紧俏商品，如胡椒、姜、桂皮、豆蔻和丁香等，与土耳其人打交道。而这种情况会明显地排挤这些大西洋王国。

哥伦布曾不得不恳求若昂二世国王同意他安全移居到里斯本，因为他担心因债务而被捕。哥伦布肯定有能力领导一次他提议的冒险活动。在大多数水手从不到陆地视野之外去冒险航行的时期，他曾经远航至冰岛、英国和整个地中海。然而，哥伦布花费数年为其伟大计划呼吁资助却没有成功。

哥伦布不必与任何认为地球是平的观点做斗争。虽然这是一种普遍的错觉，但实际上，当时所有的学者都知道地球是圆的。他们不知道的是地球的圆周。这时，哥伦布唐突地进行了错误的估算，他认为日本距加那利群岛（Canary Islands）以西仅2400至2500英里。[11]

哥伦布得知迪亚斯去向葡萄牙国王汇报，就一无所获地回到了西班牙。对哥伦布而言，数年的挫折是由于西班牙君主——费尔南多和伊莎贝尔（Ferdinand and Isabella）——的主要精力集中在将莫尔人逐出伊比利亚半岛之事。最终在1492年，西班牙统治者成功地使国家从莫尔人七百年的控制下获得解放。费尔南多和伊莎贝尔将这一胜利看作是上帝的礼物。他们称呼自己为"他们的最高天主教君主"。哥伦布虔诚的信念对他向国王们诉求资助显然是有利的。他非常看重自己的名，它是"基督的捎信人"。他恳求将基督教带往大洋彼岸那片土地的机会。[12]

1492年8月2日，哥伦布率领三艘轻快帆船从帕洛斯港（Palos）起航了。得益于风和日丽，尼娜号（*Niña*）、平塔号（*Pinta*）和哥伦布的旗舰圣玛丽亚号（*Santa Maria*）航行顺利。即使在这样的顺境中，哥伦布的西班牙水手不久就开始抱怨。随着不变的风向西去，他们怎么才能回到西班牙呢？当这只小舰队进入一片密布海藻的海湾时，水手们因船只陷入茂密海草中而烦躁起来。也许，最大的麻烦是，船员们都是西班牙人，而他们的总船长却不是。哥伦布是热那亚人，几个世纪以来的外国统治使这些西班牙后裔非常不信任外邦人。哥伦布只好将船队每天的实际航行距离翻倍来哄骗他的水手。然而，根据他这种错误的计算,这些水手认为他们已经向西航行到比以前任何人都远的地方,而且,比他们曾经被告知为了登陆必须要走的路程还远。

面对水手们叛乱的威胁,哥伦布被迫在10月9日向他的船长们承诺说,如果三天之内还看不到陆地,他们将全部返航,驶回西班牙。船长们是率领平塔号的马丁·阿伦索·平松(Martin Alonso Pinzon)和他的兄弟、指挥尼娜号的维森特·平松(Vicente Yanez Pinzon)。他们都是西班牙人,出身航海家庭,没有他们的帮助,哥伦布绝不可能成功。哥伦布幸运的是,猛烈的海风使船队加速,水手们开始看清了前方陆地的标志。飞翔着的候鸟遮住了月亮,树枝带着绿叶在摇曳,使人确信陆地就在水平线上。[13]

10月11日晚,期待中的水手们突然遭遇骤起的大风和汹涌的海浪。哥伦布决心已下,拒绝缩帆。12日清晨,平塔号瞭望员罗德里戈·德·特里安纳(Rodrigo de Triana)大喊"陆地!陆地!"哥伦布命令驶离岸边,以避开礁石和浅滩,终于,船收帆了。天将破晓时,他们开始寻找一块安全的地方登陆。[14]

哥伦布,现在被称作"舰队司令",从圣玛丽亚号上放下一只小船驶向岸边。小船上挂着卡斯蒂利亚(Castile)王室的旗帜和这次远征的旗帜,这是一面白底色的旗子,上有一个绿色的十字架,十字架上面是一座王冠。平松兄弟分乘各自船上的小舟也加入了登陆人群。这些人跪在沙滩上祷告,为他们的安全航行而感谢上帝。然后,哥伦布将这个岛——今巴哈马群岛的一部分——命名为圣萨尔瓦多(San Salvador),即神圣的救星。[15]

不久,哥伦布和他的人就探查加勒比海的其他岛屿,并命名这些岛屿和声称对它们拥有权利。当温顺的、近乎裸体的土著人出现并愿意与欧洲人交易时,哥伦布称他们为印度人\*。哥伦布确信,如果不是印度本身,他们登陆的也是亚洲的某个地点——尽管这里人的语言和行为方式与自马可·波罗(Marco Polo)以来旅行者们对东方的报道完全不符。

值得注意的是,很多印第安人鼻子上戴着小金环。哥伦布早就必须使他的水手们深信,此次航行将是值得的。他们知道,他们不是要获得荣誉的那种人。他们这次大发现也不是为了晋升和社会地位。金子是必需的,哥伦布很快就感到了必须找到适当数量的这种贵金属的压力。

同样值得注意的是,土著人还让哥伦布的人见识了烟草并教他们吸烟。使用烟草在整个美洲都很普遍,西班牙人觉得吸烟很愉快。在欧洲人和土著人最初几小时的接触中,这种奇异的烟叶显得很重要。它后来实际上成为一些美洲国家类似现金的作物,在五百多年间是一种主要的财政收益。[16]

在一个被哥伦布命名为西班牙岛(*La Isla Española*)(或伊斯帕尼奥拉,Hispaniola)的岛上,他发现更多的印第安人愿意交换。重要的是,这些印第安人看上去有很多金子。[17]

这些印第安人在很多方面对西班牙人毫无戒备,他们那么愿意、那么轻易地交易那些廉价的小玩意——如黄铜制的鹰形的小铃在西班牙仅值几便士。印第安人可以像奴隶那样被支配,用于开采金矿。还有,土著妇女似乎是性开放的。对那些连续几个

---

\* 在西班牙文和英文中,印度人和印第安人是同一个词。由于美洲土著被误作印度人,中文翻译为印第安人。——译者注

月没有接触异性、毫不担心性病的水手而言,身体上的诱惑是不可抗拒的。梅毒可以追溯到哥伦布的人与加勒比海土著人的首次接触。一个与哥伦布同时代的人,拉斯·卡萨斯(Las Casas)主教认为,那些随第一次航行回到巴塞罗那的印第安人将这种性病传给了"城中的妇女",这是一种对妓女的委婉称呼,她们又传给了西班牙士兵。从那里,梅毒扩散到整个欧洲和世界。[18]另一方面,印第安人从西班牙人那里感染了天花和麻疹。这些疾病肆虐于以前没有接触这类病和获得免疫力的人群中。

1492年圣诞节那一天,圣玛丽亚号在伊斯帕尼奥拉岛(Hispaniola)附近的珊瑚礁失事,哥伦布的水手卸下一些补给,交换一些杂物和食品。一个当地的首领或酋长,叫瓜卡那伽里(Guacanagari),命令他的人帮助收回这只遇难旗舰上的货物。哥伦布在日记中写道,这些印第安人看护他的物资,"连一根鞋带也没有拿走"[19],哥伦布用失事船上的木板建造了一个堡垒,他取名为纳维达特(La Navidad)——即圣诞之意——这是欧洲人在美洲的第一个居住点。当他准备返回西班牙,征求留下的志愿者时没遇到什么麻烦。对金子的期待被证明是一种强大的刺激力。

1493年1月18日,尼娜号和平塔号从萨马纳湾(Samana Bay)返航。哥伦布并非像我们所称的那样是一个有能力的航海者。六分仪和精确的航海表是几个世纪后的事。但他是一名非常出色的水手,对风浪有着敏锐的感觉。他懂得如何识别水流和陆地的标志。他最初的计算将古巴标在与科德角(Cape Cod)相同的纬度上。幸运的是,他有足够的知识去纠正它。大部分返航里程行驶顺利,直到2月12日,两艘船遭遇一阵猛烈的冬季大风。舰队司令和维森特·平松指挥尼娜号舵手转向。每一波海浪都可能吞没这艘小船。在这片海域没有获救的希望。[20] 哥伦布的人起誓：如果他们能从这场风暴中幸存，他们将去最近一处的圣母玛利亚殿堂去朝拜。

在他们看到葡萄牙亚速尔群岛的陆地后，又经过三天，哥伦布来到一个名叫我们的天使夫人（*Nossa Senhora dos Anjos*）的小村庄附近的一处安全的锚地。为兑现他们的誓言，哥伦布的人立刻赶往当地的教堂，当他们身穿象征着悔罪的长睡衣在圣坛前祷告时，他们竟被逮捕了。葡萄牙当局怀疑这些西班牙海员曾经航行到非洲海岸的一些禁地。[21] 得知他的水手们被囚，仍在船上的哥伦布发出威胁，如果不释放他们，就炮击该镇。幸好，被另一场暴雨耽搁的该港口的首领终于赶到，并且被充分地说服，哥伦布他们确实是从另一个世界回来的，没有侵入葡萄牙人富有的非洲禁地。[22] 在这些水手们离开前，这位首领还向他们慷慨地提供补给。这一插曲——几乎是一场闹剧——却表明了葡萄牙人为保卫他们对增长中的奴隶贸易的垄断而监控的最远的距离。

在尼娜号开始驶往大陆途中，哥伦布又遇到了猛烈的暴风雨。当他最终再次看到陆地时，已经到达葡萄牙塔古斯（Tagus）河口。面临一艘葡萄牙军舰的威胁，哥伦布向国王申请登陆的许可。国王若昂二世——曾两次拒绝支持哥伦布的伟大计划——不仅同意了申请并指令补给该船，他还传旨让哥伦布在30英里外的一座修道院向他报告。国王身边一些嫉妒的弄臣，终于明白了西班牙将从这次奇异的发现中得到什么，秘密地建议国王给予哥伦布资助。当加入哥伦布船队的印第安人献给国王一幅用豆类植物做成的他们群岛的粗制地图时，若昂惊叫起来："为什么我错过了这么一次美妙的机会呢？"[23] 尽管国王很失望，但没有试图要了哥伦布的命。

甚至在离开葡萄牙时，哥伦布要求承认其为新世界发现者的权利并不是无忧的。平塔号船长马丁·阿伦索·平松躲过了亚速尔群岛以西的大部分暴风雨，而这些暴风雨延误了哥伦布的返航。由于先期到达，他派人捎信使西班牙人都知道他回来了，并请求费尔南多和伊莎贝尔允许他向他们直接汇报。但君主们的回答是，他们将先听取来自他们大洋舰队司令的消息。与此同时，哥伦布在赶时间，抢在平塔号到达前不久停泊在帕洛斯港内。哥伦布的荣誉没有被他的西班牙船长夺走。不足一个月，心力交瘁的平松死于他在帕洛斯附近的乡间居所。[24]

1493年4月，哥伦布来到王宫，正式向费尔南多和伊莎贝尔汇报。他在国王和王后面前跪下，但他们站起来并赐予他坐在伊莎贝尔旁边的荣誉。印第安人上殿展示，在场的人肃然起敬，不仅是因为黄金珠宝，而且因为这些如此奇特的东西，如欧洲人从未见过的鹦鹉。哥伦布呈现的"香料"没有那么引人注目，因为从他采集的这些普通的美洲植物中，看不到传说中印度那样的富有。然后，这些人一起来到王室的小教堂内唱感恩赞美诗。最后一行——哦，上帝！我相信你，让我永远不要被挫败——感动得这位勇敢的水手流下了眼泪。[25]

如果哥伦布就此打住，停留在那个小教堂里，在他余生的13年间将没有什么可增添其声誉的东西。他的很多行为有损其名声。他继续领导了向新世界的第二次、第三次和第四次航行。第二次航行规模最大，有17艘船只。虽然他能够继续探索和宣称对加勒比海一些富庶岛屿的权利，并航行远至北美大陆今天巴拿马的地方，他作为管理者的记录却是糟糕的。在第三次航行后，他甚至被逮捕，戴着镣铐被送回西班牙！哥伦布无法估量地丰富了人类的知识积累。但他却从没有意识到，他的另一个世界实际上不是亚洲的一部分，而是一个全新的大陆。

哥伦布与印第安人的关系发生悲剧性的转向是不可避免的。更重要的是，哥伦布开辟的西班牙殖民者与印第安人的关系将转为恶性的。温和的泰诺人（Tainos）不是哥伦布遇到的唯一的新人群。凶猛的卡里布人（Caribs）——他们的好战方式包括了吃人肉的习性——代表着对哥伦布曾主张的善意倾向的一种挑战。不久，未能出产大批香料的事实使西班牙殖民者的进取心变为搜寻黄金和奴役印第安人以便得到黄金。哥伦布徒劳地呼吁殖民者要有更好的品行。在最初的航行中，只有三名水手是从西班牙监狱中招募的，此后，在来到新世界的人中有很多罪犯。除了囚犯谁会被招募呢？当印第安人消灭了在纳维达特的第一个殖民点的消息传回西班牙时，最初要使印第安人皈依的热情冷却了。

哥伦布航行之发现的结果确实是难以说明的。欧洲人从这片新大陆中得到了玉米、西红柿、胡椒、花生、薯类作物和火鸡。仅土豆一项的引进就使欧洲农业发生了革命。来自新大陆的这些新作物养活了无数人。这竟然阴错阳差地有助于欧洲人的统治。欧洲人引入新大陆的小麦、苹果和葡萄，还有猪和马。特别是马成为大平原上印第安人整个狩猎文化的基础。[26] 平原印第安人勇敢的和不可思议的骑术都来自当初带着马匹来此的西班牙人。

哥伦布的发现开启了延续几个世纪之久的"三角贸易"方式。英国和欧洲的船只会驶向非洲的"黄金海岸"，装运奴隶后开始令人恐惧的、死亡的"中间航行",向西横跨大西洋,抵达加勒比地区,有时到英国在北美大西洋沿岸的殖民地。美洲殖民者用一些原料,如烟草、棉花和木材交换奴隶,然后,这些商船将向东穿越大西洋返航。

对现代人的控诉,即哥伦布将奴隶制带给新世界和欧洲人的疾病消灭了土著民族,一种回答是适当的。在欧洲人,而且特别在阿拉伯人、非洲人和印第安人本身,奴隶制是生活中的一种普遍的事实。在亚洲,奴隶制始终存在着。挑选出哥伦布为当时一种相当普遍的行为负责,这种指责是很难令人信服的。我们不能脱离历史背景从我们现在的优越地位出发,忽视西方的道德发展,这几乎等于我们今天悲叹奴隶制。西班牙学者们正是从管理一个庞大帝国的经验中,开始阐述人权的普遍原理,最终导致了奴隶制在西方的废除。[27] 可以提出一个相反的挑战:在哥伦布时代,谁没有实行过奴隶制?一个可能的结论是,西方人远不是奴隶制最坏的实践者,而且,他们领导世界终结了这种习俗。

天花和麻疹的那种可怕的后果——直到19世纪仍在继续吞噬着印第安人的生命——哥伦布时代的欧洲探险者是很难知晓的。当时疾病的细菌理论几乎不为人所知。而当人们逐渐地了解这些时,防治这些疾病的各种疫苗正是那种欧洲文化的产物——与哥伦布相同的探索、追求精神——那种文化现在遭到了非常广泛的抨击。如果哥伦布时代的欧洲人确有检测那些疾病的科学知识,避免传染给无辜的土著人的唯一方式也只能是一直待在西班牙的家中。

对哥伦布及其在我们时代的后继者的很大一部分指责，无一不是黑色传说——即新教国家运用到天主教的西班牙人身上的。如天才作家切斯特顿（G.K.Chesterton）所言，英国很多关于西班牙探险和征服的历史记载反映出"白人鄙视红种印第安人的情绪，和英国人因为轻视红种印第安人而瞧不起西班牙人的明显矛盾的心境"[29]。

并非所有西班牙人都受到轻视。神父安东尼奥·德·蒙特西诺斯（Antonio de Montesinos）在1511年，即哥伦布最后一次航行后的仅仅十年，对伊斯帕尼奥拉岛上蛮横施暴的殖民者说：

> 我是一个在荒野中呼喊的声音。这个声音说，你们有不可饶恕的罪孽，生死都在罪孽中，因为你们以残酷和暴虐的方式对待这些无辜的人。告诉我，凭什么权利或正当的理由，你们使这些印第安人处于如此残忍和可怕的奴隶制中。凭什么权威，你们向这些在他们自己的土地上温和与平静生活的人们发动如此可恶的战争，在战争中你们以前所未闻的谋杀和毁灭手段消灭的人数不胜数……这些印第安人就不是人吗？他们就没有理性灵魂吗？你们就没有责任像爱你们自己一样去爱他们吗？[30]

蒙特西诺斯并非是孤独的，如他的这些话所显示的那样。

巴托洛梅·德·拉斯·卡萨斯（Bartolome de Las Casas）成为反对粗暴对待印第安人的西班牙教士的先驱者。他甚至走得更远，在其著名的公开声明中建议神职人员拒绝赦免任何占有和虐待土著人的殖民者的罪过。拉斯·卡萨斯与当时的主要学者，信奉亚里士多德的巴利阿多利德的胡安·希内斯·塞普尔维达（Juan Gines de Sepulveda of

Vallodolid)进行了长期的辩论。塞普尔维达指出,印第安人就是这位伟大哲学家所定义的"本性的奴隶"。拉斯·卡萨斯反驳这种观点并认为,由于不容许印第安人接触《圣经》,所以对那些吃人和祭人的可憎行为,他们并非完全地在道德上有罪。[31] 由于他坚定地为印第安人的价值观辩护,拉斯·卡萨斯被称作印第安人的保护者。[32]

蒙特西诺斯和拉斯·卡萨斯并不是在这片荒野呼喊的全部声音。他们积极地敦促西班牙君主批准有助于印第安人的议案。但从西班牙到新大陆有很长的距离。关于印第安人本性的推测——他们是完全的人吗?——使西班牙的一些思想家,如多明我教会修道士弗朗西斯科·德·维托里亚(Francisco de Vitoria)详细地论述了人权的性质。他值得与苏亚雷斯(Suarez)和格劳秀斯(Grotius)并列为现代国际法的奠基者。[33] 在维托里亚严格的原则中有这些内容:

> 每一个印第安人是一个人,因此能够实现被拯救或罚下地狱。
> 不能因为印第安人社会落后就剥夺他们的财物和权利。
> 每一个人都有权了解真相,接受教育。
> 依据自然法,每一个人拥有对他自己的生命、身体和精神的完整的权利。
> 印第安人有权利不受洗礼和不被强迫违反他们意愿的皈依。[34]

批评者们指出,这些道义上精致的原则在拉丁美洲很少受到尊重。这可能是真的,但在其他地方这样的原则被表述和辩护过吗?应该记住的是,这些主要的思想家是教会人员,不是总督。今天的批评者中没有多少人会主张由教会来支配国家。问题仍然是,批判西班牙在拉美的活动，是由于这些活动被天主教教义所支配，还是没有遵循天主教教义？

我们从这些西班牙基督徒充满激情的文章和布道中可以看到，同样的道德虔诚和理性呼吁，三百年后被美国福音派信徒在对南方黑人奴隶制的讨伐中重复着。我们不应该奇怪，他们阅读的是同样的《圣经》。

如果还能发现有极少的欧洲人对被奴役者的状况和待遇感到痛苦，那么在亚洲、非洲或阿拉伯的作家中实际上没有这种情况。西班牙人受到历史的羞辱，不是因为他们没有道德心，而是由于他们的良心使他们控诉他们同胞的行为，这是可能的吗？对西班牙人行为最为严厉的指控仍旧是西班牙目击者用西班牙文所写的。

当时对罪犯和异端的处理方式反映出公众情绪状况的某些理念。在欧洲大多数王国中，被确认为叛徒会被判处绞刑、挖去内脏和肢解。这个过程包括将这个不幸的人吊到他近乎失去知觉。然后，放下这个受难者，剖出他的内脏和肠子，在他面前焚烧。最后，还将他的四肢捆在四匹马上，把他的身体拉成几块。异端的待遇比这好不了多少。在火刑柱上被烧烤着，这是一种缓慢的和非常痛苦的处决方式，如果受刑者的朋友提前在他们服死刑的长袍里隐藏一袋火药，加速其被折磨过程的终结，他们会认为自己是有福的。

这些中世纪的习俗表明了一种文明还没有发展出公正和宽恕的观念，那是更晚些才出现的。指责欧洲探险者和殖民者没有满足我们现代的人权标准，是一种时代错位和惩罚性的选择。

## 2. 争夺帝国

教皇亚历山大六世（Alexander Ⅵ）是声名狼藉的波尔贾（Borgia）氏族的一员，在教皇的选举中曾得到费尔南多和伊莎贝尔的支持。因此，毫不奇怪，在他于1493年5月4日迅速发布的由西班牙和葡萄牙瓜分世界的教皇敕令中，条款明显有利于西班牙。因葡萄牙的抗议和渴望保持与其新发现土地的联系，西班牙在1494年托德西利西亚（Tordesillas）条约中同意，将瓜分世界的分界线向西推进1175英里。这样，葡萄牙就能宣称对巴西以及非洲、印度和东印度大片领土的权利。[35] 这或许能平息天主教欧洲之间的竞争，如果其他一些意志顽强的君主没有机会看到它们的话。

法国国王弗朗西斯一世（Francis Ⅰ）不动声色。他写下"阳光普照，一视同仁"，对教皇的世界划分，他机智地回应说，他倒愿意看看亚当的遗嘱，"以便知道他原来是怎么划分世界的"[36]。（美洲的印第安人甚至更不恭敬，他们对教皇划分世界的反应是，"教皇一定是喝醉了"[37]。）

但这个由教皇作出的庄严决定对几百年之后的美洲人有着深远的影响。它意味着，除了别的以外，西班牙和葡萄牙将不再为控制北美大陆而竞争了。

哥伦布发现的消息传遍了欧洲——在新近印刷术发明的推动下——统治者们意识到，他们或许不得不寻求到印度的新贸易之路，或被迫看着这条有利的运输线由西班牙和葡萄牙所垄断。葡萄牙人继续向东推进，在1498年经全水路成功地抵达印度。瓦斯科·达·伽马（Vasco da Gama）在1499年回到里斯本的航行中，带回了真正的香料，并实际接触了哥伦布显然没有接触到的印度统治者。达·伽马的四艘船中只有两艘——圣·加布里尔号（*San Gabriel*）和贝里奥号（*Berrio*）——能够返航，而且，在 170 名海员中只有 50 人从这次艰苦的航行中活了下来，但是，葡萄牙帝国的基础——欧洲第一个和最后一个跨越海洋统治的国家——由此奠定了。[38]

约翰·卡伯特（John Cabot）试图为英国国王亨利七世（Henry Ⅶ）做哥伦布曾为西班牙国王所做的事。卡伯特——同哥伦布一样的热那亚当地人——说服了非常吝啬的第一位都铎国王支持他去发现一条从西北航线通往印度（Indies）的尝试。1497 年，卡伯特的小船马修号（*Matthew*）在北美一处他称作新发现的土地上靠岸了。尽管他在那里停留了不足一个月，既没有建立永久性的定居点，也没有带回值钱的东西，但卡伯特所主张的权利却构成了后来英国支配这片大陆的基础。1498 年，卡伯特在试图第二次经北美到达传说的印度（Indies）时，卡伯特及其水手都失踪了。[39]

逐渐地，欧洲人认识到新世界并不是亚洲的一部分，而是一片全新的大陆，两个新的大洲。该如何称呼它呢？一个意大利探险家提供了答案。亚美利哥·韦斯普奇（Amerigo Vespucci）是佛罗伦萨一个富有家庭中的男孩，他家与有权势的、产生佛罗伦萨共和国的统治者和教皇的美第奇家族有联系。亚美利哥在他所写的南美航行的报告中大肆渲染自己。他大言不惭地吹嘘说："我比世界上所有的船长都更有技能。"[40] 他极度夸大其航行的范围，并出于权宜目的，在他的叙述中没有涉及那些指挥其航行的勇敢的船长们。

亚美利哥会编故事。其中的一个故事是，有一群土著妇女和姑娘来到今天巴西的海岸边。亚美利哥的船长决意诱惑这些赤裸的妇女，

第一章　西行的航程（1492—1607）

他派出其最漂亮的一位年轻水手到海滩上与她们搭讪并要送礼物给她们。她们或许被迷住了，但亚美利哥用生动的词汇描述了一个高大的妇女如何突然用棍棒将这个年轻的水手打死，以及这些葡萄牙船员如何恐惧地看着这些亚马孙族女人*将这个年轻海员的身体烤着吃了。[41] 自哥伦布以来，亚美利哥是第一位以如此生动和令人难忘的细节来描述新世界的植物、动物和居民的欧洲作者。[42] 这类故事既使欧洲人恐惧，也令他们着迷。一位德国的地图绘制者，马丁·瓦尔德希米勒（Martin Waldseemüller）在1507年决定出版一本雕版印制的书时，他将一个很大的美洲字样放在这片南部大陆的地图上。[43] 这件不足为奇的事，很快使这个喜欢冒险的坏蛋的名字被当作两片新大陆的名称。

　　法国没有被排除在外。1524年，一位有修养的意大利人，吉奥班尼·达·韦拉萨诺（Giovanni da Verrazano）成功地得到了国王弗朗西斯一世和一些银行家的支持，要探寻一条通往凯西（Cathay）——中国当时的称呼——的西行航路。韦拉萨诺驾驶着公主号（*Dauphine*）小船沿着北美海岸航行，并确定了这块大陆大致的轮廓。虽然他没能深入那些天然港口——切萨皮克湾（Chesapeake Bay）、特拉华湾（Delaware Bay）和纽约——但他证实了北美大陆是一个新世界，不是亚洲的一个海角。并且，他的航行还环绕了纽约的斯塔腾（Staten）岛，描述了这个今天以他命名的海峡。他错将北卡罗来纳外侧沿岸当作通向太平洋的地峡，但他保存的详细的航海记录却对绘制地图提供了很大的帮助。

---

\* 亚马孙被认为是希腊神话中的一群女战士。因此，这个名称被用于巴西的那些土著妇女，后来，又被用来称呼那条巨大的亚马孙河。

韦拉萨诺希望在新世界建立一个新法国，一个从佛罗里达延伸到纽芬兰的殖民帝国。他在第二次去美洲的航行中，冒着遭到反叛的危险，欺骗其水手驶向去巴西的航程。在巴西他能够得到一船值钱的稀有的木材，作为对其支持者因没有得到中国货物的补偿。1528 年，他的最后一次航行，因在一个岛上搁浅而不幸终止。我们猜测那是瓜德罗普（Guadeloupe）岛。在他兄弟（Girolamo）和全船水手视线内，他遭到好战的加勒比人的猛烈攻击。加勒比人迅速地将他砍成碎块并吃掉。他的早死以及他没有标出任何去中国的海路使弗朗西斯一世和法国对航海一时失去了兴趣，但他的探索确实对英国和法国将注意力再次转向通往东方的西北通道产生了影响。[44]

不仅仅是冷淡，弗朗西斯一世还心烦意乱。他甚至一度受到囚禁。然而，他还是支持了雅克·卡蒂尔（Jacques Cartier）富有活力的重要的航行。1534 年，这位新法兰西之父发现了一条从北边通向北美的航线，这样用他的旗舰大鼬鼠号（La Grande Hermine）穿越大西洋只需三周。他花很多时间勘查纽芬兰、拉布拉多和爱德华王子岛。圣劳伦斯大海湾——通向加拿大的水路——被他以罗马基督教殉道者的名字命名。他的海员们灵活地躲避着冰山和避免成为北极熊的美餐。[45]

作为一名航海者，卡蒂尔的技能是卓越的。他从未损失一条船，在海上他也从未损失过一名水手。他三次探访美洲，进出没有海图标示的 50 个海港而没出事故。[46]他的头衔是国王的船长。弗朗西斯可以封其为船长，但正是这位果敢的布列塔尼水手自己的技能使他成为一位领航者。由于卡蒂尔的航海技术备受赞誉和他作为一名船长的公正无私，圣马洛岛（St. Malo）（法国西北布列塔尼地区的一个海港）的水手都愿意与他一起航行。[47]尽管卡蒂尔的发现——包括富产毛皮的

第一章　西行的航程（1492—1607）

魁北克 [ 在呼伦人（Huron）的语言中，意为"河流的狭窄处"]——将为法国在美洲的帝国奠定坚实的基础，其航行的直接结果却是贫乏的。他带回一船天然的二硫化铁矿石——黄铁矿石——和石英，而不是他所期望的钻石。他被多纳孔纳（Donnaconna），一个呼伦人的酋长所讲的关于赛圭奈（Saguenay）王国神奇般富有的离奇的故事所欺骗（他绑架了这个不幸的印第安人，让他去给国王讲这个故事）。不久，法国陷入了宗教纷争。弗朗西斯一世的继任者，亨利二世无心于加拿大的探险——尽管那里的毛皮和鱼类可以极大地丰富其王国。有一个世纪之久，爱冷嘲热讽的法国人将任何假货都贬为"加拿大的钻石"[48]。

此时，16世纪初期的西班牙无论是在陆地还是海上大范围的活动都紧跟哥伦布的发现。以哥伦布发现的伊斯帕尼奥拉岛为基地，西班牙人航行范围遍及整个加勒比海。被称作先行者的探险者庞塞·德·莱昂（Ponce de Leon）1513年沿着他命名为佛罗里达（实际是 *Pascua Florida*，意为多花的复活节）的半岛航行，寻找新的陆地。在那里，他到达了佛罗里达礁和墨西哥的尤卡坦。在瓦斯科·努斯·德·巴尔博亚（Vasco Nunez de Balboa）越过巴拿马地峡时，也是在1513年，他成为第一个看见太平洋的欧洲人。

在哥伦布之后的一代人中，另一位外国水手将要为西班牙探险和发现的编年史增添色彩，他就是费迪南德·麦哲伦（Ferdinand Magellan），一个葡萄牙人。"上帝赐予葡萄牙人一个小的国家为生，却为其提供了一个广阔的世界去死"，如这句古老的谚语所昭示的那样，麦哲伦将以环绕地球的航行来戏剧性地演绎它。[49]他宏伟的环球航行计划差一点还没开始就夭折了。也如哥伦布那样，麦哲伦遭到了葡萄牙国王的拒绝，他向西班牙皇帝查理五世（Charles

V）寻求支持并得到了帮助。麦哲伦的船队在塞维利亚（Seville）的一个船坞内为此次航行装备补给，当他的船在那里检修时，他犯了一个错误，他家族的旗帜仍被留在船尾飘扬。西班牙的旗帜被取下重新上色。麦哲伦是一个贵族，他家族的旗帜清楚地显示其葡萄牙血统。这被极其自负的塞维利亚人视为一种严重的冒犯。一伙暴民冲上船，威胁着要当场私刑处死麦哲伦。面对指向他喉咙的剑尖，他镇定地告知这群人的首领，涨潮会淹没他这条船——属于查理五世的船。如果皇帝的船沉了，他们要对此负责。最后，暴民退去了。[50] 麦哲伦在他的整个航行中多次显示出这种勇气和自我控制能力。

1519年，一支由五艘船和250名水手组成的小舰队起航了，麦哲伦向西航行，驶往香料群岛（今印度尼西亚）。他期望在那里找到丁香、胡椒子和豆蔻的货源。实际上，因这些香料很难在世界上其他地方得到，稀缺性使得香料贸易非常有利可图。

麦哲伦计划在南美最南端找到一条狭窄的通道。[51] 但很快他就处于危险中。冬季降临阿根廷海岸，水手们开始抱怨。在圣胡利安（San Julian）港，他的三艘船上出现叛乱。[52] 他已经得到口头警告说，那些恨他的西班牙船长们计划杀了他。船长卡尔塔赫纳（Cartagena）、门多萨（Mendoza）和奎萨达（Quesada）指责麦哲伦违反王室指示，带他们到如此远的南方。麦哲伦告诉他们，他宁可死也不返回。他派手下人埃斯皮诺萨（Espinosa）带信给维多利亚号（Victoria）船长门多萨，命令其停止挑衅、执行命令。门多萨看这封信时冷笑着，这被证实是一个错误。埃斯皮诺萨迅速地抓住门多萨的胡须并将他刺死——就像麦哲伦命令他的那样。接着麦哲伦用船上的炮火和登船的方式控制了另一艘信念号（Concepcion）船上的反叛，囚禁了船长奎萨达。

## 第一章　西行的航程（1492—1607）

叛乱很快被平息了。

麦哲伦命人将门多萨的尸体肢解——可怕地切成四块——然后大声喊叫（展示）着穿过整个舰队，作为对每个想要叛乱的人的警告。奎萨达被绞死，卡尔塔赫纳被饶恕了——暂时的。然而，很快有人发现船长卡尔塔赫纳伙同一名教士在煽动新的不满情绪。麦哲伦派人审讯两人后将他们放逐了。他们被遗弃在阿根廷的海滩上，将会因暴晒、饥饿或印第安人的袭击而亡。[53] 他们被看到的最后一幕是"跪在水边，大声地请求宽恕"[54]。

麦哲伦继续前行，在损失了一艘船后，终于进入了"那个将永载其名的海峡"[55]。1520年10月至11月，麦哲伦谨慎地成功穿越了这片危险的没有被勘测过的水域。汹涌的激流和突如其来的风暴使这条海峡成为世界上最危险的水路之一，即使在今天。这海峡完全不是直的，它是一座由变幻莫测的水流和危险的礁石构成的迷宫。麦哲伦的任务如同一根引线要穿过十几根针。麦哲伦还要原路返回，徒劳地寻找他尚存的四条船中的一条船。他不知道圣安东尼奥号（San Antonio）已经掉头驶向西班牙了。

他的船队现在只剩三条船了，麦哲伦驶入了他认为平静的大海。展现在他面前的是宽阔的水面。麦哲伦和他的人经常祈祷他们会顺利。尽管他们没有意识到，他们面临的航程比哥伦布的两倍还要长。麦哲伦在此证明了他的勇气。安东尼奥·皮加费塔（Antonio Pigafetta），一位意大利籍的水手，保存了详细的日记，其中这样记载麦哲伦，"他比所有其他的人能更持久地忍受饥饿……比世界上任何人都更精确，他懂得天体导航法和（无法观测天象时）仅用测程器和罗盘进行船位推算"[56]。

**克里斯托弗·哥伦布。** 作为大洋舰队司令，这位意大利探险者在其伟大事业中表现出了勇气、技巧和热忱。他寻求一条向西通往印度的航路，结果却发现了一个新世界。他为其西班牙资助者提供了在美洲统治一个辽阔帝国的机会。刚从几百年穆斯林统治下获得自由的西班牙人抓住了这个机会。虽有早期与土著人的冲突、疾病和剥削，西班牙文化在拉丁美洲却繁荣延续至今。

**费迪南德·麦哲伦。** 作为环地球航行的第一人，麦哲伦留名于南美末端的那条海峡上。他穿越太平洋的航行使其水手濒临饿死的边缘。他无情地推行纪律，冒着生命危险战胜了阴谋。当他在菲律宾成为土著人的受害者时，很可能被其妒忌他的手下人抛弃了。麦哲伦的环球航行一度奠定了西班牙的海上霸权。

第一章 西行的航程（1492—1607）

**雅克·卡蒂尔**。一位法国沿海布列塔尼的勇敢水手，卡蒂尔探索了富产毛皮的加拿大内地。魁北克在呼伦人语言中是"河流狭窄处"的意思。尽管圣劳伦斯河水没有被海图标示而充满了危险，卡蒂尔却没有让他的一艘船搁浅。他在其旗舰或大鼬鼠号上的航行奠定了新法兰西，一个基于贸易的帝国的基础。由于卡蒂尔带回的只是些石英，而不是他许诺的钻石，使其贪婪的国王弗朗西斯一世很失望。

**弗朗西斯·德雷克爵士**。德雷克在所有英国"海狗"中最为有名。他挑战西班牙的海上霸权。甚至在西班牙的新世界殖民地焚烧村镇、劫掠教堂时，德雷克也可以表现得很有礼貌。他从西班牙运送财宝的船上抢到的绿宝石被镶在英国的王冠上——它们至今仍在。当德雷克从他自己的环球航行中归来时，他在金色红雌鹿号（*Golden Hind*）的甲板上被伊丽莎白女王封为爵士。不久，他就参加了与西班牙无敌舰队的战斗。

皮加费塔告诉我们去关岛（Guam）途中食物匮乏的情况：

> 我们已3个月20天没有任何新鲜食物了。我们吃的饼干已不是饼干，而是爬满了小虫的饼干粉。它还散发着浓重的老鼠尿的气味。我们还吃一些牛皮，这些牛皮是覆盖在主帆的桅横杆顶部，用来防止帆的桁端摩擦桅杆支索的。一只老鼠可卖到半个杜卡特（一种古代威尼斯的货币单位——译者注）（大约1.16美元金币），即使这样我们还得不到它们。[57]

如果麦哲伦在决定穿越太平洋之前没有先在智利海岸停泊，这次探险活动很难幸免于难。皮加费塔意识到这一点，"如果不是上帝和圣母赐予我们如此适宜的天气，我们早就都饿死了"[58]。这次航程比任何人预想的要远三倍，且没有可靠的海图或地图。

1521年3月6日，当船队终于抵达关岛时，麦哲伦发现他的三条船被大批土著人围着，这些当地人尽管很友好，却夺走了很多用于交易的货物。船队在此停留的时间仅以完成给养补充为限，然后继续向香料群岛进发。在一周内，麦哲伦在莱特湾（Leyte Gulf）*一带到达菲律宾。宿务（Cebu）岛国王使麦哲伦相信，他已经从伊斯兰教皈依了基督教，并寻求在与邻近的马克坦（Mactan）岛的战斗中得到西班牙人的支持。麦哲伦的人恳求他不要去，但他觉得有义务帮助一个基督徒教友。当他上岸时，由于他离开他的三条船的抛锚处很远，船上的人无法给他支援。他和忠实于他的几个伙伴，包括皮加费塔，很快

---

*1944年，莱特湾目睹了历史上最大规模的海战之一。

被马克坦岛使用毒箭和短弯刀的战士们所围困,麦哲伦掩护其同伴撤退,但自己却被砍倒,面朝下摔在沙滩上。皮加费塔如实地记录:

> 在他们伤害他的时候,他几次转过身来看我们是否都上船了。然后,看着他死去,我们这些受伤的人尽快地登上了已经被拖离了岸边的小船。如果没有他,我们中没有人……能够得救。[59]

皮加费塔哀痛地称麦哲伦为"我们的镜子、我们的光明、我们的安慰和我们真正的向导"[60]。但麦哲伦的使命还没有完成。船长胡安·塞巴斯蒂安·德尔·卡诺(Juan Sebastian del Cano)接替了维多利亚号的指挥任务,他抛弃了信念号和特立尼达号(*Trinidad*)一直向西行驶,德尔·卡诺越过了好望角,只是在朝向回家的那段航程中,有近一半的水手被佛得角群岛上的葡萄牙人所囚禁。1522年9月8日,当维多利亚号蹒跚着回到了塞维利亚,船长德尔·卡诺手下只有18名被大海折磨得精疲力竭的水手了。如同他们曾经许诺的那样,这些人立刻赤脚走进大教堂,只身穿一件长衫,每人手持一支蜡烛,补赎罪过和感恩他们的生还。[61] 至此,自启程以来将近三年的首次环球航行结束了。西班牙无争议地成为世界领先的海上强国。麦哲伦的历史性航行与西班牙对海洋的新的控制权恰逢同时,甚至是这种海上霸权的象征。

西班牙对其美洲帝国的控制能力完全取决于她对海洋的控制能力。

接下来是迅速得难以置信的西班牙人的军事行动,即由埃尔南·科尔特斯(Hernan Cortes)对墨西哥的阿斯特克(Aztecs)帝国

（1521年）和弗朗西斯科·皮萨罗（Francisco Pizarro）对秘鲁的印加（Incas）帝国（1535年）的战争。这些征服者使用残忍和欺骗手段摧毁了这两个庞大的土著人的帝国。具有优势文化但人数上很少的西班牙远征军部队，大胆地向土著人的国都进军。但土著统治者似乎对他们的征服者的决心和残忍没有准备。

阿兹台克祭人的习俗使征服者们感到震惊。每年，无数牺牲者被置于宏伟的金字塔上，他们的心脏被剖出，献给阿兹台克的众神。就阿兹台克人而言，很多部落将科尔特斯看作是他们的一个神，科尔特斯机敏地利用了这种优势，领导了一次反对阿兹台克帝国的叛乱。[62] 西班牙人骑在马背上，穿着盔甲，能够在几乎不遭受损失的情况下，攻击土著的军队，但即使有这种优势，他们仍可能被数量上占绝对优势的敌人所消灭。西班牙的这些小部队能够将自己的意志强加于这种文化，仅仅是因为他们绝对的勇气和意志。

皮萨罗作为那个囚禁印加皇帝阿塔瓦尔帕（Atahualpa）为人质，然后勒索了一屋子金银赎金的人，将永远地被人们所牢记。当赎金全部付清时，皮萨罗借口阿塔瓦尔帕煽动叛乱，命人勒死了他。\* 历史以弗朗西斯科·皮萨罗的名声为代价，形象地记载了"哭泣的印加"。甚至阿塔瓦尔帕在不久前的一次内战中杀死了他亲兄弟之事，也不能减轻皮萨罗行为的罪恶。当皮萨罗本人于1541年被谋杀时，没有什么人为此哀痛。

在不足20年的时间内，科尔特斯和皮萨罗以骇人听闻的残忍，将中美洲和南美洲的广大地区划入了正在萌发中的西班牙帝国。然而，

---

\* 勒死是一种缓慢的杀人方式。

很快地,一个新的拉丁美洲文明在旧文明的废墟中出现了。这种新的文化使这个世界成长、丰富和变得美好。

但西班牙很快就遇到了一个强有力的对手。寒冷而偏僻的,在领土、人口和资源方面都有限的英国,在 16 世纪因西班牙和其他大陆强国而相形见绌。然而,几十年后,这一切将发生变化。

### 3. 英国的崛起

如同西班牙与摩尔人的战争使其在 15 世纪落在了葡萄牙之后,16 世纪的英国则感到国内事务阻碍了有效的探险和殖民。国王亨利八世在 1509 年继承了其父亨利七世的王位。亨利八世年轻、健壮,受过良好的教育,很有魅力,他很快同其兄亚瑟的遗孀、西班牙阿拉贡的公主凯瑟琳(Catherine of Aragon)结婚了。凯瑟琳非常笃信天主教,同她的父母、以天主教君主闻名的费尔南多和伊莎贝尔一样。

由于有这种关系,亨利八世满可以被指望去领导一次大胆而冒险的探险活动。但情况却不是这样。国内的事务使他无暇分神。在 20 年的婚姻生活中,王后凯瑟琳没有为国王生儿子,只生了一个女儿——玛丽。虽然一位女性也可以合法地继承英国的王位,但这会被认为是一种危险的前兆。

亨利非常渴望一位男性继承人来稳定其不牢靠的都铎家族王朝,于是开始寻求一种能结束其婚姻的办法。他请求教皇颁布一项废除敕令。这样一项敕令将意味着国王亨利和王后凯瑟琳的婚姻从来不是有效的。这至少是很尴尬的,因为亨利原先曾请求过教皇特许他与其兄的遗孀结婚。教皇可能受到王后凯瑟琳的外甥,也就是神圣罗马帝国皇帝（Holy Roman Emperor）查理五世（Charles V）的威胁，以及教会在意大利地产的影响，从而拒绝了亨利逐渐迫切的请求。

亨利知道这两个人会串通起来对付他。他没收了天主教会在英国的土地，分给他手下的贵族以获得他们的支持。他与罗马教会决裂并建立自己国家的教会，他称之为英国教会——英国圣公会。顺从亨利的教会很快就确认其为"英国教会的最高首领"。亨利大胆地保留了"信仰的捍卫者"的称号\*，这是教皇几年前因其在一份广为阅读的小册子中，粗暴乃至诋毁地抨击宗教改革者马丁·路德而授予他的。

亨利容不得任何干预。他将著名的托马斯·莫尔（Thomas More）和约翰·卡迪纳尔·费希尔（John Cardinal Fisher）——两人都是非常受尊敬的天主教徒——送上断头台。《乌托邦》一书的作者莫尔是一位重要的人文主义学者，在一场近乎是审判性谋杀的活动中，这两个人因反对国王离婚和与安妮·博林（Anne Boleyn）夫人再婚而被砍头。\*\*

但亨利不久就对她的新妻子失望了。他们的婚姻只维系了三年，并且有了另一个女儿。他很快派人陷害、审讯王后安妮，以她同五个不同的男人包括她自己的兄弟通奸的罪名，将她囚禁于伦敦塔。亨利唯一的慈悲是从法国引入一位刽子手，他用一把据说是无痛苦的银剑切断了安妮·博林优美而纤细的脖颈。她的死使幼小的伊丽莎白公主失去了母亲。

对继承人的盼望使国王必须再次结婚——此时伦敦塔的炮声宣告

---

\* 这两人在 1935 年，他们殉难 400 年后，被教皇庇护十一世封为天主教会的圣徒。

\*\* 英国君主至今仍被称作"信仰的捍卫者"，尽管这一称号的来历有些离奇。

了安妮被砍头的信号。第三位妻子简·西摩（Jane Seymour）被证明是有魅力的，她为这位发狂的国王生了他盼望已久的男孩。

西摩王后在儿子出生后仅几周就去世了，她的死使亨利悲痛欲绝。虽然亨利还要同另外三位妻子结婚，但这位逐渐陷于病态的、任性的国王再没有得子。

亨利八世死于1547年，时值欧洲处于新教改革的阵痛中。亨利死时，他的儿子，爱德华六世仅9岁，总是病恹恹的。爱德华六世即位仅6年，但没有掌权。主要由清教徒组成的枢密院——一群有势力的贵族——镇压了英国的天主教会。著名的圣公会《英国国教祈祷书》是以这位年轻国王的名义发行的。

爱德华六世死于1553年，时年15岁。现在，亨利八世和阿拉贡的凯瑟琳所生的虔诚的天主教女儿玛丽·图德（Mary Tudor）登上了王位。玛丽一世女王试图将英国带回天主教世界。她在说服的努力失败后，就诉诸武力。她开始将"异端们"烧死在火刑柱上。坎特伯雷红衣主教托马斯·克兰默（Thomas Cranmer）被送进伦敦塔。他"闪光的警句"构成了《英国国教祈祷书》的基础。他著有英国圣公会信仰声明、39条教规。此时，1556年，他遭到严刑拷打，被迫宣布放弃他的新教信仰。玛丽女王并不满意克兰默回到天主教会。她判决以火刑将他处死。克兰默在牛津被处决。临刑时，他首先将自己那只曾在认罪书上签字的手伸向火焰中，戏剧性地叹道，"这就是那只犯了罪的手啊"。

在这位女王短暂的、持续动荡的统治期内，其他一些主要的圣公会教徒也被处决，玛丽逐渐地被称作血腥的玛丽。英国人痛恨玛丽女王。她嫁给西班牙国王菲利普二世更加深了人们对她的疑虑，尽管深信天主教的菲利普试图说服玛丽停止对新教徒的血腥迫害。菲利普懂得这种镇压只会促使英国人反对他们的女王。菲利普确实成功地将身陷被谋杀的严重危险中的伊丽莎白公主从伦敦塔中释放出来。当菲利普离开英国回到西班牙后,玛丽觉得她怀孕了。玛丽为她的怀孕而祷告。但那只是一个导致她腹部膨胀的癌症肿瘤。1558年,42岁的玛丽孤独地死去,没有孩子,没有朋友,也没有人悲哀。

当25岁的伊丽莎白公主得知她同父异母的姐姐的死讯时,她双膝跪下,用拉丁语不断地重复《圣经》中赞美诗里的句子:"这是上帝做的,是我们眼中的奇迹。"

尽管她禁止公开举行天主教弥撒活动,但伊丽莎白女王并不愿意搜寻隐蔽的天主教徒。她有名的一句话是,"我没有窥视人们心灵的窗户"。尽管有一些谋杀她的阴谋活动——在教皇的鼓励和耶稣会教士的策划下——伊丽莎白继续依赖其臣民的忠诚,包括为数不少的大天主教贵族家庭。伊丽莎白以此希望英国不再有宗教动乱。她如一位新教君主那样控制英国国教,但她希望结束新教内的教派论争。与天主教会决裂后,路德教派和加尔文教派在圣餐和洗礼的意义上与浸礼派发生了争论,而他们自己的观点也不一致。伊丽莎白巧妙地掩盖了这种神学争论。关于圣餐,她说:

> 这个词是基督说的,他拿起面包,把它掰碎;基督的话使面包成为圣餐,我相信并接受它。

伊丽莎白对政治和公共关系有着非凡的技巧。她将自身最不利的条件——她是个女人,而且未婚——转变为她最大的优势。她将其形象树立为"处女女王",并培育一种赋予其"光环"

的个人崇拜。英国的艺术与文学在她统治时期很繁荣。莎士比亚、马洛（Marlowe）和斯宾塞（Spencer）对世界文学都有不朽的贡献。伊丽莎白增强了英国的民族主义观念，并在其长期统治期间（1558—1603）使这种观念得到广泛的认可。在她多达25次的"皇家巡行"——拜访全国各地的大庄园期间，她留意和扮演着这种角色，穿着奢侈地将自己展现在民众面前。[63]这些巡行有双重目的，它们也是一种避免维持一种华丽的宫廷生活成本的精明的方法，因为她的东道主们都希望款待伊丽莎白和她的几百名贵族及随从。为了牵制法国和西班牙，她坚持了近20年为其婚姻寻找理想的候选人。为了削弱这两国的力量，她资助荷兰反对西班牙统治的叛乱，援助法国的新教徒胡格诺派。作为历史上最卓越的人之一，伊丽莎白依靠其民众的感情维持着她的王位："这里没有宝石，因为宝石从未有如此高的价值，我将这种价值置于宝石之前；我这里指你们的爱。"她对议会这样说。

伊丽莎白女王鼓励汉弗莱·吉尔伯特（Humphrey Gilbert）爵士的探险（纽芬兰）和沃尔特·雷利（Walter Raleigh）爵士的殖民（在一块他为纪念女王而命名"弗吉尼亚"的土地上）活动。在教皇1570年颁布赦免不服从她（即鼓励推翻或暗杀她）的英国天主教徒之后，伊丽莎白进行了一场反对西班牙的冷战。因马丁·弗罗比歇（Martin Frobisher）爵士发现北方航线而引起的兴奋，随着他从加拿大带回的矿石与卡蒂尔的矿石一样，被证明是没有价值的而消退。

然而，一种英国在国内和海外都伟大的观念并没有消沉。莎士比亚以不朽的篇章点燃了人们的想象力：

这个王权之岛，国王们的王位，

> 君权的领土,战神之地,
> 另一个伊甸园,近似天堂,
> 大自然为她自己建筑的堡垒,
> 抵制污染和战争,
> 这群幸福的人,这个小世界,
> 这块银色海面上镶嵌的宝石,
> 有天险把她环绕,
> 又如护城河守护着一所宅第,
> 抵御着不那么幸运的国家的嫉妒,
> 这块神圣的土地,这方净土,这个王国,英国。

弗朗西斯·德雷克(Francis Drake)决心效法麦哲伦的伟大业绩,挑战西班牙的海上霸权。坐镇在他的金色雌鹿号旗舰上,德雷克指挥着他的小舰队向西南方向驶往阿根廷海岸。德雷克必须与叛乱做斗争,如麦哲伦曾做的那样。马斯特·道蒂(Master Doughty),曾经同德雷克一起在爱尔兰当兵,被证实有罪后,在圣胡利安港,也就是麦哲伦镇压其叛变者的地方被处决。[64]德雷克继续穿过那条海峡,然后掉头北上。他袭击了智利海岸,掠夺了白银和黄金,俘获了满载贵重物品的西班牙船只。

德雷克指挥着他的"海狗们"进行一场欢乐的冒险。西班牙作家长期以来一直认为他不过是一个海盗,西班牙贵族们称他为凶暴的人,但20世纪从西班牙档案中展示的资料显示,他的俘虏一致地称赞其仁慈和善意。[65]然而,他毫不犹豫地烧毁西班牙城镇,劫掠宏伟的天主教堂。在追击西班牙运宝船卡卡富埃戈号（Cacafuego）时，他从容地攫取了另一笔横财，这笔横财后来成为一个金十字架和伊丽莎白女王皇冠上的一串绿宝石。[66] 一名西班牙俘虏对德雷克颇有好感地写道："他有端正的面容，红润的肤色和金色的胡须。他的右颊上有一块箭伤留下的疤痕……一条腿上挂着火绳枪的弹丸……他阅读赞美诗，还宣讲教义。"[67]（显然没有留意于《圣经》中的那一段话，"你不可偷窃"。）

德雷克在穿越太平洋航行之前探索了加利福尼亚沿岸。因重复了麦哲伦的业绩，德雷克极大地提升了英国人的自信。1580年11月，金色红雌鹿号历经三年的海上航行回到了伦敦。他在夜里将运载的白银卸在伦敦塔内。伊丽莎白女王对此表现出极大喜爱，1581年，她在德雷克旗舰的甲板上封其为爵士。这一公开挑战西班牙菲利普二世的行为，促使这位国王开始准备入侵英国的计划。

德雷克注定要在1587年他对加的斯（Cadiz）的著名袭击中扮演关键角色。他烧毁了这座城市和菲利普二世准备用于入侵的舰队，这次大胆的行动被喻为"烧焦了西班牙国王的胡子"而载入史册。德雷克此举将那场决定命运的对决推迟了一年。英国与西班牙之间持续10年的紧张关系，因伊丽莎白的大臣们诱使其被囚禁的远亲、苏格兰国王玛丽，卷入一场谋害伊丽莎白的阴谋而达到顶点。玛丽·斯图亚特被审讯和处死，她的死使其成为在世时从不可能成为的天主教事业的圣徒。伊丽莎白蔑视挑衅，她完全扮演了武士女王的角色：

> 我知道我不过拥有一个女性柔弱而无力的躯体；但我也有着一位国王，一位英国国王的灵魂；我对帕尔玛、西班牙或欧洲任何一位王子敢于侵犯我王国边界的行动嗤之以鼻：对此，我将亲

自拿起武器，也不会让任何耻辱加身。

教皇西斯科特五世（Sixtus V）重申开除伊丽莎白的教籍并对西班牙的损失予以资助，在教皇的支持下，西班牙国王菲利普二世于1588年集结了有史以来最庞大的战舰群——无敌舰队，130艘各式帆船和商船及3000人（其中3/4是准备入侵的士兵）向英吉利海峡进发。无敌舰队遭到英国海狼们——德雷克、霍金斯和弗罗比歇的袭击。无效率的指挥也严重拖累了无敌舰队。菲利普二世坚决主张梅迪纳·西多尼亚（Medina Sidonia）公爵担任指挥。这位公爵虽然勇敢而忠诚，但他只是一名战士，完全没有海上经验。公爵不能指望英国天主教徒的支持，因为他们中的大多数都摩拳擦掌地要保卫自己的岛屿，反击他们来自西班牙的天主教教友。

德雷克及其部下用火船袭击无敌舰队中那些体大而笨重的船。那些不够灵活的西班牙船上满载着马牛和大批给养，几乎无法抵御凶猛的英国战船。当一场大风暴来临时，西班牙无敌舰队消失了。很多船只毁灭在苏格兰和爱尔兰险恶的海岸上。

英国人对无敌舰队的胜利重挫了西班牙海上强国的元气，这个帝国开始走上其百年之久的衰亡之路。这场战斗标志着海上霸权从强大的西班牙转移到弱小的英国。英国的海狗们可以自信地去任何他们想去的地方。从这时起到1941年——除一个重要的局部的例外——"统治海洋"的是英国。那个暂时的例外——在1781年弗吉尼亚约克敦附近的海面上——将对美洲产生最深远的影响。

对海路的控制保证了英国在下一个世纪可以输送越来越多的殖民者到北美，而不必担心西班牙人的干扰。这使英国产生一种民族命运的观念。他们懂得那场猛烈的风暴对无敌舰队覆灭的重要性并不亚于英国人的战术。在伊丽莎白为纪念英国这场伟大胜利而下令铸造的纪念章上有这样的文字:"上帝吹风,他们就不见了。"

英国人相信这个命运。

1 Boorstin, Daniel J., *The Discoverers: A History of Man's Search to Know His World and Himself*, Random House, New York: 1983, p.173.
2 Boorstin, p.164.
3 Boorstin, p.167.
4 Boorstin, p.167.
5 Boorstin, p.167.
6 Thomas, Hugh, *The Slave Trade: The Story of the Atlantic Slave Trade, 1440-1870*, Simon & Schuster, New York: 1997, p.21.
7 Thomas, p.23.
8 Thomas, p.43.
9 Thomas, p.44.
10 Thomas, p.46.
11 Morison, Samuel Eliot, Commager, Henry Steele, and Leuchtenburg, William E., *A Concise History of the American Republic,* Oxford University Press, New York: 1977, p.9.
12 Morison, Samuel Eliot, *The Great Explorers: The European Discovery of America*, Oxford University Press, New York: 1978, p.431.
13 Morison, p.399.
14 Morison, p.400.
15 Morison, p.401.
16 Gately, Iain, *Tobacco*, Grove Press, New York: 2002.
17 Morison, p.403.

18 | Morison, p.432.
19 | Morison, p.415.
20 | Morison, p.421.
21 | Morison, p.422.
22 | Morison, p.422.
23 | Morison, p.425.
24 | Morison, p.427.
25 | Morison, p.430.
26 | Royal, Robert, *1492 and All That: Political Manipulations of History*, Ethics and Public Policy Center, Washington, D.C.: 1992, p.121.
27 | Royal, p.73.
28 | Ibeji, Dr.Mike, *Black Death: The Disease*, "Origins," BBCi (online), 1 January 2001, p.3.
29 | Royal, p.61.
30 | Royal, p.66.
31 | Royal, p.75.
32 | Royal, p.73.
33 | Royal, p.77.
34 | Royal, p.78.
35 | Morison, p.434.
36 | Morison, p.253.
37 | Thomas, Hugh, *Conquest: Motezuma, Cortes, and the Fall of Old Mexico*, Simon & Schuster, New York: 1993, p.70.
38 | Boorstin, p.177.
39 | Morison, Commager, p.11.
40 | Morison, Samuel Eliot, *The European Discovery of America: The Southern Voyages*, Oxford University Press, New York: 1974, p.280.
41 | Morison, *The Southern Voyages*, p.281.

| | |
|---|---|
| 42 | Morison, *The Southern Voyages*, p.284. |
| 43 | Morison, *The Southern Voyages*, p.289. |
| 44 | Morison, pp.129-168. |
| 45 | Morison, pp.177, 179. |
| 46 | Morison, p.174. |
| 47 | Morison, p.174. |
| 48 | Morison, p.273. |
| 49 | Morison, p.549. |
| 50 | Morison, p.567. |
| 51 | Boorstin, p.260. |
| 52 | Boorstin, p.261. |
| 53 | Morison, pp.594-595. |
| 54 | Morison, p.597. |
| 55 | Morison, p.598. |
| 56 | Boorstin, p.261. |
| 57 | Boorstin, p.265. |
| 58 | Boorstin, p.265. |
| 59 | Boorstin, p.266. |
| 60 | Morison, p.644. |
| 61 | Boorstin, p.266. |
| 62 | Morison, Commager, p.13. |
| 63 | Online source: www.royal.gov.uk. |
| 64 | Morison, p.683. |
| 65 | Morison, p.691. |
| 66 | Morison, p.694. |
| 67 | Morison, p.696. |

## 第二章
## 山巅之国（1607—1765）

西班牙和葡萄牙在拉丁美洲产生了一种独特的文明。英国和法国为控制北美洲而相互竞争。除了民族的和商业的敌对外，在新教的新英格兰和天主教的新法兰西之间还有宗教对立。随着一个有希望的开始，殖民者与印第安人的紧张关系因旧欧洲人之间的斗争而恶化了。由于荷兰、瑞典和德国的新教徒、天主教徒和一小群犹太人聚集于英国殖民地，以躲避旧世界的纷争，大西洋沿岸的13个自治殖民地的人口、财富和自我意识迅速地增长。然而，在它们的第一次立法中，弗吉尼亚殖民地也悲剧性地为从非洲来的奴隶开启了通道。英国最终扫除了法国在北美的政治统治。但是，恰在英国胜利之时，美洲殖民者也就不再需求英国的保护了。这种情况加上不断增加的税收将13个殖民地推向革命。美洲殖民者——汲取来自洛克和孟德斯鸠、来自《圣经》的和古典的文献——发展出来的政治观念,产生了一次与欧洲的启蒙运动相匹敌的美洲启蒙运动。

## 1. 来到美洲

马萨诸塞湾殖民地的第一块国玺上刻着的那位近乎裸体的印第安人在恳求,"快来!帮助我们"[1]。他在召唤那些仍在英国的新教徒勇于面对穿越大西洋的危险——那时的暴风雨与现在的一样。这个印第安人要求的是基督徒的福音。福音是一种有力的交际工具,有些人会认为是一种巧妙的宣传。当然,这个吸引人的印章是英国人雕刻的,并向其他英国人呼吁。如我们将看到的那样,在短短几年的时间里,马萨诸塞的朝圣者和新教徒、弗吉尼亚其他的英国定居者,将经历一个从被土著人欣然接纳到与许多土著部落无情残杀的过程。经过了第一个感恩节一起烤野火鸡之后,英国人和一些好战的印第安人部落很快就相互焚烧对方的住所了。在这个过程中,新教的英国人与北美部落的遭遇,几乎重复了天主教的西班牙人和葡萄牙人在中美洲和南美洲的经历。虽然法国与土著人的关系一般要好一些,很多勇敢的耶稣会教士也遭受了被土著人残酷地折磨致死的损失。

随着1588年西班牙无敌舰队被英国人击败,西班牙人觉得很难保护他们在新世界富庶的殖民地了。梅内德·德·阿维尔(Menendez de Aviles)1566年在东佛罗里达建立了圣奥古斯丁(St. Augustine),意在保护那些满载宝物经常行驶于墨西哥、加勒比群岛和西班牙之间的大帆船。现在,英国"海狗们"形成了经常性的威胁。这些果敢的船长们将西班牙船看作丰富的奖赏,而且很容易得到。

但是英国人远不止于海盗行为。他们在扎根。英国殖民的最初尝试是由精力旺盛的沃尔特·雷利（Walter Raleigh）爵士推动的。作为伊丽莎白时代及其所蕴含的浮华、充沛和新发现的自信的典型，雷利是一个能写诗、演奏乐器，跳起舞如同舞剑决斗一样的人。根据史学家戴维·哈克特·费希尔（David Hackett Fischer）描述，雷利是一个相当显赫的人：

> （他）走过或步子相当不稳地穿过那个污秽和不幸的世界，身上的服饰包括红色的高跟鞋、白色丝绸高筒袜、绣着珍珠的白缎子紧身上衣、一串大珍珠项链、一种上过浆的宽而硬的轮状领（脖子不舒服），装饰花边的袖口很宽大，能将他的手隐藏在蓬松如云般的奢侈服装中。他的装束完成于一根在他的海狸帽子上晃动的时髦的鸵鸟羽毛。雷利在某一场合佩戴的珠宝据说值3万英镑——比美洲一些殖民地的资本资产还多。[2]

要记住，他不是女王。

英国人将美洲纽芬兰和佛罗里达之间的沿岸地带称作弗吉尼亚（Virginia），以称颂伊丽莎白一世，这位处女女王。尽管她贞洁，伊丽莎白女王却对英俊和打扮漂亮的年轻男子如雷利特别青睐。她非常讨厌其貌不扬的男人。她禁止她的王室法庭任用那些因脸上有麻点而毁容的人或呼吸有异味的人——在那个还没有疫苗接种和牙刷的时代，这些是很普遍的。伊丽莎白本人因天花而落下不少疤痕，但被她用蛋壳做成的浓厚的化妆品巧妙地掩盖了。随着她年老，装扮她的红色假发、厚厚的化妆品面膜、很多的珍珠和其他的宝石项链，特别

第二章　山巅之国（1607—1765）

是每天在一千多件长外衣之间挑选，占用了她越来越多的时间。她竭力要打造一个神奇的"荣光女王"（Gloriana）形象——永远年轻的、永远有吸引力的、永远迷人的——假设你不是过近地看。雷利和其他野心勃勃的年轻的廷臣非常热衷于与明显伪装的"好心的女王贝斯"相陪伴。

大胆而有魄力的沃尔特爵士没有去美洲。他带领一群投资者，他们想用在新世界获取的利润来支付他们在宫廷的所有时髦活动。投资的利润是不确定的，失败将导致贫困和因债务而坐牢。雷利的定居点罗阿诺克（Roanoke）在今天北卡罗来纳沿岸附近，仅仅5年就完全消失了。这个殖民点因西班牙侵略（Merrie），英国的持续威胁，中断了与母国的联系。罗阿诺克殖民点不能生存下来。当一艘英国援救船终于在1590年抵达时，水手们发现整个定居点——包括第一个生在新世界的英国幼童：弗吉尼亚·戴尔（Virginia Dare）——已经不存在了。只有刻在树干上的那个字"克罗托恩"（Croatoan），显示着欧洲人曾在此地留下足迹。它的意思至今还是一个谜。

尽管早期阶段令人沮丧，英国人还是坚持着。1603年伊丽莎白女王去世之后，苏格兰国王詹姆斯·斯图亚特（James Stuart）登上了王位。他的统治开始了英国一个世纪之久的纷争和动乱，在这个阶段，英国爆发了一场内战，目睹了一位国王被斩首，这位国王的长子恢复了王位，但他的次子则被废除王位和流放。斯图亚特王朝这些动荡年代的影响波及美洲。

至1607年，伦敦弗吉尼亚公司凑集了足够的投资者，这些人愿意承担巨大的机会风险，寄希望于从美洲的新殖民地获取利润。他们投资于三艘小船——苏珊·康斯坦特号（Susan Constant）、平安号

（Godspeed）和发现号（Discovery），准备在冬季开始一次穿越大西洋的危险航行。在船长克里斯托弗·纽波特（Christopher Newport）的指挥下，这支载有120名船员的英国船队向西起航了。

他们登陆了，但开始很不顺利。以他们国王的名字命名他们第一个殖民点，1607年春，詹姆斯顿的定居者开始建造一个村庄，它要能抵御西班牙袭击者和印第安人。在詹姆斯河上的这座堡垒里的第一批定居者中几乎没有人懂得种植知识，首次对所有食物和物资的集体分享几乎使他们饿死。疾病——疟疾、伤寒、痢疾和黄热病——是在这片沼泽般湿地上定居的直接结果。随着许多人的死亡和纪律的松弛，似乎这种尝试也要失败。[3]最初这几年被称作詹姆斯顿殖民地的"饥饿时期"。

这时约翰·史密斯（John Smith）船长来了。他迅速地为这个殖民地制定了严格的纪律，抛弃了没有效率的分享制度，恢复了刺激努力工作的规定。他说服殖民者种植玉米，这种作物从长期看有助于解决食品短缺问题；同样是一英亩地，印第安人的玉米产量比其他任何谷物都多。[4]这位年轻而大胆的史密斯是一个英国爱国者，"为什么勇敢的西班牙战士能夸口说：'太阳在西班牙领地永远不落，但却只照耀在我们为我们的国王所征服的这部分或那部分领土上？'"[5]史密斯决定为他的国王而奋斗。他顺利地与酋长波瓦坦（Powhatan），一位阿尔冈钦（Algonquian）印第安人的首领谈判。1608年，根据传说，酋长年轻的女儿波卡虹塔丝（Pocahontas）救了史密斯的命，当时他惹恼了她的父亲。[6]

她名字的意思是"小风流"，这个精力旺盛的年轻姑娘恰如其名，她可以如此嬉闹，在詹姆斯顿英国人驻地，赤裸着在看得目瞪口呆的

## 第二章　山巅之国（1607—1765）

士兵面前侧翻跟头。[7]但她迷恋的不是史密斯。波卡虹塔丝挑逗的是英国人约翰·罗尔夫。她在皈依了基督教并接受洗礼后，与罗尔夫结婚了。与罗尔夫一起，她乘船来到英国。在那里，她被引见给国王詹姆斯和王室法院。[8]1617年她死在英国，被葬在格雷夫森德，引起大西洋两岸的诚挚哀悼。史密斯船长留下了也许是最好的颂词，当时他说，她是"使这个殖民地免于死亡、饥馑和彻底失败的工具"[9]。至今，我们还能看到这位生机勃勃的、非常聪慧的姑娘，透过伊丽莎白时代流行的夫人服饰的外观，在她那拘谨的标准肖像画中凝视着我们。

当史密斯船长因一次受伤而回英国时，一些不那么能干的人接替了他。因缺乏秩序，詹姆斯顿殖民地近乎陷入崩溃。这一次是罗尔夫拯救了这个殖民地——通过在1612年引进当时新世界另一种主要的作物：烟草。[10]他引进了一种非常有名的温和口味的品种（*Nicotina tobaccum*），是他从西印度群岛以种子形式带回来的。[11]弗吉尼亚附近的土著人种植的（*Nicotina rustica*），是一种更为粗糙的品种。罗尔夫很难让国王高兴，因詹姆斯非常讨厌烟草。他甚至写过一本小册子，题目为《对烟草的强烈反对》，谴责烟草消费为"一种使眼睛讨厌，让鼻子仇恨，对大脑有害，对肺有危险的习惯"。因此，詹姆斯成为历史上最早反对吸烟的讨伐者之一。但是，钱就是钱，国王詹姆斯的强烈反对似乎并没有影响到烟草贸易的繁荣。10年内，弗吉尼亚殖民者输出给英国的烟草多达4万磅。[12]

烟草种植对弗吉尼亚和南部的发展产生了深远的影响。英国诸岛和欧洲的年轻男女非常愿意到美国开始一种新生活，他们会签署一份合同，作为契约劳工在新世界以5至7年的劳役，换取他们穿越大西洋的船费。17世纪弗吉尼亚的早期定居者绝大多数是白人契约劳工。

但是，烟草需要精耕细作。一旦他们的劳役期满，这些契约劳工都热切希望摆脱这种紧张压力和使人疲惫不堪的劳动。劳工的缺乏刺激了一种对更为长久性的劳动力的欲望——来自非洲的奴隶。1671年，威廉·伯克利爵士名册上有契约劳工约8000人，奴隶2000人，自由人4.5万人。[13]在几十年内，奴隶就开始超过从英国来的契约劳工了。这就是美国悖论的核心。契约劳工更好的环境和更多的自由，只有以无辜的非洲人做奴隶为代价才能得到。

烟草种植还导致了"地荒"，因为这种作物极大地消耗了土地的养分。弗吉尼亚人不断地寻找新土地来扩大他们的土地占有，而这种持续的攫取新土地是与印第安部落大量冲突的根源。

史密斯船长与土著人建立良好关系的努力在开始阶段是成功的。史密斯对印第安人的文化表现出真诚的兴趣，在他1616年《新英格兰描述》一书中对此有尊敬的评论。[14]但这些良好的关系没能持续。如同欧洲人被分成很多激烈竞争的国家一样，当西班牙、法国和英国之间的敌对扩及美洲时，印第安人部落之间也相互对立。经常发生的是，与一个部落表示友好的尝试，会被这个部落的印第安敌人视为一种挑战的姿态。[15]

1619年，三个事件的发生决定了弗吉尼亚的前途。一是英国妇女到达詹姆斯顿，使这个殖民点开始从一个边远的贸易基地转向一个真正自我维持的社会。二是从一艘荷兰船上走下来的20名非洲人开始他们在美洲长期"没有报酬的苦力"生涯。三是根据伦敦的弗吉尼亚公司的指示，殖民地人选举出新世界第一个殖民地议会的代表。1619年7月30日，弗吉尼亚议会开会。22位代表由全体殖民地17岁以上的男性自由民选出。对这一时期而言，这是一种特殊的民主程序。从这时起,弗吉尼亚人主要由他们自己选举的议员依据英国普通法进行管理。[16]

伦敦的弗吉尼亚公司里改革型领导人对这个殖民地严重依赖烟草表示出严重的关切。他们鼓励殖民者种植更多的和不同的作物,并着手使地方经济多样化。然而,1622年,印第安人袭击了当地的一名铁工,战斗波及整个广阔的殖民地。三百多名定居者——男人、妇女和儿童——被屠杀了。这次大屠杀导致了王室直接控制殖民地的主张。[17]国王任命了一位皇家总督。然而,总督没有解散殖民地议会或使殖民地自治进程倒退。

在与印第安部落的那些最初冲突中,英国人有三种独特的优势,那就是他们在政治上是团结的,有数量上的优势,还有使用火器的经验。这些优势一次次地压倒了印第安人对森林和河流的熟悉、他们尚武的文化和他们典型的令人惊奇的打了就跑的战术。

## 2. 大迁移

约翰·史密斯船长于1614年探察弗吉尼亚北部未开垦的地区,他写给英国的报告是热情的。虽然他对伦敦公司的商业冒险没有兴趣,但这并不意味着他的报告没有被读过。当英国的脱离国教派和清教徒开始寻觅一个宗教避难处时,他们很自然地想到了西边的美洲。

伊丽莎白女王的长期统治(1558—1603)意味着英国是一个新教国家。她成功地使欧洲的天主教国家陷入困境——援助法国信奉新教的胡格诺教派,资助荷兰新教徒反对他们西班牙统治者的反抗——使她在国内的地位没有挑战。她击败了西班牙的无敌舰队是新教主义最大的世界性胜利。当大风刮起使西班牙舰队溃散时,英国人看到了其中的上帝之手。伊丽莎白定购了一枚铸就的大纪念章,上面刻着"上帝吹风,他们就不见了"。

随着詹姆斯一世(James I)的登基,英国新教社会中的分歧开始动摇着这个王国的统一。这位苏格兰国王在许多英国信徒中没有什么个人威望或忠诚。他缺乏伊丽莎白的魅力、优雅和才智。他有学识,但不能运用其才识。因其冗长乏味的那些说教,他被一些人称为"基督教世界里最聪明的蠢人"。甚至他发起出版极为重要的詹姆斯版《圣经》——世界文学的杰作之一,与莎士比亚著作齐名,英国文学最伟大的成就——也没有使他在更为严峻的英格兰清教徒民众中赢得什么声望。詹姆斯试图将所有新教徒置于英格兰国教的"大帐篷"下。他说,他们将遵奉国教,"或者,我将把他们赶出这个国家"。

他确实迫害了清教徒。清教徒是安立甘教会中的一些信徒,他们在试图留在国教内的同时,还想"纯净"国教中那些他们认为是腐败的成分。脱离国教派是清教徒中那些想与国王的教会明确决裂的人。他们认为英格兰教会已经不可救药地腐败了,并极度怀疑被国王控制的整个主教和红衣主教组织。

清教徒倾向于接受更多的教育。他们在牛津和剑桥大学的势力尤其强,比伦敦市的商人更为成功,而且,一般而言,与英国社会有更多的利益关系。脱离国教派从农民、工匠和社会下层中吸收他们的成员。清教派领导人可以读写拉丁文和希腊文不是什么稀罕事,而且这两个团体对英文的读写能力也非常高,这对阅读《圣经》是绝对必需的。

不堪被国王的势力所骚扰,脱离国教派的一个团体在 1609 年离

## 第二章 山巅之国（1607—1765）

开英格兰，来到荷兰。他们利用荷兰对异端有更多的宽容，定居在莱顿的大学城。然而，10年后，这些离乡背井的英国人开始忧虑他们正在失去他们的特性。他们开始考虑在新世界建立一个他们自己的神圣家园的可能性。这个脱离国教派的小团体，自称英国清教徒，乘坐一艘"五月花"号（*Mayflower*）\*英国小帆船驶向美洲。

他们因暴风雨偏离了航线，在今天马萨诸塞沿岸的波士顿以南登陆了。很快，这一地区被称作新英格兰。1620年11月11日，在近海上抛锚后，这一小群人在登岸前谨慎地签署了一份被史书称作《五月花号公约》的文件。在这份公约中，这些人同意他们将如何自我管理。在"五月花"号上的102名乘客中，有41人在这份文件上签名。[18]他们在公约中宣布，他们的目的是在新世界建立一个殖民地——"为了上帝的荣耀，基督徒信仰的弘扬，和我们国王与国家的荣誉"。通过订立这个契约，他们立誓用这个约定来保证，共同建立他们愿意生活于其下的一些规则。这是在新英格兰最初的自治努力。

这份公约的文本涉及了"我们敬畏的国王陛下詹姆斯"，称他为"上帝保佑的"国王，甚至用他的头衔"信仰的捍卫者"来称呼他。这些人称自己为国王陛下忠实的臣民。他们似乎没有觉得这件事有什么矛盾之处，即他们在冬季漂洋过海，明显是为了躲避这同一个"敬畏的国王陛下"的迫害。他们完全可以待在英格兰的家中，去国王的教会安静地遵奉国教，并说服他们自己，这样做是为了更大的利益。在经历了这次航行的人中，至少有一半在次年的饥馑和疾病中死去。

---

\* 五月花号有多小？她有4个桅杆，6个与桅杆垂直的帆，106英尺长，25英尺宽，排水量236吨。

然而，他们要承担如此风险的决心和意志是那么坚强。当第二年春天，"五月花号"准备返回英国时，没有一个人愿意随她回国。[19]

将他们的殖民点称作普利茅斯，这个名字是由约翰·史密斯船长在更早时候命名的，这批最早的殖民者在春天为了秋天的收获而开始耕种。他们得到一名讲英语的印第安人的帮助，这位叫斯夸托（Squanto）的土著人教他们如何种玉米、如何捕鱼。[20] 没有斯夸托慷慨的帮助，所有这些最初的殖民者早就死了。

很快地，1621年3月，这些殖民者与马萨索依特（Massas-oit）——万班诺阿格（Wampanoag）部落的酋长签订了一项条约。这份条约延续了下来。在条约中约定，定居者和印第安人立誓要相互友好和支持。[21] 后来证明，这个条约对这个年轻的殖民地在1636年与皮阔特（Pequot）人战争时，能够幸存下来是必不可少的。由于这个条约，万班诺阿格人没有参与这场冲突。

至1621年秋，一次丰硕的收获以一场三天的宴会达到高潮。万班诺阿格部落酋长马萨索依特酋长带来90名勇敢的印第安战士参加竞走、摔跤和吃的欢庆。鹿、火鸡、鸭、可捕猎的鸟、野兔、鱼和其他丰富的食物——很多是英国殖民者没见过的——构成了这第一个感恩节的伙食。设想一下，仅凭几个月内建立的信任和友谊，得需要多大的勇气才敢邀请90位强壮的战士进入他们的居住地，要知道这些战士可以很容易地制服和消灭这个小社区。难怪这些早期的殖民者感谢上帝使他们这群人能够生存下来。同样不足为怪，美国人此后在这些早期殖民之父留在普利茅斯岩石上的脚印中，发现了一种灵感的源泉。正如阿列克西·德·托克维尔在1835年写道："这里有一块岩石，上面有一些被放逐者偶然踩上的脚印，这石头变得有名了，它被一个伟大的国家所珍惜,就是它的粉尘也作为一种纪念物来分享。"[22]

一年之内,这些早期移民选出威廉·布雷德福(William Bradford)担任总督。这个年轻人只有31岁,在"五月花"号上失去了他的妻子。他于1623年再婚,这成为举办另一次盛宴的机会,如同最初印第安人参加的那个感恩节。一年后他再次当选并一直管理着这个小殖民地,直到他1657年逝世。布雷德福在荷兰是一名丝织工,会讲荷兰语和法语。他熟练地运用这些语言代表着这个殖民地。当一个法国天主教教士从加拿大来到普利茅斯寻求援助以防御易洛魁人时,他很惊奇他受到布雷德福的欢迎,布雷德福对他的客人表现出非常的尊敬和体谅。

> 这个地方的总督,名叫琼·布伦特福德(威廉·布雷德福),彬彬有礼地接待了我,并安排在次日接见了我,还请我吃了一顿有鱼的正餐,这是为我准备的,他知道那天是星期五[\*]。我对这个殖民地有相当的好感,因为有一些农民——还有船长托马斯·威利茨(托马斯·威利特)——对总督说赞同与我谈判……[23]

很快,在马萨诸塞有更大一群移民者加入了早期殖民者的行列。英格兰的新国王查理一世,加剧了对所有异端特别是对清教徒的迫害。1630年,有17艘船,一千名男子、妇女和儿童驶往美洲。[24]这种活动逐渐被称作大迁徙。律师约翰·温思罗普(John Winthrop)带领一些人乘坐在阿贝拉号(Arbella)上,这群人中不仅将受过教育的异端

---

[\*] 在当时,天主教徒在星期五不准吃肉。

聚在一起，而且，温思罗普还知道他来到荒野的使命将具有世界意义。温思罗普的布道是美洲历来最富使命感的传道之一，有一次他说："我们将成为一个山巅之城，所有人的目光将注视着我们。"[25] 在他们落脚新世界之前，这些清教徒就很确信，他们新的"圣经之国"（Bible Commonwealth）将使他们成为世界关注的中心。[26] 他们将耶稣在山巅训诫中的话运用于他们自己。

然而，在他们典型的自我批判方式中，这不是空洞的自夸。这些清教徒每天都要同他们的良心、同他们自己深重的罪恶感做斗争。温思罗普对此表述得很明确。他警告他们，一旦他们不再坚持上帝的法律，他们将成为"各国之间的一个笑柄"。清教徒很明白这意味着什么。他们从心里懂得的不仅是《新约全书》有希望的承诺，而且同样有《旧约全书》中严厉的警告。在《旧约全书》申命记中，摩西警告以色列的儿童说，如果他们背弃生活中的上帝，他们将成为弃儿。[27] 因此，从最早的时候起，美洲殖民者就肩负着这种承诺与风险。

阿贝拉号不同于简陋的、脆弱的小船"五月花"号。它是一艘豪华的、高傲的正规军舰。它装备了28门炮，并以此来执行和接受海军礼炮仪式。[28] 更富深意的是，阿贝拉号的船头雕饰——即在这条船首上的巨大的雕刻的形象——是一只巨大的鹰。[29]

我们将有很多机会评论美国历史中令人嘲讽的现象。[30] 这里有一例：这些清教徒想要"纯洁"他们自己的英国新教教会，祛除罗马天主教的各种"装饰"。他们牧师的长袍上没有饰带、没有精致的金十字架。首要的，没有耶稣被钉在十字架上受难的图像，没有圣母玛利亚和所有圣徒的偶像。然而，我们这里看到，这些圣徒在穿越大西洋的航行中却以一只鹰的雕像指引着航向。

## 第二章 山巅之国（1607—1765）

在 1630 年登陆后不久，这些清教徒将他们马萨诸塞湾公司的特许状跨海带到他们的新家园。这是走向独立的最初一步。至 1634 年，总督温思罗普扩大了能够参加殖民地议会选举的人数，使其实际上包括了所有教会成员中的成年男子。因此，从一开始，美国人就形成了自治政府的习俗和经验。

波士顿很快成为美洲最大的城市，大到可以维持一所大学。哈佛大学建立于 1636 年，其目的希望将年轻人培养成牧师，教他们学习拉丁文和希腊文，确立他们的清教观念。清教徒懂得，他们清教主义庄严的思想形式需要一种坚实的学术基础。他们认为《圣经》是上帝的话，阅读、了解和解释《圣经》需要认真的准备。哈佛的责任就是将这些神圣的真理传授给成长中的一代。因此，哈佛的格言——真理（*Veritas*）——意为使人自由的那种拯救的真理。

"老骗子"（The Old Deluder）是清教徒对魔鬼的称呼。为了使他们的孩子远离魔鬼的陷阱，马萨诸塞议会在 1647 年通过了《老骗子法》。这个法律规定，每一个有 50 户以上家庭的乡镇要雇佣一位指导老师，以确保孩子们学习阅读和写字；有 100 户以上家庭的镇要开办一所语法学校。[31] 因此，从最早的时期开始，马萨诸塞就制定了很高的文化和知识标准。《新英格兰识字课本》是一种普及教育的工具，一直被很好地使用到 19 世纪。[32] 透过它严厉的告诫，我们得到了这些清教徒道德的真诚和严肃的现实主义的一个印象。

A 在亚当的堕落中，我们都有罪了。

B 你的生命要改善的，正是本书所关注的。

C 猫会玩耍，然后死去。

D 狗会在夜里咬小偷。

E 鹰会飞上云霄。

F 无所事事的蠢人会在学校挨鞭子。³³

　　认真地学习《圣经》并没有消除冲突。正是这些不同的观念导致了最初的纷争。对教义的分歧使清教领袖驱逐那些异端，如罗杰·威廉斯（Roger Williams）和后来的安妮·哈钦森（Anne Hutchinson）夫人。威廉斯于1644年在罗得岛纳拉甘西特湾（Narragansett Bay）建立了另一个殖民地。普罗维登斯（Providence）注定要成为一个异端的避难所，为诸如哈钦森那样逃离波士顿严厉的清教统治的人。威廉斯说："强制的礼拜使上帝厌恶。"³⁴ 他大胆的立场在后来的几个世纪中激励着那些热爱宗教自由的人。

### 3. 扩大英国统治

　　马萨诸塞湾不是唯一驱逐宗教异端的殖民地。当乔治·卡尔弗特（George Calvert）爵士，第一位巴尔的摩勋爵，皈依了天主教后，弗吉尼亚当局命令他离开。他请求国王查理一世给他一份在切萨皮克湾（Chesapeake Bay）北岸建立一个殖民地的特许状。尽管巴尔的摩勋爵在马里兰殖民地特许状被批准前就死了，但这份特许状最终还是在1643年*授予了他的儿子塞西莉厄斯（Catholics）。马里兰被计划为一

---

＊ 对多疑的英国清教徒，马里兰的天主教创建者说，他们是根据女王亨里埃塔·玛丽亚（Henrietta Maria）命名其殖民地的，但他们自己则认为，马里兰是纪念圣母玛利亚的。

第二章　山巅之国（1607—1765）

个获利的企业，但它也被期望成为一个天主教徒的避难处。然而，尽管如此，绝大多数的马里兰殖民者是新教徒。卡尔弗特最初试图要保障《宗教宽容法案》那样的宗教自由——即赋予所有的基督徒以宗教自由——只取得了有限的结果。*新教的小土地所有者反对天主教的地主统治，废除了这个法令。³⁵

在这些英国人控制的沿海地区之间，荷兰和瑞典建立了两个小殖民地。新荷兰坐落在赫德森河（Hudson River，有译为哈得孙河）两岸，首都在曼哈顿岛上，他们称作新阿姆斯特丹。彼得·米努依特（Peter Minuit）依据荷兰新印度公司的指示，从卡纳西（Canarsie）印第安人那里买下曼哈顿岛，花了60盾——相当于23.7美元（该岛地产今天值600亿美元）。吸引荷兰人到新世界的是希望从皮毛贸易中获取巨额利润。³⁶他们的定居点紧靠着以著名的探险家亨利·赫德森（Henry Hudson）命名的那条河的两岸，赫德森是一位英国人，曾经为荷兰航行（赫德森用自己的名字命名这条宽广的河流。在另一次探索通向印度的西北航线时，他发现了赫德森湾。他的船员发生叛乱，将他放逐在一条小船上，然后，他经历了一种痛苦的死亡）。很快地，新荷兰的荷兰商人通过对英国商人抬高物价和廉价出售等手段，将英国商人排挤出去。³⁷

当专制的、装假腿的彼得·施托伊弗桑特（Peter Stuyvesant）接任新荷兰总督后，他在1657年命令在曼哈顿南部修建9英尺高的墙以保卫这个居民点。那条顺着这些防御墙延伸的街道，后来成为世界闻

---

\* 明显地，要求宽容所有的基督徒是天主教徒的自身利益。他们意识到不久他们将在人数上被超过。但这种开明的自我利益经常是明智和自由的开端。

名的华尔街。施托伊弗桑特是一个很严肃的人，他用武力接管了位于今天特拉华州威尔明顿（Wilmington）附近的瑞典殖民点。

那些曾经在他们声称有权利的土地上抗议荷兰第一个殖民点的英国人，在17世纪中期的几十年间，因新教徒反叛和他们自己的内战而心烦意乱。国王詹姆斯一世试图强制推行统一的宗教信仰和没有议会的统治而招致暴乱。奥利弗·克伦威尔，一个地方的地主阶级领导人，组织一支军队反对国王。从1642到1648年，议会军队——因他们的头发剪得很短被称作圆颅党——与被叫作骑士党的王室军队作战。当国王被最终打败时，克伦威尔及其部下的清教领导人发誓要以叛国罪审判国王。一些清教徒不同意这种没有先例的行动。国王查理不断地试图越狱，以及他与外国国王的联盟和他的背信，导致克伦威尔宣布："我们打算砍掉国王戴着王冠的脑袋。"因此，1649年1月，英格兰在短期成了一个共和国，清教徒领导人称其为共和政体。*

议会战胜了皇权专制主义的力量。但当议会本身变得不好控制，分裂为尖锐对立的派别时，克伦威尔抛弃了它，然后像一个军事独裁者那样统治英国。他自称为护国公。随着1658年克伦威尔死去，清教徒要立他的儿子理查德为护国公的企图很快失败了。英国人厌倦了清教徒的严厉，迎回了流亡的查理二世。1660年，英格兰又成为一个君主国。英格兰也许永远不再有一个共和政府，但从这时起，国王和女王都必须认真地对待议会的作用。

英国恢复了君主制之后迅速地采取行动沿着纽芬兰和佛罗里达之

---

\* "没有国王，只有耶稣"，更为激进的共和国拥护者叫喊着。这些被称作平等派的人相信，任何形式的君主制或贵族制都违反上帝的法律。在一个共和国中，所有国民在法律面前一律平等。

间的大西洋海岸重建他们的权威。他们在1664年派出一只小舰队出击新阿姆斯特丹。当英国舰队出现在曼哈顿附近时，彼得·施托伊弗桑特没有什么选择，只得投降。西奥多·罗斯福（Theodore Roosevelt）家族也在荷兰的大庄园主之列——赫德森流域富有的农场主——它在荷兰和英国统治时都持续地保持着权势。罗斯福写道：

> 对新阿姆斯特丹的远征是由约克公爵，即后来的国王詹姆斯二世组织的，因其作为特殊的资助者，为了向约克表示敬意，这个城市被冠以他的名字。至今这个地名永久性地记忆着这个阴郁、残酷而固执的人，随着他短暂统治的终结，斯图亚特国王们不体面的血统结束了。

罗斯福的话很坦率。实际上，约克公爵在纽约的政府相当开明。荷兰人曾容许英国移民和法国胡格诺教徒在他们的殖民地定居，只要他们还能总体上保持这种控制。在1500名殖民者中有多达1/3的人不是荷兰人。在这个新的英国殖民地的统治下，宗教和语言的自由被延续下来。英国的赞助者们没有什么好抱怨的。当1673年荷兰人短暂地收复了这个殖民地时，他们的统治只维持了一年。荷兰人希望放弃纽约换取英国在加勒比地区的让步，因为那里的殖民地当时被认为更有价值。在纽约的荷兰大家族——范·伦赛勒（Van Rensselaers）家族、斯凯勒（Schuylers）家族和罗斯福家族——继续在这个国家和民族生活中发挥着重要的作用。

然而，英国人接管纽约的重要性很难被高估。新英格兰已经结成了一种联盟，为了对外的目的，联合了赫德森河北部和东部的英国殖民地。没有纽约,英国的殖民统治随着弗吉尼亚和马里兰从新英格兰中被分割出来,可能会崩溃。只要纽约稳固地在英国的统治下,一个大陆的邦联就逐渐地呼之欲出了。

在君主制复辟后,英国出现了一个新的教派:公谊会,也被称作贵格派(Quakers),因为他们中的一些人有非常强烈的宗教情感,在礼拜仪式中他们的确颤动起来。贵格派遭受英格兰教会当局的迫害。贵格派是和平主义者,拒绝拿起武器或支持战争。他们拒绝宣誓,也不引用耶稣的话,因此与法院制度发生冲突。或许因为镇压(无数人被囚禁),贵格派运动传播开来。当那个著名的海军上将威廉·佩恩(William Penn)爵士的儿子皈依了这种新的信仰后,他的父亲发怒了。但父子俩和解了,年轻的威廉·佩恩申请一份在美洲建立领主殖民地的特许状。特许领主殖民地是一种王室赋予权力于一个富裕的个人或家族,为了获取利润而建立的殖民地。佩恩想使他的领地成为其贵格派教友的一处避难所。佩恩访问过德国并呼吁那里的另一个和平主义的基督教派移居,一同加入他的神圣试验。[38]

宾夕法尼亚(佩恩的森林)立刻取得了成功。佩恩对宗教自由的保障在当时世界上是最具包容性的政策之一。天主教、路德教、浸礼派、长老派和甚至安立甘派(英国国教徒)都愿意到这块富饶的土地上定居。至1700年,宾夕法尼亚有多达21 000名定居者。[39]尽管讨厌的事在增多,但这个殖民地确实是第一个特意包括多样性人口和给予最宽容的宗教和政治平等措施的社会。殖民地首都——费城("兄弟之爱的城市")——成为一个繁荣的大都市,很快成为殖民地中最大的城市。这样一个社会的榜样——和平地生活,没有绝对的王权或一种国立宗教——启发了法国哲学家伏尔泰。[40]

尽管伏尔泰对费城仅有些模糊的观念，他还是正确地看到一个蓬勃发展的吸引了苏格兰、爱尔兰和德国大批移民的殖民地。此外，还有荷兰人、瑞典人和犹太人，美国开始"看上去像美国了"。

### 4. 英国与法国：争夺大陆

英国议会1707年合并法令正式将苏格兰和英格兰组成一个联合王国。因而，大批苏格兰人与他们的同胞一起来到新世界的英国殖民地。当英国殖民地沿着大西洋沿海地区迅速扩张时，法国则深入地渗透到加拿大内地。在勇敢的塞缪尔·德·尚普兰（Samuel de Champlain）的领导下，法国的目标是通过皮毛贸易赚钱和改变印第安人的信仰。尚普兰在1603—1633年间所进行的跨越大西洋的航行冒险不下20次。[41] 1608年，他建立了魁北克城。从这个前哨基地出发，捕猎者和商人的活动范围进入到这片内地大陆的深处。在英国人接近阿巴拉契亚山脉的顶端以前，这些冒险的法国加拿大人已远行至达科他（Dakotas）地区。[42]

尚普兰的观念远远领先于其所在的时代，他视加拿大为新法兰西，即在新世界建立一个独特理想的社会。但是，在凡尔赛的王室政府不愿意将政治的和宗教的异端，甚至罪犯送到新法兰西定居。因此，法国殖民地从没有产生如大规模的英国移民在大西洋殖民地那样的影响。这种情况也使得法国与印第安部落能维持一般而言的更好的关系。他们的定居点基本是贸易站，对印第安人的生活方式侵扰较少。不同于英国人，在他们那里，约翰·罗尔夫与波塔虹塔丝的婚姻是一个例外，而法国皮毛商（coureurs）则更愿意娶印第安人为妻。

法国传教的努力在休伦（Huron）印第安人中取得了显著的成功，

但在易洛魁联盟那里引起了敌意。耶稣会年轻热情的天主教牧师在各部落之间特别活跃。艾萨克·若居（Isaac Jogues）神父 1636 年从魁北克城踏上冒险生涯。他深入内地 1000 英里宣讲福音，如史学家乔治·班克罗夫特写道，"比（新教传教士）约翰·埃利奥特（John Eliot）向距波士顿港 6 英里处的印第安人传道早 5 年"。[43] 他打算使苏必利尔湖附近的印第安人皈依，并派传教士到遥远的达科他地区的苏族人中去。

但是，艾萨克·若居大胆的计划并没有实现。他在 1642 年成为易洛魁联盟莫霍克人（Mohawks）的俘虏。他在距奥伦治堡（Fort Orange，今天的奥尔巴尼）荷兰人居民点 40 英里处被抓获。若居受到折磨并被奴役了几个月，最终他逃脱了。他逃到新阿姆斯特丹，在那里受到荷兰人的友好招待。在他返回法国途中，若居被当作现实中的拉扎勒斯（Lazarus），即一个死而复生的人。他在法国引起轰动。虽然，他的好几个手指被捕获他的人吃掉了，教皇还是允许他主持弥撒。*

若居神父不顾他的伤情回到加拿大，1646 年再次作为一名传教士来到莫霍克人中间。作为他曾备受磨难的一种成果，他掌握了几种印第安人的语言。开始，曾囚禁他的人对他很好。然而，很快，部落中流行疾病，庄稼长势也不好了。一些莫霍克人将这些现象归罪于"黑袍人"——这是印第安人对耶稣会教士的称呼。若居和一位同伴再次被囚禁。若居被剥光衣服，遭到毒打和用匕首乱刺，后被带到一个印

---

\* 天主教教士必须从拇指和食指之间向上扬起圣水。因此，让若居神父主持弥撒需要教皇的特许。

第安村庄。当他进入一间小屋时,被一个莫霍克人杀死了。琼·德·布伯夫(Jean de Brebeuf)和其他几位年轻的耶稣会教士也有非常相似的命运,这些事件使天主教会宣布艾萨克·若居和他的教友们为殉道者和圣徒。[44]

法国控制着北美大陆的内陆水道。探险者——(他们继皮毛商之后)——驾驭桦树皮独木舟的技巧与印第安人几乎不相上下。1682年,西埃·德·拉萨尔(Sieur de La Salle)完成了一项不可思议的功绩:他划船顺密西西比河航行到今天新奥尔良以下的地方。拉萨尔声称这整个地区归法国所有,并以国王路易十四命名之——路易斯安那。[45](他的第二次航行到达得克萨斯沿岸,拉萨尔被他自己的人所谋杀,那些人后来又被科曼奇(Comanche)部落的人屠杀了——这是探险仍然有危险的一个例证。[46])

法国想要控制密西西比河的一大支流——俄亥俄河。这一地区富产毛皮。为了达到这一目的,他们必须赶走英国。在印第安人盟友的帮助下,法国发动了对邻近殖民地的袭击。新法兰西的总督是残忍的路易·德·布阿德,弗隆特纳克伯爵(Louis de Bouade, the comte de Frontenac),在1690—1692年间,他利用印第安人武装恐吓纽约和新英格兰边界上的英国殖民点。弗隆特纳克伯爵认为,如果他能够使英国殖民点的人感到恐惧,他们就不会向西迁徙到俄亥俄河流域。屠杀妇女和儿童,连带着剥取头皮和折磨受害者,加深了这两个国家间的怨恨,尤其是它们的殖民地人的相互仇恨。[47]

早期殖民者如约翰·史密斯船长、威廉·布雷德福总督和威廉·佩恩领主与他们的印第安邻居的和谐关系并没有持续扩展。在英国人怀着如此强烈的信念最初到达美洲不足半个世纪之后,我们看到了土著人对欧洲人以持续的、不可阻挡之势的流入的抵抗在增长。1636—1637年,新英格兰的清教徒对皮阔特人进行了一次战争。其中有一个不协调的插曲,清教徒战士们焚烧躲在居住点一个栅栏内的土著人——他们晃动着火把,同时唱着赞美诗。特别有代表性的是菲利普王,马萨索依特的孙子,在其他一些印第安人与殖民者联合起来反对他以后,被击败了。这是印第安人与印第安人冲突类型的一部分,其中不应忽视的是,在1649—1684期间,易洛魁战士击溃了休伦人,袭击了萨斯魁罕诺克人(Susquehannocks)、尼皮兴人(Nipissings)、波塔沃托米人(Potawatomi)和特拉华人(Delawares),只是在与伊利诺斯人(Illinois)作战时失败。[48] 难怪好战的易洛魁人被称作"西部的罗马人"。

英国和法国之间在欧洲的战争必然要波及美洲。菲利普王之战(King Philip's War,1675—1676)使新英格兰边境感到恐惧,使万班诺阿格人(Wampanoags)遭受浩劫。新英格兰有1/4的村庄被摧毁,每16位男性殖民者中就有一人被杀。在殖民地内的威廉王之战(King William's War,1689—1697),不过是威廉担任荷兰最高行政长官以来,威廉和路易十四之间持续冲突的继续。1688年,玛丽的父亲、詹姆斯二世在一场近乎没有流血的光荣革命中被流放后,威廉和他的英国妻子玛丽,继任了英国的王位。当威廉登上英国海岸时,他的旗帜上写着:"我将维护英格兰和新教信仰的自由。"

在加拿大的法国人为了确保圣劳伦斯河口的安全,在布雷顿角岛(Cape Breton)上修建了一个很大的要塞,叫作路易斯堡,被称为"美洲的直布罗陀"。尽管如此,它多次在英国的攻击中陷落。要塞厚实的城墙和6个武装团队的营房只是增加了失败的成本。从1721年起,路易斯堡的建筑工事持续了数年。这是一个巨大的和不实用的法国形象工程。据说身着密布刺绣服饰的路易十五曾在豪华的凡尔赛官内突发灵感，告诉廷臣们他想看看耸立在西方地平线上的路易斯堡的塔尖。攻打路易斯堡的波士顿人发现，他们可以从一个更高的地方向下炮击，削平这个大堡垒。[49]

### 5. 宗教的和思想的觉醒

在这种恐惧和危险的背景下，出现了美国历史中众多最异乎寻常和最难以置信的插曲之一。1692年，在马萨诸塞一个叫塞勒姆的村庄，有一个叫泰特芭（Tituba）的年轻妇女，有着黑人和印第安人的血统，受到巫术罪的指控。她显然受到了惊吓，供出了村里几位头面人物与魔鬼的联盟。她的话特别有分量，因为她承认她亲自与撒旦联系。很快，一些十几岁的孩子向法庭提供"鬼怪的"证据。与现代法庭认可的那类证据大不相同，这些证据由据说是这些被指控的男人和女人的魔鬼或妖灵的敌对的和不虔诚的活动所组成。权威机构相信了这些明显的歇斯底里的孩子们的证词，判决了大约20位村民，包括一名公理会牧师被用绞刑处死——另一案例中的被害者则是被用沉重的石头压死的。

与这一悲剧相伴随的是伟大的科顿·马瑟（Cotton Mather）的干预。马瑟神父是英国殖民地中最重要的博学和虔诚之人。他的著作和布道有巨大的影响。马瑟关于科学和自然的著作得到很高的评价，他是第一位被选为伦敦皇家学会会员的美洲人。但是，在塞勒姆案中，科顿·马瑟认为，鬼怪的证据是可以采信的。由于他的重要的影响，无辜的民众丧生了。

18 世纪英国殖民者是信仰多样的人。当西班牙和法国殖民地蓄意将异端们拒之门外时，英国却在欢迎各种新教徒——长老会教徒、路德派教徒、浸礼会教徒、荷兰改革派教徒、贵格派教徒、孟诺派教徒、摩拉维亚教信徒、安立甘教徒——以及不断增加的天主教徒和犹太人定居于他们在新世界的殖民地。

继令人尊敬的科顿·马瑟之后，美洲殖民地另一位最重要的人物是乔纳森·爱德华兹（Jonathan Edwards）。爱德华兹 1703 年生于康涅狄格，他受过很好的教育。他逐渐相信一种有关心灵转变的更多的要求和更强烈的宗教经验。他最有名的布道题目是《愤怒的上帝之手中的罪人》，这篇布道词维持了地狱之火对于不悔改者的恐惧，然而，他也同样强调基督的爱的转变力量。1705 年，当他探索自己更强的信念时，另一些人将他引入与他的公理会教会的冲突，他离开富裕的康涅狄格，来到马萨诸塞的斯托克布里奇（Stockbridge）。在那个边远的社区，爱德华兹为莫霍克人（Mohawks）和莫希干人（Mohegans）传道 7 年。他的牧师工作夹杂着一些成功，但他富于影响力的著述成为激励广大民众的源泉。他写的《真美德的性质》《原罪》和《意志的自由》——有些成为美洲有史以来最为深刻的神学著作。爱德华兹离开斯托克布里奇接受普林斯顿的新泽西学院院长职务，但他在一次天花预防接种引发的综合病症后不久就死去了。[50] 除了普林斯顿外，达特默思（Dartmouth）学院和布朗（Brown）大学的起源都可追溯到这一时期强大的宗教运动。

尽管爱德华兹强有力的训诫是以一种平静和交谈的口吻讲述的，然而，他的讲道却被看作是美洲宗教复兴即大觉醒运动的最初的证据之一。很多新教教派被这一运动的热情所影响,特别是在边境地区的那些社区。在那里,日常生活不仅受到印第安人袭击的威胁,而且受到疾病、野兽和作物歉收的困扰。

在当时很多被官方承认的宗教权威拒绝承认它时,大觉醒运动因一位英国传道者乔治·怀特菲尔德(George Whitefield)对聚集于露天场所民众的宣讲而得到很好的表述。在费城,当那些资格更老的教堂拒绝"热情的"怀特菲尔德时,本杰明·富兰克林安排人修建了一所会堂来接纳这位福音传播者(后来,这个会堂归属于宾夕法尼亚大学,一个非宗教的机构)。怀特菲尔德的讲道令人惊奇——一种令人兴奋和生动的演示,听讲者一次可多达2万人。从1739年费城开始,到1740年,怀特菲尔德在新英格兰73天内连续传道130场。[51] 很快,他那热情澎湃、充满激情的布道风格被称为卫理公会式的。然而,那个产生其他新派别的分裂过程还在继续。卫理公会运动始于英格兰,在安利甘教会内部,由改革家约翰·韦斯利(John Wesley)领导。在新教的北美,教会分化的过程几乎是无休止的。

然而,在到处都是派系和分裂之际,怀特菲尔德却奇怪地成为使这些殖民地统一的人物。在"被官方确立的"英格兰教会的高层人士似乎轻视怀特菲尔德热烈、激情和有力的讲道风格时,他在美洲却非常受欢迎。在母国英格兰,他也是受到煤矿工人和下层民众欢迎的传教士。[52] 他13次跨越大西洋,使无数美洲人为之倾倒。甚至,本杰明·富兰克林,这个天才的怀疑论者也被他感动了。富兰克林以其特有的睿智写道:

不久之后,我碰巧参加了他的一次讲道,在这个过程中,我看出他打算以收钱来结束他的宣教,而且我暗下决心不让他从我这里得到分文。我兜里有一把铜钱,3~4枚银币,5枚金币。随着他继续讲,我开始动摇并决定把铜钱交出去。他演讲的另一次冲击使我感到这样做很羞愧,并且决定把银币交出去,然而,他的结束语是那么令人钦佩,我掏空了我的口袋,金币和所有的,全部放进募集者的盘中。[53]

当然,怀特菲尔德想要的是听众的心灵。一个稍晚些的讲道者、主要的福音宣讲者查尔斯·哈登(Charles Haddon)曾描述怀特菲尔德在美洲传道的影响:"他活着,其他的人似乎只是半活着不仅如此,怀特菲尔德的全部生命在燃烧、飞翔和战斗。"[54]

大觉醒运动作为一种现象在美洲各地持续了近30年。它是美洲首次真正的群众运动。尽管它是一次强大的宗教运动,不是一次政治事件,但它也影响到当时的政治。那些民众既然已经拒绝了与英国君主制相联系的有势力的教士的权威,也更有可能否认皇家官吏们的权力。

本杰明·富兰克林第一次接触科顿·马瑟时,还在他哥哥的波士顿印刷所里当学徒工。富兰克林兄弟于1721年在他们报纸《新英格兰报》的版面上发起了一场反对预防天花接种的有力的宣传。本杰明·富兰克林当时仅16岁,但这对于这位日后成为美洲主要具有科学智慧的人却是一次没有前途的开始。科顿·马瑟得到他受尊敬的父亲英克里斯·马瑟(Increase Mather)的支持。马瑟父子谴责富兰克林兄弟的报纸是一种丑陋的印刷品。马瑟父子最终成功地说服了他们的殖民地同胞知晓预防接种的有效性。博学的科顿从伦敦皇家学会的杂志上获悉了有关的研究进程。⁵⁵ 不久，年轻的本杰明·富兰克林逃离了他哥哥那里的严厉的学徒生活，离开波士顿来到更为自由的费城。几年后，富兰克林有一次从费城到波士顿出差，他见到了年迈的科顿·马瑟。马瑟亲切地接待了他，全然不提关于接种的争论。当富兰克林要离开时，马瑟从后面喊，"低头！低头！"但为时已晚，富兰克林的头部撞在了一根低悬的横梁上。马瑟禁不住借机说教，他告诉这个年轻人他是如何处世的。"当你在生活中低姿态时，你就能避免很多沉重的打击。"⁵⁶ 富兰克林从未忘记这件事。*

富兰克林作为一名费城印刷商的成功，使他能够在1729年出版自己的报纸《宾夕法尼亚报》。四年后，他扩大了的产品中包括了《穷查理历书》。除了向农夫和城镇人提供一般的精神消遣外，富兰克林借助穷查理所表达的机智诙谐的处世格言，为他赢得了殖民地各地的追随者。富兰克林还积极地通过各种志愿者组织改善费城的状况——包括铺路、照明和清洁街道——这些活动使得富兰克林选定的家乡费城超过他的出生地波士顿，成为美洲的主要城市。富兰克林是志愿救火公司、收费图书馆和火灾保险公司背后组织者中的灵魂人物。1743年，这位从未上过大学的人帮助建立了美洲哲学学会，这是最早的学术组织之一。在后来成为宾夕法尼亚大学的医院和学院背后也有他的指导。

富兰克林作为商人的成功，使他有收入和闲暇在实用性发明上施

---

\* 同样，富兰克林也会赞同科顿·马瑟关于新英格兰清教徒节俭和勤奋的深入观察："宗教开启了繁荣，但是，女儿毁灭了母亲。"随着新英格兰人逐渐地富有，他们趋向背离他们的信仰。这类观点也反映在当代关于美国人富裕与颓废的思考中。

展其才华。在富有创造性的发明富兰克林炉子——给几百万人带来舒适——之外,他发明了今天带水下呼吸器的潜水者使用的脚蹼,他还试验用油来平息水波。在他的所有试验中最出色的是1749年对电的试验。将一个风筝放飞在雷雨云层中,让闪电穿入一根与风筝相连的金属线,富兰克林证明了,闪电实际上也是一种电的现象。更实用的有,富兰克林发明了避雷针,将雷电安全地导入地下,因此保护了无数教堂的尖顶、公共建筑、房舍和谷仓。

富兰克林没有忽略他作为一名公民的角色。他第一次参加宾夕法尼亚议会的会议是做正式的会议进程记录。终于,他凭自己的能力当选为议员,其他议员视其为领头人。多数议员逐渐稳步地成为这个殖民地领主们的反对派。

威廉·佩恩的后代缺乏其外交才干和对殖民地民生的责任。领主们的无理要求,即他们在宾夕法尼亚的广阔土地免税,使议会很愤怒。当时领主们生活在伦敦,不能指望他们与宾夕法尼亚人那样分担对殖民地防务的忧虑。来自边境的议员们大声抗议费城的贵格派和不在此地的领主们对他们关于印第安人袭扰的报告置之不理。因为富兰克林在组织宾夕法尼亚防务中发挥了领导作用,他很快成为该殖民地广受欢迎的领导人。

## 6. 英国与法国:最后的冲突

英国与法国的战争时断时续地持续了近一个世纪。它们的多数争执起因于欧洲,但至1754年,美洲逐渐成为争夺这片大陆的最后决战的爆发点。由于母国法国限制性的移民政策,英国对海洋的控制和

第二章　山巅之国（1607—1765）

法国的贸易政策，使得新法兰西在 18 世纪中期只有 6 万人。相比之下，英国殖民地在大西洋沿岸有 125 万人。[57]

意识到一场战争对美洲殖民地边境的威胁，伦敦促进各殖民地在一个王室的行政机构下联合起来。富兰克林，这位博学的宾夕法尼亚领导人，在 1754 年被推举去纽约的奥尔巴尼（Albany），展示一项在英国管理下的殖民地联合的计划。为了得到民众的支持，富兰克林的《宾夕法尼亚报》刊登了他自己画的一条被切成几段的蛇，蛇身缩写的英文字母分别代表着："新英格兰、纽约、新泽西、宾夕法尼亚、特拉华、马里兰、弗吉尼亚、北卡罗来纳和南卡罗来纳"。在这幅早期政治漫画的下面印着说明："联合或死亡"。殖民地议员们的猜忌阻碍了奥尔巴尼联合计划的实现，但富兰克林并不怨恨。他作为殖民地联合的倡议者，在国家舞台上发挥了关键作用。

与此同时，在弗吉尼亚，总督罗伯特·丁威迪（Robert Dinwiddie）也看到了西部地平线上的战争阴云。他知道法国人不承认弗吉尼亚对俄亥俄地区所声称的权利，这一地区在孟农加西拉河（Monongohela）、阿勒格尼河（Allegheny）与俄亥俄河（Ohio）交汇处以西。他曾听说法国人修建了一座杜肯要塞（Fort Duquesne），在今天匹兹堡的地方。总督需要一位弗吉尼亚人去提前通知法国人离开这片有争议的土地。他选择了一位年轻的种植园主，一位来自费尔法克斯县的民兵中校——22 岁的乔治·华盛顿。年轻的华盛顿身材高大、身体健壮，因为他多年来一直在测绘西部的土地，能够适应野外的艰苦。年轻的华盛顿被认为是弗吉尼亚最好的骑手，他表现得像一位绅士，非常热切地渴望提升其军事经验。

华盛顿在 1753 年 10 月底率一个六人小组出发了，其中有他的朋友、担任向导的克里斯托夫·吉斯特（Christopher Gist）。离开弗吉尼亚一个月后，华盛顿一行遇到了哈夫·金（Half King），来自易洛魁部落的使者。哈夫·金告诉华盛顿，他曾碰见法国部队并且命令他们离开俄亥俄地区。当华盛顿最终到达那三条河以北一百英里处的勒贝夫要塞（Fort LeBoeuf）后，他脱下鹿皮马裤，换上军服，享受了法国驻军有礼貌的接待。华盛顿向法军递交了他的总督严厉的信件，并得到了对方刚强而明确的回复。法国人不会从他们明确认为是他们自己的土地上撤离，而且，他们将抵抗任何试图驱逐他们的人，无论是英国人还是印第安人。[58]

华盛顿在返回途中差点失去性命。先是一个印第安向导用手枪对准他和吉斯特，没有警告就对华盛顿开了一枪。子弹没有击中目标。后来是华盛顿从木筏上掉进冰冷的阿勒格尼河中。他侥幸没有被淹死，最后又从体温过低的危险中生还。[59] 华盛顿发表了这次行动的报道，这使他的名字在殖民地家喻户晓。人们对他能活着回来感到惊奇。他们已经开始认为，他是不可战胜的。

在华盛顿向总督丁威迪报告了法国人不让步的立场之后，总督迅速召集了一支军事远征队，要以武力驱逐法国人。华盛顿很快成为这支队伍的领导。到达俄亥俄河时，华盛顿获悉一股法军正在穿越森林。华盛顿带领40人，包括哈夫·金和若干易洛魁人，迅速赶上法国人。他下令攻击。在措手不及的法国人投降后，华盛顿没能防止几名法国人被他的印第安盟友所杀害。法军指挥官恩塞·朱蒙维尔（Ensigh Jumonville）被哈夫·金用战斧砍杀，金还向华盛顿展示了那个可怜人尚有体温的脑袋。[60]

法军幸存者向华盛顿挥舞着文件——声嘶力竭地大喊，他们是一个和平的外交使团。⁶¹ 那么，为什么刚才这些法国人在树林中秘密而悄然地行进，就像一个战斗团体？上一年华盛顿去伊利湖附近的法国勒贝夫要塞时，不是公开地在白天同他的印第安盟友一起去的吗？但法国人的解释是有理由的，有敌意的印第安武士如哈夫·金不会怜悯一个外交使团，尽管其目的是和平的。这场失去生命的悲剧，现在看起来是一次可悲的误解。

在返回弗吉尼亚途中，华盛顿停下来修建了一个用栅栏包围的小堡垒，他称之为艰苦堡（Fort Necessity）。哈夫·金不以为然，称其为"草地里的小东西"。⁶² 这个堡垒也没有给法国人留下什么印象。当更多的法国军队和印第安人包围了这个据点时，华盛顿没有选择，只能投降。法军司令官原来是被残杀的朱蒙维尔的兄弟。⁶³ 他命令华盛顿在1754年7月4日签署了一份文件，华盛顿在文件中承认"暗杀"了使者朱蒙维尔。

然而，华盛顿回到弗吉尼亚却被当作一名英雄。他在给他兄弟的信中写道："我听到了很多子弹嗖嗖的声音，相信我，这声音中有某种迷人的东西。"⁶⁴ 当国王乔治二世（这个"来自德国蜂房的傲慢的老雄蜂"\*）听到这个故事时，他说华盛顿不可能听到那么多子弹的声音，如果他发现它们是"迷人的"。这位年轻的弗吉尼亚中校大胆挑战法国人的故事，正是殖民地人所需要的。华盛顿的名字在整个殖民地广为人知——确实也传到了伦敦和凡尔赛。法国人认为，华盛顿在俄亥俄的行动是战争的一个原因。

---

\* "1755年，乔治乌斯·塞肯塔斯（Georgius Secundus）当时还活着，来自德国蜂房的傲慢的老雄蜂……"引自奥利弗·温德尔·霍姆斯的《迪肯的杰作》。

次年，两个团的英国正规军在爱德华·布雷多克（Edward Braddock）将军的指挥下集结于弗吉尼亚，很自然地，华盛顿上校将跟随他们前往杜肯要塞。富兰克林为英军征集运输车辆，积极地协助布雷多克的部队。[65] 尽管布雷多克对年轻的华盛顿很友好，但他并不重视弗吉尼亚民兵。他也没有认真对待华盛顿关于"加拿大法国人"及其印第安联盟的警告。[66]

在华盛顿于艰苦堡屈辱地投降近一年后，1755 年 7 月 9 日，布雷多克的大部队在距杜肯要塞仅 12 英里处遭到伏击。华盛顿正遭受严重痢疾的折磨，勉强能骑在马上，但战斗打响后他振作起来。华盛顿请求带领弗吉尼亚民兵进行一次印第安式的反击，被布雷多克将军傲慢地拒绝了，这个错误很快地使这位将军付出了生命的代价。[67]

连同司令官在内的 500 人阵亡，这是英国人在北美所经历过的最严重的军事失败。战败后的英军惶恐地溃退到费城，其中有托马斯·盖奇（Thomas Gage），他后来在邦克山指挥英国部队；霍雷肖·盖茨（Horatio Gates），在萨拉托加的美国胜利者；丹尼尔·布恩（Daniel Boone），肯塔基州的开拓者和创建者。[68] 富兰克林后来写道，溃败的英军狼狈逃回费城的情景——和他们途中对美国农民的虐待——对殖民地人的思想感情有深刻的影响。华盛顿却再次被视为英雄，他曾警告他的英国上司，在他的建议被蔑视后能够带领幸存者安全地撤回。在这场致命的冲突中，华盛顿是极少数未受伤的军官之一。

如我们所见，路易斯堡不是北美的直布罗陀，但魁北克城却是。英国多次攻击这个据点均告失败。为了纪念法国的胜利，把这座老城内的天主教堂叫作胜利的圣母。但是，在 1756 年 12 月，威廉·皮特成为首相后，英国决心攻击新法兰西的这座要地。皮特意识到持续的边境战事会导致更多的灾难，如布雷多克受到的攻击。围攻这座要塞城市会使那位勇敢的法军司令官蒙特卡尔姆侯爵（Marquis de Montcalm）从俄亥俄撤回其延伸过长的部队，从而解救纽约和新英格兰的定居者。此举还将削弱法国与印第安人联盟的优势地位。皮特是第一位认识到北美具有战略重要性的英国首相。

蒙特卡尔姆将军是10个孩子的父亲，也是一位高明的指挥员。1757年，他在纽约以北的威廉·亨利要塞［Fort William Henry，后来称提康德罗加（Ticonderoga）］打败英国。当英国守军举着降旗，从要塞中列队而出时，蒙特卡尔姆的阿布纳基（Abenaki）盟友屠杀了很多俘虏。这位将军费了好大的劲，才恢复了秩序。[69]这恰恰也是法国人谴责华盛顿的那种暴行。蒙特卡尔姆侯爵成功地占领英国要塞，这一事件后来为詹姆斯·费尼莫尔·库珀（James Fenimore Cooper）的经典小说《最后的莫希干人》提供了历史背景。这本早期的文学杰作刻画了美洲的边疆英雄纳蒂·邦珀（Natty Bumppo）——绰号：鹰眼（Hawkeye）——和一幅印第安向导钦加哥（Chingachgook）的逼真的肖像。

皮特的战略之成功表现为，法国在面对来自宾夕法尼亚和弗吉尼亚的大批军队时，被迫放弃了杜肯港。1758年11月，当对法国压倒性的数量优势发挥作用时，胜利者中也有华盛顿。[70]战胜者将那个港口重新命名为皮特港（它很快地被称作匹兹堡）。

瘦高个子、红头发的詹姆斯·沃尔夫（James Wolfe）是围攻魁北克的英军司令。他占领了位于魁北克城下游美丽的奥尔良岛（Isle d'Orleans）。他在莱维斯角（Pointe Levis）的陆地上部署了炮手，炮击魁北克城。[71]沃尔夫，这位32岁的陆军少将，比身为贵族的蒙特卡尔姆将军年轻 15 岁。蒙特卡尔姆不得不与难缠的、胆小的总督里戈·德·沃德勒伊（Rigaud de Vaudreuil）相抗争；与此不同的是，沃尔夫与指挥着 49 艘战船的英国海军上将查尔斯·桑德斯的关系良好。[72]

沃尔夫将军化装成普通士兵侦察这座要塞城市。他想找一个理想的地点，使他的部队登上"亚伯拉罕平原"，攻击这座城市。当蒙特卡尔姆将军震惊地说，他看到英国人"在他们没有机会的地方出现"，向该城没有设防的一侧推进时，他决意冲出去迎击敌人。畏缩的总督沃德勒伊拒绝让市内的守军投入战斗，这意味着蒙特卡尔姆将以寡敌众。勇敢的蒙特卡尔姆与敌人会战。沃尔夫将军在胜利的时刻受了致命伤。同样，蒙特卡尔姆也死于这场交战中。[73]这是 1759 年 9 月 13 日。这场战斗持续了不足一小时。

魁北克城的陷落，使大西洋沿岸各地的美洲人额手称庆。一年之内，蒙特利尔也宣告失守，法国人在北美 150 年的统治结束了。法国人的威胁消除了——在这种威胁下，美洲人需要英国的保护。此时，本杰明·富兰克林作为宾夕法尼亚殖民地的非官方代理人住在伦敦，他非常希望盎格鲁—美洲人的帝国能扩展到俄亥俄地区，并一路延伸到密西西比河。难以相信的是，富兰克林听到有谣言说，英国和谈代表在巴黎旷日持久的谈判中没有要求加拿大的全部。瓜德罗普岛，这个加勒比地区的法属殖民地，似乎有更大的价值。

皮特首相的战略不仅在北美，而且在全世界获得了成功。英国和普鲁士在欧洲打败了法国，英国在印度和公海上也打败了法国。在皮特的领导下，英国的力量甚至扩及西非。威廉·皮特有理由被视作大英帝国之父。[74]这些胜利使他在英国民众中受到特别的拥戴。据传，大作家塞缪尔·约翰逊（Samuel Johnson）博士曾言，"沃波尔

（Walpole）是国王送给人民的首相，而皮特是人民送给国王的首相"[75]。尽管被爱戴的皮特，这位"伟大的平民"，深得民众的支持，但这并不足以使他保持乔治三世的恩宠。1761年，皮特被免除首相职务，因为国王要的是更能屈从其意志的人。

皮特认为，英国不乘势取得对法国的最终的胜利是一个错误。[76]一些有影响的英国人认为，保持法国在加拿大的存在或许更好，这样美洲人就不能团结和要求从大不列颠中独立出来。富兰克林必须反驳这种观点。他在伦敦出版了一本小册子《大不列颠利益之思考，关于其殖民地及获得加拿大和瓜德罗普岛》，其中，他着重强调保有加拿大，因其将使英国在美洲的殖民地获得安全。[77]

结束了欧洲七年战争——在美洲叫法国和印第安人战争——的条约被称作巴黎和平条约，签订于1763年。皮特认为巴黎和约"过于宽大"，并谴责内阁对美洲人的政策。[78]新法兰西消失了，但丰富的法语文化没有消逝，它在加拿大繁荣至今。\*本杰明·富兰克林的眼光总是比较长远。他在巴黎和约签订后，给一位英国友人的信中写道，"没有人比我对加拿大的陷落更感到由衷的高兴，这不仅因为我是一个殖民地人，更因为我是一个英国人。我一直持有这样的观点，即大英帝国未来之伟大和稳定的基础在美洲"[79]。

富兰克林这种观点代表着美洲人的态度。他们因身为英国人而骄傲。他们为自己、为他们在英帝国内取得的成就感到骄傲。作为他们在法国与印第安人战争期间努力的一种成果，他们期望更多的尊重和

---

\* 当魁北克人说"我牢记"——这是他们对在北美的"法国事实"的希望和荣耀的回忆。对另一些人，它甚至意味着更多的战斗性和对抗性；魁北克分离主义者曾炸掉了"亚伯拉罕平原"上的沃尔夫塑像。

自治。他们觉得作为这次胜利成果的一部分，他们有权利要求这些。

随着法国威胁的消除，当时的殖民地是否在反对英国中联合起来了呢？富兰克林看到了奥尔巴尼联盟计划的失败。在他生涯的这一阶段，他真诚地相信英国与美洲的大联盟——在英国王冠下联合起来。富兰克林认为一个反对母国的美洲人的联盟是不可能的，或几乎是不可能的。他没有将这种可能完全排除。具有丰富经验的富兰克林懂得，政治中和自然环境一样，风暴可能突然意外地降临。"当我说这种联盟是不可能的时候，我的意思是在没有难以忍受的暴政和压迫的情况下。"[80] 但在随后的 20 年间，美国人面对的恰恰就是连续几届实行这类暴政和压迫的英国内阁。

| | |
|---|---|
| 1 | Secretary of State's Office, Commonwealth of Massachusetts, online source: http: //www.sec.state.ma.us/pre/presea/sealhis.htm. |
| 2 | Fischer, David Hackett, *Albion's Seed: Four British Folkways in America*, Oxford University Ptess, New York: 1989, p.355. |
| 3 | Brinkley, Douglas, *American Heritage History of the United States*, Viking Penguin, New York: 1998, p.30. |
| 4 | Mann, Charles C., *1491*, Knopf, New York: 2005, p.58. |
| 5 | Brinkley, p.30. |
| 6 | Brinkley, p.30. |
| 7 | Online source: http: //www.apva.org/history/pocahont.html. |
| 8 | Online source: http: //www.apva.org/history/pocahont.html. |
| 9 | Online source: http: //www.apva.org/history/pocahont.html. |
| 10 | Schlesinger, Arthur M.Jr., gen.ed., *The Almanac of American History*, G.P.Putnam's Sons, New York: 1983, p.34. |
| 11 | Morison, Samuel Eliot, Commager, Henry Steele, and Leuchtenberg, William E., |

| | |
|---|---|
| | *A Concise History of the American Republic*, Oxford University Press, New York: 1977, p.19. |
| 12 | Brinkley, p.31. |
| 13 | Carnes, Mark C., gen.ed., *A History of American Life: Revised and Abridged*, Simon &Schuster, Inc., New York: 1996, p.107. |
| 14 | Schlesinger, p.36. |
| 15 | Boorstin, Daniel J., *The Americans: the Colonial Experience*, Vintage Books, New York: 1958, p.56. |
| 16 | Morison, Commager, p.21. |
| 17 | Morison, Commager, p.22. |
| 18 | Online source: http: // pilgrims.net/plymouth/history. |
| 19 | Morison, Commager, p.25. |
| 20 | Morison, Commager, p.25. |
| 21 | Online source: http: //pilgrims.net/native_americans/massasoit.html. |
| 22 | Mansfield, Harvey C. and Winthrop, Delba, eds., *Alexis de Tocqueville: Democracy in America*, University of Chicago Press, Chicago: 2000, p.34. |
| 23 | Dreuillette, Gabriel, *The Narrative of the Journey made in behalf of the Mission of the Abnaquiois, 1651*, Pilgrim Hall Museum, Plymouth, Mass., www.pilgrimhall.org. |
| 24 | Morison, Commager, p.26. |
| 25 | Brinkley, p.34. |
| 26 | Fischer, p.18. |
| 27 | McDougall, Walter A., *Meditations on a High Holy Day: The Fourth of July*, onlinesource: http: //anglicanpck.org/resources/acu/July4McDougall.htm. |
| 28 | Fischer, p.14. |
| 29 | Fischer, p.13. |
| 30 | Niebuhr, Reinhold, *The Irony of American History*, Scribner Library of Contemporary Classics, reprinted ed., New York: 1952. |

| 31 | Online source: http: //media.wiley.com/product_data/excerpt/53/ 04711516/0471151653.pdf. |
|---|---|
| 32 | Online source: http: //www.nd.edu/~rbarger/www7/neprimer.html. |
| 33 | Online source: http: //www.nd.edu/~rbarger/www7/neprimer.html. |
| 34 | Morison, Commager, p.28. |
| 35 | Morison, Commager, p.23. |
| 36 | Morison, Commager, p.30. |
| 37 | Brinkley, p.40. |
| 38 | Morison, Commager, p.36. |
| 39 | Brinkley, p.34. |
| 40 | Morison, Commager, p.37. |
| 41 | Keegan, John, *Fields of Battle: The Wars for North America,* Random House, New York: 1995, p.83. |
| 42 | Morison, Commager, p.43. |
| 43 | *Catholic Encyclopedia,* www, newadvent.org/cathen/08420b.htm. |
| 44 | *Catholic Encyclopedia,* www, newadvent.org/cathen/08420b.htm. |
| 45 | Morison, Commager, p.43. |
| 46 | Morison, Commager, p.43. |
| 47 | Keegan, p.103. |
| 48 | Keegan, p.103. |
| 49 | Keegan, p.105. |
| 50 | Morison, Commager, p.51. |
| 51 | Morison, Commager, p.51. |
| 52 | Online source: www.geocities.com/js_source/adframe04.html. |
| 53 | Isaacson, Walter, *Benjamin Franklin: An American Life,* Simon & Schuster, New York: 2003, p.110. |
| 54 | Online source: www.geocities.com/js_source/adframe04.html. |
| 55 | Clark, Ronald, *Benjamin Franklin: A Biography,* Random House, New York: |

1983, p.18.
56 Clark, p.20.
57 Morison, Commager, p.56.
58 Ferling, John, *A Leap in the Dark: The Struggle to Create the American Republic*, Oxford University Press, New York: 2003, p.4.
59 Ferling, p.6.
60 Ferling, p.7.
61 Flexner, James Thomas, Washington: *The Indispensable Man*, Little, Brown and Company, Boston: 1974, p.16.
62 Flexner, p.17.
63 Flexner, p.17.
64 Flexner, p.17.
65 Keegan, p.109.
66 Flexner, p.26.
67 Flexner, p.26.
68 Keegan, p.110.
69 Keegan, p.114.
70 Keegan, p.116.
71 Keegan, p.122.
72 Keegan, p.120.
73 Keegan, p.130.
74 Online source: http: //www.britannia.com/gov/primes/prime5.html.
75 Online source: http: //www.number10.gov.uk/output/Page167.asp.
76 Online source: http: //www.britannia.com/gov/primes/prime5.html.
77 Clark, p.157.
78 Online source: http: //www.britannia.com/gov/primes/prime5.html.
79 Clark, p.157.
80 Clark, p.159.

## 第三章
# 最伟大的革命（1765—1783）

英国议会通过了印花税法。这个声名狼藉的没有代表权的税收法令播下了革命的种子，使殖民地的政治忠诚发生了翻天覆地的转变。出于对英国政策的现实考虑，殖民地掀起了激烈的关于平等、被统治者同意、传统权利以及新表述的各种自由的重要性的辩论。托马斯·杰斐逊起草了不朽的《独立宣言》。残酷而血腥的独立战争夺去了25 000名美国爱国者的生命。乔治·华盛顿证明了其在战场上不可估量的价值，如同本杰明·富兰克林的外交才干和约翰·亚当斯领导国会的能力一样。本尼迪克·阿诺德因自尊受到伤害，背叛了他的同胞，但各殖民地团结并取得了胜利。革命使美国人摆脱了英国殖民统治的束缚而获得自由，但自由并不彻底。奴隶制度在延续，尽管激起革命的那些观念在战后初期曾使一些州的奴隶得到解放——并最终在整个国家解放了奴隶。

第三章　最伟大的革命（1765—1783）

## 1. 拒绝不公正的税

德博拉·富兰克林（Deborah Franklin）开始喜欢上她在费城市场街的新家了。她想念在伦敦做殖民地议会代理人的丈夫。惧怕航海使她不能跟随丈夫去英国。她怕水却不怕火。1765年9月末，一些费城人散布谣言说，本杰明·富兰克林同意了遭人痛恨的印花税，一伙暴徒聚在一起要放火烧富兰克林的家。富兰克林的生意伙伴戴维·霍尔（David Hall）在一封信中曾警告过他。霍尔写道，"人们的情绪会强烈地反对任何他们认为与印花税法哪怕有丝毫关联的人"，并告诉富兰克林，人们已经"有这样的看法，即你参与制订了这个法律，这使你有很多敌人"[1]。

德博拉对威胁要烧她家房子的反应犹如一头母狮。她将女儿送到新泽西，然后召集她的亲戚朋友来协助保卫她的家。她凛然地说，"带上一两支枪"[2]。她的才智和坚毅使其家幸免于难。

富兰克林作为殖民地的代理人，自1759年起一直在伦敦，尽管他经常与宾夕法尼亚和其他殖民地的朋友通信，但一封信从美洲到英国至少需要6周时间。富兰克林不幸地落后于最近的形势发展。虽然他坚定地反对这种新税，但他不清楚殖民地人究竟对此有多么地敌视。议会在没有殖民地代表参与和同意的条件下通过了这个税法，英国财政大臣乔治·格伦维尔（George Grenville）试图使这服药更可口些，让美国人收这种税。[3]富兰克林附和这种意见并提名他的朋友约翰·休斯（John Hughes）负责宾夕法尼亚的税收。[4]因误解家乡的政治动向，谁也没有意识到，这个工作如此遭人厌恶，对休斯的提名竟毁掉了他的政治生涯。[5]很快，大西洋两岸的每一个人都清楚美国人对印花税法案的真实情感了。

收印花税是想增加在殖民地的收入,弥补英国在法国和印第安人战争中的巨额债务。格伦维尔相信,因为保卫殖民地的花费而向他们征税,完全是合理而正当的。毕竟,在殖民地维持军事防务和民事行政的费用已经从1748年的7万英镑,跃升为1764年的35万英镑。[6]根据他的印花税法,殖民地人要为几乎所有写的或印刷的东西纳税。这包括各种执照、许可证、契约、委托书、抵押证明、遗嘱、报纸、广告、日历和年鉴——甚至赌博的骰子和玩的纸牌。[7]

印花税法在1765年2月被通过,将于11月1日在美洲殖民地生效。5月,该法的细节逐渐出现在还没有被征税的殖民地的报纸上。不祥的是,那些被指控违反该法的人将不在本地由与其同等地位居民组成的陪审团审判,而是被带到遥远的新斯科舍(Nova Scotia)的哈利法克斯(Halifax),由特别的海事法庭审讯。[8]民众对此的反应是立即的,也是敌对的。

消息传来时,弗吉尼亚的议会正在威廉斯堡(Williamsburg)开会。年轻议员帕特里特·亨利(Patrick Henry)在1765年5月20日第一次出席会议,年长的、更为理性的议员等着这位易怒的发言者的反应。他们不用等多久。5月29日,乔治·华盛顿上校几乎总是出现在他习惯的座位上。[9]年轻的托马斯·杰斐逊还不是议员,但已经是威廉与玛丽学院的高才生了,他站在议会的门口。当那位来自路易莎(Louisa)县的新议员起身发言时,每个人都专注地听着。

亨利连续提出五项议案。他将这些意见草草地记在一本旧法律书的空页上。[10]这些动议支持这样一种观点,即只有民众选出的代表可以合法地对他们征税。这些议案措词温和,没有提出什么比洛克——

## 第三章 最伟大的革命（1765—1783）

这位英格兰 1688 年光荣革命的哲学家——著作中更多的内容，议案获得一致同意。然而，亨利的讲话而不是他的那些议案，引起了轰动。亨利的话震撼了那个拥挤而肃静的议会大厅。

"恺撒有他的布鲁特斯，查理一世有他的克伦威尔"，亨利在发言中引用这两个最有名的统治者的例子，他们的行为导致了他们自己的死亡，"乔治三世……"议员们惊呆了，一个英国殖民地人在这种场合竟然直呼统治君主的名字。"叛逆！"议长怒吼了。"叛逆！"其他一些议员也附和着。但这位著名的庭审律师以机敏的结语巧妙地避开了他们的指责，"乔治三世可以从他们的例子中受益"。然后，他又自负地补充说，"如果这就是叛逆，那就充分地重视它吧！"[11]。杰斐逊后来说，亨利讲话犹如希腊诗人荷马的写作。[12]

议员们很快通过了弗吉尼亚决议谴责印花税法违反宪法，议员们很清楚他们作为英国人的权利，他们通晓《大宪章》和来自上个世纪英国内战时期的《权利请愿书》。

1765 年 8 月在波士顿，一伙人捣毁了一个富有但不得人心的效忠派官员安德鲁·奥利弗（Andrew Oliver）的豪宅。奥利弗遭受损害是因为一家报纸误将他作为被指派收取印花税的那些人中的一员。[13] 塞缪尔·亚当斯（Samuel Adams）带头在自由之子中组织抵制。这位酿酒厂主，曾在很多行业中失败，却显示出政治组织的真正才干。他将自由之子组织起来并宣布他们将"誓死"抵制印花税。[14]

抵制活动席卷整个殖民地。在南卡罗来纳的查尔斯顿，克里斯托弗·加兹登（Christopher Gadsden）领导抗议活动。在那里，一伙人捣毁了两个收印花税的人的家。[15] 加兹登说："在这个大陆上，不应分为新英格兰人、纽约人，我们全都是美国人。"[16] 在马里兰的安纳波利斯（Annapolis）也成为破坏的现场，一群人毁坏了一个收税人的货栈。[17] 在纽约城里，效忠派总督的马车遭到袭击。罗得岛印花税的抗议者绞杀收税人的模拟像。在新港，抗议者的标语指责一个收税人为臭名昭著的保王党人——这一指控意味着他是被废黜的斯图亚特国王詹姆斯二世的拥护者，一个天主教徒。[18]

格伦维尔非常渴望增加税收。他分析说，近来的战争已将法国人从美洲赶走。这么一种对他们安全和生活的威胁消失了，现在让美国人帮着付这笔驱逐费完全是公平的。多数议员同意这种观点。

格伦维尔不为殖民地批评者的敌对所动，指示他的秘书托马斯·沃特利（Thomas Whately）回应那些殖民地人所写的不断增多的小册子。这些小册子主张英国人的权利，即他们不应被征税，除非被他们自己的代表征税。沃特利写道，那些权利是确实的，但殖民地人在英国议会是被代表的。如同多数英国人不能在议会选举中投票，他们和他们的殖民地同胞在实际上被下院那些无论何时辩论和投票都考虑整个帝国需要的议员所代表。沃特利是格伦维尔勋爵的亲密朋友，但他的小册子（《近期关于殖民地的法规》*Regulations Lately Made Concerning the Colonies*，1765）没有为他在美洲赢得朋友。

对已习惯于选举他们自己的议员的殖民地人而言，沃特利的观点简直是胡言乱语。在纽约，对印花税的抵制如火如荼，议会大胆地要求从英国议会征税中完全解放出来。[19] 纽约商人使用了一种有力的武器——全面抵制英国货物。

在马萨诸塞的卓越的詹姆斯·奥蒂斯（James Otis）的领导下，9个殖民地同意派代表参加1765年10月在纽约的会议。因弗吉尼亚的忠君的总督已经解散了议会，那里没有派出代表。新罕布什尔、佐治亚和南卡罗来纳也没有代表与会,但新斯科舍有代表。[20]印花税大会在10月19日召开并发表一项权利宣言。尽管他们声明忠于国王和王室,但代表们坚持反对格伦维尔政府的主张。他们同意帕特里特·亨利的决议,即只有殖民地立法机关有权对殖民地人征税。被代表们通过的5项重要决议是:

第一,陛下在殖民地的臣民对大不列颠王室有着同样的忠诚,因为他们出生于这个王国,他们全体都要服从那个庄严的机构——大不列颠议会。

第二,陛下在殖民地忠诚的臣民被赋予陛下在大不列颠王国内出生的臣民所有与生俱来的权利和特权。

第三,人们的自由与英国人那些无可置疑的权利是不可分离的,除非他们自己本人或通过他们的代表表示同意,否则不得对他们征税。

第四,这些殖民地的人民没有,因他们当地的情况也不可能,在大不列颠的下院被代表。

第五,这些殖民地人民的代表只能从当地人中选出,由他们自己选出;除非经由他们尊敬的议会,没有税或没有税可以合乎宪法地向他们征收。

由于穿越大西洋航行的耽搁,印花税法会议的代表们不知道格伦维尔政府已经垮台了。\*格伦维尔不明智地试图削减国王的津贴。这是

---

\* 当一位议会中的部长下台,就被称作"垮台"。

一个错误的行动。国王用这些钱去贿赂议员使自己的政策获得支持。

格伦维尔是极其认真的。据说他是第一位亲自阅读殖民地公文的英国部长。[21] 他那注定要失败的、对殖民地强加印花税惩戒的尝试，激起了第一次对王室权威的严重的、大范围的抵抗。格伦维尔结束了一个半世纪的，被伟大的议员埃德蒙·柏克（Edmund Burke）所称作的"一种明智而有益的忽视"的政策。

面临如此一致的反对，印花税根本无法征收。至1765年秋，没有美国人愿意做"收印花税的人"。收税人都是由原来的收税人推举的或吓跑了。[22] 这场危机使成千上万的美国人敏锐地意识到他们的权利。如约翰·亚当斯写道，人民"更为注重他们的自由，他们越是关注自由，就越有决心去保卫它们"[23]。然而，他们依然忠于国王。甚至在危机的高潮时期，儿童们拿着旗子围着波士顿自由树跳舞，旗子上写着："国王、皮特和自由"。因此，殖民地人表明，他们在公开欢迎威廉·皮特，这位受尊重的战时首相重新执政的同时，仍然忠于王室。[24] 自由之子并不想同所有效忠国王的权威决裂。殖民地人采用"自由之子"的名称是要表示，他们意识到自己是"生而自由"的，并愿意为他们作为美国人和英国人的权利而承担一切。[25]

思考那年12月印花税危机，亚当斯说，1765年是"我一生最值得注意的一年。英国议会安装的，用于摧毁美国所有的权利和自由的巨大的动力机……在整个大陆激发出一种将记录我们和所有后代人荣耀的精神"[26]。

此前，美洲殖民地仅仅是以官方文件治理的；用富兰克林的话说，美洲是"用一根线牵着的"[27]。此后，英国国王和议会的固执和愚蠢使美洲逐渐变得难以管理。[28] 确实，约翰·亚当斯后来写道，正是在印花税危机期间,"孩子独立"的观念在美洲人的头脑中产生了。[29]

1766年春,英国议会废除了印花税法,殖民地一片欢腾,到处是篝火和焰火。美国人称赞国王的这个转变(尽管他将格伦维尔免职是因为完全不同的事由)。在纽约城里,人们塑造了一座国王乔治三世骑在一匹马上的雕像。这笔钱来自民众高兴的捐献。[30] 他们在英国议会通过说明性法令时也没有抗议,这个法令重申,英国议会有权为美国人在所有的事务上立法。

在短暂的一段时期内,美洲人似乎满意于生活在那个他们坦承为世界上最自由的政府之下。当然,还有其他使大西洋两岸紧张的原因。英国议会开始强制执行已处于休止状态的一个多世纪之久的一些《航海法》。这些法令对新英格兰商人特别有影响。

美洲人没有过于认真地看待1763年的王室声明,该声明发布于法国与印第安人战争结束之时,试图限制殖民地人越过阿巴拉契亚山脉去定居。边疆居民丹尼尔·布恩(Daniel Boone)就是这样一个不受其影响的人。他率领一批定居者进入肯塔基"黑暗而血腥"的土地。乔治·华盛顿最初认为,这个声明只是暂时的,但在5年后,它受到了更多的关注,伦敦继续"坚持立场"[31]。几年来殖民地人口迅速增长,很多人来自不列颠诸岛,形成了开发西部土地定居的压力。华盛顿和他的弗吉尼亚民兵认为,他们在反对法国人和印第安人过程中的流血牺牲已赢得了向西扩张的权利。[32]

伦敦的内阁担心引起在俄亥俄和阿拉巴契亚山脉另一侧即今天的肯塔基和田纳西地区狩猎的印第安人进一步的反抗。1763年在俄亥俄谷地镇压印第安首领庞蒂亚克\*（Pontiac）的反抗是一次血腥的和损失很大的事件。同许多印第安人一样，庞蒂亚克曾是法国人的天然盟友。法国人控制区域主要依靠皮毛贸易，法国人被驱逐，使印第安人警觉起来。英国当局试图对这些土著人表示友好。但这种举动引起了与殖民者的紧张关系。成千上万的美利坚人的职业生涯和生活与向西扩张利害攸关，本杰明·富兰克林和乔治·华盛顿只是他们中的两位。[33]他们期望，西进是战胜法国的主要收获之一。

美利坚人对于他们的朋友威廉·皮特在1766年重掌首相权力非常高兴。但他们的庆祝被证实是过早了。皮特多病，在其政府中处于支配地位的人是查尔斯·汤森。汤森了解到美利坚人反对的只是"内部税"如印花税。内部税是针对在殖民地内生产和销售的产品征收的。因此，他决定对殖民地进口的商品征收"外部的"关税，如玻璃、油漆、铅、纸和茶。《汤森法》1767年1月1日生效。[34]此举预计一年将征收40万英镑，用于殖民地行政费用。

汤森的错误应该是可以被原谅的。富兰克林身为殖民地在伦敦的代理人曾反对过内部税。英国内阁作出的是一个合理的推论，即其他税收不会遭到如此的反对。富兰克林的倡议与其说是出于一种错误的判断，不如说是因为他离开家乡过久造成的（这说明为什么即使是最优秀的殖民地代表，如果他们被允许进入英国议会，也不能成功地代表他们遥远的选民）。

英国议会还通过了1766年《驻军法》，该法要求殖民地人为英国

---

\* 庞蒂亚克的名字仍被用在一种高速的美国"动力型"轿车上。庞蒂亚克的商标是一只经过设计的箭头。

士兵——他们很快被叫作红衫军（redcoats）——提供住处、住宿用品、燃料、蜡烛，甚至啤酒、苹果酒和朗姆酒。³⁵ 美利坚人看到英国部队在殖民地的人数大幅增加——比他们战时看到的还多——不是开往边境的，在边境他们还能被期望抵御如庞蒂亚克带来的危险。相反，人们发现这些增多的英国兵驻扎在殖民地的主要城市——尤其是波士顿。

殖民地人开始怀疑这些英国士兵是派来控制他们的。当英国当局开始发布对海关官员的"辅助命令"时，这种疑虑就更加深了。这些命令使搜查许可令一般化了。它们不必特别针对某一特殊物品搜查，而允许海关官员破门进入商店、仓库甚至私宅。高额的进口关税促使殖民地商人走私，这些命令则试图阻止他们逃税。任何一位英国官员无论何时仅仅是怀疑有走私货物，他就有权搜查。³⁶ 更有甚者，海事法庭和海关委员会（Boards of Customs）委员有权审判那些试图逃避国王关税的人。³⁷ 美利坚人很快意识到，他们所珍惜的由陪审团审讯的权利受到威胁。

约翰·迪金森（John Dickinson）在1767—1768年，以《一位宾夕法尼亚农民的来信》的方式，代表众多的美利坚人写了一系列文章。迪金森谴责英国内阁的"暴行和严重的违法行为"，他激励其同胞奋起抵制。但他谨慎地宣称他是忠于国王的，并将反抗限制在"寻求纠正的合乎宪法的方式"的范围内，如连续地向政府请愿，乃至重新启用成本巨大的不进口政策，这一政策在抵制印花税上是非常成功的。³⁸ 迪金森在费城政治中曾是富兰克林的反对者，他完全拒绝使用武力，认为那是"非常出格的"³⁹。

当时，殖民地人倾向于迪金森的主张。但某些领导人如华盛顿开始考虑，武力对于美利坚人维护他们的自由或许是必要的。[40] 早在1769年，华盛顿就曾对他的邻居乔治·梅森（George Mason）说，美利坚人必须武装起来抵抗英国的专制。[41] 华盛顿这么说是有很多原因的，这些考虑有些是高尚的，有些则不那么高尚。由于对他那些昂贵的生活情趣征收了关税，他对因此遭受的财产损失而深感不安。但奢侈品和对自由的忧虑是不能相互分离的，华盛顿笃信英国宪政的哲学基础奠定者约翰·洛克的传统。洛克详细说明，当某一统治者拒绝遵从理性之时，诉诸武力——他称之为"诉诸上帝"——是一种最后的但合法的行动方式。弗吉尼亚有地产的乡绅们——特别是有影响的人物如华盛顿——越来越躁动不安，导致尊贵的费尔法克斯（Fairfax）勋爵返回英国。弗吉尼亚人更加敌视亲英的权威。华盛顿对失去这些可敬的朋友感到惋惜，但他却不改变其观点。

波士顿很快成为动乱的中心。1768年6月，效忠的总督解散了马萨诸塞议会。几乎与此同时，一艘属于受人尊敬的富商约翰·汉考克（John Hancock）所有的自由号单桅小帆船被海关官员截获。他们指控汉考克走私马德拉葡萄酒并处以罚款。城里的民众很快涌向狭窄的街道，追逐那些海关官员。一些官员们逃命去了，但他们的家被捣毁了。[42] 萨姆·亚当斯确信整个东海岸的殖民者都知道了波士顿的暴行。亚当斯能够充分使用本杰明·富兰克林建立的、有效的波士顿邮政系统。富兰克林的努力曾使一封信从这一海岸的北端到南端的时间，由6星期缩短为3星期。[43]*

---

* 例如，富兰克林在他的和其他的报纸上公布那些在邮局内有信待取的收信人的姓名。这样加快了收信的速度。

# 第三章　最伟大的革命（1765—1783）

到 1770 年，波士顿人和英国军队之间的紧张关系加剧了，前者将后者视为占领者。3 月，在经历了一个冬季的零星事件之后，一群男孩和小伙子开始辱骂英国士兵，称他们为龙虾兵（*lobsters*），并向他们投掷垃圾、牡蛎壳和雪球。当这些士兵退到皇家海关，觉得他们被包围时，他们惊恐地向人群开枪了。克里斯珀斯·阿塔克斯（Crispus Attucks），一位捕鲸的自由黑人，成为最先倒下的人。总共有 5 位殖民地人被杀害，这一事件随后被称作"波士顿屠杀"[44]。

意识到突发性局面即将发生，总督托马斯·哈钦森（Thomas Hutchinson）派人以谋杀罪逮捕了海关卫兵，并命令其余的英国驻军撤回威廉城堡，即港口内的一个要塞。[45] 很快，殖民地人要求处理杀人案。波士顿的一位银匠保罗·里维尔（Paul Revere），迅速刻制了一幅有感染力的——但夸张的——屠杀的雕画。在里维尔的画作中，被打死的人很多，而且英国兵是按照他们军官的命令以排枪射击的。真相远比这个作品所反映的要复杂。

奇怪的是，或许不那么奇怪的是，年轻的约翰·亚当斯，塞缪尔的堂兄，和约翰的堂兄乔赛亚·昆西（Josiah Quincy），负责为被指控的英国士兵作法律辩护。他们决心要证明英国士兵在美利坚人的法庭上得到了公正的审判，约翰·亚当斯证实，多数士兵开枪是出于自卫，没有人下达对人群开火的命令，是没有规矩的殖民地人激怒了士兵。亚当斯有说服力的论述，将英国士兵以谋杀罪处以绞刑，将玷污马萨诸塞在历史中的名声。它将比塞勒姆女巫审判和绞死贵格派信徒的污点更糟糕。[46] 当陪审团宣布，除两人外，其他所有被指控的人无罪，并确认那两人有稍轻的罪时，约翰·亚当斯获得了声誉。对那两个人的惩罚是一种很古怪的方式，在他们的拇指上烙印。

然而，堂兄萨姆并不气馁。在随后的5年里，他和自由之子在波士顿屠杀周年纪念日时都组织民众示威游行。[47]

## 2. 彻底的决裂

在伦敦和殖民地十年政治激变之后，英国议会最终产生了一个新内阁。国王乔治发现诺斯勋爵完全符合他的心意。为了试图与殖民地和解，诺斯政府说服议会废除所有招致反对的汤森关税，仅保留茶叶税。[48]

然而，在力图使殖民地恢复秩序的同时，英国议会决定不承认美利坚人在同一个国王之下，在一个平等的联盟内的自治权利。富兰克林明白这一点，在他从伦敦写给詹姆斯·奥蒂斯和塞缪尔·亚当斯的信中写道："我认为，一个人可以清楚地看到，依照英国议会的法令在美利坚实行的关税制度中，使这两个国家分裂的种子被播种了。"[49]这是意味深长的，因为富兰克林已经将美利坚作为一个不同的国家谈及了。

1772年春天，罗得岛人有了对英国专制行为发泄他们怨恨的机会。"国王陛下的船"加斯比号（*Gaspée*）作为一艘海关船在纳拉甘西特海湾特别活跃，船上的官员粗暴地对待渔民和小船，还严厉地将法律施用于那些以前几乎不见或没有法律实行的范围。当这条船追击走私船搁浅时，许多爱国者奋力划着船包围上去，命令这条船上的船员上岸。然后，他们高兴地将这个英国暴政的象征物在吃水线以上的船体都烧毁了。[50]

在美利坚效忠英国的权威机构的整个表现中夹杂着对殖民地人傲

第三章　最伟大的革命（1765—1783）

慢无礼的轻视，乃至所有美利坚人都逐渐地意识到他们是如何被英国人所蔑视。扬基（*yankee*）是一个众所周知的、对所有美利坚人轻蔑的一个词。曾有一段时间，美利坚人对生活寄予一种希望，即只是某些英国的部长们对他们遭受的折磨负有责任。他们怀着这样的信念，即国王和英国人民是同情他们的。但富兰克林知道得更清楚。早在1769年，他就写道，英国人"异口同声地喊着反对美利坚人"。[51]

尽管塞缪尔·亚当斯不断地鼓动，1771—1773年间殖民地人与母国的紧张关系有所缓和。其后，在没有解释的情况下，诺斯勋爵犯了"一个致命的错误"。他使议会通过了一个茶叶法令，该法使东印度为了殖民地茶叶贸易的垄断权近乎破产。[52]

美利坚人很快认识到，如果英国能够垄断这种重要的商品，他们将无路可退。英国人会扼杀美利坚人的工商业。又一次，抵制英国税收的活动遍及殖民地大陆。抵制活动爆发在缅因与佐治亚之间。在查尔斯顿，船主们被允许卸下茶叶，但是茶叶要放在由卫兵看管的仓库内。费城和纽约则完全拒绝茶叶下船。每一个人都等着波士顿的反应。

1773年12月16日，在黑暗的掩护下，大约有2000波士顿人来到格里芬码头。在那里，有一个更小的30人的小组，装扮成莫霍克人，登上了3条船，将船上的茶叶倒进了港内的海水里。"波士顿港今晚成了一个茶壶！"一位支持者叫道。塞缪尔·亚当斯周密地策划了整个袭击行动。[53] 财产损失是巨大的。按现在的价值，东印度公司的损失有100万英镑。[54] 一位英国海军上将在码头附近的一所房子里目睹了整个事件，颇有风度地冲着这些"莫霍克人"大喊："好啊！孩子们，你们玩印第安把戏度过了一个非常愉快的傍晚，是不是？但是记着，你们还是必须承担后果的。"[55]

74

此时，约翰·亚当斯已经同他的堂兄萨姆及爱国者们站在一起了。他在日记中写下："毁坏茶叶的行动是如此的大胆、果断、坚定、勇敢、不屈，它一定有非常重大的意义……我不得不视其为一个历史上值得纪念的事件。"[56]

确实，波士顿注定要承担后果的。乔治三世国王被殖民地人的挑衅行动所激怒，次年春天，他亲自到议会要求严厉地报复。他说："我们必须控制他们或干脆离开他们。"[57]诺斯勋爵与其皇家主子完全一致。他决意让殖民地人知道谁是主人。

1774年，英国议会对倾茶事件的回应是迅速通过了5项强制性法令。美利坚的爱国者随即称它们为"不可容忍的法令"[58]。这些法令中的第一个是关闭波士顿港、撤销其海关。另一个是改变马萨诸塞受尊敬的特许状，剥夺殖民者选举其议会上院议员的权利。《驻军法》授权皇家军官将士兵安置在殖民地居民家住宿，费用由居民负责。还有一个法令规定，皇家军官在镇压骚乱时被指控为谋杀时，要在伦敦而不是在案发地审判。尽管约翰·亚当斯已证明了英国士兵可以在美利坚得到公正的审判，所以这个法令被美利坚的爱国者们认为是一种有意的冒犯。

最后，议会通过的是《魁北克法》。这个新法令将魁北克的南部边界延伸到俄亥俄河，这样有效地阻止了美利坚人向俄亥俄地区的拓展。它的作用不止于此。对法裔加拿大人来说，它奠定了英国对一个被征服民族统治的开明的基础。魁北克人被允许保留他们的语言、习俗，继续自由地崇拜他们古老的天主教信仰。他们的法律制度和土地占有权基本上是新法兰西时期的延续。

然而，对美利坚人而言，这是不可容忍的，更是威胁。他们作为英国人，总是担心法国，一个绝对君主专制的、人民没有自由的国家。天主教会被看作是君主制的绝对观念的支持者。通过扩大魁北克地区，使其与弗吉尼亚和宾夕法尼亚接壤，国王在对美利坚人说："我也可以取消你们的自由。"这似乎恰好是他对波士顿所做的。伟大的威廉·皮特曾警告议会不要把美利坚人看作"英国的私生子"，而是要当作亲儿子。[59]但是，从这一角度看，英国政府对待殖民地人的利益，就像他们是私生的一样。

乔治·华盛顿对英国议会不可容忍的法令的反应也很强烈。他指责说，诺斯内阁建立了"一个自由政府所能实行的最为专横的暴政制度"[60]。他针对马萨诸塞人的困境指出，"波士顿的事业……就是美利坚的事业"[61]。

回到伦敦，富兰克林成为一场激烈辩论的中心。他收到了马萨诸塞效忠派总督所写的一些信件的副本，托马斯·哈钦森在信中要求采取更强硬的措施镇压他的美利坚同胞。这些信件向爱国的领导人显示，他们的效忠派官员正在策划扼杀他们的自由。但是，英国舆论却对侵犯这位总督的隐私表示愤慨。他们指控富兰克林，这位殖民地的邮政局长，以某种方式窃取了哈钦森总督的信件。

富兰克林因发现了电，曾在苏格兰的圣安德鲁斯大学获得博士荣誉称号。现在，1774年1月11日，他被传唤去出席枢密院的一次会议。他们在一间屋子里会晤，这间屋子以曾进行过关于斗鸡场的激烈辩论而闻名。在那里，长达一个多小时，英国副检察长以语言凌辱富兰克林。在这位律师恶意的高谈阔论过程中，富兰克林面无表情地保持着沉默。亚历山大·韦德伯恩（Alexander Wedderburn）有猛烈嘲讽和人身攻击的名声。在他咆哮般地攻击世界上大多数名人中，他保持着——或失

去——这种名声。他嘲弄地称呼富兰克林博士为"一个文人",将那个令人羡慕的头衔扭曲为一种耻辱。⁶²

这个令人震惊的场面反映着英国君主国与美利坚殖民地之间的全部关系。尽管,富兰克林是世界上最杰出的普通人;富兰克林一直以其真正的天才和真诚的忠心,服务于他所在的殖民地、几个相邻的殖民地和大英帝国;富兰克林的私生子是新泽西忠于王室的总督。本杰明·富兰克林敢于独立思考,敢于用他的头脑讲话,这足以使他赢得小人们的仇恨。

不愿受制于这些不可容忍的法案,殖民地爱国的领导人选举代表出席1774年秋季在费城召开的第一届大陆会议。在集会时,费城的商人们决定不再冒进了。如果必须重新恢复禁止进出口贸易的保证,这已被证明在印花税危机时期是非常成功的,费城的商人们要求这次整个大陆必须一起参加。由于巴尔的摩商人没有支持上次的禁止贸易令,使他们失去了宝贵的生意。这次要么大家一起干,要么什么也别干。

在这种情况下,一个大陆联盟被打造出来了。第一届大陆会议很快通过了激进的"萨福克决定"(Suffolk Resolves),该决定的附文是保罗·里维尔从马萨诸塞带来的。这些决定是由爱国的领导人约瑟夫·沃伦博士起草的,宣布那些不可容忍的法令无效。会议敦促马萨诸塞成立一个自由的政府,并且有预见地,建议马萨诸塞居民将自己武装起来。⁶³

会议最后关于武装起来的建议几乎是不必要的。马萨诸塞——和所有其他殖民地——殖民者从他们定居的最初时期起就发展出一种民兵制度。西班牙人沿海岸袭击,法国和印第安人对边境的攻击的危险,以及担心奴隶反抗——所有这些威胁一起促成了殖民地美利坚人是一

## 第三章 最伟大的革命（1765—1783）

个武装的民族。

当 1774 年 10 月大陆会议结束时，代表们约定来年 5 月再次聚会，如果英国议会没有废除这些不可容忍的法令的话。1775 年年初，威廉·皮特在议会上发言，试图说服议会做的正是这件事。现在被称作查塔姆勋爵的皮特试图使他的议员们明白这个道理。在这最后一次避免冲突的尝试进行时，富兰克林正在议会的边座上，富兰克林再次成为一名发言者攻击的目标。这次，放荡的桑德威治（Sandwich）伯爵对着他虚假地声称，没有英国贵族会写出那样的东西，即美利坚人才是查塔姆提案的真正作者。[64]* 查塔姆勇敢地回答说，如果他曾帮助过富兰克林博士，这个全欧洲都尊敬的人，他将视其为一种荣幸。但他被呵斥坐下，其他为缓和辩护的发言人也遭到呵斥。查塔姆提案被压倒性的多数拒绝了。[65]

1775 年 3 月 22 日，才华横溢的埃德蒙·柏克在下议院发言，要求采取抚慰政策，这位雄辩的爱尔兰人警告说，美利坚人绝不会屈服于武力。他敦促英国人改变思路，采用温和的措施处理殖民地问题。一个多世纪以来，美国的高中生们一直被要求熟记柏克的意义非凡的讲话中的段落。"伟大的帝国和狭窄的心胸，"他叹息道，"不恰当地结合在一起。"柏克的话也成了耳旁风。英国议会就这样傲慢而愚蠢地抛弃了唯一能够连接他们与其美洲帝国的生命线。

柏克的雄辩在次日，1775 年 3 月 23 日的弗吉尼亚得到了回应。帕特里特·亨利向他的弗吉尼亚同胞呼吁拿起武器，与危险中的波士

---

\* 桑德威治伯爵至少可以声称与来自美利坚的那位大发明家作一番比较：桑德威治是以其名称呼的那种面包夹肉食品，即三明治的发明者。三明治仍在美国流行，即使桑德威治的贵族身份不存在了。

顿站在一起。"我不知道别人选择什么道路，"亨利呐喊着，"但是对我而言，给我自由或给我死亡。"

### 3. "响彻世界的那一声枪响"

在波士顿，英国将军托马斯·盖奇（Thomas Gage）被提名为皇家总督。他决心不让殖民地人武装起来。1775年4月18日夜间，他命令部队去收缴康科德地区的民兵军械库并逮捕爱国的领导者塞缪尔·亚当斯和约翰·汉考克。

盖奇的部队趁夜乘船离开了兵营，希望出其不意地抓住这些殖民地人。但盖奇家里有一个间谍。这位将军的美利坚夫人玛格丽特（Margaret）将消息告诉了沃伦（Warren）博士，沃伦又传给了保罗·里维尔。[66]

里维尔已安排了一种信号——两只灯笼——挂在老北方教堂的塔楼上，使爱国者们知道正规军出动了。里维尔本人则由人划船绕过英国军舰萨默塞特号（Somerset）。低垂的月亮从波士顿建筑物后面透射出一个阴影，隐蔽了里维尔的行动。[67] 然后，里维尔和威廉·道斯（William Dawes）骑在马上，设法避开英国巡逻队，将警报送到列克星敦。在列克星敦的牧师乔纳·克拉克（Jonas Clarke）家里，爱国者领导人正在沉睡中，里维尔遭到中士威廉·芒罗的阻拦。芒罗用嘘声示意他别弄出那么大响声。"响声！"里维尔大叫，"你很快将听到足够的响声，正规军开来了！"（如果里维尔当时喊，"英国人来了"，只会使殖民地人误解，因为马萨诸塞人仍旧认为他们是英国人。）[68]

次日凌晨5时，当英军队伍过来时，一分钟人（这样称呼是因为民兵可以在一分钟内做好履行军事义务的准备）已在列克星敦的村

## 第三章 最伟大的革命（1765—1783）

庄绿地里严阵以待。乔纳·帕克上尉命令一分钟人站在他们的地里。"不要开枪，除非能击中，"他说，"但如果他们打算发动一场战争，就让它从这里开始吧！"[69] 英国海军陆战队少将约翰·皮凯恩（John Pitcairn）命令美利坚民兵们放下他们的武器。"你们这些该死的反叛者，散开！"他喊道。[70] 当美利坚人开始分散时，出现一声枪响。霎时，排枪竟放，8个美利坚人死在春天的阳光下，3个英军士兵受伤。[71] 皮凯恩少将曾徒劳地试图阻止其部下的射击。

英军向康科德行进，在那里遭遇了另一股殖民地人。英军在康科德捣毁了军械库，完成任务后，向波士顿撤退。随着民兵们在墙后和林中的射击，英军返回之途变成了一条死亡之路。英军背着沉重的行囊走了超过24小时，很多人掉队，精疲力竭。等到他们回到波士顿，有73人阵亡，174人受伤，26人失踪。殖民地方面死49人、伤39人，被俘5人。[72] 与世界上的战争相比较，这不过是些小冲突，但是美利坚农民们确实"打出了响彻世界的那一声枪响"。*

---

\*1836年新英格兰人拉尔夫·沃尔多·爱默生以他的诗《康科德之歌》，使革命中"严阵以待的农民"形象永存：

> 简陋的拱桥下河水流淌，旗帜迎着四月的微风飘扬，严阵以待的农夫屹立着，在此打响了声震全球的一枪。

> 敌人早已死去，征服者正在安息，时光把桥梁的残骸扫入了那缓缓流向大海的暗淡的溪流。

> 在碧绿的岸上，在平缓流淌的河边，我们今天奉献上一块石碑，愿人们的缅怀重现他们的伟绩，直至我们的子孙永远。

> 激励这些自由人勇于献身，换来后代自由的神灵啊，请时光和自然温存地珍藏我们为英雄、为你们竖立的这座丰碑。

此诗译文来自戴安娜·拉维奇编：《美国读本：感动过一个国家的文字》，林本椿等译、许崇信校，三联书店1995年版，第133—134页。引用时作了若干修改。——译者注不到一个月，第二次大陆会议在费城召开。它最先采取的行动之一是授权组建一支大陆军。这支部队要宣誓效忠大陆会议，而不是如民兵习惯的那样忠于个别的殖民地。[73] 约翰·亚当斯和其他马萨诸塞人担心波士顿会被其他殖民地抛弃。为了阻止这种情况发生，亚当斯提名弗吉尼亚的乔治·华盛顿上校以将军衔指挥所有美利坚人的军队。会议成员知道需要一位他们能够信任的领导人。代表们想起奥利弗·克伦维尔（Oliver Cromwell），他以议会的名义同国王查理一世作战，结果却是他用议会授予的军队清洗了议会。[74] 乔治·华盛顿不仅比其他殖民地人有更丰富的军事经验，他自1759年以来一直是议会中可靠的议员。华盛顿一身戎装、精神焕发，谦恭地接受了会议的召唤，并立即前往波士顿战场。会议还任命了刚从伦敦回来的本杰明·富兰克林为邮政部部长。[75]

在去波士顿途中，华盛顿接到了一场战斗的消息，这不是一次小冲突。盖奇将军对不久前败给殖民地的乌合之众耿耿于怀，他决心让全体波士顿人清楚地看到，通过一次武力的展示，可以吓倒反抗者。他命令威廉·豪将军占领邦克山（Bunker Hill）[*]。1775年6月17日，豪率领其训练良好的正规军登上一个山坡，他发誓再也不命令士兵们来到这个他不愿意带他们来的地方。在他们接近美利坚人的战线时，被一阵密集的滑膛枪排射所打倒。"不要开枪，除非你看到他们的白眼球。"这是给这条战线上所有坚强的美利坚守卫者的命令。

豪将军的白色绸马裤上溅满了斑斑血迹，他重新召集部队并

---

[*] 一个历史性的地名错误，那场战斗实际在布里德山（Breed's Hill）附近进行。——译者注

第三章 最伟大的革命（1765—1783）

最终将美利坚人赶下了山。英国人的损失惊人，在参战的 2000 人中伤亡近千人——包括皮凯恩少将。[76] 美利坚人的伤亡却少得多，在 3200 名防守人员中约有 440 人伤亡。然而，在爱国的阵亡者中有受人尊敬的约瑟夫·沃伦博士。尽管美利坚人被迫后撤，但他们却使这支在世界上最具职业化和训练有素的军队遭受重大伤亡，这个难以想象的成绩使他们充满了不断增强着的自信和骄傲。

当华盛顿一周后开始担任波士顿周围美利坚部队的指挥时，他有另一种优势。他积聚了相当多的火炮，这些火炮是在纽约北部提康德罗加要塞的英军那里缴获的。伊桑·艾伦（Ethan Allen）上校在佛蒙特"格林山小伙子们"的支持下，在勇敢的本尼迪克·阿诺德的有力支援下，出其不意地俘获了英国守军。艾伦"以上帝和大陆会议的名义"要求惊呆了的英军指挥官投降。一位年轻的波士顿书商，精力旺盛、体重达 300 磅的亨利·诺克斯（Henry Knox），被指派负责这些火炮，拖着它们翻山越岭去援助波士顿的爱国者。他的爱国精神和热忱给华盛顿留下了印象。[77] 有了这些火炮，华盛顿才能迫使英军撤离波士顿。*这又一次鼓舞了美利坚人的士气。这有助于证明大陆军是一支有战斗力的部队。

1775 年夏季，大陆会议派理查德·蒙哥马利（Richard Montgomery）将军和本尼迪克·阿诺德将军对付加拿大的英国人。蒙哥马利成功地占领了蒙特利尔，但在年底受阻于魁北克城下，他在那里阵亡。装备不整的美国军队很快陷入困境并被赶出了加拿大。阿诺

---

\* 英军撤离的那一天——1776 年 3 月 17 日，至今仍是波士顿的纪念日。这没有妨碍波士顿的狂欢者，他们可以将他们的庆祝活动与圣帕克里特日（St.Patrick's Day）欢庆结合起来。

德负伤,但因组织撤退有方受到表彰。

与这个背景相比,华盛顿的作战行动具有特别的意义。1775 年 11 月,他获悉新英格兰士兵在准备庆祝他们一年一度的教皇日,在这一天,为了娱乐他们的新教邻居,要烧掉一些教皇的模拟像。新英格兰庆祝这个节日已经有一个多世纪之久。华盛顿发布了一道命令,严厉禁止这种"荒唐的和孩子气的"活动。他解释说,在加拿大和大洋彼岸的法国天主教徒的支持对美利坚人的事业是至关重要的。他还想获得殖民地各地天主教徒的帮助。华盛顿坚决地废止了新英格兰的一项习俗,这是迈向宗教宽容和民族团结的重要一步。

大陆会议需要援助。没有加拿大的支持,大陆会议经常能感受到来自北方的英国人的入侵威胁。因此,1776 年 3 月,大陆会议代表提名了一个包括本杰明·富兰克林、马里兰的塞缪尔·蔡斯(Samuel Chase)、查尔斯·卡罗尔(Charles Carroll)和约翰·卡罗尔(John Carroll),两位来自马里兰的著名的天主教爱国者(两位卡罗尔是堂兄弟,约翰是一位神父)在内的外交使团。

富兰克林已年过 70 岁,尽管北方之行会使他送命,但他实际上比一些年轻人更好地度过了这次考验。[78] 然而,代表团在加拿大并不受欢迎。法裔加拿大人感谢乔治国王的议会所表现出的对他们语言和信仰的宽容,并且怨恨他们从殖民地请愿和小册子中所感受到的反天主教情绪。

当富兰克林一行在加拿大时,美利坚的事态发展很快。托马斯·潘恩(富兰克林两年前在伦敦见过他,并给他写过介绍信)及其《常识》出现了,这是最有影响的一本小册子。《常识》发表于 1776 年 1 月,售价仅 18 便士,卖出了 15 万多册。美利坚人曾从诸如约翰·亚当斯

第三章　最伟大的革命（1765—1783）

和约翰·迪金森那里听到过很多关于他们权利的法律专业和学术的论辩，但潘恩的文笔有着特殊的吸引力，他确实有着能打动一般普通人的本领。作为刚从英国来的新移民，他以犀利的文字痛斥英国国王——抨击所有的国王——激起了广泛的反响。《常识》刚一上市，新罕布什尔代表乔赛亚·巴特利特（Josiah Bartlett）注意到，这本书"被渴求地抢购，各阶层的人争相阅读"[79]。约翰·亚当斯也许比任何其他美利坚人更能影响大陆会议，但发动群众的却是潘恩。[80] 在潘恩的所有言论中，他对国王的谴责是最为有力的。他攻击这个假冒为"他的子民的父亲可以无动于衷地听任子民被屠杀，然后若无其事地带着沾有他们血迹的灵魂入睡"[81]。

潘恩懂得其读者们的宗教信仰。他用圣经作为其观点的基础："犹太人的孩子们在要求拥立一个王时曾极力地请求'他可以审判我们，领导我们，为我们而战'。但是在那些国王既不是士师，也不是将军的国家里，如英国，一个人会对国王究竟是干什么的感到困惑。"[82] 这实在是令人惊异的勇敢。潘恩用这种有力的和激动人心的恳求发出他个人的呼吁："啊！你们这些热爱人类的人！你们这些不但敢反抗暴政而且敢反对暴君的人，站到前面来！旧世界到处盛行压迫。自由在世界各地漂泊。亚洲和非洲早就驱逐了她。欧洲将她看作一个陌生人，而英国已经对她发出驱逐的警告。（美利坚）接纳这个流浪者，及时地为人类准备一个避难所吧！"[83]\*

美利坚人只记得英国议会在他们税收上是如何的贪婪，当看到诺斯勋爵内阁招募德国和苏格兰雇佣军对他们宣战时，他们被震惊了

---

\* 我们还能找到比这更好的"美国例外论"的例子吗？

（这么做反映出这场战争在英国是非常不得人心的）。有消息说，英王将派遣 12 000 名黑森兵（从德国黑森州雇来的）5 月到美利坚来。[84] 每一个美利坚人的死亡似乎也都是与英国和解观念的死亡。

除了因英国对殖民地的战争状态令他们逐渐痛苦之外，美利坚人还面临一个现实问题，即当他们还是英帝国的正式成员时，没有欧洲国家会支持他们。他们仍旧是反叛者。对法国人、荷兰人和西班牙人来说，美利坚人与母国言和是一种危险，那将抛下他们自己与一个有报复心的英国作战。独立将有助于美利坚人得到欧洲人的承认和实际的援助。

最后，1776 年 6 月 7 日，弗吉尼亚的理查德·亨利·李向大陆会议提出了一项动议："这些联合起来的殖民地是，并且有权利应当是，自由和独立的国家。"[85] 大陆会议随即提名了一个委员会去起草一份独立原因的宣言。起草委员会成员有约翰·亚当斯（马萨诸塞）、本杰明·富兰克林（宾夕法尼亚）、托马斯·杰斐逊（弗吉尼亚）、罗伯特·利文斯顿（Robert Livingston）（纽约）和罗杰·谢尔曼（Roger Sherman）（康涅狄格）。亚当斯敏锐地感到，这个起草委员会中有 4 个北方人，而只有一个南方人。

亚当斯再次作出了一个重大决定。他非常渴望弗吉尼亚的支持。他知道弗吉尼亚代表着南方。有了弗吉尼亚的帮助，马萨诸塞就不会孤立。为了国家的团结，他又一次选择了一位弗吉尼亚人担任领导。他指定杰斐逊起草独立宣言。后来，亚当斯回忆他当时为什么这么做的原因：

1. 他（杰斐逊）是弗吉尼亚人，我是马萨诸塞人。2. 他是南方人，我是北方人。3. 由于我最初和持续热情地宣传（独立）已逐渐使人反感，我的任何文稿在会议上都会遭到比他所写的更严格的审查和批评。4. 最后一个原因也足够了，假使没有其他理由的话，即我对他的文笔有很高的评价，我自己的完全无法同其相比……因此他接受了这个任务，做记录并在一两天内就交给我他所写的（草稿）。[86]

在这段有些乏味但绝对诚实的文字中，我们看到了约翰·亚当斯的可敬之处。他敏锐地意识到他自己的作用，无疑有着要出人头地的雄心，但他总是将他的国家放在首位。这样一个改变世界的事件用如此简单的措词来描述"在一两天内就交给我他所写的（草稿）"，是很罕见的。

这是怎样的一个草稿啊！杰斐逊的"表达方式特别恰当"（亚当斯语），使美国有了一个基础性的文件，在优美、逻辑和感召力方面超越世界上任何其他的文件。对于独立宣言的哲理，大陆会议没有争议。这正是建国者们所信奉的。杰斐逊不朽的文字是那个时代普通的常识。[87]而且，宣言的文字逐渐成为所有时代政治哲学的最伟大的、最重要的论述：

> 我们认为这些真理是不言而喻的：所有人生而平等，造物主赋予他们某些不可剥夺的权利，其中包括生命权、自由权和追求幸福的权利。为了保障这些权利，人类才建立起政府，并赋予政府来自被统治者同意而产生的正当权力。[88]

**富兰克林在巴黎。** 富兰克林在巴黎引起轰动。当他与伏尔泰相互拥抱时,周围众多的巴黎知识分子喜极而泣。国王路易十六低俗地在"富兰克林热"中取乐,送给一位女宠一个陶瓷的便壶,上面烧制着这位电学博士的头像。富兰克林的外交策略产生了1778年与法国的同盟和友好条约。没有法国的援助,美国人的事业很可能失败。

**乔治·华盛顿将军。** 他为美国独立献出自己的生命、财产和神圣的名誉。

第三章 最伟大的革命（1765—1783）

**《独立宣言》的作者杰斐逊。** 约翰·亚当斯指定33岁的托马斯·杰斐逊起草独立宣言，因为他"表达方式特别恰当"。杰斐逊可以"计算日月食、丈量土地、扎结动脉、设计大型建筑物、审判案件、驯马、跳小步舞和演奏小提琴"。总是债务缠身，他不得不依赖奴隶劳动，但他在独立宣言中阐明的原理鼓舞着林肯、道格拉斯和每一个自由之友。

**独立宫。** 19世纪费城独立宫的外观。1776年签署《独立宣言》和1787年起草宪法均在这里。

这是美国政治价值的核心。确实，这些价值观念的意思是：所有人，不论种族、信仰、性别和贫富，对于接受这些观念，除了相信那位赋予我们不可剥夺的权利的创造者上帝之外，建国者们没有强加信仰的考验。这些价值观念限定了所有政府的目的；还规定了必需的条件，即政府必须在人民的同意下治理，如果他们要想合法执政的话。我们会在以后的章节中再涉及《独立宣言》的基本原理。这里足够了。建国者们没有立即解放奴隶，也没有给他们的妻子们以选举权，或邀请印第安部落与他们一同签订《独立宣言》。但我们必须认识到，美国所有最伟大的人权平等拥护者——亚伯拉罕·林肯、弗雷德里克·道格拉斯、伊丽莎白·卡迪·斯坦顿和要求妇女参政的女性、小马丁·路德·金——都以《独立宣言》中的这段文字增强他们诉求正义的力量。

宣言基本原理近乎是普遍的，但为独立而投票决定的实际问题则小得多。最后的选票统计很接近。大陆会议只得等那些没有得到委派的代表回到费城来。西泽·罗德尼（Caesar Rodney），身患气喘和肿瘤，为了打破他那个州代表团中的平衡，骑马80英里，于1776年7月1日从他在特拉华的家中赶到闷热的首都，支持独立的提案。

在《独立宣言》上签名的人都明白，这不是对社会提案的随意论辩。他们承认如同他们誓约的那样：用"我们的生命、我们的财产和我们神圣的名誉"支持独立。当汉考克召集代表们在一张宣言誊清稿的羊皮纸签字时，他以大而有力的笔触写上了自己的名字，据说乔治国王不用眼镜就看到了他的名字。

汉考克敦促全体代表都签字。他说："我们可能全部被绞死，不可能有其他的拉吊方法。"据说，富兰克林听罢，以其惯有的机智回

第三章 最伟大的革命（1765—1783）

答说："是的，我们确实可能都被吊在一起，但更有可能的是，我们将分别地被吊起来。"[89] 虽然，这些签字者都没有被绞死，但17个服军役的人中有5人在战争中被英军俘虏，理查德·斯托克顿（Richard Stockton），新泽西的签字人，始终没能从被俘期间的慢性折磨中恢复过来，死于1781年。[90]

## 4. 大陆战争

在大陆会议作出重大决定之时，华盛顿将军在纽约正面临被英军包围的危险。正是在那里，他命人向部队宣读了《独立宣言》。在那里著名的乔治三世的雕像被推倒了，制作雕像的铅被熔铸成子弹。5月，当英军从波士顿撤退时，华盛顿获得广泛的拥戴，但之后是一连串的失利。在近乎一年之内，波士顿成了他唯一剩下的胜利。华盛顿懂得没有海上控制权就无法守住浮在水面上的曼哈顿岛。大陆会议并不想将这个新国家的第二大城市放弃给敌人。

约翰·格洛弗（John Glover）上校的马布尔黑德（Marblehead）人是来自马萨诸塞的水手和渔民，在水上比在陆地更有经验。[91] 1776年8月29日，他们的这种特性被证明对爱国事业是非常重要的。

大陆军最初冒着英军猛烈的炮火严守长岛，但英军在出色的指挥下，趁夜晚突袭美国人。[92] 黑森士兵不抓俘虏，他们用刺刀捅死投降的美国人，他们的刺刀有17英寸长。

华盛顿知道他不得不从长岛的布鲁克林撤退，让部队撤到曼哈顿。5艘英国军舰准备沿东河而上，封锁华盛顿的退路，但风向"奇迹般地"改变了，英国军队不能逆流而上。[93] 这时，华盛顿命令格洛弗的人操控小船,将大部分军队从布鲁克林撤出。只有一部分部队能够在 8 月 29 日夜幕的掩护下被转移,但随后一股浓雾弥漫而来,遮蔽了整个行动,余下的部队也都上了船。一位康涅狄格的军官说,那一夜他 11 次渡过东河。[94] 作家戴维·麦卡洛称那次掩护的大雾是不可思议的——难以置信地转变了命运。相信天命的人称此为上帝之手。[95]*

华盛顿本人对他的士兵在黑森兵和苏格兰高地兵逼近时溃逃很失望。在极度苦恼中,他将自己的帽子摔在地上,大喊:"这些就是与我一起保卫美国的人吗?"[96] 但他也表扬了那些坚守阵地、恪尽职守的部队,如 250 名马里兰士兵为掩护部队撤退,冒着死亡和被俘的危险,攻击英国康沃利斯(Cornwallis)将军的部队。华盛顿说:"仁慈的上帝,这一天我要失去多么勇敢的同胞啊。"他授予马里兰部队一个名称——老防线(The Old Line),至今它还是马里兰州的别称。

纽约城守不住了。华盛顿撤到了哈莱姆高地后,纽约城一片火海。没有人知道火是怎样烧起来的。效忠派,也称托利党人,即支持国王的人,很自然地谴责叛乱者。愤怒的英国将军豪抓住一名年轻的美国军官,指控他为华盛顿的间谍。内森·黑尔(Nathan Hale)是康涅狄格人,约 24 岁。豪没有审讯黑尔。黑尔身穿平民服装,所以被当作间谍。令美国人震惊的是,豪拒绝了这个年轻人见一位牧师或看一下《圣经》的最后要求。在豪准备绞死他时,这位勇敢的爱国者背诵了流行剧《加图》(Cato)中的一段诗:

---

*1940 年,英国远征军很相似地从敦刻尔克撤退,因此从纳粹威胁中拯救了英国和自由的事业,温斯顿·丘吉尔称其为"一次解救的奇迹"。

## 第三章 最伟大的革命（1765—1783）

为正义而死是多么美好！谁将不会成为那个年轻人呢？遗憾的仅是，我们为我们的国家只能死一次。[97]

这段引文流传给了我们，它的释义是："我遗憾我只有一次生命可以献给我的国家。"美国革命有了它的第一位烈士。

尽管在加拿大的外交使命失败了，1776年秋天，本杰明·富兰克林同意去法国为美国人的事业辩护。富兰克林登上了一艘名为报复号（Reprisal）的船。这是一次艰难的航行，有很多人晕船。这也是一次危险的航行，因为富兰克林是最有名的叛乱分子，而且英国人仍控制着海路。甚至当他到法国下船后，他觉得自己仿佛走在一条乡村道路上，那里一伙盗匪刚刚杀害了一队12人的旅行者。谢天谢地，富兰克林在1776年12月安全地进入巴黎。[98]

在那个秋季，豪将军及其副官康沃利斯勋爵迫使华盛顿向南穿过新泽西。在本尼迪克·阿诺德延缓了来自加拿大的英军的挺进，和美军守卫南卡罗来纳的查尔斯顿，击退英军的一次进攻之后，军事形势有所好转。尽管华盛顿始终维护着部队的团结并将其与革命联系在一起，但退却总是令人沮丧。在整个新泽西，农民们在他们的门上钉着红飘带，表明他们对国王的认同。至1776年12月，许多民兵部队的服役期结束，华盛顿的大陆军在减少。

在圣诞节期间，大多数军队都住进了冬季营房。此前华盛顿渡过特拉华河，撤退到宾夕法尼亚，美军毁坏了桥梁，收走了船只。华盛顿知道一旦该河冰冻坚实，康沃利斯勋爵在人数上占优势的部队将通过冰面。华盛顿的资金和补给都用光了。他向宾夕法尼亚财政官罗伯特·莫里斯（Robert Morris）呼吁筹集现金，支付士兵的津贴。只是在领到钱后，一些衣衫褴褛、饥寒交迫的士兵才同意将他们的服役期延长到新的一年。

就是在圣诞之夜，在恶劣的天气里，华盛顿将军准备对新泽西的特伦顿（Trenton）发动一次突然袭击。华盛顿再次依赖约翰·格洛弗上校的经验丰富的马布尔黑德士兵，他们都是出色的水手和掌船人。他们曾拯救过大陆军，将他们从布鲁克林摆渡到曼哈顿。现在，他们运载着整个部队——包括马匹和大炮——渡过被冰块堵塞着的特拉华河。这群装备极差的士兵出其不意地控制了黑森守军。在一场短暂激烈的战斗中，美军杀死了黑森兵的指挥官约翰·拉尔（Johann Rall）上校，俘虏近千人。美军只有两人受伤，其中一人是中尉詹姆斯·门罗，未来的美国总统。上尉亚历山大·汉密尔顿的大炮，它的火门在船上要始终保持干燥，发挥了巨大的威力。那天夜里在船上的另一个人是年轻的约翰·马歇尔，美国未来的首席法官。1776年，美国本可以部署一支28万人的部队，[99]但在那个圣诞夜，只有2400人承担着那片大陆的命运。

华盛顿的袭击获得了极大的成功。他及时地践行了约翰·亚当斯和其他人曾在大陆会议上敦促他采取的"仁慈的政策"。没有刺杀投降的黑森人——像黑森兵对待放弃长岛的大陆军士兵那样——华盛顿同情地对待这些俘虏。这种开明政策使得无数黑森人后来定居在宾夕法尼亚和弗吉尼亚的边远地区。

美国爱国者为收复特伦顿而欢欣鼓舞，仅两周后，他们更是欣喜若狂。华盛顿乘胜对普林斯顿发动了另一次成功的攻击。在这次战斗中，华盛顿策马径直冲进英军炮火的烟雾中。他的一位年轻的助手，约翰·菲茨杰拉德上校用军帽盖住了自己的眼睛，因为他认为总司令将会被打死。华盛顿从弥漫的硝烟冲出,眼睛里闪烁着胜利的光芒。"感谢上帝!阁下安全。"菲茨杰拉德大叫着,向将军伸出手去。华盛顿充满激情地握住了他的手,或许他意识到了他刚与死神擦肩而过。在大陆军迫使普林斯顿的英国守军仓皇撤退时,华盛顿大喊:"真是一次美妙的狩猎,我的孩子们。"[100]

独立并没有立即带来法国的援助,至少不能是公开的援助。但有一个人将成为随后而来的援助的先行官。1777年7月,一个高个子、19岁的法国贵族,在史书上更熟知的姓名是拉法耶特(Marquis de Lafayette)来到费城。当这位热切的年轻贵族——他已经见识过很多军事行动——带着美国驻巴黎大使赛拉斯·迪恩(Silas Deane)的介绍信出现时,大陆会议感到很为难。代表们解释说,他们没有钱付给他,而迪恩已超越其职权许诺其的职务了。拉法耶特也不能回国。他乘船来美国已经惹恼了国王路易十六。但他愿以一位志愿者的身份从军,不要报酬。[101]到8月时,20岁的拉法耶特已成为华盛顿身边的一位少将了!他很快就经历了1777年9月在宾夕法尼亚布兰迪万(Brandywine)的战斗。在那场战斗中,他在勇敢地率领大陆军冲锋时负伤。尽管美军奋勇作战,他们还是失败了,英军打开了通往费城的道路。

当美国取得最大的军事胜利时,华盛顿在数百英里之外。1777年10月,当美军与英国将军约翰·伯格因(John Burgoyne)相逢于纽约的萨拉托加时,美国人都期待着。伯格因,伦敦上流社会的"绅士约翰尼",是英国议会议员、剧作家和一个浮夸的人。他曾以一笔很大的赌注与议会领袖查尔斯·詹姆斯·福克斯(Charles James Fox)打赌,称他将在1777年圣诞节前从美国获胜归来。他的任务是从加拿大南下,与率军从纽约北上的豪将军会合。但豪却向费城方向进军——试图抓住华盛顿。伯格因晓谕全军,他的印第安战士已得到允许可以割下任何英国逃兵的头。最初,他取得了胜利,重新占领了提康德罗加要塞(Fort Ticonderoga),烧毁了美国将军菲利普·斯凯勒(Philip Schuyler)在奥尔巴尼(Albany)的漂亮的家。[102]

但伯格因的部队行进得太慢了——被庞大的辎重队所拖累和被美国人所阻击。火鸡咯咯的叫声——美国人袭击前彼此联络的信号——吓坏了英国部队。炮火发射,丹·摩根(Dan Morgan)的步枪手可以在一英里外击倒英国兵,瞬间就撂倒很多伯格因的士兵。[103]

1777年10月17日,伯格因全部人马6000多人在萨拉托加投降,他对斯凯勒将军的仁慈态度感到很惊奇:"这是对我,一个如此伤害你们的人,表现出的如此善意吗?"[104]

绅士约翰尼已经输掉了他的大额赌注。福克斯曾预言,他的朋友将作为一名被假释的俘虏归来,他赢了。[105] 萨拉托加战役是美国到目前为止最大的胜利。美国将军霍雷肖·盖茨(Horatio Gates)迅速地自称胜利者,但像以前一样,胜利更多地应归功于本尼迪克·阿诺德将军。尽管伤亡惨重,阿诺德还是重整他的部队投入战斗。法国外交部部长韦尔热纳伯爵夏尔·格拉维埃,(Charles Gravier, the comte de Vergennes)正是从萨拉托加战役中看出美国有胜过英国的能力。

华盛顿将军在进入福奇山谷的冬季营房时,战局并没有改观。只要豪将军的英国部队还牢固地控制着费城,华盛顿就只能观望和等待。这是整个战争中最糟糕的冬季。他再次向大陆会议紧急要求援助。他写道:你们可以顺着雪地上带血迹的脚印追寻其部队的踪迹。在他说官兵们饥寒交迫时,并没有一点夸张。有些大陆军士兵为了出去站岗不得不借裤子穿。

所幸的是,另一个要加入美军的外援在这种情况下出现了。一个普鲁士军官施托伊本(Baron von Steuben),曾在巴黎会晤过富兰克林,被介绍给大陆会议。施托伊本不会讲英语,是一个有吸引力的人,他曾夸大其经历——一个18世纪的简历伪造者。然而,他通晓操练术,懂得纪律和训练将一群乌合之众转变成一支战斗部队的重要性。施托伊本开始鞭挞福奇山谷中那些衣衫褴褛、士气低落的士兵,使他们进入一种严谨的状态。他煞有介事地雇用了一位翻译,将他的法文和德文课程翻译成官兵们能理解的英文(自此,美国所有的军训教员都是这位古怪的普鲁士人精神的后裔)。

安东尼·韦恩将军,32岁的宾夕法尼亚土地测量员和议员,不需要翻译。他以其狠毒的咒骂闻名。一位少尉抱怨,一次韦恩发现一个军营外面没有设岗哨时,"诅咒我们所有的灵魂都下地狱"。[106]华盛顿讨厌渎神的诅咒也是出名的,[107]但他却明智地选择韦恩帮助改善给养供应问题。没有"发疯的安东尼"韦恩袭击保皇党人的农场,部队可能早就饿垮了。

## 5. 法国同盟

"考验人们灵魂的是时代",托马斯·潘恩在福奇山谷(Valley Forge)的那个冬天里写道,然而随着春季降临,也传来了使人耳目一新的消息:富兰克林成功地稳固了与法国的同盟。在几年的秘密援助后,现在法国将公开承认美国,在这场战争中与英国为敌。荷兰和西班牙现在也开始援助美国了。这意味着英国将不得不撤回一些军舰,以防法国对英国的攻击，而且还不得不增援直布罗陀的守军，以防西班牙的袭击。

与此同时，美国边境告急。在宾夕法尼亚的怀俄明山谷中，1778年7月4日，效忠派约翰·巴特勒（John Butler）和他的印第安盟友发动袭击，杀死数百人。农民们被绑在柱子上烧死，被扔到燃烧的煤层中，在他们惊恐的家庭成员目睹下，被干草叉控制着。[108] 弗吉尼亚派出当地人乔治·罗杰斯·克拉克（George Rogers Clark）跨过俄亥俄河，去恢复其对老西北地区的权利。英国上校亨利·汉密尔顿（Henry Hamilton），人称"买头发的"，因其付给印第安人赏金以收缴美国人头皮，龟缩在温森斯（今印第安纳州）的一个要塞里。克拉克与由130名美国人和法国人组成的小部队数日行军，在深冬里越过齐胸深的河水接近敌人，[109] 包围了"买头发的"，克拉克命他的人在英国军营外前后操练，造成有很多人的假象。亨利·汉密尔顿手下的印第安人大多都逃跑了。这时，克拉克抓住了5个腰带上挂着头皮的印第安人，他下令用印第安人的战斧在英军要塞前处死他们。亨利·汉密尔顿立刻投降了。他后来这样描述这个高大的弗吉尼亚人：说话时"带着对他后来胜利的执著，同时洗着他手上的血迹"。[110] 这次胜利及其在卡斯卡斯基亚（Kaskaskia）（靠近当今的底特律）的成功，使乔治·罗杰斯·克拉克奠定了美国对整个西北地区（俄亥俄、印第安纳、密歇根、伊利诺斯、威斯康星和部分明尼苏达）的权利。*

---

\* 乔治·罗杰斯·克拉克完全应该得到他的称号："西北征服者"。他的征服极大地增加了美国的版图——这一地区是英国的两倍，比法国还大。他的事迹激励了他的弟弟，威廉·克拉克从事刘易斯和克拉克远征，去效法他的功绩。

第三章　最伟大的革命（1765—1783）

**渡过特拉华河。**华盛顿在 1776 年圣诞夜承受了所有的风险。与他在那条堆积着冰块的河上一同乘船的是 2400 名衣衫不整的大陆军官兵，包括亚历山大·汉密尔顿、亨利·诺克斯、詹姆斯·门罗和约翰·马歇尔。美国人在特伦顿和普林斯顿的胜利使独立事业重新有了希望。

英舰"萨拉皮斯"号（*Serapis*）与美船"好人理查德"号（*Bonhomme Richard*）1779年9月23日在英国（Flambrough Head）附近海域的战斗。上尉约翰·保罗·琼斯勇敢地面对英舰上的炮火和一艘无信义的法国军舰的"友军的炮火"。他发出传说中的回答："我还没开始战斗呢！"琼斯的胜利激发了美国人的斗志，也使美国海军有了海战时代的第一位大英雄。

第三章 最伟大的革命（1765—1783）

富兰克林的外交技巧成为美国事业另一次巨大成功的关键。上尉约翰·保罗·琼斯（John Paul Jones）在独立战争爆发前，一直生活在弗吉尼亚。他去法国在装备船只方面寻求富兰克林博士的帮助。他有一个大胆的计划。他想从英国附近的海域攻击英国。琼斯出生于苏格兰，整个少年时代都在船上工作。他甚至有一段时间在贩奴船上服役。约翰·保罗·琼斯的外貌令人失望。艾比盖尔·亚当斯（Abigail Adams）描述道，她设想，他最多不过是一个"粗野的、固执的、好战的罗马人"。实际上，琼斯很矮小、瘦弱、语调柔和，亚当斯夫人写道，"我首先想到将他包裹在棉花绒里，装进我的口袋，而不是派他去同炮弹争论"。[111]

亚当斯夫人大错特错了。琼斯是一个狂热的好战者。"我希望离开任何行驶慢的船，因我愿意走危险的路。"他曾这样写道。

琼斯在 1778 年成功地扩大了英格兰和苏格兰海岸的恐慌气氛，他截获英国商船，甚至袭击海港。琼斯指挥兰杰号（*Ranger*）袭击了距伦敦西北不足 100 英里的海边乡镇怀特黑文（Whitehaven）。[112] 琼斯对这个港口非常熟悉。他当初就是从这个港口离开英国的。他的猛烈袭击引起伦敦的恐惧。英国人突然意识到，在他们的本土上，他们也会受到攻击。

在富兰克林说服法国送给琼斯一条船后，琼斯高兴地命名其为"好人理查德"号，这是富兰克林有名的著作《穷理查德》的法文翻译。富兰克林听到英国舰队烧毁费尔菲尔德、诺沃克和康涅狄格沿海其他城镇的消息深感不安。他希望一次报复。

1779 年 9 月 23 日，司令官琼斯遇到了一支从约克郡（Flambrough Head）出发去波罗的海的护航舰队。勇敢的英军上尉理查德·皮尔森（Richard Pearson）及其快速铜底的军舰"萨拉皮斯"号带领着这支护航舰队。那天早晨皮尔森将血红色的英国军旗挂在他的桅杆上，因

**约克敦的投降者。**华盛顿将军在弗吉尼亚约克敦城外他的司令部里宴请被他打败的敌人康沃利斯勋爵。约克敦战役标志着独立战争的结束。英国军乐团演奏着"这世界被颠倒了"的乐曲——确实如此。

第三章　最伟大的革命（1765—1783）

为他想寻找琼斯。[113] 琼斯小舰队中的其他船只很快就抛弃了琼斯，但琼斯使"好人理查德"号接近"萨拉皮斯"号。在琼斯船上第一次炮火齐射时，一门炮爆炸了，炸死了很多自己人。琼斯高超的驾船技术使他靠近了"萨拉皮斯"号的侧舷。这时他的法国海军陆战队的滑膛枪手发挥了毁灭性的威力。"好人理查德"号着火了，进水了，很可能要下沉。这时皮尔森大叫琼斯，问他战斗是否已结束了。是继续打，还是降下他的旗帜立刻投降。琼斯回答——意思是他们刚才只是一场小冲突，他决意继续战斗下去——流传给我们的是："我还没开始战斗呢！"

不管琼斯是否真的说了那些话，他后来的行动是确切的。在几个小时内，两条船死死地缠在一起，"紧挨着像一个木排上的两根原木，枪口对着枪口"[114]。从田里回家的英国农民看着这一幕敬畏不已，在收获季节的一轮圆月下，两条船点亮了夜空。[115] 两船都要求临时停火，派出水手扑灭桅杆上有可能将它们都吞噬的火焰。[116] "萨拉皮斯"号试图摆脱纠缠，用其优势的火力击沉"好人理查德"号，但琼斯早已命航海官斯特西（Sailing Master Stacey）用结实的粗绳将两船牢固地捆在一起。琼斯听到斯特西在不停地诅咒，就立刻提醒这位经验丰富的水手注意他自己的语言，因为他"随时可能死亡"[117]。

不料，法国上尉皮埃尔·兰代斯（Pierre Landais）指挥的"联盟"号（*Alliance*）突然回来了，使琼斯面对"友军的炮火"。"联盟"号两次用威力很大的葡萄弹攻击"好人理查德"号。尽管如此，琼斯最终凭借"制高点"赢得了胜利，因他的美国和法国滑膛枪手在桅杆上完全封锁了"萨拉皮斯"号的甲板。琼斯能够登上敌船，缴获贵重的战利品。史书上再没有比这更大的勇气和决心的事例了。美国人——

长期被英国人嘲笑为懦夫——在此后可以用"好人理查德号"来回应了。两艘船都受重伤,近半人员伤亡。[118] "好人理查德"号无法挽救了(时任英国副检察长的亚历山大·韦德伯恩对嘲弄他的"文人"届时该作何感想呢?富兰克林的穷查理跃出书本,回击了英国的傲慢)。

## 6. "世界被颠倒了"

本尼迪克·阿诺德将军,这位多次战斗中的英雄,被大陆会议不公正地对待。许多不那么重要的人如霍雷肖·盖茨都得到了本应属于阿诺德的晋升和奖励,因此阿诺德逐渐怀恨在心。他年轻的妻子佩姬·希潘(Peggy Shippen)出生于一个富有的托利党人家庭。在华盛顿任命阿诺德为费城的军事指挥官后,阿诺德曾与激进的政治领导人约瑟夫·里德发生冲突。因为阿诺德拒绝按照里德的要求,绞死500名效忠派并没收他们的财产,宾夕法尼亚人传播着谣言:阿诺德不可靠。[119] 这竟成为一个自我实现的预言。

阿诺德向华盛顿请求任命他为美军在纽约西点要塞的指挥官。俯览赫德森河,距纽约城北60英里的西点对防止英军将美国截为两段十分重要。阿诺德开始和在曼哈顿接替了豪将军的职务的亨利·克林顿串联。为了10 000英镑,阿诺德答应将西点交给英国。阿诺德甚至和克林顿年轻帅气的副官约翰·安德鲁(John André)少校策划如何抓住华盛顿并让他归顺英国,但他们很快抛弃了这个不切实际的想法。[120]

抓获或杀死华盛顿一直是英国的一个战争目标。[121] 阿诺德和安德鲁密谋的那个农场现在叫作谋反的房子。在送年轻的安德鲁回营时，阿诺德说服安德鲁换上了一身便装。安德鲁的靴子里藏着能证实阿诺德和他的罪行的文件。当得知安德鲁被俘后,阿诺德逃到在赫德森河里停泊的一艘英国军舰上,那艘英舰很贴切地被称作秃鹰号(*Vulture*)。[122]

华盛顿正在康涅狄格的哈特福德会见罗尚博将军(Jean Baptiste Donatien de Vimeur, comte de Rochambeau), 他是新近到达的5000名法国正规军的司令。1789年9月25日, 当华盛顿赶到西点时,遇到了看上去有些精神错乱的佩姬·希潘·阿诺德。她衣着凌乱, 大声地指责华盛顿想杀死她的婴儿。华盛顿、亨利·诺克斯、拉法耶特、亚历山大·汉密尔顿和其他美国军官都同情这位年轻美丽的夫人,她似乎被丈夫的背叛行为吓蒙了。只能有一种决定。但华盛顿骑士般地允许佩姬与她谋反的丈夫团聚, 很显然,她从开始就与阿诺德谋划。她本来完全有可能因叛国而被绞死。

那个不幸的命运落在了勇敢而有才华的年轻少校安德鲁头上,他被军事法庭审讯并判处死刑,安德鲁没有为自己的生命辩护,只是请求像一个军官和绅士那样被枪毙。华盛顿的军官们建议批准这一请求。但主持审讯的、勇敢的纳撒尼尔·格林不同意。他分析说,安德鲁或是间谍,或是无罪的。如果无罪,他就要被释放,但如果是间谍,相应的惩罚就是绞刑。[123] 也许想起了年轻的内森·黑尔,华盛顿坚定地支持格林将军。1780年10月2日,在一些美国人公开的哭泣声中,约翰·安德鲁少校身着他鲜红色的军服,神色坦然地接受了绞刑。[124]

阿诺德逃脱了,但他20年后在伦敦死于贫困和耻辱中。[125] 本尼迪克·阿诺德的名字此后一直是背叛的同义词。

英国在1780年将他们主要的战斗行动转移到了美国南部。在南

99　卡罗来纳的查尔斯顿失守后，1780 年 5 月 12 日，大陆会议任命霍雷肖·盖茨将军，萨拉托加战役的胜利者，指挥南部军队。他们拒绝了华盛顿推荐的纳撒尼尔·格林将军（尽管两年前有一个要以盖茨取代华盛顿的提案被否决，盖茨仍得到大陆会议的支持）。很快，盖茨证明他并不胜任指挥。

1780 年 8 月 16 日，在南卡罗来纳坎登（Camden）的一次战斗中，康沃利斯将军的部队击败了弗吉尼亚和北卡罗来纳的民兵。这次溃败很耻辱，是独立战争中美国人最悲惨的失败。[126] 盖茨将军设法逃到了 60 英里之外的北卡罗来纳夏洛特（Charlotte），远在他溃逃的部队之前。亚历山大·汉密尔顿表达了大多数美国人的意见，他质问道："哪里曾有一位将军逃离……其整个部队这样一个例子？"[127] 盖茨抛弃了受致命伤的巴隆·德·卡尔博（Baron de Kalb），一位为美国而战的勇敢的外国人。至 10 月，大陆会议同意华盛顿的意见，让格林取代了盖茨。

康沃利斯勋爵有巴纳斯特·塔尔顿上校的支持，这个 26 岁帅气的骑兵军官擅长袭击海岸。1781 年 7 月，塔尔顿突然来抓弗吉尼亚州长托马斯·杰斐逊和州议会领导人。幸运的是，杰斐逊、帕特里特·亨利和该州的其他领导人及时得到警报。杰克·朱厄特（Jack Jouett）策马一夜跑了 50 英里，沿着印第安人的崎岖小径，穿过茂密的丛林，给住在蒙蒂塞洛家中的杰斐逊报信。朱厄特上尉被恰当地称作"南方的保罗·里维尔"。\*

南方经历了战争——实际上是内战——所有的残酷，因为效忠派

---

\* 善良的人们请注意：稍候片刻可听到勇敢的杰克·朱厄特的马蹄声；他驾驭着骏马，一刻不停也不拖延，直到他向人们发出塔尔顿来袭的警告。《夏洛茨维尔每日概况》，1909 年。

与爱国者的部队冲突了两年。弗朗西斯·马里恩（Francis Marion），以"沼泽地之狐"著称，在南卡罗来纳袭扰着英国和保王派的部队。马里恩将军大胆的袭击使南卡罗来纳免受英军的蹂躏。[128]虽然被有些迷糊的大陆会议所忽视，但马里恩对战争的贡献被弗吉尼亚的"莱特豪斯的亨利"·李（"Lighthorse Harry" Lee）*慷慨地认可。[129]康沃利斯认识到，他可以攻城略地，但他不能从民众那里得到给养和情报。

纳撒尼尔·格林是罗得岛上一个农民的儿子，一位贵格派信徒。他被任命为南方军队的指挥，并深得士兵们的拥护。

格林将军鼓励丹·摩根（Dan Morgan）去独立作战。说话直率的摩根，被部下亲切地称作"老车把式"，因为他在法国和印第安人战争时是一个赶马车的，1780年10月，他在北卡罗来纳基恩山区（Kings Mountain）对英国少校帕特里克·弗格森（Patrick Ferguson）及其美国效忠派部队取得了标志性的胜利。勇猛的弗格森坚持听取其美国效忠派部下的意见，不像其他英国正规军军官那样轻视他们。弗格森将部队带到这个高地后说，他可以抵御"全能的上帝和所有来自地狱的叛乱分子"。当弗格森在他部队的最前面倒下时，他身中7颗步枪子弹，帽子和军服都被射穿了。[130]被击败的弗格森的部队大喊"饶命！"请求宽恕。但摩根的战士们一面回答着，"塔尔顿的饶恕！"一面射杀着那些绝望的效忠派。塔尔顿在先前的5月瓦克斯霍（Waxhaws）的战斗中曾屠杀投降的爱国者。[131]

1781年1月17日，丹·摩根在南卡罗来纳的考彭斯取得了另一

---

\* 南卡罗来纳人长期记得莱特豪斯的亨利·李将军对他们的英雄"沼泽地之狐"的热情。他们后来重新集结在李将军的更有名的儿子——罗伯特·E. 李将军麾下。

场战斗的胜利。在考彭斯，摩根决定性地击败了塔尔顿的英国正规部队并使塔尔顿本人仓促逃回康沃利斯处。[132]

1781年3月15日，格林与康沃利斯的部队在北卡罗来纳的格林斯伯勒附近的吉尔福德法院作战。格林在这场激战中失败，但他的部队仍保持着秩序并重创了敌军，使英军除了重新组织和后撤以获得补充外，没有别的选择。格林没有赢得主要的战斗，但他使康沃利斯及其部队精疲力竭，穿过弗吉尼亚和北卡罗来纳的乡村，行军500多英里。[133]

格林的成功反映在康沃利斯写给在纽约的亨利·克林顿的一封信中："我在这一地区行军相当疲劳……如果我们要一场进攻性的战争，我们必须放弃纽约，将我们的整个部队撤回弗吉尼亚。"[134] 正是英军在南方的损耗使他们走向了约克敦。纳撒尼尔·格林，丹·摩根和游击队领导人、"沼泽地之狐"弗朗西斯·马里恩及托马斯·萨姆特（Thomas Sumter）促成了这个结果。

华盛顿将军在罗尚博和7000名法军士兵的帮助下，准备在1781年夏季围攻纽约城的英军。这时传来了惊人的好消息。8月14日，华盛顿得到通知，法国海军上将弗朗索瓦·约瑟夫·保罗（Francois Joseph Paul）、德格拉塞伯爵（the comte de Grasse）率领28艘军舰正在向切萨皮克湾驶来。[135] 留下一部分军队迷惑克林顿将军，华盛顿和罗尚博迅速动身去弗吉尼亚。他迅速而大胆地行动，将大部队从包围着英军盘踞的纽约城的阵地上撤出，向南方攻击，可能是他在这次战争中的最大的成就。[136]

局部的制海权——对美国人的胜利至关重要——由于法国海军的到来，已经确立了。9月5日，德格拉塞上将在弗吉尼亚的亨利角（Cape

Henry）和查尔斯角（Cape Charles）之间的战斗中击败一支英国小舰队。[137] 这次胜利防止了康沃利斯部队从海上撤退或得到补给。

1781年9月26日，华盛顿的美法联军1.7万人，包括罗尚博的正规军，拉法耶特和安东尼·韦恩领导的弗吉尼亚民兵，及德格拉塞的援军，将康沃利斯的7000英军困在约克半岛上。[138]（约克半岛是向切萨皮克湾突出的一个地岬。）

拉法耶特曾使华盛顿确信康沃利斯逃不掉了。当他与华盛顿再次见面时，这位年轻热情的法国人紧抱着华盛顿不停地亲吻。华盛顿早就将拉法耶特看作自己的儿子，没有拒绝他的热情。[139] 华盛顿迅速下令围攻。按照杰出的法国军事工程师（Sébastien Le Prestre de Vauban）的战术，联军迅速开始压缩被包围的英军的生存空间。康沃利斯占据弗吉尼亚州长托马斯·纳尔逊（Thomas Nelson）在约克敦的家作为司令部，但这位州长敦促华盛顿向自己的房子开炮。[140]

几周内，康沃利斯的官兵被迫杀马充饥。他们对联军每天炮轰的反击力量在削弱。一次，一发英军炮弹落进美军战壕，亚历山大·汉密尔顿上校一跃躲在亨利·诺克斯宽大的身后。平时和蔼的诺克斯申斥汉密尔顿，警告他"不要再拿我当盾牌"[141]。

最后，1781年10月19日，康沃利斯勋爵屈服于不可避免的命运，无条件投降了。英军列队而出，放下他们的武器，受降的是法国轻骑兵；康沃利斯没有露面，[142] 声称得病，他派其副手查尔斯·奥哈拉（Charles O'Hara）将军交出他的佩剑。一开始，窘迫的奥哈拉想将这把佩剑交给罗尚博将军，因罗尚博在华盛顿将军的指示下点头示意。但华盛顿指出，只有他的副手本杰明·林肯将军适合接受这位投降者。[143]

普通的英国兵因失败而哭泣，摔碎了他们的滑膛枪。英国鼓手打破了他们的鼓面。[144] 他们都进入了战俘营。英国军乐队演奏"这世界被颠倒了"的乐曲。确实如此。

## 7. 危险的和平

华盛顿回到纽约以保持对克林顿将军的包围。然而，只要英国控制着海面，他没有什么希望使英国人断粮。国王乔治三世在得到约克敦的消息时哀叹："啊！上帝，一切都结束了！"英国新政府于1782年3月目睹了诺斯政府在议会中的失败，于是决定媾和。

大陆会议派出外交事务委员会负责人约翰·杰伊，与在巴黎的本杰明·富兰克林和约翰·亚当斯会合。亨利·劳伦斯（Henry Laurens），一个出色的南卡罗来纳人，曾任大陆会议主席，刚从伦敦塔的囚禁中被释放，也是美国代表团成员。

劳伦斯是在乘船前往荷兰为美国洽谈一笔贷款时被英国人抓获的。然而，劳伦斯被他优秀的儿子战死的消息所击倒，他的儿子约翰是华盛顿将军的一名副官。年轻的劳伦斯是亚历山大·汉密尔顿最好的朋友，也是华盛顿的好助手。这位年轻的南卡罗来纳人曾提出一项如果奴隶参加美国独立战争就解放他们的计划，汉密尔顿非常支持这个想法。但这个计划随着这位豪爽的年轻人一起死去。他的父亲不胜悲伤，没怎么参与巴黎和谈。约翰·劳伦斯（John Laurens）的家乡和南卡罗来纳有理由哀悼这位有理想的年轻人的牺牲。

和谈持续了几个月。一段时间，似乎富兰克林将成功地赢得全部加拿大和直到密西西比河的地区，但这个计划失败了。约翰·亚当斯有着新英格兰的背景，坚持为他马萨诸塞的格洛斯特和新贝德福德乡

第三章　最伟大的革命（1765—1783）

亲们主张捕鱼权。和约草签于 1782 年 11 月 30 日，但最后文本直到将近一年后的 1783 年 9 月 3 日才得到批准。[145]

随着巴黎和谈一拖再拖，大陆会议深陷债务之中，它无力支付军饷，形成了一种极为危险的局面。华盛顿了解这些。1782 年 5 月，他接到莱维斯·尼古拉（Lewis Nicola）上校一封令人震惊的信，尼古拉是一位爱尔兰移民，曾任米夫林要塞司令。尼古拉引证军队和国家中不安情绪的增长，敦促华盛顿动用军队立其为国王。华盛顿简短而严厉地回复道：

> 在这场战争进程中，没有什么情况比你对军队内存在的那些观念的通报更使我痛苦了……我必须视之以憎恨，斥之以严厉，（这种观念）会给我们的国家带来最大的危害。[146]

华盛顿总是意识到、痛苦地意识到他的影响，他想知道究竟他的哪些行为招致了这种意图。在坚定地拒绝了尼古拉的建议时，华盛顿为美国的君主制情结划出界线：如果我不能当国王，谁也不能当国王。此举永久性地终结了美国的王权。美国已经有了 43 位总统，其中有说谎者、无用者和失败者，但我们永远不会有专制者。为此我们要感谢乔治·华盛顿。

一支被欠薪的军队，不能被解散但又没有足够的敌人可战，是一种非常危险的工具。1783 年年初，不满的怨言更多了。匿名的小册子开始在纽约纽堡（Newburgh）一带的军营里传阅，动员部队向大陆会议进军，用刺刀实现其合理的要求。华盛顿 3 月 15 日召集军官们开会。他精心地准备了讲话，他以一种戏剧性的方式出现在一大群愠怒的军人中,他急切地恳求其部下理解议事机构的缓慢,要有耐心。他恳求,不要"打开内乱洪水的闸门,将我们新生的国家淹没在血泊之中"[147]。

军官们对这个有力的演讲的回应是一种愤懑的沉默。他们仍旧没有被说服。他们以前听的都是这样的话。他们的家庭在挨饿,大陆会议对那些为独立流血牺牲的人没有做任何事情来兑现其向他们的承诺。

这时,华盛顿想起了他收到的一封大陆会议代表的来信。他用了使人窘迫的几秒钟在口袋里翻找着。打开信封,他意识到他不能读出那手写的小字。缓慢地、有意地,他又将手伸进口袋,这次拿出的是他的眼镜。在场的军官们没有几个曾看到他们51岁的总司令戴眼镜。"先生们,"华盛顿在小心地戴眼镜时说,"你们要允许我戴上我的眼镜,因为我在为我的国家效劳时不仅耗白了头,而且几乎熬瞎了眼。"[148]他温和的话语驱散了愤怒。许多久经沙场的老兵公开地哭泣了。一场军事政变的危机顷刻被瓦解了。

当巴黎和约被最后批准时,条约中美国的独立得到充分的承认,英国答应从纽约和查尔斯顿撤出。1783年11月,英军登船从曼哈顿驶出。华盛顿在华尔街附近的弗朗西斯餐馆宴请他的军官们,那里现在是这个城市的金融区。1783年12月3日,在那里发生了另一幕动人的场景。华盛顿不是一个铁石心肠的人,不像美钞上他严峻的外表所显示的那样。在告别的那个傍晚,当他邀请军官们来一一握手的时刻,所有在场的人包括华盛顿都流下了眼泪。"带着充满爱和感激的心情,现在我向你们告别,"他告诉周围的军官们,"我最虔诚地希望你们在今后的生活中富裕和幸福,如同你们在以前的岁月中的辉煌和荣耀一样。"[149]

## 第三章 最伟大的革命（1765—1783）

华盛顿还要回到大陆会议——所有他的权威的来源——去结束他在这场战争中的服役。会场定在马里兰州安纳波利斯，大陆会议热切地欢迎华盛顿归来。1783 年 12 月 23 日，华盛顿出现在马里兰老议会大厦的参议院会议厅内。大厅里挤满了议员、高官和夫人们。华盛顿起立祝贺大陆会议取得了独立与和平。当他讲到称颂他的将士们的那段经历时，他的手在颤抖，他极力保持着镇静。然后，以这段话为结束语："我置身于他们（会议代表）面前，将赋予我的职责交回他们手中，并且请求从为我的国家服务中退休的恩惠。"[150]

国王乔治三世曾言，如果华盛顿自愿放弃权力，那么他真是世界上最伟大的人。克伦威尔没有做到这一点，拿破仑也没有做到，但华盛顿做到了。

华盛顿是怎样伟大的一位将军？战胜者似乎都是伟大的将军。确实，华盛顿输掉的战斗比现代史上的任何一位将军都多。但他赢得了一些很大的战斗。

华盛顿有很多高贵的品质——勇敢、自制、行政能力、战略意识、战术勇猛——和能够从自己的错误中学习的能力。但最主要的是他的判断力。他拒绝烧美国城镇，拒绝扣押人质或枪毙与英军勾结的人。他严格地约束部队。他总是将自己及其难以驾驭的军队置于大陆会议的权威之下。所以，尽管有不足和失败，他比革命时期美国任何的其他将军都更伟大。

大陆会议主席托马斯·米夫林致答谢词。在独立战争初期，米夫林曾策划以霍雷肖·盖茨取代华盛顿。对米夫林和我们幸运的是，为他准备讲稿的是托马斯·杰斐逊：

您以智慧和刚毅进行了伟大的战争,在所有灾难和变化中,总是考虑文职权力的权利……您坚持不懈,直到美国能够在公正的上帝之下,在自由、安全和独立的条件下结束战争……对您,我们最诚挚地恳求上帝以他所有的慈爱关怀您的一生……[151]

自由、安全、独立与和平,至1783年,这些已是乔治·华盛顿给他的国家的遗产。不久,他将有更多的贡献。

1 | Isaacson, Walter, *Benjamin Franklin: An American Life*, Simon & Schuster, New York: 2003, p.224.
2 | Isaacson, p.224.
3 | Bobrick, Benson, *Angel in the Whirlwind: The Triumph of the American Revolution*, Penguin Books, New York: 1997, p.72.
4 | Morgan, Edmund S., *Benjamin Franklin*, Yale Nota Bene, New Haven, Conn.: 2003, pp.152-153.
5 | Morgan, Edmund S., and Helen M.Morgan, *The Stamp Act Crisis*, Collier, New York: 1967, p.311.
6 | Morison, Samuel Eliot, Steele, Henry Commager, and Leuchtenburg, William E.A *Concise History of the American Republic*, Oxford University Press, New York: 1977, p.68.
7 | Morgan, Edmund S., *The Birth of the Republic: 1763-1789*, University of Chicago Press, Chicago: 1956, p.19 Ferling, John, *A Leap in the Dark: The Struggle to Create the American Republic*, Oxford University Press, New York: 2003, p.31.
8 | Mayer, Henry, *A Son of Thunder: Patrick Henry and the American Republic*, University Press of Virginia, Charlottesville: 1991, p.93.
9 | Freeman, Douglas Southall, *George Washington: A Biography, Vol.III*, Charles

Scribner's Sons, New York: 1951, p.129.
10　Bobrick, p.72.
11　Freeman, p.136.
12　Freeman, p.136.
13　Morgan, *Birth of the Republic*, p.21.
14　Morgan, *Birth of the Republic*, p.22.
15　Ferling, p.35.
16　Morison, Commager, p.69.
17　Ferling, p.35.
18　Ferling, p.35.
19　Morgan, *Birth of the Republic*, p.17.
20　Robson, Eric, *The American Revolution in Its Political and Military Aspects, 1763-1783*, Norton Library, W. W. Norton & Co., Inc., New York: 1966.
21　Brinkley, Douglas, *The American Heritage History of the United States*, Viking Penguin, New York: 1998, p.54.
22　Ferling, p.40.
23　Ferling, p.40.
24　Ferling, p.38.
25　Maier, Pauline, *From Resistance to Revolution: Colonial Radicals and the Development of Opposition to Britain, 1765-1776*, W. W. Norton & Company, New York: 1991, p.81.
26　McCullough, David, *John Adams*, Simon & Schuster, New York: 2001, p.62.
27　Catton, Bruce and Catton, William B., *The Bold and Magnificent Dream: America's Founding Years*: 1492-1815, Gramercy Books, New York: 1978, p.255.
28　Robson, p.45.
29　Ferling, p.40.
30　Catton and Catton, p.264.
31　Ferling, p.83.

| | |
|---|---|
| 32 | Ferling, p.83. |
| 33 | Catton and Catton, p.259. |
| 34 | Robson, p.63. |
| 35 | Robson, p.64. |
| 36 | Robson, p.65. |
| 37 | Robson, p.64. |
| 38 | Maier, pp.114-115. |
| 39 | Maier, p.114. |
| 40 | Robson, p.65. |
| 41 | Ferling, p.84. |
| 42 | Ferling, p.71. |
| 43 | Clark, Ronald W., *Benjamin Franklin: A Biography*, Random House, New York: 1983, p.58. |
| 44 | Bobrick, p.86. |
| 45 | Bobrick, p.86. |
| 46 | Robson, p.66. |
| 47 | Catton and Catton, p.267. |
| 48 | Robson, p.67. |
| 49 | Catton and Catton, p.268. |
| 50 | Catton and Catton, p.268. |
| 51 | Ferling, p.86. |
| 52 | Churchill, Winston S., *The Great Republic: A History of America*, Random House, New York,: 1999, p.62. |
| 53 | Ferling, p.106. |
| 54 | Ferling, p.106. |
| 55 | Bobrick, p.90. |
| 56 | Churchill, p.62. |
| 57 | Bobrick, p.91. |

第三章　最伟大的革命（1765—1783）

58 | Catton and Catton, p.269.
59 | Middlekauff, Robert, *The Glorious Cause: The American Revolution, 1763-1789*, Oxford University Press, New York: 1982, p.207.
60 | Flexner, James Thomas, Washington: *The Indispensable Man,* Little, Brown, Co., Boston: 1969, p.58.
61 | Ferling, p.108.
62 | Brands, H. W., *Franklin: The First American*, Doubleday, New York: 2000, pp.464-490.
63 | Catton and Catton, p.272.
64 | Brands, p.488.
65 | Brands, p.488.
66 | Fischer, David Hackett, *Paul Revere's Ride*, Oxford University Press, New York: 1994, p.96.
67 | Fischer, p.104.
68 | Fischer, p.109.
69 | Leckie, Robert, *George Washington's War: The Saga of the American Revolution*, HarperCollins: New York: 1993, p.110.
70 | Leckie, p.110.
71 | Leckie, p.110.
72 | Leckie, p.115.
73 | Catton and Catton, p.279.
74 | Churchill, p.65.
75 | Brands, p.502.
76 | Catton and Catton, p.276.
77 | Catton and Catton, p.277.
78 | Brands, p.507.
79 | Maier, Pauline, *American Scripture: Making the Declaration of Independence*, Alfred A. Knopf, New York: 1997, p.33.

| | |
|---|---|
| 80 | Maier, *American Scripture*, p.33. |
| 81 | Maier, *American Scripture*, p.33. |
| 82 | Paine, Thomas, *Common Sense*, Barnes & Noble Books, New York: 1995, pp.19-20. |
| 83 | Paine, p.42. |
| 84 | Morison, Commager, p.80. |
| 85 | Morison, Commager, p.80. |
| 86 | Maier, *American Scripture*, p.98. |
| 87 | Maier, *American Scripture*, p.135. |
| 88 | Spalding, Matthew, ed., *The Founders'Almanac*, The Heritage Foundation, Washington, D.C: , 2001. |
| 89 | Brands, p.512. |
| 90 | Spalding, p.230. |
| 91 | Leckie, p.265. |
| 92 | McCullough, David, 1776, Simon & Schuster, New York: 2005, p.170. |
| 93 | McCullough, p.175. |
| 94 | McCullough, p.190. |
| 95 | McCullough, p.191. |
| 96 | Flexner, James Thomas, Washington: *The Indispensable Man*, Little, Brown, and Company, Boston: 1974, p.84. |
| 97 | Fischer, David Hackett, *Washington's Crossing*, Oxford University Press, New York: 2004, p.108. |
| 98 | Brands, p.527. |
| 99 | Churchill, p.67. |
| 100 | Leckie, p.329. |
| 101 | Leckie, p.343. |
| 102 | Leckie, p.401. |
| 103 | Catton and Catton, p.307. |

| 104 | Leckie, p.417. |
| 105 | Leckie, p.419. |
| 106 | Royster, Charles, *A Revolutionary People at War: The Continental Army and American Character, 1775-1783*, The University of North Carolina Press, Chapel Hill, N. C: 1986, p.76. |
| 107 | Royster, p.76. |
| 108 | Leckie, p.492. |
| 109 | Leckie, p.499. |
| 110 | Bobrick, p.378. |
| 111 | McCullough, p.304. |
| 112 | Leckie, p.499. |
| 113 | Thomas, Evan, *John Paul Jones, Sailor, Hero, Father of the American Navy*, Simon &Schuster, New York: 2003, p.182. |
| 114 | Morison, Samuel Eliot, *John Paul Jones: A Sailor's Biography*, Northeastern University Press, Boston, 1959, p.233. |
| 115 | Morison, *John Paul Jones*, p.233. |
| 116 | Morison, *John Paul Jones*, p.233. |
| 117 | Thomas, p.188. |
| 118 | Thomas, p.197. |
| 119 | Leckie, p.546. |
| 120 | Leckie, p.565. |
| 121 | Churchill, p.74. |
| 122 | Bobrick, p.416. |
| 123 | Bobrick, p.419. |
| 124 | Churchill, p.82. |
| 125 | Churchill, p.82. |
| 126 | Bobrick, p.402. |
| 127 | Bobrick, p.402. |

128 Bass, Robert D., *Swamp Fox: The Life and Campaigns of General Francis Marion*, Sandlapper Publishing Co, Inc., Orangeburg, S.C: 1974, p.175.
129 Bass, p.175.
130 Bobrick, p.426.
131 National Park Service, Web site, www.nps.gov/cowpens.
132 National Park Service, Web site, www.nps.gov/cowpens.
133 Keegan, John, *Fields of Battle: The Wars for North America*, Vintage Books, New York: 1997, p.178.
134 Keegan, p.178.
135 Catton and Catton, p.319.
136 Bobrick, p.448.
137 Bobrick, p.452.
138 Keegan, p.184.
139 Bobrick, p.453.
140 Bobrick, p.459.
141 Bobrick, p.462.
142 Bobrick, p.464.
143 Bobrick, p.464.
144 Leckie, p.658.
145 Leckie, p.660.
146 Flexner, p.170.
147 Flexner, p.174.
148 Flexner.p.174.
149 Clark, Harrison, *All Cloudless Glory: Vol. II*, Regnery Publishing, Washington, D.C.: 1996, p.62.
150 Bobrick, p.479.
151 Bobrick, p.480.

第四章
# 思考与选择：构建宪法（1783—1789）

新独立的国家努力营造一种持久的政府形式，即最大限度地实现每一个公民的自由和保护他们不可剥夺的权利。《西北土地法令》（The Northwest Ordinance）对奴隶和宗教宽容有明智的规定，但《邦联条例》（The Articles of Confederation）产生的邦联政府开始被争论所困扰——软弱得甚至不能维护自己。谢司起义最终刺激了詹姆斯·麦迪逊的行动。他联合亚历山大·汉密尔顿，在华盛顿和富兰克林的支持下，将这个新诞生的国家引向了一条新的宪法之路。辩论中的两大热点是州与全国政府之间的权力划分和奴隶制问题。明显的差异让位于妥协，一个共和国的蓝图浮现了。批准宪法使建国者们施展出他们所有的技巧、理性和说服力。

## 1. 危机阶段

随着巨大的热气球在凡尔赛宫内欢呼的人群上空徐徐升起，时髦的法国夫人们晕过去了。当气球挂到树枝上时，人们屏住了呼吸。本杰明·富兰克林，美国驻巴黎大使和世界上领先的科学家之一，在他写给伦敦的皇家学会的一封信中承认："我当时为那些人非常担心，认为他们有被抛出来或烧死的危险。"[1] 但气球很快脱离了阻碍升向天空，飘出了凡尔赛宫，来到塞纳河上。5 万观众见证了蒙戈菲耶（Montgolfier）兄弟——约瑟夫（Joseph）和艾丁尼（Étienne）——惊人的成就，1783 年 11 月 21 日，成为人操控飞行的开始。富兰克林不得不从他的马车上观看，这影响了他的兴致。一个观众问富兰克林，这有什么实际用处？这个世界上最实际的人回答得很干脆："一个新生婴儿有什么用？"[2]

富兰克林将很快结束他在巴黎的任期，计划将大使工作交给议会在 1784 年派来接替他的新人。当一个巴黎人问托马斯·杰斐逊，新任美国大使，他是否会替代富兰克林博士？杰斐逊以外交口吻回答："没有人能替代富兰克林，我只是他的继任者。"[3]

这位不可替代的富兰克林本人很快理性地思考一个新生共和国的作用是什么。在大陆会议不能胜任其财政职责时，很多革命的领导人开始意识到摆在新生的美国面前的困难。他们已经看到大陆军内部兵变和军人起义的危险。和平时期将进一步暴露出邦联政府的不足之处。

《邦联条例》拟定于 1777 年，但直到 4 年长期战争之后的 1781 年才得到批准。邦联政府的主要目的是成功地进行独立战争。这已经在华盛顿将军的领导和法国盟友的援助下实现了。虽然条例使各州对

## 第四章　思考与选择：构建宪法（1783—1789）

一个"永久的邦联"负有义务，但各州仍谨慎地守护着它们的特权。条例第二款明确规定："各州保留其主权、自由和独立，以及所有的权力、司法权和权利，这些并不因在大陆会议上邦联的成立而明确地赋予美国。"[4] 在当时以及以后很多年，一般还是将邦联称作联合的州，而不是美国。

大陆会议依据条例有进行战争、处理外交事务、借款、同印第安人谈判、解决各州间争端等权力。[5] 但为了召集一支部队或支付它的费用，会议只有要求各州政府调拨人员和经费的申请权。如果各州完全照办，那将是最好不过的。但如果各州没能履行它们对邦联的责任，会议不能强制它们。

每个州在会议里有平等的代表。虽然每个州都派出了几位代表组成其代表团，但这些代表必须就如何投他们州的一票取得一致。按照程序，多数州的票——13票中的7票有效。但对重大问题，或对那些似乎需要修改条例的有争议的事项，则要全体意见一致——一种实际的否决权，小小的罗得岛多次用它来威胁搞乱会议议程。

条例既没有行政机构，也没有司法机构。在独立的最初八年中，当然，需要完成的最重要的"行政"工作是赢得战争。为此，华盛顿就任总司令。

尽管有这些缺陷，《邦联条例》指导下的大陆会议还是可以因一些天才人物而自豪的。约翰·亚当斯，在他去法国以前，和杰斐逊是有影响的代表。詹姆斯·麦迪逊和亚历山大·汉密尔顿很快加入了老代表的行列。罗伯特·莫里斯，革命时期宾夕法尼亚州出色的财政官员，和约翰·杰伊，纽约州的外交人才，都贡献了会议所需的才智。然而，随着时间的推移，会议的威望及其囊括的人才水平都在下降。

马里兰的固执实际上帮助邦联政府解决了一个棘手的西部土地问题。很多州都要求拥有阿拉巴契亚山以东的大片土地。弗吉尼亚、纽约甚至康涅狄格从殖民地时代就有这种权利。马里兰州拒绝批准《邦联条例》，直到这些州将这种土地权利让与邦联。这样，西部土地成为国家整体的一种资源（有讽刺意味的是，后来土地又成为导致最大的国家分裂——内战的资源）。

在独立与媾和之后，邦联政府最大的成就是 1787 年的《西北土地法令》。从老的西北地区将划分出一大片地区——现代的俄亥俄州、印第安纳州、密歇根州、伊利诺斯州、威斯康星州和明尼苏达州的一部分。这是开始于 1780 年一系列土地政策措施的高潮。[6] 按照这项明智而远见的措施，这些土地上将永久禁止奴隶制。[7] 而且，这些土地都分成 6 英里的正方形的城镇，每个正方形再分成 36 份，每份 640 英亩。其中一份要捐献出来用于公共教育。大陆会议认为，"宗教、道德和知识对政府管理和人类幸福都是必需的，学校和教育方式将永远受到鼓励"[8]。因此，即使在共和国之初，对教育的关注点既在道德方面，也在年轻人的智力发展方面。

《西北法令》继续大陆会议的计划，将每个新地区看作一个准州。定居者在这些地区可以建立自由的政府和拟定宪法，一旦居民人数达到 6 万，就可以以一个新州的名义申请加入邦联。每个新州在与以前各州平等的基础上被接纳。托马斯·杰斐逊以它为肯塔基和其他 14 个新州制定的计划，\*为没有先例地处理这些新州确立了样板。[9]

---

\* 就杰斐逊不切实际的计划而言，作家克里斯托弗·希钦斯说，美国将被限制在一个沿大西洋海岸的狭长地带，成为北美的智利。

## 第四章 思考与选择：构建宪法（1783—1789）

在世界历史上，平等原则首次得到如此的承认。美国的准州不再是永久性地隶属于母国殖民地，我们从英帝国的失败中得到了经验。

《西北法令》一个最重要的特征是它对宗教问题的处理。第一款规定："该地区任何行为举止得体之人，将不会因其信仰方式或宗教感情而受到侵扰。"这种开明的原则在当时是很有革命性的。没有其他的政府在管理新征服的地区时甚至设计过这样的原则。确立这种标准，大陆会议明显地吸收了新近通过的《弗吉尼亚宗教自由法案》中的内容。[10]

这个弗吉尼亚宗教自由法案最初在1779年由杰斐逊提出，在战争时期的弗吉尼亚没有得到多数议员的支持。在杰斐逊1784年离开美国去巴黎时，他始终与他的好朋友和邻居詹姆斯·麦迪逊保持着尽可能密切的联系。他们定期地往来信件、交流信息、书籍和小册子。杰斐逊特别希望知道弗吉尼亚议会的消息。[11]

帕特里特·亨利1785年提出一个议案，要求州里支持"基督教的教师"。很多人视其为走向宗教宽容的一步。毕竟，弗吉尼亚以前要求其所有公民支持圣公会（现在的主教派教会）。按照亨利的提案，政府的支持应该给予更多的基督教教派。然而，詹姆斯·麦迪逊立即以其著名的《请愿与抗议》更进一步。在这篇文章中，麦迪逊指出，政府仅支持某些教会将如何侵害所有人基本的信仰自由。麦迪逊认为，允许政府立规则支持基督教，也就是允许这个政府控制基督教。麦迪逊抗议的论点很有说服力：

> 谁不明白？同一个权威，能排除所有其他的宗教，立基督教为国教，也能同样轻易地排除其他所有的派别，立基督教的任何

一个特殊的派别为国教：同一个权威，能强迫一位公民贡献其财产中区三便士，以支持任何一种国教，也能在任何情况下，迫使他遵奉任何其他的国教。

麦迪逊的论点非常成功，许多基督教教派理解了其中理性的意义，要求弗吉尼亚议会否决亨利的提案。新的共识打破了阻碍杰斐逊《弗吉尼亚宗教自由法案》的僵局，使该法案在麦迪逊的妥善领导下获得议会的通过。

这样，在一场似乎是地方性议会辩论中，一个至今有着世界性意义的原则被确立了。麦迪逊是一个谦虚的人，却夸耀这个成果。在一封致杰斐逊的信中，他写道，里士满的议员"在这个国家（弗吉尼亚）永久性地废除了要为人的头脑立法的雄心勃勃的希望"[12]。在此后不到一年，杰斐逊对他的朋友写道："弗吉尼亚宗教自由法案在欧洲已经得到普遍的认可和热情的宣传。"[13] 当然，杰斐逊的意思是法案得到欧洲思想家、哲学家、社会活动家的赞同；无疑，当权者是不欢迎它的。

尽管有这些世俗和宗教自由的进步，新美国的财政状况却失控了。罗得岛和小罗蒂带头不承担财政责任。债务人控制了这个小州的议会并通过了一项免除债务的计划。这个海岛州泛滥着纸币，他们要求债权人接受这些一文不值的纸币。如果债权人拒绝，议会规定债务人可以将这些贬值的货币就近存放在一位州法官那里。[14] 在南卡罗来纳查尔斯顿，激进分子的计划更为恶劣。暗示俱乐部（the Hint Club）经常的一种做法是，将一段绳子——像绞死人的那种绳子——送给那些富有的农场主，他们曾拒绝接受暗示和接受贬值的纸币。托马斯·杰

第四章 思考与选择：构建宪法（1783—1789）

斐逊对这种"独立的傲慢"很忧虑，他看到许多州的政治家已经被这种情绪"深入地和危险地控制了头脑"。[15]

邦联在外交事务上也显现出不一致的迹象。约翰·杰伊是邦联中非常能干的外交部部长，继承了法国胡格诺派的传统，杰伊的家庭兴旺于殖民地时期的纽约。在杰伊准备同西班牙大使唐·迭戈·德·加尔多吉（Don Diego de Gardoqui）谈判时，他需要邦联会议的指示。会议——尤其是南方的代表激动地——告诉杰伊，任何情况下都不能以美国在新奥尔良出海口的权利为代价。南方人和西部人的货物需要有一个出口。俄亥俄河、密苏里河和密西西比河都通过新奥尔良注入墨西哥湾。然而，约翰·杰伊则担心美国在西南方的扩张过于迅猛。许多其他北方的代表甚至倾向以密西西比河的航行权做交易，换取西班牙允许美国人在纽芬兰附近捕鱼和对美国商船开放西班牙港口的让步。加尔多吉是一个精明圆滑的人，他送给乔治·华盛顿一对公驴，让它们在弗农山繁殖骡子。[16]当这一"皇家礼物"代表着国王卡洛斯三世对华盛顿将军真诚的钦佩到来时，许多其他来自加尔多吉的礼物就更成问题了。邦联会议的许多代表喜欢他提供的哈瓦那雪茄。他"借给"一位代表5000美元——一笔掩饰恶意的贿赂。他陪同美丽的杰伊夫人去纽约参加社会活动。"我正在殷勤地陪着夫人参加官方招待会和跳舞，因为她喜欢这些，我将为国王的最大利益做任何有求于我的事"，加尔多吉在给马德里的信中写道。[17]

杰伊的头脑转向了，但最可能的是因为北方商人的言论。他要求会议容许他放弃美国人在密西西比河上的航行权。在这个问题上邦联出现了第一次严重的分歧，7个北方州投票放弃航行权，5个南方州则强烈地反对。按照当时执行的议程，北方州占有多数不成问题。但批准一个与西班牙的新条约所需要的 9 票则还不够。[18] 然而，加尔多吉（Gardoqui）知道美国人因其内部分歧，不能为密西西比河问题向西班牙施压了。"我毫不自夸地相信会把这只橘子榨干。"他在给国王的信中说。[19] 他的活动在 1786 年夏季将马萨诸塞州的鲁弗斯·金和其他北方的代表引到了分裂的边缘。[20]

对邦联的考验在继续增强。在所有考验中最使人惊恐的是马萨诸塞州的武装起义。革命战争时期退伍的上尉丹尼尔·谢司领导了一支由绝望的农民组成的"部队"，他们试图封闭法庭以阻止取消抵押品赎回权的法律程序和因债务入狱。当谢司的衣衫褴褛的队伍想夺取邦联的一个军火库时，被炮火挫败。[21] 州政府在一些富商的资助下组织民兵，很快地平息了谢司的起义。这些被俘的叛乱分子被判处死刑，但他们很快地被赦免了。[22]

谢司起义警醒了大多数有责任感的革命领导人。乔治·华盛顿特别忧虑。"对这次动乱，我感觉……远比我能表达的要多……善良的上帝，除了一个托利党人或一个英国人，谁会预见这些事呢！"[23] 刚从法国回来的富兰克林是最温和的人之一，他也认为，"由于担心给我们的州长过多的权力，现在我们面临国民过少服从的危险"[24]。

对远在法国的杰斐逊，谢司起义引起他很多思考。他写信给麦迪逊，满意地从这一事例中引申出经常的起义：

> 我认为，经常地有一些小骚动是一件好事，它对于政界，如同暴风雨对于自然界一样是必要的。确实，不成功的骚乱一般会造成对进行叛乱的人的权利的侵害。这一事实应提示真正的共和国的统治者们在惩罚叛乱时要从轻，不要使民众失去信心。动乱

对于一个健康的政府有如必要的良药。"

他的朋友不同意。再次，这是距离形成差异的一个例子。巴黎远离动乱的马萨诸塞。麦迪逊警觉到，"煽动叛乱的党变得难以对付……他们公开与（英国的）加拿大总督联系"[26]。

在1786年9月安纳波利斯会议上，麦迪逊已经开始了与亚历山大·汉密尔顿的积极合作。那次仅有5个州的代表会议只完成了一件事：它定于次年5月在费城召开一次所有州都参加的会议。用汉密尔顿的话说，召集代表来是为了"制定联邦政府的宪法，要足以应对邦联的紧急事变"[27]。这是一个大胆的行动。

麦迪逊认为这种大胆措施是必要的。他警告说，君主制的策划者们在利用这种不满。他写道，"所有革命的真正的朋友们"应该团结一致，"永远地维护邦联和恢复共和国的声誉"[28]。华盛顿也担心一位美国国王的支持者会利用蔓延的动乱形势。他很难相信他所听到的，"甚至体面的（公民）也在毫无恐惧地谈论（君主制）"[29]。麦迪逊知道对他和汉密尔顿的计划有一个重要的支持者，一个最重要的人，乔治·华盛顿激励这个年轻人。1786年11月，他在写给麦迪逊的信中说：

> 我们的曙光最灿烂，当前我们面前的乌云却最多！面对即将来临的暴风雨，需要智慧和经验来挽救这个政治机制。[30]

## 2. "伟大的小个子麦迪逊"

詹姆斯·麦迪逊身材矮小，经常穿黑衣服。他的口才与雄辩有力的帕特里特·亨利或其他的擅长演讲者无法相比。但如果知识是力量，麦迪逊就是一个大力神（Titan）。他在1786年夏秋季"专心致志"于以前的共和政府所有经历的历史。他了解所有这些由人民治理的国家的优点和弱点。在他广泛的阅读中，他得到了他的朋友杰斐逊的帮助。这位驻巴黎的美国公使发往麦迪逊的家乡蒙彼利埃（Montpelier）一个"图书馆规模的货舱"的有关历史、政治和经济的书籍。³¹

麦迪逊对即将在费城召开的会议的最直接的关注是华盛顿是否出席。华盛顿全力支持麦迪逊和汉密尔顿的努力，但他对是否与会却很犹豫。华盛顿踌躇的原因很重要。不到4年前，他在安纳波利斯已经显赫地交还了自己的使命。对这一无私的行动，他获得了全世界的尊敬。³² 现在还要重陷政治玷污他的名声吗？而且，他已经告诉他在辛辛那提协会——一个大陆军军官的荣誉团体——的朋友们，他不参加他们在费城的会议。＊如果他参加在同一城市相同时间的联邦会议，是否会造成对他最亲密的战友们的失信呢？况且，还有一个非常实际的危险，即邦联会议可能失败。³³ 事实上，本杰明·富兰克林已经警告过这种可能性。他在信中对在巴黎的托马斯·杰斐逊说：

> 我希望他们的（费城）会议有好结果。确实，如果它没有好结果，一定是有害的，因为它将表明我们这些人没有足够的智慧来管理我们自己：并且将强化一些政治评论者的观点，即民众政府不能长久地维持下去。³⁴

---

＊托马斯·杰斐逊是辛辛那提协会的反对者之一，他将该组织看作是萌芽的贵族制，威胁着将世袭特权带给新生的共和国。华盛顿对杰斐逊的批评很认真，试图修改协会的规则。

## 第四章　思考与选择：构建宪法（1783—1789）

最后，华盛顿服从了麦迪逊、汉密尔顿、弗吉尼亚州长埃德蒙·伦道夫（Edmund Randolph）和他的战友亨利·诺克斯的紧急恳求，同意参加会议。[35] 麦迪逊立即将这个重大信息告诉杰斐逊。

> 要抛弃光荣隐退，为此（华盛顿将军）已经退休，还要冒着声誉的风险，这声誉是他以表现出的对公共利益的热忱而应得的，在做出这么多杰出的贡献后，对他很难再有比这更多的要求了。[36]

华盛顿到达费城时受到教堂鸣钟、礼炮和人群欢呼以及宾夕法尼亚一支骑兵部队的迎接。他直接进入罗伯特·莫里斯的豪宅并在那里度过了整个夏季。莫里斯是费城最富有的商人，曾任邦联的财政部部长，多次挽救爱国者的事业。华盛顿刚安居下来，立即前往市场街拜访富兰克林的家。在那棵有名的桑树下，这位年高的贤人接待来访的代表们。富兰克林是宾夕法尼亚总督（用今天的术语称呼就是州长）和这次会议的官方主持人。华盛顿自 1775 年后就没有见过富兰克林，但他们自从 1755 年富兰克林援助布雷多克的部队后就一直是朋友。

同意与会后，华盛顿和富兰克林以他们的巨大威望支持麦迪逊和汉密尔顿的计划。有趣的是，华盛顿和富兰克林也是建国者中没有受过正规教育的两个人。55 位奠定宪法的其他很多人在以下的教育机构中受过教育: 如普林斯顿大学 9 人、耶鲁大学 4 人、威廉与玛丽学院 4 人、哈佛大学 3 人、哥伦比亚大学 2 人、宾夕法尼亚大学 2 人以及英国的剑桥大学 2 人和圣安德鲁斯大学 1 人。

1787 年 5 月 25 日，在代表们拖拉地到齐后，大家一致推选华盛顿将军为会议主席。他们在宾夕法尼亚老的议会大厦，现在被称作独立厅内开会。他们的第一个决议——对所有讨论内容保密——也许对完成他们的任务是很关键的，但也不是没有争议的。当杰斐逊听说这件事后，立刻写信给在伦敦担任美国大使的约翰·亚当斯，表示他非常不赞成，但华盛顿、富兰克林和很多其他代表的声望减轻了大多数美国人的疑虑。

> 我很遗憾（代表们）以如此令人厌恶的一个先例，因其会束缚代表们的言论，开始他们的审议。没有什么能证明这一做法的合理性，而只能显示他们意图的单纯和对公众议论的价值的无知。我不怀疑他们的其他措施将是有益和明智的。这确实是一群令人崇拜之人的集会。[37]

詹姆斯·麦迪逊在制宪会议上的第一个决定将有几个世纪之久的价值。他占据了一个靠近主持人华盛顿的座位，开始写下大量会议议程的笔记。[38] 他后来说，他离开这个会一次只有几分钟时间，所以只有一位作最简短发言的代表才会被漏记。每天会议后的傍晚，麦迪逊都辛勤地根据他这一天写在速记本上的内容补写他的记录。因此，我们有了来自这位会议核心人物对会议过程的最好的记录。

麦迪逊依据其广泛的研究起草了一份政府计划。出于策略原因，他请弗吉尼亚州长伦道夫介绍这个计划。很快，这个计划就被称作弗吉尼亚计划。这是一个惊人的建议，因其远远超出邦联会议对这次会议的指示。邦联会议批准费城会议"唯一和特殊的目的是修改《邦联条例》"[39]。弗吉尼亚计划——要求建立一个基于人口的两院的全国性

## 第四章 思考与选择：构建宪法（1783—1789）

立法机制——是一种大胆的偏离。它代表着几个大州*参加会议的意图。

很快，新泽西的威廉·彼得森（William Paterson）回应以该州的计划，其中要点是各州在一个一院制的立法机制下有平等的代表权，如同在邦联会议下一样。这个新泽西计划成为各小州对弗吉尼亚计划的答复。两个计划都有许多特殊的细节，对此宾夕法尼亚的詹姆斯·威尔逊（James Wilson）——麦迪逊的一位重要伙伴——为代表们做了比较和对照。出生于苏格兰的威尔逊意志坚强、思维有条理，是联邦的一位有力的支持者。

> 弗吉尼亚计划提出立法机构有两个部门。
> 新泽西，一个立法部门。
> 弗吉尼亚，立法权力来自人民。
> 新泽西，来自各州。
> 弗吉尼亚，一个行政权力。
> 新泽西，不止一个。
> 弗吉尼亚，立法有多数同意即通过。
> 新泽西，一个小的少数就能阻止。
> 弗吉尼亚，立法机构可以为所有全国性事务立法。
> 新泽西，只能为有限的事务立法。
> 弗吉尼亚，立法机构可以否定所有州的法律。
> 新泽西，授权行政机构用武力强制服从。

---

\* "大州"在这里的意思指人口多，并不一定是地域广阔。佐治亚是在弗吉尼亚之后的第二大州，但在制宪会议上明显是一个小州，因其人口很少。

弗吉尼亚，用弹劾程序免除行政权力。

新泽西，（免除行政权力）要由多数州申请。

弗吉尼亚，建立一个较弱的司法审判权力。

新泽西，没涉及。[40]

如同会议厅外的气温在上升一样，拥挤的会场内的气氛也在升温。特拉华州的冈宁·贝德福德（Gunning Bedford）——被描述为"（说话）流利、（身材）肥胖和爱生气的"——起身非难弗吉尼亚计划。大州"坚持认为……他们将永远不会损害或伤害小州。先生们，我不相信你们"！接着，贝德福德对大州要组成一个没有小州的联邦的威胁的回应，使代表们感到震惊："小州将寻求某些更有道义和善意的，能迅速回应它们并为它们主持正义的外国盟友。"[41]

代表们知道这不是一个空洞的威胁。西班牙早就与西北地区的定居者秘密接触。那里有分裂密西西比河流域的言论。英国内阁曾轻蔑地告诉约翰·亚当斯，驻伦敦的美国大使，他们宁愿与13个州政府交往，而不愿同他打交道。[42]没有人确切地知道，如果邦联瓦解了，法国或荷兰将占据它的哪一部分。

在亚历山大·汉密尔顿的发言抨击这两个计划时，很多代表大吃一惊。他指责说，两个计划都给予民众过多的权力。他认为，民众是"好骚动和多变无常的"，而且，他们"缺乏判断力或决断力"[43]。他呼吁一个纯粹的全国性政府，在其下的各州的权力不多于城镇与各州的关系。汉密尔顿要求在新政府内给予富人更大份额的权利和影响力。[44]

是汉密尔顿真的相信这些，还是他策略地设计的一个由财富控制的集权政府的例子，以使麦迪逊的弗吉尼亚计划看起来比较中庸？

## 第四章 思考与选择：构建宪法（1783—1789）

随着会议紧张局势的加剧，很少在这次会议上讲话的、受尊敬的本杰明·富兰克林也作了一次发言。他回忆起大陆会议在非常危险的时期开会时，他们在祷告中请求上帝的帮助。"我们忘了我们的强大的朋友吗？还是我们设想我们不再需要它的援助了？"富兰克林说他已经活了很长时间——他是最年长的代表——"我活得越久就越深信对我所理解的这一真理的证明，即上帝掌管人的事务。如果一只麻雀落地都逃不出他的目光，那么，一个国家的建立，没有他的帮助会是更可能的吗？"富兰克林引用《圣经》结束他的发言："除了上帝造房子，他们盖房子的劳动是无用的。"⁴⁵ 我们知道代表们没有按照富兰克林的建议在他们会议开始时祈祷——他们没有钱去雇一个牧师！但他们也没有分裂，而且，这就是对富兰克林激情祷告的回应。

为了回应冈宁·贝德福德猛烈的攻击，"伟大的小个子麦迪逊"（他夫人对他的爱称）以无懈可击的推论答复："如果大州具有它们被指控的贪婪和野心，在一个全国性政府的全部控制被撤销后，与它们相邻的小州会更安全吗？"⁴⁶ 麦迪逊平和地问：在分裂状态中，谁会受到更多的伤害呢？

除非打破这个僵局，否则会议将失败。华盛顿以前就看到了这种危险。它几乎导致了大陆军的瓦解。华盛顿将那种坚持州的否决权的主张称作"畸形的主权"。⁴⁷

康涅狄格的罗杰·谢尔曼（Roger Sherman）起身发言打破僵局。谢尔曼身材瘦小，衣着简朴，梳着背头。谢尔曼讲话朴实简明，他从一个社会下层人成长为在他那个小州中受尊重的人。谢尔曼——麦迪逊在他的笔记中称其为"谢尔曼先生"——提出了成为"伟大的妥协"的方法：全国立法机构由两院组成，众议院基于人口，参议院按照各州平等的原则。麦迪逊非常懊悔这个妥协。他认为，这违反了一个共和政府的基本原则——公民的平等。富兰克林也反对这种妥协。只是当他们意识到，这是挽救邦联的唯一出路时，他们毅然接受了。这次分歧的根源比会前的任何问题都广泛，麦迪逊后来写道。[48]

现在奇怪的是，一旦感觉他们自身被一个联邦参议院所保护，许多小州代表开始支持一个强有力的联邦政府。其他问题仍有待解决。行政首脑将是一个人——总统。总统不是由立法机构选出，而是由一个每4年为此目的组成的选举团选举产生。总统对立法机构有否决权，但议会2/3多数可以使否决无效。总统可以就缔约谈判，但必须参议院2/3多数批准。总统可以任期4年，但他可以无限地连任。*

一个滥用职权的总统可以被众议院多数票所弹劾，但解除总统职务要在审判和参议院2/3多数认定有罪之后。总统是武装部队总司令，但他要宣战必须经过议会。而且，议会总是攥着"钱包的权力"来制衡总统的权力。

一旦确定了众议院将直接代表人民，代表们要求所有税务议案必须经由该院提出。非经众议院创议，不得征收任何税。联邦司法部门审理涉及宪法和法律的"实际案例和争议"。尽管宪法没有明确规定，但当制宪者们声明"本宪法和所有据此制定的法律和条约将是全国的最高法律"时，对联邦和州法律的司法审查已在意料之中了。这一最高的条款保证了我们的国家是一个联邦，各州将不再有超越联邦之上的权力。

今天大多数关于宪法和宗教的讨论很自然地集中在第一条宪法修

---

\* 这一规定在1951年被第22条宪法修正案所修改，总统任期被限制为两届。

第四章　思考与选择：构建宪法（1783—1789）

正案上，但最初宪法中有一条有力的条款却没有得到足够的重视。第6条第三段规定："宗教信仰不得作为担任合众国任何官职或公职的必要资格。"这是对宗教自由的一种革命性的突破，世界上最先进的声明之一——无论是过去甚或现在。

马里兰州的约翰·卡罗尔（John Carroll），一个天主教徒，曾注意到"美国军队中有很多罗马天主教士兵"。新政府怎么能合理地否认他们充分的公民权利呢？类似的，犹太裔美国人也参加了独立战争，有名的哈依姆·所罗门（Hayim Solomon）曾为大陆会议安排贷款，帮助华盛顿的军队免于饿死。通过废止宗教信仰作为官职的资格，宪法确保宗教将永远不成为任何有能力的美国人效力于这个新国家的障碍。

但如何处理奴隶制呢？"必须服役或劳动的人。"这是宪法用来指奴隶的尴尬的短语。在经历了大/小州的代表权之战后，处理奴隶制问题成为冲突的最大原因。很早以前，这种"特殊的制度"[*]就引发过一场冲突。建国者们在处理这个爆炸性问题上的保留态度来自他们的信念，如麦迪逊所指出的，即"允许将人作为财产的观念写入宪法是错误的"[49]。在大陆会议时期，几乎所有州都存在奴隶制，自从各州建立时就一直存在。马萨诸塞曾废除过奴隶制，有4个州——新罕布什尔、罗得岛、康涅狄格和宾夕法尼亚——也在此进程中。解放奴隶在纽约和新泽西取得进展。建国者们相信奴隶制已经走上灭绝之路。[50] 90%的奴隶生活在南方。[51]

---

[*] 在那个时期，"特殊的"一词不意味着"古怪的"或"奇怪的"，它的意思是"有特色的"或"独特的"，如我们今天的用法。

建国者们出生在一个允许奴隶制的社会。康涅狄格州代表罗杰·谢尔曼称奴隶贸易是"邪恶的"。纽约（实为宾夕法尼亚）州代表古维诺尔·莫里斯（Gouverneur Morris），一个出色的演说家和富人的代表，用他的木腿坚定地站着，以最严厉的语言谴责奴隶制。他说，这种"极坏的制度"是"上天对盛行奴隶制各州的诅咒"，全然不顾这一事实即他所在的纽约仍允许奴隶制。[52] 他比较了蓄奴州和自由地区（实际是那些奴隶相对少的州）。蓄奴州的特征是悲惨和贫困，而自由地区的特点是"富裕和极好的教养"[53]。

作为华盛顿的亲密朋友说出这番话是很勇敢的。华盛顿安静地坐在椅子里，他是美国最显赫的奴隶主。但如莫里斯这样鄙视奴隶制的人并不是个别的。华盛顿的好朋友和邻居乔治·梅森（George Mason）也是个奴隶主。可是梅森表达了在南方的北部盛行的开明观点："奴隶制抑制了艺术和制造业。在奴隶干活时穷人鄙视劳动。奴隶制妨碍了白人移民的迁入，滋养了最有害的习俗。"这些是实际的理由。梅森更进一步，"每一个奴隶主生来就是一个卑劣的暴君，他们招致上天对一个国家的审判"。梅森强烈呼吁一个全国性政府来阻止奴隶制的蔓延。[54]

尽管他们品德高尚，这些正直的言论遭到了难以逾越的抵抗。"利益是国家唯一的治理原则。"南卡罗来纳代表约翰·拉特利奇（John Rutledge）冷酷地回答。[55] 莫里斯、梅森和麦迪逊他们反对奴隶制的道德事例都无法感动他。拉特利奇直截了当地说，任何干涉这些州奴隶制的企图都会导致南方拒绝批准宪法。[56] 瓦解的危险又出现了。

面对这个僵局，建国者们谨慎地起草一部宪法，避免哪怕是提及奴隶制、非洲人或奴隶贸易。它以迂回的方式涉及奴隶制问题。首先，它将《邦联条例》中的那个3/5公式挪作为众议院的代表比例的基础。宪法需要做一次人口普查,统计所有的自由人,免除"不纳税的印第安人","所有其他人按3/5"统计。第二,他们在禁止奴隶贸易上妥协,允许宪法废止它,但要在批准宪法的20年之后生效。第三,宪法要求各州交还在各州内所有以前在其他州"必须服役或劳动的人"。实际上,这是一个追捕逃奴的条款。

很多著述涉及与奴隶制存在的妥协问题。一些人认为,由于与这种罪恶制度妥协,建国者们已丧失了所有他们作为自由与人权保卫者在道义上的资格。当英国人塞缪尔·约翰逊(Samuel Johnson)质问道:"为什么在黑人的监工头中间,我们听到的对自由叫喊声最响?"外国人都笑了。一些人甚至认为,建国者们取消了他们曾宣示的那个原则:"所有人生而平等。"[57]

显然,制宪会议的代表除极少数外,都在道义上否定奴隶制。但同样明显的是,如果各州继续坚持解放奴隶,那么制宪会议就将一事无成。

甚至一些与奴隶制的妥协也可以由此得到理解。例如,奴隶人口按3/5统计的妥协是一个单纯的计算公式,由北方州代表们提出的,从没有被理解为建国者们认为奴隶不是完整的人。毕竟,他们是把奴隶当作人来统计的。究竟谁为了代表权的目的,想让奴隶作为完整的人统计呢?奴隶主。这将人为地增加他们在众议院和选举团的代表比例。而且,这一点很难被过分强调,3/5妥协对各州继续奴隶解放过程是一种激励。当一个州解放了它的奴隶后,它在众议院中的代表比例就会增加。由于每个州的选票取决于其在众议院议员的人数,废除奴隶的州在总统选举中也会更有优势。

我们知道，麦迪逊对代表们未能立即废除非洲奴隶贸易深感沮丧。他认为，这是"美国人名声的耻辱"[58]。然而，选择并不在是否结束奴隶制之间。如果建国者们不接受拖延 20 年后废除奴隶贸易，南卡罗来纳和佐治亚就会退出邦联，也就完全不会有对这种"令人憎恶的贸易"的禁止。这一妥协的好处是它明确而不含糊地在一个不很远的未来终结奴隶制。

追捕逃奴条款是北方代表们必须要吞的一剂苦药。他们这样做仅是因为他们真诚地相信，不如此宪法就不会被批准。

在《自由的新生》中，哈里·杰法（Harry Jaffa）解释了某些判断甚至导致像亚伯拉罕·林肯那样的反奴隶制人士，尽管很不情愿，接受这部宪法如同它是在 1787 年被初次制定的那样。

> 林肯忠于但不是认同宪法的逃奴条款的理由，与那些坚持各州有权管理和控制自己内部制度的人很相似。在两种情况下，它都是宪法规定，忠于宪法是维护美国存在的绝对必要的条件……一般人假定，林肯也持这种观点，一个政府的强弱是按照宪法建立起来的，没有逃奴条款就不会有这个政府……但林肯也相信，美国政府的稳固促进了国家的繁荣，繁荣又使国家本身稳固……在逃奴条款上向奴隶制让步，林肯认为，最终是为了奴隶们自身的利益。[59]

难怪对自由的热情宣传不亚于任何人的前奴隶弗雷德里克·道格拉斯（Frederick Douglass）后来在谈到建国者们在费城制定的宪法时能够说："现在，按照对其一般的理解来看待宪法，我蔑视其中呈现的一条有利于奴隶制的条款。另一方面，可以看出，为了某些原则和目的，它完全是反对奴隶制存在的。"

本杰明·富兰克林也不满意与奴隶制妥协。他还不赞同各州有同样的代表权。但在制宪会议结束之时，他以其杰出的智慧舒缓代表们被刺痛的神经。他引用一位出身高贵的法国夫人的话说，"我不知道它究竟怎样，夫人，除了我之外，我还没遇见什么人总是正确的"[60]。他还将一位英国作家对英国国教和罗马天主教"唯一"区别的描述讲给代表们听，"罗马教会是一贯正确的，而英国教会是永远不会错"[61]。富兰克林引申出一个严肃的观念，说他越是年老，就越怀疑自己的判断力，也就越尊重别人的意见。

这是来自富兰克林的一个有力的声明。考虑到这位德高望重的伟大智者，如果连他都如此谦卑地将自己强烈坚持的观点搁置一旁，其他代表又如何能固执地坚持自己的立场呢？然而，一些代表确实这么做了。弗吉尼亚州的两位大员乔治·梅森和埃德蒙·伦道夫拒绝签字。马里兰州的路德·马丁（Luther Martin）也如此，马丁反对联邦权力的那些冗长的、杂乱的，有时是酒醉后的发言已经引起很多人的反感。[62] 马萨诸塞州的埃尔布里奇·格里（Elbridge Gerry）是唯一拒绝签字的北方代表。大多数没有签字的代表认为，宪法所产生的联邦政府的权力过于强大。

乔治·华盛顿的影响很难见到，他很少讲话。一次，当一位代表建议将常备军限制为5 000人时，华盛顿朴实地评论说，这是一个好主意，以此为条件，我们也就能够要求，没有多于5 000人部队的敌人将永远不会来犯了。在休会之前，他起身敦促代表们修改有关众议院代表权比例的条款，将40 000∶1改为30 000∶1。他说，这样众议院可以与其代表的人民更近些。这个改变——朝向一个更为民主的众议院——被一致地接受了。

华盛顿或许比任何会议代表受过的正规教育都少,但人们依然敬畏他。一次,他严厉地训斥一些代表,因为他们将秘密讨论的记录丢在可能泄密的地方,这些在这片大陆上最伟大的人物一脸惭愧地坐在那里,就像一群犯错误的小学生。[63] 另一件事显示了华盛顿非凡的克制力。当一些代表谈到华盛顿的克制力时,古维诺尔·莫里斯不同意。他说,他相当确信他能够以非常亲密的方式接近他的好朋友。亚历山大·汉密尔顿用一顿饭同他打赌,说他不能将手放在将军的肩上同他打招呼。当莫里斯说:"我亲爱的将军,见到你看上去很好,我非常高兴。"华盛顿后退了一步,以不悦的目光凝视得莫里斯直发愣。[64] 其实,华盛顿没有一点不满,一连几天他都因莫里斯的把戏而发笑。

莫里斯在宪法起草工作中得到华盛顿的信任。他记得华盛顿曾对他说,民众很可能拒绝任何新宪法。"如果取悦民众,我们拿出我们自己不喜欢的东西,以后我们怎么保卫我们的成果呢?让我们提出一个用谨慎和诚实可以弥补的标准。此事在上帝手中。"[65]

在最后一次会议上,富兰克林说,他曾长时间地看着会议主持人座椅背后的一幅雕刻画。他曾自问,那是一颗升起的还是下降的太阳?在宪法上签字时,富兰克林说,他现在确信了。"我高兴地看到,那是一轮旭日而不是落日。"[66]

一位夫人问他,他和他的同事们给他们制定了一个什么样的政府,富兰克林回答:"一个共和的,如果你们能维护它。"

### 3. 为批准宪法而斗争

在 1787 年 9 月代表们离开费城时，新宪法得到批准的前景并不是光明的。确实，代表们没有在痛苦的分歧中分裂。但在 5 月 55 位与会者中，只有 39 人在经由古维诺尔·莫里斯熟练的书写润色和修饰的最后文本上署名。一些拒绝面对乔治·华盛顿严厉而不满的目光逼视的代表一定是鼓足了勇气的。[67] 他们明白，他们不支持宪法，无异于政治自杀。

麦迪逊知道批准宪法的关键战场在马萨诸塞、纽约和他的家乡弗吉尼亚。罗得岛——被一些代表称作"无赖岛"——拒绝派代表。老邦联国会在纽约开会，接受了宪法草案并确认其要求的"必须的 9 个州"批准方能生效，对批准宪法提供了巨大的支持。如果他们坚持邦联条例中的一致同意的要求，罗得岛或任何一个固执的州都会毁灭这整个方案。

即便如此，得到"必须的 9 个州"的批准也很难办到。麦迪逊匆忙赶到纽约，与亚历山大·汉密尔顿和约翰·杰伊一起开始争取批准的工作。他们共同的努力——以小册子形式出版的一系列文章——逐渐被称作《联邦党人文集》，围绕着支持和反对新宪法形成的两个党迅速采用了联邦党人和反联邦党人的名称。反联邦党人是令人生畏的。在马萨诸塞州，他们有（至少在初期）萨姆·亚当斯和约翰·汉考克。在纽约州有强有力的利文斯顿和克林顿。在弗吉尼亚，帕特里特·亨利领导着反对派。人们记得他当年拒绝参加费城制宪会议时说，"我嗅到了一只老鼠的味道"。此外，李和乔治·梅森都扬言反对批准。

汉密尔顿以"普布利乌斯"为名的一篇文章开始了《联邦党人文

集》的写作，这个名字是与他合作的作者起的。他们匿名写作，使得后来的学者们做了大量的努力以确定谁写了哪篇文章。这些文章——在辩论盛行于各州之时，以极快的速度写就——带有某些"仓促的"特征。[68] 即便如此，《联邦党人文集》已成为政治理论中的珍品，是最为可信的有关建国者意图的资料。乔治·华盛顿称赞这部著作，甚至出资在里士满（Richmond）重印它。他写信给汉密尔顿：

> 这本书将受到后代的关注：因其坦率和有说服力地探讨了自由的原则和政府的各种议题，这将总能引起人类的兴趣。[69]

麦迪逊或许不能如杰斐逊那样飞快地写作，但却以极有说服力的措词为新政府作出规划。如同他以前对冈宁·贝德福德的猛烈攻击所做的那样，他用将反联邦党人的观点归谬的方法。他指出，第一，"如果人是天使，就不需要政府了"。然后，他继续设计了一种制衡制度的最好的例子："野心必须用野心来制约。"他说明新宪法是如何能够使其各个部门——行政、立法和司法——按其指定的功能运转，同时能抵制其他部门的侵权。针对一些批评者所言，没有共和国——一个人民的政府——能够在如此辽阔的地域生存下来，麦迪逊指出，以前那些共和政府的尝试归于失败的原因，在于它们还不够广大！在《联邦党人文集》第10篇文章中，他大胆地断言，自由的民众不可避免地会组成"派系斗争"。这些斗争与他们的经济、宗教和社会利益是一致的。在一个幅员辽阔的共和国——如正在扩张的美国——没有一个派别，或一个派别的联盟，能够形成可以压迫那些少数派系的力量。国家越大，其中竞争的集团就越多，因此，自由就越有可能成功。

如果麦迪逊特别考虑的是维护自由的情况，汉密尔顿则强烈地要求"行政权的能力"。《邦联条例》下的政府奄奄一息，因为其不能履行其职责——不能与外国签约，也不能在国内保有一支陆海军。汉密尔顿想要一个能保卫这个国家的政府，促进一种强健的经济，为投资提供一个稳定的前景。在《联邦党人文集》第78篇文章中，他写道，他相信法院将总是"危险最小的部门"，因为法官们手里"既没有剑（行政权），也没有钱包（立法权）"。

今天《联邦党人文集》仍是解释美国在18世纪80年代所坚持的理念和原则的最好的文献，这些理念和原则，在更大的范围内，依然为美国人所信奉。尽管汉密尔顿经常被认为是一个反民主的人，与富人和豪门联盟，但他也可以像其他的建国者那样，写出值得纪念的自然法和人权的观念：

> 人类神圣的权利不能从古老的羊皮纸或尘封的记录中去寻找。它们是以上帝之手，用阳光写在全部的人性之中，世间的权力永远不能将其擦掉或遮蔽。[70]

在马萨诸塞，萨姆·亚当斯被说服放弃了反对的立场，当时波士顿商人承诺建造新船，只要该州批准宪法。这些造船工、抹船缝的人和零售商——一贯是萨姆·亚当斯最忠实的支持者——迫使这位老爱国者站到联邦党人一边。[71]他们需要宪法！萨姆·亚当斯使约翰·汉考克也转变了立场。

1788年2月，马萨诸塞以相近的187比168票批准了宪法。马里兰州虽然又听到路德·马丁冗长的高谈阔论——却于1788年4月以压倒性多数票批准宪法。[72]

麦迪逊及时地匆匆赶回弗吉尼亚，以便被选为该州批准宪法会议的代表。他的当选绝非是保险的。只是在他会见弗吉尼亚浸礼会领袖并向其保证，新国会将处理权利法案这一紧要问题之后，长老约翰·利兰（John Leland）才认可麦迪逊。利兰希望新联邦政府提供一种与麦迪逊赞同的杰斐逊的《弗吉尼亚宗教自由法案》相同的对信仰自由的保护，该法案会使他们在该州感到安全。[73]

这里或许要暂停一下，以便进一步讨论麦迪逊关于宗教自由的思想。很少有哪个建国者被如此地误解。甚至如美国最高法院在近60年里也令人遗憾地误解了麦迪逊的观点，这些观点在划时代的梵蒂冈第二届会议上被罗马天主教所接纳和保护。麦迪逊的信仰，如其《回忆与抗议》中所反映出的，他作为1787年宪法之父的身份，和他对于1791年《权利法案》的著作权，值得被列于美国人那些最伟大的成就之中而受到尊重。如麦迪逊所言，宗教自由"保证了我们国家的一种璀璨的前景"。

麦迪逊的成就是美国的成就，因其具有一种世界历史的重要性。如法官约翰·努南（John Noonan）曾说，"自由行动——让我们如美国人那样断言，是一种美国人的发明。让一种虚伪的节制，一种沙文主义神经质的恐惧遮蔽了创造力，是多么的愚蠢"。[74] 也许，正是因为麦迪逊的羞怯，他不愿意自吹，使我们没有能正确评价他的伟大成就。努南透过麦迪逊的谦虚看到了他不朽的精神：

> 在所有事情上节制，包括他的基督徒信仰，就我所知，麦迪逊是第一位这样的政治家，本人是信徒，自己没有感知任何迫害，

却对被迫害的受害者有足够的同情，厌恶强制信奉国教的观念，并且为永远终结这种迫害的立法而努力。如果你没有信仰，宽容是很容易的。既有信仰又倡导自由——这就是麦迪逊的成就。虽然被杰斐逊所遮暗，但麦迪逊是一位更好的实践者。在"自由行动"这个在17世纪由马里兰殖民地创建者带到美利坚的短语中，麦迪逊发现了完美的表达，在他看来，这种表达排除了建立国教和强制推行宗教观念。[75]

麦迪逊在里士满解释新宪法并不是孤立的。他得到了乔治·威思（George Wythe，杰斐逊在威廉与玛丽学院的法律教授）和年轻的约翰·马歇尔的支持。还有，很奇怪的，也得到了该州州长埃德蒙·伦道夫的支持，在费城他是一个有名的不签字者，现在极力要求批准宪法。

帕特里特·亨利指责新宪法"偏向君主制"[76]并宣告其不适用。他指控其为一种强权掠夺。他甚至与古维诺尔·莫里斯的宪法序言中有力的开始句"我们人民"争论：

> 我对这些绅士们有着最高的敬意，但是，请允许我问，他们凭什么权利说，我们，人民。我的政治好奇及我对公共利益忧虑的关注，促使我询问，谁给予他们权利用这样的语言，我们，人民，而不是我们，各州？各州是邦联的特征和灵魂。如果各州不再是这个契约的代理人，这个文件所代表的一定是所有各州人民的一个全国性联合的大政府。

辩论在里士满酷热的 6 月间持续了几个星期。麦迪逊耐心地、平和地回答亨利的反对意见。他逐条反驳亨利对宪法充满激情但缺乏条理的攻击。有时，顶层楼上的听众很难听清麦迪逊温和的细微的声音。但代表们还是听得很专注。确实，可以补充一个权利法案，如反联邦党人所要求的，但是只能以宪法修正案的方式，而且只能在宪法被批准之后。

最后，亨利在会议结束时戏剧性的发言中说，"我看到了（新宪法的）可怕的巨大的危险"，"我感到了这种危险"。这时，一阵暴风雨带着雷鸣电闪震撼了会议大厅，亨利借机说，上帝正在关注着代表们的行动。尽管亨利的发言不乏雄辩和利用雷电的技巧，代表们投票支持麦迪逊——但仅以 89 比 79 票的微弱优势。[77]

弗吉尼亚不是第 9 个 "必须的州"。新罕布什尔批准宪法仅用了几天时间，胜过了弗吉尼亚。但没有弗吉尼亚的批准，乔治·华盛顿就不能合法地出任这个新政府的第一任总统。当然，杰斐逊、麦迪逊和所有出色的弗吉尼亚人也就都没有这个资格了。

辩论转移到纽约。即使宪法可以在 10 个州生效，纽约州通过置身事外可以将美国一分为二（美国人自己将完成绅士约翰尼·伯戈因 10 年前在独立战争期间没有完成的事）。在波基普西（Poughkeepsie）的批准宪法辩论中，汉密尔顿出色的表现使最能干的反联邦党人士之一——梅兰克森·史密斯（Melancthon Smith）承认他被说服了。史密斯思想的转变很关键。[78] 乔治·华盛顿从其在纽约的作战经历中非常了解那里派别之争，认为纽约州的反联邦党人 "邪恶多于无知"[79]。如同在所有激烈的战役中，并不是每一件事都经过争论和说服。在纽约州的反联邦党人策划使该州置身于新美国之外时，汉密尔顿和杰伊威胁使纽约市脱离该州！[80] 最后纽约州以 30 比 27 这一令人窒息的接近票数批准了宪法。

在曼哈顿百老汇大街上有一场盛大的游行，庆祝宪法批准的胜利。30 名海员和 10 匹马拉着一艘 27 英尺长，名为汉密尔顿号的模型船，工人、工匠、手艺人同商人们一起在欢庆。这些拖船的人——称作驾车人——携带着一面旗帜，旗上有这样一首诗：

> 看这闻名的联邦之船，
> 我们称她为汉密尔顿号。
> 她给每一个手艺人工作，
> 确保驾车人分享他们的欢乐。[81]

这是在新联邦政府成立后，许多贯穿百老汇大街更为喧哗的游行中的第一次。后来，游行者增添了以彩色纸带庆祝和平、胜利和世间最美好的自由。

1  Isaacson, Walter, *Benjamin Franklin: An American Life,* Simon & Schuster, New York: 2003, p.420.
2  Isaacson, p.421.
3  Brookhiser, Richard, *Alexander Hamilton, American*, The Free Press, New York: 1999, p.7 8.
4  Bailyn, Bernard, David, Brion Davis, David, Herbert Donald, Thomas, John L., Wiebe, Robert H., and Wood, Gordon S., *The Great Republic: A History of the American People*, Little, Brown and Company, Boston: 1977, p.302.
5  Bailyn et al., p.302.

6　Morison, Samuel Eliot, Commager, Henry Steele, and Leuchtenburg, William S., *A Concise History of the American Republic*, Oxford University Press, New York: 1977, p.108.

7　Morison, Commager, p.109.

8　Morison, Commager, p.109.

9　Hitchens, Christopher, *Thomas Jefferson: Author of America*, HarperCollins, New York: 2005, p.51.

10　Morris, Richard B., *Witnesses at the Creation: Hamilton, Madison, Jay and the Constitution*, Holt, Rinehart and Winston, New York: 1985, p.219.

11　Koch, Adrienne, *Jefferson & Madison: The Great Collaboration*, Oxford University Press, New York: 1976, p.15.

12　Koch, p.30.

13　Koch, p.30.

14　Morison, Commager, p.111.

15　Rossiter, Clinton, *1787: The Grand Convention*, The Macmillan Company, New York: 1966, p.47.

16　Bailey, Thomas A., *A Diplomatic History of the United States*, Prentice-Hall, Inc., Engle-wood Cliffs, N.J.: 1980, p.61.

17　Bailey, p.61.

18　Bailey, p.62.

19　Kukla, Jon, *A Wilderness So Immense: The Louisiana Purchase and the Destiny of America*, Alfred A. Knopf, New York: 2003, p.91.

20　Kukla, p.90.

21　Morison, Commager, p.113.

22　Morison, Commager, p.113.

23　Rossiter, p.56.

24　Mayer, Henry, *A Son of Thunder: Patrick Henry and the American Republic*, The University Press of Virginia, New York: 1991, p.375.

25　Peterson, Merrill D., ed., *Thomas Jefferson: Writings*, Literary Classics of America, New York: 1984, p.882.
26　Ketcham, Ralph, *James Madison: A Biography*, University Press of Virginia, New York: 1990, p.186.
27　Van Doren, Carl, *The Great Rehearsal*, The Viking Press, New York: 1948, p.7.
28　Mayer, p.375.
29　Van Doren, p.6.
30　Rossiter, p.41.
31　Ketcham, p.183.
32　Van Doren, p.5.
33　Bowen, Catherine Drinker, *Miracle at Philadelphia: The Story of the Constitutional Convention, May to September, 1787*, The American Past/Book-of-the-Month Club, Inc., NewYork: 1986, p.20.
34　Van Doren, p.5.
35　Bowen, p.20.
36　Flexner, p.203.
37　Peterson, p.908.
38　Ketcham, p.195.
39　Bowen, p.24.
40　Bowen, p.106.
41　Bowen, p.131.
42　Morison, Commager, p.114.
43　Koch, p.53.
44　Koch, p.53.
45　Brands, H. W., *The First American: The Life and Times of Benjamin Frarnklin*, Doubleday, New York: 2000, p.678.
46　Bowen, p.83.
47　Bowen, p.32.

48 Bowen, p.187.
49 West, Thomas G., *Vindicating the Founders: Race, Sex, Class, and Justice in the Origin of America*, Rowman & Littlefield Publishers, Inc., Lanham, Maryland: 1997, p.17.
50 Rossiter, pp.32-33.
51 Rossiter, p.32.
52 Bowen, p.201.
53 Bowen, p.201.
54 Morris, p.215.
55 Bowen, p.201.
56 Bowen, p.202.
57 Morris, p.216.
58 Morris, p.216.
59 Jaffa, Harry V., *A New Birth of Freedom: Abraham Lincoln and the Coming of the Civil War*, Rowman & Littlefield Publishers, Inc., New York: 2000, p.265.
60 Brands, p.690.
61 Brands, p.689.
62 Ketcham, p.202.
63 Bowen, pp.98-99.
64 Morgan, Edmund S., *The Meaning of Independence: John Adams, George Washington and Thomas Jefferson*, W. W. Norton & Company, New York: 1976, p.29.
65 Van Doren, p.15.
66 Brands, p.691.
67 Bowen, p.29.
68 Brookhiser, p.72.
69 Brookhiser, p.72.
70 Brookhiser, p.162.

| 71 | Morison, Commager, p.121. |
| 72 | Morison, Commager, p.121. |
| 73 | Ketcham, p.266. |
| 74 | Noonan, John, *The Lustre of Our Country: The American Experience of Religious Freedom*, University of California Press, Berkeley, Calif: 1998, p.2. |
| 75 | Noonan, p.4. |
| 76 | Morison, Commager, p.121. |
| 77 | Mayer, pp.436-437. |
| 78 | Brookhiser, p.74. |
| 79 | Morison, Commager, p.121. |
| 80 | Morison, Commager, p.121. |
| 81 | Brookhiser, p.74. |

## 第五章
## 新共和国（1789—1801）

美国人开始其有很多长处的共和自治试验，那是一个政治热情很少受到抑制的时代。由财政部部长汉密尔顿和总统华盛顿强力控制的行政权力牢固地把握着方向，使新政府能够开发那些发展和繁荣所需的资源。美国人因亲近英国还是亲近革命的法国的分歧而分裂为两个党。在这一过程中，稳健的制度建立起来了——总统、内阁、最高法院，当然，还有国会。《权利法案》被加入新宪法中——如许诺的那样。美国人比世界上任何其他国民享有更多的宗教和出版自由——而且，一些美国人很快就开始滥用他们的新自由保障了。新的州以完全相同的条件加入到最初的13州中。为了所有这些，举行了4次总统选举。

第五章　新共和国（1789—1801）

## 1. "自由的圣火"

1789年4月14日，乔治·华盛顿站在芒特弗农庄园北侧的门廊下眺望辽阔的波托马克河。在此，他得知，选举团已经集会并一致选举他为这个新共和国的首任总统。

那里没有欢呼。华盛顿知道这个新政府已濒临破产。《邦联条例》下的老政府虽已平和地终结，但它负债累累。同许多庄园主一样，富有的华盛顿也缺乏现金。从芒特弗农到纽约城有250英里，为出席总统就职仪式，他不得不借钱启程。[1] 华盛顿担心民众会认为，他已经失信于他退休的庄严承诺，他的目的是国王的宝座。他是在1783年圣诞节前，在安纳波利斯对大陆会议作出退休承诺的。现在他回来了——尽管是在不同的形势下担任不同的职务。

他无须忧虑。

在他的马车前往临时首都纽约城所途经的每一个村庄和城镇时，他都受到民众兴高采烈的欢呼。他们赞美地呼喊直至声音嘶哑。但华盛顿是明智的。他懂得民众的欢呼不可能长久。他认为，这样一种迸发的激情很容易转变为"一种同样放肆的（尽管我天真地希望不应受到）谴责"[2]。

或许像那个不情愿的摩西，华盛顿经常怀疑他的能力是否与其被赋予的使命相符。就像他在1775年被大陆会议一致任命为军队总司令那样。华盛顿还知道其他人也会怀疑他的能力。政治上的优雅风度并不会持久。难道他没看到一些在会议上对他欢呼的人，仅几年后就密谋取代他吗？那些现在喧闹着对胜利英雄欢呼的公民们也会如此。

这位伟大的革命领袖已成为总统的典型。他在5个月冗长闷热的会期中，在制宪会议代表们像很多裁缝那样为他的规划量身订制宪法时，以庄严、耐心和毅力主持着会议。尽管代表们时有激烈的言论和冗杂的发言，华盛顿始终像一个专注的学生在参加这个大陆所能进行的政治学、历史和经济方面最优秀的研究生讨论班那样。虽然在书本知识或才华方面不如很多人，但华盛顿能够以自己丰富的经验，如农民、土地测量员、议员、军事指挥员和外交家，掂量每一个发言者的讲话内容。只有富兰克林可以与华盛顿广博的经验相比。尽管华盛顿从没有到过欧洲，甚至没去过加拿大，但他在美国各地跋涉的广泛程度在当时比绝大多数人都多。如果华盛顿没有做好准备，没有人有此准备。当时世界上最盛行的很多思想都明确地不相信任何民族有能力自治，美国人尤其如此。

华盛顿抵达那个洋溢着节日气氛的城市，进入曼哈顿南部的联邦大厅出席就职典礼。这座建筑是上校皮埃尔·朗法（Pierre L'Enfant）为此重新装修的。自从他作为施托伊本随员之一来到福奇山谷，华盛顿才知道这位有才干的法国移民。

1789年4月30日，面对聚集的人群，华盛顿从纽约州大法官罗伯特·利文斯顿接过总统誓词（利文斯顿，反联邦党人，现在明显地效力于新政府）。华盛顿身穿一套美式土布灰色制服，衣扣上有鹰徽，他手按《圣经》宣读誓词。值得注意的是，华盛顿增加了4个字"上帝佑我"，此后每一个总统都重复这句话已成为一种传统，这是出于真挚的信仰。然后，他亲吻了那本《圣经》。在他对国会议员们简短的就职讲话中，他认为，上天似乎已经认定共和的政府模式——即"自由的圣火"——已经被置于美国人民手中。他说，这是一种试验。[3]

没有骄傲的自夸，没有确保成功的喝彩。作为一种试验，它可能

## 第五章　新共和国（1789—1801）

失败。

　　形势显然并不有利于建国者。华盛顿曾仔细倾听制宪会议上的辩论——即大多数新政府成员的意见。在他们所有的发言中，他听到詹姆斯·麦迪逊和其他一些代表关于过去共和政府失败的长时间的、详细的陈述。过去的经验不足以使人放心，必须做出所有的努力来确保试验不至失败；如果反对暴君需要永久的警惕，那么确保新国家的成功也需要永久的警惕。

　　华盛顿迅速组建起新政府的行政机构。他选择年仅35岁的汉密尔顿为财政部部长。汉密尔顿在大陆军中曾任华盛顿的副官。华盛顿熟悉他活泼的性格。他是一个严肃的人，习惯于直率地表达其思想。总统也知道他的年轻朋友才华横溢、精力旺盛。在这两种非常合乎需要的品质外，还有汉密尔顿不变的现实主义立场，他是管钱的理想人选。

　　国务卿一职，华盛顿选择了一位47岁的弗吉尼亚同乡，仍在法国担任大使的托马斯·杰斐逊。杰斐逊非情愿地被耽搁后才加入这个新的行政机构。华盛顿任命有魅力但寡断的埃德蒙·伦道夫为司法部部长，他比汉密尔顿刚好年长一岁。这一任命是华盛顿的一个慷慨举动，因为伦道夫曾为在宪法草案上签字犹豫不决，最终没有签名，但后来在弗吉尼亚批准宪法会议上站在麦迪逊一边。完成总统内阁（尽管当时还没有这个名称）的是令人生畏的亨利·诺克斯，39岁的国防部部长。这位波士顿的书商在整个独立战争期间作为炮兵部队首长忠实地效力于华盛顿。

　　华盛顿是一个精明的、天生的管理者，他在挑选行政部门首长时，细心地在地方派别和政治观点之间保持平衡。这是一些年轻的革命者——他们的平均年龄，包括 57 岁的华盛顿，只有 42 岁。新政府的其他领导人有约翰·亚当斯，54 岁的副总统；詹姆斯·麦迪逊，38 岁新当选为国会众议员；约翰·杰伊 44 岁，很快成为这个国家的首席大法官。

第一届国会非常有成就，甚至有人称其为第二届制宪会议。但它却是从一个非常困难的起点开始工作的。第一届国会在纽约城一处临时地点开会，众议院和参议院必须使新政府具体化，这就需要组建行政部门，要建立法院系统，要考虑一些条约，还有紧迫的财政问题。

这些困难并没有随着政策和程序的出现而消失。在伦敦圣詹姆斯官任美国大使 5 年后，刚回国的约翰·亚当斯碰上了参议院会议主持人的新差事。他一直忠实能干地代表着美国在国外的利益，但失去了与很多新国会议员接触的机会。在一次例行的对新总统称呼的讨论中，亚当斯的介入引发灾难。他以冗长的学究式的发言垄断讨论一个月之久，建议称呼最高行政官为"殿下，美国总统和他们自由的保卫者"，这完全不符合时代精神。

一些参议员被副总统如此唐突地介入被他们视为自己职责范围内的事务，即讨论国家的法律和政策而感到厌烦。其他人则被亚当斯建议中如此坦率的忠君腔调所激怒。他在那个充斥着鞠躬和奉承的国王仆从的外国宫廷里待得太久了吧？当亚当斯谈到华盛顿就职演说时，他称其为"他的最优雅的讲话"。批评者马上指出，那完全是参照国王登基致辞的标准形式。[4] 令人尊敬的约翰·亚当斯怎么会这样？参议员们为可怜的副总统亚当斯起了一个绰号，他们在背后称他为"圆胖子殿下"。[5]

亚当斯最尖锐的批评者之一是宾夕法尼亚州参议员威廉·麦克莱

第五章 新共和国（1789—1801）

**总统华盛顿**。杰斐逊在 1792 年告诉华盛顿总统："如果他们使你坚持下去，北方和南方会联合在一起。"华盛顿不情愿地同意服役第二个总统任期。他宣布美国在英法战争中保持中立。在危险的政治激情高涨之时，他坚定地把握着美国的方向。

**马撒·华盛顿**。这位弗吉尼亚最富有的寡妇，马撒·丹德里奇·卡斯蒂斯与弗吉尼亚年轻的民兵上校华盛顿的婚姻为他提供了忠诚的伴侣、稳定的家庭生活和体面的妻子。马撒形容自己总是"像一只蟋蟀那样欢快，像一只蜜蜂那样忙碌"。在将军长期不在家的日子里，她娴熟而果断地管理着家务。

175

**总统约翰·亚当斯。** 约翰·亚当斯的总统生涯是不愉快的。他签署了灾难性的《处置外侨与叛乱法》，他派遣一个外交使团去法国，与他自己的联邦党分手。"我希望我的墓志铭上仅这样写着：这里躺着约翰·亚当斯，他于1800年承担了与法国保持和平的责任。"他是第一位住进新落成的行政官邸的总统。他对这座建筑的祷告词是："我祷告上帝赐予这座房子以及所有此后将居住于此的人以最好的祝福。愿唯有诚实而明智的人永远是这里的主人。"

**艾比盖尔·亚当斯。** 聪慧、忠诚和热情地参与了建国进程，艾比盖尔·亚当斯忍受了长期分离和家庭不幸，给予约翰·亚当斯所需的情感和精神上的支持。在分离期间，他们每天都给对方写很长的情书。保存他们通信的缩微胶片长达5英里，为我们留下研究这对优秀的夫妻及他们为之奋斗的那个时代的珍贵资料。

（William Maclay），他在自己的日记中透露，每当他看到亚当斯坐在椅子里主持会议时，"我不由自主地想到一只猴子，刚好被放在裤子里"。显然，这是很刻薄和不公正的，但麦克莱严肃的观点在参议院却无疑是正确的。宪法特别规定："美国不授予贵族爵位。"[6]所有那些虚饰称号的建议违反了宪法精神，如果没有违反宪法字面意义的话。

幸运的是，众议院投票决定对最高行政官的称呼就是简单的"总统先生"，参议院也表示同意。约翰·亚当斯，这位1776年勇敢的爱国者因这一事件而被严重地误解和深深地伤害。他从未希望给予新共和国的官员任何世袭的称号，他只是想，一个有尊严的称呼，对那些长期离开家庭和农庄，必须承受很多批评的政府官员，将会是某种补偿。这件小事所引起的政治上的尴尬，足以使乔治·华盛顿疏远他的副总统。他被告知亚当斯在弗吉尼亚州已臭名昭著。[7]弗吉尼亚人惊奇地看到爱国者亚当斯主张那些在他们看来是君主制"气味"的东西。

副总统没有被邀参加华盛顿官方家庭\*的讨论，这种忽视严重地伤害了敏感的亚当斯。

这位副总统没有充分意识到，他从伦敦回到国内的家，只是踏进了一场支配了18世纪90年代的冲突，即那些希望君主制风格，如果不是这种政治制度的人，与那些愿意与他们的统治者保持一种更为平等简单关系的人之间的冲突。没有什么人批评华盛顿乘坐由6匹相似的灰色骏马拉着漂亮的马车，神气活现地驶过曼哈顿狭窄的鹅卵石路

---

\* 华盛顿任命的部门首脑还没有被称作内阁，但身为将军的华盛顿总是称其助手们为他的军事家庭。

面的街道。人们希望有一位具有上层社会风尚的总统。但那些在新政府周围的人远没有达到这种时尚的标准。华盛顿的生日被作为国家节日庆祝——如同乔治国王的生日被庆祝那样。一些人希望看到总统的头像被印在硬币上。

在杰斐逊和麦迪逊看来，更糟糕的是，在一向重视社会地位的纽约，"共和国宫廷"在成长。每周一次正式聚会是华盛顿官方招待客人的方式。⁸ 聚会时，华盛顿夫妇在一个凸起的高台上向他们的客人们致意，客人们向总统夫妇鞠躬并得到他们回报的笔直的正式鞠躬。敏感于君主制甚至其形式的生成，杰斐逊经常在他的许多文章中痛斥这种虚饰的礼仪。

他确实为共和国的简朴赢得了一些胜利，如他说服美国法官们抛弃了英国法官们头上蓬松的大假发套。杰斐逊说，"他们看上去像一些穿行于麻絮团中吱吱叫的老鼠"，那种毛状的纤维物用于填充航船木板间的缝隙。⁹ 他的嘲弄足以洞穿浮华，推翻一个多世纪之久的习惯。麦迪逊代表有杰斐逊倾向的美国人说，"越简单，我们在言行举止上就越是共和国人，我们就获得更多的国家尊严"。¹⁰

杰斐逊认为这是一个严肃的问题。君主制仍支配着世界。美国被君主制国家包围着——在加拿大、佛罗里达、路易斯安那。在战争年代，杰斐逊不仅要努力废除弗吉尼亚的官方宗教——向来是君主制的一个支柱，而且还要为废除长子继承权和限定继承权而努力。长子继承制是欧洲君主制下的一种制度，它规定父亲的所有土地只能传给长子。限定继承权则规定财产只能由土地所有者的直系后裔继承。这些措施和杰斐逊的改革联系在一起，对美国从忠君政府迈向一种真正的共和体制至关重要。

对杰斐逊和麦迪逊而言，这些都是严重问题，因为建立一个新共和国需要一种新的行为方式。他们相信，美国必须扔掉君主制和贵族社会制度所有的浮夸礼俗。华盛顿总统就职时曾接受很多志愿者组织和宗教组织的正式欢迎。他正式回信给其中的一个组织——罗得岛州纽波特（Newport）的希伯来人大会——作出其意义如杰斐逊的《弗吉尼亚宗教自由法案》那样的重大贡献。1790年，他写道：

> 现在对宽容的谈论不像以前那样，即似乎宽容取决于一个阶级的恩惠，而另一个阶级则以享受他们生来就有的自然权利为乐趣。因为，值得高兴地，美国政府不认可偏执，不支持迫害，需要在其保护下的民众所做的只是，他们要如好公民表现的那样，在各种情况下有效地支持政府。

如克莱尔蒙特研究所教授哈里·杰法（Jaffa）所指出的那样，这是世界历史上第一次一个统治者平等地给犹太人写信。[11]华盛顿总统在信的末尾，从《圣经》中摘录出这样温馨的句子："那些居住在这片土地上的亚伯拉罕血统的子孙们，应该得到并享受其他居民们的善意；在每个人应该安全地坐在他自己的葡萄藤和无花果树下时，那里不应有什么东西使他感到害怕。"[12]

## 2. 麦迪逊的《权利法案》

当国会转向宪法内容时，议员们提出宪法修正案问题，这些修正案逐渐被称作《权利法案》。在批准宪法的斗争中，联邦党人向反联邦党人承诺，联邦国会将公开征集宪法修正案的建议。麦迪逊最初曾论证一个《权利法案》是不必要的，因为新政府没有权力侵犯公民权利，现在他兑现其对弗吉尼亚邻居们的承诺。作为新众议院中一位有影响的议员，麦迪逊成为《权利法案》的作者。*

　　阅读十条宪法修正案中的第一条，我们可以理解殖民地反对英国专制主义斗争的历史。第一条修正案保障言论、出版和信仰自由，以及集会和"申冤"请愿的权利。这些权利构成一个自由社会的核心，它们曾被英国暴政这样或那样地侵犯。第二条修正案——在今天仍有争议——的意思如其文字。美国人还记得，豪将军的英国部队开出波士顿去缴获民兵的弹药和武器。一个武装的民族仍是自由的民族，因为他们是抵御一个有敌意的政府暴政蔓延的最后堡垒。而且，同样重要的是，一个武装的民族可以抵制军阀想统治社会的要求。美国人的自由永远不需要借助普鲁士那一类迈正步、无头脑的独裁国家。第三条修正案防止政府在平时将部队安置或"驻扎"在民居中——英军在波士顿的一种主要罪行。

　　接下来的五条修正案都与司法程序有关，每一条都针对英国暴政的实际活动，有许多在《独立宣言》中被详细地列出了。那些臭名昭著的协理状（Writs of Assistance，又称私令状）是一种允许英国殖民地官员搜查美利坚人住所、农庄和船只以寻找罪证的通用搜查证。第四条修正案禁止这些活动，特别是禁止"无理的搜查和扣押"。第五条防止美国人被迫作不利于他们自己的证词或因同一罪行被审讯两

---

*另一条宪法修正案，即国会议员表决通过的为他们自己增加报酬的法律，想必是宪法的一个"小动力"，在议员的选举之后生效，也在 1789 年第一届国会获得通过。但它在 1992 年作为第 27 条宪法修正案才被批准。这表明好的观念有很长的档案架寿命。

次。第六条修正案要求迅速和公开的审判,被告有与证人对质,有强制程序使证人为其做辩护证明和获得律师帮助的权利。第七条修正案保障由陪审团审判的权利;第八条则废除"残酷和特殊的刑罚"。

最后两条修正案是压顶石——确认宪法序言的陈述,即政府的权力是人民授予的。第九条修正案承认,宪法中列举的权利并不是人民享有的全部权利;第十条确认,任何没有授予联邦政府的权力,或禁止各州政府行使的权力,仍归各州或人民保有。

麦迪逊精心起草和在国会内对《权利法案》熟练的处理,使他正当地得到了两项伟大的称号:宪法之父和《权利法案》之父。建国者们非常崇拜古代的英雄们。但没有一个古代人物,无论是希腊的伯里克利(Pericles)或梭伦(Solon),还是罗马的西塞罗(Cicero)或辛辛那图斯(Cincinnatus),在立法和宣传自由方面,能声称可以与麦迪逊相提并论。麦迪逊告诉国会议员们,即那些行使着由他为他们精心规定的权力的人说,为什么需要一个《权利法案》?"如果我们可以使宪法在那些反对者看来制订得更好些,而那些拥护宪法的人又认为,没有削弱其结构,或缩减其适用性,让我们尽明智和自由之人的责任,使修改工作产生那种效果。"[13]

麦迪逊希望《权利法案》能够使反联邦党人转变立场,特别是那些在北卡罗来纳和罗得岛仍坚持反对批准宪法的人。[14] 在这方面他得到杰斐逊的有力支持,杰斐逊原则上支持新宪法,同时却有反联邦党人的很多忧虑。在他尚在巴黎时,他代表很多人写信给麦迪逊,"一个《权利法案》是人民反对地球上每一个政府的权利……没有一个正义的政府会拒绝"[15]。

麦迪逊的语言没有杰斐逊那样激昂,但他能保持其观点的尊严、理性和力量。他信守对长老约翰·利兰及其弗吉尼亚浸礼会和许多政治盟友和反对派的许诺，麦迪逊富于灵感的起草工作消除了很多在费城制宪会议上挥之不去的疑虑。

### 3."他高人一筹"：汉密尔顿的新体制

在《联邦党人文集》中，当汉密尔顿写到迫切需要"行政官的能力"时，他头脑中可能没有想到他自己。然而，汉密尔顿不可思议的充沛精力、创造力和效果仍使我们震惊。他懂得，评价一个新政府不在一些细小的方面，而在于它如何管理新共和国的经济。

宪法生效后，汉密尔顿很快应国会要求提交了一份"关于共和国信用的报告"。这是汉密尔顿展示其才华和在现代金融实际方面指导那些比他年长一倍的人的机会。在这方面，汉密尔顿得到的认可，如同麦迪逊完成其在激烈的国务争论中的承诺一样。这位年仅35岁的新财政部部长呼吁新的行政部门采取两项重要措施——筹集债务资金和承担各州的债务。"唯一可以维持货币的计划，是使富人们与政府的合作符合他们的眼前利益的计划"，他以其特有的直率说，"一个没有将富人的个人利益和债权与国家的利益和债权结合起来的计划是不会成功的"[16]。

筹集债务基金意味着联邦政府要承担《邦联条例》下发生的债务，总计约5500万美元。表面上，这是个很明显的行动。如果新政府否认其前任政府的债务，投资者将如狂风中的干树叶一样化为乌有。问题的微妙在于这笔债务基金如何筹措。联邦政府要完全按照政府债券的面值向持有人付款吗？很多债券是在最初的革命热情高涨的年代向爱国者和他们的家庭发售的。这些爱国者将他们的生命、财产和神圣的名誉抵押给了美国的事业。然而，在那些年代，邦联国会认可了无价值的纸币（引出了这个可怕的短语："不值一个大陆的"美元）。他们看不到自己手中的债券有什么被赎回的机会，无数生活艰难的士兵、农民和小商人以面值的一小部分卖掉了债券。这些打折债券的买主非常不得人心，被看作是乘人之危的交易。为这些债券筹资意味着按照面值付给这些"投机者"，即 100 美元的债券要以其面值的 100 美元来赎回。

承担各州的债务意味着联邦政府要为各州在战时发生的债务支付大约 2500 万美元。这有助于使各州与新政府的联合（这或许对罗得岛批准宪法也是一种刺激）。这是一个合理的措施，因为是为合众国而战，而不是为了哪一个州或几个州。战争的花费并不是在这整个国家里平摊的，如同战斗并不是在这片广阔的地区均匀地展开的。

麦迪逊迅速对汉密尔顿的法案作出反应——否定。麦迪逊认为，不辨识最初的债券持有人——尤其是那些战争寡妇和退伍军人——而实际上使整个投机者阶级在打折债券上发一笔横财是不公正的。他还指出，一些州已经及时地向债权人如期兑现了它们的承诺，而另一些州却在躲避及时兑现（人们注意到，这些有支付能力的州在南方，是国会中地方性分裂的早期迹象）。

在 1790 年 3 月以后，托马斯·杰斐逊正式参与华盛顿政府，一场关于汉密尔顿财政制度的真正的冲突似乎不可避免。然而，它被国会里很早就有的一种习惯做法，后来被称作"相互捧场"，也就是投票交易所避免了。

同时，新政府必须确定一种财政制度，还要决定它的永久性首都在哪里，政府所在地的问题。汉密尔顿的商业盟友希望首都仍在纽约，如果不行，要选址在新泽西和宾夕法尼亚之间。他们明白，将首都靠近这些成长中的金融、贸易中心有很多好处。宾夕法尼亚人知道，政府回到费城已经 10 年了——一种临时性安排，而新首都正在建设之中——最终可能成为永久性的首都。

承认各州债务和政府所在地问题，看起来似乎很难成为更复杂的问题。可是，当时它们的确是棘手的问题。本杰明·富兰克林在他最后的社会活动中，从宾夕法尼亚协会向国会递交了一份请愿书，要求推进废除奴隶制。他早期接受了这个协会的管辖。不愿意以他们的主张扰乱制宪会议艰难的工作，富兰克林现在全身心地着手废奴事业。富兰克林请愿呼吁国会，立即废止非洲奴隶贸易和在美国结束奴隶制，"对这个不幸的种族推行仁慈与正义"[17]。

乔治·华盛顿被认为愿意将新首都放在弗吉尼亚和马里兰之间。他一直对波托马克河附近的建筑有着强烈的兴趣。其他南方人开始意识到，如果联邦政府永久地安在费城将会有很多麻烦。那里著名的贵格派社团长期带头宣传废除奴隶制。许多南方人谴责奴隶制并愿意探讨奴隶的逐渐解放问题，但他们在不希望被逼迫着废除奴隶制上是一致的。

汉密尔顿渴望为新政府建立一个坚实的基础，他同意与杰斐逊和麦迪逊在承担各州债务和政府所在地问题上妥协，以换取将新首都建在波托马克河畔，杰斐逊和麦迪逊则联络国会中的南方人支持汉密尔顿承担各州债务的计划。

这是一种典型的妥协。当时很少有人想到，将首都安置在两个蓄奴州之间是在未来的 75 年间持续地往这个国家的伤口上撒盐。这个国家会因外国使节在杰斐逊所称的"自由的帝国"的中心看到奴隶市场而感到羞耻。但一个眼中钉不容易被忽略,如果政府所在地问题不这样决定,就有可能掩盖这一问题。因北方议员每天都面对人身奴役的场面,奴隶制问题就始终被关注着。应该记住,在内战之前,很多北方社区里没有或极少有奴隶或自由黑人在居住。

汉密尔顿指望其最初的成功于他所建议的成立一家全国性银行。再次,他遭到杰斐逊和麦迪逊的反对。他表明,银行对信用和商业是必须的,而且,宪法的"弹性条款"允许国会行使那些"必要和适当的"权力去实行其被列举的权力。杰斐逊写信对华盛顿总统说,一个银行不是必要的。麦迪逊认为这甚至是违反宪法的。

在每一个这样的事例中,华盛顿总统欢迎杰斐逊和麦迪逊的建议和意见,但他却站在汉密尔顿一边。这不是因为,如一些人所指责的,华盛顿偏爱有钱的商业阶级——汉密尔顿最有力的支持者。华盛顿是一个农场主和奴隶主。他懂得,杰斐逊所希望的一个由小土地所有者的选票维持的农业共和国,最终和不可避免地要依赖于奴隶制。奴隶制已经嵌入这种农业经济模式的结构中。而华盛顿在努力从这种他和许多其他的建国者一代出生其中的制度之外寻找一条路。华盛顿有意识地倾向汉密尔顿的制度,是因为他知道它不需要奴隶。华盛顿在芒特弗农对一位英国来访者说,"我清楚地预知,只有根除奴隶制我们的合众国才能够长久存在"[18]。如果联邦本身因奴隶制问题分裂为北方和南方地区,即使他是一个骄傲的弗吉尼亚人,华盛顿告诉埃德蒙·伦道夫,"他也会迁往北方,做一个北方人"[19]。

然而,对杰斐逊和麦迪逊来说,汉密尔顿要建立的制度远远超出奴隶与自由劳工问题。杰斐逊在他著名的《弗吉尼亚笔记》中论述了他的农业社会观念。

> 在我们有土地可以耕作的时候,绝不希望看到我们的公民在开机器或纺纱。木匠、石匠、铁匠在农业中最紧缺;但对制造业的一般运行而言,让我们将工场还是留在欧洲吧。将粮食和原材料运给欧洲的工人,要胜于将他们带到这里来吃粮食和使用原料,并将他们的习俗和社会原则也带来。穿越大西洋运输货物的损失可以由人民幸福和政府的永存来弥补。大城市暴民对一个纯正的政府有很多的帮助,好比溃疡对于人体的强健。使一个共和国保持活力的是人民的行为举止和精神。这方面的退化是一种溃疡,很快就会蔓延到它的法律和宪法的核心。

如此慷慨地赞美农民,而贬低城市居民为"暴民"并将他们比作身体上的溃疡,任何一个现代政治家都不可能因此而幸存。但1790年的美国完全是一个农业的国家,如当年人口统计所表明的那样,在美国3900万人口中,只有5%的人生活在城镇或城市,其余的95%都在农村。杰斐逊的观点使他在农民中很受欢迎,无论北方还是南方。

汉密尔顿的金融制度,在杰斐逊和麦迪逊的反对下获得了通过,很快就有了收获。新共和国繁荣了。政府的信用"好得如黄金一样"。汉密尔顿的海上缉私队(今天被称作海岸警卫队)的小快艇迅速开始执行海关法,帮助新政府获得很多的进口税。经济繁荣极大地增加了联邦政府的财政收入,使政府的信用增强了,承担起新的职责。

同时,华盛顿开始其在国内的一系列总统巡视。1790年夏季,他乘马车视察了新英格兰地区。熟悉总统乘空军一号旅行的那个年代的

第五章 新共和国（1789—1801）

**胡敦（1741—1828，法国雕刻家——译者注）制作的华盛顿雕像。**"战时第一人，和平时第一人，在他国民的心中第一人"，"轻骑兵"亨利·李对华盛顿这样称赞。作为总统，华盛顿敏锐地意识到，他的每一个行动都为未来的美国总统建立一个先例。他说："我走在前无足迹的地面上。"这尊半身雕像是胡敦（Jean-Antoine Houdon）于1785年受美国驻法国大使杰斐逊的委托所制作的，是我们所有的华盛顿壮年时期最好的雕像。它被"如实地印在美元上"。

**胡敦制作的杰斐逊雕像。**"没有人可以替代他，我不过是他的继任者"，托马斯·杰斐逊在他抵达巴黎时说。然而，杰斐逊作为富兰克林继任者的任期证实对这位美国大使和他的国家都是非常有益的。杰斐逊商谈条约、研究建筑，以哲学交友。他对法国的深入研究有利于他后来从拿破仑手里买下路易斯安那。

187

**詹姆斯·麦迪逊。** 宪法之父、《权利法案》的作者和宗教自由的宣传者，"伟大的小个子麦迪逊"是美国建国时期的一位巨人。麦迪逊与托马斯·杰斐逊的密切合作在美国历史上是无人可比的。他们是美国的戴维和乔纳森。杰斐逊在晚年时请求麦迪逊，"我死后，你来料理我的后事"。麦迪逊在两届总统任期虽不那么辉煌，但他继续服务和保卫他的国家，直至80岁。

美国人，很难想象美国总统实际是在没有卫兵、没有保密服务的情况下，挤在一辆马车里，沿着有很深车辙的泥泞道路去巡视。杰斐逊表示了对华盛顿安全的担忧——不仅是因为歹徒或印第安人的袭击，而是因为不可靠的恶劣路况。[20] 虽然疲劳和不舒服，但华盛顿知道这种巡视有助于使美国人感到他们新政府的存在。尽管一些人发牢骚说，这些巡视似乎很像帝王的巡行，华盛顿觉得这种活动有利于共和国的团结。在他第一次去康涅狄格和马萨诸塞视察时，他有意地避开了途经罗得岛，那个还没有批准宪法的地方。此后不久，小罗得岛加入了联邦，得到了一次总统访问纽波特的奖赏。

1791年4月，在他对南方视察途中，华盛顿总统连续几个星期完全失去了与政府的联系。小旅店老板们看到"这位世界上最伟大

# 第五章 新共和国(1789—1801)

**财政部部长亚历山大·汉密尔顿。**出生于英属西印度群岛尼维斯的一个非婚之家,汉密尔顿13岁就管理一支商船队。在独立战争中,他作为华盛顿的副官表现勇敢。他同麦迪逊都是1787年制宪会议上的先锋人物。还同麦迪逊一起合著了《联邦党人文集》。作为华盛顿的第一位财政部部长,他的精力、知识和勇气支配着第一届政府。他为一个强盛的国家经济奠定了基础,但他引起杰斐逊和麦迪逊的警觉。他们反对他的计划,恰在杰斐逊称汉密尔顿为巨人之时——"无数次他都高人一筹"。汉密尔顿死于与副总统艾伦·伯尔(Aaron Burr)的决斗,是唯一死于暴力的建国者。

的人"在他们的店前停下来,会惊讶得不知所措。[21] 华盛顿忍受着暑热风尘,但他在"女同胞"陪伴时保持着自信的微笑,总是能享受那些漂亮和聪慧妇女们陪伴的乐趣。在南卡罗来纳州永远时髦的查尔斯顿,他达到了这次旅程的高潮。因为他愉快地记录下,他很高兴地见到了"400位夫人,这些人的数量和外貌超过了我以前所看过的任何事物"[22]。

当华盛顿病倒时,这个国家在颤抖。在纽约,他忍受了一次没有麻醉的外科手术,祛除他大腿深处的一处疔疮。在他恢复期间,这个城市的长老们将稻草铺在街道上,以减轻马蹄触地的声音,使虚弱的总统得到休息。

纽约的领导人为华盛顿考虑的比他的众多的同僚所想的还要多。

汉密尔顿对杰斐逊和麦迪逊及其国会内的很多盟友对他的计划的逐渐增强的反对作出回应。他要求华盛顿免去杰斐逊职务，声称在华盛顿官方家庭中的分歧"必然会毁灭政府的能力"[23]。

杰斐逊和麦迪逊没有被压倒，他们召集他们的共和党支持者。*汉密尔顿及其支持者被认为是君主主义者。杰斐逊称他们为独裁者，他可能以此指汉密尔顿公认的倾向于一个可以无限连任的强有力的行政官——实际是一个选出来的君主。

在他的第一个任期结束时，华盛顿希望离开公职，返回芒特弗农。现在他更经常地谈到留给他的生命没有几年了。他经常说，用《圣经》中的话："同我父亲一起睡觉"的那一时刻不会很远了。在麦迪逊的帮助下，他甚至准备了一份在1792年对全国的告别演说。他尽力想使他的两个杰出的助手留在他的内阁中，但没有明显的成功。他写信给杰斐逊："我对你们两人抱有一种崇高的、真诚的敬意和尊重，热切地希望能划出某种界限，以使你们能同舟共济。"[24]

汉密尔顿优于杰斐逊之处不能仅归于华盛顿对他的计划的支持。汉密尔顿领导的财政部在当时是最大的联邦部门，有500名全职员工。其他的部只有22位雇员。[25]国会和法院的会期和开庭期只有几个月，而汉密尔顿和他的下属则要不停地工作。[26]确实，他们是行政部门的动力。

汉密尔顿竭力要扭转人们对他领导的财政部的批评。他坚持使财政部保持廉洁和免于腐败。他对海上缉私队船长们的指示——至今被

---

* 杰斐逊先生的共和党人不是今天的共和党。今天的共和党直到1854年才建立。杰斐逊派被称作最初的共和党人，然后是民主—共和党人，最后，从安德鲁·杰克逊时期以来，被简称为民主党。

## 第五章 新共和国（1789—1801）

海岸警备队指挥官们诵读——表明对如何对待美国人的一种敏锐的辨识力。指挥官们"要始终牢记，他们的同胞是自由人……因此他们要以最为小心谨慎的态度杜绝那些伪装的傲慢、粗鲁或冒犯的行为"[27]。

在总统华盛顿准备 1791 年 4 月的南方之行时，他请其阁员们在他外出时要聚会。杰斐逊邀请亨利·诺克斯、约翰·亚当斯和汉密尔顿与他一同进餐。在一种友好的气氛中，饭后的话题转向英国宪法。

亚当斯说："清除那个宪法中的腐败部分……那么，它将是聪明人所能制定的最完美的宪法。"[28]

在杰斐逊听来，这是一个令人震惊的观点，因其竟出自"独立的巨人"之口。但汉密尔顿接下来的话才真正惊人，"清除它（英国宪法）的腐败部分……那就会成为一个不现实的政府：如它现在带着其所有被假定的缺陷所存在的那样，它就是有史以来存在的最完美的政府"[29]。

对杰斐逊而言，这类论点被任何美国人所表达都是令人反感的，现在竟出自一个总统身边的人和另一个刚刚使国会通过其建立一家全国银行计划的人，这些观点足以使他深思。在革命期间，所有的爱国领导人都谴责君主的腐败。国王用其来自印度带给王室的巨额财富贿赂议员支持他的政策。在 20 年间，雄辩的埃德蒙·柏克指责沃伦·黑斯廷斯的东印度公司，谴责这群富有的年轻"贵族们"的腐败，他们在富裕的印度发了财。*

如果这些不过是政府最高级官员在他们最放松的时刻说的话，是否杰斐逊在实际上夸大了君主制在美国的危险呢？

---

\* 在这种形势下，柏克对黑斯廷斯的抨击是一种长期的、公开的对他的行为和品质的指控。

英国在其一切所作所为之后,为何在美国政府里还有崇拜者呢?难道这些人不相信杰斐逊在《独立宣言》中所写的那些吗?那些被英国宪法,即亚当斯和汉密尔顿所羡慕的那个相同的宪法统治的人,在实际上煽动了对他们同胞的猛烈攻击,而且有"将他们贬低至绝对专制主义之下的意图"。

这或许是美国历史上最为重要的一次晚餐。从这次命运攸关的遭遇,我们或许可以确定美国两党制的开端。杰斐逊依据亚当斯和汉密尔顿对英国的态度,无疑明白了那个傍晚的意义。他完全不同意他们对英国宪法所表示的钦佩。

### 4. 热内飓风

1789年7月,在托马斯·杰斐逊准备离开巴黎回国之时,突发了巴士底狱风暴的重大新闻。他欢迎这一事件。巴黎市民没有信守其诺言(那些人能有承诺吗?),他们在向省长德洛涅(Governor DeLaunay)和他的人许诺了安全之后,砍死了不幸的德洛涅。他们将一些人头挑在枪刺上在街道上游行,一砖一瓦地拆毁他们所痛恨的绝对君主制的象征。美国人最喜欢的法国人拉法耶特是王室部队的指挥,但他却全力支持革命。他将巴士底监狱的钥匙(至今仍陈列在芒特弗农)送给他的"养父"华盛顿。杰斐逊离开了一个动乱的城市。甚至在革命的最初阶段,当一些人哀叹暴力活动升级时,他以其难忘的警句打消他们的担忧。他写信给拉法耶特,"我们不能期望从专制到自由的过渡在羽毛床垫上实现"[30]。

目睹法国大革命的人很少有能对其保持中立的。热情的英国诗人

## 第五章 新共和国(1789—1801)

威廉·沃兹沃思(William Wordsworth)写道:"能活在那黎明时光是何等幸福,但能在那时是个青年更胜似天堂!"那位伟大的议员埃德蒙·柏克捍卫美国人的自由,为印第安人的自然权利呐喊,呼吁解放爱尔兰的天主教徒。可以肯定,这位在三个大陆受到尊敬的自由之友会赞美法国人的起义。完全不是这样。柏克迅速匆忙地完成了他的名著《对法国大革命的思考》。在柏克难忘的评述中,这场在巴黎的大混乱无异于"地狱的热蒸馏器"*。柏克对法国大革命的猛烈抨击震惊了当时许多的启蒙人士。他写道:"(我能)当真地庆贺一个刚从被监禁的疯人院和完全黑暗的病房里跑出来的疯子重获他的光明与自由吗?我会祝贺一个越狱的强盗或杀人犯恢复了他的自然权利吗?"[31]

柏克的抨击至少抑制了完全拥护法国大革命的英国思想家们。在他享有最高声望的美国,汉密尔顿的支持者们赞同地传阅着柏克的著作,加深了对联邦党人的理解和与杰斐逊共和党人的区别。

在一个更大的问题上,事态发展证明柏克是正确的。法国没有更接近一种理想的有序自由,而这是美国革命的特征。相反,世界见证了一种倒退(dégringolade)——这个法文词表示破坏、血腥和混乱现象不断增多的一种恶化趋势。

美国人基本上没有以这种方式看待法国革命。他们相信法国正在走向建立另一个伟大的共和国。他们希望这一事件将成为世界范围内反对君主制和暴政、争取自由和宪政革命的一个起点。他们自以为他们的革命将作为这场世界性运动的样板。他们几乎不知道美国革命对法国人的影响之少到何种程度。法国国民议会激进

---

\* 蒸馏器是一个大罐子,有些像女巫的水壶。

的雅各宾派领袖，马克西米利安·罗伯斯比尔直率地说，"美国的例子，作为对我们成功的一种论据，一钱不值，因为彼此的国情是不同的"[32]。雅各宾派采用的这个名称来自巴黎的一所女修道院，他们在那里开会，尽管有沃兹沃思诗人般的希望，他们开展的恐怖统治被证明绝不是人们想要的。

法国国内形势的失控，对华盛顿第一个任期内的美国没有很大的影响。美国人忙于建构他们自己的新政府和享受"自由的幸福"。各方人士都认同华盛顿总统的连任是"必需的"。尽管不同意华盛顿的很多政策，杰斐逊却告诉他的总统说，他必须再任一届："如果他们使你坚持下去，北方和南方会联合在一起。"

华盛顿重视他朋友的话。

1792年，这位总统被选举团一致同意再次当选——这是第一位和唯一一位两次全票当选的美国总统。国内的和谐与大洋彼岸惊人的混乱形成对比。1793年3月华盛顿刚完成了第二任总统的就职仪式，路易十六以叛国罪被审判，在巴黎被一种新式而可怕的高效率处决装置——断头台所处死的消息传到美国。随着它的君王被斩首，法国宣布自己为一个共和国并迅即对英国宣战。

尽管美国人为国王路易十六之死所战栗，并亲切地回想起他在独立战争期间的及时的援助，然而，很多美国人依然欢迎法兰西共和国的这个消息。

在这个动荡的时刻，一个新任的法国大使——埃德蒙·查尔斯·热内（Edmond Charles Genet，吉尼特）来到美国，史书上称其为公民热内，在南卡罗来纳州查尔斯顿靠岸。新法兰西共和国决意取消全部有差别的称呼。所以，即使一位大使也被简称为"公民"。他的船驶向费城,但被一场猛烈的暴风雨改变了航线。

热内像一股飓风袭击了美国海岸。他在查尔斯顿受到狂热的欢迎。州长威廉·莫特里(William Moultrie)和南卡罗来纳社会上层人物设宴款待他。州长莫特里热情地赞同热内的计划。

什么计划?公民热内打算招募美国水手,并将美国船只装备成武装民船袭击英国商船。这总是一种赚钱的活动。武装民船和海盗船的区别很简单:武装民船如果有合法政府签发的许可证,可以合法地没收商船及其货物;海盗就是贼——海上的强盗——只要被抓住立即在桅杆上被绞死。

公民热内还为他自负地命名为密西西比军(*Armée du Mississippe*)和佛罗里达军(*Armée des Florides*)的军队招兵买马。[33]有了这些部队,他可以策划袭击西班牙在路易斯安那和佛罗里达的据点。他怎么实现这些雄心勃勃的计划呢?热内除了想象力一无所有。他签署转让证书。实际上,这是他凭借美国欠法国的560万美元战争债务所申请的一种期票。

而且,热内催促美国加速偿还那笔战争债务。但为了不使他的盟友过于为难,公民热内还好心地提议,法国接受以粮食、木材和其他有助于法国与其敌人作战的物资形式的还债。热内说,这对美国经济是一个刺激。[34](关于这一点,热内无疑是对的,如150年后美国马歇尔计划所证明的那样。)

公民热内像一场猛烈的风暴席卷了东海岸。他所到之处都有热情的接待——教堂鸣钟、发射礼炮、赞美性致辞。[35]热内经过一段28天的休闲旅程后抵达费城,他将这些紧迫问题提交给华盛顿政府。美国应当承认这个新法兰西共和国吗？我们应该接受它的大使吗？

杰斐逊的论证颇有说服力，美国不应该拒绝承认一个基于人民同意的原则基础上的政府，因为这个原则与我们自己独立的原则相同。美国人显然不会喜欢一个君主制国家取代一个共和国。³⁶ 汉密尔顿却担心法国的混乱局面很可能导致推翻那里不稳定的革命政府。如果我们继续偿还我们的债务，一个新法国政府会认可我们的偿付吗？1778 年盟约是如何规定的呢？汉密尔顿说盟约是与路易十六签订的，现在他已经死了。杰斐逊回答，条约是国家之间签订的，不是统治者之间的。³⁷

杰斐逊相信法国革命将是世界自由化的一个预兆。他的年轻随从，被留在巴黎的威廉·肖特，开始写信向杰斐逊报告那里的情况。肖特的信里包括他们自己亲密的法国朋友被革命的无套裤汉\*杀害的可怕细节。杰斐逊严厉地教训他的朋友：

> 整个世界的自由正依赖于这个竞争的事态，可曾有一场胜利是以如此少量的无辜者的鲜血赢得吗？
>
> 我自己的感情因这一事业中的一些牺牲者所深深地刺痛，但与其让这一事业夭折，我宁愿看到半个世界被毁灭；只要每一个国家还剩下一个亚当和一个夏娃，而且他们是自由的，就比现在的情况好。³⁸

---

\* 穷人买不起白丝绸的长筒袜和紧扣到膝盖以下的短套裤。所以，无套裤汉成为革命的一个象征，标志着直至今日男性时尚的变化。

第五章 新共和国(1789—1801)

托马斯·杰斐逊一生写了 7 万多封信。可以肯定,这是他所写的最糟糕的一封信——其缺乏判断力犹如汉密尔顿在与杰斐逊、诺克斯和亚当斯晚餐时美化托利党人。

然而,暴力不都是单方面的。在长达 10 年时间里,英国人拒绝撤离他们在西北边界上的要塞——如巴黎和约所规定的那样。他们在那里向印第安人提供武器和威士忌酒。美国人相信,"那只卖威士忌的手控制着战斧"[39]。西南边境沿线也如此,印第安人的袭击带有外国印记,那是得到了西班牙的支持。热内的计划对面临边境屠杀的美国人并不是完全不受欢迎的。

热内在美国港口雇佣美国水手装备美国船只,并不完全离谱。毕竟,法国曾装备过保罗·琼斯的"好人查理德号",为了完全相同的目的——袭击英国的商船。[40]

但是法国当时与英国处于开战状态。在 1793 年 4 月,美国政府保持中立。华盛顿总统明白,这个新国家经受不起卷入欧洲大国之间的战争。他签署了这个国家的第一份中立宣言。

对于中立政策,杰斐逊是支持总统的。为什么呢?当然,杰斐逊是华盛顿的内阁成员。他也知道美国还没有做好战争准备。从他对报纸如饥似渴的阅读中,杰斐逊对民意有着敏锐的了解。如他写信给在巴黎的古维诺尔·莫里斯,"或许未曾有一个国家像我们这样如此彻底地反战"[41]。麦迪逊不同意。他认为,我们正在违反我们 1778 年与法国签订的盟约,而且,总统没有合乎宪法的权力去宣布中立。毕竟,如果宪法授予国会而不是行政部门宣战的权力,那么,推断宣布中立的权力也在总统那里,不是违反法律的吗? [42]

如果不是公民热内做得很过分,华盛顿也许会被迫在热情的亲英与亲法的党派之间严守一条中立路线。热内无论走到哪里都有大批群众在欢呼。亲法派甚至散发了一幅木版画，画着华盛顿在断头台上被处决。[43] 中立宣言刺激了暴力的情绪。热内认为，他可以越过华盛顿直接向美国民众呼吁。可以肯定，那些坚定的共和党人会支持美国唯一真正的盟友。

法国军舰（Embuscade）俘获了一艘英国船，小萨拉号（Little Sarah），并将其战利品带到费城，公然向总统华盛顿挑战。公民热内让这条船挂上了法国旗，命其出海时用一个新名字——小民主号（Little Democrat）。水手们相信给一艘船改名不吉利，这被证明对公民热内也如此。为了让这条船出海，热内违背了他对国务卿杰斐逊的承诺，杰斐逊逐渐将这个法国人看作是"约拿"（Jonah）。*他警告他的主要助手麦迪逊说，这个鲁莽的法国大使将"损害共和党人的利益，如果他们不抛弃他"。[44]

乔治·华盛顿很少发怒。他生气时是很可怕的。公民热内激怒了他，不仅是华盛顿，而且美国政府也被这位不遵守外交准则的外交官激怒了。"是不是这位法国共和国的大使可以蔑视这个政府而不受惩罚？"华盛顿问道："然后以诉诸民众的方式来威胁总统？世界将如何看待这种行为，看待屈服于这种行为的美国政府？"[45] 甚至在他愤怒时，华盛顿也保持着冷静而逻辑的头脑。甚至比冒犯他更严重，他痛恨的是对他的国家的无礼行为。杰斐逊不能不同意：公民热内必须离开。

美国人这时还不知道，法国大革命的车轮已经为他们解决了这个

---

*杰斐逊利用《圣经》中先知约拿的故事。这个故事讲述恐惧的水手们将这位先知扔进海中，被一条鲸鱼吞噬了，因为他们担心他会使上帝将他们的船沉没。

第五章　新共和国（1789—1801）

问题。1793年6月，激进的雅各宾派完全控制了法国，已经开始将他们的对手吉伦特派匆匆送上断头台。热内是吉伦特派。*就在美国人要求召回热内之前，法国要这位犯错误的大使回国。热内明白这意味着什么，这的确是一件明摆着的事。他背弃政府并请求避难。

当新任法国大使抵达时，他的外交文件袋中有一张逮捕公民热内的证件。总统华盛顿以完美的礼节接见了这位新大使，同样很礼貌地，他回避了引渡埃德蒙·查尔斯·热内的要求。公民热内成了热内先生。他迅速娶了一位妻子——纽约州长乔治·克林顿的女儿，在哈得逊溪谷定居，过着绅士般的农庄生活。

热内冒犯了乔治·华盛顿，他滥用了华盛顿好客的善意。他甚至向美国人民发出革命的呼吁来威胁华盛顿。然而，华盛顿挽救了他的性命。在华盛顿的长期经历中，没有什么比这个非凡的仁慈行为更能反映华盛顿的高尚人格。多亏了华盛顿和他帮助建立的这个新共和国，热内此后过着幸福的生活。

华盛顿以其有力的手把握着舵柄，稳定地保持着航向。在后来的几年里，美国人尊重华盛顿在这次危机中的作用。一个世纪后，英国诗人拉迪亚德·基普林（Rudyard Kipling）在一首"如果"的诗中写道——"如果你能保持冷静/当所有人对你都失去了冷静"——他很好地描述了在这场由热内飓风引起的危机中的华盛顿。⁴⁶

热内风暴的一个持久性的影响是凝固了美国政府中的党派分歧。建国者曾拒绝过党派概念，但热内事件后，党派分歧加深了，并形成

---

\* 吉伦特派，有时被称作吉伦特党人，是更为温和法国革命派。他们在国民议会中的领导人来自法国吉伦特郡。许多吉伦特派反对处决国王和王后，在恐怖的断头台的刀下，他们遭到了与君主们相同的命运。

了永久性的模式——联邦党人对共和党人。

## 5. 一场长期和困难的告别

如果华盛顿希望第二个总统任期更为平静,那么他注定会非常失望。热内事件一波刚平,西北边境上的麻烦又起。英国政府一再拖延撤离它们的要塞。

在伦敦,格伦维尔告诉美国大使这些要塞将被无限期地占据。同时,英国开始加紧努力在公海上截获越来越多的船只以封锁法国。英国颁布枢密院敕令,授予皇家海军舰长更大的权力去搜查和没收中立国船只并强迫其水手服役。强迫服役是将水手们带离他们的船,强迫他们到皇家海军的军舰上服役。[47] 这种强迫服役一般被认为仅限于英国臣民在外籍船上效力的情况下,但皇家海军完全不介意如何证实一个人是真正的英国人。有时,稍有英国口音就足够了;几个音节就意味着自由与奴役的区别。

华盛顿总统处境艰难地维持着国会不对英国宣战,但他也派出一支部队在"发疯的安东尼"韦恩("Mad Anthony" Wayne)将军的率领下开往西北。韦恩的这个吸引人的绰号是在革命时期得到的。传说他回答华盛顿命令夺取英军在纽约斯托尼波因特(Stony Point)固守的要塞时,以非凡的勇敢气魄大喊:"下命令吧,阁下,我将围攻这座地狱。"[48]

1794 年 8 月,韦恩在法伦廷伯斯(Fallen Timbers,靠近今天俄亥俄州托莱多 Toledo)战斗中击败了一支有威胁的印第安盟军,因此抹去了早先在边境上屈辱的失败。印第安人是在英国人的唆使下参战的，他们一贯如此。⁴⁹ 次年，韦恩将军签订了格伦维尔条约，美国凭此约获得了今天的底特律和芝加哥地区。在莫米河（Maumee River）分流处修建了韦恩要塞。⁵⁰

1783年当华盛顿在安纳波利斯命其士兵放下武器时，不会想到他会被迫重新拿起武器。然而，在1794年华盛顿总统确实这么做了。在宾夕法尼亚西部，爆发了对财政部部长汉密尔顿新税法的抵抗运动。那里的农民需要将玉米和其他粮食转化成威士忌。这是因为他们缺乏长久保存粮食的方法。汉密尔顿1791年的货物税——对酒类征税——严重地损害了他们的利益。

在抵抗转变为公开的叛乱后，政府警觉起来。叛乱者战胜了小股联邦部队，封闭了法院，还发誓向匹兹堡进军。⁵¹ 汉密尔顿催促华盛顿采取行动。新政府的权威受到威胁。最高法院法官詹姆斯·威尔逊（James Wilson）——一个曾参与过制定宪法的宾夕法尼亚人——证明法律正在遭到"难以压制的强有力的联合力量"*的反抗。⁵²

华盛顿亲自带领来自4个州（宾夕法尼亚、弗吉尼亚、马里兰和新泽西）的12 000名全副武装的民兵穿过阿勒格尼（Alleghenies）县。华盛顿身着一套陆军中将的军服。

司法部部长威廉·布雷德福写道："总统希望使人民和世界信服政府的克制和坚定。"⁵³ 汉密尔顿坚决主张使用压倒性的力量。"政府无论在哪里以武装的形式出现，都像一个海格立斯（大力神），软弱和优柔寡断对美国的权威是很危险的。威士忌酒叛乱很快就被平息

---

\* 在林肯宣布南方叛乱的宣言中，我们将再次看到这个短语。林肯用威士忌叛乱作为联邦采取行动的先例。

了。最激进的叛乱领导人迅速逃跑了,其他人藏匿起来了,有两个人被带到费城以叛国罪审判。宣判有罪后,他们很快被仁慈和富有同情心的华盛顿赦免了。[54]

华盛顿将叛乱归咎于地方上的"民主俱乐部",一般忠诚于杰斐逊共和党的志愿者组织。总统有力的行动和他对失败的叛乱者的仁慈,似乎就是正义的联合。美国人民普遍地支持他。[55] 有些人仍不信服如此显示武力是必要的。托马斯·杰斐逊——远在其巴黎的沙龙里偶然听到 1786 年谢司起义的消息——写道,"一种预告的、公布的和武装起来的起义,却永远不会出现了"。[56]

威士忌暴动的重要性不可低估。华盛顿懂得他正走在"前无足迹的地面上"。他作为总统的很多行为将成为后来领导人的先例。这一行动表明总统不愿忍受对联邦法律的不守规矩的挑战。改变法律的地方是选票箱。华盛顿在宾夕法尼亚山区的那个美丽的秋季中的勇敢行动奠定了总统杰克逊和林肯(以及艾森豪威尔和肯尼迪)行动的基础。\*


> 诅咒约翰·杰伊!诅咒每一个不诅咒杰伊的人!!诅咒每一个不彻夜秉烛诅咒杰伊的人!!![57]

---

\* 在特德·特纳(Ted Turner)执导的影片《众神与将军》(Gods and Generals)中,罗伯特·杜瓦尔(Robert Duval)扮演罗伯特·E. 李(Robert E.Lee)。李说,他从未想到能活着看到这一天:一个美国总统竟然"入侵"美国的一个州。在现实生活中,李是华盛顿的外孙。他当然知道华盛顿总统动用马里兰和弗吉尼亚部队,在秋季平息宾夕法尼亚州山区叛乱的行动。

## 第五章 新共和国（1789—1801）

这是波士顿墙上的标语。很少有爱国者曾忍受过来自讨厌的同胞如纽约人约翰·杰伊那样的虐待。作为美国最高法院首席大法官，他本可以轻易地拒绝华盛顿要求其去英国谈判一个条约的艰难旅程。但华盛顿觉得一个条约对于防止战争是非常紧急需要的。[58] 国会是很难控制的。如前所述，英国拒绝从他们在西北地区的要塞中撤走。他们声称，拒绝撤走并不是完全没有道理，在美国人赔偿托利党人所要求的在战争中的损失之前——如我们在1783年巴黎条约中承诺的那样——他们占据这些要塞是合理的。他们继续强迫我们的水手服役并截获与交战的法国进行贸易的美国船只。

杰伊赴伦敦时得到了"发疯的安东尼"韦恩在法伦廷伯斯战斗中大胜的消息。这本该增强他在谈判中的地位。然而，他带回来的最终条约却是个软弱的条约。

华盛顿明白没有做好战争准备。他认为杰伊的条约将使俄亥俄流域得到安宁，结束英国挑唆印第安人反对我们的尝试（在法伦廷伯斯的死者中发现了好几个加拿大白人），平息被各地议会命令没收了财产的那些人的开战要求。杰伊的条约提供赔偿。[59] 做好面对一场抗议风暴的准备，华盛顿将条约提交到参议院，那里不稳定地区分为联邦党人（20位）和共和党人（10位）。[60] 华盛顿需要每一位联邦党议员的票，以达到批准条约所必需的2/3的支持。

民众的抗议声势很可怕——波士顿的迹象显示愤怒的标志指向政府。弗吉尼亚的共和党议员约翰·伦道夫走得更远，他在起立祝酒时说"该死的乔治·华盛顿"[61]。杰伊的模拟像被焚烧和上模拟的断头台。他不再被称作"杰伊先生"，到处喊他"大卖国贼"[62]。

共和党人的报纸倾泻着指责这个条约，连华盛顿也不能幸免。他想当国王,很多人如是说。华盛顿被这些不负责任的指责深深地刺痛了。正如他在威士忌叛乱期间说过的那样,华盛顿只是按照他所理解的那样履行了他的职责——这是他亲自率队平叛的原因之一,对这次行动负责。他说:"上帝作证,我宁愿待在我的农场里,也不愿成为这个世界的皇帝。"[63]

1795年6月,在参议院非常勉强地批准这个条约之后,共和党人想以另一种方式阻击杰伊条约。他们利用他们在众议院的优势砍掉执行这个条约所需要的资金。宪法明确地将谈判和批准条约的唯一的责任赋予总统和参议院,但也明确地给予众议院掌握所有拨款的权力。在数月之久的辩论中,英国和法国大使与个别议员较劲,争辩同意还是拒绝。

在1796年4月众议院表决杰伊条约所需资金时,杰伊条约仅以三票幸免于难。[64] 党派分歧加深了,斗争更剧烈了。他们是危险的——南方人气愤地谴责这个条约,而北方人特别是东北地区的商人则充分地支持它。

在这场颇具威胁的遭遇战之后,华盛顿准备离开总统职位。他请汉密尔顿帮他起草了对美国人民的最后的讲话。这就是作为华盛顿告别演说流传给我们的文本,尽管它是刊登在费城的一家报纸上,从没有被演讲过。

华盛顿告诫美国人为维持一个自由的政府应该保有的一些必要的品质:

> 在导致政治繁荣的所有气质和习俗中,宗教与道德是必不可少的支柱。那些尽力颠覆这些人类幸福的支柱,这些人类和公民

责任的最坚实的支柱的人，他们要博取爱国主义的声誉注定是徒劳的。[65]

这篇讲话的核心是他对两种弊病——党派精神和与外国的"永久性"联盟——的警告。华盛顿刚好看到了政党的竞争和外国代理人阴谋是如何威胁着这个国家的团结。尽管讲话没有指明在杰伊条约上的那场斗争，它所包含的明智的忠告带有永久性的特点，即使是对现在的我们。

随着1796年大选的临近，共和党人和联邦党人准备为政府中的这个最高奖赏而战。联邦党人没什么选择，只能排在副总统约翰·亚当斯的后面。共和党人的选择是显而易见的。托马斯·杰斐逊在1793年离开了华盛顿内阁，但他一直保持着与詹姆斯·麦迪逊、詹姆斯·门罗和其他共和党领导人的定期联系。

亚当斯得到71票，杰斐逊68票。联邦党人在选举托马斯·平克尼为副总统的投票中失利，因此根据宪法当时的明确规定，杰斐逊得到了副总统职位。因为建国者们没有预见到政党的形成，他们也就不能预知两个最高职位被不同党派的人所得到。在以后的四年里，这被证明是一种尴尬的安排。

## 6. 战争、和平与正直的约翰·亚当斯

1797年3月4日，在乔治·华盛顿出席他的继任者的就职典礼时，他却开创了另一个先例。约翰·亚当斯在给他的爱妻艾比盖尔的一封信中描述了当时的情景："将军的出席使我很感动，他的表情就像当

时晴朗无云的天气一样。他似乎很享受胜过我的那种感觉。我仿佛听到他说'嗨！我正当地退下,你正当地上任。看我们俩谁更幸福'。仪式结束后,他过来看我,真诚地祝福我,希望我的任期将是幸福的、成功的和光荣的。"[66]

随着新总统离开他刚在其中进行宣誓的大厅,副总统杰斐逊等待现在是前总统的华盛顿走在他前面。华盛顿以一个坚定的命令手势示意杰斐逊走在他前面。华盛顿现在是一位普通公民了,他不愿意享受任何官方的荣誉待遇。就是在这里,华盛顿为自由人民的政府树立了一个标准。再一次,"这位世界上最伟大的人"放弃了权力,确保了权力平稳而有序地交接。总统亚当斯敏锐地意识到这第一次权力过渡的重要意义,但是同以往一样,他严肃的外表遮住了那颗敏感的心。他在其参与的这一历史时刻的敏锐感受混杂着他个人的感情。他情不自禁地告诉艾比盖尔群众在他就职典礼上的反应。

> 现场的哭泣声甚至比任何惨案现场的都多。但它到底发自悲伤还是欣喜,是失去了他们敬爱的总统,是一个不招人喜欢的人就职了,还是庆幸总统变更没有骚乱,是有感于此事的新颖,还是因这么多人在场而形成的庄严氛围,或别的什么原因,我不知道。[67]*

亚当斯的第一个任务是尽力保持与法国的和平。很难想象还有什

---

* 获普利策奖的作家戴维·麦卡洛说,他写约翰·亚当斯的传记受益于约翰和艾比盖尔通信摹本之处不可胜数,录有这对杰出夫妇相互通信的缩微胶片长达 5 英里。

## 第五章 新共和国(1789—1801)

么差别比革命的法国与新美国之间的更大。在华盛顿的第二个任期内,法国经历了马克西米利安·罗伯斯比尔的恐怖统治。在不到一年的时间里(1793—1794),断头台在全国范围内夺去了16 600人的生命,[68]还有约50万人在革命的监狱里遭受折磨。尽管恐怖随着"不可腐蚀的"罗伯斯比尔之死大致结束,但此后的法国政治被"毒化"达几个世纪之久。[69]

尽管尝试与这样一个政府打交道是冒险的,但为了在外交事务中保持一种平衡,亚当斯总统派出一个代表团与法国商谈一个新条约,如同华盛顿总统与英国签订的杰伊条约一样。亚当斯担心海上一种"准战争"的威胁,因为法国已经开始截获美国船只——如同英国曾做的那样。

狡猾的法国外长塔利兰德(Talleyrand)甚至拒绝会见这些美国外交官。他个人索要一笔巨额贿金才会同他们会谈。他声称,因亚当斯总统的冒犯性讲话损害了法国名誉,要赔偿法国一笔令人咋舌的1千万美元。他派三个代理人去试探这些美国人,看他们是否愿意支付。美国代表团的一个成员,约翰·马歇尔,是一位勇敢的革命战争时期的退伍军人。他是一位在1776年曾随华盛顿渡过特拉华河的弗吉尼亚人,他拒绝法国的这种无理要求。马歇尔在发往国内的秘密急件中将三位法国代理人列为"信使X、Y、Z"。他很快也踏上回国的航程。

当1798年4月"XYZ事件"的消息传到美国后,全国爆发出反法激情。"国防可用巨资,但一分钱也不能进贡"成为联邦党人集会的口号。[70]再次,杰斐逊的共和党人——被他们的反对派称作"高卢人"——因法国人的行为深陷困境。

亚当斯总统很享受于他新出现的声望。1798年,国会欣然同意他重建海军的计划（美国现代海军从亚当斯政府开始）。很快，船长托马斯·特拉克斯顿（Thomas Truxton）指挥着强有力的美国新舰星座号（*Constellation*），在 1799 年 2 月 5 日，以其勇敢俘获了法国快速武装帆船起义号（*L'Insurgente*），令美国人激动不已。在加勒比尼维斯岛附近海域，特拉克斯顿船长的炮火击毙 29 名法国水手，打伤 71 人，只付出两死两伤的代价。次年，星座号训练有素的船员与另一艘法国军舰作战。起义号侥幸逃脱被星座号上致命的精确炮火击沉的命运。这些小规模的作战行动延续着由约翰·保罗·琼斯所奠定的美国海军的胜利传统。在美国人于 7 月 4 日庆祝他们从两个大国控制下独立的时候，他们说，他们最终从特拉克斯顿船长那里发现了一位法国不得不接受的"代表"。[71]

约翰·亚当斯本可以在 1800 年便利地连任总统，如果他没有被怂恿着作出灾难性的失策决定。亚当斯被确实恶意的报纸批评所激怒，在国会内又被杰斐逊的盟友、瑞士移民艾伯特·加勒廷（Albert Gallatin）所干扰，他批准了美国历史上最糟糕的提案中的两项——外侨法和处置叛乱法（the Alien and Sedition Acts）。外侨法将一个移民成为入籍的美国公民所必需的时间由 5 年延长为 14 年。[72] 处置叛乱法则允许起诉任何对政府领导人发表"错误的和诽谤性"言论的人。

无论是亚当斯还是汉密尔顿都不想要这些法令。汉密尔顿意识到它们会起反作用。他警告说，"让我们不要建立一种暴政"，"能力是与暴力完全不同的东西"。[73] 但极端的联邦党人在国会中的势力很大。他们确信法国入侵迫在眉睫。亚当斯总统以幽默抵制这种恐慌："在美国看到一支法国军队的可能性不会比在天国里更多。"[74] 并非只有联邦党领导人反对这些极其愚蠢的措施。作为一位从弗吉尼亚州竞选国会议员的联邦党人，约翰·马歇尔说，他"明确地反对这些法令"并认为它们只会"引发不必要的不满和猜忌"[75]。亚当斯本可以否决外侨法和处置叛乱法，但那样就会公开暴露他与国会内大多数不顾一切地要通过这些法令的联邦党人的严重分歧。很快，联邦党人就有理由后悔他们的草率了。爱尔兰籍和德国籍这两大团体——尤其在关键的宾夕法尼亚州人数众多，因这些愚蠢的立法而心生不满。

杰斐逊和麦迪逊以他们著名的"弗吉尼亚州和肯塔基州决议"回击这种挑战。1798年，人们不知道这些决议的作者是谁，但决议中的许多观点在1791年这两个人回答汉密尔顿的国家银行计划时曾出现过。在这两个州的回应中，麦迪逊的弗吉尼亚州决议文字上更为克制，推论也更为严谨。杰斐逊的肯塔基决议篇幅更长一些，表述更为直率，引起了广泛的关注。杰斐逊的文风是可以看出来的：

> 在权力问题上，不必再多言对掌权者的信任了，只需用宪法的锁链约束他，以避免权力的危害。这正是本州（肯塔基）呼吁其他各州对这些关于外籍移民和惩罚某些罪行（诽谤）的法令，表明它们观点的原因……明确宣示这些法令是否符合联邦的契约（宪法）。[76]

研究杰斐逊的学者梅里尔·彼得森（Merrill Peterson）指出这些观点与1861年脱离运动的联系和重要意义："脱离运动是政府契约理论的一个显著的实例，在将这一理论植入美国人精神的过程中，杰斐逊比其他人做的都多。"[77]如果美利坚合众国是一种各州的契约，那么各州不是可以根据其意愿离开这个合众国吗？杰斐逊不愿意将这一

169 点挑明。而且,最重要的是,杰斐逊承认美国人民不允许武装抵抗。谢司起义和威士忌起义使他明白这一点。他总结说:"远离所有暴力手段,(美国人)将以选举和请愿击败政府的罪恶倾向。"[78]

然而,有理由认为杰斐逊以其匿名的方式在肯塔基决议种下了脱离的种子。杰斐逊危险地接近了这一点。但麦迪逊把他拉回去了,揪着他上衣的后摆。更为实际的麦迪逊总是在防止杰斐逊走过头(麦迪逊后来谴责州可以不承认或不执行联邦国会的法令)。

杰斐逊和麦迪逊实际追求的是,在州立法部门的压力下或依据选举变化,国会机制上的一种改变。[79] 如果以选举和请愿抵抗不合宪法的法令,那么所需要的就是一种有组织地向选民的呼吁。这是政党政治的一种重要的转变。杰斐逊和麦迪逊不仅促进形成了一个政党,他们的弗吉尼亚和肯塔基决议在实际上提供了第一份政党宣言,开创了一种全国性的政治动员。

这场对法国没有宣战的海上战争(1798—1800)越来越接近宣战状态,乃至退休的前总统华盛顿要被召唤出来领导一支部队,迎击一场法国入侵。华盛顿不顾亚当斯总统的反对,坚持要汉密尔顿担任军队的监察长。许多人担心汉密尔顿在这支新部队会奠定他个人的权力基础,就像拿破仑·波拿巴在法国所做的那样。美国水手们在他们起锚时的劳动号子中,唱出了他们这种处于高度戒备状态的心情:

> 快乐的海员们,大家齐心协力,随着一个声音为我们选择的人干一杯香醇的朗姆酒;在约翰(亚当斯),国家的领航员,和乔治(华盛顿)统帅的指挥下,法国和那个狡猾的塔利兰德算什么。[80]

尽管汉密尔顿鼓动对法开战,尽管他的观点在国会得到联邦党人的支持,总统亚当斯还是决定做最后一次努力与法国谋和。

惊奇的是,法国竟愿意接受和解。现在明显掌控了权力的拿破仑不想与美国开战。联邦党人将一腔怒气撒向他们自己的总统。他们想夺取新奥尔良和佛罗里达,他们想使亲法的杰斐逊党人更加声誉扫地。他们明白,亚当斯的固执及其独立的性格是他们的祸根。

在经历了长达 8 个月的谈判后,法国直截了当地拒绝赔付 2000 万美元,以弥补在准战争期间截获船只给美国造成的破坏。但双方还是找到了达成协议的余地。法国免除了美国在 1778 年和约条款下的责任。实际上,我们以 2000 万美元赡养费为代价解除了与法国的婚姻。[81]

1800 年美法协定的消息因传到美国太迟,以致无法影响总统选举。历史将总在探寻,如果选民在投票选举总统前知道亚当斯的这一外交成就将会怎么样。有一件事是确定的:如果亚当斯屈服于汉密尔顿的战争宣传,法国将没有机会在三年后将路易斯安那卖给美国。[82]在人们有理由将杰斐逊视为路易斯安那购买之父时,亚当斯至少也是这桩生意的教父。[83]

亚当斯明白,他派外交使团去法国是在招致政治灾难:"只要我一息尚存,我都将为我对法国的使命辩护,"他说,"它们是我一生中最无兴趣做的和最值得称赞的活动,我以非常满意的态度反思它们,乃至我希望我的墓碑上只刻着这样的字:这里躺着约翰·亚当斯,他在 1800 年承担起与法国和平的责任。"[84]

乔治·华盛顿在一场持续了仅 36 小时的疾病后,逝世于芒特弗农。美国人被这个消息惊呆了,很多人刚好在 1799 年圣诞节前得到了这个消息。

**国父走了！**

美国人对于他的离去像孤儿一样，没有人更甚于汉密尔顿。他写道："他是一个守护神，尤其是对我。"受此打击的国会议员聚集在费城的一个德国路德派教堂内举行纪念仪式，听弗吉尼亚人亨利·李这样颂扬华盛顿："战时第一人，和平时第一人，在他的国民心中第一人。"\*

### 7.1800 年革命

1790 年，艾伦·伯尔在纽约州国会参议员选举中获胜，击败了亚历山大·汉密尔顿的岳父菲利普·斯凯勒（Philip Schuyler）。伯尔是一位战争中的英雄，作为一个主要的政治组织者完成那一使命。[85] 在最初的宪法中，国会参议员由州议会选举。\*\*在杰斐逊和麦迪逊寻求北方的盟友反对汉密尔顿的集权化计划时，伯尔在纽约州的权力基础就被证明是不可动摇的。他们的联盟成为共和党人（即现代的民主党）的基础。1791 年杰斐逊和麦迪逊北上纽约和新英格兰地区进行他们所称的"植物学考察"。这次考察对这些弗吉尼亚的农场主学习北方地区的植物和耕作方式是一次真正的假期。但它也为他们会见伯尔和纽约强有力的法官罗伯特·R. 利文斯顿提供了机会。[86]

随着 1800 年大选的临近，杰斐逊知道要赢得大选，他就必须得到北方的支持。与伯尔的联合将使纽约的大量选票投向这位弗吉尼

---

\* 这些话将被美国人长期铭记。在那些"用心"理解这些话的人中有亨利·李的儿子罗伯特·E. 李。

\*\* 这种情况为第 17 条宪法修正案所改变，即从 1914 年开始直接选举国会参议员。

亚人。*共和党人不希望重现1796年的选举，那一次选出的总统和副总统分别代表着不同的党。为了避免这种结果需要更大的组织和党的纪律。

1800年竞选是美国历史上第一次真正的总统竞选。共和党人与联邦党人在每一个州论战。后来很少有选举在对双方竞选者谩骂攻击上能与这次相比。党派报纸称亚当斯为"衰老的"，指责他的自负、虚荣和愚蠢。然而，相比对杰斐逊竭尽全力的攻击，这还算温和的。这位说话温和、达观的弗吉尼亚人杰斐逊被说成是无神论者和要将最血腥的法国大革命暴行带到和平的美洲海岸的人。"发疯的汤姆""雅各宾""赛马场和斗鸡场的鼓吹者"只是联邦党人报纸上某些嘲弄。[87]（赛马的指责特别荒唐，因为杰斐逊从不光顾那些地方，倒是联邦党人的偶像乔治·华盛顿明显地这样做。）

杰斐逊经常被不适当地同华盛顿比较。1799年年末，美国第一位总统之死将这个国家陷入深深的哀思中。在政治宣传中，条理性通常是第一个受害者。如果杰斐逊真是那样一个臭名昭著的激进分子，如此稳健的华盛顿怎么会选他作为其第一任国务卿呢？

然而，共和党人却没有像联邦党人那样的相互比较来评论联邦党人的东西。在这场最不寻常的总统竞选中，联邦党人在实际上分裂了。个人积怨是它的祸根。没有华盛顿这个使他们能团聚在一起的人物，联邦党人相互攻击。

1800年5月，亚当斯在一次与其国防部部长詹姆斯·麦克亨利（James McHenry）的讨论中发怒了，因他得知其内阁的一些成员定

---

\* 在1800年大选全部所需的70张选票中，弗吉尼亚州占21张，纽约州12张。

期向汉密尔顿汇报。他称汉密尔顿"世界上最大的阴谋家——一个没有道德原则的人——一个杂种和一个如加勒廷那样的外国人。杰斐逊先生是一个要好得多的人……你竟屈从汉密尔顿，这个人支配过华盛顿，而且如可能他还要控制"[88]。震惊之余，麦克亨利别无选择只得辞职——并将亚当斯的通篇斥责详细地告诉了汉密尔顿。

被这位老人的叱骂所刺痛，亚历山大·汉密尔顿反击了。他写信给亚当斯要求解释。在没得到回复后，他写了一本原准备仅发给党的领导人的54页的小册子。《发自汉密尔顿的信：关于美国总统先生约翰·亚当斯的公共行为和人品》，当然，没有限于保密范围。这是美国历史上最难以置信的文件之一。

在总统竞选的激烈争论中，总统亚当斯是联邦党内有力的候选人，汉密尔顿作为联邦党中公认的领导人，竟攻击自己的队伍！汉密尔顿谴责亚当斯"人品中固有的很大缺陷"，"伪装的自私自利"和"难以控制的脾气"[89]。他没有称亚当斯精神错乱，但他指责"一个事实是，他经常易于突然发怒，使其丧失自我控制能力并出现非常蛮横的行为"[90]。但是，在这封长信的结尾，汉密尔顿竟难以置信地呼吁亚当斯连任！

甚至没有人记载过杰斐逊或麦迪逊以一种类似的嚣张方式说话。也许杰斐逊以写信的方式完全摆脱了这种情绪对其身体的控制，有些信是轻率的、不明智的。我们还知道可怜的约翰·亚当斯此时正经受着严重的心痛。他的儿子查尔斯因沉溺于酗酒和神志不清几乎丧命。艾比盖尔给丈夫写信说："我的心灵因思虑他将会成为什么样的人而伤痛，他的命运将每时每刻都折磨着我的生命。"[91]父母们很难有比这更大的痛苦了。

第五章　新共和国（1789—1801）

汉密尔顿的小册子造成了破坏性的影响。约翰·亚当斯得到 65 票，查尔斯·科茨沃斯·平克尼 64 票。联邦党人被完全地击败了，这是很明显的。但谁是胜利者呢？

托马斯·杰斐逊得到 73 票，但艾伦·伯尔也得到了相同的票数。共和党人的党纪被证明是过于严格了。这种选举团内的平局意味着联邦众议院必须决定这次选举。糟糕的是，依据当时的宪法，这次选举不能由这次刚选举后的众议院决定，而是由 1798 年选举的任期将满，而且其中有被称作"跛脚鸭"即没有重新当选的众议员的众议院决定。*在上届众议院里联邦党人占多数。

一些联邦党人看到了一个可以搞乱他们对手的机会，要选举艾伦·伯尔为总统。他们盘算野心勃勃的伯尔会感激他们让他进入华盛顿这座新城市中新落成的总统之家。他们认为，与伯尔打交道比与杰斐逊更容易些。

当众议院在这个国家的新国会大厦第一次开会时，它开始投票选举新总统。当众议院被召集选举总统时，选举是以州为单位的。这意味着小州与大州在选举总统上有同样的发言权。当一个州只有一名代表时，这位议员就行使大权。

伯尔当选总统的前景震惊了大多数美国人。伯尔狡猾地抵制发表一个所有美国人都知道的明确而坦率的声明：即共和党原来计划杰斐逊为总统，伯尔为副总统，而且，这是那些共和党选举者投票时所想的。伯尔默默地等待着。[92]

---

* 众议院、参议院、总统和副总统的任期在 1933 年被第 20 条宪法修正案所改变，以缩短在选举和就职之间的时间。

汉密尔顿在得到 35 票无缘总统后逐渐警觉起来。有人在谈论，如果众议院不能解决这个僵局，让联邦党人约翰·马歇尔做总统如何。弗吉尼亚州州长詹姆斯·门罗，杰斐逊的忠实朋友，威胁使用该州军队，如果失利的联邦党人要窃取选举成果的话。

在一系列信件中，汉密尔顿恳求联邦党人以支持他的首要对手杰斐逊的方式解决选举问题。"看在上帝的面上，不要让联邦党人承担使这个人（伯尔）当选的责任。"他在一封给朋友的信中写道。在致古维诺尔·莫里斯的信中，他写道："（伯尔）过去不受任何协定的约束——将来也不会听从任何告诫，而只屈从于他自己的野心。"针对伯尔可能对这个职位讨价还价的考虑，汉密尔顿嘲笑道："当他做成交易时，他会窃喜，然后，他将在有利于自己目标的第一时间毁约。"[93]

汉密尔顿有一种观点。艾伦·伯尔是殖民地时期一位有名的传教士和作家乔纳森·爱德华兹的孙子。但没有人在伯尔的生涯中发现什么神圣之处，他追求女色，作为一个男人的最高超的技巧似乎是躲避债主。[94] 当然，他有魅力，也聪明。但我们不研究艾伦·伯尔的作品不是偶然的。他的全部策略、全部行为和全部野心——无异于一个使用不光彩手段但又没有犯规的竞技者。而且，共和党人在选择他时就了解这些。

最后，在 36 张选票中，特拉华州联邦党议员詹姆斯·A. 贝阿德以决定性的一张空白票打破了僵局。他此前曾与党内其他几位议员约定都这样做。选举问题以有利于杰斐逊的方式解决了。[95] 这是 1801 年 2 月 17 日，离规定的就职典礼仅有 15 天了。

1801 年 3 月 4 日，托马斯·杰斐逊从他下榻的住所走到新国会大厦，他在那里进行了总统就职宣誓。

"我们都是共和党人，我们都是联邦党人，"他在就职讲话中说，"我们是有不同名称和相同原则的兄弟。"[96] 杰斐逊向他的政治对手伸出了橄榄枝。他也利用了许多美国人在这次危险关头的普遍厌恶情绪和与国会内联邦党"跛脚鸭"议员的交易。[97]

杰斐逊不是一个伟大的演说家，他的声音在公众演说中几乎听不到。但他在这种情况下的讲话——使我们国家免去了一场内战——在两百年后仍值得学习。

> 大家也应牢记这个神圣原则，虽然在所有情况下大多数人的意见占主导地位，但这个意见必须是合理的才是正当的；而且，少数人拥有同样的权利，对此同样要有法律保护，侵犯少数人的权利就是压迫。

这里，他奠定了自由政府的哲学基础，恰好在他参与历史上政治权力第一次从一个执政党向另一个党和平转移的时刻。他接着为社会和谐发出感人的呼吁：

> 让我们像同胞那样一心一意地团结起来。让我们在社会交往中恢复和谐与友爱，没有这些自由甚至生活本身都是枯燥的事。
> 让我们考虑，在将导致人类长期流血和痛苦的宗教不宽容从我们国土上驱逐后，如果我们放任一种同样专制、同样邪恶和同样能造成痛苦和血腥迫害的政治不宽容，那么我们所得到的依然很少。[98]

在接下来的两个世纪中,我们见到了宗教和政治两种迫害的很多例子。美国也经历了它们的痛苦。我们将以杰斐逊的话激励我们为"社会生活的和谐与友爱"而加倍努力。

约翰·亚当斯在那个早晨离开了总统官邸。因没有被邀请参加他的继任者的就职仪式,他趁早乘马车赶回马萨诸塞州布伦特里(Braintree)的家。临走前,他留下了对这座新房子的祝福:"我祈祷上帝将最好的祝福赐予这座房子,赐予所有今后将在此居住的人。只让那些正直和智慧的人在这座房子里永远地统治下去。"

1. Flexner, James Thomas, *Washington: The Indispensable Man*, Little, Brown and Company, Boston: 1974, p.215.
2. Flexner, p.215.
3. Hunt, John Gabriel, ed., *The Inaugural Addresses of the Presidents*, Gramercy Books, New York: 1995, p.6.
4. Catton, Bruce and Catton, William B., *The Bold and Magnificent Dream: America's Founding Years, 1492-1815*, Gramercy Books, New York, p.393.
5. McCullough, David, *John Adams*, Simon & Schuster, New York: 2001, pp.405-406.
6. McCullough, p.406.
7. McCullough, p.408.
8. Bailyn, Bernard, Davis, David Brion, David, Herbert Donald, Thomas, John L., Wiebe, Robert H., and Wood, Gordon S., *The Creat Republic: A History of the American People*, Little, Brown & Co., Boston: 1977, P.344.
9. Morison, Samuel Eliot, Commager, Henry Steele, and Leuchtenburg, William. S., *A Concise History of the American Republic*, Oxford University Press, New York: 1977, p.128.

| | |
|---|---|
| 10 | McCullough, pp.406-407. |
| 11 | Jaffa, Harry V., *A New Birth of Freedom: Abraham Lincoln and the Coming of the Civil War*, Rowman & Littlefield Publishers, Inc., Lanham, Md.: 2000, p.491n31. |
| 12 | Rhodehamel, John, ed., *George Washington: Writings*, The Library of America, New York: 1997, p.767. |
| 13 | Ketcham, Ralph, *James Madison: A Biography*, University Press of Virginia, New York: 1990, p.290. |
| 14 | Ketcham, p.290. |
| 15 | Koch, Adrienne, *Jefferson & Madison: The Great Collaboration*, Oxford University Press, New York: 1976, p.41. |
| 16 | Online source: http: //www.jmu.edu/madison/center/main_pages/madison_ archives/era/parties/power/partnership.htm. |
| 17 | Ferling, John, *A Leap in the Dark: The Struggle to Create the American Republic*, Oxford University Press, New York: 2003, p.324. |
| 18 | Flexner, p.386. |
| 19 | Flexner, p.386. |
| 20 | Flexner, p.258. |
| 21 | Flexner, p.258. |
| 22 | Flexner, p.259. |
| 23 | Ferling, p.346. |
| 24 | Flexner, p.268. |
| 25 | McDonald, Forrest, *The American Presidency: An Intellectual History*, University Press of Kansas, Lawrence, Kan.: 1994, p.230. |
| 26 | McDonald, p.230. |
| 27 | McDonald, p.230. |
| 28 | Brookhiser, Richard, *Alexander Hamilton: American*, The Free Press, New York: 1999, p.104. |
| 29 | Brookhiser, p.104. |

30　Jefferson letter to Lafayette, 2 April 1790.
31　Stanlis, Peter J., ed., *Edmund Burke: Selected Speeches and Writings*, Regnery Publishing, Washington, D.C.: 1997, p.5 15.
32　Elkins, Stanley and McKitrick, Eric, *The Age of Federalism: The Early American Republic, 1788-1800*, Oxford University Press, New York: 1993, p.332.
33　Catton and Catton, p.421.
34　Elkins and McKitrick, p.342.
35　Elkins and McKitrick, p.336.
36　Elkins and McKitrick, p.340.
37　Elkins and McKitrick, p.340.
38　Peterson Merrill D., *Thomas Jefferson: Writings*, Library of America, New York: 1984, p.1004.
39　Bailey, Thomas, *A Diplomatic History of the American people*, Prentice-Hall, Inc., Englewood Cliffs, N.J.: 1980, p.72.
40　Elkins and McKitrick, p.346.
41　Elkins and McKitrick, p.356.
42　Elkins and McKitrick, p.358.
43　Bailey, p.87.
44　Bailey, p.88.
45　Bailey, p.88.
46　Bailey, p.87.
47　Morison, Commager, p.137.
48　BBC Web site, http: //www.bbc.co.uk/dna/h2g2/alabaster/A481682, General" MadAnthony"Wayne.
49　Morison, Commager, p.138.
50　Morison, Commager, p.138.
51　Catton and Catton, p.426.
52　McDonald, p.240.

第五章 新共和国（1789—1801）

53 Elkins and McKitrick, p.481.
54 Morison, Commager, p.139.
55 McDonald, p.241.
56 Catton and Catton, p.427.
57 Bailey, Thomas A., *A Diplomatic History of the American People*, Prentice-Hall, Inc., Englewood Cliffs, N.J.: 1980, p.78.
58 Ferling, John, *A Leap in the Dark: The Struggle to Create the American Republic*, Oxford University Press, New York: 2003, p.380.
59 Ferling, p.380.
60 Ferling, p.380.
61 Bailey, p.79.
62 Bailey, p.79.
63 Elkins and McKitrick, p.483.
64 Bailey, p.80.
65 Rhodehamel, p.971.
66 McCullough, p.469.
67 McCullough, p.469.
68 Furet, Francois and Ozouf, Mona, eds., trans, by Arthur Goldhammer, *A Critical Dictionary of the French Revolution*, The Belknap Press of Harvard University Press, Cambridge Mass.: 1989, p.143.
69 Furet and Ozouf, p.145.
70 Morison, Commager, p.143.
71 Zvesper, John, *From Bullets to Ballots: The Election of 1800 and the First Peaceful Transfer of Political Power*, The Claremont Institute, Claremont, Calif.: 2003, p.l00.
72 Elkins and McKitrick, P.694.
73 Churchill, Winston S., *The Great Republic: A History of America*, Random House, New York: 1999, p.103.

| 74 | Ferling, P.422. |
| 75 | Elkins and McKitrick, p.729. |
| 76 | Peterson, Merrill D., *Thomas Jefferson: Writings*, The Library of America, New York: 1984, p.455. |
| 77 | Elkins and McKitrick, p.721. |
| 78 | Elkins and McKitrick, p.723. |
| 79 | Jaffa, p.59. |
| 80 | Bailey, p.95. |
| 81 | Bailey, p.98. |
| 82 | Bailey, p.98. |
| 83 | McCullough, David, *John Adams*, Simon & Schuster, New York: 2001, p.586. |
| 84 | McCullough, p.567. |
| 85 | Elkins and McKitrick, p.744. |
| 86 | Elkins and McKitrick, p.242. |
| 87 | Koch, p.212. |
| 88 | Elkins and McKitrick, p.736. |
| 89 | McCullough, p.549. |
| 90 | McCullough, p.550. |
| 91 | McCullough, p.548. |
| 92 | Catton and Catton, p.443. |
| 93 | Elkins and McKitrick, p.747. |
| 94 | Elkins and McKitrick, p.744. |
| 95 | McCullough, p.562. |
| 96 | Hunt, John Gabriel, ed., *The Inaugural Addresses of the Presidents*, Gramercy Books, New York: 1995, p.25. |
| 97 | Koch, p.217. |
| 98 | Jaffa, p.61. |

## 第六章
## 杰斐逊派（1801—1829）

似乎杰斐逊总统刚上任，美国就取得了世界历史上最大的外交奇迹。两百年后，购买路易斯安那依然是一个激励政治家能力的惊人功绩。但是，关于奴隶制向这片新地域扩张的争论不断升级将威胁这个国家的生命。而且，在经历了十年紧张局势之后，美国和英国在 1812 年开战。没有准备、没有武装起来的美国人亲历了在加拿大的失败，在西北地区的失败，并耻辱地看着入侵者将华盛顿特区烧毁。只有巴尔的摩的福特·麦克亨利的奋勇抵抗和海上的一些零星的胜利点亮了这幅阴暗的画面。然后，如一声雷鸣，消息传到被焚毁的首都，安德鲁·杰克逊将军在新奥尔良奇迹般地击退英军。紧随着杰克逊的大捷，缔结了《根特条约》（Treaty of Ghent），结束了 1812 年战争。很快，美国人欣喜于这一简单的事实，即他们抵制了世界上最强大的国家的侵略。在很多美国人看来,这似乎是第二次独立战争光荣地结束了。杰斐逊的继承人——他的政治助手麦迪逊和门罗——希望向南、向西扩张领土。门罗令人惊奇地执政于"一个有着美好情感的时代"。

### 1. 一个自由的帝国

托马斯·杰斐逊就任总统那年 57 岁。他的政治经历包括弗吉尼亚州议员、国会议员、一届非常成功的美国驻法国大使(接着一届明显不成功的弗吉尼亚州战时的州长),第一任国务卿、第二位副总统以及美国的第三位总统。《独立宣言》和《弗吉尼亚宗教自由法案》的作者,他被描述为这样的一个人,能"测算日食、丈量土地、结扎动脉、设计建筑、审理案件、驯服烈马、跳小步舞和拉小提琴"[1]。*

并不是所有杰斐逊的继任者都对他有如此的印象。年轻的西奥多·罗斯福(Theodore Roosevelt)认为杰斐逊"或许是以往总统中最没有行政能力的……完全不能解决最小的危险问题……很难想象一个人比他更不适合领导这个国家了……"[2]

杰斐逊的形象在他在世时也不是完整的。他开始其总统任期时决心对以前的行政方式做较大的改变。一方面缘于他是一个糟糕的公开演讲者,另一方面因为他不愿意做看起来像一位国王"登基演讲"那样的讲话。杰斐逊从 1801 年开始采用将国情咨文的书面文稿送交国会的方式。这一传统延续到 1913 年,当时善于演讲的伍德罗·威尔

---

\* 难怪 1962 年肯尼迪总统在白宫宴请 49 位诺贝尔奖获得者时说:"我想这是一次天才和人类知识最不寻常的集合,这种聚会在白宫是前所未有的——在托马斯·杰斐逊自己吃饭时可能是个例外。"

## 第六章 杰斐逊派（1801—1829）

逊（Woodrow Wilson）恢复了总统亲自发表讲话的做法。

杰斐逊免除了曾为华盛顿所喜好的招待方式——筹款。这是拘谨的正式的社交活动。取而代之的是，这位单身总统定期邀请国会议员到总统官邸参加小型宴会。在这小伙人中，杰斐逊能够展示其坚实的领导能力。政治家们都愿意同这个他们称之为"杰斐逊先生"的人一同进餐。

杰斐逊总统任期内最有色彩的插曲之一是长老约翰·利兰（John Leland）和一块"巨大的奶酪"造访总统官邸。18 世纪 80 年代，浸礼会领导人利兰曾在弗吉尼亚支持杰斐逊和麦迪逊他们为建立宗教自由的努力中发挥过重要作用。1791 年，利兰回到其出生地新英格兰后，继续大力支持他这位有名的弗吉尼亚朋友。不同于很多新英格兰的教会人士，利兰坚决支持杰斐逊在 1800 年竞选总统。现在他说服他西边的马萨诸塞邻居们用一块巨大的奶酪来表示对杰斐逊的敬意。这块 1235 磅重的奶酪是利兰和他的浸礼会教友们运到华盛顿的。奶酪上印着杰斐逊的个人格言："反抗暴政是顺从上帝。"[3] 长老利兰沿途利用好奇的人群被这块奶酪所吸引的机会宣讲福音。[4]

利兰一行走了一个多月。当他于 1802 年新年那天赶到总统官邸时，长老利兰看到总统杰斐逊伸出双臂来迎接他。[5] 约翰·利兰不仅应邀参加了新年招待会，两天后还被请到国会众议院布道。总统杰斐逊在联邦的首都参加了联邦出资的宗教活动。* 在弗吉尼亚州，约翰·利兰曾反对将英国国教的主教派教会立为官方宗教。在杰斐逊和麦迪逊

---

\* 杰斐逊在写了他的经常被引用的"致丹伯里浸礼派的信"后仅几小时，他就出席了众议院的那个福音仪式。那封信被引用是因其要求"教会与政府之间要有一堵隔离墙"。但这没有阻止杰斐逊总统支持一次政府性质的宗教仪式。

的帮助下,他成功地在该州结束了官方对浸礼会派和所有其他教派的歧视。在马萨诸塞州,利兰也反对将公理会立为官方宗教。

杰斐逊仍以写信的方式提供指导。在最初的这些信中有一封对美国的教会与政府之间的关系产生了重要影响。1801年12月30日,杰斐逊收到了一封丹伯里(Danbury)浸礼派社团祝贺他当选总统的信。他以惊人的速度做了答复。1802年1月1日,杰斐逊总统写了一封信,这封信成为他曾写过的最有名的信之一。这也成为他被误解最多的社会活动之一。

杰斐逊感谢康涅狄格州的这些浸礼会派并借机解释了为什么他不愿意宣布戒食日和感恩日为节日。他表示,他是一个"严格解释宪法的人",总统只是被授权执行国会通过的法律。他写道,人民明智地批准了第一条宪法修正案。既然这个修正案特别禁止国会通过任何法律"确立国教或限制信仰自由",他认为,宪法没有授予他宣布戒食日和感恩日为节日的权力。

我们现在得知杰斐逊在这封信的初稿中走得更远。公开推崇宗教仪式是英国君主制的典型做法,因为国王就是英国教会的首领。杰斐逊再次批评他的联邦党反对派。但他的司法部部长劝说他,在新英格兰有许多忠实的共和党人一直在期望他们的州长和议会公开支持这些重要的节日。[6]实际上,在他担任大陆会议代表时,杰斐逊就全力支持过设立全国性的斋戒日和祈祷日。

杰斐逊当时使用了那个后来一直伴随着他的短语。他写下"教会与政府之间要有一堵隔离墙"[7]。这封信要放在1800年围绕杰斐逊选举仍未平息的争论的背景下阅读。联邦党人和他们的支持者在许多新英格兰地区的布道坛上指责杰斐逊是一个无神论者和"无宗教信仰者"。耶鲁大学校长蒂莫西·德怀特（Timothy Dwight），一个公理会牧师，曾警告说，如果杰斐逊派共和党人当选，"我们将看到《圣经》被扔到篝火中"。更糟的是，孩子们将被教唱"嘲讽上帝"的歌。[8] 长老会牧师约翰·米歇尔·梅森（John Mitchell Mason）向他的教友断言，选举杰斐逊将是"一桩永远不会被饶恕的罪行……一种反对上帝的罪"[9]。联邦党人的《美国报》（*Gazette of the United States*）更是将那次选举归纳为："在上帝和虔诚的总统（亚当斯）"与"杰斐逊和没有上帝"之间的选择。[10]

杰斐逊谴责这种为了党派政治目的而歇斯底里和哗众取宠地滥用宗教权威的行径。"我对着上帝的圣坛起誓，永远反对压制人们心灵的各种形式的暴政。"杰斐逊在致本杰明·拉什（Benjamin Rush）医生的一封信中写道。[11] 他向拉什保证，他将反对任何在美国确立一个特殊的基督教教派为国教的尝试。[12] 这种态度使杰斐逊在宗教少数派中受到特别的欢迎。最终，这将很快地导致在新英格兰地区废除长老会教派的正统地位——正如利兰一直盼望的那样。

随着1802年一些选举的临近，亚当斯、汉密尔顿和杰伊的联邦党更加绝望。杰斐逊没有推倒教堂祭坛，也没有没收《圣经》，更没有在国家的林荫道上立过一个断头台。一位联邦党领导人费希尔·艾姆斯（Fisher Ames）哀叹："我们的国家过于辽阔而难于联合，过于令人厌烦而难生爱国之心，过于民主而难以自由。"[13] 甚至精力旺盛的亚历山大·汉密尔顿似乎也一筹莫展。他写道："每一天都越来越明显地向我表明，这个美国社会对我很不利。"[14] 面对即将开始的国会选举中的政治灾难，联邦党人变得比1800年更不和谐。他们找到了詹姆斯·卡兰德（James T. Callender）写的一篇诽谤性文章。卡兰德揭发杰斐逊总统是他在蒙蒂塞洛的一个奴隶萨莉·赫明斯的孩子的生父。

杰斐逊曾尽力在钱和工作上帮助过卡兰德，但在这个嗜酒成性的苏格兰避难者公开了汉密尔顿与玛丽亚·雷诺私通事件后，*他本应与卡兰德断绝一切关系。而且，杰斐逊的帮助开始被看作使他保守秘密的贿赂。当卡兰德转向他时，杰斐逊只能责怪自己。艾比盖尔·亚当斯在给杰斐逊的信中说："你爱护和关心的蛇，咬了那只曾养育它的手。"[15] 这是一个应得的批评。**

卡兰德对杰斐逊的报复没给他带来什么好处。次年，他被发现面朝下地漂在弗吉尼亚的詹姆斯河中。他醉酒后溺水而亡。[16] 丑闻没有提升联邦党人的运气。在 1802 年中期选举中，共和党人大胜。他们赢得了国会众议院 102 个席位，只给联邦党人剩下 39 席。

杰斐逊在他执政初期面临持续的外交危机。20 多年来，他一直敦促以军事行动打击北非埃及以西伊斯兰教地区沿海的阿拉伯海盗。他们在非洲北部沿岸以快速简陋的军舰袭击商船。那里，不同的阿拉伯

---

\* 亚历山大·汉密尔顿出生于英国西印度群岛的尼维斯岛上一个非婚家庭中。他向国会调查人员承认，他曾付钱给勒索人以掩盖与玛丽亚·雷诺的通奸行为。汉密尔顿直率的坦白是政治家的一个榜样——虽然很难照做。

\*\* 杰斐逊被指控的与萨莉·赫明斯私通事件在 1998 年再次引起关注，有人宣称，DNA 证据现在证实杰斐逊是她的几个或全部孩子的父亲。然而，杰斐逊—赫明斯委员会研究了新发现后表示异议："在仔细地审查了所有证据后，委员会一致同意所谓私通说法并未得到证实。"这个由学者组成的委员会并没有否认萨莉·赫明斯的孩子出自一个杰斐逊，但他们简明地强调，这不能证明他们是托马斯·杰斐逊的孩子。根据获得普利策奖的传记作家弗吉尼厄斯·达布尼（Virginius Dabney）的研究，很有可能，萨莉·赫明斯孩子们的生父是杰斐逊的外甥彼得·卡尔（Peter Carr）。(《杰斐逊的丑闻》，多德·米德，1981）。

统治者经常向欧洲国家宣战，然后截获它们的船只和人员。被俘的海员被勒索赎金或作为奴隶在市场上出售。"基督徒今天便宜了！"拍卖商这样喊着。[17]

这种海盗活动延续了几个世纪。有多达 125 万欧洲人因穆斯林在北非沿海的这种活动而沦为奴隶。[18] 杰斐逊在 18 世纪 80 年代中期担任美国驻法大使期间，有一次，曾面对一位阿拉伯外交官，杰斐逊要求解释，凭什么权利，他的国家袭击地中海上的美国人。

> 这位大使回答我们说，依据在先知的法律中，即在他们的《可兰经》中写着，那些不顺应他们权威的民族都是罪人，无论在哪里发现他们，对他们作战并将他们能够俘获的所有人都当作奴隶，是他们的权利和责任。[19]

面对如此难题，杰斐逊求助于时任美国驻英国大使的约翰·亚当斯。亚当斯不愿开战。杰斐逊从那些最初的日子里就决心打击劫掠人质的穆斯林。他在 1784 年给詹姆斯·麦迪逊的信中说："如果我们想继续开展我们的商业，我们就应创建一支海军。我们能不能有一个更为正当的理由或一个更弱小的敌人来开始这项工作？"[20] 这种对美国商人的绑架和勒索赎金的活动持续了近 20 年。

华盛顿和亚当斯政府与欧洲政府一样，采取的是向这些地区的统治者付钱买安全的方法。这种做法完全和明显地保护敲诈。亚当斯认为进贡比战争花费少。他说："我们完全不应该同他们作战，除非我们决心同他们打到底。"[21] 向这些阿拉伯统治者交买路钱也不便宜。在杰斐逊就任总统时，美国已经付出了将近 200 万美元。这近乎当时联邦政府年收入的 1/5。[22]

1801 年的黎波里的帕夏对美国宣战。杰斐逊决定迎战而不是纳贡。杰斐逊派海军准将爱德华·普雷布尔（Edward Preble）指挥美国军舰"宪法"号（Constitution）加强美国在地中海海域的海军力量。普雷布尔以其对一位傲慢的英国海军舰长勇敢的回答振奋了美国人的精神，在雾气弥漫中，那位舰长在表明自己身份时刺激了普雷布尔。"这是英王陛下的军舰'唐纳格尔'号（Donnegal），84 门炮。"他大喊着要求普雷布尔派一只船过来并准备接受检查。"这是美国军舰'宪法'号，海军准将爱德华·普雷布尔，在他派他的船去任何船上之前，他就会被罚入地狱。小伙子，回家玩火柴去吧！"面对着炮火的威胁，英国皇家海军舰长退却了。[23]然而，在普雷布尔到达之前，美国军舰"费城"号（Philadelphia）在的黎波里港口外搁浅，帕夏俘获了全体船员。

年轻的海军上尉斯蒂芬·德凯特（Stephen Decatur）明白他必须阻止帕夏将"费城"号据为己用。他趁夜潜入港口烧毁了军舰。[24]美国驻突尼斯领事威廉·伊顿（William Eaton）继续了这个勇敢的功绩，他召集各色美国船员、水手、希腊和阿拉伯商人及他们的骆驼，他们穿越 500 英里利比亚沙漠占领了沿海城镇德尔纳（Derna）。三艘美国军舰配合这次行动，炮击了这个城镇。[25]通过这次惊人的胜利，海军盛赞将战线推进到"的黎波里沿岸"，他们的军官仍佩带着形似阿拉伯单刃弯刀那样的马木留克军刀。[26]斯蒂芬·德凯特以下列祝酒词为他的声誉增色："我们的国家：在她与外国的交往中，也许她总是对的；但是，我们的国家不论对错！"[27]

到 1805 年，海盗活动销声匿迹了。杰斐逊使用武力在美国第一次打击中东的恐怖活动中取得胜利。[28]

## 第六章 杰斐逊派（1801—1829）

另一种外国威胁在杰斐逊第一个总统任期内隐现。通过秘密条约的方式，法国的征服者拿破仑·波拿巴取得了对北美称作路易斯安那的大片土地的控制权。法国曾在 40 年前将这片土地交给了西班牙。现在她重申对它的权利。杰斐逊知道，新奥尔良是至关重要的。他写道："在地球上的这一点，谁占有它，谁就是我们天然的和经常的敌人。""我们国家 3/8 的产品必须通过新奥尔良进入市场。"[29] 在 1803 年时，西班牙衰落了。但法国是世界上最大的军事强国。尽管美国与法国有着长期的友谊，杰斐逊还是感到了危险。"在法国占领新奥尔良之日，我们必须与英国及其舰队结盟。"[30] 杰斐逊知道，只有英国的强大舰队能阻止拿破仑将成千上万的士兵运过来控制密西西比河流域。

如果不是海地人暴动，拿破仑就将这些部队派来了。被法国大革命所激励，图森·路维杜尔（Toussaint L'Ouverture）在海地领导了一次奴隶起义。一支派来镇压起义的法军陷入困境，几千人因可怕的黄热病而濒临死亡。拿破仑计划对英国重新开战。但没有军队，没有一支优越的海军力量，拿破仑知道英国在战争开始时就会占领路易斯安那，到那时他将什么也得不到。不如将它卖给美国。[31]

当拿破仑提出卖掉整个路易斯安那时，美国驻巴黎的大使还是感到震惊，当时那是一片广阔的地域，远比现在用其名称的那个州要大得多。罗伯特·利文斯顿只是被授权购买新奥尔良城市和或佛罗里达的一小部分。杰斐逊派他的好友门罗去协助这次谈判。

法国人告诉美国人说，没有新奥尔良，路易斯安那地区对法国没有价值。利文斯顿感觉生活在拿破仑独裁统治下的巴黎很难受。他在同拿破仑的国库长弗朗索瓦·巴尔贝·巴尔布瓦（Francois Barbé-Marbois）接洽后感到宽慰，这不是那个索贿的塔利兰德。巴尔贝·巴尔布瓦以其正直和亲美情绪而闻名。[32] 最初巴尔贝·巴尔布瓦报价2500万美元，但他很快将价格降到1500万美元。[33]

在美国国内，没有人知道拿破仑在想什么。联邦党人在国会抨击门罗的使命。他们希望总统杰斐逊以战争威胁新奥尔良。一些人甚至想让汉密尔顿带领一支军队去占领这个新月状的城市。[34] 汉密尔顿认为"完全没有这样的机会"，即拿破仑会为钱而出售这一地区。[35]

公开地，杰斐逊在谈论和平。他要让人知道，他在约束西部的州长不要插手这些事情。私下里，他让忠实的国务卿詹姆斯·麦迪逊在与法国大使谈话时态度强硬。麦迪逊告诉路易斯·安德烈·皮松（Louis André Pichon），美国人不喜欢那个秘密条约，拿破仑正是凭借这个条约声称对路易斯安那的权利。不仅如此，麦迪逊还警告皮松："法国不可能长期占有路易斯安那来对抗美国。"[36]

在拿破仑时期的巴黎，没有多少人知道发生了什么。但拿破仑的兄弟——约瑟夫和卢西恩——反对这笔交易。英国已经大量地贿赂了这两人。他们两人去见拿破仑时，他正在浴缸里。"这没什么可讨论的，"拿破仑喊道。出售路易斯安那将由一个与美国的条约来落实。而且，这个条约的"谈判、批准和执行都由我一个人决定"。随着这句话，这位法国第一执政者的身子在浴缸里向后一靠，散发着香水味的水溅湿了他的两个兄弟。[37] 作为一个真正的独裁者，拿破仑知道他不必咨询他的"橡皮图章"议会。

美国人幸运地没有被溅湿。当门罗与利文斯顿会合时，他认为法国的报价实在是好得不容错失。抓住这个机会，他们在拿破仑变卦之前签署了协议。门罗大胆地超越了他的权限，因其知道杰斐逊的意图。门罗是杰斐逊的密友和邻居，而利文斯顿不是。

## 第六章 杰斐逊派（1801—1829）

1803年7月4日，托马斯·杰斐逊高兴地在总统府宣布购买了路易斯安那。[38]这个国家扩大了一倍多。"它比整个美国还大，"杰斐逊写道，"差不多有5亿英亩，而美国才有4.34亿英亩。"[39]他禁不住补充说，这次交易使新美国比英国和爱尔兰大16.5倍。[40]得到这么大片土地仅花了1200万美元——或约每英亩4美分！[41]

一些联邦党人仍不肯罢休。有人抱怨："我们用我们匮乏的金钱换取我们已经拥有足够多的土地。"[42]这再次证明了他们是如何不了解情况，亚历山大·汉密尔顿的《纽约邮报》的编辑们咒骂这个条约是"降临这个国家的前所未有的最大的灾祸"[43]。哈佛大学校长乔赛亚·昆西警告说："一些厚皮野兽将挤满国会大厅，来自密苏里河上游的野牛和红河的鳄鱼。"[44]

杰斐逊欢迎这个条约，但提请其内阁考虑这项收获是否需要一次宪法修正案。杰斐逊派是严格按字面意义解释宪法的，但宪法没有涉及购买土地的事。麦迪逊大力支持加勒廷的例子，即购买事宜包括在总统和参议院的签约权中。[45]这时，罗伯特·利文斯顿传来了紧急情报：拿破仑"似乎要取消这项交易"[46]。更糟的是，一旦英国与法国之战爆发，英国能够夺取新奥尔良，将永久性地遏制美国向西部扩张。[47]

有麦迪逊在蒙蒂塞洛支持他、敦促他尽快行动，杰斐逊扔掉了所有的顾虑。他迅速将条约送交参议院批准。[48]1803年10月20日，参议院以24票对7票迅速同意。[49]拿破仑也许从没有真正地再考虑过此事。他懂得，即使英国不从他手里夺走路易斯安那，美国也会这样做的。随着条约的签订，他有6000万法郎入账，可以准备他的战争了。拿破仑如同法国矮小而好斗的公鸡，他满脸胜利的喜悦，"6000万法郎也许还不够一支占领军一天的费用！我已经送给英国一个对手，它迟早要灭了英国的威风"⁵⁰。

一些怨恨的联邦党人现在也认识到，杰斐逊、麦迪逊和门罗的"弗吉尼亚王朝"是不能被打败的。他们开始计划脱离联邦。⁵¹ 但联邦党人最后一位总统的儿子，约翰·昆西·亚当斯对此有最好的理解。他说，购买路易斯安那"在历史上的重要意义仅次于独立宣言和奉行宪法"⁵²。

## 2. 刘易斯与克拉克："探索的公司"

托马斯·杰斐逊曾计划以至少十年的时间去太平洋探险。政治家们想找到一条去东方的西北通道已经有几个世纪之久了。杰斐逊认为一定有一条横跨这片大陆的全水路通道。早在1792年，杰斐逊曾说服费城的美国哲学协会资助一些人去密苏里河上游勘探和沿哥伦比亚河航行入海。这些活动都没有超过肯塔基以西。⁵³

现在，总统杰斐逊挑选了一个年轻人——船长梅里韦瑟·刘易斯（Meriwether Lewis），这个人是他的邻居和私人秘书，就像他的儿子一样。刘易斯是一位在革命战争时死去的士兵的孩子。他没有接受过正规教育，但他聪明好学。从青少年时他就是一个不满足的狩猎者和探索者。在军队服役更丰富了他的经验。

杰斐逊计划在蒙蒂塞洛考察，他亲自教刘易斯，然后再将他送到费城去接受进一步的训练。在费城，本杰明·拉什医生教刘易斯基本的医学护理。拉什是杰斐逊的好朋友，《独立宣言》的签字者，很可能还是美国出色的医生。拉什将自己很好的药片送给刘易斯50打。这些是泻药，由甘汞、水银和氯构成，被称为"拉什的霹雳"⁵⁴。拉

## 第六章 杰斐逊派（1801—1829）

什还教刘易斯一些基本的技能如天体导航法和如何保存动物和植物标本以便将它们运回蒙蒂塞洛。[55]

刘易斯选择的伙伴是一个有灵感的人，他叫威廉·克拉克（William Clark），是一个身材魁梧的户外劳动者。威廉·克拉克比刘易斯大四岁，是"西北征服者"乔治·罗杰斯·克拉克将军的弟弟。克拉克将军是杰斐逊的好友。刘易斯当时做了一件很不寻常的事：他与克拉克分享指挥权。两个人都是船长。这种工作安排在此前或以后几乎没有类似的例子，但它在这里却运行得很好。[56] 相应地，他们在历史上以刘易斯和克拉克而闻名。

刘易斯从联邦政府在哈珀渡口的军火库领出来15支肯塔基步枪，开始装备被杰斐逊称作"发现的公司"的船。他买了一条大船并在里面储存与印第安人打交道时要用的交易物品。一件重要的东西是一个铜制的纪念章，上面有杰斐逊的侧面像——一个来自最高酋长对印第安人首领表示尊敬的象征。杰斐逊交给刘易斯一封信用状，凭此可以使他以政府付费的方式得到其他补给，或许这就是美国最初的信用卡。[57]

刘易斯和克拉克的考察队有33人，除了两位船长，还有一些服从严格军事纪律的中士和士兵。还有一位法国陷阱专家图森特·查帮努特（Toussaint Charbonneau）和他的印第安肖松尼人（Shoshone）妻子萨卡佳薇（Sacagawea）及他们的幼子（刘易斯昵称他"庞珀"）；还有约克（York），是公司里唯一的黑人。约克是威廉·克拉克的奴隶。而且，刘易斯还带着他的大纽芬兰狗"海员"。

1804年5月，刘易斯和克拉克乘坐他们的55英尺长的平底船从圣路易斯出发。他们逆密苏里河而上到达曼丹（Mandan），在今天北达科他州俾斯麦附近。[58] 临近"石头山脉"——现在的落基山脉

(Rockies)——他们联系上了肖松尼部落的人。萨卡佳薇非常兴奋地见到了她的一个长期失散的酋长兄弟。这次见面为公司补充了马匹和助手,对公司非常有帮助。1805 年 9 月,他们跨越了比特鲁特山(Bitterroot),刘易斯后来报告说,在那次历时 11 天艰难跋涉中,"我们经历了所有能感受到的寒冷、饥饿和劳累"[59]。

除了寒冷,刘易斯和克拉克感到的是极度的失望,他们发现那里并没有便利的通向太平洋的全水路。几个世纪的梦想破碎在那些小径中。

杰斐逊总统曾指示船长们,对强大的苏族人要特别谨慎,要给他们留下一个良好的印象。[60] 而当几位苏族武士截住船队索要礼物时,这个工作就很难做了。刘易斯将船炮对准那些战士,在一位叫"黑野牛"的酋长出来讲和时,他命令手下人准备开火。黑野牛邀请他们去参加首次让来自东部的旅行者们观看的"剥头皮的舞蹈"。出于谨慎,刘易斯谢绝了那个酋长让一位年轻女人陪他睡觉的建议。[61]

历经近两年的艰难跋涉和航行后,"发现公司"沿哥伦比亚河来到太平洋。克拉克在那本典型的旅行日志里记下了大家的喜悦:"看见大海了!好高兴啊。"他们在太平洋岸上修建了克拉特索普要塞并在那里度过了 1805—1806 年之交的冬季。他们希望找到一艘美国航船带他们回家。当地印第安人用类似"狗娘养的"短语告诉他们美国水手在这一地区的表现。[62] 在等不到船只后,刘易斯和克拉克决定开始其艰巨的从陆路的返程。

每当做出一个重大决定时,船长们都将这一决策付诸表决。这是美国人的最初的全民公决,选民中包括一个印第安人、一名黑人和一位妇女。有时因文化冲突会出现可笑的结果。一次,一位印第安人酋

第六章 杰斐逊派（1801—1829）

领对刘易斯处罚一位站岗时睡觉的士兵100次鞭打感到震惊，刘易斯问他如何为不服从命令的武士们做一个样子。这位首领说，他会杀了他但绝不会打他。刘易斯和克拉克随时带着很多小礼物，沿途送给印第安人，包括香烟和威士忌。[63]一次，一些部落人问到船长们一个难题。总统杰斐逊真是他们的伟大父亲吗？为什么一个父亲会给他们酒喝，想让他们失去理智？这仍然是一个很好的问题。

杰斐逊和美国人对刘易斯和克拉克的发现感到高兴。杰斐逊总统在他们于1806年9月回到圣路易斯时称赞他们"无畏的勇气"。探险史中仍记载着他们的英勇事迹。只有一人查尔斯·弗罗依德（Charles Floyd）在途中死亡。除了因偷马而引起的小冲突外，发现公司与印第安人保持着很好的关系。杰斐逊指示他们要告诉印第安人，美国人需要他们的贸易，不是他们的土地。事实很快就很明显了，我们需要他们的贸易，也需要他们的土地。*

### 3. 阴谋、审讯和叛国

刘易斯和克拉克在蒙大拿和爱达荷原始地区探险时，东部发生了惊人的事件。副总统艾伦·伯尔受到杰斐逊派的广泛怀疑。他们怀疑他试图与联邦党人做幕后交易以越过党内的总统提名。伯尔知道自己在1804年不会再得到这个工作的提名，所以他决定竞选纽约州州

---

* 刘易斯后来的经历很悲惨。被任命为路易斯安那州州长后，他变得很抑郁，开始酗酒并最终送了命。威廉·克拉克作为一名受尊敬的印第安人的代理人——"红头发的酋长"工作了30多年。但他因蛮横地拒绝勇敢的约克要求从奴隶身份中获得解放而丧失声誉。约克经受了此次考察往返途中的每一次艰难险阻，是第一个这样做的非洲人。

237

长。退却后的汉密尔顿依然是高层联邦党人,他们放弃了重返全国权力舞台的希望。一些人如马萨诸塞州的蒂莫西·皮克林(Timothy Pickering)和康涅狄格州的罗杰·格里斯沃尔德(Roger Griswold)相信,对他们这样有文化的绅士而言,要保住职位的唯一机会是使新英格兰联合纽约组成一个北方联盟。他们需要伯尔作为州长实现这个计划。[64]

像皮克林和格里斯沃尔德这样的联邦党人仇恨杰斐逊。杰斐逊购买路易斯安那的出色外交成就证实了这些人——正如结果正确显示的那样——联邦党将永远赢不了一次全国性选举了。他们可以预见一些新州将从广阔的路易斯安那地区分割出来加入联邦。他们确信,这些新州将支持杰斐逊的共和党。面对如此暗淡的前景,这些新英格兰的北方人认为,最好是退出联邦。

亚历山大·汉密尔顿仍被大多数联邦党人所尊敬。但他没有参与这种脱离联邦的活动。在给马萨诸塞州联邦党人西奥多·塞奇威克(Theodore Sedgwick)的信中,汉密尔顿写道,脱离没有好处,因为真正的问题是民主本身。而且,那种"毒素"已经散布到每个州。[65]\* 汉密尔顿继续其反对伯尔的坚定立场,斥责他为无原则的投机家。伯尔被一位共和党人摩根·刘易斯(Morgan Lewis)所击败,但刘易斯却得到了联邦党人最大限度的支持。伯尔自然怪罪汉密尔顿——并且

---

\* 汉密尔顿指民主作为一种"毒素"传播到所有各州,在建国者一代人中不会如在我们中那样引起震惊。他们倾向于将民主视为一种直接统治,不时地会导致民众动乱,如谢司起义和威士忌酒暴动。他们中的很多人将民主等同于在巴黎欢呼断头台上滚落人头的民众。汉密尔顿显然支持那种我们今天所知的民主:定期选举、出版自由和大多数人统治。他在1801年决定总统人选时对杰斐逊的支持,显然也是人民的选择,表明了这一点。

要求赔偿名誉损失。这在当时就意味着决斗。

虽然决斗在纽约州是非法的,而且逐渐在整个北方都受到轻视,汉密尔顿仍觉得如果他拒绝伯尔的挑战会被认为是一种怯懦。这不是一个轻率的决定。汉密尔顿的长子菲利普两年半前刚死于决斗。[66] 他说,他可以不开枪。他决心"清白地活着"而不愿沾染另一个人的血而"内疚地死去"。[67] 知道他很可能会死,汉密尔顿在决斗的前夜给妻子写了一封信。他的妻子已经大度地原谅了他与玛丽亚·雷诺的事。现在,希望安慰她,他写道:"记住,我的伊莱扎,你是一个基督徒。"

汉密尔顿与伯尔分别乘船到新泽西,因为在那个州决斗还合法。1804年7月11日早晨,两个人在威霍肯(Weehauken)的一块空地上对视着。正如他说的那样,汉密尔顿没有开火。伯尔则用手枪对准汉密尔顿射击,子弹穿透了他对手的肝脏、隔膜后卡在脊柱上。汉密尔顿知道受了致命伤。在用船将他运回纽约城途中,汉密尔顿提醒他的朋友当心那只仍装着子弹的手枪。朋友们请来了纽约圣公会主教本杰明·穆尔(Benjamin Moore)安慰这个临死的人。最初主教有些犹豫,因为他对决斗非常反感。但当汉密尔顿恳求说,他已原谅了伯尔并表明对基督的信仰后,主教穆尔才宽恕了他。[68]

汉密尔顿忍受了30个小时的痛苦后死去。他的死引起广泛的悲哀。甚至共和党人的报纸也表示哀悼。他是建国者中唯一死于暴力的人。现在他似乎是一位国家团结的烈士。纽约城为汉密尔顿的葬礼悬挂出黑绉纱。港口中的船只鸣笛致哀。虽然决斗在新泽西尚不违法,但伯尔在该州却被视为凶手而被通缉——逃亡的副总统。

担心生命安全,伯尔逃到了费城,在那里他觉得这个距离可以避开他的麻烦,并去向他的一位贵妇朋友献殷勤。[69] 他从费城跑到南卡罗来纳,后又转移到弗吉尼亚,在当地他受到的接待热情多了。汉密尔顿从未在南方受到普遍的欢迎,决斗在那里被认为是保持一个绅士荣誉的最后方式。[70]

杰斐逊派的共和党人面对 1804 年选举信心下降。他们以上年纪的长期任纽约州州长的乔治·克林顿(George Clinton)代替了伯尔。杰斐逊在除康涅狄格和特拉华以外的所有州获胜。共和党人在国会成为压倒性的多数——在众议院 116∶25,在参议院 27∶7。[71]

在牢固地控制了联邦政府的这两个立法部门后,共和党人现在准备使司法机构就范。多年来,杰斐逊和他的党一直谴责亚当斯政府在下台前任命的那些"午夜法官们"。这些人中最主要的是首席大法官约翰·马歇尔。在马歇尔于 1803 年发表了他对马伯里诉麦迪逊案的著名观点后,杰斐逊派共和党人对他更是愤恨不已。

在这个划时代的观点中,这位大法官领导最高法院否决了联邦党人威廉·马伯里(William Marbury)的上诉。马伯里不能迫使国务卿麦迪逊签署即将离任的亚当斯总统任命他的委任状,所以他不能获得联邦政府的这个职务。这个判决的一部分似乎是联邦党人马歇尔对强大的杰斐逊派的让步。

但马歇尔判决马伯里不能得到其委任状的理由是 1789 年《法院法》的一个条款,即最高法院有权宣布这样的任命书违宪。这是最高法院首次行使司法审查的权力。这是马歇尔一次勇敢的突击。似乎在一个小问题上对杰斐逊和麦迪逊让步,但他得到了一件更大更有力的武器来对付他的弗吉尼亚老乡。杰斐逊回复说:"这个案件依据的原则是超司法的和违法的……委任状的撤销是行政部门管辖的事。"[72]

共和党人决定除去那个集中了偏见的法院。杰斐逊后来在他的自传中写道:"如同为了社会的安全,我们要将最癫狂的人送入疯人院,所以法官们要被撤离他们的岗位,他们错误的偏见正引导我们走向解体。"[73] 他们从对法官塞缪尔·蔡斯(Samuel Chase)的控告和弹劾开始。

杰斐逊派在众议院的领袖是弗吉尼亚议员威廉·布兰奇·贾尔斯(William Branch Giles)。他直截了当地宣称,"严重罪行和不端行为"不足以撤销一位联邦法官的职务。而弹劾的意思不过是,"你们有危险的观念,如果你们被允许将这些观念付诸现实,你们将危害美国。因此,我们希望将你们的职位交给那些更适合这些岗位的人"。贾尔斯甚至更为露骨地说,蔡斯只是共和党人的第一个目标,"不仅蔡斯先生,而是最高法院所有其他的法官……"他只放过了被杰斐逊任命的那个法官。[74]

杰斐逊派要消除法院阻碍的宏伟计划似乎是很有希望。但共和党人忽略了把副总统伯尔也算在内。伯尔最后的官方活动将是在参议院主持对蔡斯弹劾案的审判。拒绝了贾尔斯注重事实的对弹劾的处理,伯尔为参议院配备了红、绿、蓝旗子,就像英国上院处理弹劾案时那样。伯尔使这次审讯成为一件非常正式的事。他没有给那个老人坐椅,对待蔡斯法官就像对待一个被指控的人那样。一家联邦党的报纸这样嘲讽那个场面:通常"法院的惯例是在法官面前指控杀人犯,但现在我们看到的却是杀人犯在审问法官"[75]。

实际上,蔡斯遇上伯尔主持审判是幸运的。尽管蔡斯是独立宣言的签字人,但因他经常在审案中发脾气,很多人反感他。他曾说:"我们的共和国宪法将沦为暴民统治——所有政府中最坏的。"[76] 然而,在将这一事实按照所有犯罪审讯的程序审理后,伯尔宣布法官蔡斯免于指控。这是因为蔡斯还没有幸免于贾尔斯设计的纯政治程序。但蔡斯法官已被认定不适合被弹劾的任何条款。[77] 这次弹劾审判结束后，没过几天伯尔就任满离职了。这是伯尔作为政府官员的最后的活动。

然而，伯尔卸任副总统没多久就开始与英国驻华盛顿的大使密谋。他策划将美国西部州和路易斯安那地区从美国分离出去。他向这位英国人要 50 万美元，资助他组织一支部队袭击西班牙殖民地。[78] 在这场阴谋中，伯尔串联了他的老朋友詹姆斯·威尔克森（James Wilkinson）将军。威尔克森是路易斯安那地区的军事长官。更重要的是，他一直是一个外国政府的特务——代号 13，领取西班牙国王的报酬。[79]*

伯尔奔走于西部各地，像一位英雄那样受到欢迎。决斗对这些鲁莽而实际的边民来说不是个问题。让他们去进攻西班牙人也在所不辞。显然，伯尔没有让像安德鲁·杰克逊将军那样的新朋友知道，他正在同可恶的英国人谋划毁灭美国。[80] 在 1805—1806 年间，他散布其阴谋时，巧妙地拒绝任何分裂分子的意图。但 1806 年 12 月，真相暴露了。威尔克森将军背叛了他的同谋者，写信向总统杰斐逊揭露伯尔要毁灭美国的"一个深藏的、黑暗的、邪恶的和广泛的阴谋"[81]。杰斐逊立即下令逮捕他的前副总统，伯尔被押到里士满受审。指控是叛国。惩罚是绞死。

里士满是杰斐逊势力范围的中心。乔治·海（George Hay）将负责这次审讯。他是总统的狂热支持者。海曾经用棍子打詹姆斯·卡

---

\* 令人震惊的是，威尔克森将军是当时美军中最高级官员，其职位相当于参谋长联席会议主席！

兰德（James Callender），当时卡兰德指责杰斐逊与萨莉·赫明斯通奸。[82]

杰斐逊忽视了一个重要因素：主持这次敏感的审讯的人是杰斐逊的亲戚，首席大法官约翰·马歇尔。马歇尔没有忘记，正是伯尔从杰斐逊派的弹劾中挽救了联邦党的法官们。马歇尔在审讯中传唤杰斐逊作证。杰斐逊引证宪法的分权理论予以拒绝。马歇尔准许伯尔各种法律保护。

路德·马丁在制宪会议上的冗长演讲曾使乔治·华盛顿不悦，但他为伯尔辩护竟讲了三整天。[83] 这次他是有效果的。马歇尔在对陪审团的最后指示中，对叛国罪的解释非常严格。为了证明一项叛国罪名，被告不仅有密谋，还要有某些明显行动的两项证据。[84] 这样告诫陪审团的一个结果是，伯尔"没有被证明有罪……"[85] 另一位审判者威廉·沃特（William Wirt）说："马歇尔干预了伯尔的死罪。"[86]

伯尔被宣布无罪释放后，杰斐逊立即在报纸上公布了被约翰·马歇尔拒绝作为证据采信的证明伯尔有罪的文件。伯尔保住了他的脑袋，但没有保住他的名誉。再次担心他的性命，伯尔这次逃到了欧洲。在那里他继续着他的阴谋。他向拿破仑、拿破仑的敌人英国以及所有可能资助他叛国的人要钱。他没有找到资助者，艾伦·伯尔已经没有用了。

今天，我们可以对马歇尔的勇气表示愤慨。艾伦·伯尔确实有罪。但在没有充分确凿的证据条件下，绞死一位美国的前副总统将是一件很危险的事。如实际发生的那样，伯尔在政治上死亡了，这也就足够了。

1805 年夏天，一场划时代的海战影响了美国在整个 19 世纪的发展。英国海军上将霍雷肖·纳尔逊（Horatio Nelson）追击一支法国和西班牙联合舰队往返大西洋。在陆地上没有什么比马跑得更快的时代，纳尔逊水手驾驶的战船是世界上最复杂的人造设备了。*法国海军上将（Pierre de Villeneuve）很有经验且勇敢，但他没有可能打败纳尔逊的舰队，而且他明白这一点。英国皇家海军训练有素。强征入伍使很多优秀的水手服役，包括许多不幸的美国人。1805年10月21日早晨，纳尔逊在西班牙特拉法加角（Cape Trafalgar）一带发现法西联合舰队并发出其有名的信号："英国希望每一个人恪尽其责。"尽管在数量上逊于联合舰队，纳尔逊在火力上有优势。英国水兵可以更快更准地射击。"纳尔逊临机果断的本领"摧毁了联合舰队，也粉碎了拿破仑要入侵英国的希望。纳尔逊被在英国船"胜利"号（Victory）后甲板上的一名法国狙击手射中，英雄般地死去。纳尔逊在特拉法加的胜利确立了英国整整一个世纪的海上霸主地位。

这意味着只有英国具有威胁美国向西扩张的力量。

### 4."辉煌的痛苦"：杰斐逊的晚年

托马斯·杰斐逊在看到总统职务给华盛顿的健康和幸福带来的重大损害后，曾将总统生涯描述为"辉煌的痛苦"。那是1797年。十年后，他自己也将经历这种痛苦。

1807年6月初，英国军舰"豹"号（Leopard）在切萨皮克湾外不足10海里处攻击了美舰"切萨皮克"号（Chesape-ake）。[87]冲突的起

---

* 纳尔逊的一些船航速可达12节（或每小时高于13英里）。这在延长时间的条件下比马群跑得快。而且，更出色的是，这些船上准确的舷炮可以在不到五分钟的时间里发射三次，这是致命的火力。

## 第六章 杰斐逊派（1801—1829）

因是美舰拒绝英国海军登船强行抓人入伍。英国多年来一直以这种手段补充自己的水手。他们直接登上美国商船，抓走任何他们认为是英国水手的人。这次，他们以直接从挂有美国国旗的船上抓人的方式来羞辱美国。如果杰斐逊当时召集国会开会，大家可能一致同意宣战。

杰斐逊竭力避免战争。为此，他采取了两种招致重大损失的替代措施。第一，他建造了更多的小型廉价的炮船。他希望避免"搞耗费巨大而无益的海军"。[88] 第二，他试图以威胁中断贸易对英国施压。多年来，他和麦迪逊始终希望通过禁止运输英国工业品的方式给英国压力。他们相信失业的英国工人会进军伦敦要求政府采取措施挽救他们的工作。[89] 很快，杰斐逊开始说服国会中的共和党多数派通过他的禁运提案。不仅联邦党人几乎一致反对禁运，甚至一些杰斐逊的共和党人也认为这是一件代价很大，不见成效的事。弗吉尼亚国会议员约翰·伦道夫嘲笑国务卿麦迪逊，说他可怜地将一纸文件扔到英国的800艘战舰中。[90]

"啊！抓住我！"——禁运意味着倒退——这是北方一些报纸上转载的一幅漫画。它画着一只代表着"禁运"的乌龟在咬着杰斐逊总统的裤子。杰斐逊确实被这种不明智的政策所限制。

当杰斐逊总统将法国也列入禁运国名单时，新英格兰没有感到宽慰。拿破仑和英国都严重侵犯美国人的权利，截夺商船的货物，强征美国海员。显然，美国应建造更多的如宪法号那样的配备重火力的快速帆船，并且将美国商船置于武装护航舰队的保护下。美国需要为一场保护其权利的战斗做准备。美国海军的第一面旗帜就体现出这种权利精神，使人回想起库尔佩珀（Culpeper）的一分钟民兵的旗帜，它在红白条纹的背景上绘着一条响尾蛇，还有这样的字："别踩我！"但

197

建设一支一流的海军将耗资巨大。杰斐逊政府必须要付国债和降低关税，还要付购买路易斯安那的贷款。

只有一个闪光点减轻了杰斐逊第二个总统任期内的阴霾。在1806年向国会的年度咨文中，总统杰斐逊"祝贺"美国人正在临近1808年，届时他们可以从法律上废除奴隶贸易了。作为一种妥协，宪法按照一些州能够接受的方式，禁止"那些人"的输入。但国会必须从宪法生效时起等20年。现在，杰斐逊催促国会提前通过一项在1808年1月1日生效的法律。他希望确保从这一天起，再没有来自"黄金海岸"的运奴船了，如果这些船不能在这个截止日前到美国的话。杰斐逊的话是有重大意义的。他希望"美国人民退出这种长期持续地侵害着非洲居民、违反人权的活动，而且，我们国家的道德、声誉和最大利益长期以来一直要求禁止这种活动"[91]。英国福音派教徒威廉·威尔伯福斯在英国议会呼吁这样一项法律有30年之久了，他的努力在1807年3月获得了胜利。杰斐逊希望美国同样在人类生活中拒绝这种非人性的交易。他雄辩的论述是亚伯拉罕·林肯当选之前出自一位美国总统的对奴隶制最强烈的官方谴责。*

尽管因禁运导致经济萧条，杰斐逊仍很高兴地看到他挑选的继任者在1808年顺利当选。尽管杰斐逊的禁运不受欢迎，詹姆斯·麦迪逊仍以122比47票击败了联邦党人查尔斯·科茨沃斯·平克尼。除了新英格兰和特拉华，麦迪逊在其他各地均告胜。在签署废除已失败了的禁运法令后，杰斐逊几乎是撑到了麦迪逊的就职日。没有仪仗队，

---

\* 杰斐逊不断增长的债务和他的弗吉尼亚邻居们反对解放奴隶的强硬态度，会影响他对罪恶奴隶制的立场。但我们不应忽视他的许多官方言行对这一制度的明确反对。

杰斐逊将自己的马拴到马桩上,然后走进参加总统就职仪式的人群中。

他在给一个朋友的信中表示:"还没有一个囚徒,解除他的锁链后,会感到如我解除权力的桎梏后那般的轻松。"[92] 我们感悟到他这句话的意思。

## 5. "麦迪逊先生的战争"

麦迪逊总统在试图任命他的密友艾伯特·加勒廷为其国务卿时,应该知道他的总统任期将有麻烦。弗吉尼亚人威廉·布兰奇·贾尔斯直率地告诉新总统,参议院中的共和党人将不接受这位出色的瑞士移民担任这个职务。[93] 因此,麦迪逊很早就失去了对局势的控制。作为最伟大的建国者之一,他并不非常适合驾驭那个他曾经参与其中的事业。

麦迪逊积极寻求与英国媾和。在华盛顿他与英国大使谈妥一项协议,似乎英国要撤销惩罚中立国船只的枢密院许可状。不幸的是,这个避免战争的机会因英国外长不同意这个协议而错失。[94]

1810 年,不可思议地,国会中的共和党人对重新而来的威胁作出反应:对陆海军大量拨款。[95] 虽然杰斐逊总统在 1802 年批准了创建西点军校,共和党人仍认为,一支常备的陆海军是危险而浪费的。他们情愿依靠民兵和由小炮船组成的非常简陋的船队。

西北边境变得不安宁了。印第安人中出现了一位惊人的领袖——特库姆塞(Tecumseh),他是一位有力的演说者。他演说道:"今天的皮阔特人(Pequot)在哪里?纳拉甘西特人(Narragansett)在哪里?莫西干人(Mohican)、波卡诺克特人(Pokanoket)和我们印第

安人其他许多曾经强大的部落在哪里？他们在白人的贪婪和压迫面前消失了，如同雪在夏日面前消失一样。"⁹⁶

特库姆塞在这一地区到处串联，敦促各部落组成一个同盟抵抗美国人逐步而来的压迫。同他的被称作预言者的兄弟一起，特库姆塞坚定地告诉印第安人放弃白人的生活方式——特别是远离酒类。特库姆塞意识到，自1790年以来，其他的酋长们在谈判过程中如何被劝饮了很多威士忌，然后签订让出约4800万英亩土地。⁹⁷在这种不屈的话语的影响下，预言者没有听从特库姆塞的劝阻。相反，他袭击了在今天的印第安纳州境内一个叫作蒂珀卡努（Tippecanoe）地方的美国民兵。*

威廉·亨利·哈里森（William Henry Harrison）将军带领着一些美国人击退了袭击者，这场在1811年11月11日的胜利使他在30年后成为美国总统。所有人都承认哈里森在抵御袭击时的沉着勇敢，那是一次在印第安人中很罕见的夜袭。⁹⁸

边境地区的美国人自然要谴责英国人对印第安人的煽动。1810年选举使一个被称作"战鹰"（the War Hawks）的年轻共和党人强有力的新团体进入了国会。⁹⁹这些战鹰们在众议院以肯塔基州的亨利·克莱为代言人。南卡罗来纳州的约翰·C.卡尔霍恩（John C. Calhoun）加入了这个在以后40年决定美国命运的团体。老共和党人如弗吉尼亚议员约翰·伦道夫嘲笑这些好战的新议员。他相信这些没尝过海水味道的人不关心"自由贸易和水手们的权利"¹⁰⁰。伦道夫将他的

---

*"蒂珀卡努"后来成为将老西北地区从一种严重的和持续的威胁中解脱出来的胜利的象征。

这些新同事比作一种夜莺,"只会发出单调的声音:加拿大!加拿大!加拿大!"[101] 边民们确实想夺取加拿大,再次将英国的威胁彻底消除。退休中的托马斯·杰斐逊甚至还鼓励他们说,占领加拿大"仅是一次行军而已"。

英国政府在 1812 年 6 月 16 日撤销了枢密院命令。但美国国会并不知道此事,在英国撤销命令仅两天后对英宣战。然后,国会在一种近乎是蔑视一切的情绪下休会了,而没有加强海军。[102] 很快,美国人就被威廉·赫尔将军在底特律投降的消息所震惊。英国驻加拿大司令艾萨克·布罗克将军威胁赫尔,如果他抵抗就对他实行印第安式的屠杀。[103]

接着,芝加哥发生了令美国边民不安的另一场恐怖事件。一个加拿大作家描述了 600 名波塔沃托米人(Pottawatomie)攻击伊利诺斯民兵的故事:

> 在马车上,民兵的妻子们用他们丈夫的剑武装起来,像男人一样殊死格斗。有两人被砍成几段:一位是科尔宾夫人,一位居民的妻子,她发誓不当俘虏;另一位是西塞莉(一位女黑奴),同她的幼儿一起被砍倒。(民兵们)年幼的孩子们在马车里挤作一团,那里发生了更骇人的事。一个年轻的印第安人钻进马车,独自杀了 12 人,并血腥地割下了他们的脑袋。[104]

一位叫黑鸟的波塔沃托米人酋长说,释放一个幸存者收取 100 美

**梅里韦瑟·刘易斯和威廉·克拉克。**杰斐逊的队伍带领着一个发现公司,从密苏里州圣路易斯出发,到达太平洋海岸后返回。杰斐逊总统表扬他们"无畏的勇气"。他们进行的是那个时代最伟大的探险活动之一。在历史上被称作刘易斯和克拉克,他们罕见的联合指挥非常成功。这些坚强的开拓者在三年远征期间只损失了一个人。

元赎金,他没有守信。

民兵中士托马斯·伯恩斯几乎立即就被一些印第安女人杀死了。他比其五个伙伴还算走运的,那些人当晚是被折磨致死的,他们的喊叫声打破大湖中的宁静,使其他被俘者战栗不已。[105]

约翰·西蒙斯夫人在马车里躲过了那场屠杀。她的丈夫死于一次绝望的拼杀中。这里值得将她英勇而悲惨的故事详述如下:

知道印第安人乐于折磨有任何激动表情的俘虏,这位不凡的妇女决心压抑所有悲伤的情绪,以保护她6个月大的孩子的生命,甚至当她被带着走过一排小孩子的尸体时,其中有她2岁的儿子戴维。面对这种恐怖的场面,她既不能闭上眼睛,也不能流泪,而且,在她被囚的数月间要一直如此。

她的印第安看守者迁徙到密执安湖西岸的格林湾。西蒙斯夫人抱着她的孩子,一路艰难跋涉,傍晚像一个用人那样捡树枝、点篝火。当她最终到达一个村庄时,她受到侮辱、踢打和虐待。次日,她被迫接受两排男女挥舞着树枝和木棒的夹道棒打。她用毯子裹好孩子,用胳膊护着他,跑过了长长的队列,浑身伤痕和血迹却没有让孩子受到伤害。

她被交给一位印第安"母亲"看管,后者给她食物,为她

**美国首席大法官约翰·马歇尔。**战争英雄、外交官、有经验的政治家,马歇尔是约翰·亚当斯的"午夜法官"中最优秀的。他以其权威学者的法律睿智和维持友情的罕见才能主持最高法院。这位伟大的弗吉尼亚人也是一位伟大的美国人,为宪法真正成为"这个国家的最高法"奠定了基础。

**民兵指挥官安德鲁·杰克逊。**杰克逊的部下叫他"老山核桃"——并不完全出于感情。他在最初的领导中就表现出坚强意志和勇气。作为一个笃信纪律的人,他受到其边民部队的尊敬,因为他带来了胜利。在长期的军事和政治生涯中,他几乎没有经历失败。

第六章 杰斐逊派（1801—1829）

清洗伤口，让她得到休息。她需要这样的喘息机会，因为还有一场更严峻的考验在等着她——一次部落沿湖集体迁徙。然而，西蒙斯夫人衣着单薄，忍受着寒冷、劳累和营养不良，竟带着她的孩子跋涉了整整 600 英里而幸存下来。她跟着印第安人从格林湾返回到芝加哥，然后沿着这个湖的整个东岸到米奇里迈奇奈克（Michilimackinac，今密歇根州麦基诺城）。但是，第二次甚至是更可怕的迁徙又降临了——在风雪中 300 英里路程到底特律，在那里印第安人打算以她为人质索要赎金。她衣衫褴褛、忍饥挨饿，以雪底下的草根和橡子果为生。她的儿子已经一岁，体重增加了不少。她的体力在衰竭。只有获释的希望支撑着她。

……即使获释后，她的苦难生涯也没有终结。她回家的路漫长而艰苦。在 1813 年 3 月，她到达莫米（Maumee，在印第安纳州）的梅格斯要塞（Fort Meigs）。在那里，她设法在一辆政府的马车上使旅途安全，4 月中，她在距她父亲的农场（靠近俄亥俄州的皮奎，Piqua）下车。

母子两人走在剩下的路上去寻家，家里以为她们已经死去，一直在一个堡垒里躲避印第安人的劫掠。在这里，终于安全了，她瘫倒了，一连几个月控制不住地流泪。8 月，发生了更使她哭泣的事。她的妹妹和妹夫在附近的亚麻地里干活时遭到印第安人突袭，他们被击中、砍死并在他们四个吓得发抖的孩子面前被剥下头皮。这……就是蒂珀卡努的遗赠，所有的事都由此发生。[106]

这段延长的细节有助于我们理解众多美国垦殖者对印第安人和英

国军官如加拿大的艾萨克·布罗克的强烈仇恨，他们指责英国人将印第安人作为一种打击美国人的恐怖武器。

美国人不仅被边境紧张的恐怖事件所震惊，而且对加拿大不是那么容易被征服而深感失望。远非"仅是一次行军而已"，美国人发现加拿大人决心坚决抵制被并入美国。

美国人惊讶地发现，他们并不受人数众多的加拿大人的欢迎。如同在革命战争时，加拿大的法国人依旧忠于英国王室。甚至在那里的美国定居者，他们被廉价土地的许诺吸引北上，也被证明不愿帮助他们入侵的同胞。

当瘦小的劳拉·西科德（Laura Secord）徒步 19 英里穿越一片阴森的黑沼泽地，一身泥泞地向加拿大民兵报警时，一个传奇人物诞生了。这位 38 岁的女性是一个受伤的加拿大人的妻子，她警告詹姆斯·菲茨吉本斯（James Fitzgibbons）中尉和他"血腥的小伙子们"美国人来了。她的勇敢行为燃起了加拿大人的想象，在紧张的边境上激发了一种新的爱国主义。[107] 劳拉·西科德成为加拿大的保罗·里维尔。她成为一个代表着勇气和对英王忠诚的传奇人物。

1812 年的战争，在整个新英格兰被称作"麦迪逊先生的战争"，被证实是很不得人心的。对一个总统而言，当一场战争被视为他的战争，而不是同这个国家的敌人的战争，总是很麻烦的。一些邻近的州政府拒绝为战争提供民兵部队。[108] 一些特别痛恨这场战争的联邦党人甚至被指控在海岸上用光为封锁他们国家的英国军舰发信号。这种对"蓝光联邦党人"（blue light Federalist）的指责持续了约 30 年。

至 1814 年，美国同时面临三条边境线上的入侵：北部尼亚加拉尚普兰（Niagara-Lake Champlain）、南部新奥尔良和切萨皮克湾。[109]

第六章 杰斐逊派（1801—1829）

1814年9月11日，一支英国舰队在尚普兰湖试图控制这一地区。它们遭遇了托马斯·麦克多诺船长及其旗舰萨拉托加号（Saratoga）上的美国人。麦克多诺指挥着受到重创的军舰绕着抛锚点运行，仍迫使英国军舰（Confiance）和其他三艘英国船投降。英国舰长乔治·唐尼（George Downie）在他船上的一门大炮被麦克多诺的炮火击中时被打死。*

麦克多诺的重大胜利促使英国将军乔治·普雷沃斯特撤退。至此，麦克多诺的萨拉托加号完成了1777年萨拉托加战役为美国人完成的任务。英国从北方对美国的侵犯被阻止了。

在切萨皮克湾地区的美国人没有这么幸运。一支强大的英国舰队袭击了马里兰州沿岸城镇,还登陆了一批庞大的经验丰富的英国部队。**

这些英国正规军在罗伯特·罗斯（Robert Ross）将军的率领下向华盛顿特区进军，一路几乎没有抵抗。在马里兰州布莱登斯堡（Bladensburg）和上马尔伯勒（Upper Marlboro）取得胜利后，这支英军在1814年8月24日进入华盛顿。美军指挥官乔舒亚·巴尼（Joshua Barney）带领仅400名士兵和120名海军陆战队员顽强阻击英军2个小时。但是，由明显不胜任的威廉·温德尔将军领导的美国民兵部队的大多数战士溃逃。他们是被英军使用的康格里夫火箭弹（Congreve rockets）吓跑的。这些火箭弹不能准确地瞄准，几乎没有射中目标。

---

\* 这门英国炮，带着麦克多诺火炮留下的清晰可见的弹痕，至今陈列在安纳波利斯美国海军军官学校内，被安放在麦克多诺大厅前。

\*\* 在1814年英国袭击中，马里兰州东海岸小镇圣迈克尔斯（St. Michaels）位于历史上首次实行灯火控制地区的中心。居民们将灯笼挂在城外的树上，熄灭了他们家中的蜡烛。英国舰队炮击了树林，城镇幸免于难。

尽管绝大多数火箭弹没有造成损失，它们发出的巨响声吓惊了马匹和民兵。¹¹⁰

詹姆斯·麦迪逊尽力组织抵抗这支骄横的英国部队。他策马赶到前线，在那里他匆匆给他勇敢的妻子多利（Dolley）写了一个便条，让她离开那个城市。多利和保罗·詹宁斯（Paul Jennings），一个15岁的黑人少年，将吉尔伯特·斯图亚特（Gilbert Stuart）的著名的华盛顿画像从画框中拆下来，这样可以将它带到安全的地方。在英国兵到来之前，美国政府已经撤离了首都。幸运的是，国务卿詹姆斯·门罗曾命令职员斯蒂芬·普利曾顿（Stephen Pleasanton）保护那些历史文件，如乔治·华盛顿的任命书、《独立宣言》和宪法。¹¹¹ 它们被装在一个粗帆布口袋里，放在马车上迅速地转移了。

英国海军陆战队进入行政大厦，没有遇到抵抗。在吃完了原为麦迪逊准备的晚餐后，罗斯将军命令部下烧毁总统官邸。那座新国会大厦及国会图书馆均遭焚毁。

威廉·桑顿博士，一个当地勇敢的医生，恳求英军不要烧毁那数百个发明者的模型，从而保护了美国专利局。他警告英国人说，烧毁专利将同土耳其人在埃及烧毁著名的亚历山大图书馆一样野蛮。¹¹²

然而，没有什么能保护一家有影响的报社。英国海军上将乔治·科伯恩被《国民报道者》上刊登的指责其残酷的夸张性报告所激怒。当英国士兵们捣毁印刷机并将铅字小印模扔出窗外时，科伯恩笑着叫道："一定要把 C 字的都毁掉，让这些无赖不能再败坏我的名声！"¹¹³

在这次国耻中还有一个可笑的插曲。弗吉尼亚州亚历山大（Alexandria）和乔治敦（Georgetown）的长老们经过两天奔波终于追上了科伯恩上将。他们要向他投降，尽管没有一个英国兵曾靠近他们漂亮的城镇。[114]

确信他们会继续击溃组织混乱的美国人,罗斯将军和科伯恩上将沿切萨皮克湾北上巴尔的摩。罗斯将军潇洒地告诉马里兰的一位农民,他在农民家里刚吃过早饭,他不会回来吃晚饭了,"我今晚将在巴尔的摩吃晚餐,或在地狱里"[115]。他实现了自己的愿望。不久,两位美国狙击手向行进中的英国队列射击,其中一人击中了罗斯将军,1814年9月12日,罗斯受了致命伤。[116]

科伯恩上将继续向巴尔的摩挺进。首先,他必须越过坚固的麦克亨利(McHenry)要塞。其次,他使用了吓人的康格里夫火箭弹。但巴尔的摩保卫者是一支更为坚定的部队。要塞守住了。

在9月13—14日夜间,一位名叫弗朗西斯·斯科特·基(Francis Scott Key)的年轻的律师登上了一艘英国军舰。基决心让英国人释放一位年老的美国医生,他是在看管掉队的英国俘虏时被抓住的。基使英国人相信比恩斯(Beanes)医生事实上对待他的俘虏非常仁慈。但是,在对麦克亨利要塞炮击还在进行时,却不能让美国人离开。整整一夜,老医生比恩斯不住地问基我们的旗帜是否还在那里。因此使弗朗西斯·斯科特·基产生了创作"保卫麦克亨利"这首诗的激情。这首诗,后来成为我们的国歌"星条旗",恰在巴尔的摩解除危险之际鼓舞了美国人的精神。[117]

英国入侵部队后来退到牙买加岛准备对美国的下一轮袭击。这次他们的目标是新奥尔良。在西南部,美国人已经遭受了另一次印第安人起义。上克里克人(Upper Creeks),也称"红树枝"(Red Sticks),在1813年8月30日席卷了米姆斯(Mims)要塞。这个要塞距今天亚拉巴马州莫比尔(Mobile)40英里。在那里,"红树枝"

在首领红鹰的带领下屠杀了近 250 名居民。"孩子们被抓着腿抢起来，他们的脑袋被撞在栅栏上而死。妇女被剥下头皮，那些怀孕的被活着开膛，婴儿胚胎被拉出体外。"[118] 红鹰试图制止这些暴行，但无济于事。

米姆斯要塞大屠杀的消息震惊了田纳西州。安德鲁·杰克逊将军在病床上疗养，他在酒吧与托马斯·哈特·本顿（Thomas Hart Benton）和杰西·本顿（Jesse Benton）打架时受伤。尽管失血和一颗子弹仍留在他的肩膀上，苍白、憔悴的杰克逊召集并率领一些民兵部队去打克里克人。[119] 当他队伍中的一些人因恐惧而试图逃避时，杰克逊的瘦高个、生硬严厉的态度及其严格的纪律，很快使他得到了"老山核桃"的绰号。那些感受到他的愤怒的印第安人叫他"锋利的匕首"。

上克里克人被特库姆塞勇敢的抵抗所鼓舞。1814 年 3 月 27 日，杰克逊在霍斯舒本德（Horseshoe Bend））战斗中杀死 900 名克里克人，打垮了这次起义。他命令克里克人到杰克逊要塞（今天密西西比州杰克逊）见他，在那里他要他们让出 2300 万英亩土地给美国。亚拉巴马州将近 3/4 和佐治亚州 1/4 的土地是根据杰克逊要求的这个强硬的条约得到的。"除非这样做，你们的民族不能期望得到幸福，我们的国家也不能安宁。"1814 年 7 月 10 日，杰克逊对被召集而来的克里克人说。[120]

在麦迪逊总统的外交代表与英国外交代表在比利时根特（Ghent）举行和谈时，美国人的地位确实很不利。英国人要求缅因州的大部分，这些领土已被他们占领，和沿俄亥俄河建立一个很大的印第安人的缓冲国。美国代表约翰·昆西·亚当斯有 30 年的外交经验，亨利·克莱有 30 年玩扑克牌的经验。这两人的经验被证明是必不可少的。[121]

## 6. 新奥尔良的战斗

指挥英国入侵部队的是一位年轻勇敢的将军——爱德华·帕克南爵士（Sir Edward Pakenham），帕克南将军是英国最伟大的战士、威灵顿（Wellington）公爵的表兄弟。在帕克南将军7500人的军队中，有许多是跟随威灵顿成功击败拿破仑部队的老兵。英国打算占领新奥尔良并尽可能多地占领路易斯安那。这将成为根特和谈中有价值的讨价还价的筹码。帕克南要鼓励路易斯安那居民脱离美国，或加入西班牙帝国，或归属于英国。[122] 一些美国人担心，10年前购买的、刚刚在1812年作为一个州加入美国的路易斯安那有可能被诱惑出去。

在杰克逊准备迎击英国入侵者之际，他在这座活跃的城市颁布了严格的军事管制法。这是一个非常不受欢迎的措施。他必须还要对付闻名的由琼·拉菲特（Jean Lafitte）带领的巴拉塔里亚（Baratarian）海盗。这些海盗似乎不忠于任何一方，只忠于他们自己，拉菲特曾拒绝了英国人的一项许诺，因为它的好处太小了。杰克逊需要他能找到的所有人来保卫这座被围困的城市。尽管杰克逊曾蔑视拉菲特一伙为"凶恶的歹徒"，他还是接受了爱德华·利文斯顿（Edward Livingston）和新奥尔良其他领导人的请求，同意接受拉菲特的帮助。

英军向新奥尔良进军途中没有被发现，直到1814年12月23日，他们来到少校加布里埃尔·维拉尔（Gabriel Villaré）的庄园。维拉尔正坐在前门廊下叼着雪茄与兄弟聊天。忽然，英国兵从密林中涌出抓住这对兄弟。维拉尔从一扇敞开的窗户里跳了出来。一个英国上校大喊："抓住他或杀了他！"但维拉尔动作很快，他跳过一排栅栏，跑进灌木丛中。传说他不得不"含着眼泪"杀死一条自己喜爱的狗,以防它会暴露自己。[123]

维拉尔及时的报警使杰克逊能够加固这座半月形城市的阵地。杰克逊让部队自行部署在运河(Rodriguez Canal)之前,这条运河垂直地流向密西西比河。有这条河在其右,有不可通行的柏树林在其左,杰克逊的防御位置是居高临下的。杰克逊统领着一支大约有5000人的特殊部队。这支部队有来自新奥尔良的志愿者,包括克里奥尔(Creole)贵族、商人和体力工人;有田纳西州和肯塔基州的民兵;自由黑人也是其部队中的重要力量;还包括西班牙、法国、葡萄牙、意大利和印第安人;当然,还有海盗。[124]这正是被英国人所蔑称的"乌合之众"。他们称美国人为"脏衬衫"[125]。但高雅的风度和整洁的军衣并不能改变帕克南将军的命运。

1814年圣诞节,几个逃亡奴隶走进英军在新奥尔良的前线。[126]他们表示,如果能获得自由,他们会很高兴地干活。这些不幸的人中的一个用纯正的法语对一位英国军官恳求,请他们除去他的一个可怕的带铁刺的圆领子。那是作为对他屡次逃跑的惩罚而锁在他脖子上的。[127]为他解除这种折磨后,这位英国军官嘲笑美国人的权利观念。他说,"这是一个自由国家的一种绝妙的象征"[128]。然而,英国人也不是路易斯安那被压迫奴隶的解放者。在这个水网地区到处贴着英国代理人的布告:你们的奴隶将被保护着还给你。他们呼吁以前的法国庄园主抛弃他们的新的美国人认同。[129]

1815年1月8日早晨,在英国人开始他们的进攻时,帕克南将军命令发射一颗火箭弹。杰克逊的沉着勇敢感染了他的部下。他说:"别理睬那些火箭,它们不过是逗孩子们玩的玩具。"[130]帕克南将军的入侵者中包括著名的第 93 高地团，凶猛的穿折叠短裙的苏格兰人。杰克逊的人直接瞄准逼近的英国兵，将他们一排排地撂倒，这被描述为"更像一次大屠杀而不是一场战斗"，英国兵无法摆脱致命准确的步枪和杰克逊向他们倾泻的炮火。[131] 帕克南将军本人连同几个随从军官一起被击毙。英军伤亡惨重，顷刻之间，他们死亡 291 人、受伤 1262 人，还有 484 人被俘或失踪。难以置信，美方损失仅为 13 人死亡、39 人负伤和 19 人失踪。[132]

这是对英国傲慢的沉重一击。谁会相信美国"脏衬衫"能以如此小的代价击败国王陛下最优秀的部队？当一个田纳西民兵如此问一个负伤的投降者时，这位英国军官转身看到的是一个粗鲁的、未剃须的、衣冠不整的美国人。他大为震惊："一个英国军官必须向一个扫烟囱的人投降，太耻辱了！"[133]

一件小事揭示出为什么美国人如此厉害。

战斗刚结束，三个英国士兵的尸体从一条沟里被抬出来。[134] 新奥尔良民兵连的几个人在争论他们中谁击毙了英军上校。一个叫威瑟斯（Withers）的商人说："如果他不是被击中在眉毛以上，就不是我打的。"确实，那上校尸体证实了威瑟斯的枪法，也证实了美国战线上猛烈而毁灭性的火力。[135]

并非所有入侵部队都希望让英国人蹂躏美国人。一些俘虏是爱尔兰人。他们家乡曾奋起反对英国的统治，最近没有成功的一次是在 1798 年。他们登上英国船时并没有被告知将与美国人打仗。美国人问他们，他们为什么那么勇敢地踏进美国人猛烈的火网呢？"因为相信，如果我们不这样做，背后的军官们会用他们的剑戳刺我们。"幸存者以典型的盖尔人（Gaelic）的机智回答。[136]

杰克逊没有追击撤退的英军,他也没有对部下和现在被挽救了的城市放松其严格的军事纪律。然而,美国人很快就明白,英国人不会再回来了。杰克逊对这个城市的天主教神父阿贝·吉勒姆·杜布尔格(Abbé Guillaume Dubourg)说,这次胜利是"上帝明显干预"的结果。[137] 美国人几乎都赞同这个说法。阿贝也同意并请杰克逊参加天主教堂里庆祝胜利的弥撒,唱感恩赞美诗。

几个星期内,这次大捷的消息传到了华盛顿特区。首都仍处于去年8月被焚的压抑中,现在华盛顿民众尽情狂欢。报纸大字标题:"奇迹般的胜利!"更有文学癖好的编辑引用莎士比亚在《亨利六世》中的句子:"在城墙上高举我们飘扬的旗帜,从英国狼群中得到拯救的奥尔良。"[138]

在杰克逊大捷的前几天,首都也有欢庆的理由。1814年圣诞夜,《根特条约》被签署。这个消息穿过大西洋几乎用了六周时间。如果当时有电缆,新奥尔良战斗也许就永远不会发生。如果美国人在投入战斗前知道条约的内容,没有多少人赞同这个进程。根特条约没有使美国获得任何利益。英国也没有在强迫服役问题上让步。但双方都没有坚持领土让与。

这个条约没解决任何问题,然而,它却决定了所有的问题。

因为,新奥尔良的胜利使美国人能够再次为他们自己感到骄傲。他们能与世界上最强大的国家较量而幸存并保持他们的独立完整。即使他们没有征服加拿大,他们现在也有西奥多·罗斯福所称的"一个抵押物",可以与英国讨价。他们有强大的海军传统,有为民众喜爱的英雄"老山核桃",还有一种复活的爱国主义精神,如"星条旗"那首诗所显示的。今天,美国不再会为如杰克逊在新奥尔良那样的一次军事胜利而如此兴奋和炫耀了。但是 1816 年战争有助于形成一种新的美国意识。这种美国认同是在战争的熔炉中铸就的。[139]

当杰克逊将军同他的夫人，丰满可爱的雷切尔，在新奥尔良随着"橡胶树上的负鼠"的曲子跳舞时，郁闷的联邦党人的一个代表团到达华盛顿，没有带着党派情绪。明显的不合时宜已经成了这个政党的标志，他们选择这个全国欢庆的时刻报告他们最近在哈特福德党代会（1814 年）上的结论。多亏联邦党中很多忠实而有能力的成员在这次大会拒绝了分裂。而且，他们提出的一些宪法修正案建议，并不以如果麦迪逊政府不接受就威胁与英国达成和平分立的政策。即使如此，那么多的联邦党领导人长期为反对这次战争而努力，他们中的一些州长不提供所需的部队，而且他们亲英倾向所表现出的不忠，已经玷污了联邦党。[140] 他们再也没有希望竞争总统了。

## 7. "一个美好情感的时代"

至 1816 年，詹姆斯·门罗当选总统已是一个不可避免的结论。门罗是麦迪逊内阁中少数几位经历了这次战争而名誉未损的人之一。门罗赢得令人震惊的 183 票，而鲁弗斯·金（Rufus King）仅得 34 票。这是联邦党垂死的喘息。他们在 1812 年战争中被致命地怀疑为分裂和不忠。一些杰斐逊派共和党人甚至将他们的对手贬为"蓝光联邦党人"。这种无事实依据的指责意味着这个不幸的竞选人在新英格兰海岸给敌对的英国舰队发出蓝光信号。

安德鲁·杰克逊将军欢迎门罗当选并期望进一步的领土扩张。他盯上了佛罗里达。西班牙人在最近的战争中站在英国一边。杰克逊认为佛罗里达是印第安人袭击漫长边境线美国一侧居民的中转站。杰克逊现在就想报复。但门罗总统是否同意呢?

当1817年与佛罗里达森密诺尔人(Seminoles)的战争爆发时,杰克逊将军是美国陆军南方地区指挥官。他毫不犹豫地越过边境狂热地追逐他的敌人。在另一次印第安人屠杀美国边民后,杰克逊抓住了两个森密诺尔人首领并绞死了他们。然后,他发现了两个他认为是在帮助印第安人的英国人——亚历山大·阿巴斯诺特(Alexander Arbuthnot)和罗伯特·安布瑞斯特(Robert Ambrister)。他将两人交付圣马克斯(St. Marks)镇上的美国军事法庭。阿巴斯诺特被绞死在他自己船上的桅杆上,安布瑞斯特则被行刑队枪决。[141] 这两个英国人死于1818年4月29日。杰克逊对待其国家敌人的残酷决定使他受到边民们的狂热拥戴。他没有等着看那两个不幸的英国人的死刑,而是向西进军,在1818年5月24日占领了西班牙人的港口彭萨科拉(Pensacola)。[142] 国务卿约翰·昆西·亚当斯圆滑地漠视西班牙对杰克逊大胆行动的强烈抗议。西班牙人意识到他们再也不能待在佛罗里达,与一位如杰克逊这样横冲直撞的顽强的领导人在一起,西班牙人很快接受了亚当斯提出的条约。1819年2月22日,西班牙以500万美元的价格将佛罗里达卖给美国。[143]

对大多数美国人而言,杰克逊将军在新奥尔良的卓越胜利,以及随后他打击印第安人和西班牙人的胜利,为他赢得了非常朴素的称号——英雄。但杰克逊的行动并不为所有美国人赞同。

众议院议长、肯塔基州的亨利·克莱也是一个西部人。克莱称他要就杰克逊征服的话题做一次发言。兴奋如电流一样传遍华盛顿。克莱已是这个年轻共和国中最伟大的人物之一。他将说些什么?引起人

第六章 杰斐逊派（1801—1829）

们的悬念。当克莱出现在众议院讲台前时，大厅的边座上挤满了人。作为一个如战鹰般开始其政治生涯、热望与英国作战的人，克莱怎么会不赞成杰克逊的行为呢？他不仅不赞同杰克逊将军，克莱还以其雄辩有力的论点反对杰克逊的所作所为，而引起众多在场者的兴趣。克莱谴责杰克逊处死英国公民，与印第安人签订苛刻的条约和占领彭萨科拉。[144]然后，在安静而紧张的气氛中，他警示说，如果一个年幼的共和国容许它的军事将领任意行动，将导致什么结果。克莱模仿帕特里特·亨利在反对英王乔治三世时的讲话说："请记住：希腊有亚历山大、罗马有恺撒、英国有克伦威尔、法国有波拿巴，如果我们想躲避他们遭遇的灾难，我们必须避免他们的错误。"[145]

克莱在两个多小时的讲话中，一次次地使听众确信，他这样批评杰克逊将军完全不是出于个人原因。他说，他这样讲只是为了共和国的利益。杰克逊和他的支持者并没有克莱所忧虑之事。从1819年1月20日开始，在这两位重要的西部领导人之间有了不可沟通的隔阂。杰克逊强忍着愤怒，这种仇恨一直保持到25年后他逝世时为止。

## 8. 密苏里妥协

从路易斯安那购买的大片土地中划分出一些州的工作注定要引起争执。路易斯安那在1812年作为一个蓄奴州加入美国。而奴隶制在法国和西班牙占领时就存在了。

密苏里地区不同。

北方人担心地看到奴隶制并没有自行消亡，如很多建国者那一代人所料想的那样。相反，它似乎还在扩张。亚拉巴马和密西西比已经作为蓄奴州加入美国了，但它们是在最南部。那里奴隶制的力量似乎在增长。1793年康涅狄格州的伊莱·怀特尼发明了剥棉花籽的机器。这种装置使种棉花有更大的利润。棉花成为奴隶制农业的基础。但占据密苏里，奴隶制就会对北部和西部构成迫切的威胁。

国会中的北方议员设法作出让步。密苏里可以作为蓄奴州加入联邦，只要缅因州即原马萨诸塞州的一部分以自由州加入联邦即可。密苏里南部在北纬36°30′的边界线将作为分界线。此线以北将不再允许奴隶制。南北双方似乎都满意了。

亨利·克莱是以这项立法方式解决这个看上去不可调和的问题的推动力量。他维护这个合众国的努力赢得很多人的钦佩，得到了"伟大妥协者"的称号。*

但杰斐逊非常忧虑。这位退休在蒙蒂塞洛的前总统写道："这个重要问题如同夜里火灾的警钟，惊醒并使我充满恐惧。我视其为共和国的丧钟。"[146] 杰斐逊预知"这条地理界线，恰好与一条显著的道德和政治原则重合，一旦被接受并被人们愤怒的情绪所支持，将永远不会被抹去，而每一次新的刺激都会使它不断加深"[147]。杰斐逊在此以惊人的准确，预报了他的国家在未来40年内的历史。在这一点上，杰斐逊改变了他对奴隶制扩张的立场。他以前反对奴隶制扩展（他曾在1784年向邦联会议提议，将此作为一项全国的政策，但以一票之差失利）。现在，也许受麦迪逊在《联邦党人文集》第10篇文章的影响，杰斐逊认为，如果奴隶制被更为稀释地扩及全国，或许能更容易地铲

---

* 密苏里妥协为合众国维持了40年的和平。可以认为，19世纪50年代放弃密苏里妥协直接导致了内战。

除它。杰斐逊承认他自己的两难处境:"我们抓着一只狼的两只耳朵,我们既不能控制它,也不能安全地放它走。"[148]

## 9. 门罗主义

门罗在第二个总统任期将满之际意识到,在政绩上还没有重大成就,于是他开始筹划一种使其留名历史的方式。当英国外交大臣乔治·坎宁提议英美联合对拉丁美洲发表一项宣言时,门罗表示出强烈的兴趣。自1812年战争结束,美国与英国的关系在好转。这将是促进这种关系的一种方式。已经退休的杰斐逊和麦迪逊都要求表示这样的观念,即西半球为欧洲强国进一步殖民化的禁区。坎宁希望维护英国与新独立的拉美共和国的密切的商业联系。美国则希望限制俄国在太平洋西北部的扩张。[149]

然而却是国务卿亚当斯使门罗有了其伟大的开端。亚当斯建议门罗总统自己发布这项宣言,他对门罗内阁说"向法国和俄国明确地表明我们的原则,比同坐在小船上跟随英国军舰一同出现要更加坦率和更有尊严"。

于是决定这份标有门罗名字的文件将在1823年12月总统向国会提交的国情咨文中宣读。门罗总统的咨文后来被称作门罗主义。他表示,这将作为一项美国的政策,即西半球不再向欧洲强国的进一步殖民化开放。美国不想夺取殖民地——英国欢迎这一点,因其仍统治着加拿大——但我们不允许任何欧洲国家重新以那些已经独立的或将来要独立的国家为殖民地。[150]

门罗主义自此一直是美国外交政策的一个支柱。奇怪的是,英国对此并没有作出否认性的反应。英国驻华盛顿的代办给伦敦写信称赞宣言的"明确和果断的语气"[151]。当然，事实是英国舰队的"橡木墙"当时在保护着拉美的独立，而不是门罗宣言的"羊皮纸篱笆墙"。然而，这一大胆的行动表明，美国在国际事务中希望有自己的立场。

### 10. "腐败的交易"：1824年选举

联邦党的垮台意味着挑选总统由政党核心领导人秘密会议决定。"秘密会议国王"，如其被称作的那样，是国会中一些有影响的杰斐逊共和党议员的聚会，他们为选举团提名候选者。总统门罗于1820年再次当选实际上没有对手。他只差一票就全票当选（选举人简直是要保持华盛顿总统全票的记录）。这是一种建国者们在费城曾试图避免的制度。他们拒绝了由国会选举总统。但在1824年，除了这种方式没有其他的选择。

由于颇受欢迎的詹姆斯·门罗没有明显适合的继任者，这个制度失效了。田纳西州议会提名安德鲁·杰克逊，肯塔基州议会提名其同乡、众议院议长亨利·克莱。一些共和党议员倾向于国务卿亚当斯。财政部部长威廉·H.克劳福德（Wiliam H.Crawford），一个初期很有希望的人，突然遭受一次中风。但是他仍顽强地坚持竞选。国防部部长约翰·C.卡尔霍恩是南卡罗来纳州的"宠儿"。形势很快就明朗了，卡尔霍恩缺乏足够的支持，所以他同意担任副总统。

选票统计后，杰克逊以99票领先其所有的竞争者。亚当斯第二获84票。由于没有人获得选举团的多数票，这次选举将由众议院决定。这种情况的发生已经是第二次了。由于亨利·克莱名列第四，而宪法规定只有得票前三名的竞选者可以被考虑，所以克莱被排除了。当投票在杰克逊、克劳福德和亚当斯之间进行时，克莱支持亚当斯。因此，约翰·昆西·亚当斯当选为美国第六位总统。他非常有资格——担任过国会参议员，是一位有经验的外交官和内阁成员。

但是，他接下来的行动却表明，约翰·昆西·亚当斯与其父一样，在政治上是不称职的。亚当斯任命亨利·克莱为其国务卿。杰克逊的支持者立即表示强烈不满，这种情况持续了整整四年。他们愤怒地叫喊，"一个腐败的交易"。至此，1828年竞选几乎在约翰·昆西·亚当斯就职之时就开始了。

亚当斯是一个执著的人。他现在声称是全国性共和党人代表，杰斐逊联盟的一部分。然而，他第一次致国会的国情咨文却显示出一个会使汉密尔顿感到骄傲的、雄心勃勃的联邦行动计划。亚当斯呼吁修建道路和运河，增加对海军投资和努力利用科学知识。[152] 在他要求投资一个国家天文观测台时，他诗意般地称天文台为"天上的灯塔"[153]。国会的反应是嘲讽总统为一个不切实际的幻想者，他的头脑在云雾中，建观测台是一种浪费。

## 11. "今天是四号吗？"亚当斯和杰斐逊逝世

托马斯·杰斐逊退休后并没有休息。他与很多朋友和政治盟友保持着频繁的通信。他培育出新的植物品种，他说："我是一个老人，但是一个年轻的园艺人。"同时，他在蒙蒂塞洛接待大批来访者。

在杰斐逊著名的信件中，有一封是写给他的一位好友之子，年轻的托马斯·杰斐逊·史密斯。这封信要等这个男孩长大到能够懂得其

中意义时给他看:

> 不需要更多的话,因为你有很好的气质。要崇拜上帝。尊敬和爱护你的父母。爱你的邻居如爱自己一样,爱你的国家要胜过爱自己。要正直、诚实。抱怨不是通向上帝之路。要让你已经开始的生活成为通往永恒和不可言喻快乐的门径。如果死者可以关照这个世界事务的话,我将关注你生活中的每一个行动。告别了。[154]

在他的来访者中,最著名的一位是老年的拉法耶特。当这位法国老英雄的马车到达时,有300多人聚集在杰斐逊在山坡上的家门前观看。"哦,杰斐逊!"这位67岁的将军喊着。"哦,拉法耶特!"81岁衰弱的政治家回应着。两人都流下了眼泪。[155] 次日晚上,1824年12月5日,杰斐逊在弗吉尼亚大学一座尚未完工的圆形建筑中的圆顶大厅内为拉法耶特举行盛大宴会。来宾中有前总统詹姆斯·麦迪逊和詹姆斯·门罗。[156] 这两位杰斐逊的亲密朋友都参与了他老年的工程——弗吉尼亚大学。\*

杰斐逊和麦迪逊之间的"一种伟大的合作"持续了近50年。现在,两人都退休到他们在皮德蒙特故乡绵延起伏的农场里,他们一起创建弗吉尼亚大学。美国历史上还没有一种更好的友谊的例证,超越他们如此真诚、亲密并充满着对他们国家创造性工作的友谊。杰斐逊晚年在给伟大的小个子麦迪逊的信中写道,"你是我一生的支柱。请

---

\* 如果托马斯·杰斐逊其他的什么都没做,他作为建筑设计师依然是著名的。1976年,美国建筑师协会选出杰斐逊为弗吉尼亚大学——他的"学术村"的设计为美国200年最伟大的建筑成就。

在我死时来料理我的后事,并相信我是带着我最后的慈爱之情离开你的"。[157]

在约翰·昆西·亚当斯唯一的任内发生了一件至今令人惊奇的事。总统亚当斯的父亲约翰在1811年与托马斯·杰斐逊,这两位美国革命的巨人,在近10年沉闷的疏远后重新和好了。本杰明·拉什医生结束了两个人的离间状态。这是拉什对美国众多贡献之一。亚当斯对杰斐逊的两个年轻的弗吉尼亚邻居说,"我一直敬爱着托马斯·杰斐逊"。他们立即恢复了彼此的通信。[158] 虽然,他们住处之间的距离比从马萨诸塞州布伦特里到弗吉尼亚州夏洛茨维尔还远,他们在余生中一直保持着长期和友好的通信联系。随着《独立宣言》发表50周年的临近,这个国家开始再次关注这两位革命的领导者。华盛顿的市长邀请杰斐逊出席首都的庆祝活动,这位《独立宣言》的作者不得不推辞。他已83岁高龄且健康状况不好。但他寄出一封信,他在信中说:"所有的眼睛都对着人权睁开了或正在睁开。科学之光的普及已经使每一种观点明白,即民众生来没有背着马鞍,受宠的少数人生来也没有穿着马靴、带着马刺,在上帝的恩赐下合法地驱使他们……让每年的这一天永远使我们更新对这些权利的记忆,和不懈地献身于人权事业。"[159]

90高龄的约翰·亚当斯已不能握笔。但他在6月30日应一个出席庆祝活动的代表团要求,为7月4日留下了意味深长的话:"永远独立!"这位老爱国者说。

杰斐逊在蒙蒂塞洛弥留之际忽然问道:"今天是4日吗?"那天正是。距此以北500英里,约翰·亚当斯不知道杰斐逊已在这一天的早些时候去世,他说,"托马斯·杰斐逊还活着"。说完,他悄然而去。随着他逝去,紧跟着一场猛烈的暴风雨,这被认为是"上天的礼炮"。[160]

两位美国革命英雄同时逝世,自新奥尔良之战后还没有什么事情如此触动美国人。许多人从中看到了上帝之手。很多人仍然相信着。

| | |
|---|---|
| 1 | Conversation with Stephen Breyer, John F. Kennedy School of Government, 21 September 2003, online source: http: //www.jfklibrary.org/forum_breyer.html. |
| 2 | Roosevelt, Theodore, *The Naval War of 1812*, Naval Institute Press, Annapolis, Md.: 1987, p.405. |
| 3 | Dreisbach, Daniel, L., *Thomas Jefferson and the Wall of Separation*, New York University Press, New York: 2002, p.10. |
| 4 | Dreisbach, p.12. |
| 5 | Dreisbach, p.12. |
| 6 | Dreisbach, p.45. |
| 7 | Dreisbach, p.48. |
| 8 | Dreisbach, p.19. |
| 9 | Dreisbach, p.19. |
| 10 | Dreisbach, p.18. |
| 11 | Peterson, Merrill D., ed., *Thomas Jefferson: Writings*, The Library of America, New York: 1984, p.1082. |
| 12 | Peterson, p.1082. |
| 13 | Peterson, *The New Nation*, p.704. |
| 14 | Peterson, *The New Nation*, p.704. |
| 15 | McCullough, David, *John Adams*, Simon & Schuster, New York: 2001, p.583. |
| 16 | Peterson, *The New Nation*, p.708. |
| 17 | Whipple, A.B.C., *To the Shores of Tripoli: The Birth of the U.S.Navy and Marines*, William Morrow and Company, Inc., New York: 1991, p.20. |
| 18 | Hitchens, Christopher, *Thomas Jefferson: Author of America*, HarperCollins Publishers, New York: 2005, p.126. |

19  Hitchens, p.128.
20  Hitchens, p.129.
21  Whipple, p.27.
22  Morison, Samuel Eliot, *The Oxford History of the American People*, Vol.2, Penguin Books, New York: 1994, p.89.
23  McDonald, Forrest, *The Presidency of Thomas Jefferson*, University of Kansas Press, Lawrence, Kan.: 1976, p.77.
24  Peterson, *The New Nation*, p.799.
25  Morison, p.89.
26  Whipple, p.282.
27  Wheelan, Joseph, *Jefferson's War: America's First War on. Terror, 1801-1805*, Carroll & Graf Publishers, New York: 2003, p.363.
28  Wheelan, p.368.
29  Ambrose, Stephen E.and Abell, Sam, *Lewis & Clark: Voyage of Discovery*, National Geographic Society, Washington, D.C.: 1998, p.28.
30  Morison, p.90.
31  Fleming, Thomas, *The Louisiana Purchase*, John Wiley & Sons, Inc., Hoboken, NJ.: 2003, p.110.
32  Fleming, p.117.
33  Fleming, p.117.
34  Fleming, p.80.
35  Fleming, p.86.
36  Ketcham, Ralph, *James Madison: A Biography*, University of Virginia Press, Charlottesville Va.: 1990, p.417.
37  Fleming, p.120.
38  Fleming.p.134.
39  Kukla, Jon, *A Wilderness So Immense: The Louisiana Purchase and the Destiny of America*, Alfred A.Knopf, New York: 2003, p.286.

| | |
|---|---|
| 40 | Kukla, p.286. |
| 41 | Morison.p.92. |
| 42 | Fleming.p.135. |
| 43 | Fleming, p.162. |
| 44 | Kukla, p.294. |
| 45 | Ketcham, p.421. |
| 46 | Fleming, p.141. |
| 47 | Kukla, p.274. |
| 48 | Ketcham, p.421. |
| 49 | Bailey, Thomas A., *A Diplomatic History of the American People*, Prentice-Hall, Inc., Englewood Cliffs, N.J.: 1980, p.1 12. |
| 50 | Ambrose and Abell, p.40. |
| 51 | Kukla, p.296. |
| 52 | Cerami, Charles A., *Jefferson's Great Gamble*, Sourcebooks, Inc, Napierville, Ⅲ.: 2003, p.205. |
| 53 | Ambrose and Abell, p.28. |
| 54 | Ambrose and Abell, p.37. |
| 55 | Ambrose and Abell, p.37. |
| 56 | Ambrose, Stephen E., *Undaunted Courage: Meriwether Lewis, Thomas Jefferson, and the Opening of the American West*, Simon & Schuster, New York: 1996, p.99. |
| 57 | Ambrose and Abell.p.36. |
| 58 | Morison, p.92. |
| 59 | Ambrose and Abell, p.143. |
| 60 | Ambrose, p.154. |
| 61 | Ambrose, p.171. |
| 62 | Morison, p.93. |
| 63 | Ambrose, p.89. |
| 64 | Morison, p.94. |

65 | Brookhiser, p.211.
66 | Holland, Barbara, *Gentlemen's Blood, Bloomsbury*, New York: 2003, pp.113-115.
67 | Brookhiser, Richard, *Alexander Hamilton, American, The Free Press*, New York: 1999, p.211.
68 | Brookhiser, p.213.
69 | Brookhiser, p.213.
70 | Brookhiser, p.214.
71 | McDonald, p.87.
72 | Koch, Adrienne, *Jefferson & Madison: The Great Collaboration*, Oxford University Press, New York: 1976, p.228.
73 | Jefferson, Thomas, *Autobiography*, Capricorn, New York: 1959, p.92.
74 | McDonald, p.90.
75 | McDonald, p.91.
76 | Peterson, *The New Nation*, p.796.
77 | McDonald, p.93.
78 | Morison, p.95.
79 | Fleming, Thomas, *Duel: Alexander Hamilton, Aaron Burr, and the Future of America*, Basic Books, New York: 1999, p.383.
80 | Morison, p.95.
81 | Morison, p.96.
82 | Fleming, *Duel*, p.385.
83 | Fleming, *Duel*, p.392.
84 | Morison, p.96.
85 | Fleming, *Duel*, p.392.
86 | Fleming, *Duel*, p.392.
87 | Morison, p.99.
88 | Morison, p.98.
89 | McDonald, p.106.

90 McDonald, p.106.
91 Peterson, p.528.
92 Peterson, *The New Nation*, p.920.
93 Ketcham, p.482.
94 Morison, p.105.
95 Morison, p.105.
96 Utley, Robert M. and Washburn, Wilcomb E. *Indlian Wars*, Houghton Mifflin Company, Boston: 1977, p.117.
97 Morison, p.109.
98 Utley and Washburn, p.121.
99 Leckie, Robert, *The Wars of America*, Harper & Row, Publishers, New York: 1981, p.233.
100 Leckie, p.232.
101 Morison, p.109.
102 Morison, p.111.
103 Morison.p.113.
104 Berton, Pierre, *The Invasion of Canada: 1812 -1813*, Penguin Books Canada, Ltd., Toronto: 1980, p.254.
105 Berton, p.256.
106 Berton, pp.257-259.
107 Berton, Pierre, *Flames Across the Border: 1813-1814*, Penguin Books Canada, Ltd., Toronto: 1981, pp.85-87.
108 Morison, p.121.
109 Morison, p.121.
110 Leckie, p.288.
111 Lord, Walter, *The Dawn's Early Light*, Johns Hopkins University Press, Baltimore, Md.: 1972, pp.72-73.
112 Lord, p.176.

## 第六章 杰斐逊派（1801—1829）

113　Lord, p.176.
114　Lord, p.182.
115　Leckie, p.296.
116　Leckie, p.296.
117　Leckie, p.298.
118　Remini, Robert V., *The Life of Andrew Jackson*, Penguin Books, New York: 1988, pp.72-73.
119　Morison.p.124.
120　Remini, p.84.
121　Morison, p.129.
122　Morison, p.125.
123　Remini, Robert V., *The Battle of New Orleans: Andrew Jackson and America's First Military Victory*, Penguin Books, New York: 1999, pp.66-68.
124　Remini, *Battle*, p.189.
125　Leckie, p.310.
126　Remini, Robert V., *The Battle of New Orleans*, Penguin Books, New York: 1999, p.88.
127　Remini, *Battle*, p.88.
128　Remini, *Battle*, p.88.
129　Remini, *Battle*, p.88.
130　Remini, *Life*, p.99.
131　Morison, p.126.
132　Remini, *Life*, p.104.
133　Remini, *Battle*, p.152.
134　Remini, *Battle*, p.142.
135　Remini, *Battle*, p.142.
136　Remini, *Battle*, p.157.
137　Remini, *Life*, p.105.

138 Remini, *Battle*, p.192.
139 Remini, *Battle*, p.199.
140 Morison, p.128.
141 Remini, *Life*, p.121.
142 Remini, *Life*, p.122.
143 Morison, p.145.
144 Remini, Robert V., *Henry Clay: Statesman for the Union*, W.W. Norton & Company, New York: 1991, p.165.
145 Remini, *Henry Clay: Statesman for the Union*, p.165:
146 Morison, p.139.
147 Peterson, *Writings*, p.1434.
148 Peterson, *Writings*, p.1434.
149 Bailey, p.181.
150 Bailey, p.182.
151 Bailey, p.185.
152 Morison, p.157.
153 Morison, p.156.
154 Bennett, William J., ed., *Our Sacred Honor*, Simon & Schuster, New York: 1997, p.413.
155 Young, Daniel, *The Cavalier Daily*, 13 April 2005, online source: http: //www.cavalierdaily.com/CV Article.asp?ID=23175&pid=1288.
156 Young, online source: http: //www.cavalierdaily.com/CV Article.asp?ID=23175&pid=1288.
157 Koch, Adrienne, *Jefferson and Madison: The Great Collaboration*, Koneckey & Konecky, Old Saybrook, Conn., p.260.
158 McCullough, David, *John Adams*, Simon & Schuster, New York: 2001, p.603.
159 Peterson, *Writings*, p.1517.
160 McCullough, p.646.

## 第七章
# 杰克逊与民主政治（1829—1849）

从1824年那次有争议的选举之后到1845年逝世，安德鲁·杰克逊（Andrew Jackson）粗鲁的民主政治实践主宰着这一时期。杰克逊以坚强的决心挫败了1832年因州拒绝执行联邦法律而对联邦造成的巨大危机。他对那些任何试图阻碍联邦法律实施的人发出"要像哈曼那样高吊着绞死"的恐吓，同时也在关税问题上对南卡罗来纳州作出灵活和及时的让步。他以强迫印第安人迁徙来挑战法院和人们的良知。杰克逊在一个国会支配总统的时代之后执政，却没有被国会控制。他把总统否决权作为大棒，不仅用于违反宪法的议案，而且还作为一种政策武器。在杰克逊推动创造世界上第一次大众民主政治之际，他在一次传说中的祝酒词中说，"联邦——必须得到保护"。

## 1. 从秘密到喧嚣：1828 年选举

强硬的人也会惧怕安德鲁·杰克逊。一个他从前的故事表明为何会这样。当 18 世纪 90 年代杰克逊在田纳西州做法官时，他连续派出法警、治安官和代理人去逮捕一个高大强壮的男人，他喝醉时割下了自己孩子的耳朵。当所有被派去的人都空手而回的时候，法官杰克逊自己去逮捕了这个被告。当被问及为何抵抗了一群武装人员后却温顺地向杰克逊投降时，这个男人说："为什么，因为当他走上来的时候，我看着他的眼睛，他目光如炬。其他人没有那样的目光。"[1] 类似这样的故事使杰克逊在他的时代成为传奇人物。

正如在前一章提到的那样，在 1824 年选举后，众议院有争议地选择了约翰·昆西·亚当斯为总统，随即充满预示性的 1828 年选举就开始了。在当选总统亚当斯奖赏肯塔基人亨利·克莱以国务卿的职位时，安德鲁·杰克逊的支持者叫喊"腐败的交易"。从托马斯·杰斐逊开始，每个总统就任之前都在国务卿这个关键岗位上任职。的确，通过从亚当斯那里接受这个职位，雄心勃勃的克莱认为他在亚当斯之后继任总统的机会将大大提高。结果被证实这对他们两人来说都是灾难性的错误估计。*

杰克逊的支持者不公正地谴责亚当斯将国务卿职务出售，作为对克莱在众议院选举中投票支持的回报。这几乎可以肯定是不真实的。[2]

---

\* 当众议院选举总统时，每个州的众议员代表团只能投一票。他们在选举人团的 3 个得票最多的候选者之中挑选。这意味着杰克逊、约翰·昆西·亚当斯和佐治亚州的威廉·克劳福德（William Crawford）是符合条件的。亨利·克莱不在候选之列。杰克逊、亚当斯和克劳福德的追随者都寻求他的支持，所以"腐败的交易"一说实际上并没有事实依据。

但这并没有阻止他们用"我们的克莱总统"来讥笑亚当斯，以暗示亚当斯是西部哈里手中的傀儡。³

很明显，政党领袖秘密会议时代结束了。人们不再愿意接受由参众两院的政党领袖们召开小型秘密会议来选举一个总统了。他们要求在挑选总统时拥有发言权。没有人比安德鲁·杰克逊更加坚定或真诚地相信人民应该享有发言权。

总统竞选活动不公开进行的传统是由乔治·华盛顿建立的。但是候选人通过发送无数信函来鼓励支持者的惯例也在那时确立了。杰克逊自认为是杰斐逊的追随者，他从纳什维尔（Nashville）家中赫米蒂奇庄园（Hermitage）所发出的信函，追随着"蒙蒂塞洛的圣人"所留下的路径。高度期待1828年选举的杰克逊的支持者的来源与那些杰斐逊的支持者非常相似。在南部和西部有很强的支持，他和纽约州参议员马丁·范布伦（Martin Van Buren）建立了重要的联盟。正如与艾伦·伯尔的合作给杰斐逊提供了获胜的机会一样，杰克逊从范布伦的政治团体——奥尔巴尼摄政团所获得的支持，使他不可阻挡。杰克逊也受到副总统约翰·C.卡尔霍恩及其所代表的南部种植园主的或多或少的公开支持。

1828年杰克逊的竞争对手亚当斯总统，相当确信杰克逊这位田纳西州战争英雄能在选举中获得压倒多数的选票。很少有美国总统能超越约翰·昆西·亚当斯的特点：他智力超群，能承受繁重工作，为人正直，信仰虔诚，挚爱国家。但是如果不能至少具备几种政治家的技巧，很少有人能胜任总统的职位，这一点也是真实的。而约翰·昆西·亚当斯就是一个缺乏政治技巧的人。

亚当斯知道自己冷酷、严厉、受人尊敬，但是并不被人喜欢。和他伟大的父亲不同,他缺乏幽默感。甚至在工作之余最单纯的娱乐也会给他造成困扰。当他自己出资购买一张台球桌的时候,他被人抨击在总统官邸安装"游戏桌和赌博设施"。⁴ 他是一个笨拙的、不会鼓舞人的演说者。虽然杰斐逊也是这样,但是约翰·昆西·亚当斯缺乏弗吉尼亚州人的"表达的特殊技巧"。曾经有一回,巴尔的摩举办纪念在1812年战争中该城保卫战的活动,亚当斯总统受邀祝酒。这位学者气质的总统大声喊道,为"乌木和黄玉(Ebony and Topaz)",他解释说这是英国将军罗伯特·罗斯(Robert Ross)死后遗留的盾形纹章,还要为"缴获它的共和国民兵们"。他的听众都被弄晕了。你必须了解英国的纹章学,还要知道罗斯是被美国的神枪手杀死的,才会明白祝酒词的含义。这个祝酒词太书生气和混乱了,还是在总统所熟知的古希腊研究领域里说比较好。总统受到了全国范围内的呵斥。"乌木和黄玉"成为杰克逊支持者指责约翰·昆西·亚当斯多么脱离不断上涨的民主政治时代精神的全国性战斗口号。⁵ 亚当斯任期内大部分时间都精神紧张,但这对他并没有助益,他在人们眼中,失败者的形象日益明显。

当亚当斯在国会的一次国情咨文中陈述他的计划时,这个计划与亨利·克莱鼓吹的"美国体系"有很多类同之处。亚当斯支持关税制度和国家银行。他建议设立国立大学、海军学院,进一步按照刘易斯与克拉克模式探险,建立道路、运河、海港的广泛联系。他知道这样一个雄心勃勃的计划将遭到纳税人的抵制,但是他敦促国会议员,不要让世界看到美国政府"因我们选民的意志而陷于无能状态"。英国政论家埃德蒙·柏克(Edmund Burke)可能会对这个说法感到骄傲,但是亚当斯这样说,如同政治自杀。

第七章 杰克逊与民主政治（1829—1849）

杰克逊和他的追随者真诚地相信他代表着真正的杰斐逊派哲学。对杰克逊而言，亚当斯冷淡的风格隐藏着贵族式的自负。毕竟约翰·昆西·亚当斯是杰斐逊手下败将的儿子。

杰克逊的支持者马上利用了亚当斯对待普通人的高傲态度。如果在一个民主政治的共和国中，人民的意志不能处于支配地位的话，谁的意志能统治国家？ [6]

随着1816年之后联邦党人的瓦解，杰斐逊派共和党人主宰着国家政治。这个杰斐逊派政党中的亚当斯和克莱派系，被称为是全国共和党人。他们知道亚当斯在竞选中是一个不引人注意的候选人，也知道亚当斯缺乏基本的政治技巧，所以他们采取了今天我们称为"揭露对手阴暗面"的做法，开始了直接抹黑杰克逊形象的恶性竞选。

虽然没有经过亚当斯总统的授权，但是他们仍然谴责安德鲁·杰克逊通奸。他们指控，杰克逊的爱人雷切尔（Rachel）与她的第一任丈夫刘易斯·罗巴德（Luwis Robards）尚未离婚，杰克逊就与她结婚了。指控是真实的，但是情况非常复杂。罗巴德是一个漫骂并有报复心的人，他已经在弗吉尼亚立法机关申请了离婚，但是没有完成离婚程序。在看到证明雷切尔获得自由身的文件之前，冲动的安德鲁就已与她结婚。1793年，夫妇两人获悉罗巴德终于完成离婚程序，立刻重新结婚。田纳西州的绝大多数人对此并不在意。在交通不便和法律、习俗更为松弛的边疆地区，这样的不规则现象并非罕见。

当有人愚蠢到破坏雷切尔的名誉时，杰克逊的脾气可不会灵活。暴躁的杰克逊立即去质问对方——通常是用手枪决斗。人们恐惧杰克逊是有原因的。他参加的有记录的决斗超过12次，其中多次是为了捍卫妻子的名声。直到他临死之时，他的胸腔里还留着一颗与查尔斯·迪金森（Charles Dickinson）决斗时的子弹。因为迪金森在其"肮脏的嘴里"说出雷切尔"神圣的名字"，杰克逊在1806年与之发生"事关荣誉"的决斗。[7]迪金森高明的射击首先击中了杰克逊。由于所穿衣服的纽扣向右钉偏了，杰克逊被击中距离心脏右侧的2英寸处。他回报以精准的瞄准并杀死了这个浮华的年轻人。据传闻，杰克逊说："即使他打穿了我的头，我也要击中他。"[8]

竞争对手不满足于诽谤杰克逊心爱的妻子，还指控他的母亲曾经是一个庸俗的妓女。他们公然寻求种族主义的噱头，说杰克逊的父亲是一个白黑混血儿，具有黑人和白人双重血统。

1828年的竞选，利用了"棺材传单"这种负面广告的经典样式，已经演变到无法更加丑陋的程度。这种传单没有难以理解的"乌木和黄玉"，它赤裸裸而使人印象深刻。它画了六口黑色棺材，上面写有因开小差而被杰克逊将军下令处死的田纳西州民兵的名字。棺材传单的意图在于丑化杰克逊作为新奥尔良英雄的名誉，并把他描绘成一个残忍野蛮的暴君。它没有顾及即便是受人崇敬的华盛顿也曾经在大革命期间不得不处死暴动的士兵，还有在杰克逊参加的那场战争中，因军纪涣散使得国家的首都遭英国入侵者焚毁的现象。

在这场新的大众民主政治的首次竞选中，杰克逊的支持者也不是清白的。他们指责亚当斯总统在担任美国驻俄国大使时为沙皇拉皮条。这个关于亚当斯为"俄罗斯独裁者"提供一名美国少女的恶毒谎言并非事实，但是这个故事却符合了美国人不断增长的对所有傲慢贵族的怀疑。

这不正是所有时代的民主政治批评家所警告的现象吗？一个大众政府难道不能避免跌到道德阴沟里的命运吗？所有这些关于皮条客和

## 第七章 杰克逊与民主政治（1829—1849）

妓女的议论，都不过是民主政治过程中贵族政府支持者令人讨厌的附生品。在美国历史上第一次真正的大众争论中，自重和真实的水准是比较低的。

这种恶意揭发隐私几乎没有减少大众对杰克逊的崇拜。杰克逊浪潮席卷了全国大部分地区。亚当斯的支持者局限在新英格兰、新泽西和老联邦党据点纽约、马里兰和特拉华州。杰克逊获得了178张选举人票战胜了对手的83票。在新的重要的大众选票中，恰逢民主政治的潮流，杰克逊获得了超过56%的选票。这是历史上第一次有超过100万人参加投票的选举。尽管妇女一般没有参加投票，尽管只有极少数的黑人男性被给予选举权，但是1828年的选举是非常重要的，因为它开始了一个选民日益扩大并不断发展的过程。*在1 300万人民当中有1 155 340张选票，⁹1828年美国民主政治提供了比历史上任何国家都要广泛的公民权。

在选举期间杰克逊必须为自己的清白辩护之后，不幸降临赫米蒂奇庄园。就在1828年圣诞节之前，雷切尔·杰克逊因严重心脏病突然身故。遭此沉重打击的杰克逊深知自己的妻子是一位宗教信仰十分虔诚的女士，他相信是选举期间加诸雷切尔身上的羞辱和压力杀害了她。为此他绝不会宽恕他的政治敌人。有时，他的复仇意识可能会自我遏制，但是杰克逊的敌人还是有充分的理由对他的愤怒感到恐惧。

"杰克逊与改革"是民主党人的竞选口号，但究竟如何改革被有意地模糊了。对杰克逊而言，其中一件事情就是"办公室里的轮换"。

---

\* 早期美国有一些妇女能参加投票，尽管这一比例可能不会超过1%。能够参加投票的妇女在行使权利方面需要符合财产资格。因此，她们基本上是年长的妇女以及寡妇。

他打算把以前长期任职的官员从联邦薪水册上开除。一个政客叫喊，"为分赃的胜利者干杯"。杰克逊将军的敌人公开指责其实行"分赃制度"，但是杰克逊认为这才是良好政府的基础，即没有人能凭借出身或家族关系就获得带薪职位。太多人把他们在联邦政府里的工作看成是终身制的。官员轮换最终是雷声大雨点小，杰克逊总统在他两届任期内只替换了联邦雇员中的10%~20%，其中很多人接替的还是空职。[10]

当杰克逊乘坐轮船、马车到达首都的时候，人们的激动情绪日益高涨。被美国人民的拒绝所深深伤害的亚当斯总统，留言称杰克逊将军在到达华盛顿之后竟然忘记去拜访他。亚当斯被这种粗野刺痛了。他拒绝对杰克逊做语言粗鄙的攻击，他决心离开总统官邸，打破上任总统出席继任者就职典礼的传统。而他之所以作出这个决定，和他的父亲约翰·亚当斯在1801年郁闷地离开华盛顿的原因相同：没有人关心去邀请他参加典礼。虽然如此，但是在他们的同胞和历史看来，亚当斯父子就像是输不起的人。

1829年3月4日，杰克逊将军站在就职讲台上时，身着黑色丧服，一条黑纱环绕在他的高顶帽上，站姿笔直并居高临下。\*无数的群众从全国各地赶来观看杰克逊宣誓就职。参议员丹尼尔·韦伯斯特（Daniel Webster）惊奇于看到15 000~20 000名市民为一个更好的视野而互相推挤的场面，他对此的看法是："人们赶了500英里来看杰克逊将军，

---

\* 尽管维多利亚女王（Queen Victoria）因在失去爱人艾伯特（Albert）后的40年中一直身着寡妇的丧服而被看作忠于爱情的模范，但是安德鲁·杰克逊更早就已为哀悼配偶的人们树立了榜样。从1828年雷切尔逝世之日开始，直到1845年杰克逊辞世，他一直身穿黑色丧服。这无疑是他心中悲痛的真挚表现，但同时也是对那些他认为逼死雷切尔的敌人的斥责。

似乎他们真的认为国家已经脱离于可怕的危险了！"[11] 在首席大法官约翰·马歇尔主持宣誓之前，杰克逊将军向围观群众庄严地、深深地鞠躬。这就是民主政治！

杰克逊天生的尊严给所有人留下深刻的印象。尽管他所受的粗略教育和他不规则的拼字法使得他受到亚当斯那些哈佛大学朋友们的轻视，但是杰克逊精通《圣经》的篇章。对他的同胞而言，这就足够了。在国会大厦的就职典礼之后，大批群众乘坐手推车、马车，或者骑马、步行，赶到了白宫。

就职典礼当天并没有估计到会有如此之多的群众聚集到白宫。当人们用力拥抱他时，杰克逊总统几乎被挤变形了。为了看到心目中的英雄，粗野的边疆居民站在雅致的椅子上，脚穿着沾泥巴的靴子。当仆人们把成桶的潘趣酒（一种混合甜饮料）堆在草坪上时，杰克逊在朋友们组成的Ｖ字队形的帮助下脱身。人们跳出了窗户，打碎了玻璃，撕断了窗帘。对华盛顿这些有点乏味的"住大城市公寓的"社会精英来说，这一幕场景就像是巴黎暴徒入侵凡尔赛。一个基督教"一位论"派的牧师对这幕场景感到惊骇，他在随后的礼拜日布道时讲述"路迦福音"（19：41）耶稣"看到城市，在城市上空哭泣"[12]。这种情形是空前的，以后也从未发生过。

对群众粗野行为的批评，不能改变这样一个事实：没有人能想象会有如此多的群众愿意接近冷淡的杰克逊。这无疑是我们历史上最令人难以置信的就职聚会。杰克逊决心做"人民的总统"，在这一点上他甚至超过了杰斐逊。

## 2. 佩吉·伊顿事件

杰克逊总统的改革理念包括国家社会和政治实践方面的变革。他立刻让有才能的马丁·范布伦（Martin Van Buren）就任国务卿。杰克逊其他内阁成员的特点就是对他忠心耿耿，不过都是普通人。这无妨大碍，因为随着时间的推移，杰克逊都在听取一个被称为"厨房内阁"的非正式顾问团的建议。杰克逊的这群老友之所以被新闻界冠以"厨房内阁"之名，是因为他们在白宫的厨房里非正式的聚会。[13]

在杰克逊所做的不当选择中，有一个产生了重要的影响。前田纳西州参议员约翰·伊顿（John Eaton）被任命为陆军部部长。他不具备适合这个职位的特殊经历或特殊能力。这倒也无所谓。伊顿与他所住酒店店主的女儿佩吉·奥尼尔（Peggy O'Neale）发生了感情关系。可爱漂亮的佩吉·奥尼尔是一个美国海军上尉的妻子，这个海军上尉在他的账目被发现短缺时死了，也许是自杀了。华盛顿社交圈里的流言蜚语认为，佩吉几年来都是参议员伊顿的情妇。为了彻底堵住流言，杰克逊催促他的新任陆军部部长赶快与这个标致的寡妇结婚，使她"成为一个诚实的女人"。但是这个匆忙的婚姻并没能解决问题。在副总统约翰·C.卡尔霍恩妻子带领下，内阁成员的夫人们拒绝接受伊顿夫人。甚至连杰克逊自己的外甥女也拒绝与不幸的佩吉交往。看来，整个华盛顿社交圈都染上了"伊顿疟疾"。[14]

杰克逊总统是否认为佩吉·伊顿所受诽谤类似于他所珍爱的雷切尔当年所经历的，我们并不清楚。但他确信，这些流言是由"克莱先生的奴才们"传播的，通过攻击伊顿夫妇，克莱想要获得总统职位。[15]

第七章 杰克逊与民主政治（1829—1849）

杰克逊上任也宣告了新人来到华盛顿。他本人有生活落魄的"经历"，并不仅仅是与雷切尔不合时宜的婚姻、决斗、争吵和处人以死刑。作为边疆地区的一个年轻人，无畏的杰克逊明显是一个粗暴而好争吵的人。在这个战争孤儿的早年生活里充斥着玩纸牌、赛马、喝酒和粗鲁的笑话。北卡罗来纳州的一位老年妇女曾经这样表示她的惊讶：

> 什么！杰克逊当上总统了？杰克逊？安德鲁·杰克逊？曾经住在索尔兹伯里（Salisbury）的杰克逊？当他住在这儿的时候，由于他是一个放荡的人，我丈夫从未邀请他到家里来。他可能带他到牲口棚里去给赛马称重，可能就在那儿和他喝一杯威士忌。好吧，如果安德鲁·杰克逊能当总统，任何人都行！[16]

在北卡罗来纳州的索尔兹伯里，杰克逊曾经残酷地邀请镇上的一个妓女和她任性的女儿们（同为妓女）去参加社交舞会。但就在那一天，13岁的安德鲁赤手空拳挡住了一个残忍的英国官员用马刀殴打他人，没有人怀疑他的勇气。

声称伊顿夫人"像处女一样贞洁"是需要勇气的，在通告内阁在社交方面要接纳伊顿夫人时，杰克逊总统的蓝眼睛闪烁着坚毅的光芒。作为国务卿，马丁·范布伦比他所有的同僚更有优势。他是一个鳏夫。他可以礼貌地邀请受人围攻的佩吉而不用担心受到社交界夫人们的反对。当听到杰克逊坚定地护卫伊顿夫人时，亨利·克莱辛辣地回击："没有时光可以减损她那无限的童贞！"¹⁷*杰克逊自然会获悉克莱恶毒的嘲笑。这只会使杰克逊更加确信克莱与雷切尔被攻击有关。

当然这件事情也有其他方面的考虑。佩吉·奥尼尔·伊顿是最具特色的爱尔兰名字之一。通过维护遭冷落的佩吉，杰克逊总统等于发出要在新的民主的美国里实现民族融合的强硬声明。也正是从这时起，爱尔兰人开始向东部城市汇聚。他们将成为支持安德鲁·杰克逊的最忠诚的组织之一。

副总统约翰·C.卡尔霍恩是这次事件中的最大失败者。在任副总统的第一个四年之中，他明确反对约翰·昆西·亚当斯总统。在1828年竞选中，卡尔霍恩对杰克逊的支持有助于使南部种植园主加入杰克逊的阵营。他当然会希望年老的杰克逊在1832年的选举中对他有所回报。卡尔霍恩认为，自己成为下任美国总统并非遥不可及。

但是现在，卡尔霍恩的妻子弗洛莱德（Floride）煽动内阁夫人们反对佩吉·伊顿，杰克逊因此而责备她。从这时起，杰克逊表现出对马丁·范布伦的明显偏爱。这个聪明的纽约人以"魔术师"闻名并非浪得虚名。佩吉·伊顿能证明"老山核桃"的友谊的珍贵。她曾经参加在杰克逊的赫米蒂奇庄园举办的晚宴，伊顿夫人看到杰克逊走进花园来到雷切尔的墓前。她温和地说："这个怀有恨意的老人也是一个情深义重的爱人。"¹⁸

杰克逊事后得知，卡尔霍恩在门罗总统内阁里任职时，曾经秘密设法使他因开拓佛罗里达而受到谴责。只有亚当斯为大胆的杰克

---

* 克莱的残酷至少同他的聪明一样。他的嘲笑出自莎士比亚的《安东尼与克利奥帕特拉》中的一句习语："时间不能使她逊色，风俗不能束缚其万种风情。"（第2幕，第2场）。

逊将军辩护。得知真相并没有使杰克逊和被他击败的亚当斯关系和睦，但却使他与副总统卡尔霍恩的关系恶化。

### 3. 约翰·C. 卡尔霍恩：铁铸的人

南卡罗来纳的战士卡尔霍恩并非总是一个可供组合的人。约翰·考德威尔·卡尔霍恩出生在南卡罗来纳州的内地。1782年，这个内地区域还被看作是西部边疆。他的家乡阿布维尔（Abbeville）还处在劫掠的英国人和切罗基族的双重攻击之下。[19]卡罗来纳在美国革命中演化为一场无情的内战，保皇党人谋杀了与他同名的叔叔约翰·考德威尔。[20]年轻的约翰·C. 卡尔霍恩出人意料地选择进入康涅狄格州纽黑文的耶鲁大学。对于一个南方人来说，这是一个不同寻常的选择。耶鲁大学校长、尊敬的蒂莫西·德怀特（Timothy Dwight）是一个鲜明的联邦党人和坦率直言的基督徒，不管是政治方面还是宗教方面，他对这个高瘦的卡罗来纳年轻人都没有吸引力。卡尔霍恩远离德怀特的训诫，避免受他的反杰斐逊式的辩论术的影响。

事实上，年轻的约翰·卡尔霍恩在学生时代就到蒙蒂塞洛拜访过杰斐逊总统。从此以后卡尔霍恩的支持者一直把这次午夜会谈看作"火炬传递"的象征。[21]\* 身高六英尺二英寸、身材瘦长、黑头发、有着敏锐的黑眼睛的卡尔霍恩，在耶鲁大学很容易吸引别人的注意。由于与康涅狄格同学的观点志趣不投，卡尔霍恩更加深入地钻研书本。

---

\* 今天的美国人对这种现象很熟悉。谁没看过十几岁的比尔·克林顿在1962年与约翰·F. 肯尼迪总统握手的照片呢？

他成为一个优秀的学生，随即入选美国大学优等生之荣誉学会。²²

尽管卡尔霍恩并不赞同蒂莫西·德怀特的观点，但也不能完全不上这位大学校长的课程。他尖锐地反对德怀特的观点。蒂莫西·德怀特公开承认的联邦党的纲领之一，适时地给他所有的学生留下了印象。这就是德怀特鼓吹北部各州脱离联邦，而不是继续生活在令人讨厌的杰斐逊主义的统治之下。²³卡尔霍恩以优等成绩从耶鲁大学毕业，到康涅狄格州里什菲尔德（Litchfield）师从著名的瑞弗（Tapping Reeve）法官学习法律。在这里，他将发现政治上不存在崇高的密切关系——瑞弗法官实际上被指控诽谤杰斐逊总统。²⁴

回到南卡罗来纳，年轻的卡尔霍恩既被查尔斯顿这个海港城市所吸引，同时也对它感到厌恶。他将之与内地阴沉严肃的生活方式进行比较，"它从一开始就是骑士，我们是清教徒"。*查尔斯顿的商业巨头们邀请法国胡格诺教徒、爱尔兰天主教徒、德国路德教徒和来自西班牙的犹太教徒来到他们美丽的城市，形成了一种活泼的、有教养的城市氛围。乔治·华盛顿认为在他1791年整个的南部旅行中，查尔斯顿的标致女子最为出色。查尔斯顿人自信、有能力、自豪。他们告诉旅行者，"先生，阿西里（Ashley）和库珀（Cooper）两条河流在这里汇合后形成大西洋"。他们这样说的时候，眼中闪耀着愉快的光芒。

卡尔霍恩对这座城市世俗化的生活方式感到厌恶。在耶鲁大学他曾经被谴责不守安息日，因为他不进教堂而是去长途散步，但是在查尔斯顿这里，星期天则用于社交和赛马。²⁵他认为这座城市堕落了，"疏

---

\* 这里涉及两个世纪之前英国的内战。内战中，保皇派骑士蓄长发，戴有羽毛的帽子，举止文雅，追求高品质生活。严肃、冷静、虔诚的清教徒为国会而战，反对国王，保卫自己的权利。

# 第七章 杰克逊与民主政治（1829—1849）

于服从每一个宗教命令"[26]。

不过，乔治·华盛顿并不是唯一被查尔斯顿的魅力所迷住的南方人。约翰·C.卡尔霍恩很快就向可爱的弗洛莱德·卡尔霍恩求爱并与她结婚。她来自卡尔霍恩大家族在查尔斯顿的分支。他们终生彼此相爱。她还带给他财富和社会地位。

很快，卡尔霍恩进入了国会。1812年他迅速加入众议院中鼓吹战争的"战鹰派"，准备对英国作战。卡尔霍恩急速地上升为最受赏识的人物，被称为战前聚会中"年轻的大力神"[27]。

卡尔霍恩在国会中受人尊敬胜过受人热爱。肯塔基州的亨利·克莱也是一个渴望战争的鹰派，他这样描述卡尔霍恩："身材高大，神情饱经忧患，紧皱的眉毛，野性、热情的凝视，看上去就像他正在仔细研究来自形而上学者头脑中的最终抽象物，用半信半疑的语调对自己咕哝，'这确实是一次真正的危机'。"[28]

华盛顿的妇女热心地参与政治。她们聚集在众议院和参议院的走廊里，观看议员席上的斗争。哈里特·马蒂诺（Harriet Martineau）是一个为《华盛顿全球报》报道政治经济消息的敏锐的英格兰妇女。她提供了当时对参议院几个巨头的观察：

> 克莱先生笔直地坐在沙发上，手中永远拿着鼻烟盒，用他平静的、温和的、深思熟虑的语调花很多时间来讨论美国政策中的任何重大问题。韦伯斯特先生安逸地向后倾斜坐着，讲故事，逗笑话，在笑声爆发的时候摇动沙发，或者平静地谈论一个议案中合理部分的完美措辞，晚会上不时地会非常吸引人。[29]

马蒂诺小姐为南卡罗来纳的卡尔霍恩保留了可能是她最敏锐的印象:

> 卡尔霍恩先生,铁铸的人,看上去永远不可能被打倒。有时候我们需要很伤脑筋地去理解他,我们要把他周密的、飞快的、理论的、启发性的演说联系起来,看看我们究竟了解多少。[30]

一个理性的人?

是的,密西西比州的杰斐逊·戴维斯(Jefferson Davis)的妻子瓦瑞娜·豪厄尔·戴维斯(Varina Howell Davis),把卡尔霍恩描述为"思想和道德的汇聚"[31]。女士们赏识卡尔霍恩的显赫和吸引力,但是她们注意到他缺乏幽默感。她们说卡尔霍恩永远也不能写出一首爱情诗,因为他总是用"鉴于……"开头。[32]

在1824和1828年,卡尔霍恩两度是安德鲁·杰克逊的竞选伙伴。当1824年众议院选定亚当斯为总统时,参议院选择卡尔霍恩为副总统。*当杰克逊最终于1828年当选总统后,卡尔霍恩成功留任副总统。但是在此时,卡尔霍恩早期对托马斯·杰斐逊自然权利哲学的信仰发生了深刻的变化。他明显地、坦率地否定杰斐逊的《独立宣言》。卡尔霍恩声称,"照字面意义来理解这个命题,没有一句是对的。它以'所有人生来'开头,这完全不对。人不是生的。婴儿是生的。婴儿成长为人……人们不是生而自由。而婴儿没有自由的能力……"[33] 实际上,

---

* 这种宪法规定至今有效。在2000年,如果众议院选择乔治·W.布什为总统,那么参议院将选择迪克·切尼(Dick Cheney)为副总统。

杰斐逊没有讨论出生。他说的是，当然，所有人是被创造的。卡尔霍恩这种不可思议的逻辑诡辩使他在第二次大陆会议上受到冷遇。

当卡尔霍恩意识到需要为奴隶制这种"特殊的制度"辩护时，他的政治姿态发生了改变。与杰斐逊、华盛顿、富兰克林不同，事实上与每一个建国者都不同，卡尔霍恩不认为奴隶制度是一种错误。他辩称，奴隶制度保证了白人的平等，对黑人也有"积极的利益"。[34]

卡尔霍恩认为他没有选择。他看到北部各州的人口和财富不断增长，移民像潮水般涌向北部的城市。如果越来越多的自由州加入联邦，有一天它们将占据州总数的3/4，卡尔霍恩对这一前景感到恐惧。这样，它们就可以通过宪法修正案来解放奴隶。这就是为什么他坚持新领土对奴隶制开放。南卡罗来纳的奴隶数量超过了白人居民。一旦获得自由，黑皮肤的南卡罗来纳人将首先成为公民，然后成为选举权人，最后成为主人。这正是使约翰·C.卡尔霍恩寝食难安的恐惧。

虽然从不虔诚信仰宗教，但是卡尔霍恩对神学有热切的兴趣。这种兴趣的部分内容使他转向了圣经预言。困扰卡尔霍恩的段落之一来自丹尼尔（Daniel）书中的第十一章："北方之王将会到来，将会占领防卫最森严的城市；南方的武器将无法抵挡，人民也不会抵挡，南方没有任何力量来抵挡。"[35] 这就是为什么1828年他决定支持取消关税。就像废除奴隶制度威胁了南部的廉价劳工资源，关税是对从廉价劳工身上获得的利益征税。[36]

## 4."我们的联邦必须得到保护！"

1828年，南卡罗来纳由于所谓可恶的关税而陷入混乱之中。宪法不允许联邦政府对出口商品征税。即使有这样的法律文件，南卡罗来纳人和其他的种植园主贵族也不会签署的。但是，1828年对进口商品课以关税，证明了关税对以农业为基础的经济来说是沉重的。他们需要进口很多机器和几乎所有的奢侈品。

作为种植园主和奴隶主，他们希望杰克逊站在他们一边反对国会于1828年批准的"1828年可恶的关税"。副总统卡尔霍恩匿名发表了著名的"1828年的说明和抗议"。在这个文件里，他超越了1798年麦迪逊和杰斐逊在弗吉尼亚和肯塔基决议中表示出的立场。卡尔霍恩辩称，当一州的权利被联邦政府所侵犯时，这个州就有权废止可恶的联邦法律，并阻止该法律在本州境内的实施。卡尔霍恩明显地暗示，如果上述方法失败，该州就有权利脱离联邦。这样，"脱离"作为抵制联邦法律的逻辑结果，开始正式被奴隶主们讨论。可以肯定的是，南部并不是唯一讨论脱离的地区。新英格兰的上层联邦党人在1812年战争中就玩弄过这一手段。西部人也不时以此相威胁。但是，分裂的倾向形成一种严肃的政治哲学还是第一次。

卡尔霍恩的理念获得了南卡罗来纳的资深参议员罗伯特·Y. 海恩（Rubert Y.Hayne）的公开支持。1830年1月，海恩详细阐述了他关于联邦的"契约理论"。在这个理论中，联邦是各州的同盟或者契约。各州建立了联邦，如果联邦威胁到各州的权利，各州就可以解散联邦。海恩的结论论证严谨，而且可能很有说服力——如果联邦仅仅是一个同盟或者契约的话。

马萨诸塞州参议员丹尼尔·韦伯斯特质疑海恩对宪法的解释。副总统卡尔霍恩主持着参议院，这增加了这场冲突的戏剧性。如其敬慕者所称，"像神一样的丹尼尔"开始粉碎海恩的谬论。丹尼尔言词锋利，

## 第七章 杰克逊与民主政治(1829—1849)

挑战卡尔霍恩,他大声说,"我拥护联邦,先生,因为它是人民的宪法、人民的政府,为人民而成立,由人民组成,对人民负责"[37]。

参议院走廊里挤满了人,大家都来听韦伯斯特与海恩辩论。韦伯斯特对联邦的捍卫既充满感情又理由充分,极大地感染了在场听众。他为时两天六小时的演说的结论如此激动人心,致使后来一代代美国学童都会背诵:

先生,我不能允许自己看到联邦破裂后那隐藏在黑暗中的危险。当使我们团结在一起的契约被撕成碎片时,我无法冷静衡量还能剩下多少保持自由的机会。我不习惯站在分裂的悬崖之上,用短浅的目光来判断是否能知晓下面的深渊究竟有多深;如果政府中有人不是想着如何最好地保护联邦,而是想着当联邦被分裂和破坏时人民能容忍到什么程度,我认为这不是一个可靠的顾问。只要联邦存在,我们就可以大胆地说,我们和我们的孩子拥有高尚的、令人激动的、令人喜悦的前景。否则,我找不到能刺穿黑暗的武器。

上帝保佑,至少在我有生之年,那黑暗不会出现!上帝保佑,在我视线所及,那黑暗中的危险不会被开启!当我的目光最后注视那天空中的太阳,我不想看到它照耀着那曾经荣耀的联邦的被玷污的碎片;不想看到它照耀着内乱充斥的国土;不想看到它照耀着分裂、不和、彼此交战的各州,不想看到它浸在兄弟的鲜血之中!让他们虚弱的、留恋的最后目光看一看共和国灿烂的旗帜,这在地球上都著名而荣耀的旗帜仍然高高飘扬,它曾指引各州获得光辉的胜利,旗帜上的条纹不能被抹去,旗帜上的每颗星星不能被玷污，它拥有自己的座右铭，不是像"所有这些值得什么"的可怜的质问，也不是其他那些错觉和愚蠢的想法，例如"自由在先而联邦在后"；这面旗帜迎风招展，指引着无数的信徒，在海洋、陆地和天空下每一丝风中，向每一个真正的美国人心中传播着一个理念——自由和联邦永远合而为一，不可分割！

在韦伯斯特愤慨地说出这些激烈的言语时，走廊中的人们看到卡尔霍恩表情复杂的脸，想象一下人群是多么激动，不是一个"可靠的顾问"，这是直接针对卡尔霍恩的。尼古拉斯·特里斯特（Nicholas Trist）是这幕好戏的目击者之一。特里斯特是托马斯·杰斐逊的外孙和杰克逊总统的顾问，他写信给詹姆斯·麦迪逊，称韦伯斯特对海恩的全盘回击就像"大象故意践踏藤丛"[38]。

焦点很快集中到1830年4月13日在华盛顿印第安皇后酒店举行的杰斐逊诞辰的宴会上。各主要民主党人的祝酒词和讲话都称颂杰斐逊这位蒙蒂塞洛的圣人对州权所作的承诺。他们暗示杰斐逊会支持州有权拒绝执行联邦法律。出于礼貌，杰克逊总统也应邀致祝酒词。这种场合没有"乌木和黄玉"，杰克逊直视着约翰·C.卡尔霍恩，高叫："为我们的联邦——它必须受到保护！"

现场突然死一般的寂静。小范布伦（Little Van Buren）站在椅子上看到了这场意志的冲突。卡尔霍恩脸色苍白，他颤抖地端起了酒杯，甚至洒了一些酒。接着他说："联邦次于我们的自由，亲爱的。"[39]

杰克逊总统自认为是一个真诚的杰斐逊主义者。他相信州的权利，但是他坚决反对州有权拒绝执行联邦法律。杰克逊可以借助于詹姆斯·麦迪逊的崇高威望，麦迪逊是宪法之父，也是杰斐逊半个世纪的亲密朋友。在这个时候,前任总统麦迪逊退休后在蒙彼利埃(Montpelier)的家中发表了意见。

麦迪逊主张,是人民而不是各州创造了联邦。人民创造了联邦和各州。1830年10月,麦迪逊虽80高龄仍然精力旺盛,他公开抨击卡尔霍恩关于州有权拒绝执行联邦法律的观点。州拒绝执行联邦法律的结果必定是"联邦的最终破裂和解散"。麦迪逊写道,这样的事件"必定会让热爱国家、自由和人类幸福的朋友们战栗"。[40]

作为制宪会议的最后幸存者和杰斐逊的政治助手、继任者和继承人,麦迪逊享有崇高的威望。他坚决反对那些"傻瓜"(杰克逊对主张州有权拒绝联邦法律的人的称呼)的观点。他写道,如果这些人拒不向理性低头,"那么原因就是愚不可及或不可救药的偏见"。[41]

随着州拒绝执行联邦法律危机的不断深化,卡尔霍恩站在了南卡罗来纳一边。杰克逊选择了范布伦作为竞选伙伴,并于1832年再次当选为总统时,卡尔霍恩知道自己将永远无法成为总统。他甚至辞去了副总统一职。南卡罗来纳立刻选派他在参议院中作为自己的代表(直到1850年逝世,卡尔霍恩一直是南卡罗来纳州参议员)。国会通过了新的1832年税率,意图通过修改1828年"可恶的关税"的部分内容来安抚南卡罗来纳州。

在卡尔霍恩的推动下,南卡罗来纳州召开了关于拒绝执行联邦法律的会议。南卡罗来纳的种植园主认为税率要对他们的经济萧条负责。他们称之为"40包"税率。他们指控,在他们生产的每100包棉花中,交税就要40包。[42]1832年11月24日,这个会议通过了关于州拒绝执行联邦法律的条例。该条例声称1832年的税率"无效",南卡罗来纳州从1833年2月1日起将不执行该税率。该条例宣布，如果杰克逊试图使用武力，南卡罗来纳州将正式脱离联邦。⁴³ 一些"傻瓜"甚至制作了刻有"约翰·C.卡尔霍恩，南部联盟的首任总统"内容的纪念章。⁴⁴

在 1832 年 12 月 10 日告南卡罗来纳人民书中，杰克逊迅速作出了回应。他说，联邦不是各州创造的产物，联邦产生于各州之前，他说道，"宪法因鲜血而获得永恒……"⁴⁵* 他对他家乡的人民写道："那些告诉你们可以和平阻止联邦法律实施的人欺骗了你们……他们的目标是分裂。不要被名称欺骗，武装分裂是叛国罪。你们真的准备要犯这样的罪行吗？"⁴⁶

杰克逊没有排除妥协的方案。他提出要把税率降低到能够更加被接受的程度。他从南卡罗来纳和其他南部各州的联邦主义者中寻求支持，结果他没有失望。弗吉尼亚州、佐治亚州和阿拉巴马州给予他支持。⁴⁷ 南卡罗来纳反对分裂的领导人感到振奋，他们欢呼："我们无所畏惧，我们是正确的，上帝和老山核桃与我们同在。"⁴⁸

南卡罗来纳有理由感到恐惧。在很多低地的区域，奴隶的数量超过自由人，达到 3~4 人比 1 人的程度。⁴⁹ 1822 年德马克·维齐（Denmark Vesey）计划组织的奴隶叛乱被扼杀在萌芽之中，但是卡罗来纳白人惊骇地读到 1831 年耐特·特纳（Nat Turner）在弗吉尼亚叛乱的故事。特纳是一个奴隶，也是一个迷人的传教士，他相信上帝赋予他使命去带领一队奴隶屠杀边远的农场居民。在民兵击败他和他的小股武装之前，他已经杀了近百个白人。这种现象使每个人都感到胆寒。南卡罗

---

* 在这一点上，甚至连罗纳德·里根都领会错误。他在第一次就职演说上对群众说："我们所有人都要牢记联邦政府并没有创造各州，是各州创造了联邦政府。"

来纳人曾经赶在1808年杰斐逊终止与非洲奴隶贸易的最后期限之前，匆忙从非洲"黄金海岸"进口了4万奴隶。其中很多奴隶仍然操着种植园主无法理解的格勒语（*Gullah*）\*，他们增加了南卡罗来纳人对在自己农场被奴隶包围的恐惧。[50]

一份新刊物出现在美国，它用1831年1月1日的社论预告了一场声势浩大的运动的诞生。主编威廉·劳埃德·加里森（William Lloyd Garrison）放弃了以往的老练和谨慎。他在《解放者》杂志创刊号上声明："我不希望小心谨慎地思考、说话、写作……我是真诚的——我将不会说模棱两可的话——我将不会推托——我将寸步不让——我的声音会深入人心。"对南方人来说，加里森和他的小报就像是一个人在军火库里吸烟一样的不计后果。在马萨诸塞州这样安全的环境里，加里森要求立即废除奴隶制度。南卡罗来纳的种植园主感到，他们不仅要在经济上破产，而且如果放松了对奴隶的控制，他们甚至可能被消灭。但是，人民听到了加里森的呼声。

在此期间，南卡罗来纳人代表着整个南部地区谨慎地避免直接提及奴隶制度。他们在讨论这个主题时，使用诸如"我们的特殊制度"和"我们的内部政策"之类的词汇。南部的奴隶主甚至不希望国会辩论奴隶制。他们担心任何对这个主题的公开讨论都将会提供能够点燃大范围反抗的"火花"。他们把废奴主义者的报纸作为"纵火犯"而查禁。甚至他们所喜爱的节日之一——7月4日——也开始变成一个令人紧张的时刻，因为种植园主担心他们的奴隶会听到托马斯·杰斐

---

\* 格勒语是格勒人所说的一种克里奥尔方言，以英语为基础，但包括几种非洲语言的词汇及语法特征。格勒人指在美国南卡罗来纳州、佐治亚州和佛罗里达州北部沿海一带及沿海岛屿上的具有非洲血统的人群。——译者注

逊《独立宣言》中那鼓舞人心的话语,从而意识到奴隶本身也应当是自由的。⁵¹

如果这些"傻瓜"实行了他们的计划,杰克逊总统就会让他们知道,他将率领 1 万志愿兵进入南卡罗来纳"制服并绞死"所有的叛国者。⁵² 他发誓要"不惜任何代价"占领查尔斯顿海港的萨姆特要塞(Fort Sumter)。⁵³* 他促使国会通过了《武力法案》,这是一项批准他强制南卡罗来纳州服从联邦法律的措施。

尽管这场论战的直接理由是关税问题,但是每个人都知道其根源在于奴隶制度。卡尔霍恩承认这一点。"我认为关税问题只是当前不幸情形的表象而不是真正的原因……"他说,必须允许各州保卫它们的"内部制度",或者被逼迫着反抗。⁵⁴

肯塔基州参议员亨利·克莱参与到这种一触即发的情形当中。尽管不久前在竞选总统时被杰克逊击败,但克莱非常努力地促进通过了 1833 年折中关税。这个法案符合了主张拒绝执行联邦法律的人的很多要求。该法案被国会通过,与武力法案在同一天被送达总统的办公桌。这种硬性和弹性的结合被证明是成功的。⁵⁵ 参议员卡尔霍恩的精力无疑关注杰克逊威胁要将他绞死并"像哈曼(Haman)那样高吊着"。**卡尔霍恩接受了折中税率,危机减轻了。

杰克逊总统出生在南卡罗来纳,他自己就是一个种植园主、一个

---

\* 在这里,这位民主党总统将为第一位共和党总统设置了界限。1861 年林肯能抛弃杰克逊曾发誓决不放弃的地方吗?

\*\* "他们将哈曼吊在他为末底改(Modecai)准备的绞架上,这才平息了国王的愤怒"(以斯帖记 7:10)。哈曼和末底改都是《圣经》中的人物,哈曼试图谋害末底改并为此准备了一个高五丈的绞架,国王识破了他的阴谋,将他吊在了那个高绞架上。——译者注

奴隶主。他同情南卡罗来纳的种植园主。但是在分裂国家的问题上，他决不动摇。他被称为"老山核桃"不是没有理由的。

杰克逊总统宣布，"拒绝执行联邦法律是没有出路的"，但是他知道长期的冲突还没有解决。他准确地预言，"下一个借口将是黑人或奴隶制问题"[56]。亨利·克莱赢得了"伟大的妥协者"的称呼。他的无私和及时的行动帮助挽救了联邦。但是，主要的还是"目光如炬"无畏的"老山核桃"挽救了联邦。在1845年去世之前，杰克逊承认他只遗憾两件事：一件事是他的赛马中没有一匹能战胜著名的海涅的母马（Haynie's Maria），另一件事就是没有绞死约翰·C.卡尔霍恩。[57]

### 5. 印第安人迁移的悲剧

在州拒绝执行联邦法律危机迫在眉睫的同时，杰克逊总统不得不处理印第安人迁移的问题。作为一个对印第安人作战的斗士，"尖刀"杰克逊已经赢得了非常好的名誉和声望。美国边民期望他来保护他们免遭好战的印第安部落的掠夺。

最伟大的印第安战士——肖尼部落酋长特库姆塞（Tecumseh）计划发动一场消灭殖民者的战争。特库姆塞用非常有号召力的语言集结了一个强大的联盟。他对他的人民说，"让白人种族毁灭吧！""白人夺取你们的土地；玷污你们的女人；践踏你们死者的尸骨！让他们退回大海，可诅咒的波涛将他们带到我们的海岸上！烧掉他们的住房；破坏他们的仓库；杀死他们的妻子和孩子，毁灭他们的种族！现在就战斗！永远战斗！为生者而战！为死者而战！"[58]

国会决定用把印第安人迁移到密西西比河西岸的措施来解决这一

问题。在理论上，印第安人能获得金钱和西部的土地以弥补他们在东部的损失。这一政策在门罗总统执政期间就开始实行了，但是在仁慈的约翰·昆西·亚当斯总统执政期间被放缓了。[59]杰克逊成为总统后，美国人期望他能够加快迁移印第安人。佐治亚州、亚拉巴马州、密西西比州在这个问题上特别急躁。他们声称，州的法律将应用于住在州境内的所有人。[60]他们争论说，这是一个杰斐逊主义的基本原则。

但是，这个抽象原则将对印第安部落产生不利的结果。它意味着印第安人将处于敌对州的立法机构的支配之下，而在这个立法机构中，印第安人没有真正的代表。更令人不能容忍的是，它还意味着印第安人不能要求受到他们与联邦政府正式签订的条约的保护。

面临着不断升级的南卡罗来纳州拒绝执行联邦法律的危险，在印第安人问题上，杰克逊不能再承受与其他更为南部各州敌对的风险。此外，杰克逊同意佐治亚州、亚拉巴马州、密西西比州人民的要求。结束边疆地区血腥冲突的许诺，曾是杰克逊在总统选举中获胜的一个主要因素。在与印第安人冲突成为公众关注的那些州里，杰克逊都获得了胜利。

佐治亚州试图阻止白人和印第安人直接打交道。如果佐治亚州的法律能阻止白人用酒精饮料麻醉印第安人，阻止白人骗取印第安人的土地，那么它倒是一种明智的法律。但是，这个州的法律甚至还适用于基督教的传教士。佛蒙特州牧师塞缪尔·伍斯特（Samuel Worcester）向联邦法院起诉，他想继续在切罗基人中传教。首席大法官约翰·马歇尔（John Marshall）代表最高法院多数法官发表意见，在（1832年）伍斯特诉佐治亚州一案中，马歇尔治下的最高法院支持传教士的立场："切罗基族是一个拥有自己领土的独特共同体，佐治

第七章　杰克逊与民主政治（1829—1849）

亚州的法律在切罗基族领土上没有效力。通过宪法和法律授权，美利坚合众国与切罗基民族之间的全部交往，均归属于美国政府管辖。"*

马歇尔因此发现佐治亚州的行为是违反宪法的。"老山核桃"杰克逊被期望作出反应："约翰·马歇尔已经作出裁决，现在让他去执行吧。"[61] 这听起来很像杰克逊的作风。但是，杰克逊更可能对最高法院的裁决采取作壁上观的态度。[62] 他不同意部落是独立的民族。他真诚地相信，肆无忌惮的首长们在剥削他们自己的人民。[63] 尽管他从未试图把民主扩大到印第安部落中去，但是他也不愿承认印第安人是有特权的团体，可以豁免于各州的法律之外。

1832年的春天，伊利诺斯州边境爆发了黑鹰战争。印第安人首领黑鹰（Black Hawk）在1812年战争期间是英国的支持者。他治下的索克和福克斯（Sac and Fox）部落本已重新定居在密西西比河的西岸，但是，他们快要饿死了。当敌对的苏族强迫他们回到伊利诺斯州时，他们返回到原来的家园。州长派出了民兵——包括连长亚伯拉罕·林肯（Abraham Lincoln）在内。黑鹰的索克和福克斯部落在数量上超过斯蒂尔曼少校（Major Stillman）统领下的喝得半醉的志愿兵，并追击了他们25英里，这被称为"斯蒂尔曼的赛跑"。[64] 受到这种意外胜利的鼓舞，黑鹰使边境地区陷入恐怖之中，他们焚烧农场，剥掉白人的头皮。8月，当一支1300人的民兵大部队击败黑鹰的小伙武装时，印第安人试图要投降。民兵没有接受，开始屠杀索克和福克斯部落的残余部众，包括妇女和儿童。黑鹰逃到了威斯康星州，那里的温尼贝戈

---

\* 这个问题一直延续到现在。2003年，阿诺德·施瓦辛格竞选加利福尼亚州州长时，保证要让建在印第安部落土地上的赌场向州缴税。

人（Winnebagos）把他移交给军队。⁶⁵ 在这里，至少，他受到了西点军校毕业生杰斐逊·戴维斯骑士般的礼遇。⁶⁶ 有礼貌的戴维斯不允许部下羞辱这个印第安俘虏，事实上，他用典型的南方礼节来对待黑鹰。

杰克逊总统会见了黑鹰。他严厉地告诉这个印第安首领："你向白人举起印第安战斧，屠杀边境地区的男人、妇女和儿童，行为非常恶劣……"杰克逊让黑鹰游历东部城市。这样做的目的不是为了羞辱这个被俘虏的敌人，而是要让他看到美国无比强大的力量。杰克逊告诉他："你会看到，我们的年轻人就像森林里的树叶一样多。"⁶⁷ 在参观东部的城市时，黑鹰被带到酒店参加晚宴。当这个被击败的战士有礼貌地点头微笑时，观众都拍手喝彩。⁶⁸

在印第安人迁移的事例中，没有比切罗基族（Cherokee）所遭遇的命运更悲惨的了。伟大的印第安领导人塞阔瓦（Sequoia）为切罗基族发展了一种书写语言。他的人民阅读母语的《切罗基凤凰》(Cherokee Phoenix)周刊、《圣经》和其他书籍，接受基督教传教士，组织了立法机关，在稳定的农场里定居。然而，在这些高度发展的文明成就中，没有一项能使他们免遭白人邻居的掠夺。当在切罗基族的土地上发现黄金时，杰克逊总统把约翰·昆西·亚当斯派到佐治亚州保护切罗基族的联邦军队调走了。⁶⁹ 切罗基族人被迫迁移到印第安人保留地即今日的俄克拉何马州，超过 1/4 的切罗基族人死在漫长、伤心的"眼泪之路"（Trail of Tears）上。尽管针对切罗基族人最严重的暴行发生在 1838 年马丁·范布伦执政期间，但是，切罗基人的悲惨遭遇是由于杰克逊冷酷地推行迁移政策，因此他应当对此负责。⁷⁰ 在这种情况下，杰克逊虽仍然目光如炬，但是，结果却是对美国名誉造成抹不去的污点。

第七章 杰克逊与民主政治(1829—1849)

在安德鲁·杰克逊的头脑中,他的政策是唯一能够执行的仁慈的政策。基于丰富的阅历,杰克逊相信,如果印第安人继续留在东部各州就无法生存。19 世纪 30 年代,无数的移民如潮水般涌入美国,造成对土地的巨大压力。移民和本土的公民就迁移政策投票。印第安人不能投票。杰克逊式的民主政治已经声明人民应当实行统治。美国人,几乎无一例外地,不仅支持而且要求印第安人迁移。[71]

杰克逊在参议院中的一些反对者,特别是肯塔基州的亨利·克莱和新泽西州的西奥多·弗里林海森(Theodore Frelinghuysen)直言善辩,反对印第安人迁移。弗里林海森是一个宗教信仰虔诚的人。他的祖先在美国创立了"基督教归正宗"(Dutch Reformed Church)教派。克莱对此事的反对可能更加值得注意,因为他的肯塔基州选民对印第安人毫无同情可言。[72]

戴维·克罗基特(Davy Crockett)因独自反对杰克逊的迁移政策而终结了自己的政治生涯。作为一个印第安斗士和边疆居民,有趣的克罗基特在国会改选中失利。他原则上反对印第安人迁移,正因如此他在国会选举中落败。"我要去得克萨斯州",他坦率地告诉他的田纳西州选民,"你们只能下地狱"。

杰克逊经常被描绘为一个半文盲的、住在边远地区的人。他的反对者当然会这样看待他。他的印第安政策被引用为一个无知和顽固的例子。然而,杰克逊拥有无数美国人的支持,他们赞同他的政策。印第安人被看作十足的恐怖分子。恐怖分子是那些杀害无辜的男人、妇女和儿童的人。杰斐逊非常亲和印第安人,欧洲哲学家认为印第安人是退化的族群,他则为印第安人辩护。杰斐逊总统命令刘易斯和克拉克要对印第安人实行仁慈的政策,他们忠实地执行了。然而,甚至开明的杰斐逊在《独立宣言》中也称印第安人为恐怖分子："［国王］在我们之中激起内乱，并竭力利用残忍的印第安野蛮人袭击我们的边疆居民，印第安人有名的战争规则就是不加区别地毁灭各种年龄、性别和各种状况下的人。"

问题在于，太多的美国人对印第安人不做区别，在特库姆塞的暴行与如塞阔瓦那样温和的切罗基族领导人之间没有区分。当然，一些印第安人的行为就像恐怖分子。但是，杰克逊的残酷政策没有给那些文明程度高的印第安部落留有余地。不过，好战的特库姆塞在1812年战争期间因放过了在加拿大的美国战俘受到了尊敬。

对一个年轻的法国贵族来说，1831—1832年的美国是梦想的原野。亚历克西斯·德·托克维尔游历了美国，表面上是报道监狱状况。1835年，年仅30岁的他出版了《论美国的民主》，这本书是一部他称之为"政治科学"的不朽经典。托克维尔相信民主政治在整个欧洲传播的必然性，他把美国视为世界上领导民主的社会。托克维尔撰写了他所观察到的每件事情，他的确观察到很多事情。例如，他写到了白人居住区扩张对印第安部落的影响："白人到来的影响往往在离他们居住区200里格远的地方就可以感觉到。*因此，他们的影响也加诸到他们几乎不知道族名的一些部落，而这些印第安部落在认识这些苦难的制造者之前，早已经遭到被掠夺的痛苦。"[73]

托克维尔碰巧看到了印第安人迁移的一幕场景，比他前面所描述的无情的过程更加残酷。此处值得全文引用：

---

* 作为一种传统的长度单位，一里格等于三英里。因此，白人居住区对印第安人施加影响的距离是600英里远。

# 第七章 杰克逊与民主政治（1829—1849）

**总统杰克逊。**"为我们的联邦——它必须受到保护"是杰克逊的著名祝酒词。在1830年纪念杰斐逊日的晚宴上，杰克逊以此挑战脸色苍白、颤抖的副总统卡尔霍恩。在州拒绝执行联邦法律的危机期间，杰克逊维护联邦的态度十分坚定。杰克逊执政期间，美国人比世界上任何其他民族更多地享有选举权。来自法国的亚历克西斯·德·托克维尔（Alexis de Tocqueville）分析了美国这种崭新的民主政治。在与法院和国会的斗争中，杰克逊以否决权作为有力的新武器。他粉碎了美国第二银行，驱赶印第安人过了密西西比河。在这些事件中，杰克逊受到了当时美国大众压倒性的支持，但是从那时开始，他也受到来自历史学家们的强烈批评。

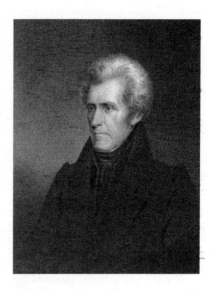

**美国参议员亨利·克莱。**西部伟大的哈里——克莱以战鹰派的姿态开始其职业生涯，他在40年从政生涯中始终是一个坚定的民族主义者。他的爱国精神、个人魅力、入木三分的辩论、在各派之间持续呼吁和解，使他赢得了女士们的赞美、男士们的忠诚和"伟大妥协者"的称号。克莱曾经三次竞选总统，他说，做事正确（right）比成为总统更重要，他正是如此。他是三头政治中的首要人物，远远胜过与他同时代的那些实际上成为总统的人。

**总统詹姆士·门罗（James Monroe）**。作为一个年轻的弗吉尼亚志愿兵，他和乔治·华盛顿渡过特拉华河并在战斗中负伤。他的外交生涯取得的成就并不突出，但是，他对杰斐逊坚定的忠诚确保了他最终的成功。作为"弗吉尼亚王朝"的最后一位总统，他在某种程度上令人惊讶地领导了一个和睦时代。他将自己的名字写在约翰·昆西·亚当斯起草的一个咨文上，门罗主义逐渐成为美国外交政策的基石。

**约翰·昆西·亚当斯**。这个总统的儿子在政治上应该取得成功。但是，他知道自己缺乏热情、冷淡，不被人民所喜爱。他的唯一一届总统任期也由于杰克逊获胜的必然性而黯然失色。国会众议员成为他职业生涯的第二阶段，在那里他捍卫言论自由和请愿权，反对"蓄奴势力"，使他获得了"雄辩的老人"（Old Man Eloquent）的绰号。

第七章 杰克逊与民主政治（1829—1849）

**美国参议员约翰·C.卡尔霍恩。**
南卡罗来纳州的卡尔霍恩作为一个杰斐逊主义者和民族主义者而开始自己的职业生涯。他是在1812年力促对英作战的"战鹰"。在担任"老山核桃"的副总统期间，1830年，他与杰克逊总统在州拒绝执行联邦法律危机问题上产生分歧。从那时开始，卡尔霍恩变成了铁铸的人（the Cast Iron Man）。他是美国参议院中亲奴隶制度的力量公认的领导人，脱离运动最重要的理论家。

**美国参议员丹尼尔·韦伯斯特。**
对他的很多北部的仰慕者而言，他是"像神一样的丹尼尔"。一个多世纪以来，1830年韦伯斯特答辩海恩的演说词在美国被学童所铭记："自由和联邦永远合而为一，不可分割！"韦伯斯特充满智慧和雄辩的演说词，强有力地反驳了南方的卡尔霍恩。然而，当他在1850年"妥协"中与卡尔霍恩及克莱合作时，令很多他的支持者感到伤心。

311

1831年年底，我来到了密西西比河左岸一个被欧洲人称之为孟菲斯（Memphis）的地方。当我在这里停留时，来了一大群乔克托族人（Choctaws）……这些野蛮人正要离开他们的家园，到密西西比河右岸去，他们安慰自己在那里能找到美国政府承诺给他们的避难所。此时正值隆冬，天气异常寒冷；地上的雪已经凝固，河水中漂浮着巨大的冰块。印第安人带领着家眷，后面都是受伤的人、生病的人、刚刚出生的婴儿和即将去世的老人。他们既没有帐篷，也没有手推车，只有一些口粮和武器。我看到了他们上船渡河的情景，我永远也不会忘记这个严肃的场景。在这群人中，没有眼泪和抱怨；他们沉默着。他们的不幸由来已久，他们感到他们无法挽回命运。当所有的印第安人都登上运载他们的船只时，他们的狗仍然留在岸上，当这些动物最后发现主人即将永远离开时，一起发出了可怕的号叫，它们立刻跳进密西西比河的冰水里，跟随着主人泅水渡河。[74]

### 6. 杰克逊对银行的战争

安德鲁·杰克逊终生都对他所认为的贵族特权怀有敌意。他充满热情地相信自己所理解的民主政治。因此，1832年当参议员亨利·克莱推动国会通过了延长美利坚合众国第二银行的联邦许可证的法案时，激烈的争论出现了。杰克逊表现出绝大多数边疆居民所具有的对强大的中央银行的偏见。他憎恶美国银行发行他认为不可靠的"纸币"

(rag money)。*当这份法案被送达他的办公桌时,杰克逊坚决地否决了延长许可证。他称银行是一个"妖怪"。杰克逊特别痛恨银行向那些已经很富裕的人提供益处和特权,而且一些受益人还是外国人。这在银行业是完全正常甚至必要的。但是,这在杰克逊看来却是美国公民的诚实劳动在为外国人的富裕而服务,他感到这是一种侮辱。

参议员亨利·克莱是美国参议院中有影响力的人。1832年,参议院并不需要讨论美利坚合众国第二银行的许可证问题。银行的联邦许可证可以沿用到1836年。但是,克莱此时正与杰克逊竞争总统之位,他认为,延长银行许可证问题可以用作反对杰克逊的一个很好的武器。克莱确信自己能够成功。如果杰克逊否决了延长许可证,克莱将带着得胜的微笑说:"我将否决他!"[75]

所有既有权又有钱的人都支持银行。不仅如此,所有金融界有识之士都理解和赞成设立中央银行的必要性。正因如此,杰斐逊派即使在他们的权力巅峰时也不太敢废止中央银行,即汉密尔顿财政方案的核心部分。

杰克逊总统的否决咨文是生硬的。他依靠马里兰州的罗杰·B.托尼(Maryland's Roger B.Taney)和他厨房内阁成员们的帮助,起草了一个强硬并受欢迎的文件:

> 有钱有势的人常常迫使政府的法令满足他们自私的目的,这令人感到遗憾。在每一个公正的政府下,社会中的差别总是会存

---

* 在杰克逊的任期之后,170年来他严厉的肖像是美国人最熟悉的形象之一,我们难以知道"老山核桃"如何看待这一事实。他的脸庞就印在20美元面值的钞票上,这是最常出现在自动取款机上的纸币。

在。人类制度无法产生才能、受教育或者财富的平等。但每个人都应享有天赋人权和大工业、经济、道德发展的成果,每个人都有平等的资格受到法律的保护;但是,当法律把这些自然的、公正的利益增加了人为的限制时,如增加了头衔、赏金和排他性特权的限制,使得富人更加富有,有权势的人更加强大,社会中的下层人民——农民、技工和工人——既没有时间也没有方法来保护自己的利益,只有抱怨他们的政府不公平的权利。[76]

第二银行行长尼古拉斯·比德尔（Nicholas Biddle）赞同克莱的观点。比德尔因其出身名门的风格举止而获得了"沙皇尼古拉斯"的绰号,他认为否决咨文将会使杰克逊自食其果。比德尔甚至把杰克逊的否决咨文印制了3万份,作为亨利·克莱的竞选文件来分发![77] 比德尔蔑视安德鲁·杰克逊:"这位可敬的总统认为,因为他剥了印第安人的头皮、监禁了法官,就能够用他的方法来对待第二银行。他在犯错误。"[78] 当比德尔把杰克逊的否决咨文比喻为"一头关在笼子里狂怒的黑豹在咬笼子的铁栏杆"时,[79] 他在危险地涉足总统政治的强大潮流。比德尔完全把自己和美利坚合众国第二银行视为一体。他甚至把自己在特拉华河沿岸的乡间住宅堂而皇之地命名为安大路西亚（Andalusia）,完全仿效费城市区银行的希腊复兴建筑风格而建立!"[80]

杰克逊实际上在一个新领域艰苦地前进。他大胆地声明,就像国会一样,总统有责任来衡量立法是否符合宪法的问题。他完全不愿意把这种权利单独交给最高法院。虽然,在1819年著名的麦克洛（McCulloch）诉马里兰一案中,首席大法官马歇尔和最高法院多数法官都认可中央银行的合宪性,但在杰克逊看来,这并没能解决中央银行的问题。杰克逊认为,每个部门都是分开和独立的。

杰克逊走得更远。他不仅把他的否决权使用在宪法的范围内,而且在任何他认为有益的公共政策需要的时候,都会动用否决权。这几乎是一种革命性的信条。这意味着总统在很重要的程度上参与了所有的立法。如果他能取得参议院或众议院中 1/3 以上的支持,他就能阻止任何提案成为法律。难怪他的对手称他为国王安德鲁一世和否决之王。

在民意调查出现之前的时代,候选人亨利·克莱和辉格党人(Whigs)的估算错误到如此严重的程度,可能不会太令人惊讶。*政治家们倾向于找他们的朋友谈话。那些赞同银行政策的人认为,杰克逊已经犯了严重的错误。但是,广大选民们并不这样认为。杰克逊和范布伦获得了压倒性的胜利,获得了 219 张选举人票,远超过克莱的 49 票。在民众选票中,杰克逊得到了 56% 绝对优势的选票。美国的新选民绝大多数是农民、技工和工人,他们把杰克逊看作他们的朋友和坚强的战士。在"山核桃和黄金"的战斗中,"山核桃"获胜了。

杰克逊成功摧毁了美利坚合众国第二银行。当他的财政部部长拒绝将国家基金从该行撤走时,杰克逊把他撤职了。新的财政部部长同样拒绝这么做,也被杰克逊撤职了。最后,罗杰·B.坦尼(Roger B.Taney)入主财政部,愿意做杰克逊的助手。杰克逊把国家基金存放在各州银行。甚至在经济发展开始不知不觉地陷入衰退的时候,杰克逊也迫使民主党支持他的做法。他说道:"别人可以崇拜金钱,但是,

---

\* 杰克逊的敌人自称为辉格党。这是一个从上一世纪的英国政治中移来的名称。最初"辉格党"是一个辱骂性的词汇,后来那些反对国王乔治三世专制和腐败的人们,便骄傲地以此自称。美国革命中的爱国者也自称为辉格党。

至于我自己,我为上帝服务。"[81]

反对者很快就称这些指定的州银行为"宠物银行"。当他们开始从事未经检查的地产投机的时候,杰克逊于1836年发布了他的"硬币循环"政策。这个文件称,公有地产不能用无担保的纸币来购买,购买者必须支付黄金。这个政策很快就对经济产生了严重的不良影响。然而,到1837年经济恐慌袭来之时,杰克逊已经返回到他心爱的赫米蒂奇庄园。事情压在他所挑选的继任者马丁·范布伦的身上。但是这一次,"魔术师"马丁·范布伦已经回天乏力了。

### 7. 雄辩的老人

当F. 斯科特·菲茨杰拉德（F.Scott Fitzgerald）写道,在美国政治生涯没有"第二春"时,他忽略了约翰·昆西·亚当斯的事业。美国人拒绝选择他为总统,他受到这样的伤害并感到悲哀,于1829年回到了马萨诸塞。个人的悲剧萦绕着这个著名的家庭。在他的兄弟和儿子当中,各有两人死于酒精中毒。在他唯一的一届总统任期之后,他会很容易地陷入失望之中。而亚当斯在不愉快的四年任职期间,不可避免地受到杰克逊浪潮的冲击。

然而,时代赋予了约翰·昆西·亚当斯机遇和事业。在他长期的职业生涯中,亚当斯从未以反对奴隶制度而闻名。和他的父亲一样,他不赞同奴隶制度。但是,他也和许多身为蓄奴者的政治家往来甚密。过于坦率直言以致冒犯这些国家精英并不是谨慎的做法。

1830年,所有这样的顾虑都被他抛开了。虽然自己并未谋求,但是亚当斯获得了一个国会众议院议员的席位。他在现存于世的日记中倾诉道："当选为美国总统也不能给我内心最深处带来像这样一半的满足。我所获得的任何当选或任命都不能带给我如此之多的快乐。"作为一个众议员服务国家的重要性，对他来说，绝不在他个人的尊严之下。在美国历史上的这一时期，众议院是唯一的直接民选产生的联邦机构。

很快，他就会被卷入到关于奴隶制的不断增长的地区冲突中去。问题刚开始出现时是间接的。南方决心打一场"前哨战"。

一个南卡罗来纳人写道，"在南方，我们的炉边有密集的奴隶人口"，绝不允许北方人"在这里讨论这个主题"[82]。为了阻止这样的事情发生，很快，阻止国会辩论这个主题变得很必要了。事实上，每个人都承认国会无权干涉各州的奴隶制度，所以蓄奴州的议员们辩称，国会甚至无权接收公民要求解放奴隶的请愿书。他们强加给国会一个"封口令"，即禁止对奴隶问题辩论的规定，而把要求废除奴隶制的请愿书委托给一个委员会，请愿书在那里都如石沉大海。

国会议员约翰·昆西·亚当斯认为，在这个过程中，"请愿权"被不正当地破坏了，他奋起捍卫宪法的尊严。

年复一年，他坚持不懈地反对"封口令"的声音越来越响亮。现在没有晦涩的"乌木和黄玉"了。亚当斯的发言坚强、有说服力、充满热情，很快他就赢得了"雄辩的老人"的绰号。他开始发展了这样一种观念，并在整个北方普遍地传播。他认为,自由的人们正在被"蓄奴势力"所束缚。在亚当斯反对"封口令"的活动发展到高潮时，美国公民递交国会的请愿书多达10万份之多。[83]

亚当斯的确是正确的。虽然国会无权干涉各州的奴隶制，但是，它却有权在宪法的框架内建议修正。然而，即使这样的权力也被蓄奴势力所否认。一份请愿书要求国会保护去南方旅行的北方公民，因为一个北卡罗来纳的国会议员曾经说过，在他的州里，任何废奴主义者都将被绞死。

亚当斯开始与这种观念进行斗争。"如果一个北方的废奴主义者要去北卡罗来纳，就应大力宣传《独立宣言》的原则"，他开始这样做。亚当斯几乎被南方人"秩序！秩序！"的呼声淹没。但是，他勇敢地穿过辱骂的人群，像强壮的公牛一样继续前进。[84]在这场斗争中，亚当斯不再是孤僻的、没有热情的学者，他是一个竭尽全力的斗士。这幕美利坚合众国的前总统决然面对其反对者挑战的景象，既使人震惊，又让人心生敬意。

亚当斯加入了反杰克逊派的新的辉格党。然而，像他的父亲一样，一个政党不能容纳他。他在州拒绝执行联邦法律危机中支持杰克逊。在拿破仑战争期间，他支持杰克逊成功迫使法国为拿破仑战争期间扣押的美国船只向美国支付赔偿金的有力措施。但是，他并没有忘记与"老山核桃"之间的旧怨。当他的母校哈佛大学投票决定授予安德鲁·杰克逊荣誉学位时，他痛苦地喊道："我不能到场观看我亲爱的哈佛自我蒙羞，她居然给一个几乎不能拼写自己名字的野蛮人授予博士学位。"[85]

1839年，有人拜访亚当斯，希望他为西班牙船只友谊号（A-mistad）上的53个非洲人辩护，这次事件使亚当斯到达了职业生涯的顶峰。在辛克（Cinque）的有力领导下，这些非洲人杀死了船长和大部分船员。当友谊号被美国军舰带到康涅狄格州纽黑文时，西班牙要求把这些反叛的非洲人遣送回古巴，企图把他们当作海盗来审判。刘易斯（Lewis Tappan）和罗杰·谢尔曼·鲍德温（Roger Sherman

第七章 杰克逊与民主政治（1829—1849）

Baldwin），一个康涅狄格州的废奴主义者，呼吁亚当斯在美国最高法院为这些非洲人的案件辩护。[86]考虑到年龄和数十年没有出庭的事实，亚当斯试图拒绝这一请求。他的支持者坚持希望他能这样做。最后，亚当斯让步了。他说道："上帝保佑，我将在最高法院为这一案件辩护。"[87]

范布伦政府为这次审判提供了独创性的辩论。根据约翰·昆西·亚当斯本人1819年与西班牙签订的《横贯大陆条约》（Transcontinental Treaty），双方保证向对方国返还其遗失物或被偷窃的"财产"。亚当斯否认非洲人是这种意义上的财产。他指着装在镜框里悬挂在墙上的文件说道："当你们看到《独立宣言》，想到每个人都有不可剥夺的生命权和自由权的时候，这个案件就很清楚了。我代表这些不幸的人们所要求的不过就是《独立宣言》中的权利。"[88]

1841年，亚当斯在这个案件上胜诉。甚至连身为奴隶主的首席大法官罗杰·B.坦尼也属于多数派法官。坦尼之所以能如此裁决，是由于法院发现这些非洲人根本不是奴隶，而是被绑架并要运到古巴去的自由非洲人。[89]此时，在最初由托马斯·杰斐逊总统发起并大力敦促之下，美利坚合众国已经取缔大西洋彼岸的奴隶贸易30多年了。约翰·昆西·亚当斯并没有因他的精彩辩护而获得酬金，但是这些非洲人满怀感激之情送给他一本装帧精美的《圣经》。具有讽刺性的是，当辛克回到他非洲的家中之时，他立刻变成了一个奴隶贸易商人。[90]奴隶制度的拥护者们立即用这件事来大做文章。

### 8. "蒂珀卡努和泰勒"

终其一生，马丁·范布伦都努力追求政治领域的成功。但是，就在他的就职典礼后不久，1837年大恐慌到来之际，这位新总统似乎不能像他的导师安德鲁·杰克逊所做的那样使国家重整旗鼓。在相当大的程度上，严重的经济萧条是杰克逊对银行开战的结果。杰克逊和范布伦把合众国第二银行看作不断发展的民主政治中的不民主制度，把它作为特权的大本营而坚决地加以摧毁，但是，他们却没能建立任何有效的相应机构来替代它。

杰克逊和范布伦都是坚定的杰斐逊主义者，他们对银行怀有深刻的怀疑。他们并不懂得一个强大的中央银行能给国家的金融制度带来信心和稳定的必要性。而杰斐逊和麦迪逊即使反对汉密尔顿的建立美国第一银行的方案，但是，一旦第一银行运转良好，他们就明智地不再试图摧毁它。

不过，范布伦在1837年加拿大危机中表现得非常果断。当民主派起义者试图推翻在安大略（Ontario）的贵族化英国殖民地政府时，很多美国人将之视为1776年革命精神的自然迸发。在魁北克省，甚至出现了公开模仿美国爱国者的自由之子组织（*Fils de la Liberte*, *Sons of Liberty*）。[91] 加拿大的亲英分子在追击这些反叛者时，越过了尼亚加拉河（Niagara），在美国边界线以内击沉了一艘美国船只。范布伦压制了国内要求对英国开战的呼声。他不惜损伤自己的声望，甚至在对好战的英国外交大臣亨利·约翰·坦普尔（Henry John Temple）即帕默斯顿爵士（Palmerston）抗议美国领土受到侵扰时，囚禁了加拿大起义者。[92] 当这些起义者回到加拿大时，其中很多人被绞死了。

第七章 杰克逊与民主政治（1829—1849）

得克萨斯人（Texans）也在思想上进行了反抗。他们反对墨西哥当局的勇敢的起义获得了很多美国人的同情。墨西哥从西班牙获得独立不久，就实行了军事独裁统治。1836年，洛佩斯·德·圣安纳（Lopez de Santa Anna）将军废除了墨西哥宪法对类似得克萨斯（Texas）这样行政区"州权"的保证。很多来自肯塔基和田纳西的美国人，在墨西哥统治时期涌入了得克萨斯，他们反对专制的圣安纳。在圣安东尼奥（San Antonio）的阿拉莫（Alamo），有183个造反者反抗圣安纳的强大部队，其中有边疆英雄戴维·克罗基特（Davy Crockett）和吉姆·鲍伊（Jim Bowie）。在上校威廉·特拉维斯（William Travis）挥剑在沙地上画了一道有名的线之后，没有一个反抗者（defender）选择离开被敌人围困的阵地。3月6日，圣安纳的军队最后攻占了阿拉莫，并残忍地杀害了所有的反抗者。

战士们为得克萨斯独立而奋斗的英勇精神，鼓舞了萨姆·休斯顿（Sam Houston）将军领导的志愿军。"铭记阿拉莫"是他们的战斗口号。休斯顿是安德鲁·杰克逊的挚友，两人志同道合。4月21日，休斯顿在圣哈辛托（San Jacinto）战役中大败墨西哥军队，俘虏了圣安纳。得克萨斯获得了独立。萨姆·休斯顿成为"孤星共和国"（Lone Star Republic）的总统。[93] 得克萨斯人请求加入美国。

范布伦在得克萨斯要求加入联邦的问题上犹豫不决。北方人对这种合并的努力深表怀疑，他们把这一问题看作奴隶主为增加自己权力而进行的政治投机。南方的民主党人强烈要求合并。如果不允许得克萨斯作为一个蓄奴州加入联邦的话，卡尔霍恩不惜以分裂联邦相要挟。[94] 杰克逊知道，如果加利福尼亚的富饶海岸能够并入美国的话，那么新英格兰捕鲸业可能会更加支持得克萨斯的合并。令人有些意外的是，杰克逊建议等待。⁹⁵ 但是，对得克萨斯"重新并入"美国的抵制并没有突然消失。1838 年，约翰·昆西·亚当斯在众议院进行了 3 周的辩论，挫败了企图合并得克萨斯的议案。⁹⁶

随着 1840 年选举的临近，反对派辉格党决定用民主党 1828 年对付亚当斯的办法，来对付范布伦。他们提名了 1812 年战争中的老英雄威廉·亨利·哈里森（William Henry Harrison），"老蒂珀卡努"（Old Tippecanoe）\* 没有公共职务。辉格党没有发布政纲。他们竞选活动的特征是，猛烈抨击范布伦是一个奢侈的贵族。"范布伦，范布伦，一个废人！"他们讽刺这个纽约人端庄的服饰和优雅的礼仪，以及对美酒的喜好。辉格党宣称，老蒂珀卡努生于木屋中，更喜欢苹果酒。这位老将军的竞选搭档是一位来自弗吉尼亚州的反杰克逊派民主党人约翰·泰勒（John Tyler）。竞选标语是流传后世的"蒂珀卡努和泰勒！"这个竞选口号并非像它表面上看起来那样空洞。它提醒投票者们，辉格党人在结束印第安人对边疆的袭击上，也发挥了作用。"坚持不懈"是辉格党奔走呼号的口号。这一次，这个由有教养者和文雅人士组成的党派，真正获得了民意。在选举人票上，哈里森以 234 票对 60 票，远远胜过了范布伦。双方的普通选民票比较接近，是 1 275 016 票对 1 129 102 票。总数将近 250 万张普选票，反映了杰克逊时期选民数量的巨大增长。

68 岁的哈里森是罗纳德·里根之前当选的年龄最大的总统。他自己起草的就职演说稿中充满了典故。辉格党领导人让参议员丹尼尔·韦

---

\* 哈里森将军因在蒂珀卡努溪谷打败印第安人肖尼部落而被称为"老蒂珀卡努"。——译者注

伯斯特（Daniel Webster）在修改演说稿时作些删节。韦伯斯特开玩笑说，他已经杀死了"十七个像胡瓜鱼一样呆板的罗马地方总督了"。即使如此，哈里森的演讲是有史以来最长的。这位老将军在冰冷、瓢泼般大雨中演说，不久就因肺炎而病倒了。1841年4月4日，他在就职仅一个月后去世。副总统约翰·泰勒迅速行动，要获取掌管白宫的权力。他通知哈里森的内阁说，他不想做"代理总统"，而是作为总统行使全权。\*然而，当他否决一个内部改革的议案时，在辉格党领导人看来，他同固执己见的杰克逊（Jackson）相差无几。很快，泰勒成了一个没有政党的总统。国务卿丹尼尔·韦伯斯特是留在泰勒内阁中唯一的辉格党人。那也只是因为，他正在与英国就一个重要条约进行谈判的缘故。1842年的《韦伯斯特—阿士柏顿条约》（Webster-Ashburton Treaty）几乎解决了英国与美国之间所有遗留的争端，并形成了延续至今英美"特殊关系"的基础。

## 9. 西部伟大的哈里

1844年，亨利·克莱访问新奥尔良（New Orleans）时，当地一家名为《回归线》的报纸，对这位肯塔基人很感兴趣。对这位伟大的妥协者，它刊印了一篇荷兰腔调的讽刺诗：

噢，亨利你终于来这个城镇了，

---

\* 泰勒的大胆声明，为总统继任开了一个重要先例，而且当国会通过时被正式承认了。各州也在1967年批准了关于总统任免的25号修正案。

> 我们很高兴见到你，
> 我们将给你提供早餐并宴请你，
> 我们会给你喝汤并让你饮茶，
> 这对我们来说，是很荣幸的
> 因你生来不是个土耳其人，
> 你在这可能要与女士们一起
> 做很多工作，
> 她们在赐福日夜晚的床上想到你；
> 她们的政见会变
> 但她们的头脑不变！[97]

我们看到，伟大哈里在此向那些女士们发出的著名恳求。他是那时三个伟大参议员中最不英俊的一个。韦伯斯特对他的女性崇拜者来说，是"像神一样的丹尼尔""黑马王子丹尼尔"。卡尔霍恩（Calhoun）在年轻时也是个受人关注的人物，身材修长、笔直，还有一头浓密的黑发和一双深邃的眼睛。

妇女们喜欢克莱，是因为克莱喜欢她们。他重视她们。他有魅力、语调柔和、通情达理。在那个富有激情的年代，克莱以说理与规劝的方法维护国家团结与和平的努力，得到了大众的响应，特别是在妇女中间。没有人会想到，克莱会以这样愚蠢的选举口号参与竞选，"拉姆西（Rumsey）、杜姆西（Dumsey）/拉姆西、杜姆西/约翰逊上校杀了特库姆塞"。他向那些谨慎的、有思想的、严肃的人呼吁。确实如此，即使在安德鲁·杰克逊时期欢闹扰攘的美国，也仍然有这类人。

克莱的阿什兰庄园是列克星敦外一个规模庞大、管理有序的肯塔基种植园。在 600 英亩的园内，种有玉米、小麦、黑麦和亚麻。它的运作忙碌而有效率。据说，它以克莱著名的"美国体制"观点吸引了参观者。[98] 克莱提出一个独立的、自给自足的共和国的观点。这个共和国与其周边国家和睦相处，因为它不需要从它们那里获取什么。

但阿什兰是个奴隶种植园。亨利有大约 60 名奴隶。对废奴派来说，将一个奴隶种植园与"美国体制"联系起来是不可忍受的。他们真诚地相信，在美国，那是最荒谬的事。

在 1844 年竞选期间，当克莱在印第安纳州的一个公共场合演讲时，他遇到了挑战。一个叫海勒姆·门登豪尔（Hiram Mendenhall）的人，向克莱提出一份请愿书，要求克莱释放自己的奴隶。很多年以来，克莱就称奴隶制是邪恶的。他曾经是美国殖民化协会的主要支持者，这个协会帮助被释放的奴隶订船票去非洲的利比里亚。这在当时被看作是一个奴隶主所能采取的开明立场。

然而，他不愿意当众被那些"狂热分子"刁难。[99] 他回驳了那个请愿者。他说，门登豪尔不了解他的种植园的情况。他指出，他的奴仆查尔斯（Charles）正安静地站在讲台旁边。查尔斯可以在任何时候离开他。但如果查尔斯离开了，他与其他奴仆如何谋生呢？离开他们的家园，抛弃了自己习惯的生活方式，他们如何生存下去呢？对于克莱和其他大多美国人来说，仅仅释放奴隶而不给他们进行技能培训和就业，是于事无补的。

以自己老练的演说技巧和居高临下的威严，克莱反驳那个请愿者道："门登豪尔先生，回家去吧，打理好自己的事。我也将尽力处理好自己的事。"[100]

"门登豪尔先生，回家去吧"，是个强有力的巡回演说竞选人作出的有效驳斥。但在余下的竞选中，它成为亨利·克莱的羁绊。

**10. 重新兼并得克萨斯，重新占据俄勒冈**

总统泰勒在安德鲁·杰克逊党派中的受欢迎程度，并不比他在辉格党中受爱戴的程度大。由于民主党要寻找一个进行 1844 年选举的领袖，前总统马丁·范布伦似乎处于最有利的位置。公众期望杰克逊支持他忠诚的陆军中尉。但范布伦不明智地与亨利·克莱在得克萨斯问题上达成一致。两个人在信件交换中保证，在即将到来的竞选活动中，不使得克萨斯成为问题。杰克逊是个热诚的扩张主义者。他离开了范布伦，去找他的田纳西州同乡——詹姆斯·诺克斯·波尔克（James Knox Polk）。

辉格党人嘲笑地问道："波尔克是谁啊？"波尔克固然没有杰克逊和克莱的名望，但他也并非无名小卒。波尔克是杰克逊忠诚的拥护者，担任过田纳西州州长和美国众议院发言人。现今，我们衡量一个总统候选人，考虑资格要多于能力。辉格党不久就将充分了解波尔克是何许人了。波尔克凭借一个"重新兼并得克萨斯，重新占据俄勒冈"的政纲，在 1844 年竞选中以微弱优势战胜了伟大的亨利·克莱。反奴隶制的积极分子，极力反对占有得克萨斯。奴隶制在得克萨斯是合法的。他们不仅讨厌增加两个亲奴隶制的美国参议员，而且担心得克萨斯可能会被分为多达五个新州！那将意味着，将再增加十个亲奴隶制的参议员。

波尔克赢得了 1 337 243 张普选票，仅仅比克莱的 1 299 062 张普选票多出 38 181 张。波尔克取得了 170 张选举人票，而克莱获得 105

张。\*决定1844年选举的关键是纽约州的选票。詹姆士·G.波尼（James G.Birney）是小的反奴隶制的自由党（Liberty Party）的提名候选人。波尼拥有全国62 300张选票（占全部普选票的2.3％），不均衡地来自纽约州和新英格兰地区。波尼在纽约州的选票，促使纽约州加入波尔克的队伍。这保证了波尔克多获得36张选举人票和赢得选举。因此，奴隶制问题开始对总统选举政治产生重大影响。

辉格党当然十分不满。尽管身为奴隶主的克莱为渐进地释放奴隶作了辩护。对一个代表蓄奴州肯塔基的人来说，这又是个大胆的立场。然而，反奴隶制的拥护者记住了克莱的严厉叱责："门登豪尔先生，回家去吧。"在印第安纳州巡回演说中，那个十分有效的呵斥，在西部的纽约州和新英格兰地区使哈里人气大减。

总统泰勒将波尔克的当选，看作民众接受"美国天命论"（Manifest Destiny）的例证，他迅速建议以一项国会参众两院的共同决议，接纳得克萨斯加入联邦。民主党谈及"重新兼并"得克萨斯的理由，是因为他们坚信得克萨斯是最初路易斯安那（Louisiana）购买的一部分，而约翰·昆西·亚当斯在1819年与西班牙谈判签订《横贯大陆条约》时忽视了它。（总统门罗赞同那个条约，和参议院中民主共和党大多数批准那个条约的事实，似乎并未妨碍这些热切的扩张主义者。）与此类似的是，重新"占据"俄勒冈，目的在于将美国的权利延伸到整个太平洋西北部。扩张主义者放肆地要求，将边界线扩展到北纬54°40′。这意味着他们想要获得从俄勒冈州直到俄属阿拉斯加

---

\* 克莱曾经是1824年、1832年的总统候选人，现在是1844年的总统候选人。尽管竞选国家最高职位三度失败，但他仍然赢得了无数忠诚的肯塔基州追随者的拥护。在这些追随者中，最重要的可能要属伊利诺斯州的亚伯拉罕·林肯了。克莱是最伟大的"竞选失败者"。

（Alaska）南部边界的所有领土。对俄勒冈的权利要求，来自1792年美国海军上校罗伯特·格雷（Robert Gray），率领美国军舰哥伦比亚号的航行。格雷因不能进入他命名为哥伦比亚河的汹涌的河口，曾经在这个失望的海角停留。刘易斯（Lewis）和克拉克（Clark）在他们著名的远征中，也曾在这个位置附近过冬。

民主党希望，将俄勒冈加入到他们领土计划的名单中，有助于说服北方人更为温和地对待批准得克萨斯加入联邦问题。[101] 吞并得克萨斯的决议，是在泰勒任期的最后几天里，由国会匆忙通过的。因为南方人担心，英国会与得克萨斯共和国达成一项有利于释放奴隶的条约。

英国的哈德逊湾公司已经主导太平洋西北部约30年了，公司影响的基础是毛皮收集及贸易。当"俄勒冈狂热"在1842年影响中西部时，数以千计的美国人收拾行装，驱赶着四轮马车行进在俄勒冈小路上。威拉梅特谷（Willamette Valley）的肥沃农田在向他们招手。如果土地是一种吸引力的话，那么这些地区日益兴起的对奴隶制的狂热，显然就是一种推动力。美国的传教士，包括新教徒和天主教徒，已经做了开路先锋。[102] 在马萨诸塞州（Massachusetts），亨利·大卫·梭罗（Henry David Thoreau）向很多人布道，他写道：

> 我必须走向俄勒冈，而不是走向欧洲。*
> 那条道路是国家发展的方向，
> 我会说，人类进步的方向是由东向西。

---

*指出向东走，可能并不是太没有诗意，因为那需要梭罗在水上行走。

那条小路已经被"山民们"开辟20年了。这些粗鲁的捕猎者中,大多数是越过定居的边境地区而生存下来的美国人,他们对那一地区非常熟悉。

吉姆·克莱曼(Jim Clyman)的一生见证了山区人生活的动荡不安。克莱曼于1792年出生于弗吉尼亚的福基尔县(Fauquier County),在那里他见过乔治·华盛顿。他很早就"为了寻找土地,匆匆离开那里"。在他去世时,总统是切斯特·艾伦·亚瑟(Chester Alan Arthur)。克莱曼1881年死于他位于加利福尼亚的纳帕大牧场。他的妻子横向穿越整个大陆。[103] 其他山区人民的生活也不乏色彩:

> 山区人的眼睛,有印第安人的警觉。他们永远注视着树枝与青草的动静,注视着野生动植物顺风移动的道路。有些难以说明的东西,在溪流中漂浮。尘土在宁静的,或只是凌乱分布的几棵三角叶杨树中飘荡。他的耳朵不会再听到乡村教堂钟声的扰攘。像印第安人一样,他习惯于捕捉乡村中的任何声音,在那里,每种声音都可能是一种死亡警告。他穿得像个印第安人一样,围着毛毯,披着长袍,穿着鹿皮裤和没有后跟的软鞋。有时,山地人幽默地给头发涂油,用朱砂给脸画上条纹。他像印第安人那样生活,居住在树皮或兽皮做成的棚屋中,而且与印第安女子连续地结婚……他像印第安人那样经常展现兽性,而且更加残忍。印第安人向被他们看作朋友的人表现出友善,只要这些人看起来像他们的朋友。其余的人见到就杀并剥下他们的头皮。印第安人的法则就是,没有暴力行为是不遭报复的。[104]

无论这些山民如何难以对付，如果没有他们的话，美国人不可能穿越落基山脉（Rockies），并且在加利福尼亚和俄勒冈的肥沃山谷中定居下来。他们是引领四轮马车队伍向西行进的向导。当赶马车的人们在山谷通道中被暴风雪围困时，他们就是使人们免于饿死的狩猎者。当他们失败时，如遭受厄运的唐纳聚会（Donner Party）那样，结果常常是灾难性的。1846年，那些没有经验的先驱者，被围困在内华达山脉（Sierra Nevada Mountains）的东坡上。在跟随唐纳的87名成员中，只有46名成员在寒冷、饥饿和对食人族的恐惧中存活下来。但是更多的、成千上万的人穿越了那里。

另一个令人吃惊的向西部的艰苦跋涉，是摩门教教徒进行的。1847年，成千上万的摩门教教徒在波利格哈姆·杨（Brigham Young）的带领下，向大盐湖（Great Salt Lake）行进。摩门教徒正在逃避密苏里州和伊利诺斯州的迫害。被他们看作先知的约瑟夫·史密斯（Joseph Smith）在那里被一个暴民杀害。摩门教的一夫多妻制行为严重触犯了他们的邻居，正如他们运用经济实力以社团买卖的方式触犯他们的邻居一样。这种集体方式对于美国以单个家庭农场为核心的、经济上的个人主义来说，似乎是个直接威胁。波利格哈姆·杨决定寻找一个边远地区建立他的"犹他州"（Deseret）[105]。

在短短几年中，去俄勒冈的成千上万的美国人在这片土地上创建了新的现实。到1845年时，毛皮贸易跌至最低点，使哈德逊湾公司放弃了哥伦比亚河北部温哥华（Vancouver）的贸易站，撤退到温哥华岛维多利亚（Victoria）的前哨基地上，英国在太平洋西北部的势力存在，像积雪融化一样隐退到山峰的那一边去了。

"北纬54°40′或战争！"成为极力要向西扩张的民主党的动员口

号。它的意思是,美国要获取太平洋西北部直到北纬54°40′的所有领土。民主党的编辑约翰·奥苏里凡(John O'Sullivan),目睹了民众对这一政策的高度赞同。在他主编的《纽约早间新闻》(New York Morning News)中,他写道:"我们的美国天命论扩展并占据了整个大陆,即这片土地是上帝为了自由与联邦自治政府发展的伟大实验而赐予我们的。"[106] 一些扩张主义者甚至公然鼓吹,将美国原则扩展到全世界。

并非所有美国人都愿意为俄勒冈而战。一份辉格党报纸《尼罗河周报》(Niles'Weekly Register),就对所有这样的狂热言论泼冷水。报社编辑说,在俄勒冈问题上与英国开战,"将是文明世界所见证过的最鲁莽和最疯狂的举动"[107]。总统波尔克并不想与英国开战。但他在可能发生的战争面前,也不退缩。"对待大不列颠(Great Britain)的唯一方式是紧紧盯着它……我为我们考虑了一个大胆而稳健的方针……"[108]

事实证明"年轻的山核桃"是正确的。英国不愿意为一块遥远的土地进行战争,尤其是那里的毛皮贸易已经日益减少。我们不要北纬54°40′。我们也不要战争。美国人在这方面是幸运的,因为在我们已经准备与墨西哥开战时,英国同意在北纬49°线上妥协。密苏里州参议员托马斯·哈特·本顿(Thomas Hart Benton)嘲笑波尔克:"为什么不像我们进军到格兰德河(Rio Grande)那样,无畏地进军到北纬54°40′呢?因为英国强大,而墨西哥弱小……"[109] 波尔克能够容忍嘲笑和不满。他已经得到了太平洋沿岸第一大港。他现在转向墨西哥,去攫取另外两个海港。

## 11. "蒙特祖马市政厅"

总统波尔克让他的外交特使约翰·斯莱德尔（John Slidell）去与墨西哥交涉，如果墨西哥承认格兰德河是得克萨斯的南部边界线，那么美国将提供给它 450 万美元，作为对持续不断的墨西哥内战的损失补偿费。斯莱德尔也得到授权，如果墨西哥将其新墨西哥省（New Mexico）卖给美国，美国将再给它 500 万美元。[110] 斯莱德尔得到的指示甚至有，如果墨西哥愿意将加利福尼亚也纳入这笔交易，美国的付款额可追加到 2 500 万美元。国务卿詹姆士·布坎南（James Buchanan）在给驻墨西哥市（Mexico City）美国大使的信中写道："钱是不成问题的。"[111]

墨西哥人察觉到这个提议是无礼的。他们拒绝接纳斯莱德尔。又一场军事政变——一种在拉丁美洲日益常见的现象，驱逐了温和的赫莱拉（Herrera）政府，好战的反美将军马里亚诺·帕勒德斯（Mariano Paredes）掌握了政权。帕勒德斯发誓抵抗日益推进的美国人。[112] 到 1846 年新年时，帕勒德斯甚至渴望与美国交战。[113]

总统波尔克也担心英国试图购买加利福尼亚的流言。据说英国海军部垂涎良好的旧金山（San Francisco）海湾。[114] 波尔克重申了门罗主义原则。这个半球将拒绝欧洲殖民化。他没有提及美国的扩张。

波尔克命令扎卡里·泰勒（Zachary Taylor）将军率军进入纽埃西斯河（Nueces）与格兰德河之间有争议的领土。帕德罗·德·阿姆普蒂亚（Pedro de Ampudia）将军警告泰勒已经侵犯了墨西哥领土，并命令他离开。泰勒并不理会阿姆普蒂亚的警告，反而建了个要塞。[115] 1846 年 4 月 25 日，一支墨西哥军队伏击了一支美国巡逻队，杀了 11 个人。在这次冲突之前,波尔克已决定进行战争了。现在,他告诉国会,墨西哥"使美国人在美国的领土上流血了"[116]。国会很快在众议院以 174 票赞成、14 票反对,在参议院以 40 票赞成、2 票反对通过决议,授权总统宣战。[117]

墨西哥在整件事情上,也不是无可指责的。墨西哥人轻蔑美国人,他们记得美国征服加拿大的失败,和在 1812 年战争中被英国羞辱性地占领华盛顿。一位墨西哥军官吹嘘,他的骑兵用捕牲畜的套索就能对付美国步兵。[118] 并非只有墨西哥轻视美国,伦敦的《大不列颠报》蔑称美国"是世界上最弱的侵略国之一……只适合对付印第安人"[119]。

尽管在密西西比河流域和南部,战争很受欢迎,但新英格兰再次大规模地反战。辉格党质疑战争,但保证投票支持给军队提供给养。辉格党记得,在 1812 年战争期间,联邦党人是如何不忠诚而堕落的。[120] 像詹姆士·罗素·洛尔(James Russell Lowell)这样的文人,只看到了蓄奴州仓促的参战意图:

> 他们只想得到加利福尼亚,
> 以此扩展新的蓄奴州,
> 因你们滥用而鄙视你们,
> 你们如犯罪似的去掠夺。[121]

马萨诸塞州的立法机关指责战争是一种加强蓄奴州力量的努力。亨利·大卫·梭罗极力反对战争,因拒绝支付战争税,他在监狱中度过一晚。梭罗的《论公民的不服从》,成为美国文学作品中的经典。[122] 一位一神论牧师西奥多·帕克(Theodore Parker)说,如果"战争是正确的，那么基督教信仰就是错误的，就是欺骗，就是谎言"。废奴主义者威廉·劳埃德·加里森的激进报纸《解放者》，公开表达了对墨西哥人的支持："全世界每个热爱自由与人类的人，一定都希望墨西哥人取得欢欣鼓舞的胜利。"

加里森甚至更进一步。他的《解放者》报宣称："作为一个巨大的共和政体来欺骗，作为对三百万人（指奴隶）甚至他们的家庭实行最丑恶的专制统治，美国联邦应该受到谴责！没有与奴隶主的联邦！"[123]

对于具有加里森这样观念的人来说，奥沙利文（O'Sullivan）的"美国天命论"观念是最邪恶的虚伪。而且，一位加里森年轻的新盟友将提出更多的抵制蓄奴州的理由。一位才华横溢的逃奴在 1845 年发表了他轰动性的自传《弗雷德里克·道格拉斯生活自述》（*Narrative of the Life of Frederick Douglass*）。现在，无数美国人通过这位出色的作家和演说者令人信服的文字，了解到奴隶在答刑下的恐惧生活。道格拉斯的及时出现，使加里森和废奴主义者抽象的理想主义增添了生动而具体的内容。

尽管开始时有些挫折，但在墨西哥的战事进展顺利。以"精干的老粗"著称的扎卡里·泰勒将军，因胜利赢得了声誉。然而，总统波尔克担心他日益高涨的人气，决定不再塑造另一个辉格党的军事英雄了。波尔克命令温菲尔德·斯科特（Winfield Scott）将军占领墨西哥城。斯科特在美国海军第一次登陆作战的援助下，打了一场漂亮的战役。*

---

\* 总统波尔克更加意识到海上力量的重要性，他放弃了杰斐逊派的传统，1845 年在安纳波利斯建立了美国海军学院。

陆军上尉罗伯特·E.李（Robert E.Lee）绕过墨西哥军队主力而获得胜利。他的两个部下，中尉乔治·B.麦克莱伦（George B.McClellan）和尤利塞斯·S.格兰特（Ulysses S.Grant）也在这次行动中获得了荣誉。[124]*美国海军陆战队从维拉克鲁斯（Vera Cruz）进军，因他们军服的裤腿上有深红色条纹，在查普尔特佩克（Chapultepec）战斗中，获得了有名的"血条"称号。虽然美国海军陆战队在这次战斗中遭受了重大的人员伤亡，但他们到达了墨西哥城内的蒙特祖马市政厅。

美国对墨西哥城的攻击克服了两支令人吃惊的顽强的部队抵抗。墨西哥军事学院年轻学员们，年龄只有13到19岁，异常勇猛地与顽强进军的"外国佬"（*Gringos*）战斗。**这些年轻人成为墨西哥历史上流芳千古的男孩。美国人每推进一英里，都有很多男孩为此牺牲了生命。[125]另一队战士是圣帕特里克人（San Patricios）。这些人大多数是美国军队的逃兵，他们中很多是爱尔兰人。他们英勇地与以前的战友作战。29名被俘的帕特里克人以叛徒的罪名被定罪，他们在九月灼热阳光的暴晒下，站在四轮马车上。他们被迫戴着绞索观看美国人对墨西哥城的总攻。当星条旗在墨西哥城上空飘扬时，帕特里克人实际是在为他们自己的旧旗帜欢呼呢！然后，四轮马车颠簸前行，结束了美国战争史上悲伤却引人注目的短暂一幕。[126]

---

\* 李和格兰特都认为针对墨西哥的战争是非正义的，但他们仍然在战争中显示出自己优异的军事才能。

\*\* "外国佬"一词，是墨西哥俚语对美国人的称呼，很久以来，被认为是来源于美国军队行军穿越墨西哥干燥、布满灰尘的峡谷时所唱的歌曲。歌中唱道："绿地上长出了丁香花……"更可能的是，"外国佬"一词是 griego 的误用，如希腊人说西班牙语那样。

按古代或现代的标准,美国在墨西哥战争中的伤亡不算很大。在总共 78 718 参战者中,直接阵亡 1 733 人,占总数的 2%。但疾病造成的伤亡人数最多。它使这场战争增加了 11 550 名非战斗死亡者,占总数的 14%。这意味着参战者中共有 16% 的死亡率。[127] 这是在现代医学出现以前那个时代战争的典型特点。

在西南部,美国迅速夺取了新墨西哥并进入加利福尼亚。将军史蒂文·科尼(Steven Kearny)率领着一支包含独特的摩门教教徒的队伍轻而易举地就取得了胜利。摩门教的领导人波利格哈姆·杨作出了支持美国针对墨西哥战争的重要决定。他派出的数百人成为西南部美军中的新兵。军队发给这些严谨生活的新兵的津贴按照什一税交给摩门教堂,用于帮助那个设防的殖民地生存下来。

加利福尼亚短命的熊旗共和国(Bear Flag Republic)几乎是件滑稽的事。几乎没有遇到墨西哥当地人的抵抗,陆军上尉约翰·查尔斯·弗里蒙特(John Charles Frémont)就将这个省与它的祖国分离开了。但弗里蒙特的"探路者"的美名,很大程度上源于他老练的公关技巧和家族背景(他的岳父是有影响力的参议员托马斯·哈特·本顿)。将军科尼一直认为弗里蒙特是个麻烦的人。尽管弗里蒙特尚武并且威胁决斗(他的对手说滑膛枪没用了),但一种表面的秩序还是恢复了,而且加利福尼亚不久就被并入联邦了。[128]

同时,波尔克不得不应对反对意见。即使在他的内阁中,他的战争目标也被广泛地误解。当他的国务卿,急躁的詹姆士·布坎南写信给美国的外交官,通报他们美国在加利福尼亚没有领土野心时,波尔克纠正了他。这位毫无幽默感的总统,命令布坎南撤销这个自我否定的声明。[129]

第七章 杰克逊与民主政治（1829—1849）

很多辉格党人称他为"爱说谎的波尔克"，直率地表明总统是个说谎者。国会议员、伊利诺斯州的亚伯拉罕·林肯更有礼貌，锋芒却不减。直到1847年9月，美墨战争结束后，林肯仍坚持他12月提出"现场议案"。林肯在提案中让总统波尔克明确指出美国人鲜血流在美国领地上的地点。林肯不否认美国人已经流了血，但他是想让波尔克证明美国人的血确实流在美国的领土上。波尔克没理他。

更不容易被置之不理的，是宾夕法尼亚州民主党国会议员大卫·威尔莫特（David Wilmot）的提案。威尔莫特修正案要求，在美国从墨西哥获得的所有领土上，"都不应该存在奴隶制和非自愿的劳役"。1846年，众议院通过了威尔莫特的这项限制性条款，但参议院未对它表决。1847年，威尔莫特再次介绍了他的议案，参议院这次否决了它。[130]参议员约翰·C.卡尔霍恩曾非常担心与墨西哥的战争将导致这样的反奴隶制浪潮。

战争继续使美国人立场对立。1848年2月21日，当有人在众议院中提出一份赞扬战争中退伍军人的议案时，那位"雄辩的老人"奋起反对它！但约翰·昆西·亚当斯被压倒性的投票数否决了。当众议院书记员宣读一份对士兵颂词时，亚当斯起而反对。他很快就因中风而倒下。他被抬到发言人办公室，两天后死在那里。[131]在众议院选出的治丧委员会成员中，有位来自大草原的新任议员亚伯拉罕·林肯。

詹姆斯·诺克斯·波尔克极大地扩展了美国的领土，却没有得到多少赞扬。他是美国的俾斯麦（Bismarck）。如同那位"铁血宰相"被盛赞于19世纪六七十年代缔造了更强大的德意志帝国那样，波尔克的心中有三个伟大目标：圣地亚哥（San Diego）、旧金山和皮吉特湾（Puget Sound）的海港。像俾斯麦一样，波尔克愿意通过战争来实现他的目标。但与俾斯麦不同的是，波尔克能够依赖无数移民不用战争就实现他的大部分目标。当墨西哥人在墨西哥奋勇抵抗美国入侵者时，美国人几乎没有流血就获得了广大的西南部地区。

波尔克以令人震惊的忘恩负义态度，对待他在墨西哥城的外交特使尼古拉斯·特里斯特（Nicholas Trist）。但他还是颇有好感地将特里斯特的瓜德罗普岛—伊达尔戈条约（1848）（Treaty of Guadelupe-Hidalgo）递交到参议院。在这件事上，他明智地拒绝了美国一些极端民族主义者和墨西哥一些年轻改革者将整个墨西哥并入美国的要求。\*

墨西哥放弃了加利福尼亚、亚利桑那（Arizona）和新墨西哥，并承认格兰德河是美国的南部边界。美国同意支付给墨西哥 1 500 万美元。这个条约很快被批准了。所谓的墨西哥割让地（Mexican Cession）有 525 000 平方英里土地。当然，购买路易斯安那给美国增加了 828 000 平方英里富饶、水源良好的土地。还有，广阔的西南部在矿物质的丰富储藏和自然景色的优美上，是其他地方无法媲美的。

1 500 万美元代表着波尔克的良心不安吗？或者，它是一种令人意外的同情吗？有一件事是清楚的：对于任何其他大国，在战胜了一个弱小的邻邦后，这种行为几乎是无法想象的。

波尔克信守其只任一届总统的诺言。严厉而多疑，但勇敢而坚定的波尔克，在 1849 年 3 月离开了白宫，仅三个月后去世，卒年 54 岁。繁忙的工作拖垮了他。威廉·劳埃德·加里森认为，没有理由哀悼这位前总统的死，"他的执政对国家是一种祸害"[132]。

---

\* 战争也挽救了西点军校。尽管西点军校是在 1803 年杰斐逊掌权时期建立的，这所军事院校被杰斐逊的政治继承人看作非共和主义的。然而，如此之多的经过严格训练的西点军官在墨西哥战争中的出色表现，终结了国会关闭西点军校的努力。

如果美国人反思，这些广大领土对国家生活的贡献，以及很多移民对土地的希望和抱负，他们可能就不会这么想了。

1　Remini, Robert V., *The Life of Andrew Jackson*, Penguin Books, New York: 1988, p.44.
2　Remini, Robert V., *Henry Clay: Statesman for the Union*, W.W.Norton & Company, New York: 1991, p.271.
3　Remini, *Clay*, p.266.
4　Morison, Samuel Eliot, *The Oxford History of the American People, Volume 2: 1789 Reconstruction*, Penguin Books, New York: 1994, p.159.
5　Remini, Robert V., *John Quincy Adams*, Henry Holt & Company, New York: 2002, p.123.
6　Remini, Robert V., *The Jacksonian Era*, Harlan Davidson, Inc., Arlington Heights, Ⅲ.: 1989, p.13.
7　Holland, Barbara, *Gentlemen's Blood*, Bloomsbury, New York: 2003, p.51.
8　Remini, pp.53-54.
9　Remini, *John Quincy Adams*, p.127.
10　McDonald, Forrest, *The American Presidency: An Intellectual History*, University Press of Kansas, Lawrence, Kan.: 1994, p.317.
11　Remini, *Era*, p.20.
12　Morison, p.163.
13　Online source: http://college.hmco.com/history/readerscomp/gahff/html/ff_108500_kitchencabin.htm.
14　Remini, *Life*, p.190.
15　Remini, *Life*, p.191.
16　Remini, *Life*, p.11.
17　Morison, p.167.

| | |
|---|---|
| 18 | Burstein, Andrew, *The Passions of Andrew Jackson*, Afred A. Knopf, New York: 2003, p.175. |
| 19 | Peterson, Merrill D., *The Great Triumvirate: Webster, Clay, and Calhoun*, Oxford University Press, New York: 1987, p.19. |
| 20 | Peterson, p.19. |
| 21 | Coit, Margaret L., *John C.Calhoun: Americarn Portrait*, Houghton Mifflin Company, Boston, Mass., 1950, p.35. |
| 22 | Coit, p.24. |
| 23 | Coit, p.28. |
| 24 | Peterson, p.23. |
| 25 | Coit, p.44. |
| 26 | Coit, p.45. |
| 27 | Peterson, p.18. |
| 28 | Hofstadter, Richard, *The American Political Tradition: And the Men Who Made It*, Vintage Books, New York: 1948, p.74. |
| 29 | Peterson, p.236. |
| 30 | Peterson, p.236. |
| 31 | Hofstadter, p.74. |
| 32 | Peterson, p.27. |
| 33 | Hofstadter, p.75. |
| 34 | Hofstadter, p.78. |
| 35 | Coit, p.397. |
| 36 | Hofstadter, p.79. |
| 37 | Remini, Life, p.195. |
| 38 | Ketcham, p.641. |
| 39 | Freehling, William W., *Prelude to Civil War: The Nullification Controversy in South Carolina, 1816-1836*, Harper & Row, Publishers, New York: 1966, p.192. |
| 40 | Ketcham, Ralph, *James Madison: A Biography*, University Press of Virginia, |

| | Charlottesville, Va.: 1990, pp.640-641. |
|---|---|
| 41 | Farber, Daniel, *Lincoln's Constitution*, University of Chicago Press, Chicago: 2003, p.67. |
| 42 | Freehling, p.193. |
| 43 | Remini, *Era*, p.66. |
| 44 | Remini, *Life*, p.239. |
| 45 | Remini, *Life*, p.239. |
| 46 | Remini, *Era*, p.66. |
| 47 | Morison, p.177. |
| 48 | Remini, *Era*, p.68. |
| 49 | Freehling, p.53. |
| 50 | Freehling, p.11. |
| 51 | Freehling, p.53. |
| 52 | Remini, *Life*, p.235. |
| 53 | Remini, *Life*, p.236. |
| 54 | Freehling, p.157. |
| 55 | Remini, *Era*, p.68. |
| 56 | Remini, *Era*, p.69. |
| 57 | Morison, p.254. |
| 58 | Remini, *Era*, p.41. |
| 59 | Morison, p.188. |
| 60 | Remini, *Life*, p.219. |
| 61 | Morison, p.192. |
| 62 | Remini, *Era*, p.45. |
| 63 | Bailyn, Bernard, Davis, David Brion, David, Herbert Donald, Thomas, John L., Wiebe, Robert H., and Wood, Gordon S., *The Great Republic: A History of the American People*, Little, Brown and Company, Boston: 1977, p.439. |
| 64 | Utley, Robert M.and Washburn, Wilcomb E., *Indian Wars*, Houghton Mifflin |

| | |
|---|---|
| | Company, Boston: 1977, p.137. |
| 65 | Utley and Washburn, p.138. |
| 66 | Morison, p.189. |
| 67 | Remini, *Era*, p.51. |
| 68 | Utley and Washburn, p.139. |
| 69 | Morison, p.192. |
| 70 | Morison, p.193. |
| 71 | Remini, *Life*, p.218. |
| 72 | Morison, p.193. |
| 73 | Tocqueville, Alexis de, *Democracy in America*, trans., ed., with an introduction by Harvey Mansfield, The University of Chicago Press, Chicago and London: 2000, p.309. |
| 74 | Tocqueville, pp.310-311. |
| 75 | Peterson, p.208. |
| 76 | Remini, *Life*, p.229. |
| 77 | Schlesinger, Arthur M.Jr., *The Age of Jackson*, Little, Brown and Company, Boston: 1945, p.113. |
| 78 | Morison.p.180. |
| 79 | Remini, *Life*, p.229. |
| 80 | Peterson, p.239. |
| 81 | Remini, *Life*, p.272. |
| 82 | Freehling, p.84. |
| 83 | Remini, *John Quincy Adams*, p.143. |
| 84 | Remini, *John Quincy Adams*, p.140. |
| 85 | Remini, *John Quincy A dams*, p.134. |
| 86 | Morison, p.276. |
| 87 | Remini, *John Quincy Adams*, p.147. |
| 88 | Remini, *John Quincy Adams*, p.148. |

89 Online source: http://www.law.umkc.edu/faculty/projects/ftrials/amistad/AMI_SCT2.HTM.
90 Morison, p.276.
91 Morison, p.209.
92 Morison, p.211.
93 Bailyn et al., p.598.
94 Morison, p.318.
95 Bailyn et al., p.599.
96 Bailyn et al., p.599.
97 Peterson, p.353.
98 Peterson, p.373.
99 Peterson, p.352.
100 Peterson, p.352.
101 Morison, p.319.
102 Morison, p.303.
103 DeVoto, Bernard, *The Year of Decision: 1846*, Houghton Mifflin Company, Boston: 1942, p.55.
104 DeVoto, p.65.
105 Morison, p.308.
106 Leckie, Robert, *The Wars of America*, Harper & Row, Publishers, New York: 1981, p.325.
107 Bailey, Thomas A., *A Diplomatic History of the American People*, Prentice-Hall, Inc., Englewood Cliffs, N.J.: 1980, p.228.
108 Bailey, p.229.
109 Bailey, p.235.
110 Leckie, p.325.
111 Bailey, p.254.
112 Leckie, p.326.

113 Morison, p.323.

114 Morison, p.321.

115 Leckie, p.326.

116 Leckie, p.327.

117 Leckie, p.327.

118 Bailey, p.259.

119 Bailey, p.259.

120 Morison, p.325.

121 Morison, p.325.

122 Morison, p.325.

123 Cain, William E., ed., *William Lloyd Garrison and the Fight Against Slavery*, Bedford Books of St.Martin's Press, Boston: 1995, p.115.

124 Morison, p.327.

125 Leckie, p.374.

126 Leckie, p.375.

127 Online source: http: //www.infoplease.com/ipa/A0004615.html.

128 DeVoto, pp.472-476.

129 Morison, p.325.

130 Morison, p.330.

131 Remini, *John Quincy Adams*, p.155.

132 Cain, p.121.

第八章

# 日益动荡的时代（1849—1861）

当海员说起"迷失方位"（losing the bubble）时，其含义是船只的领航员对自己所在的位置和航向失去了清晰的判断。19世纪50年代的美国人几乎失去了对自身和未来方向的判断。这个国家为自身的诞生而欢呼，把这看作"时代的新秩序"（novus ordo seclorum），并始终认为自己在从事自由的事业。乔治·华盛顿曾说，美国人受到"自由的神圣之火"的佑护。美国人认为，我们的共和国理念和制度的扩展将有益于人类，这是理所当然的。所有的建国者都把奴隶制度视为一种失常行为。他们强烈反对奴隶制度，认为它是不公正的。他们都希望最后能够消灭奴隶制度。在19世纪50年代，建国者们的观点被模糊了。奴隶制度扩张的事态，导致了约翰·布朗（John Brown）去杀人和一场注定的骚乱。然而，一些令人尊敬的公众人物，例如约翰·C.卡尔霍恩、杰斐逊·戴维斯（Jefferson Davis）、艾伯特·加勒廷·布朗（Albert Gallatin Brown），却支持奴隶制度的扩张。亚伯拉罕·林肯（Abraham Lincoln）把奴隶制度描绘为盘绕在建国者们讨论美国未来的桌子下面的响尾蛇。在19世纪40年代，这条响尾蛇苏醒了。整个50年代，我们都能听到它那深具威胁性的行进之声，感知它那可怕的毒液。自由本身能够继续存在吗？

## 1. 加利福尼亚与《1850年妥协法案》

坚定不屈的詹姆斯·诺克斯·波尔克（James Knox Polk）实现了他主要的领土目标，他成功地把美国的势力扩张到了太平洋。波尔克非常重视实现把圣地亚哥（San Diego）港和旧金山（San Francisco）海湾并入美国的目标。正是这位总统的果断，远非新闻媒体对"天定命运"的热情，才能够解释19世纪40年代晚期美国势力和影响的令人震惊的扩张。[1]但是，波尔克发现，在他从事这项工作的同时，不可避免地要为他最大的政治对手——辉格党创造出军事英雄。辉格党曾领导了反对墨西哥战争的活动。现在，具有讽刺意味的是，辉格党提名墨西哥战争中的英雄扎卡里·泰勒（Zachary Taylor）作为他们1848年的总统候选人。

"精干的老粗"（Old Rough and Ready）泰勒是一个路易斯安那州的奴隶主，政治观点并不鲜明。而这正是辉格党人选择他的原因。当时一幅粗俗但有趣的政治漫画显示，泰勒告诉爱打听的记者，"问我的屁股吧"。辉格党没有提出新的竞选纲领，仍然依靠八年前选举了"蒂珀卡努和泰勒在一起（Tippecanoe and Tyler, Too）"的相同的政纲。

但是,一些"良心派辉格党人",例如马萨诸塞州的查尔斯·萨姆纳(Charles Sumner),却不愿支持泰勒,因为泰勒拒绝向他们作出任何反对奴隶制度向新领土扩张的保证。[2]

一位来自伊利诺斯州的、支持泰勒将军的辉格党众议员亚伯拉罕·林肯,取笑民主党的总统提名候选人、上了年纪的刘易斯·卡斯(Lewis Cass)。民主党人试图粉饰卡斯的战争记录——将之追溯到1812年战争!他嘲笑道,卡斯将军曾经"未遭抵抗就侵入了加拿大,未遭追击就撤退了"[3]。林肯进一步嘲笑卡斯的无能。既然威廉·亨利·哈里逊(William Henry Harrison)将军曾在泰晤士湾战役(the Battle of the Thames)当天采摘乌饭树浆果,而卡斯又自夸说,担任过哈里逊的副官,林肯说道:"我想,一个合理的推论是……卡斯曾帮助哈里逊采摘乌饭树浆果。"[4]

在选民那里,卡斯也受到了冷遇。前总统马丁·范布伦,曾是一个民主党人,与出身总统世家的查尔斯·弗朗西斯·亚当斯(Charles Francis Adams)联合领导了反对奴隶制度的自由土地党(Free-Soil Party)。

对杰克逊的政治继承人来说,令人遗憾的是,詹姆斯·诺克斯·波尔克的雄心勃勃的计划,即获取太平洋沿岸港口——皮吉特海峡(Puget Sound)、旧金山海湾和圣地亚哥港的计划,使得他自己的民主党陷入了分裂。

自由土地党这个新的集团,由很多前民主党人构成,他们能够容忍奴隶制度在南方发展,但不愿看到它向从墨西哥获得的新领土扩展。为了与南方奴隶主阶层的同盟者和平共处,大多数北方的民主党人愿意让奴隶制度向炎热的、人口稀少的西南部扩张。

自由土地党人范布伦和亚当斯实际上在纽约州领先于民主党人卡斯（26.4％对25.1％），但是却将关键的纽约州和大选输给了泰勒和辉格党。自由土地党的选票也极大地消耗了民主党在康涅狄格州、马萨诸塞州和佛蒙特州的实力。[5] 我们在前面的章节中已经看到，在1844年选举中，詹姆斯·伯尼（Birney）和他的自由党使亨利·克莱和辉格党付出了多么大的代价。

现在，四年之后，奴隶制问题打破了民主党的团结。范布伦被他从前在民主党内的朋友谴责为"谷仓焚烧者"[6]。这个词来自一个古老的荷兰民间传说，那个发狂的农夫为了除掉老鼠而焚烧了自己的谷仓。这种尖刻的批评对范布伦而言，具有特别严厉的意味——正如他的名字所显示的那样，他的祖先是荷兰人。

扎卡里·泰勒在40多年的军旅生涯中，没投过几次选举总统的票。[7] 但是，一旦成为总统，他就无法再回避各种各样的问题。加利福尼亚事件将使整个世界为之惊讶，同时也给华盛顿造成了压力。在地处加利福尼亚州科洛马（Coloma）附近、位于美国河（American River）南部分流处的萨特工厂（Sutter's Mill）发现黄金之前，美国与墨西哥之间的和平协议还没有签署。发现黄金的消息传遍了整个美国，由于新近发展的电报机，加快了传播速度。加利福尼亚的黄金潮（Gold Rush）几乎立刻就开始了。无数来自全国各地的美国人和来自世界各地的人们，开辟了萨克拉门托峡谷（Sacramento Valley）的黄金矿区。

他们经由陆路和海路来到这里。在遥远的中国，加利福尼亚被冠以金山（Gum Shan）之名——黄金之山。[8] 很多人从金门（Golden Gate）进入淘金。美军少校、探路者约翰·查尔斯·弗里蒙特（John Charles Frémont）带着一种典型的推销员式的炫耀，命名了这个通向

## 第八章 日益动荡的时代（1849—1861）

旧金山海湾的通道。⁹ 这些 1849 年涌往加利福尼亚淘金的人增加了当地的人口。矿区每天开采出相当于 3 万~5 万美元价值的黄金！毕业于西点军校、在加利福尼亚军中服役的威廉·谢尔曼（William Tecumseh Sherman）认为，这些黄金足够用来支付整个墨西哥战争。¹⁰

很快，加利福尼亚开始要求获得州的身份。令泰勒烦恼的是，奴隶制度在新领土上的地位问题已经无法回避了。对这个问题的决定将使整个国家分裂。

加利福尼亚的命运将由华盛顿决定，奴隶制度问题在其中占首要地位。健康不佳的约翰·C.卡尔霍恩写道："如果南方要获得拯救的话，现在正是时机。"¹¹ 卡尔霍恩早先曾是一个国家主义者，一个杰斐逊派共和党内声望日盛的成员。然而，在他与杰克逊发生冲突之后，这个伟大的南卡罗来纳人日益把自己看作高度戒备的、地方主义的南方领导人。

泰勒总统极力主张加利福尼亚并入美国，但不作为州的建制，这使他的南部支持者大为吃惊。尽管泰勒来自南方，但是他在多年的军旅生涯中已经形成了一种全国性的视野。行将就木的卡尔霍恩采取了对抗姿态，他在参议院要求获得"保证"。¹² 他辩称，1787 年的联邦共和国，正在转变为全国性的民主政治。南方必须获得保证，它将继续在全国政府中享有平等的代表权，否则南方将不得不考虑脱离联邦。纽约州参议员威廉·亨利·西沃德（William H.Seward）与好斗的卡尔霍恩进行了较量。辉格党人西沃德声称，自由州的崛起是不可阻挡的。这是自然法则。他说，在宪法之下，国会当然地享有限制奴隶制度扩张的权利。虽然如此，他还挑衅性地主张，还有比宪法"更高级的法则"——自然法则。¹³ 西沃德声称，不仅奴隶制度的扩张能受到限制,而且奴隶制度还能被适时地废除。[14]

肯塔基州的参议员亨利·克莱挺身而出,决定再次扮演伟大妥协者的角色,就像他在 1820 年和 1833 年所做的那样。克莱叫道:"我不效忠于南方、北方、东方或西方……我所效忠的是美利坚联邦和我自己的州。"他进一步陈述道,他决不会宣誓效忠于任何形式的南方的同盟。[15] 在那个令人激动的政治雄辩术盛行的时代,克莱演说的声名从参议院人头攒动的坐席传遍了全国。

克莱提出了一个一揽子立法建议,覆盖了奴隶制度在新领土范围内争议的很多方面问题。不论这是否是一个伟大的方案,它可以贴切地被称之为一个妥协法案。第一,加利福尼亚将作为一个自由州并入美国。第二,新墨西哥将设立州的建制,并对奴隶制度不设限制。第三,哥伦比亚行政区将废止奴隶贸易。第四,国会要宣誓不得进一步干涉首都的奴隶持有情况。第五,国会不得在宪法的贸易条款下运用其权力控制各州之间的奴隶贸易。最后,也就是第六点,国会要通过一个新的、更加严厉的《逃亡奴隶法案》(Fugitive Slave Act)。[16] 南方人声称,已经有 3 万奴隶从主人身边逃离。他们称,这个逃亡奴隶问题,已经使南方人损失了 1 500 万美元。[17]

克莱主张,我们必须遵循乔治·华盛顿在他的《告别演说》中体现出来的智慧的指引。[18] 当有人提醒他,他现在的措施将永远使他不能成为总统时,克莱作出了令人难忘的回答:"先生,我宁愿做正确的人,而不是总统!"[19]

亨利·克莱鼓舞人心的演说,促使一个有爱国心的弗吉尼亚州人爱德华·科利斯(Edward Coles),给这个伟大的妥协者寄去了从未出版过的《我对祖国的建议》,这是 1836 年詹姆斯·麦迪逊在逝世之前

## 第八章　日益动荡的时代（1849—1861）

写就的短文。科利斯希望克莱能在辩论中使用它。这如同即使在坟墓中，麦迪逊也强有力地反对分裂："各州的联邦应当受到珍爱并长存下去。联邦公开的敌人应当被看作打开了魔盒的潘多拉；伪装的敌人，应当被看作想要利用恶毒的诡计混入天堂的毒蛇。"[20]

现在所有的目光都关注着丹尼尔·韦伯斯特如何答辩卡尔霍恩和克莱。他会帮助克莱，使这个有争议的妥协法案获得通过吗？或者他会站在北方的立场上拒绝妥协？"像天神一样的丹尼尔"倚桌而立，他的声音回荡在拥挤的会议室里："我希望今天不是以一个马萨诸塞州人的身份发言，也不是以一个北方人的身份，而是以一个美国人的身份，以一个美国参议员的身份发言……我今天将为保护联邦而发言。'请仔细倾听我的理由！'"[21]\*

1850年3月7日，韦伯斯特的发言时间超过了三个小时，他实现了不以北方人身份发言的承诺。他攻击废奴主义者的狂热，并撤销了对《威尔默特限制性条款》（*Wilmot Proviso*）的支持，这使他的马萨诸塞州支持者不知所措。《威尔默特限制性条款》是由来自宾夕法尼亚州的民主党众议员大卫·威尔默特（David Wilmot）提出的。他主张，在任何作为与墨西哥战争的结果而获得的新领土上，都要禁止奴隶制度。《威尔默特限制性条款》在众议院已经多次获得通过，但是在参议院则始终未获通过。韦伯斯特现在主张，这个限制性条款并非必要，因为上帝使得西南部贫瘠、荒芜的土地不适于奴隶制的农业发展。他赞同克莱的妥协法案，在关键时刻给予其必不可少的支持。韦伯斯特

---

\* 引自莎士比亚：《朱利叶斯·恺撒》（*Julius Caesar*）中的布鲁图（Brutus）的演讲，第三幕第二场。

仍然坚信,保护联邦最终将带来自由的扩展。他还希望看到奴隶制度在西部的衰落。

约翰·C.卡尔霍恩坐在他的座位上,怒视着这一切,几乎无法说话。很明显他已经失败了。卡尔霍恩和他的追随者坚持要加利福尼亚推迟加入美国,直到它以州的身份加入——就像几乎所有其他各州加入联邦的过程一样。卡尔霍恩希望利用这段时间来使奴隶制农业扩展到加利福尼亚富饶的中央峡谷。一个蓄奴的加利福尼亚将使卡尔霍恩的"特殊制度"拥有面对太平洋的窗口。

当韦伯斯特警告参议院,联邦的瓦解绝不可能和平实现时,卡尔霍恩叫喊道:"不!先生,联邦可以被打破。"[22] 他相信,如果北方拒绝尊重他的"南方政纲",脱离是唯一的答案。在这一政纲中,卡尔霍恩主张,奴隶主有权携带他们的"财产"去联邦的任何地方。他声称,奴隶制度必须跟随国旗前进。[23] 在加利福尼亚问题上,他的立场是顽固的。他写道:"我们忍受北方的错误和侮辱已经够久了。"[24]

卡尔霍恩把自由重新解释为,占优势的种族有权把它自己的"特殊制度"推广到整个联邦,他承认自己不同意杰斐逊的观点。卡尔霍恩主张,对"所有人生来平等"的错误信仰,促使杰斐逊对南方的黑人种族对白人种族的隶属关系采取了完全谬误的观点;使他认为,黑人种族与白人种族一样享有完全的自由权和平等权;使他认为,剥夺黑人的这些权利是既不公平也不道德的。[25]

卡尔霍恩认为,生而平等是托马斯·杰斐逊的独特想法,但是,事实并非如此。约翰·亚当斯曾经说过,《独立宣言》中的思想,都是由国会经年来反复讨论的。杰斐逊本人也否认自己在这个问题上的任何独创性,他说《独立宣言》是"美国精神的一种表述"[26]。因此,

## 第八章 日益动荡的时代（1849—1861）

卡尔霍恩并不仅仅是在挑战杰斐逊。他在抵制美利坚合众国奠基于其上的全部自然权利哲学。他对此所持的异议已经十分激进，甚至在某种程度上达到颠覆性的程度。但是，尽管他作出如此革命性的声明，也无法阻止《1850年妥协法案》获得通过。在韦伯斯特的"3月7日演说"之后的一个月内，卡尔霍恩去世了。

当南方的新闻界称赞韦伯斯特思想公正之时，很多他本人的选民，对他接受妥协法案、特别是可憎的《逃亡奴隶法案》而感到恐惧。马萨诸塞州的诗人约翰·格林利夫·惠蒂尔（John Greenleaf Whittier）在他的《伊卡博德》（*Ichabod*）中强烈地谴责韦伯斯特：*

> 于是，往日威望尽毁，
> 如今名誉扫地；
> 脚步倒退，目光偏离，
> 掩饰那羞愧。[27]

尽管拉尔夫·沃尔多·爱默生（Ralph Waldo Emerson）曾经极力主张他的马萨诸塞州读者要"爱他们的白人邻居要多，爱他们的有色皮肤的邻居要少"，这位思想家兼诗人现在也对《逃亡奴隶法案》感

---

\* 惠蒂尔引用的是众所周知的资料来源。首先，他的风格模仿了伟大的清教徒约翰·米尔顿（John Milton）的诗。在米尔顿的《失乐园》中，撒旦悔恨自己从天堂堕落。因此，惠蒂尔在诗中把韦伯斯特的堕落比作撒旦的堕落！他还从《圣经》中吸收了营养："接着，她给这个孩子起名为伊卡博德，并说，'光荣已经离开了以色列人'！因为上帝之方舟已经被占领……"（《撒母耳记》4：21）。对波士顿那些文学水平很高的文人雅士来说，惠蒂尔有力的批评是十分中肯的。

到恐怖。"这个肮脏的法令是由19世纪那些有文化的人制订的。上帝作证，我将不会服从它！"[28]

克莱的《1850年妥协法案》获得通过的另一个障碍是扎卡里·泰勒总统。"精干的老粗"认为，没有理由在加利福尼亚问题上对南方作出所有这些让步。泰勒想要直截了当地承认加利福尼亚作为自由州加入美国，而不是寻求卡尔霍恩或他在参议院的同盟者的赞同。泰勒嘲笑克莱的一揽子立法建议，称之为"公共马车"——一种城市里的公交马车，任何人都可乘坐。泰勒在无意中加诸给克莱那庞大、复杂的一揽子措施的这个名称，到今天已经成为一个一般性的立法词汇。

卡尔霍恩的逝世发生在《1850年妥协法案》引发的动乱高峰之时，更增加了局势的紧张。南方极度渴望出现一个新的领导人。很多南方人从1850年人口普查的结果中感到忧虑。[29]在过去的十年中，自由州的人口增长了20%。在来到美国的所有移民中，有7/8都定居在北方，这决定了自由州人口的不断增长。[30]这些移民被北方的自由劳动制度所吸引。因此，南方人担心，他们正在全国政府中成为少数派。众议院反映了人口情况，所以，伴随着每十年一次的人口普查，立法机关的大众潮流越来越趋向于反对奴隶制度。为通过禁止奴隶制度扩张到新领土的《威尔默特限制性条款》，参议院进行了反复尝试，这使得蓄奴州的代表充满了不祥的预感。新的自由州地位的确认，威胁到他们在参议院的堡垒，因为每个州在参议院享有平等的代表权。因此，加利福尼亚作为自由州加入美国的问题，在他们看来极具威胁性。

泰勒总统声称，他已经做好准备亲自领军"镇压"脱离行为，这唤起了关于"老山核桃"的记忆。[31]泰勒威胁要绞死罗伯特·图姆斯（Robert Toombs）和亚历山大·汉密尔顿·斯蒂芬斯（Alexander

Hamilton Stephens),这两人都来自佐治亚州。他们已经准备好要举起南方独立运动的旗帜,准备好要继承卡尔霍恩的衣钵。总统甚至谴责他自己的前任女婿,密西西比州的杰斐逊·戴维斯(Jefferson Davis),认为他是"主要的同谋者"[32]。泰勒不支持得克萨斯州反对新墨西哥以自由州身份加入联邦的要求,他挥舞佩剑,威胁要以武力抵制得克萨斯州的要求![33]

但是,泰勒总统却没有机会拔剑出鞘。1850 年,在 7 月 4 日长时间的演说之后,他被"夏季吐泻"击倒了。在华盛顿夏季令人发闷的高温天气里,泰勒食用了大量的冰牛奶和黄瓜,他很快就倒在了白宫内的病床上。[34] 医生对他进行了治疗,但是,一周内,泰勒就去世了。

新任总统、纽约州的米勒德·菲尔莫尔(Millard Fillmore),是一个反西沃德的辉格党人。他比泰勒更容易受外界影响,很快就表示愿意签署《1850 年妥协法案》。菲尔莫尔似乎希望卡尔霍恩的临终遗愿——终结对奴隶制的辩论——能够获得实现。

新崛起的一代,以伊利诺斯州的斯蒂芬·A. 道格拉斯(Stephen A.Douglas)、密西西比州的杰斐逊·戴维斯、纽约州的威廉·亨利·西沃德和马萨诸塞州的查尔斯·萨姆纳为代表的新一代政治家,现在已经占据了参议院的中心讲台。当道格拉斯着手处理克莱的妥协法案、并将之作为单独法令而获得通过的时候,他赢得了"小巨人"的绰号。道格拉斯也希望终结关于奴隶制度不断升温的论战。

这样的希望是不现实的,特别是在《逃亡奴隶法案》要把奴隶制延伸到北方社会之后,而北方人之前都认为自己是"自由的"。北方的街道上充斥着黑人被追捕的景象,这是动乱的持续根源。当安东尼·伯恩斯(Anthony Burns)在自由生活了多年之后被捕为奴时,波士顿人发生了骚乱。

在有同情心的白人的帮助下,那些摆脱了奴隶身份的人为逃亡奴隶组织起一个独特的逃脱系统。在很大程度上,奴隶逃亡的"地下铁路"是由公谊会教徒(Quakers)建立和支持的。地下铁路既不在地下,也不是真正的铁路,但是,它把成百上千的逃亡奴隶运载到北方甚至加拿大的自由之地。摆脱了奴隶身份的哈里特·塔布曼(Harriet Tubman)在这条铁路上担任"向导",她多次潜回南方,帮助她的兄弟姐妹逃脱。如果塔布曼小姐被捕,她会英勇地面对刽子手的绞索,骄傲而幽默地说,她引导的火车从未出轨。

亨利·博克斯·布朗(Henry Box Brown)藏在一个打好包装的板条箱里,搭乘真正的铁路和乘船来到了北方,获得了自由。博克斯·布朗英勇的逃亡行为使他获得了国际性的名声。从这时开始,"追随北斗星"开始成为黑人的灵歌。这首歌曲提到,在乡村电气化实现之前,夜空中的北斗七星和指引方向的北极星会特别明亮。因此,弗雷德里克·道格拉斯(Frederick Douglass)把自己反对奴隶制度的杂志定名为《北极星》,也不足为奇。

卡尔霍恩的去世使得南方人民感到非常痛心。甚至连他的夙敌,密苏里州的托马斯·哈特·本顿(Thomas Hart Benton)也说:"他并没有死,先生——他没有死。虽然他的身躯失去了生命力,但是他的学说仍然具有生命力。"[35]

那些学说!卡尔霍恩之所以重要,因为他敢于直截了当地反驳杰斐逊。他说,人们并非生来平等,而是生来不平等。他敢于说,奴隶制度并非就必然是邪恶的,而是具有积极的益处。他承认,如果人们认为奴隶制度在本质上就是错误的,那么就无法捍卫这种"特殊制度"。他全部的精神影响力,关于政治少数派在一个真正的联邦政府中的权利问题,把自己的国家推向了内战之路,在这方面,没有人能比得上约翰·C.卡尔霍恩。内战结束之际,诗人沃尔特·惠特曼(Walt Whitman)记录了两个饱经战争沧桑的、受伤的联邦退伍军人之间的争论。一个人说,在行军穿越南卡罗来纳时,他看到了卡尔霍恩的纪念碑。另一个人不以为然:"我已经看过卡尔霍恩的纪念碑。你看到的并不是真正的纪念碑。那是荒凉的、被战争摧毁的南方;几乎整整一代17—30岁的年轻人都因这场战争牺牲了;富人变穷了;种植园长满了荒草;奴隶获得了解放,变成了主人;南方人因耻辱而名誉扫地——所有这些,才是卡尔霍恩真正的纪念碑。"[36]

不管怎么样,美国人认识到,伟大的第二代国家领导人已经离开了历史舞台。在这个标榜自由的国家里,关于奴隶制意义的激烈辩论一点儿也没有减弱。事实上,它才艰难地开始。

## 2. 铁路与改革

在仅仅一代人的时间内,美国人就看到,运河与汽船使得交通运输发生了革命性的剧变。然而,铁路则再次使交通运输发生了巨大的变化。当国家的领土扩张到太平洋之际,把全国有机联系起来的交通方式在铁路方面实现了。

技术方面的问题大量存在:推动力采用什么方式?马匹?风帆?蒸汽?很明显,要用蒸汽来推动。

轨道如何建造?用钢材?用木材?要用钢材。

这些决定不是由政府作出的,而是由发明者、投资者和实业家们精确的试验来确定的。自由创业体系正在证明，它是世界上最具创造力、最有生产力的力量。

美国人认识到，铁路正在改变他们国家的生活。被印第安人称为"铁马"的铁路，与自由制度在大陆上的传播具有深刻的密切联系。1828年7月4日，当巴尔的摩—俄亥俄段（B&O）铁路首次通车时，马里兰州的领导人请查尔斯·卡罗尔（Charles Carroll）主持通车典礼，他是仍在世的、年纪最大的《独立宣言》的签署者。[37] 此后，南卡罗来纳州很快也发展起来，在关键性的1833年建设了它的第一条铁路。[38] 一家南方的报纸《德鲍文摘》，夸耀性地报道了美国铁路里程的显著增长。就在十年之中，美国创造了世界上最长的铁路系统。其里程达到3688英里，领先于英国（2069英里）、德国（1997英里）和法国（552英里）。[39]

然而，美国铁路在全国范围内的发展并不均衡。南方"棉花王"的不断发展，意味着交通运输建立在以奴隶制为基础的种植园经济之上。在北方和西方，铁路经常引导经济的发展。南方的企业家并不像北方的情况那样，被鼓励去投资铁路。[40] 绝大多数铁路建设于东部和西部之间，特别是那些运载新移民大军的铁路更是如此。由于很少有移民想去南方，或者说在南方不受欢迎，这种铁路线的东—西方向发展，进一步造成了南方与国内其他地区的孤立和疏远。

很多美国人开始关心铁路工业中涌现出来的垄断权问题。铁路开始阶段数十年的发展已经表明，蒸汽机车需要单独的轨道，单线铁轨的竞争观念已经失效了。[41] 铁路产生了巨大的财富。一些美国人开始忧虑一种建立在这种财富基础上的等级制度。像欧洲那样突出的巨大财富差距，将逐渐损害杰斐逊主义的独立、自由的自耕农观念。很快，铁路运

第八章　日益动荡的时代（1849—1861）

输开始依赖被称为"沙龙"的单节长车厢，中间以通道相连接。[42]头等舱座位票能够提供更加舒适的旅行。

然而，即使在北方，种族偏见导致的种族隔离仍然是很盛行的。"黑人车厢"（Jim Crow）\*是挂在其他乘客车厢后面的车厢，专门运载黑人乘客。[43]当弗雷德里克·道格拉斯在马萨诸塞拒绝离开他在火车头等车厢里的座位时，导致了全国性的轰动。道格拉斯让大怒的白人列车员给他"一个好理由"，为什么他应当离开自己的座位。列车员咆哮道："因为你是黑人！"他召集了几个强壮的装卸工来驱逐这位著名的废奴主义者。列车员号叫道："快把这该死的黑鬼拉出去！"道格拉斯，这个曾经在马里兰东海滨击败了邪恶的"奴隶鞭挞者"（Slave Breaker）的人，紧紧抓住了他的坐椅。当他最后被推到站台之时，他手中仍牢牢地抓住自己已经付款的座椅。他把座椅从底座上揪了下来。道格拉斯后来告诉一个英国听众，"他们至少应当让我坐半程，毕竟，我只是半个黑人！"[44]这"半个黑人"的嘲讽指的是，弗雷德里克的父亲是马里兰东海滨的一个奴隶主。

到19世纪50年代末期，铁路建设的增长超过了三倍。政府授权转让的2 200万英亩的公共土地，为工业增长提供了巨大的刺激；尽管别的方法不能使铁路体系的建设如此迅速和高效，但是，这个体系还是因贿赂州议会和国会而受到公开批评。[45]虽然存在这些政治问题

---

\* "黑人"（Jim Crow）这个词的贬义的含义是1832年由白人丹·赖斯"爸爸"（"Daddy" Dan Rice）创造出来的。赖斯用烧焦的软木炭把自己的脸涂黑，恶意地、粗俗地对黑人进行夸张模仿。黑人（Jim Crow）开始与黑人（Negro）同义，它在美国文化中长期存在，并扮演了很不体面的角色。（Online source：http：xroads. Virginia. Edu/-HYPER/JACOBS/hj-jcrow.htm.）

和 1857 年严重但短暂的经济萧条，但是，美国已经很明显地成为一个火车车轮上的国家。在北方，\*长达 22 385 英里的轨道把大城市和边远地区连接起来，为农业革命提供了条件，使得农业与迅速的工业化配套发展。在南方广阔的土地上，铁路的发展稍嫌滞后。即便如此，其 8 783 英里的轨道也超过了世界上大多数的其他国家。⁴⁶

与铁路并行发展的是塞缪尔·F.B. 莫尔斯（Samuel F.B. Morse）的电报机。1844 年，当他发出第一封信息——"上帝制造了什么？"（What hath God wrought？）之后，他的发明迅速传播开来。到 1850 年，电报机的线缆从缅因州扩展到佛罗里达，并且很快就横跨了整个大陆。⁴⁷ 莫尔斯还为他的发明创造了一套莫尔斯电码，这是一套由点和划组成的、一个世纪以来被童子军和军队新兵所牢记的、必不可少的通信工具。\*\* 与此同时，赛勒斯·麦考密克（Cyrus McCormick）发明的小麦收割机，伊莱·惠特尼（Eli Whitney）发明的轧棉机，半个世纪以前就已经被有效地使用了。⁴⁸

涌入美国海岸城市的移民潮和北方各州公共教育的发展，促进了人们对改革的渴望。爱默生曾说，这一时代的年轻人都是"头脑中携带着匕首"⁴⁹ 出生的。工会开始为城市工人要求更好的工作条件。南方的作家很快就指出这些"工资奴隶"在工作条件方面的恶劣状况。（不过，在北方，没有工厂主试图通过一个全国性的"逃亡雇工法案"。

---

\* 北方和南方。应当指出，在这个十年，由于铁路的联系，西部各州日益紧密地和东部、东北部联系在一起。西部各州都是自由州，这个事实促使这样一种观念的发展具有重要的意义，即"南方仅仅是指那些蓄奴的州——其他部分都是北方"。

\*\* 莫尔斯是一个恶毒的反天主教者。他与亨利·福特（Henry Ford）都有一种暧昧的特征，即两人都具有创造性的天才和宗教偏执（不过，福特蔑视的对象是犹太教徒）。

这个事实无疑要部分地归因于移民带来的廉价劳动力大潮。)

19世纪50年代,以城市为基础的劳工联合会陆续成立,例如全国印刷工会(1852年)、全国制帽匠工会(1856年)和铸铁工工会(1859年)。[50] 德国移民中的一部分人,即1848年欧洲革命失败后的激进流亡者,用他们随身的行李箱带来了马克思的社会主义思想。[51] 对比之下,英国作家查尔斯·狄更斯(Charles Dickens)对马萨诸塞州著名的"洛厄尔女孩们"(Lowell Girls)的整洁、明亮的工厂感到惊异。[52] 当然,雇用这些年轻姑娘们的这间模范的纺织原料工厂,很难代表不断发展的新兴的工业主义。民主党——当时仅以民主政治为标榜——发展到了工人和移民中间。

1848年,妇女们的权利组织从纽约州塞尼卡福尔斯(the Seneca Falls)全国代表大会开始,走上了通向自由的漫漫长路。伊丽莎白·凯蒂·斯坦顿(Elizabeth Cady Stanton)和卢克丽霞·莫特(Lucretia Mott)在妇女争取选举权的运动中发挥了领导作用。[53] 这个运动很快也用其他方式来进行自我表达。高贵的斯坦顿夫人是一位著名法官的女儿,同时也是一位纽约州参议员的妻子,当她放弃了常见的、长及地板的、带裙撑的女裙,而改穿新的、时髦的"女式灯笼裤"时,对很多人造成了震动。这种实用的服装具有短下摆和裹腿。令人尊敬的斯坦顿夫人和她的主张妇女选举权的伙伴们,遭到了下面这首打油诗的嘲笑:

嗨!嗬!黑兀鹫,
斯坦顿夫人的流行玩意;
二十个裁缝来缝线。

斯坦顿夫人穿长裤。[54]

而且，人们没有认识到，妇女在一些重要的社会改革运动如禁酒（戒除酒精饮料）、监狱改革和改善精神病患者的治疗等方面发挥了榜样作用。这时还形成了"冷水兵团"，它劝阻那些醉酒者和酒馆，并使年轻人"发誓"戒酒。大量有品德的年轻女子保证"碰触过烈性酒的嘴唇将不得接触我的嘴唇"。

很多工作繁重、大量饮酒的工人，对这些来自社会上层的"做好事的人"的措施持有一种悲观的看法，这并不让人吃惊。（即使在我们的时代，我们也会看到很多改革者那种优越的、倨傲的态度，他们瞧不起戴防护帽的建筑工人和那些下班后一边吸烟一边喝掉几听啤酒的人。）在英国和欧洲，移民居住在黑暗并且不卫生的公寓里，酒吧满足了他们重要的社会需求。政党的组织者在招收新成员时，经常能在这些小酒吧里找到现成的追随者。

改革的精神并不局限在陆地上。1850年，海军准将尤赖亚·菲利普·利维（Uriah Philips Levy）最终成功地在美国海军中禁止了鞭刑。他为反对这种非人道的刑罚，已经努力了几十年。现在，不论黑人水兵或者白人水兵，都不会再遭受这种受鞭挞的刑罚。尽管他没有使鞭刑在全国范围内被废止，但是，与棉花地里奴隶的遭遇相比较，海军里发生的这种变革已经非常引人注目了。*

本地保护主义（Nativism）——一场限制移民潮的政治和社会运

---

\* 利维是美国海军中第一位犹太人准将。他也是一位历史文化保护运动的领导人。1836年，他购买了托马斯·杰斐逊的蒙蒂塞洛庄园，从而拯救了这颗建筑学上的宝石。《拯救蒙蒂塞洛》的作者马克·利普逊（Marc Leepson）称，这是美国历史文化保护的最早先例。

动——盛行于19世纪50年代,并对两党政治系统造成了挑战。在很多北方的州——包括马萨诸塞和纽约——一个新的组织实际上已经超越了辉格党。他们自称为美国党(the American Party),其领导人秘密组织起来控制立法机关,阻止移民享有选举权。他们对外来人任何问题的回答,都是"我一无所知";因此,历史赋予他们一个带有嘲笑意味的名字——"一无所知党"(Know-Nothings)。在巴尔的摩,类似"打击丑陋人"(Plug Uglies)的组织,使用暴力阻止移民投票。[55]

在立法机关调查天主教的教会学校和女隐修会学校时,很多本地保护主义者都持有一种反天主教的论调。允许天主教公共学校的学生阅读自己的杜埃版〔杜埃(Douay)是法国的一个城镇,世界上第一本英文圣经在此翻译,并于1582年在法国兰斯(Rheims)出版〕英文本《圣经》的要求,导致费城发生了骚乱。当本地保护主义者在纽约市选出一位市长时,传奇性的天主教大主教约翰·休斯(John Hughes)要求求见市长。他温和地通知市长阁下,如果他辖下的任何礼拜堂受到攻击,天主教将"把纽约变成第二个莫斯科"。短剑约翰的警告产生了预期效果:纽约保持了和平。\* 这当然无助于废奴主义者和民主党人的事业,大多数的本地保护主义者都强烈地反对奴隶制度。

19世纪50年代也产生了美国文学上的瑰宝。沃兹沃思·朗费罗(Wadsworth Longfellow)出版了他不朽的名篇——《金色传奇》《海华沙之歌》和《迈尔斯·斯坦迪什求爱记》。纳撒尼尔·霍桑(Nathaniel

---

\* "第二个莫斯科"的典故指,沙皇亚历山大宁可将莫斯科全城烧为平地,也不让拿破仑占领的决定。短剑约翰的绰号指的是他的布道深入人心——而不是说他真的使用短剑。
(Online source: http://www.kevinbaker.info/c_tns.html.)

Hawthorne)写出了《红字》和《七个尖角阁的房子》。赫尔曼·梅尔维尔(Herman Melville)写出了《白鲸与莫比·迪克》。亨利·大卫·梭罗(Henry David Thoreau)写出了《瓦尔登湖》,沃尔特·惠特曼(Walt Whitman)创作了《草叶集》。[56]然而,有一部作品超越了所有这些杰作,触动了更多的美国人和世界范围内更多的读者,这就是哈里特·比彻·斯托(Harriet Beecher Stowe)写于1852年的《汤姆叔叔的小屋》。

这本书就像地震一样震动了整个美国。《逃亡奴隶法案》使所有北方有良知的人都深感不安,该书就创作于这个敏感时期。斯托的作品创造了令人难以忘怀的形象——如年轻的奴隶女子,可怜的伊莱扎(Eliza)。伊莱扎把她的婴孩抱在胸口,泅渡了冰冻的俄亥俄河。斯托注重以宽容的笔法描述南方的奴隶主。她描绘出他们都被限制在一个并非他们所发明的体系当中。书中最坏的反面人物是邪恶的西蒙·莱格里(Simon Legree),他是一个移居来的新英格兰人。即便如此,很多南方人感到深受伤害。在很多南方社区,这本书属于禁书。

在当今时代,"汤姆叔叔"已经成为一个带有侮辱意味的词汇,指的是谄媚白人的黑人。但是,斯托的汤姆叔叔是一个救世主式的形象,受到无数美国人,特别是北方的福音派信徒的深刻同情。在英国,维多利亚女王曾对书哭泣。她的首相帕默斯顿爵士(Lord Palmerston)也阅读了这本书。几年之后,当亚伯拉罕·林肯在白宫接见斯托时,他用这样的话来向她致意:"你就是以一本书开启了一场伟大战争的女士。"[57]《汤姆叔叔的小屋》被译成几十种语言,卖出了数百万册。从首次出版开始,这本书一直没有绝版。

弗雷德里克·道格拉斯无须阅读《汤姆叔叔的小屋》,也能了解奴隶制度的罪恶。作为一个已经摆脱了奴隶身份的人,1852年,他被邀请在纽约罗切斯特（Rochester）的独立纪念日集会上发表演说。道格拉斯刻意颂扬奠基者的功绩。他说，《独立宣言》的签署人"是勇敢的人。他们也都是伟人——赋予一个伟大的时代以不朽的声名……由于他们所做出的功绩，和他们坚决主张的原则，我将和你们一道，向他们致敬"[58]。

道格拉斯具有深刻的洞察力，他告诉听众，弗吉尼亚州通过了72项法律，均授权对违反这些法律的黑人实行死刑，而惩罚白人的类似法律则只有2项。他问道，这是什么意思，这不正是弗吉尼亚官方承认黑人具有完全人格、完全有道德、完全有能力在善恶之间作出选择吗？有人会认为给他们的牛或马制定死刑是必要的吗？谁能够抗辩道格拉斯的逻辑？任何人主张宪法是亲奴隶制度的文件，道格拉斯都对他表示蔑视。相反，道格拉斯认为，宪法可以被自由地解释成一个反奴隶制度的宪章。最后，他问道："7月4日，对奴隶来说有何意义？"[59]

这与威廉·劳埃德·加里森（William Lloyd Garrison）是多么彻底的不同。美国废奴主义者的坦率的白人领导人加里森，公开焚烧了宪法的副本。加里森与约翰·C.卡尔霍恩在奴隶制问题上截然对立，但是，他与卡尔霍恩一样，强烈地厌恶受到人们珍爱的美国制度。他在自己的报纸《解放者》中谴责宪法，批评宪法是"与死亡和地狱订立的契约"。

弗雷德里克·道格拉斯不仅打破了白人奴隶主束缚他的枷锁，而且还敢于宣布脱离威廉·劳埃德·加里森而独立自主。道格拉斯并不主张北方与南方的分离，他为联邦而辩护。他反对加里森主义的观点，即废奴主义者不得参加选举，不得加入罪恶的美国政治体系。加里森谴责华盛顿和杰斐逊，大骂其蓄奴的罪行，道格拉斯则怀着尊敬之情谈起奠基者。他深刻地提醒加里森，耶稣基督本人，会感召罪人和税务员。⁶⁰ 道格拉斯公开地勇敢宣称："我将与任何人团结起来去做正确的事；绝不与人勾结去做错误的事。在宪法之下，联邦不需要我做任何错事，而且给予我很多便利来做正确的事。反对奴隶制的团体如果坚持分裂的原则，我无法与之同路而行。"⁶¹

加里森盲目的不妥协使得废奴主义者在北方和南方都遭到憎恨。他没有表现出任何深谋远虑。他那无礼的、不体面的发言所触怒的北方选民，是否超过了他为废奴事业赢得的支持者？加里森对此并不在意。他憎恨美国宪法，憎恨联邦。有时，他似乎也憎恨美国和他的同胞。这个完全缺乏幽默感的人，如果像卡尔霍恩那样能够支配大量的政治追随者，将会变得更加危险。但是，加里森谴责任何参与政治的追随者。因此，他把他的反奴隶制度的理想推到了美国政治的边缘。

加里森对道格拉斯果断的独立声明的回应带着怨恨。他指责道格拉斯已经被金钱收买。加里森为反奴隶制度的事业已经牺牲良多。他曾遭到殴打和威胁。他的家庭生活饱受苦难。现在，他雇来作为演说者并给予其地位和荣誉的前奴隶道格拉斯，居然胆敢来挑战他的权威。

加里森是一个不能容忍反对意见的人——经常表现出缺乏良好的判断力。曾经有一次，他六岁的儿子哈利（Charley）生病了，加里森拒绝所有医生的帮助。相反，他把哈利放到浸有药物的热气中，洗蒸汽浴。小男孩因疼痛而扭动身体，可怜地尖叫。但是，加里森不为所动。为了消毒，他用热水烫洗他心爱的儿子。哈利数日中神志不清，最后在痛苦的挣扎中死去。⁶² 然而，即使发生这样可怕的悲剧，也不能使刻板、坚定的加里森对自己产生怀疑或自责的情绪。

哈里特·比彻·斯托恳求加里森要宽容道格拉斯："这种把人逐

出教会的活动何时才能终结？难道只能有一个反对奴隶制的教会，而其他人都是异端吗？"[63]

斯托认识到，道格拉斯具有更加突出的能力。有一次，在英国演讲时，道格拉斯说，就像他的前主人托马斯·奥尔德（Thomas Auld）有权利卖掉他一样，他也一样有权利卖掉托马斯。接着，道格拉斯风趣地开价把托马斯出售给与会的所有人！兴奋的人群爆发出欢呼。

### 3."堪萨斯流血事件"

1852年总统选举代表了辉格党的最后反击。具有讽刺意味的是，这个反杰克逊的政党，拥有众多像约翰·昆西·亚当斯、亨利·克莱和丹尼尔·韦伯斯特这样才智非凡的人物，但是除了像威廉·亨利·哈里逊和扎卡里·泰勒这样年老体弱的将军之外，却从未能赢得白宫。他们再次企图用军事英雄来赢得选举胜利。

这一次，他们选择了年龄更老的温菲尔德·斯科特（Winfield Scott）将军。斯科特是1812年战争、墨西哥战争甚至1832年州拒绝执行联邦法律危机期间的英雄。反对奴隶制度的"良心派"辉格党人和南方"棉花派"辉格党人之间的严重分裂，极大地影响了斯科特的竞选活动。

对民主党来说，新罕布什尔州的前参议员富兰克林·皮尔斯（Franklin Pierce）是一位名副其实的"黑马"候选人。民主党的正式提名候选人中，密歇根州的刘易斯·卡斯（Lewis Cass），伊利诺斯州的斯蒂芬·A.道格拉斯（Stephen A.Douglas），或者宾夕法尼亚州的詹姆斯·布坎南（James Buchanan），都没能获得必要的2/3代表票数，

287 在第 49 轮投票中，民主党大会选择了不会招致反对的皮尔斯。值得注意的是，民主党的竞选纲领首次不再参考《独立宣言》。尽管普选结果比较接近（1 609 038 票和 1 386 629 票），但是在选举人票方面，民主党以 254 票对 42 票彻底击败了辉格党。《1850 年妥协法案》通过后的两年之内，克莱与韦伯斯特都去世了。为克莱送葬的火车覆盖着黑幔，在向肯塔基州西行过程中，穿越了北方的主要城市，令沿路的人们感到痛心。亚伯拉罕·林肯理解人们对克莱怀有的这种感情，他说："对其他人而言，被击败就意味着被遗忘；但是对克莱而言，失败只是微不足道的小事。他的魅力——那持久的魅力——与人类精神联系在一起，这是一个奇迹。"而且，克莱以乔治·华盛顿为榜样，准备逐渐解放他的奴隶。[64]

当丹尼尔·韦伯斯特在他的马萨诸塞州农场临终之际，他高声叫他的儿子为他读格雷（Gray）的《乡村教堂墓地的挽歌》："夜晚时响起了离别的丧钟……"然后，虔诚的韦伯斯特要求为他读第二十三首圣诗。他去世之时，人们称赞他："每一门联邦火炮都随着韦伯斯特回应海恩的有力话语而轰鸣。"[65] 韦伯斯特逝世一个多世纪以来，美国学童一直在背诵着他对南卡罗来纳州参议员海恩的著名回答中的关键性段落——"自由与联邦合而为一，不可分割！"

卡尔霍恩比"伟大的西部哈里"和"天神一样的丹尼尔"的去世仅早了两年。参议院三位巨人都已经离世，他们被历史学家米瑞尔·彼得逊（Merrill Peterson）称之为"伟大的三巨头"。三人都没有当选过总统，但是，他们每一个人都比同时代的所有其他人——当然，安德鲁·杰克逊除外——站得更高、看得更远。

此时的亚伯拉罕·林肯，是伊利诺斯州首府斯普林菲尔德的一位成功的律师,也是任期仅一届的前辉格党众议员。1852年7月6日,他被当地辉格党人邀请,发表对亨利·克莱的颂词。这显然是把林肯看作一个有前途的人物,因为这一活动不仅能显示林肯的演说才能,而且也表明了他对联邦的热爱:

> 作为一个政客或者政治家,没有人如此小心谨慎地避免任何地区性的立场。他不管做什么,都是为整个国家而做。他总是仔细地通盘考虑每一个部分的内容,适时地平衡各种互相冲突的利益。正如他所做的那样,事实也的确如此,世界上最美好的希望都寄托在各州的延续不断的联邦之上,他总是警惕着、监视着任何可能分裂联邦的最轻微的动向。
>
> 由始至终,克莱先生崇高的精神,深情地投入到人类的自由事业中去,他对各地的被压迫者都怀有强烈的同情,对他们的解放抱有真诚的希望。对他而言,这是一种基本的和支配性的感情。这种情感决定了他全部的生活行为。他热爱他的国家,这部分地由于,这是他的祖国,但最主要地是由于,它是一个自由的国家;他热诚地为国家的进步、繁荣和荣誉而奋斗,因为他把进步、繁荣和荣誉看作人类的自由、人类的权利和人类的本性。他期望自己的国人繁荣发展,部分地是由于他们是自己的同胞,但主要的是要向世界表明,自由的人民能够繁荣发展。[66]

在变故频生的1852年,西部的大人物并不是林肯,而是民主党的斯蒂芬·道格拉斯。道格拉斯时年39岁,比林肯年轻4岁,他担任美国参议员已经5年了。斯蒂芬·A.道格拉斯雄心勃勃地想要入主白宫，他引导参议院的民主党人，支持他的 1854 年《堪萨斯—内布拉斯加法案》。在这个法案里，30 年来维持了地区和平的《密苏里妥协法案》将被废除。该法案使奴隶制的蔓延成为可能，至少在理论上，奴隶制能够蔓延到西部各州的任何地方，只要当地公民投票赞成它。

道格拉斯打着人民主权（Popular Sovereignty）的旗号，推行他的《堪萨斯—内布拉斯加法案》。在这面旗帜之下，道格拉斯声称，民主政治的"神圣原则"就是，任何地区的人民都能够自主决定，是否准许实行奴隶制。道格拉斯以对奴隶制的扩张采取中立的立场而闻名。他经常说："奴隶制被投票赞成或否决，我并不介意。"

实际上，他的观点并非全然中立。尽管道格拉斯在参议院中代表自由州伊利诺斯，但是众所周知，他在密西西比州拥有土地和奴隶。[67] 皮尔斯总统的内阁之中，包含了亲奴隶制的南方人物，例如他在墨西哥战争中的同事、退伍军人杰斐逊·戴维斯（Jefferson Davis）。戴维斯就任陆军部部长。皮尔斯的亲奴隶制的姿态，使他获得了"不反对奴隶制的北方人"（dough-face）的绰号——这时，赞同南方立场的北方人已经分化出来了。

道格拉斯利用他担任参议院领地委员会主席的有利条件，推销他的法案。这使得全国的反对奴隶制的力量都警觉起来。该法案意味着，如果当地居民投票赞成，奴隶制就能够扩展到太平洋沿岸。道格拉斯的法案被谴责为"擅自占地者主权"（squatter sovereignty），这不仅冒犯了废奴主义者和自由土地党的支持者，而且也冒犯了那些南方的

"玩吞火把戏的人"(fire-eaters),他们无法忍受对奴隶制度的任何限制。\*

谁能抗辩道格拉斯?他似乎凌驾于所有的反对意见之上。而他天然的对手辉格党人,在奴隶制问题上,自身也陷入了分裂。

随着辉格党的分裂,像前众议员亚伯拉罕·林肯这样的人物失去了政治上的归属。1854年,新的政治派别共和党在威斯康星州里庞(Ripon)成立,在加入共和党之前,林肯犹豫不决。《纽约论坛报》的编辑贺瑞斯·格里利(Horace Greeley)极力主张,反对内布拉斯加法案的组织要重新联合起来,并将之命名为共和党。选择这个名称是一项有利的动员公众的措施。从名字来看,杰斐逊的民主—共和党人现在演变为共和党人。格里利的朋友们声称能够把他们新政党的根源追溯到奠基者的观点(实际上,与杰斐逊先生的自耕农理念相比,这些新的共和党人可能更加接近于汉密尔顿的国家主义、金融保护主义和反奴隶制度的观点)。共和党人采取什么样的立场和方向,还不完全清楚。他们会与反对移民的一无所知党人结盟吗?在很多州,这样不合理的联盟确实已经发生了。[68] 林肯对此表示不赞同。在给青年时期的友人乔舒亚·斯皮德(Joshua Speed)的信中,林肯写道:

> 我不是一无所知党人。这是肯定的。我怎能是一无所知党人呢?对黑人所受到的压迫感到憎恨的任何人,怎么能支持降低白人的等级?在我看来,我们的退化已经到了相当严重的程度。作为一个国家,我们以宣布"所有人生来平等"而立国。现在,我

---

\* "玩吞火把戏的人"是南方亲奴隶制度的代言人,他们喜欢花言巧语,他们的论点——他们威胁对联邦的分裂——是紧迫的。他们与"谷仓焚烧者"——北方反奴隶制的人们形成了对照,为了除掉老鼠,宁愿烧掉自己的谷仓。这里,老鼠是指奴隶制度。

们实际上把这变成了"所有人生来平等,但除了黑人"。如果一无所知党人当权,他们就会把这改为"所有人生来平等,但除了黑人、外国人和天主教徒"。如果发展到这样的地步,我宁愿永久移居到其他不会伪装成热爱自由的国家去——例如,移居到俄罗斯,那里确实存在着专制,但不存在低级的伪装。(作者注:原文如此)[69]

很快,我们就会看到,林肯对自由和人类平等的奉献之心,将促使他开始挑战小巨人斯蒂芬·道格拉斯。道格拉斯的《堪萨斯—内布拉斯加法案》经过皮尔斯总统签署生效,但是,它并没能终结奴隶制引发的冲突。事实上,它使冲突更加猛烈了。来自密苏里的"边界暴徒"掠过边界,把暴力带到了大草原。整个北方反奴隶制的力量,敦促他们的支持者加强堪萨斯州的自由土地党的势力。

废奴主义的鼓吹者亨利·沃德·比彻(Henry Ward Beecher,哈里特·比彻·斯托的兄弟),鼓动人们武装抵抗。装满了"比彻的圣经"的柳条箱,实际是步枪,出现在被记者贺瑞斯·格里利称为"流血的堪萨斯"(Bleeding Kansas)的土地上。

1856 年 5 月,一伙边界暴徒突然袭击了堪萨斯的劳伦斯镇,马萨诸塞州的查尔斯·萨姆纳随即在参议院发表了名为"对堪萨斯的犯罪"的尖锐演说。萨姆纳激烈地辱骂了南卡罗来纳州参议员、年长的安德鲁·巴特勒(Andrew Butler)。他粗鲁的人身攻击暗示着这个老人正在说胡话。萨姆纳叫喊道,南卡罗来纳州派到参议院"一个堂吉诃德,他选择了一个全世界都认为肮脏、只有他认为纯洁的女主人——我说的这个妓女,就是奴隶制度"。[70]

## 第八章　日益动荡的时代（1849—1861）

这个涉及胡说和妓女的发言太过分了。关于南方白人和奴隶之间的性关系的发言，总是爆炸性的。\*

巴特勒的外甥，南卡罗来纳州的众议员普雷斯顿·布鲁克斯（PrestonBrooks），不惜要与萨姆纳决斗。他肯定的是，如何惩罚这个北方佬都不解气。布鲁克斯大步走进参议院的会议室，发现萨姆纳单身一人，就残忍地用苔杖打他，几乎杀了他。奴隶制度引发的暴力已经无法限制在流血的堪萨斯了。现在，它已经蔓延到参议院的议员席。南卡罗来纳州参议员詹姆斯·哈蒙德（James Hammond）说："那些没有携带一把左轮手枪和一把匕首的人，就是带了两把左轮手枪的人！"[71]

堪萨斯的劳伦斯镇遭袭击之后，新英格兰的废奴主义者约翰·布朗（John Brown）决定要"以眼还眼"。他和他的儿子们，还有几个追随者，发动了对堪萨斯的波塔瓦托米（Pottawotamie）的攻击。1856年5月23日，他们处死了几个亲奴隶制度的人，尽管这些人惊恐万分的妻子恳求他们饶恕她们丈夫的性命。

民主党对这些暴力行为感到震惊，1856年，他们拒绝再次提名皮尔斯总统连任，并且选择提名詹姆斯·布坎南（James Buchanan）。布坎南是一个年老的单身汉，他运气很好，在《1850年妥协法案》和《堪萨斯—内布拉斯加法案》引发的争议期间，都不在国会供职，而

---

\* 之所以具有爆炸性，是因为这些很可能都是真的。南方人玛丽·切斯纳特（Mary Chesnut）在她著名的内战日记中承认了很多这类的事情。或者，这可能是不真实的，那么就会被看作是破坏当事人的名誉。即使在我们的时代，斯特罗姆·瑟蒙德（Strom Thurmond）与家中侍女的私生女被揭露一事表明，这个问题仍然是最敏感和最有争议的话题之一。

是担任驻英国大使。布坎南也是众所周知的同情南方奴隶制的北方议员，人们希望，他的外交技巧能帮助他解决国内日益深化的分裂问题。

新成立的共和党决定要提名一个总统候选人。著名的"探路者"约翰·查尔斯·弗里蒙特（John Charles Frémont）是一个年轻、充满活力的候选者。其竞选口号是："自由土地、自由劳工、自由演说、自由人民和弗里蒙特"。共和党的第一个竞选纲领，谴责奴隶制度和多妻制为"愚昧粗鲁的残留物"。共和党人拥护自由的事业，努力捍卫建国者的原则。他们反对卡尔霍恩的理念，也反对民主党人对在这个不断扩大的共和国内维持自由所持的一种"漠不关心"的态度。

要想在理智的争论中冷静地解决争议已经不可能了。1856年的选举又是一次非常丑陋的竞选活动。当一无所知党人提名前总统米勒德·菲尔莫尔时，情况变得更加错综复杂。

由于弗里蒙特是非婚生的私生子，他在竞选中受到了攻击。他是一个法国天主教徒的儿子。他与参议员托马斯·哈特·本顿（Thomas Hart Benton）的聪颖活泼的女儿杰西（Jessie）结婚——更引人注目的是——婚礼是由天主教牧师主持完成的。这是对本地保护主义者的公开侮辱。另一方面，布坎南根本就没有娶妻。一些共和党的报纸把他描绘成一个穿着连衣裙的老处女！

南方的政治家习惯性地把共和党称之为"黑共和党"。这是为了把他们与杰斐逊主义的共和党区别开来，也是想用无政府的黑旗来抹黑共和党。但是，最主要的是要把共和党和黑人联系起来。在印第安纳州，民主党把年轻女子组织起来，她们的旗帜上写着："父亲，把我们从黑人丈夫那里拯救出来！"这表明，当容易使人感情用事的性和种族问题介入竞选时，人们就很难保持理智。这些年轻女子不会使用"不"这个词吗？如果她们自己不说"愿意"，她们能够与黑人结婚吗？

南方的领导人越来越多地理解联邦党高层人士早期的方针和加里森主义者的现行路线，并威胁要分裂联邦："弗里蒙特的当选就是联邦的终结，必定如此。"玩吞火把戏者罗伯特·图姆斯（Robert Toombs）咆哮着说。[72] 即使在大部分蓄奴州，共和党人被强迫不许投票，但是，它还是被谴责为一个地方主义的政党。民主党在关键性的北方各州秘密筹措资金支持菲尔莫尔的竞选活动，分割了反对布坎南分子的选票。[73]

最后，布坎南当选了。他获得了整个南方、他自己的宾夕法尼亚州、伊利诺斯州的选票。他的 1 838 169 张选票（45.3%）转化为选举人票则是 174 票。弗里蒙特席卷了北方州的选票，这是作为一个新的全国性政党候选人的真正令人激动的表现。他的普选票数是 1 341 264 票（33.1%），转化为选举人票则是可观的 114 票。新成立的共和党有力地取代了辉格党，很明显地成为民主党唯一的正式竞争者。弗里蒙特没有获得他那著名的岳父参议员本顿的投票。他也没有获得加利福尼亚的选票，而他就是从那里开始获得全国性声望的。（可能这是由于托马斯·哈特·本顿和加利福尼亚人实际上很了解他。）菲尔莫尔获得了 874 534 张选票（21.6%），但是只获得了一个州的选举人票。贫穷的马里兰州所具有的暧昧特征就是，在这场全国性的竞选中，它是一无所知党人所能控制的唯一的州。这是一无所知党人的苟延残喘。前马萨诸塞州参议员、辉格党人鲁弗斯·乔特（Rufus Choate）为一无所知党人撰写了墓志铭："历史上还没有出现过如此低级、下流、污秽的各种丑行。"[74] 很明显，乔特并不哀悼一无所知党人的消逝。

### 4. 德雷德·斯科特

当选总统詹姆斯·布坎南与很多民主党人都希望，美国最高法院能够解决因奴隶制扩张引起的争议问题。布坎南私下里写信给他在最高法院的朋友，催促他们作出明确的裁决，这是十分不适当的。这样做就是试图影响法院裁定的结果。1857年3月4日，当布坎南登上就职典礼的讲台时，他被人看到与首席大法官罗杰·B. 坦尼（Roger B.Taney）窃窃私语。他们是在讨论坦尼审理的重大案件吗？[75] 德雷德·斯科特（Dred Scott）诉约翰 F.A. 桑福德（John F.A.Sandford）一案，在联邦法院进行诉讼程序已经将近十年。这个案件由一个奴隶德雷德·斯科特提起诉讼，他起诉要求获得自己和家人的自由，因为他的主人已经把斯科特一家带到了自由州伊利诺斯。

在与坦尼的私下讨论之后，布坎南发表了他的就职演说，他告诉周围聚集的人群，法院即将作出裁决。"我将乐于服从最高法院的裁决"，"不管是什么样的裁决"[76]。这是一个非常不诚实的说明，因为它表明布坎南现在已经确切知道法院将作出何种裁决。布坎南继续演说，表示希望纯粹"地区性的"政党能够尽快消亡。当然，他所指的就是共和党。有朝一日，要宽待你的对手。托马斯·杰斐逊在他的就职典礼上，曾经拥抱他的反对者，并宣布他们之间的意见分歧是合法的，杰斐逊将会惊异地看到，他与麦迪逊所创立的民主党现在已经变成了这样。

第八章　日益动荡的时代（1849—1861）

两天后，在最高法院一间挤满观众的会议室里，80 高龄的坦尼*宣读了 50 页的判案理由。⁷⁷ 宣判确实是令人窒息的。

首先，坦尼发现德雷德·斯科特并不是美国公民，由于种族关系，他也永远不能成为美国公民。坦尼应该到此就停止宣读。案件被驳回了。不仅这种主张离奇的荒唐，如果斯科特不是美国公民，那么他就不能向美国法院提起诉讼。而且，坦尼决定在奴隶制问题上走得更远。他接下来裁决《密苏里妥协法案》是违反宪法的，他说，正如第五修正案详细说明的那样，未经正当程序，国会无权干涉桑福德的"财产"。当然，在第三部分第四条款之下，国会被授权制订"领土内所有必要的规章"⁷⁸。实际上，坦尼认为，原有的、受人尊敬的《1787 年西北法令》也是违反宪法的。那个国会在《邦联条例》下通过的法案，在俄亥俄河北部禁止奴隶制度。

最后，坦尼还提供了一个蛮横的法官附带意见，**作为一个黑人，斯科特是"劣等人，所以并不享有应受白人尊重的权利"⁷⁹。他的观点——明显建立在对美国建国史的完全错误的解释之上——采纳了卡尔霍恩的学说。在坦尼的裁决之下，美国将是一个蓄奴的国家，自由州仅仅是相对于这个普遍法则的地方性例外。⁸⁰ 弗雷德里克·道格拉斯悲哀地说，美国的每一个黑人都不得不在枕头下放一把枪才能睡觉。

如果人们温顺地接受最高法院对德雷德·斯科特案的裁决理由，美国就会真正终结它在天定自由之路上的试验。它就会在 1857 年"迷

---

\* 在马里兰故乡，坦尼的发音为 TAW-nee。在他担任杰克逊的财政部部长之时，以他命名的著名的海岸警卫队快艇的发音是 TAY-nee。

\*\* 附带意见是指用宣判方式所说的一些内容。在法律上，它是附带的评论，并不是决定案件审判结果的必要内容。

失方位"。

南方人欢迎坦尼的判案理由。佐治亚州的罗伯特·图姆斯在一次演说中自夸,有朝一日"他将在邦克山纪念碑的阴影下清点他的奴隶的花名册"[81]。如果萨姆纳的"对堪萨斯的犯罪"演说极大地冒犯了南方人的荣誉,那么图姆斯的极其无礼的演说,同样冒犯了北方人为自由献身的情怀。

在约翰·C.卡尔霍恩之后,很多南方人开始叫嚣要进行领土扩张,这绝不是为了人类自由的进一步发展。相反,他们想要更多的土地,有更多的奴隶来耕种。密西西比州民主党参议员杰斐逊·戴维斯,要求吞并古巴和它的50万奴隶。[82] 戴维斯的同僚艾伯特·加勒廷·布朗(Albert Gallatin Brown),在参议院发言时为此辩护说:"我想要古巴,我们迟早必须得到它。我想要塔马尔派斯(Tamalpais)波托西(Potosi)和墨西哥的其他一个或两个州;我想获得这些地方是出于同一个理由——为了奴隶制度的传播和扩展。"[83]

不过,南方人多么地欣赏德雷德·斯科特案裁决,北方人就会多么地谴责它。没有比它对建国者的观念更加有害的判决了。但是,对奴隶制的辩护者而言,这却是一次过火的、严重的失策。在这次冲击中,坦尼震动了无数的北方人,使人们认识到奴隶制对自由的威胁真实地存在着。贺瑞斯·格里利带着嘲笑式的轻蔑来评论这次裁决。他在《纽约论坛报》上写道,德雷德·斯科特案的宣判理由,"在道德方面的分量,还不如聚集在华盛顿任何一间酒吧里的醉汉所能作出的判断"[84]。《芝加哥论坛报》对此评论道,坦尼阻碍了"进步思想的潮流和基督教的仁慈"[85]。

德雷德·斯科特案裁决不仅没有解决奴隶制引发的问题,相反还加剧了对奴隶制扩张的反对。对新成立的共和党而言,它实际上起到了最有效的招募令的作用。

在众议院的一届任期之后,亚伯拉罕·林肯回到司法管辖区担任律师。作为一个铁路利益集团的拥护者,他的生活安逸舒适。然而,他仍然对政治有兴趣。现在林肯效忠于共和党,他用温和的语言评论德雷德·斯科特案的判案理由。但是,他批评该案的裁决结果。

> 法院的判案理由……清晰地宣布,美国宪法不允许国会和州议会在美国领土上拒绝接纳奴隶制,但是,[大多数法官]都忘记了说明,美国宪法是否允许一个州排除奴隶制。[86]

林肯的听众们都感到战栗。尽管林肯使用了仔细的、谨慎的语言,但是,他唤起了人们头脑中可以想象得到的最令人惊恐的景象——这就是,美国将不再能有任何自由的州。如果奴隶仅仅是一种"财产",如果国会和各州不能剥夺奴隶主充分使用这种"财产"的权利,那么,自由州就不能阻止奴隶制度淹没联邦,从缅因州到加利福尼亚,都不能幸免。在德雷德·斯科特案的不当裁决之下,问题只是,实际上会如何发展?

## 5. 林肯遭遇道格拉斯

在新英格兰的废奴主义者看来,对南方奴隶主的任何让步都是不可想象的。但是,在林肯看来,联邦的和平需要北方人做出某些宽容。与废奴主义者不同,林肯承认对手的心中也存在着人性——北方人和南方人都是相似的。1854年，在伊利诺斯州皮奥里亚市（Peoria）的一次演说中，林肯相当中肯地指出："只有很少的人会天生的专横残暴。这个比例在蓄奴州并不比自由州更大。南方和北方一样，绝大多数人都具有人类的同情心。"林肯一方面指出这一点，另一方面有力地主张，这些人类的同情心"会用很多方式表明他们对不公正的奴隶制的判断，和他们对此的觉悟，即毕竟，黑人也有人性"。他指出，1820年，南方人与北方人一道，宣布对非洲奴隶贸易商人执行死刑。"但是，你绝不会想到要绞死那些捕捉和贩卖野马、野牛或者野熊的人。"[87] 林肯的温和风度与严密逻辑相结合，使他成为伊利诺斯州共和党中的政治新星。

与此同时，强有力的并闻名全国的斯蒂芬·A.道格拉斯必须要赢得在参议院的连任，否则其声望就会下降。"穿长裤的蒸汽机"道格拉斯活力充沛，他决心要获得胜利。[88] 由于他与民主党的同僚布坎南总统发生了公开的争端，这使得他竞选参议员的任务显得错综复杂。最初，他们在政治赞助的问题上发生分歧。但是，很快他们就在堪萨斯流血事件上产生了激烈冲突。道格拉斯认为，堪萨斯的莱康普顿（Lecompton）残余议会制定的亲奴隶制的州宪法，是对人民意愿的欺骗性表达。他是对的。然而，布坎南总统却签署了《莱康普顿州宪法》\*。贺瑞斯·格里利被道格拉斯在这个问题上的立场深深打动了，他公开劝说伊利诺斯的共和党人支持小巨人。[89]

---

\* 堪萨斯州制宪会议产生的《莱康普顿州宪法》，要求堪萨斯以蓄奴州的身份加入联邦，布坎南总统对此表示支持。1858年，堪萨斯举行公民表决，以压倒多数否决了《莱康普顿州宪法》。1861年1月，堪萨斯以自由州身份加入联邦，成为美国第34个州。——译者注

## 第八章 日益动荡的时代（1849—1861）

林肯知道，这样做会在伊利诺斯和全国其他各地破坏共和党。他没有理会格里利的干涉，并在伊利诺斯州的一系列辩论中挑战道格拉斯\*。道格拉斯可以拒不理睬瘦高而纤弱的林肯。虽然这位只有一届任期的前众议员在伊利诺斯法庭上赢得了良好的名声，担任铁路律师也有很好的收入，不过林肯仍然比不上道格拉斯在全国闻名的威望。尽管林肯处于劣势地位，但他有理由发起挑战，就像道格拉斯也有理由接受挑战一样。道格拉斯要向伊利诺斯议会证明——他甚至必须这样做——他在选民中仍然拥有大量的追随者；毕竟，是由州议会来选择美国的参议员。\*\*

道格拉斯对自己低沉悦耳的嗓音、敏捷的才智、尖锐的辩论风格有强烈的信心。在担任参议员的五年中，坐在像韦伯斯特、克莱和卡尔霍恩这样的人物身边，他已经磨炼了自己的技巧和才能。

但是，除了要证明他所具有的口才优势使他有资格再次担任参议员之外，这里还存在着严重的、危如累卵的意识形态问题。道格拉斯接受林肯的挑战，这部分地是由于他热切地希望证明，他对蓄奴自决权的论证要优越于林肯对限制奴隶制扩张的论证。"让人民来决定"已经成为一个强有力的号召。林肯对建国者的自由观念和人类平等观念的论证，会令人惋惜地显得不切实际，道格拉斯对此十分确信。

道格拉斯高调地在伊利诺斯州内巡回演说。他拥有自己的私人火车厢，配有威士忌和茶点。这是由乔治·B. 麦克莱伦（George B. McClellan）为他提供的。麦克莱伦毕业于西点军校，已经成为伊利诺

---

\* 在伊利诺斯的共和党大会上，林肯被提名竞选参议员。——译者注

\*\* 从 1789 年开始，直到 1914 年通过第 17 修正案，美国的参议员都由他们的各州议会选举产生。

斯中央铁路局的局长。[90] 道格拉斯每到一地,都受到鸣礼炮和铜管乐队的欢迎。林肯则乘坐公交车,也不携带他的竞选代表团。即便如此,有一些年轻人用这样的横幅来欢迎他:"帝国之星在西进/女孩们手挽手欢迎林肯/像她们的妈妈们当年欢迎克莱。"[91]

道格拉斯立刻攻击林肯的"分裂之家"(House Divided)的演说。1858年夏初,林肯的那次演说震动了伊利诺斯州的共和党大会。道格拉斯断言,林肯是一个危险的激进派分子。他想把不同的种族混合起来。道格拉斯主张,如果每一州的人民都期望奴隶制,那么奴隶制就可以完美地被接受。

林肯再次运用严密的逻辑来打击对手。"尽管要证明奴隶制是一件好事情的文章已经连篇累牍,但我们从未听说,有哪个奴隶希望从奴隶制中受益。"[92]

道格拉斯禁不住要利用种族偏见。他对人群说,你们中那些相信黑人与白人平等、相信黑人应当与白人一样在社会上、政治上、法律上享有平等权的人,有权接受这些观点,自然会投票支持林肯先生。[93]* 他指责林肯试图要促进白人和黑人之间的通婚。

林肯回击说,他不想让一位黑人女子当奴隶,并不意味着他一定要娶她为妻。他说,自己已经娶妻了,至于这位黑人女子,可以"让她自己生活"。林肯用1850年人口普查的资料证明,绝大多数的混血儿都居住在南方。很明显,奴隶制度和不自由导致了这样的结果。他以开玩笑的方式攻击道格拉斯,如果这位参议员和他的朋友们需要法律来帮助他们避免与黑人通婚的话,自己愿意帮忙。观众听到"道格

---

* 道格拉斯的意思是说,既然州议会推荐林肯,那么他们就应当投票支持候选人。

拉斯的朋友们"时爆发出笑声,因为众所周知,一位民主党党魁有一个黑人情妇。[94]*

林肯再次运用逻辑促使他的辩论对手说出不当的话。他说,他并不赞同黑人与白人完全的社会平等:

> 世界上并没有理由能够说明,为何黑人不能享有《独立宣言》所列举的全部天赋权利,如生命、自由和追求幸福的权利。我认为黑人与白人一样都享有这些权利。我同意道格拉斯法官,黑人与我在很多方面都不平等——当然不是在肤色上,可能也不是在道德和智力才能方面。但是在享用自己劳动赚来的面包的权利上,无须任何人的同意,他和我是平等的,与道格拉斯法官是平等的,与任何其他人都是平等的。

道格拉斯试图用一个粗俗的比喻来证明自己的仁慈。他说,在鳄鱼与黑人的搏斗中,他会支持黑人。但是,在白人与黑人的搏斗中,他支持白人。他企图使黑人非人化,并把黑人排除在有责任感的白人所关注的团体之外。在道格拉斯对蓄奴自决权的定义之下,黑人的自

---

* 哈里·杰法(Harry Jaffa)教授生动地描述了这位"民主党党魁"。他就是理查德·门特·约翰逊(Richard Mentor Johnson),曾任范布伦的副总统。他不能与他所爱的黑人女管家结婚的唯一原因,就是当时的法律禁止他们结婚。约翰逊的混血女儿去世之后,他郁郁不乐。他写道:"女儿是我幸福的坚强支柱,但是她已经去到那悲伤和叹息再不能打扰她宁静生活的地方。"这样的深情、如此的温柔,就像李尔王(King Lear)爱抚他心爱的卡迪莉娅(Cordelia)死去的尸身一样,打动了杰法教授。当首席大法官坦尼引用禁止种族通婚的法律来证明黑人民族的劣等时,杰法教授在《自由的新生》(*A New Birth of Freedom*)中指出,实际上这些法律能够证明的正好相反。

由总是由大多数白人来作出决定。他认为这是公平的。林肯反击说,对一个人而言,自治是自由。但是,一个人统治他人却不经对方同意,就是专制。

在坦尼的德雷德·斯科特案判决之后,林肯成功地在奴隶制度扩张的问题上压制了道格拉斯。林肯追问,现在道格拉斯的人民自决权还剩下了什么。如果坦尼说每个美国人都有权利随身携带自己的"财产",那么一州的人民如何投票否决奴隶制度?

为了答辩林肯,道格拉斯提出所谓的弗里波特主义(Freeport Doctrine)。这个主义就以他们辩论所在地的伊利诺斯州弗里波特镇而得名,其含义是指,如果没有"友好的立法"的支持,奴隶制就不能存在。道格拉斯声称,反奴隶制的选民可以很容易地拒绝通过这样的法律,这样就能有效地把奴隶制排除在一州之外。因此,人民自决权与坦尼的判决是完全一致的。

这表明,作为一个老练的律师,林肯已经娴熟地设法使道格拉斯作出了一个对他和民主党来说都是致命性的让步。南方的玩吞火把戏者发怒了。他们叫喊,再不会支持道格拉斯的总统竞选。事实上,除非道格拉斯为奴隶制度的扩张设置了一些障碍,否则作为一个北方人,他怎么能指望当选呢?林肯后来利用了道格拉斯这个致命的失策。他知道,主张"如果某事可以合法地从某地被驱除,那么它就有合法的权利这样做"的观点是很可笑的。[95] 真是一剑封喉。

林肯在辩论中的表现,标志着他能够成为一个领导人。他也是一个强大的拳击手,知道如何利用敌人的力量来打击敌人。他利用了道格拉斯的国际声誉,使自己获得了全国性的威望,尽管这种积极性结果的到来看似缓慢。虽然林肯表现得令人钦佩,但道格拉斯最后还是

## 第八章 日益动荡的时代（1849—1861）

在伊利诺斯州议会赢得连任。林肯承认，他感觉自己就像黑暗中踢到了脚尖的小男孩：已经长大了不能哭，但踢得很痛又不能笑。不过，日后他就会认识到，这场著名的拳击赛"只是失误，并不是失败"。道格拉斯赢得连任依靠的是州议会继任议员的力量。在1858年的参议员选举中，林肯取得的成绩非常好。

林肯精通于运用逻辑和朴素的比喻。当大多数废奴主义者从道德上谴责奴隶制度和奴隶主时，林肯把南方的奴隶制度比作盘绕在儿童摇篮里的响尾蛇。你无法在不危及孩子生命的情况下打中它。奴隶制度的扩张却是旷野中的响尾蛇。那么，你就应该用锄头击中并打死它。这种有吸引力的描述表明，林肯并没有把南方人排除在大家庭之外——排除在联邦之外。他了解并重视南方人对奴隶起义的关注。他不鼓励发动暴动，这有可能在南部地区制造出另一个海地（Haiti）。林肯所主张的是把奴隶制看作一件错误的事情，用华盛顿、杰斐逊和麦迪逊对待它的方式那样来对待它。就像我们的建国者所做的那样，就让奴隶制度回到"逐渐消亡的道路"上去吧。

在道格拉斯攻击林肯的"分裂之家"演说时，林肯予以回击。他说，道格拉斯认为，一个分裂的家庭能够永久存在。这说明，冲突其实并不存在于他与道格拉斯之间，而是存在于道格拉斯与"更高级的权威"之间。林肯的听众都大笑不已，因为他们明白林肯的隐喻。正是耶稣说，分裂之家不能稳定存在。*

自从美国宪法获得批准以来，林肯—道格拉斯辩论具有十分重大的意义。林肯表现出对法律、哲学和历史的精通，这不仅使他超越了

---

\* "如果一个家庭自身分裂，那么它就无法存在。"（《马可福音》3:25）

301 道格拉斯,而且也超越了同时代的任何其他政治家。在这些辩论之后,再没有共和党人会与民主党人道格拉斯纠缠不清。共和党的未来,已经与美国的自由的未来紧密联系在一起。在选举计票之后,林肯说道:"战斗还将继续,公民自由的事业绝不能在失败一次,或失败一百次后被放弃。"96

### 6. 约翰·布朗与哈珀渡口

像约翰·布朗这样的极端废奴主义者,绝不愿意让奴隶制度走逐渐消亡的道路。他们主张行动,并且主张立刻行动。布朗在废奴事业的领导人中频繁地活动,开始部分地透露他的反奴隶制的突然袭击计划。一群被称作秘密六人组的财政赞助人帮助布朗租用了马里兰州的一间农场住房,这间农场住房就在弗吉尼亚的哈珀渡口(Harpers Ferry)的联邦军火库的对面,隔波托马克河(Potomac)相望。\*布朗召集了由21个受他影响的年轻人组成的一支小型队伍——其中包括他自己的儿子和几个摆脱了奴隶身份的人。他计划在哈珀渡口这个关键性的地方树起解放的旗帜,号召奴隶们加入为自由而勇敢斗争的事业。

就组织一场革命而言,布朗并不是一个好人选——在其他方面,也是如此。他是20个孩子的父亲,不论是做农场主、商人或是其他什么职业,他都失败了。不过,他是一个具有领袖气质的人。他个子很高,身材像枪的通条一样笔直,有着目光炙热闪耀的眼睛,还长有

---

\* 现在哈珀渡口是西弗吉尼亚的一部分。

浓密的胡须。对很多人来说，布朗看上去就像《圣经·旧约》里的先知。也有人把他看成没有理智的、狂热的恶魔。任何人在与约翰·布朗接触后，都会想起林肯对"理智、战胜一切的理智"的呼吁。布朗曾在堪萨斯谋杀亲奴隶制分子后摆脱了抓捕，这只能鼓励他追求更英勇的业绩。他试图将弗雷德里克·道格拉斯纳入秘密计划中，但是弗雷德里克回避了。他对这个秘密计划"感到震惊"，认为这将被立刻镇压下去。[97]被激怒了的布朗决定，即使没有道格拉斯的帮助，也要继续实施计划。

1859年10月16日，布朗发动了攻击，他夺取了设在哈珀渡口的联邦军火库，抓住了几个弗吉尼亚人作为人质。这一事件使举国震惊。

哈珀渡口的消息传来之际，罗伯特·E.李（Robert E.Lee）上校正在弗吉尼亚家中休假。他立刻带着J.E.B.斯图亚特（J.E.B.Stuart）中尉，到白宫报告这一情况。[98]

布坎南总统命令李上校带领美国海军陆战队的分队赶到哈珀渡口，抓捕布朗及其追随者。李上校立刻带兵赶到哈珀渡口，竭力夺回联邦军火库。他派斯图亚特中尉打出休战的白旗，要求布朗和其他起义者立刻投降。李上校和海军陆战队士兵能够听到军火库内传来的人质的哭喊声。他们担心实行突击的话，这些人质会受伤死去。其中一个人质，刘易斯·W.华盛顿（Lewis W. Washington）叫道："别管我们，开枪！"李上校很熟悉这个声音。这个人是乔治·华盛顿的侄孙。虽然处在紧张的情势当中，但李上校不由得微笑着告诉海军陆战队的士兵："大革命的血液还在发挥作用！"[99]

布朗拒绝了斯图亚特的要求，斯图亚特中尉马上轻按他的军帽。这是给李上校和士兵们发出猛攻的信号。海军陆战队立刻向前冲锋，砸烂了厚重的栎木制成的大门,他们使用刺刀,以免子弹伤害人质。[100]几分钟之内,布朗和他的残余部下就被捕获了。布朗的两个儿子都在牺牲者之列。这次起义从开始到结束,仅仅持续了36个小时。

布朗的冒险行动是一次彻底的、血淋淋的失败。弗雷德里克·道格拉斯已经预料到这一点。但是,布朗很快就改变了事件的影响。在他受审时,他轻蔑地拒绝了律师要以他精神失常为由做无罪辩护的尝试。布朗的冷静沉着、愿为废奴事业而献身的精神,给所有见到他的人都留下了深刻印象。弗吉尼亚州州长、亲奴隶制度的亨利·A.怀斯（Henry A.Wise）到监狱拜访了布朗,他对布朗的坚定立场深感惊异。[101]

布朗被控以"叛逆"弗吉尼亚的罪名,在州法院受到审判。这进一步证明了布坎南总统同情南方奴隶制的政策,因为布朗袭击的目标是联邦军火库。判决是预料之中的。布朗被判处绞刑,他在法院说:

> 为了上帝,为了那些遭人歧视的穷人的利益,我相信我做的这些……并没有错,而且是对的。现在,如果要剥夺我的生命来促进正义目标的实现,如果要将我的鲜血和我的孩子们的鲜血混合、和这个奴隶制国家中数以百万计的人们——他们的权利被邪恶、残忍、不公正的法律所漠视——的鲜血混合,如果有必要这样做的话,我服从:拿走我的生命吧。

布朗那基督教殉道者的姿态,几乎是完美的。北方的作家们普遍性地称赞他。爱默生说:"绞刑架就像十字形纪念碑一样光荣。"[102]亨利·大卫·梭罗（Henry David Thoreau）告诉马萨诸塞州康科德市

（Concord）的居民：“在美国，还没有人这样坚持不懈地、有效地拥护人类本性的尊严……”[103]

普通公众所不知道的是，布朗收到了玛哈拉·道尔（Mahala Doyle）的来信。她在信中提到三年前布朗是如何闯入她在堪萨斯的家中，把她的丈夫和儿子们胁持到屋外并残杀了他们。这位无法饶恕布朗的寡妇写道：“当年我乞求你饶恕我的儿子约翰·道尔（John Doyle）的性命，他要是活着现在也已经长大了，在你行刑那天，他一定非常渴望到查尔斯镇（Charlestown）看着你被处死。”[104]

1859年12月2日，约翰·布朗被处以绞刑。在上绞刑架之前，他把这份遗言交给了在场的一个官员：“我，约翰·布朗，现在坚信，只有用鲜血才能洗清这片罪恶土地上的罪行。”[105]

在当天聚集在查尔斯镇的人群中，来自弗吉尼亚军事学院的教授托马斯·J.杰克逊（Thomas J.Jackson），记录了布朗那"毫不畏缩的坚定"。很快，杰克逊教授——石壁杰克逊（Stonewall Jackson）——就在授课时宣扬这种毫不畏缩的坚定。行刑时在附近旁观的玩吞火把戏者埃德蒙·拉芬（Edmund Ruffin），实际上也很钦佩布朗的勇敢。但是，当时一个著名的演员、年轻的约翰·威尔克斯·布斯（John Wilkes Booth），对布朗却只有轻蔑。布斯说道，废奴主义者是"国内唯一的叛徒"。[106]

## 7.1860年选举

共和党非常希望能避免被烙上约翰·布朗式危险的激进主义的标签。尽管民主党在国会极力暗示共和党是"黑共和党"，但是，他们的指控却没有一项能够被证实。国会对约翰·布朗的活动进行了调查，没有找到共和党支持他的证据。约翰·布朗起义引发的南方奴隶主的狂怒，足以使弗雷德里克·道格拉斯确信，他最好接受到英国进行长期巡回演讲的邀请。弗雷德里克的朋友们担心，他可能会被绑架到南方，受到与布朗共同密谋叛逆的指控，面对全部由暴怒的白人组成的陪审团。以这样的罪名被指控，道格拉斯就会被绞死。他匆忙启程，途经加拿大赶赴英国。

亚伯拉罕·林肯一直反对约翰·布朗所代表的这种极端主义。早在1838年，林肯在斯普林菲尔德（Springfield）的青年学园的演说中就已经说道，尊重法律必须成为这个国家的"政治信仰"。林肯告诉他的共和党同僚："老约翰·布朗被绞死，我们不能反对。"林肯承认布朗有勇气，赞同他在道德上反对奴隶制，但是他认为，布朗的起义证明他个人精神失常。[107] 然后，他提醒听众，正如布朗已经因叛逆罪被绞死一样，其他人如果试图反叛合法政府的话，都将会和布朗的结局一样。

1860年2月，林肯动身到纽约市发表演说。很多共和党人认为，纽约州参议员威廉·亨利·西沃德将会是该党1860年的总统候选人。林肯在箍桶匠工会发表演说，他在西沃德的大本营对他发起挑战。

他的演说使纽约人非常激动。约翰·布朗起义失败之后，林肯是第一个对此发表评论的人。他的演说谴责并驳倒了反对共和党的每一种观点和指控。他谨慎地概括了建国者对奴隶制的意见，并把共和党和这些意见联系在一起。他描绘共和党的理想是谨慎的、稳健的，同时也是坚定的。在南方人看来，林肯的态度非常耐心，几乎是在恳求。他不像废奴主义者那样把奴隶主魔鬼化。但是，对奴隶主势力指责共

## 第八章 日益动荡的时代（1849—1861）

和党为"黑共和党"，把共和党人当作危险的激进分子的做法，林肯绝不屈服。他毫不含糊地主张自由，并作出下面的结论：

> 如果我们认为奴隶制度是对的，那么所有他们主张的，我们就会同意；如果他们认为奴隶制度是错的，那么所有我们主张的，他们一样会同意。他们认为对，我们认为错，这个明确的事实导致了全部的争论。他们认为奴隶制是对的，所以渴望奴隶制度能够被充分的认同；但是，我们认为奴隶制是错的，我们能向他们屈服吗？我们能投票支持他们的观点、反对我们自己吗？考虑到我们在道德上、社会上和政治上的责任心，我们能这样做吗？
> 
> 如果我们认为奴隶制度是错的，我们可以不打扰它的存在，奴隶制既然已经存在于南方，那么可以让它继续存在下去；但是，当我们手中的选票能够阻止它蔓延时，我们能让它在国土上蔓延，让它在自由州泛滥成灾吗？如果我们的责任感禁止我们这样做，那么，我们就要无所畏惧地、有效地坚守职责。我们不要因为那些花言巧语的诡计，而偏离了我们为之付出巨大努力和艰苦的方向。这些诡计，例如，在对与错之间寻找中间立场，这就好比寻找一个不生不死的人一样徒劳；或如，在所有真正的人都会关心的问题上实行"无所谓"的政策；或如，联邦吁求其真正的支持者向分裂主义者屈服，呼吁改变上帝的规则，号召那些正义人士而不是罪人去忏悔；或如，乞灵于华盛顿，让华盛顿恳求人们取消他说过的话，破坏他做过的事。
> 
> 我们不要因为那些不正确的指责而放弃我们的责任，不要因为那些破坏政府的、让我们坐牢的恐吓而心生恐惧。

我们应当坚信，正义产生力量，在这个信仰指引下，让我们勇敢地履行我们所理解的责任，并坚持到底。[108]

威廉·西沃德缺乏这种流畅的表述。他之前所做的关于奴隶制和自由之间"不可控制的冲突"的演说，已经使他被扣上了激进派的帽子。他使人民感到惊恐。林肯这次演说的内容，在本质上与他"分裂之家"的演说是相同的，他注意引用《圣经》里的句子。就像斯蒂芬·道格拉斯已经了解到的那样，很难给林肯贴上危险分子的标签。

不仅如此，西沃德的声望为他树立了强大的敌人。一无所知党人憎恨西沃德，因为他试图让纽约州天主教学校的学生享受州里的资助。实际上，西沃德应该向他们作出这种保证（vouchers）。这就意味着，得票最多的西沃德将失去本地保护主义者的选票。我们已经看到，林肯对一无所知主义是多么冷酷无情，但是，在他仅有的一届众议员任期内，林肯并没与一无所知党人发生冲突。他们痛恨的是西沃德。这可能意味着共和党会在马里兰、宾夕法尼亚这样的州再次遭受失败。

五月，共和党全国代表大会在芝加哥举行，主要的候选人是纽约州的威廉·亨利·西沃德、俄亥俄州的前民主党人萨尔蒙·P. 蔡斯（Salmon P.Chase）和宾夕法尼亚州的西蒙·P. 卡梅伦（Simon P.Cameron）。林肯的竞选干事大卫·戴维斯（David Davis）法官通过精心策划，使得林肯成为一个出众的第二候选人（everyone's *second choice*）。戴维斯法官使威格瓦姆（Wigwam）共和党总部的来宾席坐满了来自伊利诺斯州的林肯的大嗓门的"支持者"。这些人都是高大结实的小伙子，他们被雇来为林肯呐喊助威。戴维斯不辞辛苦地工作是要向所有的代表证明，林肯能够获得邻近南部的北方各州的支持。

## 第八章 日益动荡的时代（1849—1861）

戴维斯法官想方设法使林肯能够被提名，有人对此议论纷纷，林肯则因此而被关注。林肯发电报给戴维斯："我没有批准你做任何交易，也不会受任何交易的束缚。"[109] 据说，戴维斯收到电报后回复："林肯不在这里，也不知道我们会遇到什么情况。"[110] 西沃德受阻之后，林肯在第三轮投票中获得提名。在斯普林菲尔德，礼炮齐发以表庆祝。所有人都兴高采烈，除了林肯。

民主党人陷入了严重的分裂。密西西比州参议员杰斐逊·戴维斯要求通过一部适用于新领土的联邦奴隶法令（federal slave code）。这对北方来说，意味着丧失州权。如果联邦政府在新领土上保护奴隶制——就像戴维斯及其支持者所主张的那样——那么这些新领土就会有极大的可能，经投票成为蓄奴州。

参议员斯蒂芬·A.道格拉斯不会接受这样的局面。亚拉巴马州的玩吞火把戏者威廉·L.燕西（William L.Yancey）极力要求，民主党的竞选纲领应直接声明奴隶制是对的。燕西称，除此之外，无法答辩共和党人的反奴隶制的动乱。民主党从未作出过这样的声明。确实，来自印第安纳州的同情南方奴隶制的参议员佩蒂特（Pettit）曾经说过，《独立宣言》里的"所有人生来平等"，并不是不言而喻的事实，而是"一个不言而喻的谎言"。[111] 但是现在，燕西已经走得太远了。"南方的先生们，你们误解了我们，"俄亥俄州的民主党参议员皮尤（Pugh）警告道："你们误解了我们。我们将不会那样做（We will not do it）。"[112] 每个人都感觉到，一场历史性的冲突就要发生了。

当民主党的总统候选人提名大会在南卡罗来纳州查尔斯顿（Charleston）召开时，分裂已经一触即发。由于无法在提名总统候选人的问题上达成一致——他们的规则是需要 2/3 票数才能够获得提名——民主党人遭遇了亚拉巴马州代表的退席。他们不得不决定在巴尔的摩重新召开会议。巴尔的摩会议在奴隶制问题上的斗争,只是比查尔斯顿会议略显轻微而已。

不可避免的分裂最终在巴尔的摩发生了。当会议拒绝通过一个要求适用于新领土的联邦奴隶法令的竞选纲领时,再次发生了代表退席。南方的代表在弗吉尼亚州里士满(Richmond)重新召开会议,提名副总统约翰·C.布雷肯里奇(John C.Breckinridge)为总统候选人。这一派实际上想要重新开放非洲奴隶贸易。参议员斯蒂芬·A.道格拉斯最终实现了他长期寻求的目标,获得了巴尔的摩民主党全国大会的总统提名。但是,他获得这一提名之时,这个提名几乎已经不值得拥有了。

一小部分马里兰州辉格党人和前一无所知党人组成了立宪联盟党(Constitutional Union Party),提名肯塔基州的约翰·C.贝尔(John C.Bell)和马萨诸塞州著名的爱德华·埃弗雷特(Edward Everett)。现在,全国选举陷入了四方分裂的局面。

很多民主党人都了解,民主党分裂的结果只能导致林肯的当选。玩吞火把戏者燕西和罗伯特·B.雷特(Robert B.Rhett)愿意看到这样的结果。他们在煽动南方脱离联邦,他们认为,林肯的当选将是造成南方脱离所必需的一个震动。

斯蒂芬·道格拉斯却否认这一政治传统,他乘坐火车,精力充沛地参加总统竞选。他不顾疲劳地在北方和南方的火车站台上发表演说,谴责脱离,号召全国的统一。在十个南方州的竞选投票期间,林肯甚至没有出现在现场。他的支持者为了向他的绰号"将木头劈成栏杆者"(rail-splitter)致敬,都乘坐火车。共和党人对林肯靠自己劳动起家的事实感到自豪。

## 第八章 日益动荡的时代（1849—1861）

到这一时期，林肯已经是一个富有和成功的律师。这并不减损他那贫困的青少年时代所产生的感召力。实际上，这是共和党号召力的一个主要的部分。共和党人告诉工人，只要辛勤劳动和诚实，你也可以变成富人。林肯的年轻支持者组织成一个名为"广泛觉醒"*（Wide Awakes）的半军事化组织，到所有的北方城市为林肯助选。很快，整个美国都被动员起来了。

11月计票之时，林肯在人口稠密的北方州大获全胜。他在这场四方角逐中（情况比四年前布坎南的遭遇还复杂），赢得了1 866 452张选票。他获得了180张选举人票（152票即可获胜）。道格拉斯在普选得票方面排名第二，获得了1 375 157张选票，但是，由于这其中大多数选票出自北方，他只获得12张选举人票。布雷肯里奇在南方获全胜，得到847 953张普选票和72张选举人票。贝尔只在边境州获胜，他得到了590 631张普选票和39张选举人票。

这是美国历史上最重要的一次选举。南方立刻着手准备脱离联邦。南卡罗来纳州议会号召12月在查尔斯顿举行脱离会议。脱离主义者告诉那些不情愿的同伴，现在已经没有时间可以浪费了。他们推断说，一旦林肯进入白宫，挣脱其限制就更加困难了。

布坎南总统被他内阁里的南方成员束缚住了。陆军部部长约翰·弗洛伊德（John Floyd）没有采取措施阻止南方的联邦要塞和军火库被脱离主义分子占领。布坎南浪费了国家力量。当南卡罗来纳州投票赞成脱离联邦时，他视而不见。玩火者罗伯特·巴恩韦尔（Robert

---

\* "广泛觉醒"是一个年轻人的准军事化组织，之所以叫这个名字，是由于他们在傍晚举行火炬游行。他们支持共和党，但是人们广泛地认为，他们有恐吓投票人和反天主教教义的嫌疑。

Barnwell）逼迫布坎南，要求他交出萨姆特要塞（Fort Sumter）*。

布坎南在无力的挫折感中挥手说道："巴恩韦尔先生，你逼我太急了；你没有给我时间考虑，不给我时间祈祷。当需要处理国家事务时，我总是要祈祷。"[113]

忠诚的联邦主义者祈祷，"让安德鲁·杰克逊再世一小时"，来取代软弱无能的布坎南。

林肯准备宣誓就职的时候，已经有七个州脱离了联邦。他得到情报，在费城会有被暗杀的危险。林肯拒绝取消华盛顿诞辰纪念日在独立厅的演说，他告诉焦虑的人群，他将献身于《独立宣言》里的观点，它不仅将自由只给予美国人民，而且，我希望，还赋予整个世界，而且，未来永远如此。这是一种承诺，即在适当的时候，将解除所有人肩头的重负。这是《独立宣言》中所蕴含的观点。现在，我的朋友们，在这个基础上，这个国家能被挽救吗？如果它能挽救我们的国家，如果我能有助于挽救我们的国家，我会认为自己是世界上最幸福的人之一。如果国家不能在这个原则基础上得到拯救，这将是真正可怕的。但是，如果不放弃这个原则，国家就不能得救，我要说，我宁愿在这里被暗杀，也不愿放弃它。[114]

对林肯来说，这是一个罕见的感情激动的时刻。人们劝说林肯改变他的计划，于午夜穿越了脱离主义者控制的巴尔的摩——据说这里的阴谋更加复杂。当林肯安全抵达华盛顿时，他受到国外的嘲笑。人们说，他伪装成一个苏格兰人才从巴尔的摩脱险。漫画家对他进行了

---

\* 萨姆特要塞是南卡罗来纳州查尔斯顿港的要塞，1861年4月12日，南部邦联军队在这里打响了美国内战的第一枪。——译者注

## 第八章 日益动荡的时代（1849—1861）

冷嘲热讽。

华盛顿的情况也不容乐观。关于叛逆阴谋的谣言搅乱了首都泥泞的街道。老将军温菲尔德·斯科特（Winfield Scott）是一个弗吉尼亚人，同时也是一个坚定的联邦主义者，他发誓要保卫城市的街道。华盛顿不会有暴力，也不会发生对总统权力和平交接的武装破坏。为了1861年3月4日的就职典礼，斯科特在所有联邦建筑物上都配备了神枪手。面临着叛乱的严峻挑战，斯科特称，他将把叛乱分子塞进他部署在国会周围的大炮的炮筒里，用他们的尸体"给弗吉尼亚的丘陵施肥"。[115]

布坎南总统和当选总统林肯臂挽臂地出现在就职典礼上。[116]林肯走近讲台，宣誓就任美利坚合众国第十六任总统。只有首席大法官罗杰·B.坦尼主持宣誓仪式。被林肯击败的竞争对手、参议员斯蒂芬·A.道格拉斯，拿着林肯的高筒黑色礼帽。[117]

在发表于华盛顿市的总统就职演说中，林肯的这次演说是最意味深长的。他在否定州有权脱离联邦的同时，也向那些已经通过脱离法令的州伸出了橄榄枝。在有时被人忽略的一段演说内容里，他表明了对萨姆特要塞的看法。查尔斯顿港的联邦设施，已经被南部邦联的"火力包围圈"所围困。林肯的演说试图不激起南方的愤怒，他说道："交托给我的权力将被用来保持和拥有属于政府的财产和土地，用来收国内税和进口税。"他对不满的南方同胞说道："你们还没有立誓一定要摧毁政府，而我却要最庄严地宣誓：'维护它、保护它，捍卫它'。"\*他呼吁理智、友谊，呼吁那些"从每一处战场和爱国者的墓穴，延伸

---

\* 听起来似乎他还没有宣誓就职。的确如此。在我们历史上的这一时期，总统们先发表就职演说，然后宣誓就职。

到每一个人的心中和每一个家庭记忆中的神秘的和弦"。

自由的未来有赖于这些话语。不仅是美国的自由,整个世界的自由都危如累卵。如果不满的少数派因选举失败就能分裂政府,那么民选政府实际上就不可能存在了。如果竞选失败就导致持不同政见者兵戎相见,那么美国在天定自由之路上的伟大试验就会失败。

接下来的四年将是对自由的残酷考验。在亚伯拉罕·林肯面对另一次就职典礼的围观人群之前,神圣的自由之火几乎要被扑灭。美利坚合众国将濒临死亡,也将获得新生。林肯知道什么处在危险之中。他相信,我们神圣的联邦是"地球上最后的、最好的希望"。为了拯救这在天定自由之路上的可贵试验,林肯在这次就职演说中呼吁非凡的理智,和"我们天性中那些更美好的天使们"[118]。

1. Graebner, Norman A., *Empire on the Pacific: A Study in Continental Expansion*, Regina Books, Claremont, Calif: 1983, pp.224-225.
2. McPherson, James M., *The Illustrated Battle Cry of Freedom: The Civil War Era*, Oxford University Press, New York.2003, p.51.
3. Boritt, Gabor S., ed., *The Historian's Lincoln*, University of Illinois Press, Urbana and Chicago, Ⅲ.: 1988, p.6.
4. Boritt, p.6.
5. Cooper, John S., "The Free Soil Campaign of 1848," online article: http://www.suite101.com/article.cfm/presidents_and_first_ladies/59853.
6. Cooper.
7. Morison, Samuel Eliot, *The Oxford History of the American People: Volume Two*, Penguin Books, New York: 1994, p.334.
8. Brands, H.W., *The Age of Gold: The California Gold Rush and the New American Dream*, Doubleday, New York: 2002, p.63.

第八章 日益动荡的时代（1849—1861）

| | |
|---|---|
| 9 | Brands, p.48. |
| 10 | Brands, p.46. |
| 11 | Peterson, Merrill D., *The Great Triumvirate: Webster, Clay, and Calhoun*, Oxford University Press, New York: 1987, p.452. |
| 12 | Peterson, p.461. |
| 13 | McPherson, p.60. |
| 14 | McPherson, p.53. |
| 15 | Peterson, p.460. |
| 16 | Peterson, p.456. |
| 17 | Peterson, p.455. |
| 18 | Peterson, p.456. |
| 19 | Bartlett's Familiar Quotations, online edition, http: //www.bartleby.com/100/348.4.html. |
| 20 | Bartleby's online quotations, http: //www.bartleby.com/66/17/37317.html. |
| 21 | Online Source: http: //www.dartmouth.edu/~dwebster/speeches/seventh—march.html. |
| 22 | Peterson, p.463. |
| 23 | Morison, p.332. |
| 24 | Morison, p.334. |
| 25 | Jaffa, HarryV., *A New Birth of Freedom: Abraham Lincoln and the Coming of the Civil War*, Roman & Littlefield Publishers, Inc., Lanham, Md.: 2000, p.212. |
| 26 | Jaffa, p.213. |
| 27 | Peterson, p.466. |
| 28 | Morison, p.339. |
| 29 | McPherson, p.74. |
| 30 | McPherson, p.74. |
| 31 | Morison, p.336. |
| 32 | McPherson, p.57. |

33 | Peterson, p.472.
34 | Morison, pp.338-339.
35 | Peterson, p.467.
36 | Peterson, p.496.
37 | Vance, James E.Jr., *The North American Railroad: Its Origin, Evolution, and Geography*, The Johns Hopkins University Press, Baltimore, Md.: 1995, p.32.
38 | Vance, p.95.
39 | Vance, p.107.
40 | Morison, p.342.
41 | Carnes, Mark C., gen.ed., *A History of American Life*, revised and abridged, Simon &Schuster, Inc., New York: 1996, p.530.
42 | Carnes, p.532.
43 | Carnes, pp.530-532.
44 | McFeely, William S., *Frederick Douglass*, Simon & Schuster, New York: 1991, p.93.
45 | Stampp, Kenneth M., *America in 1857: A Nation on the Brink*, Oxford University Press, New York: 1990, p.215.
46 | Faust, Patricia L., ed., *Historical Times Illustrated Encyclopedia of the Civil War*, Harper and Row, New York: 1986, p.609.
47 | Carnes, p.537.
48 | Carnes, p.537.
49 | Morison, p.217.
50 | Morison, p.340.
51 | Morison, p.340.
52 | Carnes, p.536.
53 | Morison, p.272.
54 | Carnes, p.646.
55 | Morison, p.359.

第八章 日益动荡的时代（1849—1861）

56 | Morison, p.341.
57 | Online source: http: //americancivilwar.com/women/hbs.html.
58 | Andrews, William L., *The Oxford Frederick Douglass Reader*, Oxford University Press, New York: 1996, p.113.
59 | Andrews, p.129.
60 | George M.Frederickson, *William Lloyd Garrison: Great Lives Observed*, Prentice-Hall, Inc., Englewood Cliffs, N.J.: 1968, p.92.
61 | Andrews, p.93.
62 | Oates, Stephen B., *The Approaching Fury Voices of the Storm, 1820-1861*, HarperCollins, New York: 1997, p.75.
63 | McFeely, p.178.
64 | Peterson, p.488.
65 | Peterson, p.498.
66 | Basler, Roy P., ed., *The Collected Works of Abraham Lincoln*, Vol. II , Rutgers University Press, New Brunswick, N.J.: 1953, p.126.
67 | Oates, p.295.
68 | Stampp, p.54.
69 | Basler, p.323.
70 | McPherson, p.117.
71 | Oates, p.300.
72 | McPherson, p.124.
73 | McPherson, p.124.
74 | Morison, p.360.
75 | Stampp, p.92.
76 | Hunt, John Gabriel, ed., *The Inaugural Addresses of the Presidents*, Gramercy Books, New York: 1995, p.177.
77 | Stampp, p.93.
78 | Stampp, p.95.

79 Jaffa, Harry V., *Crisis of the House Divided*, University of Chicago Press, Chicago: 1982, p.310.
80 Morison, p.363.
81 Stampp, p.105.
82 Hummel, Jeffrey Rogers, *Emancipating Slaves, Enslaving Free Men: A History of the Civil War*, Open Court Publishing Company, Chicago, Ill.: 1996, p.96.
83 McPherson, p.84.
84 Stampp, p.104.
85 Stampp, p.104.
86 Basler, Volume II, p.466.
87 Jaffa, *Crisis*, p.311.
88 McPherson, p.63.
89 Donald, p.204.
90 Morison, p.365.
91 Oates, p.262.
92 Jaffa, *Crisis*, p.337.
93 Oates, p.256.
94 Jaffa, pp.332-333.
95 Jaffa, *Crisis*, p.356.
96 Donald, p.229.
97 Oates, Stephen B., *To Purge This Land with Blood: A Biography of John Brown*, University of Massachusetts Press, Amherst, Mass.: 1984, p.282.
98 Freeman, Douglas Southall, *R.E.Lee: A Biography*, Charles Scribner's Sons, New York: 1936, p.395.
99 Freeman, p.399.
100 McPherson, p.162.
101 Oates, *Purge*, p.337.
102 Oates, *Purge*, p.318.

第八章 日益动荡的时代（1849—1861）

103 Oates, *Purge*, p.318.
104 Oates, *Purge*, p.345.
105 Oates, *Purge*, p.351.
106 Oates, *Purge*, pp.351-352.
107 Donald, David Herbert, *Lincoln*, Simon & Schuster, New York: 1995, p.239.
108 Basler, Volume Ⅲ, p.550.
109 Catton, Bruce, *The Coming Fury*, Doubleday & Co., Garden City, N.Y.: 1961, p.61.
110 Catton, p.61.
111 Cong.Globe, 33rd Cong.lst Sess.p.214（20 February 1854）.
112 Morison, p.375.
113 Catton, p.161.
114 Donald, p.277.
115 Catton, p.224.
116 Catton, p.264.
117 Catton, p.264.
118 Hunt, John Gabriel, ed., *The Inaugural Addresses of the Presidents*, Gramercy Books, New York: 1995, pp.187-197.

## 第九章
## 自由的残酷考验(1860—1863)

1860—1865年内战不仅决定了美国自由的命运,而且开始影响全世界为争取自由而进行的斗争。如果人类受奴役成为美国传统中一个无法摆脱的部分,并延伸到无限的未来,那么民主政治就将成为虚假的光环,就将在全世界名誉扫地。英国统治阶级坚决否认所有人生而平等时,其宪法仍然提供了很多措施保障个人自由。他们同样坚决地拒绝把民主政治作为一种政治制度。法国、普鲁士、俄国都是专制政体。只有在美国,民主政治广泛地被信奉为一种主导性的哲学。伟大的民主主义者安德鲁·杰克逊创造出一个人民共和国,使人民享有的选举权超越了地球上任何其他国家。他欢迎无数欧洲移民来到美国,并愿意把他们包容在这个政治共同体之中。作为公民,这些新美国人享有完全的平等。即便在强力镇压南卡罗来纳叛乱的火星之时,杰克逊也没有给予奴隶任何希望。他甚至从未谈论过奴隶的最终解放。在临终之时,杰克逊向家人诀别,也包括他的奴隶。他向奴隶们保证，他们都将在天堂相会。但是在地球上，杰克逊的奴隶仍然是奴隶。只要杰克逊的民主党执政，这就将是事实。当安德鲁·杰克逊的民主党在奴隶制度问题上发生分裂时，联邦本身也分裂了。

## 1. 脱离的冬天（1860—1861）

在 1860 年圣诞节假期期间，詹姆士·L. 佩蒂格鲁（James L.Petigru）回答玩火者罗伯特·巴恩韦尔·莱特（Robert Barnwell Rhett）时说道："南卡罗来纳对于一个共和国来说太小，对于一个疯狂的精神病院来说则太大。"[1] 佩蒂格鲁是查尔斯顿少数联邦主义者中的一员。林肯当选之后，在这个决定性的冬天，这些联邦主义者发现自己无论在武器方面，还是在选民方面，都处于劣势。1860 年 12 月 20 日，南卡罗来纳州的脱离大会投票决定本州脱离联邦。

查尔斯顿的气氛是欢乐的。人们燃放烟火迎接《脱离法令》的通过，狂欢者把蓝色的帽章放在约翰·C. 卡尔霍恩的半身像之前。管弦乐队演奏法国革命的颂歌《马赛曲》。[2] 脱离大会的代表制定了一则宣言，以说明他们脱离联邦的理由。他们谴责北方的人民"把奴隶制度斥为一种罪恶"。[3] 他们谴责北方的废奴团体。州长威廉·H. 吉斯特（William H. Gist）命令一个州民兵军官，将这一消息传达到南方其他各州。被选中的这个军官名叫斯塔蒂斯·莱茨·吉斯特（States Rights Gist）。[4]

南方的很多玩火者，不仅希望而且欢迎林肯的当选。他们的意图是利用一位反对奴隶制的总统的当选，来冲击、推动南方人民脱离联邦。虽然林肯和共和党人再三向他们保证，不会干涉南方的奴隶制，但是这对玩火者不起作用。共和党1860年的竞选纲领在激进性方面明显弱于1856年的竞选纲领。它不再谈论奴隶制度是"愚昧粗鲁的残留物"。北方人广泛认为，林肯要比共和党的第一位总统提名候选人约翰·查尔斯·弗里蒙特（John Charles Frémont）更加温和。

林肯还在斯普林菲尔德应付那些谋求官职者们没完没了的要求。他说，他就像"一个人出租了家中一边的房间，而另一边的房间正在着火"。他还要组建一个内阁，组成新的政府。他告诉情绪不安的询问者，"一找到机器，我们就必须开动它"[5]。

当林肯忙于平衡派系林立的新共和党时，脱离主义者迅速行动，要在1861年3月4日林肯宣誓就职之前，把更多的州拉出联邦。密西西比州脱离了联邦，并向其他蓄奴州派出了"特派员"，劝说它们加入新的南部邦联。法官亚历山大·汉密尔顿·汉迪（Alexander Hamilton Handy）是马里兰州的密西西比人。当他把脱离消息带到马里兰州首府安纳波利斯市（Annapolis）时，没有取得进展。马里兰州的州长托马斯·希克斯（Thomas Hicks）是一个联邦主义者。希克斯担心马里兰州议会可能作出脱离联邦的决定，因此拒绝召开特别会议。于是汉迪跑到马里兰州的另一城市巴尔的摩，对大量持赞成观点的听众发表了演说。[6]他说，在上帝和人类面前，奴隶制度不是一种罪恶，而是由上帝早已注定的。他还说：

> 黑共和党的第一个举动，就会通过联邦政府的行为，把奴隶制从所有的新领土、[哥伦比亚]行政区、各地的军火库和要塞中排除出去。这意味着承认奴隶制度是一种罪恶，并把它限制

在目前的界限之内。奴隶制度被联邦政府宣布为一种道德上的邪恶——一种罪恶——之时,也就是南方的安全权利彻底丧失之时。[7]

伟大的南卡罗来纳人约翰·C.卡尔霍恩的儿子安德鲁·卡尔霍恩,是南卡罗来纳州派到亚拉巴马州的特派员。他没有高唱《马赛曲》。相反,他把法国大革命的激进主义及其"自由、平等、博爱"口号与(海地)圣多明各(Santo Domingo)血腥的奴隶起义,做了令人心寒的类比。他告诫道,共和党人对平等的信仰将在南方导致同样的结果。他激烈地谈到"头骨建成的"墙,和北方的"白人魔鬼们"在奴隶当中煽动暴乱。[8]

佐治亚州脱离了联邦,并派州最高法院年轻的法官亨利·本宁(Henry Benning)作为特派员去弗吉尼亚州。本宁告诉弗吉尼亚州脱离会议的代表们,佐治亚州决定脱离联邦,是基于一个理念:"这是一个确信,是佐治亚州深刻的确信,与北方分离是唯一能阻止本州奴隶制度被废除的做法。"[9]

对这些极端的奴隶制拥护者来说,林肯和共和党人决定不干涉蓄奴州现存的奴隶制是无关紧要的。即便林肯发誓执行《逃亡奴隶法案》也是无关紧要的。林肯执行这一法案,是由于宪法的规定如此(尽管就像林肯写信给朋友乔舒亚·斯皮德(Joshua Speed)所说的那样,这将"折磨我们的同情心")。林肯的温和,使得他受到极端废奴主义者,如威廉·加里森和温德尔·菲利普(Wendell Phillips)的轻视,这也无关紧要。菲利普讥笑林肯为"那个有奴隶瘾的伊利诺斯人"[10]。当南方凭武器和卡尔霍恩的思想走向分裂时,所有这些都无关紧要了。重要的是,林肯曾经说过"如果奴隶制不是错误的，那么就没有什么是错误的了"。

当选总统林肯在读了昔日在国会期间的老友、佐治亚州的亚历山大·汉密尔顿·斯蒂芬斯（Alexander Hamilton Stephens）的演说稿之后，看到了一线希望。斯蒂芬斯在他所在州的脱离会议上，大胆强硬地反对分裂。[11] 他问道："你们有什么理由，向世界各国证明脱离是正当的？""北方攻击了什么权利？南方的什么利益受到侵犯？什么样的公正原则受到了否定？建立在公平正义基础上的什么主张遭到了阻挠？"[12]

林肯写信给斯蒂芬斯，向他保证自己对南方的友好之意。他说，南方受到来自他的威胁，不会比来自乔治·华盛顿的更多。[13] 林肯悲伤地写道："你们认为奴隶制度是对的，应当不断扩张；而我们认为它是错的，应当受到约束。"斯蒂芬斯没有反驳这位老友对冲突的描述。但是，他说，大多数北方人投票把"半数州的制度，置于公众舆论和国家的谴责下"这个简单的事实，就足以在蓄奴州触发一场反叛。[14]

当七个州已经脱离联邦之时，1861年2月，它们派遣代表到亚拉巴马州的蒙哥马利（Montgomery），为它们的新政府起草宪法。美利坚邦联共和国，正如它们自称的那样，将产生一位总统，每届任期六年。总统将拥有逐条否决权（line-item veto）。*内阁成员也将是邦联国会成员，这就开辟了像英国那样的内阁政府的发展道路。

---

\* 一些诙谐的人说，里根总统曾长寻求的逐条否决权（line-item veto），是邦联宪法中唯一值得为之而战的东西。那是在比尔·克林顿向世人展示如何创造性地运用逐条否决权哄抬联邦预算之前。克林顿总统威胁要否决国会议员赞成的公共建设工程法案，除非他们投票支持他的社会预算法案（social spending bills）。

然而，邦联宪法最重要的一个方面却不那么明显。对于这场主张州权的运动来说，它们的宪法却不允许各州有权解放奴隶。从老联邦分离出来的州，除非同意永远维护奴隶制度，否则将不能获准加入邦联。而且，还有一个令人震惊的过程：这部宪法的起草人辩论并强调性地拒绝了一则承认州有权脱离邦联的条款。[15]

这些代表在开始挑选总统和副总统的时候，刻意回避了像罗伯特·巴恩韦尔·莱特（Robert Barnwell Rhett）和罗伯特·图姆斯（Robert Toombs）这样的玩火者。如果从未去过蒙哥马利，有才干的罗伯特·图姆斯的境况可能会更好些。他的朋友亚历山大·斯蒂芬斯（Alexander Stephens）告发说，他在蒙哥马利酗酒。"他比我以前看到的更加紧张，为了他的形象和声望而过于紧张。"[16] 代表们选择了密西西比州的、老成持重的杰斐逊·戴维斯（Jefferson Davis）做总统。戴维斯出身西点军校，是墨西哥战争的英雄、前联邦陆军部部长和参议员，看起来十分称职。至于戴维斯的副总统，脱离主义分子选中的恰恰是林肯的老友亚历山大·汉密尔顿·斯蒂芬斯。斯蒂芬斯身材纤弱矮小，他被选中，正是因为他不是玩火者。他的温和姿态，对很多还没有确定是否脱离联邦的南方人很有吸引力。[17]然而，在佐治亚州表决脱离联邦后，亚历山大·斯蒂芬斯（小亚历克·斯蒂芬斯，little Aleck Stephens）就全心全意地与邦联共命运。

当选一个月后，斯蒂芬斯在一次演说中表明了自己的信仰。他的"奠基石"演说（Cornerstone Speech）强调，奠基者关于所有人生来平等的观点是错误的。就像林肯引用耶稣的话作为他著名的"分裂之家"演说的基础，斯蒂芬斯也引用了《圣经》中的片段。*

> 我们的新［邦联］政府，建立在对立的观念之上［与《独立宣言》中的平等观念对立］；新政府的基础在于，其奠基石建立在黑人不与白人平等这个伟大的真理之上。奴隶制——黑人从属于高级种族，是天然的、正常的状况。在世界历史上，我们的新政府，是第一个建立在这个伟大的、合乎自然法则的、合乎道德的事实基础上的政府。[18]

与首席大法官坦尼和参议员斯蒂芬·A.道格拉斯不同，斯蒂芬斯肯定了林肯对建国者的陈述。建国者的确相信他们写到《独立宣言》里的内容。斯蒂芬斯只是坚决主张，建国者是错误的。在这次演说中，斯蒂芬斯超越了约翰·C.卡尔霍恩，卡尔霍恩似乎认为《独立宣言》中"生而平等"的信条是托马斯·杰斐逊个人的独特思想。斯蒂芬斯承认，在林肯声称他相信并捍卫的内容并没有超出建国者赋予我们的原则时，他是正确的。而邦联成立的原因就是要维护种族不平等，要捍卫黑人奴隶制。[19]

副总统斯蒂芬斯发表这一"奠基石"演说时，南方没有人反驳他。这是对邦联人脱离联邦和发动战争的理由的一次明显的辩护。

考虑到需要欧洲为了邦联利益而进行干涉，1861年2月18日，杰斐逊·戴维斯总统在蒙哥马利发表就职演说时，避免直接

---

\* "建筑者丢弃的石头成为主要的奠基石"（《圣经·旧约·诗篇》118：22）。正如经常听布道的听众所知，奠基石就是耶稣本人。

涉及奴隶制。这是因为奴隶制在欧洲受到广泛的谴责。相反，他重点强调了这些州的自决权。戴维斯说道："因此具有独立主权的各州，其代表云集于此，开始组成这个邦联政府，把他们的行动称为革命是不适当的。""他们组成了一个新的联盟，但是在联盟中，各州的政府均予保留，个人权利和财产权利并未受到妨碍。"[20]

这就凸现出两件事。首先，杰斐逊·戴维斯特别明确地抛弃了邦联是建立在革命的天然权利基础上的观点。如果这不是其哲学观念，那也体现了他的策略：如果他引用革命的权利，他就得承认他的奴隶也有权起来反抗他。在《独立宣言》中，托马斯·杰斐逊就明确地主张，美国人有革命的天然权利。戴维斯没有这样的权利。

其次，他还提到了财产权利。对于把奴隶看作动产的奴隶主而言，对于追随首席大法官罗杰·B.坦尼对德雷德·斯科特案的宣判理由的奴隶主而言，戴维斯这番话是在向他们确认，只要财产权利存在，奴隶制就会存在——也就是说，奴隶制将永远存在。

## 2. 萨姆特要塞：火力包围圈

杰斐逊·戴维斯总统在整个南方都受到广泛尊敬，但得克萨斯州州长萨姆·休斯顿（Sam Houston）却是个例外。萨姆·休斯顿是田纳西州的前任州长，还是圣哈辛托河（San Jacinto）战役的胜利者，那次战役将得克萨斯从墨西哥分离出来，更是安德鲁·杰克逊的老友，他与戴维斯曾在参议院中共事，发现戴维斯"像堕落前的撒旦一样有野心、像蜥蜴一样冷血"[21]。

脱离危机使得休斯顿在孤星州（得克萨斯州的别称）日益陷入孤立。70岁高龄的休斯顿登上讲坛，反对脱离联邦。在加尔维斯敦（Galveston，得克萨斯州东南港口城市），他像《圣经·旧约》中的先知一样发表演说。事实上，休斯顿总是像《圣经·旧约》中的先知一样发表演说，但是，他的话仍然值得在此处引用：

> 你们中的一些人讥笑、鄙视脱离会造成流血后果的观点，但是，让我告诉你们将发生什么事。在牺牲了无数的财产和宝贵生命之后，你们有极小的可能性会赢得南方的独立，如果上帝不反对你们的话。但是，我怀疑这一点。北方会坚决地保护联邦。[22]

有一次，休斯顿正在得克萨斯州贝尔顿（Belton）小镇发表演说，一个武装男子威胁着靠近他的身边。休斯顿回答道："这没什么大不了，不过是一只杂种小狗在它的窝里向雄狮吠叫。"他凝视着这个武装男子，后者灰溜溜地下台去了。[23]然而，休斯顿却无法成功地阻止得克萨斯州的脱离会议。会议代表们投票决定，得克萨斯州脱离联邦，他们要求休斯顿州长宣誓效忠邦联。在做出回答之前，休斯顿整夜在州长官邸的地板上踱步。他和家人祷告到深夜。第二天早晨，他告诉忧虑的妻子："玛格丽特（Margaret），我永远不会这样做。"[24]1861年3月16日，他答复了脱离会议。他带着勇敢的蔑视说道："以得克萨斯州宪法的名义，虽然这宪法已经被你们践踏，我拒绝宣誓效忠邦联。""以我自己和人类的良心的名义……我拒绝宣誓……我以得克萨斯州人民的名义，反对脱离会议的所有行为和举动，我宣布它们在法律上无效。"[25]

但是，休斯顿不会因为要忠于职责，而在他所热爱的得克萨斯州发动内战。他拒绝了林肯的新政府提供军队的建议。他身边聚拢了一批武装人员，帮助他为州长职责而战。其中一人是诺亚·史密斯威克（Noah Smithwick），也就是在得克萨斯独立战争中，制造了第一门加农炮的铁匠。休斯顿不会让这些人用武力维持他的权力。他表示感谢并将他们遣散，他说："上帝啊，难道所有人都发疯吗？"[26] 他拒绝向得克萨斯州同胞开战。但是，接下来会发生什么，他看得很清楚，"我们的人民将发动战争以维护奴隶制度，然而，战争中的第一声枪响将是奴隶制度的丧钟"[27]。他这可怕的警告并没有受到人们的重视。正因他政治生涯中这最后的一幕，后来约翰·F.肯尼迪（John F. Kennedy）把萨姆·休斯顿称作美国人"英勇的形象"。

正当得克萨斯州表决脱离之时，罗伯特·E.李上校离开了得克萨斯。他把指挥权移交给勇敢的大卫·特维格斯（David Twiggs）将军。特维格斯在墨西哥战争中声名鹊起。然而，他是一个佐治亚州本地人。在佐治亚州和得克萨斯州脱离联邦后，他把他手中全部联邦军队的指挥权移交给得克萨斯的脱离分子。李对此感到惊骇。特维格斯未开一枪，就放弃了联邦军队武器和补给品的十分之一。[28] 离开圣安东尼奥（San Antonio）时，李与很多友人诀别，他说："我到达弗吉尼亚之时，我想这世界会少了一个士兵。我应当辞职，去种玉米。"[29] 但是，就像他即将发现的那样，命运为罗伯特·E.李安排了其他的方案。

林肯总统的前期行动之一，就是签署了提升李为全权陆军上校。[30] 李接受了这一任命，这使得斯科特将军看到了希望，以为李在任何冲突中都会站在联邦一边。没错，年老体弱的斯科特是一个弗吉尼亚人。但是，他也是多次战役中的英雄。对他而言，联邦就是他的生命。不过，李的朋友杰斐逊·戴维斯现在领导着邦联，李在墨西哥战争中的同僚皮埃尔·古斯塔夫·杜唐特·博雷加德（Pierre Gustave Toutant Beauregard），现在正以"火力包围圈"围困了萨姆特要塞。[31]

很快，李受邀与老弗朗西斯·P. 布莱尔（Francis P.Blair Sr.）会面，布莱尔是华盛顿政治圈中一位很有影响的人。他曾是杰克逊总统"厨房内阁"中的一员，现在，他想要试探李的打算。[32] 布莱尔告诉李，他已被林肯总统授权指挥所有的联邦军队——一支 75 000 ～ 100 000 人的庞大军队——这片大陆到那时为止最大的武装力量。

李听布莱尔把话讲完，但是却以他那有名的谦恭态度予以拒绝。他说："尽管我反对脱离，不赞成战争，但我不能参加到入侵南方各州的行动中去。"[33] 斯科特将军十分伤心。李是他所喜爱的将领。斯科特和大多数人都认为，李是联邦军队中最有才能的将领。斯科特痛心地告诉李："你已犯下一生中最大的错误；但是，我担心是否到此为止。"[34] 正如李那著名的传记作者道格拉斯·萨乌特哈尔·弗里曼（Douglas Southall Freeman）所写："这是他天生会作出的选择。"与萨姆·休斯顿一样，李也在祈祷中度过一个漫长的不眠之夜。在阿林顿（Arlington）他的家中，那所富丽堂皇的房子能够俯瞰华盛顿城区，李提笔写下了给陆军部部长西蒙·P. 卡梅伦（Simon P.Cameron）的辞呈。

事情就这么决定了。

与此同时，在查尔斯顿，3 月 3 日，博雷加德将军已经代表邦联各州，接管了围困萨姆特要塞的军队的指挥权。他巧妙但有力地重新安排了火力，还修补了被南卡罗来纳州民兵有意放弃的工事。博雷加德清楚地了解自己的任务。他在西点军校就已为此受训。他在军校里

第九章 自由的残酷考验(1860—1863)

的指导者是罗伯特·安德森(Robert Ander-son)。安德森对年轻的博雷加德印象深刻,因此他留下这个路易斯安那州的军校学员来训练刚入学的炮兵一年级新生。[35]与李一样,博雷加德也曾是西点军校的主管。但是,路易斯安那州脱离联邦时,博雷加德从西点军校辞职了。[36]

现在,罗伯特·安德森少校与他的学生博雷加德隔水对峙。安德森是一个出生于肯塔基州的蓄奴家庭的职业军人,指挥着萨姆特要塞的联邦驻军。虽然军队数量很少,补给品也日益减少,但是安德森仍然继续坚守要塞,拒绝邦联的招降。

在这个脱离的冬天,布坎南总统坚持守卫着萨姆特要塞,但也仅仅是勉强维持而已。在一宗财政丑闻迫使亲脱离分子的陆军部部长辞职之后,布坎南新改组的内阁要求他继续坚持下去。布坎南的新任首席检察官埃德温·M. 斯坦顿(Edwin M. Stanton),直率地告诉这个紧张的老人:"没有哪个政府,更不用说目前的联邦政府,能够承受得起在同一个星期之内失去 100 万(美元)和一座要塞。"[37]不过,现在布坎南已经离职,林肯已经上任。林肯得到的是相互矛盾的建议,是否应当守住或者能否守住萨姆特要塞。国务卿威廉·H. 西沃德告诉南方人,林肯将从萨姆特要塞撤退。但是,以直率闻名的俄亥俄州参议员本·维德,这时发扬了他那名副其实的直率作风。他告诉林肯,如果放弃萨姆特要塞,"用不了 30 天,杰斐逊·戴维斯就会把你变成战俘"[38]。出身总统世家的查尔斯·弗朗西斯·亚当斯(Charles Francis Adams)在日记中流露,林肯"此时并不称职"[39],这一点也不稀奇。但是,西沃德、维德、亚当斯——事实上所有人——对林肯的判断都是错的。

林肯命令一支海军分队重新供给萨姆特要塞。他传话给南卡罗来

415

**哈里特·比彻·斯托**。她的小说《汤姆叔叔的小屋》触动了无数读者的心灵。尽管书中的主要反面人物是移居来的北方人西蒙·莱格里,还是有很多奴隶主行动起来查禁这本书。维多利亚女王曾为此书感动而落泪。林肯在白宫向斯托夫人致意时说:"你就是以一本书开启了一场伟大战争的女士。"这本书一直再版。

**弗雷德里克·道格拉斯**。当他与试图打他的爱德华·卡维(Edward Covey)搏斗时,弗雷德里克·道格拉斯体验到了作为人的"再生"。所以他在自传中进行了描述。道格拉斯在马里兰州挣脱了奴隶制度的束缚,并逐渐成为一个有影响的演说家、作家和编辑。内战中,他征募了全部由黑人志愿者组成的联邦团队。道格拉斯写道:"……让黑人能够穿上印有美国胸章的军服;让黑人能够在自己的军服的纽扣上印上一只鹰……"世界上没有什么力量能够阻止美国黑人获得公民权。道格拉斯是对的。半个世纪以来,他为黑人解放而战,为黑人能够享有充分的公民权利而战,从不放弃。他告诉一个年轻的追随者,"辩论,辩论,还是辩论"。他就是这样做的。

第九章 自由的残酷考验（1860—1863）

**1858年伊利诺斯州林肯—道格拉斯辩论。** 伊利诺斯州这场空前的面对面的系列交锋，发生在有"穿长裤的蒸汽机"之称的强势参议员斯蒂芬·道格拉斯和不引人注目的、任期仅一届的前国会议员林肯之间。林肯在辩论中迫使"小巨人"屈居下风的杰出才能，标志着他能够成为新成立的共和党的全国性领导人。尽管伊利诺斯州议会中期满后留任的（holdover）民主党人选择了道格拉斯，使他赢得了参议员选举，但是，斗士林肯把这次挫折看作"一次失足，而不是失败"。

**向萨姆特要塞开火。** "直率的"本·维德（Ben Wade）告诉新上任的总统林肯，如果放弃萨姆特要塞，"用不了30天，杰斐逊·戴维斯就会把你变成战俘"。林肯履行了他的就职承诺，要"守住、占领、拥有"这座位于查尔斯顿港的联邦要塞——但是，这需要经过漫长的四年内战才实现。

417

**莫尼特号铁甲舰和梅里麦克号装甲舰**（*Monitor and Merrimack*）。梅里麦克号装甲舰改名为邦联的弗吉尼亚号（*Virginia*），它炮轰并击沉了联邦实施封锁的木制船舰。这是在珍珠港事件之前，美国海军最糟糕的一天。1862 年 3 月 9 日发生在弗吉尼亚的这场从汉普顿锚地（Hampton Roads）驶出的装甲舰之战，使得世界上其他国家的海军都相形见绌。有"救生筏上的小奶酪盒子"之称的联邦海军莫尼特号铁甲舰，与形体更巨大的梅里麦克号装甲舰作战，打成了关键性的平局。受到连续轰击之后，梅里麦克号装甲舰撤退了，这使联邦获得了战略上的胜利。

纳州的新任州长罗伯特·图姆斯（Robert Toombs），要塞的联邦设施会得到必需品的供给，但是驻军力量不会加强。如果战争爆发的话，那就是南部邦联引起的。[40]

罗伯特·图姆斯意识到南方面临的危险时，已经太迟了。"对萨姆特要塞开火，将开启前所未有的内战……这是自杀，是谋杀。"他警告戴维斯总统，攻击萨姆特要塞就像捅马蜂窝。蜂群将从蜂巢中涌出，"会把我们蜇死"[41]。这个时机实在是太糟糕了。图姆斯的热情已经冷却了，而戴维斯总统的情绪却更加高涨了。

第九章 自由的残酷考验（1860—1863）

**安提塔姆河**（Antietam. 马里兰州一小河）**战斗的死者**。马修·布雷迪（Matthew Brady）拍摄的安提塔姆的邦联死者的照片，向美国人展现了美国历史上最血腥的一天——1862 年 9 月 17 日悲惨的伤亡。乔治·麦克莱伦（George McClellan）将军发现了李将军第 191 号命令的副本。凭借这个副本，麦克莱伦阻挠了李的攻势。李从马里兰州撤退了。林肯获得了为颁布他的《初步解放宣言》所需要的胜利。

戴维斯不理睬图姆斯的话。他命令博雷加德，如果有任何补给船队接近，就向萨姆特要塞开火。当一个南方代表团向安德森少校发出最后通牒，要求他放弃萨姆特要塞时，安德森有礼貌地拒绝了。他护送这些南方人返回他们的船只，他说："如果我们无法在这个世界再次会面的话，上帝会安排我们在另一个世界相见。"[42]

1861 年 4 月 12 日拂晓之前，博雷加德将军用信号通知炮兵向萨姆特要塞开火。弗吉尼亚的埃德蒙·拉芬（Edmund Ruffin）受命打响

323

了第一枪，他长长的白发飘垂到肩膀。实际上拉芬是一个移居来的纽约人，他渴望军事行动。他写道："流血能改变很多尚在犹豫中的州的选民，（使他们）狂热起来，立即脱离联邦。"[43]这个上了年纪的玩火者，立刻拉动火炮的拉火绳，使他的国家陷入了战争。

博雷加德的火炮照亮了查尔斯顿港拂晓前的黑暗。安德森少校只有一支由勇敢的联邦士兵组成的象征性的驻军，但是他却尽可能地坚守着要塞。最后，在30个小时的猛烈炮击之后，特别是炮火燃起的火焰已经接近了要塞的弹药库时，安德森被迫投降。用新罕布什尔州坚硬的花岗岩建造的、尚未完成的萨姆特要塞，就这样落入获胜的邦联军队之手。安德森和他的部下受到了礼遇，但是，在整个北方，人们争相加入联邦军队。

### 3. "人民的斗争"：内战开始

邦联进攻萨姆特要塞事件震惊了北方。参议员斯蒂芬·道格拉斯代表北方的民主党人发言，保证全力支持林肯的新政府平定叛乱。林肯发布声明，号召75 000名志愿兵平叛，以确保联邦法律能够得到执行。在美国国旗能够重新飘扬在萨姆特那被破坏的城墙垛之前，还要经过漫长的四年。萨姆特陷落之后，林肯召集国会，召开了7月4日特别会议。战争行动的爆发，结束了弗吉尼亚州的犹豫。该州的脱离会议投票，决定脱离联邦。这些代表们现在忘记了，他们投票切断的是与美利坚共和国的联系，这个共和国是弗吉尼亚最伟大的儿子们——华盛顿、杰斐逊、麦迪逊、马歇尔、梅森和亨利——冒着生命危险而建立的。他们还投票决定邀请邦联政府重新定都于弗吉尼亚首

第九章　自由的残酷考验（1860—1863）

府里士满。

　　随着弗吉尼亚州的脱离、马里兰州徘徊在脱离的边缘，华盛顿很有可能陷入脱离势力的包围。林肯从白宫的窗户就能看见邦联的火炮。马萨诸塞和纽约的联邦军队迅速南下援救首都，他们在巴尔的摩遭遇了一支脱离分子的乌合之众。一些平民向联邦军队投掷铺路的石块，暴乱发生了。马萨诸塞州士兵向人群开枪，杀死了12个平民，牺牲了四个战士。这一天是4月19日，是列克星敦和康科德的枪声86周年的纪念日*。那时是为了自由而战。革命期间，并非全部美国人都对自由的意义达成了共识。一些人，特别是亲英分子（Tories），反对为独立而战。特别是在南方，这种斗争演变得血腥、残酷。现在，由于美国人不能在自由的含义上达成共识，他们将再次互相残杀。

　　林肯告诉容易激动的马里兰州联邦主义者，他不会让更多的军队穿越正在发生冲突的巴尔的摩，但却无法保证整个马里兰州都没有军队过境。他告诉马里兰的州长，军队不是飞鸟，无法飞进华盛顿；他们也不是鼹鼠，无法打洞进入华盛顿。虽然如此，林肯明智地命令本·巴特勒（Ben Butler）将军用渡船从水路运兵到安纳波利斯（Annapolis），再用铁路运输到华盛顿。巴特勒是一位政治将军，其升职不是因为军事能力，而是因为他能够在人民中团结很多的追随者。巴特勒是一位马萨诸塞州的民主党人，一年之前，他还计划要让参议员杰斐逊·戴维斯作为民主党的总统候选人！

　　在具有战略地位的马里兰州，林肯别无选择。他批准临时监禁了亲脱离的州议员，镇压了州里不忠于联邦的报纸。他还中止了《人身

---

* 列克星敦和康科德同为美国独立战争爆发地。——译者注

保护令》。这意味着会有更多的人没有经过法院而被逮捕。林肯暂时取消《人身保护令》是第一次在如此广泛范围内的行动。叛乱时期，宪法特别允许其暂时的取消（"不得中止《人身保护令》中的基本权利，除非发生叛乱或敌人入侵，在公共安全可能需要的情况下"。宪法第一条，第九款）。直到今天，林肯在马里兰州迅速和有效的行动仍然受到争议。马里兰州的州歌《马里兰，我的马里兰》中对"北方渣滓"的唾弃，仍然包含着这些反林肯的词句：

> 暴君的脚后跟踩在海滨上，马里兰！
> 他的手枪对准了教堂的大门，马里兰！
> 爱国的鲜血就洒在巴尔的摩的街道上，
> 我们要血债血偿，要雪耻，
> 我们要做昔日的战斗女神，
> 马里兰！我的马里兰！*

第一句中的暴君指的就是林肯总统。

可以肯定的是，叛乱正在进行中。如果马里兰州的白人公民的选举权能够实行的话，该州就很有可能会脱离联邦。西马里兰忠于联邦，就像多山的西弗吉尼亚一样。但是，人口众多的巴尔的摩和马里兰的东海滨要"脱离"联邦。为了联邦，林肯决定保全马里兰和首都。

可供林肯选择的余地很小。脱离行动已经迫在眉睫。不忠诚分子，

---

\* 《马里兰，我的马里兰》于1939年成为马里兰的州歌。《州政府法律条例》，1939年法案，第451章，sec. 13—307）。

第九章 自由的残酷考验（1860—1863）

真实的或者只是有嫌疑的，到处都是。局势十分危急。邦联的陆军部部长吹嘘道，叛军的旗帜，"5月1日之前，就会飘扬在老国会大厦的穹顶"。[44]

当首席大法官坦尼喋喋不休地要求释放一个叛军同情者（平民）时，林肯没有理睬他。[45]坦尼在"梅里曼单方诉讼"（*Ex Parte Merryman*）一案中的判案理由，实际上是经过了对历史和法律的仔细的理性分析。坦尼申斥林肯中止了《人身保护令》，他认为这种权力是由宪法明确赋予国会，而不是给予总统的。坦尼引述了伟大的约翰·马歇尔的话，以便产生更好的效果。[46]

根据林肯范围广泛的命令，约翰·梅里曼（John Merryman）被军方逮捕。他们指控梅里曼协助炸毁了通往危难中的首都华盛顿的铁路桥。[47]坦尼似乎不关心这对共和国的命运所造成的致命威胁。难道一个叛乱分子炸掉了国会议员必须由此返回首都开会并投票中止《人身保护令》的桥梁，然后，以国会没有召开会议，作为法院反对总统的理由吗？

林肯也引述了伟大的约翰·马歇尔的话，来反对执拗的老坦尼。在1819年著名的"麦卡洛诉马里兰"（*McCullough v.Maryland*）一案中，马歇尔撰写了联邦最高法院一致同意的判词："如果一个目标合法，而其又在宪法的范围内，而且一切手段都适当，并明显适合其目的，又从未被禁止过，且与宪法的文字和精神相一致，那么就都是合乎宪法的。"[48]

对严阵以待的林肯总统而言，还有什么能比阻止不忠诚分子控制首都、阻止国会召开会议、破坏政府更加合法的事情呢？上了年纪的首席大法官会被逮捕的广泛谣传，并没有变成现实，这是件好事。但是，我们必须在此记录，内战方酣之时，马里兰州人罗杰·布鲁克·坦尼没有采取任何行动，来保护他发誓为之服务的联邦。而且，正是坦尼在德雷德·斯科特案中影响极坏的判词，和其他的因素一起，把这个国家的年轻人推向了以刺刀互搏的境地。

很多地位很高的军官，而不是普通士兵，"选择了支持本州的立场"。位于马里兰州安纳波利斯的美国海军学院负责人富兰克林·布坎南（Franklin Buchanan）上校，感受到了邻居们的情感。布坎南上校加入了南方的军队。*

即便在北方，也有很多人愿意让联邦陷入分裂。《纽约论坛报》的编辑贺瑞斯·格里利描述脱离各州："任性的姐妹，和平地离开了。"很多废奴主义者，但除了弗雷德里克·道格拉斯，简单地把脱离看作将蓄奴州逐出联邦的手段。很多北方白人憎恨废奴主义者，因战争而责备他们。道格拉斯试图在反奴隶制情感的心脏地带、马萨诸塞州首府波士顿的公众集会发表演说时，被受雇的暴徒们扔下了楼梯。但是，他尽力反击，"像专业的拳击手一样"，逐走了暴徒。[49]

正如在致国会的第一次咨文中所说的那样，林肯以实际行动保护联邦。这是总统的第一职责。总统还拥有宪法赋予的职责"确保法律能够被切实地执行"（第二条，第三款）。林肯指出，所有脱离的州都正在践踏法律，他问道："难道为了一项法律不受侵犯，就要拒不执行所有的法律，就要把政府撕裂为碎片吗？"[50] 尽管当时存在着争议（并一直持续到今天），人们说林肯像一个独裁者那样行动，但是，

---

\* 尽管如此，布坎南那位于海军学院的有 37 个房间的宽敞住房，仍被称为"布坎南之家"（Buchanan House），以纪念富兰克林·布坎南这位学院的第一位院长。

林肯提醒国会，国会也有职责保护联邦，如果发现总统违反就职誓言，那么国会有最终权力将总统免职。他在7月4日的咨文中明确地分析了战争中各方的利害关系：

> 这在本质上是一场人民的斗争。在联邦方面，这是一场在世界上维护这个政府之体制和宗旨的斗争，这个政府的主要目标是：改善人民生存状况，从所有人的肩膀上卸去人为的枷锁，为所有人的美好追求扫清道路，在生命的历程中为所有人提供不受约束的起点和公平的机会……我相信人民大众理解并欣赏这一点，我对此感到最大的幸福……我们所知，没有一个普通士兵或水兵抛弃了他的军旗……（对美国人而言）现在应该向世界表明，能够公正地进行选举的人民，同样也能够镇压叛乱，选票是子弹的公正、和平的接替者；当选票能够公平地、合乎宪法地作出决定时，人们决不会诉诸子弹来解决问题。[51]

林肯希望，其他边界州的亲联邦的情感能够坚持下去。有很多证据表明，脱离并没有被整个南方全部接受。在田纳西东部那个多山的地区，很少有农场主拥有奴隶，人们像安德鲁·约翰逊（Andrew Johnson）、威廉·G.布朗罗（William G.Brownlow）一样，为反对叛乱而战。约翰逊是一个坚定的杰克逊民主党人。布朗罗是一位前辉格党的报纸主编，他郑重宣告，要与"脱离的领导人"作战，"直到地狱被冰覆盖——那么就与他们在冰上作战"！[52] 像约翰逊和布朗罗这样的人没有任何贵族式的做作。他们是活生生的平民百姓，并对此感到自豪。

在弗吉尼亚，投票反对脱离的西部地区，拒绝遵循里士满的领导。在乔治·B.麦克莱伦将军领导的联邦军队的帮助下，他们退出了弗吉尼亚州（最终，西弗吉尼亚作为一个单独的州获准加入了联邦）。

林肯以温和的手段对待肯塔基。林肯不愿去挑战肯塔基暧昧地宣布的"中立"，他希望通过耐心和温和的措施来保持肯塔基的忠诚。肯塔基不仅是林肯的出生地，而且也是杰斐逊·戴维斯的出生地，还是约翰·贝尔（John Bell，1860年一个小党的总统候选人）的家乡。林肯的批评者嘲笑他的谨慎：" 林肯当然愿意上帝站在他那边，但是他必须拥有肯塔基。"[53]这几乎完全属实，因为失去肯塔基的话，联邦的整个心脏地带——俄亥俄、印第安纳、伊利诺斯各州——都将会暴露在邦联的攻击之下。

密苏里州是另一个蓄奴的边界州，对联邦的忠诚很淡薄。林肯支持纳撒尼尔·莱昂（Nathaniel Lyon）将军的军事努力，莱昂将军在加速解除圣路易斯港（St.Louis）亲邦联的民兵的武装。莱昂在战斗中去世之后，林肯不得不支持约翰·查尔斯·弗里蒙特将军。弗里蒙特是1856年共和党的总统提名候选人，在国会的共和党党员中仍然拥有相当多的支持者。弗里蒙特自行在密苏里发布解放奴隶的命令，这给林肯造成了重大的政治难堪。林肯与共和党人已经发誓不会干涉蓄奴州的奴隶制度。密苏里州还维持着对联邦的忠诚。林肯不得不公开要求弗里蒙特撤销命令。弗里蒙特派他聪明、美丽的妻子杰西（密苏里州的著名参议员托马斯·哈特·本顿的在政治上精明老练的女儿）去向总统陈述理由。

杰西·弗里蒙特在9月的一个深夜到达了华盛顿。尽管在漫长的、酷热的旅途之后已经疲惫不堪，但她立刻就被召唤到白宫。总统冷淡地接待了她,连一把椅子也没为她准备。当杰西陈述有必要解放奴隶,以获得英国的支持时,林肯打断了她的话,说道:"你真是一位女政治家。"然后他训斥了她:"这是一场为一个伟大的国家理念'联邦'而进行的战争……弗里蒙特将军不应该把黑人也牵涉进来。"⁵⁴

这引起了废奴主义者和他们在国会的盟友的义愤。弗雷德里克·道格拉斯认为,约翰·查尔斯·弗里蒙特将军受到林肯不公正的对待。道格拉斯指责,总统过于一厢情愿地姑息"忠诚的边界州"里的亲奴隶制势力。他写道,他们根本就不忠诚,他们是"系在政府脖颈上的重负……他们所谓的忠诚是蓄奴州叛国罪的最好的盾牌"⁵⁵。

但是,林肯决定,不允许战场上的军事指挥官自行制定政策,特别是在解放奴隶这样敏感的问题上。林肯在伊利诺斯州的好友、参议员奥维尔·布朗宁(Orville Browning)给林肯写了一封长达13页的信表示反对。林肯回复道:"难道有借口伪称,在美国政府之下——在任何合乎宪法和法律的政府之下——一个将军或一个总统能通过公告来制定永久性的财产原则吗?"⁵⁶林肯不愿把这个重大的问题授权给任何下属,特别是不愿交给乖僻的弗里蒙特。

林肯不仅决定把解放奴隶这样重大的问题控制在自己手里,而且他知道,在联邦遭遇了1861年7月布尔河(Bull Run,在弗吉尼亚州东北部)战役失败之后,联邦不能对奴隶制度开刀。当欧文·麦克道尔(Irwin McDowell)将军——被林肯和已经不耐烦的国会敦促——终于出兵,在弗吉尼亚州马纳萨斯联轨站(Manassas Junction)附近迎战邦联军队,此处距离华盛顿仅仅一天的行军路程。战败的结果使得整个北方的情绪都十分沮丧。善变的格里利现在加入"到里士满去"(On to Richmond)的公众舆论中去了。在得胜的叛军面前,联邦新兵在恐慌中溃逃。"仓皇逃窜"是对联邦军队溃败的羞辱性的描述。博雷加德将军在马纳萨斯（Manassas）的胜利，增加了他在萨姆特要塞胜利的荣誉感（但是，正因如此，博雷加德这位"穿灰军服的拿破仑"也受到了戴维斯总统的猜疑和不信任）。在这次战役中，南军将领托马斯·乔纳森·杰克逊（Thomas Jonathan Jackson）指挥他的由弗吉尼亚士兵组成的战线，在火炮和步兵威胁面前顽强屹立。伯纳德·比（Bernard Bee）将军喊道："那里屹立着杰克逊，就像一堵石壁。"\*

弗里蒙特夫人并不是 1861 年唯一给林肯带来麻烦的在政治上十分重要的女性。林肯自己的妻子玛丽·托德·林肯（Mary Todd Lincoln），为了整修损毁严重的白宫，在国会的 2 万美元拨款之外严重超支，使林肯背负了巨额债务。这种整修看上去很重要——如同仍在修建的国会大厦穹顶的计划——是为了加强联邦及其行政机构的连续性。但是，当心烦意乱的总统在挑选能获胜的将军、制定能获胜的计划时，"国家的第一夫人"却在纽约和费城毫无节制地消费购物。

第一夫人只是单纯地想要使白宫装饰得完美无缺（这能够更好地回答那些来自首都亲南方的已婚妇女们的恶毒批评）。但是，林肯夫人对时尚的追求超过了应有的节制。商人们把她看成一个傻瓜。当费城的一个装饰商为考究的巴黎式壁纸索要 7 000 美元时，林肯夫人的铺张浪费曝光了。林肯被激怒了。他质问玛丽，怎么能够为了"这座该死的老房子能哗众取宠"就如此轻率地超支呢？林肯敏锐地意识到，一些联邦士兵连毛毯都没有。57 林肯感到羞辱，他说要用自己

---

\* 比将军是在钦佩杰克逊的英勇作战，还是恼怒他不赶来支援自己，就像内战作家谢尔比·福特（Shelby Foote）所暗示的那样，将永远不会为人所知了。就在给杰克逊起了"石壁"这个不朽的绰号之后，比将军随即被联邦的子弹击中身亡。

每年 25 000 美元的薪水来弥补亏空。*后来，国会温和地决定偿付了林肯夫人的奢侈方式，但是，她的声望所受到的损害是无法挽救的。

### 4."同一时间只打一场战争"：特伦特号事件

温菲尔德·斯科特将军需要帮助才能骑上战马——一匹驯服的母马。斯科特将军上了年纪，身体超重，还经常生病，但他仍然具有敏锐的头脑。这位出生于弗吉尼亚、经历了多次战争的英雄，是一个坚定的联邦主义者。当这位资格最老的美军指挥官提出，依靠对南方各州实施强制海军封锁行动来渐进性地压倒叛乱时，他的这个计划被嘲笑地称为"森蚺"方案（Anaconda，南美等地产的蟒蛇）。虽然该方案遭到了嘲笑，但是，林肯总统就是把这个方案加以调整并实施，使南部邦联陷入了困境。

联邦对海面和密西西比河的控制，对削弱南部邦联发挥了关键性作用，南部各州急需进口物质，特别是军需品，而这都受到了联邦军队的封锁。[58] 林肯发布声明，关闭南方进行国际贸易的港口。尽管联邦海军的船只遍布世界各地，但仍然无法完全贯彻总统的政策，杜绝南方勇敢、机智的"偷越封锁线者"（blockade runners）。

与英国或法国发生冲突的可能性是很大的。为了使封锁行动能够被国际法所接受，封锁行动必须是真实的，而不能仅仅是口头上的。还有一个问题，在国际法里，封锁行动是针对交战方的。强制实施封

---

\* 林肯总统的薪水大概相当于今天的 55 万美元。今天的总统每年收入是 40 万美元。（资料来源：http://www.eh.net/hmit/compare/.）

锁行动时，林肯冒着很大的风险，因为外国政府可能会承认南部邦联为合法政府。如果他们这样做的话，他们可能会用林肯自己的声明来反对他。

联邦船只返回美国水域也要花费时间。其中一些还在非洲海岸巡察，徒劳无益地想要阻止奴隶贸易。另一些则远在阿拉斯加跟随着美国的捕鲸船。在巴拿马运河通航之前，返航要花上几个月的时间，从南美洲最南端绕回来。

没想到，林肯的封锁行动方案受到了南方人自己的援助。南部邦联人抵制托马斯·杰斐逊在《独立宣言》中的人类平等思想，但却乐于接受杰斐逊的、影响极坏的封港令观念。结果，他们有意地阻止棉花流向欧洲市场。他们认为，既然"棉花为王"，英国和法国为了获得棉花，将不得不打破联邦的封锁。这可能是南方领导人作出的比脱离本身更加严重的失算。[59]1859—1860年，纺织品市场上供过于求。而当1862—1863年英国和法国的棉花真正奇缺时，邦联在军事上的败北，已经使干涉变得不可行了。邦联领导人也错误地估计了美国南部不再出口后，埃及和印度供应棉花的潜力。

林肯总统可能会对自己没有任命政治家为海军上将而感到高兴。[60]但是，这个事实没能使他免遭战时最严重的危机之一——海面上衍生出来的危机。美国军舰圣哈辛托号（San Jacinto）的指挥官查尔斯·威尔克斯（Charles Wilkes）上校是一个坚韧、无畏、雄心勃勃的职业水兵。1861年11月8日，威尔克斯截获了一艘英国的邮轮特伦特号。他没有将船只、乘客和水手带到一位联邦地方法官面前作出判决，而是自行决定逮捕船上的两名南部邦联的代表——前美国参议员詹姆士·梅森（James Mason）和约翰·斯利德尔（John

Slidell）及他们的秘书。然后，他放行了特伦特号。威尔克斯把这些人关进了波士顿的监狱，在整个北方，他都像英雄一样受到了欢呼。在马纳萨斯战败之后，北方的公众渴望获得一场胜利。国会甚至制作了一枚勋章，以表彰威尔克斯上校的及时抓捕行动。

英国议会和公众感到被冒犯。威尔克斯的大胆行动是对英国国旗的侮辱。英国大众媒体（那些"廉价的惊险小说"）的所有沙文主义者（jingoes），都在鼓噪与无礼的联邦军队开战。*帕默斯顿爵士亨利·约翰·坦普尔（Henry John Temple），这位过分自信的首相，被这一事件激怒了。他告诉内阁："你们可以容忍它，但是如果我容忍它，我就会下地狱。"[61] 美国的一位英国朋友理查德·科布顿（Richard Cobden）写道："下院四分之三的议员将乐于找个理由，来投票赞成肢解这个伟大的共和国。"[62] 英国的贵族阶级几乎不需要借口来发泄他们对民主政治的敌意。当特权统治阶级公开渴望美国联邦的垮台时，伦敦的《泰晤士报》为其代言："这将是对噩梦的解脱……除了一些有共和倾向的绅士，我们都期望，我们几乎都希望，邦联的事业能够获得成功。"[63]

对美国来说幸运的是，新近架设的大西洋电缆出现了故障。这必然延缓大洋两端的联络。[64] 即便如此，英国内阁增加了在加拿大驻军的规模，英国兵在原来6 400人的基础上，新增了14 000人。[65] 英国甚至还加强了他们在北美的海军中队的力量。英国

---

* jingo 一词实际上来源于英国历史的晚近时期。1878 年，英国政府利用媒体激化反俄国的情绪。他们给这个世界创造了一个新词："沙文主义"（"如果他们需要我们的帮助，我们一定去……"If they need our help, by jingo we will go……"）。资料来源：http://www.loyno.edu / ~ seduffy/eveWWI.html.

要与美国开战的局势赫然呈现。

几个月之前,国务卿西沃德建议林肯与欧洲所有的主要国家开战,以便把严重分裂的美国人团结起来,对付一个共同的敌人。林肯有礼貌地拒绝了西沃德这个"使世界陷入战争火海"的计划。同时,他告诫西沃德:"同一时间只能打一场战争。"

在这个局势严重紧张、美利坚合众国处于极度危险的时刻,英国王室的干预挽救了事态。维多利亚女王的受人尊敬的丈夫艾伯特亲王(Prince Albert),提供了一份针对外交大臣约翰·罗素爵士(Lord John Russell)要求报复、主张战争的修正草案。根据艾伯特的草案:"女王政府不愿相信美国政府放肆地故意侮辱英国,挑起与我们的争端,增加他们本身已经十分复杂的困难……"[66]这样,局势缓和了,艾伯特亲王对美国行为的宽宏大量的解释,被帕默斯顿首相接受了。英国只要求美国道歉,并交还被扣押的南部邦联代表。这是艾伯特的最后的官方行为。几天之后,他不幸因伤寒而去世。几乎毫不夸张地说,他在生命的最后时刻,仍在为英美间的和平而努力。

其间,圣诞节当天,马萨诸塞州参议员萨姆纳对林肯内阁发表了四个小时的演说。萨姆纳是一个与英国很多当权派有密切联系的亲英分子。他详细阐述了在这个关键时刻,如果美国陷入与英国的战争,后果会多么的惨重。[67]他警告忧虑的与会人员,不仅南方的独立可能会实现,而且美国本身的继续存在都会成问题。

西沃德被证明对危机的逐渐发展负有责任。在前一年,即1860年,当威尔士亲王(the Prince of Wales)访问美国时,英国王位继承人、殖民地事务大臣纽卡斯尔爵士(Lord Newcastle)曾经会见了参议员西沃德。当时西沃德是一个主要的总统候选人,他告诉纽卡斯尔爵士,

## 第九章　自由的残酷考验（1860—1863）

如果他当选总统，那么"侮辱"英国将是他的职责。更糟的是，西沃德可能还告诉纽卡斯尔，如果南方人继续实行脱离，美国就计划吞并加拿大，以弥补失去蓄奴州的损失。[68]

这个惊人的愚蠢冲突的故事，记录在美国一个极有才能的驻英国大使查尔斯·弗朗西斯·亚当斯（Charles Francis Adams）的信件中。在纽卡斯尔爵士的复述中，这个故事可能被夸大了，但是，这听上去很像狂妄自大的西沃德的风格，所以很难对此完全打折扣来理解。毕竟，这就是建议与整个欧洲大陆发生战争来避免国内冲突的同一个人。英国的当权派把这个故事看作"西沃德先生是一个决心生吞所有英国人的吃人妖魔"的证据。[69]在林肯政府中，以任命为外交官来酬答效忠者是一个通行惯例，但是，亚当斯是一个罕有的例外。林肯允许西沃德按照党派政治标准挑选驻外大使。[70]在所有大使职位中，英国大使是最重要的，由于林肯批准了西沃德选用极有才干的亚当斯驻守英国，战时的联邦没有受到真正的危害。

林肯决心尽一切可能维持与英国之间的和平。南部邦联的代表将被释放。美国承认威尔克斯上校的行动没有得到许可。林肯将会道歉。西沃德忍不住又拉了一下英国这只狮子的尾巴。他指出，英国现在抱怨自己的中立国权利受到侵犯，而这恰恰是1812年美国与英国开战的原因！[71]西沃德实在聪明。

随着梅森和斯利德尔被释放，危机停止了。联邦态度的转变，在英国引起了令人惊异的反应。大使的儿子亨利·亚当斯写道："六周以前事态对我们极端不利，现在则似乎正在以同样剧烈的程度在称赞我们。"[72]对联邦的朋友们来说，最好的部分就是，梅森和斯利德尔已经证实他们作为外交官来说，是南部邦联的非常糟糕的人选。这两个人不仅缺乏机智,而且与玩火者和奴隶制度扩张论者的关系十分密切,结果可以说,他们在英国和法国全无影响力。

### 5. 1862年:"大赦年"

马纳萨斯战败后,林肯不得不更换了麦克道尔将军,斯科特将军建议起用年轻的乔治·布林顿·麦克莱伦(George Brinton McClellan)将军。这是一个很自然的选择。麦克莱伦是西点军校1846级里的明星人物。在墨西哥战争中模范服役之后,他被军方派驻为克里米亚战争*中英法间事务的观察员。麦克莱伦离开军队后,很快成为伊利诺斯中央铁路局局长。

麦克莱伦时年34岁,具有领袖气质,蓄着整洁的八字须和法国风格的山羊胡子,以掩饰他那孩子气的相貌。穿军装时,他戴着一顶法式的军帽,并且乐于接受新闻记者们给他起的"小拿破仑"的绰号。**

精神抖擞的"小麦克"(麦克莱伦)出生于费城的上流社会家庭,他在马鞍上拥有给人深刻印象的健美身姿(实际上,他设计的马鞍在整个美军中被广泛使用)。麦克莱伦是一个民主党人。参议员斯蒂芬·A. 道格拉斯死于肝硬化之后,麦克莱伦可能是美国最著名的亲联邦的民主党人。

---

\* Crimean War,1854—1856年俄国与英国、法国、土耳其、撒丁王国之间的战争。——译者注

\*\* 尽管拿破仑皇帝在滑铁卢战败,但法国军事思想、工程和时尚仍支配着美国。北方和南方的军队都配备了色彩鲜明的法国在北非轻步兵的军服。然而,这种军服的宽松的红裤子很快就被弃用了,因为在战场上,这样的制服很容易被神枪手瞄准。

# 第九章　自由的残酷考验（1860—1863）

在国会里，麦克莱伦的政治主张给他带来了麻烦。越来越多的激进派共和党人谋求打一场大战。马纳萨斯战役之后，麦克莱伦聚拢了军队里被打散的士兵，国会不得不接纳了他。他爱护士兵，而士兵则回报以敬爱。他训练这些士兵，给他们装备了最好的制服、靴子和武器。他确保他的军队所享有的食物和医疗都是最好的。他举行定期的、使人印象深刻的军事操练。他很善于在军事生活中举行仪式和庆祝活动。在任何地方，只要他经过，他的士兵就大声呼喊"小麦克"并向他热情致意。他成功恢复了这些战士们的士气，并把这支联邦军队改名为波托马克军团。麦克莱伦在军事组织方面是一个天才，他建立了大陆上目前为止最杰出的武装力量。他和这支队伍做了几乎所有事情——除了战斗。

虽然林肯决定不像催促麦克道尔那样催促麦克莱伦，但他仍然给小麦克提供了父亲般的建议。当国会和新闻舆论开始抱怨麦克莱伦过于频繁地向他们汇报"波托马克军团一切平静"时，林肯写信给麦克莱伦："你必须行动。"但是行动并没有很快到来。在战争的第一年结束之时，麦克莱伦患上了伤寒。林肯因此十分沮丧。林肯对联邦军需官蒙哥马利·梅格斯（Montgomery Meigs）抱怨道："将军，我应该怎么办？人们迫切需要胜利；（财政部部长）蔡斯（Chase）没有钱了，他告诉我再也无法筹到款；军队的指挥官得了伤寒。局面如此艰难，我应该怎么办？"[73] 林肯的新任陆军部部长埃德温·M. 斯坦顿（Edwin M. Stanton）决定终止麦克莱伦的不作为状态。斯坦顿说道，再也没有优雅的"喝香槟、吃牡蛎"的参谋人员晚宴了。[74]

麦克莱伦的确有很强的权力欲——特别是在他逼迫上了年纪的斯科特将军离职并获得了陆军总司令的任命之后。他甚至也不尊重林肯总统。私下里，他把林肯看作"原始的大猩猩"和"善意的狒狒"。曾经有一次在婚礼庆典上，他丢下坐在会客室里的总统和国务卿西沃德，独自回家了。一个小时之后，一个仆人告诉林肯，他的将军整晚都不在其位！林肯以耐心的谦卑容忍了这种无礼行为："不要紧，如果麦克莱伦能给我们带来胜利，我会给他牵马。"75

胜利需要什么呢？

麦克莱伦最后决定发动一次大胆的行动，把波托马克军团的大部分士兵运送到诺福克市（Norfolk）附近的弗吉尼亚半岛（Peninsula），去进攻邦联的首都里士满。麦克莱伦动用了400只船来运送10万多名士兵、25 000匹马和骡子，还有大概300组火炮。76 这支力量是由联邦杰出的、坚定的、忠诚的军需官蒙哥马利·梅格斯调集起来的。77 1862年春天，梅格斯后勤工作的奇迹，造就了到当时为止历史上规模最大的一次两栖攻击。

结果怎么样呢？

当林肯到弗吉尼亚半岛拜访麦克莱伦和波托马克军团时，刚愎自用的麦克莱伦继续给林肯讲述避免"一场废奴战争"的必要。他恐吓性地告诉林肯，在解放奴隶的问题上，波托马克军团不会支持总统的任何行动。很明显，他侵犯了民权（civilian authority）。2月，他夸耀说，"十天之内"他就会进入里士满。78 一个月之后，他也没能更加靠近叛军的首都一步。麦克莱伦总是抱怨他的军队人数太少，总是夸大敌人的力量。根据私人侦探艾伦·平克顿（Allan Pinkerton）不可靠的情报，麦克莱伦对他所面对的邦联军队规模的估计，实际上已经三倍于其真实规模了。他认为叛军有20万。事实上，他的波托马克军团在数量上大大超过了防守的叛军。79 麦克莱伦几乎拥有拿破仑所有的特征，除了两点：速度和战斗精神。

就只有那么多了。

林肯十分失望，他最后说道："如果麦克莱伦将军不想使用这支军队，我愿意借用。"[80]

麦克莱伦在弗吉尼亚半岛失去了胆量。他开始给陆军部拍发歇斯底里的电报，为了他的军团无法攻占里士满而责备陆军部部长斯坦顿、责备华盛顿的每一个人。林肯从未赞成过麦克莱伦的水路进攻方案，但却迁就了这位十分敏感的年轻将军，他给麦克莱伦发电报说："我倾其所有都提供给你，我这样做的根据是你能尽心尽力地利用这一切。恕我无礼，你却想当然地认为我会给你提供更多的东西。"[81]

麦克莱伦的真相已经明显。林肯冷酷地断定，波托马克军团可能只拥有一个华丽的称号，但是，实际上"它只是麦克莱伦的保镖"[82]。

半岛战役是一场反常的战役，同时也是一场非决定性的战役。麦克莱伦没能攻占里士满，他把精力都用在责备其他人上，对联邦来说最糟糕的就是，更有才能的罗伯特·E.李取代了受伤的邦联将军约瑟夫·约翰斯顿（Joseph Johnston）。

最终，林肯被迫解除了麦克莱伦的指挥权。那几个月里联邦的运气并不好,麦克莱伦的替代者经证实并不比他好多少。约翰·波普（John Pope）将军具有所有英勇的举止，但却是一个吹牛的人。他以傲慢的俯瞰姿态告诉波托马克军团，他刚刚来自于西部，"那里我们总是看到敌人的后背"[83]。他从"马鞍上的司令部"向林肯汇报，这给总统留下深刻印象，认为司令部"更适合放在他的后腿那里"[84]。当波普带领军队在马纳萨斯遭受了第二次羞辱性的失败后，林肯没有办法，只好恢复了麦克莱伦的指挥权。

338 不过,联邦也并非只有坏消息和难堪。当麦克莱伦和命运不佳的波托马克军团在东部使邦联军队士气大涨的时候,联邦在西部获得了几次重大的胜利。在肯塔基州和田纳西州之间的坎伯兰河(Cumberland River)多纳尔森要塞(Fort Donelson),尤利塞斯·S.格兰特(Ulysses S.Grant)将军迫使邦联守军无条件投降——格兰特将军立刻在整个北方成为英雄,并获得了"无条件投降格兰特"的绰号。

水路上的战争局面动荡不安。在切萨皮克湾(Chesapeake Bay),邦联军队有一艘新军舰邦联弗吉尼亚号(The CSS *Virginia*)开始服役,也就是原来联邦海军的梅里麦克号。这艘装甲舰撞沉了联邦实施封锁的两艘木制军舰。梅里麦克号的船长是富兰克林·布坎南(Franklin Buchanan)上校,他是安纳波利斯联邦海军学院的前任院长。后来,布坎南向邦联海军部部长、有才干的斯蒂芬·R.马洛里(Stephen R.Mallory)汇报说,坎伯兰号(*Cumberland*)"开始下沉,但她的火炮只要还在水面以上,就仍然在勇敢地发射,她和她飘扬的旗帜一起沉没了"[85]。他曾经将那些海军学院的学生训练得很好。然后,布坎南上校指挥着梅里麦克号,将炮口对准美国军舰国会号(*Congress*)——他自己的亲生兄弟就在那里服役。[86]

联邦军舰国会号和坎伯兰号被击沉了。联邦海军明尼苏达号(*Minnesota*)直射在梅里麦克号倾斜的装甲钢板上的炮火被弹飞,梅里麦克号使明尼苏达号搁浅了。联邦的封锁行动——实际上,整个美国海军——已经处于最严重的危险之中。在珍珠港事件之前,美国海军历史上最糟糕的一天就是1862年3月8日。[87]但是,在3月9日,一艘看上去不太可能起作用的小船莫尼特号(*Monitor*)竟然嘎嚓嘎嚓

第九章　自由的残酷考验（1860—1863）

地驶入到抗击南军怪兽梅里麦克号的战斗中来。

联邦军舰莫尼特号看上去就像"救生筏上的奶酪盒子"。它也是一艘装甲舰。它在水中低速行驶，但把它唯一的配有两门强力的达尔哥伦炮（Dahlgren guns）的炮塔对准了梅里麦克号的十门火炮。经过三个小时的激战，莫尼特号和梅里麦克号都陷入了弗吉尼亚的汉普顿锚地之中。在两艘受损的军舰终止相互攻击时，看上去是一场平局。但是，由于邦联更加急需在海上打破封锁，莫尼特号的行动实际上代表联邦获得了胜利。联邦海军——以及在战略上必不可少的对南方的封锁行动——被挽救了。联邦保持了关键的制海权优势。[88]

世界关注着美国的海战。甚至连《伦敦时报》（*London Times*）这样素来轻视美国北方人的报纸，也声称英国海军不能冒险与莫尼特号这样的军舰开战。[89] 这个令人震惊的"美国北方人独创性"的军舰，实际上是瑞典移民约翰·爱立信（John Ericsson）设计的。性情暴躁的爱立信是一位工程学天才，他在世时看到，世界各地所有现代海军都吸收了他的设计理念。

1862年，海军还为联邦赢得了第一次重大的胜利，司令官大卫·格拉斯哥·法拉古特（David Glasgow Farragut）指挥下的一支舰队，越过危险的海岸炮火封锁，夺取了邦联最大的港口新奥尔良（New Orleans）。法拉古特将军是一个南方人，他拒绝了海军中其他南方人要他加入邦联的请求。这位60岁的老练水兵告诉他们，"在这件事（内战）完结之前，你们这些人就会惹上魔鬼"。[90] 在迫不及待的本·巴特勒将军带领15 000名士兵登陆后，他稳固地控制了新奥尔良市（Crescent City）。

巴特勒及其军队穿越这个城市有名的法语区，在经过建筑讲究、带有阳台的窗下时，情绪冲动的南方妇女向他们泼脏水或扔便壶，表示对他们的轻蔑。巴特勒因其臭名昭著的"妇女命令"受到国际社会的谴责。他说，任何侮辱美国军队的妇女，都将被看作"拿自己的肉体做交易的女人"。他的意思是说她们是娼妓。巴特勒的命令使他得到了"野兽"的外号。但这使他制止了南方妇女们对军队的冒犯。

在新奥尔良，巴特勒继续推行有争议的"违禁品"政策。由于南方人鼓吹，是奴隶劳动使得更多的白人在前线参战，巴特勒将奴隶作为"战时违禁品"逮捕起来。以前，"违禁品"这个词只用于战争物资，而不用于人。但如果南方人声称奴隶仅仅是一种动产，那么巴特勒也只是非常高兴地对奴隶们不加约束。奴隶们也心领神会。不久，成千上万的奴隶将自己解放，来到联邦军队中，口中高喊，"我是战时违禁品！"

到 1862 年夏天时，林肯所说的"战争冲突"，使奴隶制问题更成为关注的焦点了。林肯感到失望的是，来自顽固的蓄奴州的国会议员们不接受他提出的有偿释放奴隶计划。*

林肯在一次白宫会议上警告他们，如果他们对政府宽宏的建议无动于衷，那么他们可能会在"战争冲突"中失去一切。弗雷德里克·道格拉斯想知道，联邦将自己的一只手绑在背后，将如何继续战斗。道格拉斯犀利地问道："在华盛顿指挥时期，有色人种有参战资格；在麦克莱伦时期，他们就没有参战资格吗？"这如何能说得通呢？[91]

1862 年 8 月 14 日，总统林肯邀请一个自由黑人的代表团到白宫。这是总统与美国黑人之间的第一次正式会见。但林肯邀请这些黑人绅

---

\* 这些顽固维持奴隶制的蓄奴州是：特拉华、马里兰、肯塔基和密苏里。

士进入白宫,只是为了请他们出去。他告诉来访者,无法减少的白人对黑人的歧视,使黑人在全美各地都遭受了不公正的待遇。他说,黑人在任何地方都不被看作是与白人平等的。他强烈反对白人歧视黑人,但说自己无力改变这种局面。他告诉他们:"如果不是你们这个种族生活在我们中间,就不可能有战争。"因此,这两个种族最好分离。他鼓励这些黑人代表们考虑他的计划,让美国黑人向中美洲(Central America)殖民。林肯向他们保证,他的政府将全力支持他们。[92]

当弗雷德里克·道格拉斯指责林肯开拓殖民地的意图时,他是在代表几乎所有美国黑人讲话。他指控道,林肯对自由的有色人种的演讲,"表明他的反复无常,他的种族优越,他对黑人的蔑视和貌似虔诚的伪善"[93]。道格拉斯写道:"我们生活在这里,一直生活在这里,有权利生活在这里,而且想生活在这里。"[94]

道格拉斯投身于激烈反对"移居殖民地"的斗争中。他激昂地痛斥那些继续否认美国黑人人权的人。"我们是在美国出生和接受教育的美国人,与任何其他国家的制度相比,我们更喜欢美国的制度。"[95]这是个令人震惊的声明!美国黑人在他们的出生地,通常被剥夺受教育的权利。即使在美国北部,黑人也被迫去实行种族隔离的学校上学。关于美国的制度,最高法院已经声明,黑人不是公民,没有白人应该享有的受尊重权利。但是,弗雷德里克·道格拉斯要求公正:"我们希望留在这里,对我们来说是自然的,对你们来说是荣幸的。"[96]道格拉斯以严密的逻辑,击中了移居殖民地问题的核心:"当黑人获得自由时,如果使黑人离开成为必要的,那么同样的情形是,如果黑人留在这里,使他成为奴隶也是必要的。"[97]

当林肯第一次提出让获得解放的奴隶移居殖民地的问题时,这是在完全自愿的原则下进行的,而且由美国海军提供道义保护。在非洲或中美洲,为美国黑人开辟殖民地的立场,已经得到像詹姆士·门罗(James Monroe)和亨利·克莱(Henry Clay)这样的"开明"美国人的支持。他们当中,没有人考虑到黑人在这个问题上的感受。也没有人询问道格拉斯,但直言不讳的道格拉斯没有就此保持沉默。事实上,他一点儿也没保持沉默!林肯很可能被弗雷德里克·道格拉斯激烈反对开辟殖民地的态度说服了。

接下来,林肯转向了美国白人。他回应贺瑞斯·格里利(Horace Greeley)撰写的尖刻的社论,"2000万人的祷告词",(这个格里利,就是那个一年前热切期望南部各州"和平脱离"的格里利)林肯回答他说:

> 在这场战斗中,我的首要目标是挽救联邦,既不是挽救奴隶制,也不是破坏奴隶制。如果我能挽救联邦,而不用释放任何奴隶,我将这样做。而如果要释放所有奴隶,我才能挽救联邦,我也将这样做。如果我能通过释放一部分奴隶、保留一部分奴隶,来挽救联邦的话,我也将照做不误。我对奴隶制和有色人种问题上的所作所为,皆由于我认为这样有利于挽救联邦;我克制不做的那些事,也只是因为我认为,它们不利于挽救联邦。[98]

那些认为林肯是自由的虚伪之友、对美国黑人困境麻木不仁的批评家,经常引用这封信。但我们必须记住,正是林肯所说,一所被分开的房子是不能存在的,同理,这个国家要么都成为奴隶,要么都是自由人。正是林肯坚定地认为,奴隶制对南部各州的限制,会将它们

第九章 自由的残酷考验（1860—1863）

**林肯总统。** 林肯是以一名没有行政经历的铁路扳道工、西部人和律师的身份为大众所知的。玩火者们忘记了他温和地谈论"我们人性中更美好的天使"。林肯告诉国会，在可以诉诸选票时，一定不要求助子弹。普通人称林肯为"老亚伯拉罕"和"亚伯拉罕大叔"。然而，随着他决定签署奴隶《解放宣言》，他那"亚伯拉罕老爹"的称呼，更广为人知。

**罗伯特·E. 李将军。** 罗伯特作为西点军校的学员，是他那个时代坚毅形象的典范。他是莱特豪斯·哈里·李的儿子。他妻子的祖母是玛撒·华盛顿（Martha Washing-ton）。他强烈反对奴隶制和蓄奴州脱离联邦。但当弗吉尼亚脱离联邦时，他追随了本州的立场。一位年轻的宾夕法尼亚州姑娘说："我真希望，他是我们的人。"无数北方人都这样希望。

443

**乔治·B. 麦克莱伦将军**。这位小拿破仑只缺少拿破仑的两种品质：迅速和果断。林肯在最终解除其职务前，容忍了他一年。麦克莱伦反应迟钝。作为林肯1864年竞选总统职位的民主党对手，麦克莱伦在是否接受实际上意味着投降的和平政策纲领上犹豫不决。林肯嘲笑他说："他正在挖壕沟。"最后，麦克莱伦甚至不能主导他所钟爱的波托马克军团士兵们的选票。

**"石壁"将军杰克逊**。他的部下称，当杰克逊热血沸腾时，他的眼睛就发出蓝色的光。托马斯·乔纳森·杰克逊是无畏的战士，也是一位手段高明的将才。1862年的谢南多亚河谷战役（Shenandoah Valley campaign）使他扬名全世界。在昌斯勒维尔（Chancellorsville）大获全胜的同时，他也被友军炮火击伤。罗伯特·E. 李说："他失去了他的左臂，但我失去了我的右臂。"在战斗结束一周后，杰克逊的去世使南部陷入哀痛之中。

第九章 自由的残酷考验（1860—1863）

**尤利塞斯·S.格兰特（Ulysses S.Grant）将军。** 格兰特是一个制革工的儿子，一个不成功的农民和仓库职员。这个西点军校毕业生成为墨西哥战争的英雄，他在和平时期的军队中表现并不突出。但在战场上，他有"拼命三郎"的勇气。格兰特要求据守多纳尔森（Donelson）要塞的老朋友无条件投降。于是，美国诞生了一位新的英雄。林肯断然拒绝了那些要将他免职的要求，并说："我不能没有这个人。他是位战将。"1864年格兰特来到东部，他能够独自"面对现实中的难题"。他以巨大的人员伤亡为代价，磨垮了罗伯特·E.李将军的粮草短缺的北弗吉尼亚军队。

**威廉·特库姆塞·谢尔曼（William Tecumseh Sherman）将军。** 在战争初期，谢尔曼因预言这将是一场长期而血腥的战争，几乎被当作疯子而撤职。谢尔曼有一头红发，才华横溢，说话滔滔不绝。他憎恨记者和政客。谢尔曼乐于为比较沉着和温和的格兰特效力。谢尔曼说："当我疯了时，格兰特支持我。当他喝醉时，我支持他。现在，我们总是互相支持。"他告诉那些反对他摧毁平民农场和城镇的人说，"战争就是地狱"，他尽力去这样做。他向海上进军，使林肯在1864年选举中保住了总统职位。

**阿波马托克斯（Appomattox）投降。**1865年4月9日，复活节前的星期日，在南部宁静的弗吉尼亚城镇威尔默·麦克里安（Wilmer McLean）的前线会议室中，李将军和格兰特将军会面。李将军制服华丽，骑着他的著名战马"旅行者"。格兰特在疆场上扬鞭疾驶，褶皱的制服和靴子上都沾上了泥点。格兰特有条件地释放了李将军及其全部属下。后来，当心怀报复的总统安德鲁·约翰逊（Andrew Johnson）想要以叛国罪起诉李将军时，格兰特公然违抗了他。

置于"绝路"。也是这同一个林肯，建议共和党人坚决反对将奴隶制像"一串铁链那样"扩展到新领土上去。

正是这位林肯，在他给格里利写那封著名的信时，他办公桌的抽屉中就放着《解放宣言》的草稿。他在等待联邦的一场胜利，以便发布《解放宣言》。

问题在于，在任何战争中，都有太多对立的看法、待议事项、希望和意见而不容易平息和调节。在那些艰难岁月中，林肯勉力居于其中，为了联邦能获得最大利益，协调种种混乱局面。

第九章　自由的残酷考验（1860—1863）

不仅在国内政治问题方面，而且在与难于控制的总指挥将军的交往中，林肯继续承受着挫折。林肯对参议员布朗宁（Browning）说，他"如果能用魔术给麦克莱伦增援100 000人的话，这位将军会狂喜不已，并因此而感激我。他会告诉我说，明天他将进军里士满。但当明天到来时，他又发电报说，他得到敌人有400 000人的确切情报，如果他得不到增援的话，他就不能进军"[99]。而且，林肯愤怒地写下，每当他派出增援部队时，只有实际数目的一小部分到达了援助地点。他写道，这就"像用铁锨铲跳蚤一样，无济于事"。

9月，罗伯特·E.李将军冒失地率他的北弗吉尼亚军进入马里兰。他与"石壁"将军杰克逊会合。杰克逊将军整个春天都在愚弄联邦将军麦克道尔、弗里蒙特和班克斯。纳撒尼尔·班克斯（Nathaniel Banks）也是一位政治将军，他曾是民主党在国会众议院的发言人。班克斯不仅溃退，而且将大批军用物资丢弃给饥饿的邦联军队，兴高采烈的南军送给他一个外号"供应军粮的班克斯"。杰克逊于1862年春季在谢南多亚河谷乃至战役中表现得如此勇敢和出色，时至今日，世界各地的军事院校仍在研究这场战役。

随着乐队演奏"马里兰，我的马里兰"的乐曲，叛军在北方城市中传播着恐慌情绪。李将军希望能影响国会的秋季选举，通过在北方取得一场显著的胜利，来赢得英国和法国对邦联的承认。但是李将军没有预料到历史的一种"偶然性"。他给其属下的"第191号将军令"的副本，包在三支雪茄烟上，被一名联邦士兵得到。麦克莱伦将军当即就知道了李将军的计划。

在马里兰州沙普斯堡（Sharpsburg）镇附近，在安提塔姆河

（Antietam Creek）的岸上，*衣衫褴褛、饥饿但意志坚定的邦联军队，遇到了一支更有优势的联邦军队。1862 年 9 月 17 日全天，两支军队发生激战。

麦克莱伦将他的军队一批批地送进南部火力集中地带成为炮灰。他从未调遣足以赢得战争的士兵，也从未冒足以招致失败的危险。南方军队中的一位年轻的、来自佐治亚州的士兵，目睹并记录了这个具有象征意义的日子：

> 五发子弹杀死了第 34 个纽约黑人搬运工。佐治亚州的威廉·安德鲁斯（William Andrews）中士回忆："在滑膛枪使人胆战心惊的轰响声中，你能听到受伤的和奄奄一息的战士发出的笑声、咒骂声、叫喊声和呻吟声。在那里，整列的身着蓝色制服的士兵躺在地上，我认为自己能够在他们身上行走，而双脚却不用着地。"[100]

第一批明尼苏达州（Minnesota）志愿兵报道，叛军的炮火是如何的猛烈。在那个血腥的日子，一个年轻的弗吉尼亚炮兵在帮助炮击那些明尼苏达人。他是 17 岁的列兵小罗伯特·E. 李（Robert E.Lee Jr）。他的父亲正在指挥北弗吉尼的军队。[101]

安提塔姆河战役的另一位幸存者是第六亚拉巴马团的约翰·贝尔·戈登（John Bell Gordon）上校。[102] 他在森肯路（Sunken Road）上被击中五次。当他的妻子被带到他的病房时，他喊道："这是你英

---

\* 邦联军队的记录称此战为沙普斯堡战役，联邦军队则称之为安提塔姆河战役。

第九章　自由的残酷考验（1860—1863）

俊的丈夫，去参加一个爱尔兰人的婚礼后回来了！"[103] 他从面部所受的弹伤中恢复过来了，在他妻子的精心照料下，他那粉碎性骨折的胳膊也保住了。[104]

美国从未经历过这样的事情。纽约著名的摄影师马太·布拉迪（Matthew Brady）派他的助手亚历山大·加德纳（Alexander Gardner）去记录沙普斯堡的恐怖。布拉迪以"安提塔姆河战役死难者"为题，向震惊的观众展示他所拍摄的战争屠杀的照片。一位《纽约时报》记者写道："照片中有一面，是摄影师的拍摄技巧捕捉不到的。这就是寡妇们和孤儿们的处境……家乡荒芜了。而且，在无数人心中的生命之灯，已经永远地被熄灭了。所有这类荒凉景象一定都能被描绘出来。但破损的心灵是不能被拍摄到的。"[105]

尽管麦克莱伦在安提塔姆河有后备生力军，但他从未将他们投入战斗。两支军队血战至僵持状态。李将军被迫撤退。麦克莱伦称其为一场伟大胜利。极度痛苦的林肯敦促麦克莱伦追击李将军，彻底摧毁他的北弗吉尼亚军。麦克莱伦却退缩不前。

安提塔姆河战役中，联邦军队的伤亡人数估计为：阵亡2108人，负伤9540人，失踪753人。这占所有参战人员的四分之一。[106] 相比之下，邦联军队的损失要少得多，但李将军承担不起这些损失。因为他在北方土地上作战，从来没有足够数量的"屠杀经费"。估计数字显示，邦联军队死亡人数为1645人，受伤7752人，失踪1018人。[107] 合计损失为22 719人，这使安提塔姆河战役成为美国历史上最血腥的一天。

内战被称为"兄弟间的战争"。在马里兰和肯塔基的许多团队中，尤其是这种情况，一些人的兄弟在对立的阵营中服役。但内战也是场

父子战,正如这封信表明的:

> 一位康涅狄格州21团的士兵……去寻找他18岁儿子的坟墓。他的儿子是在伯恩赛德桥(Burnside Bridge)袭击战中阵亡的,但他没有找到。他写道:"噢,那个地方对我来说,是多么可怕啊。我亲爱的儿子被埋葬在那里,就像这田野里的一只野兽一样!"他发誓进行报复,满腔仇恨地将这个仇算在"这场突如其来的、比地狱更可怕的、邪恶的叛乱上"。[108]

刚刚应征入伍的士兵,谈及第一次战斗经历时就好像刚"看到大象"一样。他们以半诙谐的方式,描述战争令人憎恶的残忍景象。

受到猛烈攻击的南方军队撤退了,北方欣喜不已。林肯认为,这个美国历史上最血腥的日子,是一个来自上帝的预兆。他颁布了《初步解放宣言》(Preliminary Emancipation Proclamation)。林肯警告脱离联邦的各州,如果它们不在1863年1月1日前返回联邦,它们地面上所有的奴隶都将被解放。北方的反应,最初是不赞同的。共和党人在一些关键州的竞选中失败了,而且失去了几个国会席位。甚至连废奴主义者都不欢迎这个《初步解放宣言》。如果叛乱各州确实返回联邦,那会怎么样呢?奴隶仍然处于受奴役状态。林肯正在冒一个巨大的风险。

麦克莱伦继续按兵不动。他抱怨说,军队中的马匹都疲惫不堪了。最终,林肯的忍耐到了极限。邦联的马没有疲惫。他给这位小拿破仑发电报:"请恕我问问你,你军队中的马匹自安提塔姆河战役以来,做了什么使它们这样疲劳的事呢?"[109] 有影响力的弗兰克·布莱尔

# 第九章 自由的残酷考验（1860—1863）

（Frank Blair）试图向总统调解，以防止他所预感的即将来临的震怒。林肯告诉布莱尔，他已经在足够长的时期内"容忍这个反应迟钝的家伙了"，"布莱尔先生，我说过，如果李将军的军队从他手里逃脱的话，我就会免他的职。现在，我必须这么做了。他得了迟钝症"[110]。

那年夏初，当参议员本·维德（Ben Wade）提出将麦克莱伦撤职时，林肯回答说："我用谁来顶替他呢？"直率的本愤怒地说，任何人都可以胜任他的位置。林肯疲惫地回应道："维德，任何人都可以取代你的位置。但是我必须留着他。"[111] 现在，那个人的诸多不是之处，萦绕在林肯的脑海中。他决定任命麦克莱伦最亲近的下属安布罗斯·伯恩赛德（Ambrose Burnside）将军接替麦克莱伦。他派麦克莱伦的好友之一，加萨利奴斯·布京海姆（Catharinus Buckingham）将军，经过一番难以明了的震荡之后，完成了麦克莱伦指挥权的交接工作。

这是这个共和国的重大的危险时刻。自由危在旦夕。在麦克莱伦的指挥部，曾有过可怕的谈话，商议用波托马克军团揭竿起义。麦克莱伦不掩饰自己对释放奴隶的反对态度。而且，他仍受将士们的崇拜，他们在每个场合都支持他的决定。如果麦克莱伦不能像拿破仑那样战斗的话，他是否可能有拿破仑策划政治阴谋的权术，发动一次军事政变呢？

幸运的是，麦克莱伦与民主党的关系非常融洽。他看到，自己的未来不是个军事统帅，而是反对党的合适人选。这就是他要努力争取的。而这个国家没有遭受军队反对文职政府的厄运。

林肯知道自己在历史上的地位将由超出他控制之外的力量来决定。他说他已经与"上帝签订了一个契约"。如果李将军被逐出马里兰的话，他将打击奴隶制，猛烈地打击奴隶制。林肯说，当他听到"处于埃及人奴役之下的以色列儿童的呻吟声时"，[112]*"当我感觉奴隶制必须灭亡，这个国家才能生存的时候，打击奴隶制的时刻来临了"。美国人似乎也意识到林肯立场的变化。直到这时，林肯仍以"老亚伯拉罕"或"亚伯拉罕大叔"而广为人知。然而，随着他颁布《初步解放宣言》，普通民众开始称他为"亚伯拉罕老爹"了。[113]

在1862年年底时，伯恩赛德将军率领波托马克军团深入弗吉尼亚。12月13日，在弗雷德里克斯堡（Fredericksburg），伯恩赛德向所有人证明了他所说的自谦的话：尽管他是位称职的军事指挥官，但他不能胜任指挥全军。面对令人生畏的杰克逊将军，伯恩赛德命令他的军队发起了一次次无效的攻击。他看到自己的部下成批地倒下，就像长柄大镰刀下的小麦一样。伯恩赛德不得不停止这种自杀式的进攻。李将军站在马丽高地（Marye's Heights）上，俯瞰整个战场上的残杀局面，说："幸亏战争如此恐怖，否则我们会过于喜欢它的。"[114] 那天晚上，士兵们惊奇地看到了北极光。在南方这种纬度的地区，这种现象是少见的。好像天空自己褶皱成紫红色的、表示哀悼的、带有彩虹波纹的黑纱。

身处白宫的林肯几乎绝望了。在这个恐怖的年份，他不仅看到自己心爱的儿子威利（Willy）的去世，而且在弗雷德里克斯堡伤亡大约12 600名年轻人。林肯对他的朋友、伊利诺斯州参议员奥维尔·布朗宁（Orville Browning）说："我们处在毁灭的边缘，对我来说，上帝好像站在我的对立面上……"[115]

---

*《出埃及记》6:5。

叛军的编辑嘲笑林肯处于寒冷、阴暗的深冬中：

> 白天变得越来越短了，
> 太阳已经跨过赤道了，
> 人们都在问
> 亚伯拉罕会辞职吗？[116]

## 6. 解放奴隶："永久自由"

亚伯拉罕不会辞职；相反，他继续任职。1863年1月1日，国务卿威廉·H.西沃德和他的儿子弗雷德里克（Frederick），带着一份正式写成议案的《解放宣言》，早早来到白宫，等待总统签署。*快速阅读完后，林肯指出文本中的一个错误。这必须送回国务院更改。[117]连一个音节上的错误，林肯都承受不起。他知道，这份宣言将被有敌意的司法系统批得体无完肤。没有人比首席大法官罗杰·B.坦尼更敌视解放奴隶了。

然后，总统在每年一次的新年招待会上，接见了几百位来宾。他意气风发地与他们握手。直到下午两点，宴会才告结束。林肯再次面对更正后的《解放宣言》的文本。[118]

林肯对十几个见证人讲，"在我一生中，我从未感到过比签署这份文件的正确性更为确信的事了"[119]。他拿起马萨诸塞州参议员查尔斯·萨姆纳（Charles Sumner）为签字而给他的金笔。但是这时，他

---

* 正式写成议案，就是准备一份政府文献的"誊清本"，由高级官员签署。

的右手开始颤抖。他感到握这支笔很费力。起初,他有种迷信的想法:这是他犯一个致命错误的先兆吗?[120] 事后,他回忆,他当时不停地与人握手三个小时,而这并非是一个提高书法的方式。

因为林肯知道他的签字将被审查,他很担心。他向见证人解释说:"检查的人会说,'从他的签字来看,他内心是有顾虑的'。"[121] 他收缩手臂,开始坚定地签署这份历史性文件。他写下了自己的全名亚伯拉罕·林肯,然后抬头看了看,笑着说:"这回万事大吉了。"[122] 他将那支金笔递给萨姆纳。

一些现代学者贬低这份宣言。历史学家理查德·霍夫施塔特(Richard Hofstadter)的观点影响了几代人,他讥讽那份宣言具有"一个议案的所有合乎道德的高贵品质"[123]。但是,霍夫施塔特能够如此严肃地对待任何其他如此有说服力的文件吗?

> 我真诚地相信这个法令是正义的措施,它合乎宪法规定,出于军事需要。我祈求:人类对之作出慎重的判断,全能上帝赐予其仁慈的恩惠。[124]

我们还能期望林肯做得更多吗?今天,这个宣言已经很少展出了。当时国务院人员在假期辛勤改正的那份文本,现在已经褪色了、不清晰了。但亚伯拉罕·林肯的签名,仍然赫然在目,依然清晰。

1862年2月22日是华盛顿诞辰日,在里士满,杰斐逊·戴维斯在其六年期总统就职仪式上,与他的黑人奴仆都穿着正式的黑色套装。当他的黑人马车夫问他为何如此时,戴维斯狡黠、幽默地回答说:"在里士满,这通常是参加葬礼的服饰。"[125]

第九章　自由的残酷考验（1860—1863）

1863年新年并非邦联的葬礼，至少当时还不是。但林肯在1月1日颁布《解放宣言》，确实预先防止了英国支持南方进行干预的任何可能性。英国1807年已经在世界上率先取消了非洲奴隶贸易，1831年又取消了奴隶制。英国福音派教徒威廉·威尔伯福斯（William Wilberforce）对这个问题展开的激烈争论，持续了将近半个世纪。英国人是断然反对奴隶制的。

法兰西皇帝拿破仑三世（Napoleon Ⅲ）一直比英国更加渴望干预美国内战，但同样也不愿独立行动。他没有海军实力与美国军舰抗衡。获得英国的承认一直是南方政治家们"炫目的幻想"。到1862年年末时，棉花禁运已经使英国和法国的纺织工人大规模失业。尽管自身处境艰难，然而，这些工人却举行大规模集会，称赞林肯总统颁布的《解放宣言》。一个由曼彻斯特（Manchester）6000名工人组成的组织，用简明的语气给林肯写信说："在你的总统任期内，消除文明和基督教世界的罪恶的污点——奴隶制度，这将使你的名字亚伯拉罕·林肯流芳后世。请接受我们拥护这一自由宣言的最高敬意。"[126]

工人阶级的这些温暖话语，使林肯特别感动。就在一年前，美国还处在与英国开战的边缘。他从处理国内事务中抽出时间，向那些普通人民表达谢意。这位总统注意到了战争给贫苦的欧洲人带来的苦难，说他们的信是"高尚的基督教英雄主义的一个例证，在任何时代或任何国家，都没有被超越"[127]。在法兰西，作家朱尔斯（Jules）和埃德蒙·德·哥恩古特（Edmond de Goncourt）哀叹当时的社会现象："鲁昂（Rouen）的棉纺织工人现在以草为食物。母亲们为自己的女儿登记去做妓女！"[128] 但如果你问这些工人对美国内战的观点，他们会回答说："我们宁可继续遭受贫困和饥饿，也不愿意看到400万人继续生活在奴役中。"[129]

当林肯宣布反叛者所有的奴隶"从那时起,直到永远是自由的"的时候,他在声明中谨慎地豁免了联邦控制的广大领土。这些领土不仅包括四个边界州:密苏里州、肯塔基州、马里兰和特拉华州(Delaware);而且还包括田纳西州、路易斯安那州(Louisiana)、佛罗里达州(Florida)、弗吉尼亚和北卡罗来纳州。《伦敦观察者》讥讽说,这个宣言中的唯一原则是一个人不能拥有另一个人,除非他忠诚于林肯政府。[130] 但《伦敦观察者》(和从那时以来对林肯冷嘲热讽的评论家们)当时误解了林肯行为的根据。林肯是个拥护宪法的领导者,而不是暴君,所以他只能将释放奴隶作为镇压叛乱的战时措施。在战争情况下,没收敌人的财产被看作是合法的。

因此,批评林肯在自己没有控制的地区释放奴隶,但在他控制地区的奴隶仍处于奴役状态是不对的。在忠诚的边界各州,林肯没有宪法规定的权力去释放奴隶。而且他知道,在那些联邦军队已经平息叛乱的地区,他不能释放奴隶。《解放宣言》的实际影响是,联邦军队成了一支解放军。无论这支军队走到哪里,成千上万的奴隶都蜂拥而至,加入联邦的队伍。因为美国的士兵是自由的传播者。

一些英国观察家比那些居于统治地位的贵族更有洞察力。哲学家约翰·斯图亚特·穆勒(John Stuart Mill),显示出他对林肯成就的敏锐理解:

> 美国的现任政府,不是废奴主义政府。在美国,废奴主义者是指那些不遵守宪法的人;(就奴隶制而言)是指那些要求尽可能多地破坏各州和国会制定的法律的人;是指那些目的在于取消

第九章　自由的残酷考验（1860—1863）

任何地方存在的奴隶制的人，如果需要的话，可以动用军队，但当然是指利用除蓄奴州拥有的合法权利之外的一些力量。共和党既没有致力于这个目标，也没有表明自己致力于这个目标。当我们想到那些反对者所流的鲜血时，按照那些只是嘲笑而没有实际行动的作家的说法，我们很容易认为这种嘲笑的对象有些不对。尽管不是个废奴主义政党，他们是自由土地党。如果他们没有武力反抗奴隶制的话，他们一定已经反对奴隶制的扩张了。如果我们乐意的话就能知道，他们知道这是异曲同工的。奴隶制不再能扩张的时期，也就是奴隶制灭亡的时期。奴隶主深知这一点，这也就是他们不满的原因所在。正如关注这个问题的所有人都知道的那样，他们了解，将奴隶制局限在现有范围内，就是对奴隶制执行死刑令。[131]

林肯有一次失望地写道："我希望坚持斗争，直到取得成功，或者直到我死去，或者直到我被征服，或者直到我任期已满，或者直到国会或国家抛弃了我。"必须承认的是，杰斐逊·戴维斯也不乏战斗到最后的责任感。但是，林肯的任务更加艰巨。为了北方和南方，他必须既赢得战争，也要赢得和平。戴维斯要做的，仅仅是避免失败。

杰斐逊·戴维斯对《解放宣言》的态度，是可以想象得到的暴怒。他告诉邦联国会，这就是"这个罪人在历史上所做的最可恶的行为了"。戴维斯指责说，林肯想要"煽动奴隶暴动，而且已经点燃了暴动的火焰"。即使林肯特别敦促，除了必要的自卫以外，解放了的奴隶不要诉诸暴力，戴维斯仍指责林肯。弗雷德里克·道格拉斯写出了诸多奴隶主的担忧，"至于他们有被割断喉咙的危险，那也是因为他们应该遭受的报应"[132]。林肯转变为采取强硬的战争方针,意味着对反叛者财产的大肆破坏。但他并没有支持任何意义上的奴隶暴动。没有对南方种植园内谋杀和强奸案例的报道,这一事实很能说明林肯和被解放奴隶的性格。为托马斯·杰斐逊(Thomas Jefferson)和成百上千个其他的南方奴隶主所惧怕的这匹"被揪住耳朵的狼",60年都没有号叫。

1863年1月1日,在"天主教大赦年日"后,就不再有让美国黑人海外拓殖的议论了。相反,所有注意力都转而关注如何迅速和彻底地将黑人征募到联邦军队中来。林肯政府现在正放手利用道格拉斯形象化描述的"黑色军团"(Sable Arm)来平定叛乱。这不是个容易的决定。即使在军队内部,也曾经有过对征募黑人的广泛抵制。1862年7月,联邦骑兵小查尔斯·弗朗西斯·亚当斯(Charles Francis Adams Jr.)给他在伦敦的父亲写信说:"必须放弃将黑人征募到军队中的想法。"但就在一年之后,小亚当斯告诉他著名的父亲说:"迄今为止,黑人团的组建是这场战争以来我们所取得的最大胜利。我确信,军队中的这些黑人士兵如此成功,以至于他们很快就会成为名流。"[133]

使北方领导人犹豫的一件事是,南方邦联军队威胁,如果抓到黑人士兵,他们将不作为俘虏,而是当作反叛者处以绞刑。他们的白人军官被抓到后,也会有丧生的危险。令人毛骨悚然的、具有法国人天赋的博雷加德(Beauregard)将军,建议提倡用勒死的方法执行死刑。在林肯发布严酷的报复命令后,来自南方的血腥报复的威胁才平静地消失了。紧随道格拉斯激情昂扬的呼吁之后,林肯颁布法令,任何一名联邦黑人士兵被重新变成奴隶,都将会有一名白人邦联士兵战俘被强制进行重体力劳动。而且,落入南方手中的联邦军队战俘,如果被处以死刑的话,那么北方将通过抽签的方式选出一名南方战俘来执行枪决。令人欣慰的是,林肯从未被迫执行这项残酷的命令。

黑人和白人的自由,最终仍取决于联邦军队的胜利。在西部,格兰特将军包围了邦联军队的维克斯堡(Vicksburg)要塞。格兰特致力于与联邦海军舰艇协同作战。但这是件耗时长、令人乏味的事情。在前一年4月,格兰特在夏伊洛(Shiloh)赢得了一场胜利。在那次战斗中,联邦军队共55 000人参战,损失13 000人;邦联军队有42 000人参战,损失11 000人。[134] 邦联总统戴维斯的爱将、将军艾伯特·西德尼·约翰斯顿(Albert Sidney Johnston)腿部受伤,因流血过多致死。夏伊洛战役两天里的伤亡人数,比美国建国以来牺牲人数的总和还多!当格兰特的批评者向林肯抱怨说这位将军又喝多了时,林肯打发他们说:"我不能放弃这个人,他在打仗。"[135]

在东部,林肯只是将波托马克军团的指挥权授予"战斗的乔(Joe)·胡克(Hooker)"。林肯因胡克暗中打击正直但没有能力的伯恩赛德而批评他。林肯也曾听到过胡克关于美国需要军事专政的一些零星谈话。即使如此,林肯仍然授予胡克军事指挥权,并说:"我已经以某种方式听说并相信你最近说过,军队和政府都需要一个独裁者。我当然不是因此才任命你,而是,尽管如此,我仍授予你指挥权。只有那些赢得战争胜利的将军,才能培植独裁者。我现在向你要求的,就是军事胜利。而且,我将承担你建立独裁统治的风险。"[136]

胡克善于重新组织军队,改善给养、医疗护理和提高军队士气。他精力充沛地率军深入弗吉尼亚。但他不能克制自己的自负。他对媒体说:"也许上帝怜悯李将军了,因此我将一事无成了。"1863年5月3日,在昌斯勒维尔(Chancellorsville),他率军在此制造了联邦的另一场灾难。

昌斯勒维尔是罗伯特·E.李将军取得最大胜利的地点,也是他遭受最惨重失败的地方。当"石壁"杰克逊的步兵发出令人恐惧的叫喊声冲出丛林时,南方的胜利已成定局了。他们使联邦军队恐慌地逃走。邦联军队的炮火驱散了胡克的部队,胡克本人也被炮弹震晕了。那天战斗结束后,杰克逊将军骑着他的栗色战马视察战线,准备下一天的战斗,身边只有他的副官。邦联军队警戒哨兵以为他是个联邦军官,向他开火,杰克逊身受重伤。杰克逊的手臂很快就被截肢了。这几乎对受重伤的每个人来说都是标准程序。悲痛的罗伯特·E.李说:"他失去了他的左臂,但我失去了我的'右臂'。"在这一周内,杰克逊伤势发展为肺炎,然后就去世了。在青霉素被发现之前,感染对任何人来说几乎都是致命的。整个南方陷入深切的哀痛之中。甚至在北方,杰克逊也被尊为勇敢和足智多谋的对手。

胡克的失败,意味着林肯不得不再次为极其重要的东部战场任命一位指挥官。林肯坦言,他已经"对乔·胡克失去信心了"。在不到一年的时间里,他先后任命了麦克莱伦、波普(Pope),再次任命麦克莱伦,接着是伯恩赛德、胡克。但每一个都不能令人满意。

李将军策划再一次入侵北方,他需要向联邦军队隐藏他的行动。陆军少将阿尔弗雷德·普莱赞顿(Alfred Pleasanton)率领联邦骑兵寻找李将军的部队。在弗吉尼亚,距弗雷德里克斯堡(Fredericksburg)大约25英里的白兰地哨所(Brandy Station),他意外地遭遇了大胆的J.E.B.斯图亚特(J.E.B.Stuart)率领的骑兵。这场发生于1863年6月9日的战斗,被证明是西半球上所发生的规模最大的骑兵战役,共有22 000名骑兵参战,伤亡人数接近1 100人。[137]

第九章　自由的残酷考验（1860—1863）

普莱赞顿没有找到李将军，但是与斯图亚特军队进行的一整天激战，证明联邦骑兵可以毫不畏惧地面对世界闻名的邦联军队骑兵。这次马背上的血腥白刃战，双方打成平局。此役之后，斯图亚特和他"自负的骑兵"，受到南方媒体的广泛批评。[138] 从这场战役之后，联邦骑兵在战斗中的技术和士气日益提高。[139]

现在，李将军正向北方进军。国家的命运已经危在旦夕。

1　Online source, http: //www.bartleby.com/73/1969.html.
2　Catton, Bruce, *The Coming Fury*, Doubleday & Company, Garden City, N.Y.: 1961, p.138.
3　Catton, p.137.
4　Catton, p.106.
5　Porter, Bruce D., "The Warfare State," *American Heritage Magazine*, Jul./Aug.1994, Vol.45, Issue 4, online source: http: //www.americanheritage.com/articles/magazine/ah, 1994/4/1994_4_56.shtml.
6　Dew, Charles B., *Apostles of Disunion: Southern Secession Commissioners and the Causes of the Civil War*, University Press of Virginia, Charlottesville, Va.: 2001, p.33.
7　Dew, p.33.
8　Dew, p.40.
9　Dew, pp.64-65.
10　Donald, David Herbert, *Lincoln*, Simon & Schuster, New York: 1995, p.137.
11　Catton, p.113.
12　Jaffa, Harry V., *A New Birth of Freedom: Abraham Lincoln and the Coming of the Civil War*, Rowman & Littlefield, Lanham, Md.: 2000, p.215.
13　Catton, p.113.
14　Catton, pp.113-114.

15 Davis, William C., *Look Away! A History of the Confederate States of America*, The FreePress, New York: 2002, pp.97-98.
16 Davis, p.66.
17 Davis, p.66.
18 Jaffa, p.222.
19 Jaffa, p.222.
20 Online source: Jefferson Davis Inaugural Address, 18 February 1861, http: // www.pointsouth.com/csanet/greatmen/davis/pres—adl.htm.
21 Kennedy, John F., *Profiles in Courage*, Harper & Brothers Publishers, New York: 1956, p.107.
22 Kennedy, p.115.
23 Kennedy, p.114.
24 Haley, James L., *Sam Houston,* University of Oklahoma Press, Norman, Okla.: 2002, p.390.
25 Haley, pp.390-391.
26 Haley, p.394.
27 Haley, p.386.
28 Haley, p.388.
29 Freeman, Douglas Southall, *R.E.Lee: A Biography*, Charles Scribner's Sons, New York: 1934, p.429.
30 Freeman, p.433.
31 Freeman, p.435.
32 Freeman, p.436.
33 Freeman, p.437.
34 Freeman, p.437.
35 Catton, p.253.
36 Catton, p.252.
37 Catton, p.173.

第九章 自由的残酷考验（1860—1863）

| | |
|---|---|
| 38 | Catton, p.278. |
| 39 | Catton, p.286. |
| 40 | Catton, p.297. |
| 41 | Catton, p.302. |
| 42 | Catton, p.311. |
| 43 | McPherson, James M., *The Illustrated Battle Cry of Freedom*, Oxford University Press, New York: 2003, p.215. |
| 44 | Farber, Daniel, *Lincoln's Constitution*, University of Chicago Press, Chicago: 2003, p.16. |
| 45 | McPherson, p.228. |
| 46 | Farber, p.17. |
| 47 | Farber, p.17. |
| 48 | *McCullough v.Maryland (1819)*, Online source: http: //www.answers.com/topic/mccul-loch-v-maryland. |
| 49 | Blight, David W, *Frederick Douglass' Civil War,* Louisiana State University Ptess, Baton Rouge, La.: 1989, p.64. |
| 50 | Mc Donald, Forrest, *The American Presidency: An Intellectual History*, University Press of Kansas, Lawrence, Kan.: 1994, pp.400-401. |
| 51 | Basler, Roy P., ed., *The Collected Works of Abraham Lincoln*, Vol.IV, Rutgers University Press, New Brunswick, N.J.: 1953, pp.438-439. |
| 52 | McPherson, p.244. |
| 53 | Morison, Samuel Eliot, *The Oxford History of the American People, Volume Two*, The Penguin Group, New York: 1972, p.394. |
| 54 | Donald, David Herbert, *Lincoln*, Simon & Schuster, New York: 1995, p.315. |
| 55 | Blight, p.151. |
| 56 | Donald, David Herbert, *We Are Lincoln Men*, Simon & Schuster, New York: 2003, p.127. |
| 57 | Donald, *Lincoln Men*, p.197. |

| | |
|---|---|
| 58 | Morison, p.402. |
| 59 | Morison, p.405. |
| 60 | Morison, p.421. |
| 61 | McPherson, p.322. |
| 62 | McPherson, James M., ed., *We Cannot Escape History: Lincoln and the Last Best Hope of Earth*, University of Illinois Press, Urbana and Chicago: 1995, p.5. |
| 63 | McPherson, *We Cannot Escape History*, p.5. |
| 64 | Gordon, John Steele, *A Thread Across the Ocean*, Harper, New York: 2003. |
| 65 | Morison, p.412. |
| 66 | Mahin, Dean B., *One War at a Time*, Brassey's, Washington, D.C.: 1999, p.69. |
| 67 | Mahin, p.77. |
| 68 | Mahin, p.71. |
| 69 | Mahin, p.71. |
| 70 | Bellow, Adam, *In Praise of Nepotism*, Doubleday, New York: 2003, p.357. |
| 71 | Mahin, p.78. |
| 72 | McPherson, p.323. |
| 73 | Borritt, Gabor S., ed., *Lincoln's Generals*, Oxford University Press, New York.1994, p.22. |
| 74 | Borritt, p.25. |
| 75 | Morison, p.414. |
| 76 | McPherson, p.358. |
| 77 | McPherson, p.358. |
| 78 | Morison, p.425. |
| 79 | Borritt, p.15. |
| 80 | Morison, p.414. |
| 81 | Williams, T. Harry, *Lincoln and His Generals*, Vintage Books, New York: 1952, p.114. |
| 82 | Borritt, p.46. |

第九章　自由的残酷考验（1860—1863）

83　Morison, p.430.
84　Morison, p.430.
85　Tucker, Spencer C., *A Short History of the Civil War at Sea*, SR Books, Wilmington, Del.: 2002, p.40.
86　Tucker, p.40.
87　McPherson, p.311.
88　Morison, p.421.
89　McPherson, p.313.
90　McPherson, p.353.
91　Blight, p.154.
92　Donald, *Lincoln*, p.367.
93　Blight, p.139.
94　Blight, p.125.
95　Blight, p.145.
96　Blight, p.145.
97　Blight, p.145.
98　Donald, *Lincoln*, p.368.
99　Donald, *Lincoln*, p.369.
100　Sears, Stephen W., *Landscape Turned Red: The Battle of Antietam*, Ticknor & Fields, New York: 1983, p.225.
101　Moe, p.187.
102　Sears, p.316.
103　Sears, p.316.
104　Sears, p.316.
105　McPherson, p.466.
106　Sears, pp.294, 296.
107　Sears, p.296.
108　Sears, p.317.

109　Williams, p.176.
110　Williams, p.177.
111　Waugh, John C., *The Class of 1846*, Warner Books, Inc., New York: 1994, p.365. Thereference in Lincoln's statement is to Exodus 6: 5.
112　Morison, p.435.
113　Lord Charnwood, *Lincoln: A Biogrophy*, Madison Books, Lanham, Md.: 1996, p.236.
114　Morison, p.438.
115　Guelzo, Allen C., *Lincoln's Emancipation Proclamation: The End of Slavery in America*. Simon & Schuster, New York: 2004, p.354.
116　Guelzo, p.354.
117　Guelzo, p.181.
118　Guelzo, p.182.
119　Klingaman, William K., *Abraham Lincoln and the Road to Emancipation: 1861-1865*, Viking, New York: 2001, p.227.
120　Guelzo, p.182.
121　Guelzo, p.183.
122　Klingaman, p.228.
123　Guelzo, p.2.
124　Online source: http: //www.archives.gov/exhibit_hall/featured_documents/ emancipation_proclamation/transcript.html.
125　McPherson, p.336.
126　Morison, p.436.
127　Basler, Vol.VI, pp.64-65.
128　Sideman, Belle Becker and Friedman, Lillian, eds., *Europe Looks at the Civil War*, Collier Books, New York: 1960, pp.176-177.
129　Sideman and Friedman, pp.176-177.
130　McPherson, *We Cannot Escape History*, p.9.

131 Mill, J.S., *The Contest in America*, Online source: http: //www.gutenberg.org/dirs/etext04/conam10h.htm.
132 Blight, p.96.
133 Cornish, Dudley Taylor, *The Sable Arm*, University Press of Kansas, Lawrence, Kan.: 1987, p.132.
134 Morison, p.419.
135 Morison, p.419.
136 McPherson, p.507.
137 National Park Service, online source: www.cr.nps..gov/hps/abpp/battles/va035.htm
138 McPherson, p.561.
139 National Park Service, online source: www.cr.nps.gov/hps/abpp/battles/va035.htm.

## 第十章
## 自由的新生(1863—1865)

在1861年7月1日至3日的主要战斗结束仅四个月后,林肯总统就来到葛底斯堡(Gettysburg)。在11月的寒冷天气中,他在那里做了以后被看作流芳百世的演讲。但是如果联邦军队战败了的话,那么林肯在葛底斯堡的演讲和事迹将会湮灭。战争进行足足两年了,联邦军队还没有成功平定叛乱。这一切都是因为邦联军队的胜利。葛底斯堡是南方邦联的突出标志。那里的暗流一再涌动,并打碎了联邦英勇的抗争。罗伯特·E.李在那里开始了他长期、缓慢的行程,这个行程在将近两年后于南弗吉尼亚的一个叫阿波马托克斯(Appomattox)的小县城结束。林肯在他有生之年看到了那一时刻,但是不到一周后他就去世了。1865年林肯遇刺,使美国处于不安定状态中。而在此时,我们最需要他的精神和胸怀。

第十章　自由的新生（1863—1865）

## 1. 葛底斯堡：南方邦联的显著标志

1863年7月末，李将军再次率军向北进发，坚定地推进到宾夕法尼亚州。面对即将来临的危机，林肯接受了脾气暴躁的乔·胡克（Joe Hooker）将军的辞职。他转向这个关键州的本地人、乔治·G.米德（George G.Meade）将军。林肯希望米德"在自己的岗位上勇敢作战"，成为他可以依靠的人。[1]

当李将军在葛底斯堡遇到联邦主力军时，他志在"击败他们"。因没有他得力的骑兵指挥官詹姆士·尤厄尔·布朗·斯图亚特（James Ewell Brown Stuart）的协助，李将军受到牵制。斯图亚特曾经率领骑兵完全绕过联邦军队而羞辱了他们。他现在捕获了十分急需的联邦供应战争物资的马车队，而距离太远，对李将军及其敌人的动向"鞭长莫及"。邦联将军斯图亚特和乔治·皮科特（George Pickett）作为勇猛的骑士，很久以来就在南方深得人心。斯图亚特长着浓密的红色胡须，帽子上插着一根鸵鸟羽毛，腰间系着一条红色腰带。皮科特有一头齐肩、喷香水的卷发。皮科特是西点军校1846年毕业班的最后一名（具有讽刺意味的是，这个机会还是国会议员亚伯拉罕·林肯给他的），但他以自己的勇敢和活力，弥补了不尽如人意的学业成绩。

34岁的联邦军官、陆军上校约书亚·劳伦斯·张伯伦（Joshua Lawrence Chamberlain），身材高大瘦削，长着平滑的胡须。未参战时，他是位古典文化研究教授。他能说八种语言，英语、希腊语、拉丁语、阿拉伯语、古叙利亚语、希伯来语、法语和德语。[2] 当时战场上任何其他的人，要是这么博学的话，就是令人怀疑的了。但很多头脑精明、作战勇敢的人，投身于因立场分歧而进行的战争中。为了控制缅因州

（Maine），张伯伦知道他必须占据葛底斯堡的小圆顶（Little Round Top）。如果邦联军队获得了那个制高点，他们就能居高临下地攻击下方的联邦军队。他们因此也很可能赢得那场战斗，甚至是赢得整个战争。

张伯伦召集其缅因州农场的年轻男人和渔民，拖住叛军的进攻。他的连队已经损失了 1/3，而且他在战斗中已经两次负轻伤。³ 面对另一次进攻，张伯伦后来回忆："我陷入沉思……这种防御要再坚持五分钟，而且要进行最后一次点名。尽管希望渺茫，我们只能采取攻势。我走到士兵们跟前。士兵们也都脸朝向我。一个词就够了——'拼刺刀'！这个词像熊熊燃烧的烈火迅速蔓延一样，战士们也跟着齐声喊'拼刺刀'。"⁴

当张伯伦率领士兵们用光弹药时，他本来能够体面地投降。但是，他率领着齐声呐喊的士兵从小圆顶高地上冲下来，像一扇拴着铰链的大门一样横扫下来。张伯伦驱赶着他前面震惊的亚拉巴马州人。因他那天的英勇行为，这个年轻的缅因州人被授予国会荣誉勋章。

当米德将军的军队在罗斯家族农场和麦田（The Wheatfield）承受巨大压力时，联邦军队动摇了。米德决定坚守。他命令温菲尔德·斯科特·汉考克（Winfield Scott Hancock）少将，去支援第三军团。汉考克将军的生力军中，有著名的爱尔兰旅的士兵。在他们光鲜的绿色旗帜以及独特竖琴的伴随下，这些好战的爱尔兰人准备战斗了。在与敌人交战之前，他们向牧师祷告以求免罪。威廉·考比（William Corby）神父站在一块大石头上，俯视着这些热诚、仰望他的人，为他们祝福。然后，他警告他们："天主教堂，拒绝那些在敌人面前退缩或逃跑的基督教士兵。"⁵ 现在，一尊威廉·考比神父的纪念像，矗

# 第十章 自由的新生（1863—1865）

立在他当初讲这番话时所站立的石头上。

一位错过威廉·考比神父祝福的爱尔兰军官是帕特里克·H.奥胡克（Patrick H.O'Rourke）上校。他刚刚在两年前，以班级第一名的成绩毕业于西点军校。这位爱尔兰的奥胡克，跳下马引领着他的第16密歇根团士兵，精神饱满地喊着："冲啊，小伙子们！"这时，他的脖子中了叛军射出的一颗子弹，阵亡了。一名纽约士兵碰巧看到这令人同情的一幕，说"这是那个家伙的最后一颗子弹"。A和G连队的人争着去捉拿那个杀害这位受爱戴的爱尔兰人的凶手。那个南军士兵中了17次枪。[6]

在葛底斯堡令人窒息的夏季炎热中，经过7月1日和2日两天的激战后，李将军决定进攻联邦军队的主力。詹姆斯·朗斯特里特（James Longstreet）将军，可能是回想起在弗雷德里克斯堡（Fredericksburg）的玛丽高地的联邦军的杀伤力，反对这个进军决定。但主人罗伯特（Marse Robert）*这样崇高的威信，以至于没有人敢挑战他作出的判断。

一个南方人看到一只受到惊吓的野兔沿路逃跑，以不祥的幽默方式作出回应。那名士兵对那些在树林中排好队形、等待进兵命令的士兵们喊道："跑啊，兔子！如果我是一只兔子，我也早就跑了。"**

当皮科特率领着当时著名的冲锋队形，身穿灰色和淡棕色制服的邦联军队一排跟一排地，径直进入联邦炮兵的防线时。他们被打得落花流水，数千人顷刻间就牺牲了。躲在防御工事后面的联邦步兵毫发

---

\* "Marse"是弗吉尼亚奴隶们说"master"时所发出的音。它已经被李将军热诚的崇拜者们采用了。

\*\* 后来的谢尔比·福特（Shelby Foote），带着悲伤的微笑将这个令人伤感的故事，收进肯·伯恩斯（Ken Burns）在美国公共广播公司所做的"美国内战"系列节目中。

无损。他们对邦联军队进军的宏大阵势感到吃惊。由于皮科特的冲锋失败了，这支军队就像一个退潮的、拍打在岩石上的巨大波浪那样溃散了。联邦军队士兵喊着"弗雷德里克斯堡！弗雷德里克斯堡"冲出来。当时的整个天空中都回荡着联邦军队士兵震耳欲聋的咆哮声。他们已经挽救了自己的国家，他们知道这一点。在他们的余生中，这些联邦老兵，将因其十足的勇气和无可置疑的献身精神受到称赞。

当皮科特率衣衫褴褛的残余部队回到营地时，罗伯特·E.李痛苦地喊道："太糟糕了，噢，太糟糕了。"他骑着马出去告诉他的部下："这是我的过错。"

他立即给戴维斯总统发电报辞职。同样迅速的是，他的请求被拒绝了。李将军是战争中的杰出人物，深受属下士兵的爱戴和崇拜，也受到南方人民的尊敬和北方的几乎所有对手的钦佩。一个曾经看见李将军骑马去葛底斯堡的年轻女孩说："我真希望他站在我们这边"。她的话代表了北方无数人的心声。李将军曾经谴责奴隶制是"一种道德和政治上的罪恶"[7]。他甚至发言反对分裂："如果这个国家的目的是用来被联邦的每个成员任意破坏的话……我们国家的缔造者，在建国的过程中，就不会耗费如此多的努力、才智和忍耐了。"[8]然而，当弗吉尼亚正式脱离出去的时候，李将军却只能支持他的州。无数勇敢、忠诚的南方人也都按照相同的思维方式支持各自分离的州。

第一批明尼苏达州（Minnesota）的志愿者们已经参与了联邦军队的历次重要战斗了，他们在葛底斯堡战斗中也发挥了显著的作用。按温菲尔德·斯科特·汉考克将军的命令，他们试图夺取叛军的军旗，但没有成功。在仅仅持续15分钟的激战中，他们遭受了68%的伤亡率。[9]

# 第十章 自由的新生(1863—1865)

在战斗结束后,明尼苏达州的亨利·泰勒(Henry Taylor)中士,记录他是如何了解到他弟弟艾萨克(Isaac)的命运的:

> 大约八点半,B 连队的斯诺(Snow)先生告诉我,他好像发现了我弟弟。我跟随他到出事地点。我发现我亲爱的弟弟死了!一个炮弹从上面击中了他的头,并且从后背穿过,将他拦腰截成两段。可怜的同伴不知道什么击中了他。我将他的皮夹、手表、日记本、小刀等保管起来。上午十点,沃姆·E. 坎迪(Wm. E.Cundy)和 J.S. 布朗(J.S.Brown)将我弟弟埋葬了。埋葬地点是通向雅各布·胡梅尔鲍夫(Jacob Hummelbaugh)和约翰·斯威舍尔(John Swisher)坟墓的、那条向北延伸的路西侧 350 步的地方。每两个坟墓之间间隔的距离相等。他倒下的那个石墙的位置,在葛底斯堡以南大约一英里的地方。我在他的头上放了一块木板,上面刻着:
>
> 不需多余的棺木存放他的躯体,
> 也无须裹尸布和寿衣将他包裹,
> 但他像个勇士那样在此长眠了
> 用他的帐篷环绕着自己。[10]

亨利在他弟弟日记本上的最后一个空白处写道:"大约在 1863 年 7 月 2 日傍晚,这个日记本的主人被一颗炮弹杀死。牺牲时,他的脸朝向敌人的方向。"[11] 这个空白处所写的日期是,1863 年 7 月 4 日。在这个国家诞生 87 年后,年轻的艾萨克为国捐躯了。

对于被打败的邦联军队来说,这是个十分悲伤的独立日

（Independence Day）。对于他们当中一些将这场战争看作第二次独立战争（Second War for Independence）的人来说，尤其如此。¹² 在一个潮湿的阴雨天，李将军率领他的败军，在宾夕法尼亚州浸透鲜血的道路上狼狈撤退。士兵们垂头丧气，期望着邦联军队在任何时候发起攻击。北弗吉尼亚军穿过了涨满雨水的波托马克河（Potomac）。林肯极度渴望，米德将军率军与李将军余部进行肉搏战，彻底消灭叛军。当米德发布命令，祝贺他的部队已经将"入侵者"从我们的领土上驱逐出去时，林肯大声抱怨："难道我们的将军们从来就没有这样的想法——整个国家都是我们的领土！"¹³

在这同一个7月4日，西部传来一个令人振奋的消息，尤利塞斯·S.格兰特将军接受了维克斯堡（Vicksburg）城的投降。格兰特对犹豫不决和发生分裂的邦联守城军队，发起了一场灵活、运动的战役。维克斯堡控制着密西西比河（Mississippi River）上的高地。它是个战略要冲。邦联军队的领导人之一，是约翰·C.皮伯顿（John C.Pemberton）将军。他实际上是个费城人，因与一名弗吉尼亚女子结婚，才加入南方军队。¹⁴ 这毕竟是一场战争，其中兄弟相向、父子相残。闯劲儿十足的邦联军队骑兵J.E.B.斯图亚特（J.E.B.Stuart），嘲笑他的弗吉尼亚岳父作出留在"老军队"即联邦军队服役的决定。斯图亚特说："他将只后悔一次，但这一次将是永远的。"

格兰特有些犹豫地开始追击。叛军英雄内森·贝德福德·福雷斯特（Nathan Bedford Forrest），已经使联邦军队尝过苦头了。福雷斯特战前是名奴隶贸易者和富裕的种植园主人。他从士兵晋升为将军。这是美国内战中，南北双方士兵中唯一的例子。他成为将军，并不是因与里士满有重要的关系。

## 第十章 自由的新生（1863—1865）

谢尔曼称"那个福雷斯特，是个魔鬼"，而这个福雷斯特，是联邦军队在田纳西州军事行动的主要障碍。有一次，福雷斯特所率军队被包围，他命令军队从两个方面发起攻击，并成功突围。还有一次，福雷斯特抓获一个联邦军士兵，将他放在自己的马鞍后，用这个不幸的人做抵挡北方军子弹的盾牌。在战争期间，福雷斯特所骑的马有30匹被击毙，他杀死了31个人。在战后，他夸耀说："最终我还以一马领先呢。"[15]

格兰特因其在墨西哥战争中的英勇表现而声名远播。但当时，他还未在军队中任职。现在，他是名将军。他以后常常描述他第一次指挥真实战斗的感受：

> 当我们接近山顶时，在那里我们期望能看见（邦联）哈里斯（Harris）的营地，也可能遭遇他在那里设好的埋伏。我的心跳越来越快，好像感觉它就在我的喉咙里。我愿意付出任何代价回到伊利诺斯州。但我没有停止前进和思考该做什么的道德勇气。我就坚持着。当我们到达一个能够将所有山谷尽收眼底的地点时，我下令停止前进。在那里，还清晰地留有哈里斯军队几天前扎营的痕迹，但是南方军队不见了。我的心终于平静下来。我心里立刻想到，哈里斯害怕我，就像我害怕他一样。这是个我从前从没有考虑过的问题。但这也是个我今后永远不会忘记的问题。从那件事一直到战争结束，我在面对敌人时，就从未体会过惊恐的感觉了。[16]

在此，我们可能理解了格兰特成功的秘密：他朴素的风格、如此透明、如此坦诚、不带感情色彩的幽默、对自己和他人的如实评价。最重要的是，我们看到了格兰特自贬式幽默和坚定的决心："我就坚持着。"

在格兰特率军围困了几个月后，饥饿的密西西比人投降了。在1942年之前，维克斯堡都没有庆祝过美国独立纪念日（Fourth of July）！这个城市的陷落，使联邦控制了密西西比河，将南方邦联一分为二。美国的格兰特（U.S.Grant）！谁还能有更具象征性的姓名首字母缩写呢？在独立日这天，将密西西比河上游和下游统一起来，给美国人民留下持久的印象。林肯总统写道："水之父（Father of Waters）又安详地回归大海了。"

东线的情况就不是那么值得庆祝了。林肯总统希望，也祈祷米德将军能让盘踞在宾夕法尼亚的李将军部队无条件投降，就像格兰特在西线完全攻克了维克斯堡那样。事实并非如此。

罗伯特·托德·林肯（Robert Todd Lincoln）此前从未见自己的父亲哭过。但在得知葛底斯堡战斗的结果后，亚伯拉罕·林肯痛哭流涕。他难以相信，米德让一支溃退之师逃脱了。李将军的撤退还受到因雨水涨满的河流的阻碍。即使如此，米德也没有一劳永逸地剿灭叛军。邦联军队骑兵指挥官鲍特·亚历山大（Porter Alexander）这样描述米德的散漫追击："这就像一只骡子追赶一只灰熊，好像追上我们是他想做的最后一件事。"[17]

李将军逃脱了，但林肯没有免米德的职。米德的部下称他为"一只眼球突出的老海龟"。米德认为自己在取得大胜后，不领情的总指挥对自己任用不当。他提交了辞呈。林肯迅速写了复函，尽管他从来没将复函发出，这也表明他内心的极度痛苦：

## 第十章 自由的新生（1863—1865）

> 我亲爱的将军，我再次认为你没有意识到，李将军逃脱这个不幸事件的重要性。他就在你的掌控之中，如果像我们后来所取得的胜利那样，你将他团团包围的话，就结束这场战争了。但现在的情况是，战争将无限期延长。如果上周一你不能以你当时尚有的几乎是 2/3 的兵力，稳妥地进攻李将军，你又怎么可能向河的南岸发起进攻呢？有这种期望也许是不切实际的，而且我也不期望你现在有多大的进展。你错过了绝佳的黄金时机，我也因此无限懊恼。[18]

这封没有发出的信，不仅表明林肯对结束这场流血战争的深切渴望，也显示出他敏锐的战略判断力。在美国内战期间，林肯是南北双方最优秀的战略家。只有他在初期就意识到，摧毁李将军的军队，而非占领里士满，是联邦军队的首要目标。1862 和 1863 年，当其他人因李将军侵入北方而恐慌时，林肯将它看做上天赋予的、切断李将军与后方供给基地的联系、并俘虏其衣衫褴褛的士兵的最佳时机。林肯对他年轻的秘书约翰·海（John Hay）和约翰·尼古雷（John Nicolay）说，"如果我在那儿，我可能已经打败他们了"[19]。

然而，在这件事上，林肯可能是错误的。追击和摧毁李将军溃退之师的任务，从华盛顿总部的角度看，要比从处于葛底斯堡现场的米德将军的角度看，容易多了。[20]

如果米德发动反攻消灭李将军撤退中的军队，他就可能使人吃惊了。邦联将军朗斯特里特，在皮科特冲锋失败后，骑马出去视察。他被称作"老彼得（Old Peter）"，在寻找战机。这正是两个月前，"石壁"杰克逊将军在昌斯勒维尔（Chancellorsville）取得大捷后所做的事。

"石壁"因此而失去了自己的生命。

老彼得已经命令所有火炮撤退了,他吃惊地发现一处炮兵设施。他眉头紧锁地问"这是谁的炮啊"?一个吸着烟斗的叛军军官走到将军跟前,温和地答道:"我是上尉,我在自己的范围内进行了一次小规模的侦察,看看北军是否出动了。"[21]

李将军十分关心准备军队撤退的事。但他不能弥补军团的巨大损失。单单在葛底斯堡的三天里,李将军失去了52位将军中的17位,这占他所有最优秀军官的近1/3。[22] 李将军知道,这种局面不能再持续下去了。

其他人也这么认为。

陆军中尉亚瑟·詹姆士·里昂·佛莱蒙特(Arthur James Lyon Fremantle),是英国皇后维多利亚皇家禁卫军的一名军官,是北弗吉尼亚军的随军观察员。看到皮科特的军队在冲锋失败后撤退时,他说:"他们以后永远不会这样做了。"[23] 他问他的邦联军队朋友:"难道你们没有看到,你们的制度是自给自足的吗?你们不能补充这些人的位置。你们的军队确实创造奇迹,但是每次创造奇迹时所付出的代价,都是你们承受不起的。"[24]

罗伯特·E.李了解这一点。但他也是北方报纸的忠实读者。他十分清楚地意识到,北方人民对战争的厌倦。他也知道,很多北方政治家对战争的全力反对。李将军推理,只要他能取得大胜,特别是在深入北方领土以后,北方人可能会迫切地要求和平。一些身居高位的民主派政治家,也会这么做的。

李将军是乔治·华盛顿(George Washington)的旁系外孙。他像其他美国人一样,了解华盛顿是如何吃了很多败仗,才获得了最终的胜利。华盛顿取得约克镇（Yorktown）战斗的决定性胜利，使厌战的英国人相信，他们从来不能征服美国。李将军始终希望，他能率领衣衫褴褛的军队一直前进，使北方平定叛乱的费用达到北方人民不能承受的程度。

这可能解释了李将军决定在北方领土上赢得一场重大战斗的原因。他已经在弗吉尼亚取得了惊人的胜利。弗雷德里克斯堡战斗是场胜利。昌斯勒维尔战役，至今仍在很多军事院校的教科书中，作为勇气和智慧兼具的范例。[25*]

林肯在那段时期开始欣赏米德将军取得的成就。北方人庆祝在葛底斯堡和维克斯堡所取得的胜利。总统的心情看起来是与他们相同的。在那些苦恼的日子过后，林肯发出一份为了米德而准备的公文急报。这次，他写道："已经过去几天了，我现在十分感激你所做的事情。

---

* 美国军事历史学家汤姆·卡尔哈特（Tom Carhart），最近清楚地揭示了罗伯特.E.李在1863年7月3日、这个重大日子里的活动。深入研究了北弗吉尼亚军和波托马克军的记录后，卡尔哈特坚持，李将军已经策划了由理查德·尤厄尔（Richard Ewell）将军再次攻击库尔普山（Culp's Hill）。尤厄尔负责粉碎联邦军右翼，而皮科特向联邦军心脏地带发起进攻。下面的死亡人数，是由那位干劲十足的J.E.B.斯图亚特将军呈报的，6000名骑兵。这个计划被勇敢的联邦军士兵挫败了。他们击退了尤厄尔军，杀败了皮科特的士兵。但汤姆·卡尔哈特认为，最重要的是，乔治·阿姆斯壮·卡斯特（George Armstrong Custer）将军先前击败了未有败绩的骑兵，挽救了那天的局势、挽救了那场战斗和联邦。卡尔哈特表明，卡斯特对斯图亚特率领的"战无不胜的军队"的惊人进攻，是以前研究者们没有揭示出来的、战斗取胜的关键。卡斯特与爱尔兰奥胡克，毕业于西点军校同一个班级。他的成绩是班级最后一名，奥胡克是第一名。然而在这个七月的下午，卡斯特将军的表现是卓越和勇猛的。卡斯特动员密歇根州（Michigan）骑兵的口号，"冲啊，像豺狼一样勇猛的士兵们"，可能已经成为自由的战斗口号。汤姆·卡尔哈特挑战这个为众人完全接受的论题。但它将在国内引起很多讨论美国内战的圆桌会议。

对你没有做的,我也毫无批评。米德将军,是值得我信任的一位勇敢和有才能的军官,一个真正的男子汉。"乔治·戈登·米德将军指挥着波托马克军,直到战争结束。

也在这段时期内,林肯与格兰特联系。林肯意识到,他还从未见过这位西线指挥官呢,他发电报说:"我本来以为你会率军到河下游,与根·班克斯汇合。当你向北朝大布莱克(Big Black)的东面运动时,我担心这是个错误。我现在希望承认,你是对的,我是错的。"历任总统们,并非一直都以这种风度,这种令人感动的谦卑著称。格兰特不仅是林肯从未见到过的人,他也很可能是林肯1864年总统选举的一个竞争对手。

尽管取得了胜利,林肯的无限苦恼不久又加深了。在维克斯堡和葛底斯堡取得胜利的那些日子里,纽约城(New York City)突然发生了美国历史上最糟糕的骚乱。强制征兵在这个移民城市里遭到广泛痛恨。贫穷的爱尔兰工人无力支付300美元免除个人在联邦军队中服役的费用。\*

他们住在拥挤、照明很差的经济公寓中。当北方新教徒雇用获得自由的黑人做码头装卸工,充当罢工破坏者时,他们的低工资和低技术含量的工作,甚至也受到了威胁。美国人自由的许诺,对这些抗争的移民来说似乎是空洞的。纽约州长霍雷肖·西摩(Horatio Seymour)在美国独立日,对这个城市的民主党人的一次煽动性演讲中,攻击林肯政府解放奴隶和强制征兵政策。7月11日,负责强制征

---

\* 那些支付300美元、以代替服役的著名纽约人中,有格洛弗·克里夫兰(Grover Cleveland)和总统的父亲西奥多·罗斯福阁下(Theodore Roosevelt Sr.)。

兵的军官通过抽签的方法确定参军的人选，这点燃了骚乱的导火索。暴徒们袭击黑人，以私刑处死六个黑人，并烧了一所黑人孤儿院。《纽约时报》的编辑为了保卫他的办公地点，不得不安放了三架新发明的加特林机枪。26*

大主教约翰·休斯（John Hughes）忠诚地到欧洲旅行，以避开南方邦联天主教势力对他的承认，他刚刚警告反对进行一场"废除奴隶制的战争"。暴乱现在开始了，大主教和他的爱尔兰牧师们呼吁他们的教徒维持秩序。纽约警察是一支镇压骚乱无所畏惧的力量（很大程度上也是爱尔兰的）。但警察被死亡几百人的骚乱淹没了。

只有当来自宾夕法尼亚战场上的军队到达纽约后，这次美国历史上最严重的种族骚乱才最终被平息。27 尽管不公平，强制征兵的政策继续推行，因为政府不可能让反对派占上风。林肯值得称道之处是，他没有急于处理因煽动骚乱而入狱的州长西摩。

当宾夕法尼亚州的公民领袖决定为葛底斯堡战斗中牺牲的士兵修建的军人公墓举行落成仪式时，他们找到美国最伟大的演说家作为他们主要的演讲人。前任哈佛大学校长、前任美国国务卿爱德华·埃弗雷特（Edward Everett），是理所当然的人选。共和党人安德鲁·柯蒂恩（Andrew Curtin）州长，当时在进行艰难的连任竞选。纪念葛底斯堡战斗这件大事，只对他有益。尽管在战斗结束三周以后，战场仍然是一幅恐怖景象。年轻的葛底斯堡银行家戴维·维尔斯（David Wills）将主持这个仪式，他对州长说："战场上有很多断了的胳膊和

---

\* 在现今各种形式的枪支管制条件下，具有无限热情的纽约时报人中，谁还能抵制这种历史上相差极大的骚乱呢？

大腿,有时还有掉下来的头颅。但吸引我注意力的是这样几处地方,那里的尸体实际上被猪清理了,它们将那些都吃了。"²⁸ 仅仅是埋葬联邦军 22 807 名和邦联军队 28 000 名阵亡者,就是个艰巨的任务了。埃弗雷特曾经被确认为那天的主要演说者,林肯总统被邀请来进行"简短的适当评论"²⁹。这件事被看作该州的重大活动。由于华盛顿距此仅 90 英里远,邀请总统参加几乎是个临时产生的想法。³⁰

埃弗雷特曾经是 1860 年与约翰·贝尔(John Bell)搭档的副总统参选人。实际上,事件组织者已经邀请了总统的一位反对者,并且对他进行了大肆宣传。他们也邀请了纽约的民主党州长霍雷肖·西摩,他管理的州对胜利作出了巨大贡献。在林肯发言之前,林肯的"评论"从来没有想到会成为一次演说。现在,它被看作以英语进行的最伟大的演讲之一,这就是葛底斯堡演说。无论在何处提到"演说"这个词,人们都会想到葛底斯堡演说:

> 87 年以前,我们的父辈提出在这块大陆上建立一个新的国家。他们将她构想为自由的,信奉人人生而平等原则。
>
> 现在,我们在进行一场伟大的国内战争,考验这个国家,或者任何经过了如此孕育于自由、如此奉行上述原则的国家,能否长期存在下去。我们在这场战争中的一个伟大的战场上聚会。我们将这块土地献给那些为国家存亡献出生命的人们,作为他们最后的安息之地。我们这么做,既是合适的,也是应当的。
>
> 但从更大的意义上来说,我们不能奉献这块土地,不能使这块土地神圣化。无论在世还是死去的、在此奋斗过的勇敢的人们,

已经使这块土地神圣化了。这远远超出我们所能献出的那点微薄的力量。这个世界几乎没有人注意或长时间地记住，我们在此说了什么。但这个世界不会忘记，那些勇敢的人在此的作为。对于仍然活着的我们来说，应该献身于他们在此奋斗并已经取得崇高进步，但尚未完成的事业。对于在这里的我们而言，要把自己奉献于留在我们面前的伟大任务，从这些高尚的先烈中，更多地吸取他们的献身精神，完成他们已经完全为之献身的事业；我们坚信，这些先烈不会白白地死去。这个国家在上帝的引领下，将使自由获得新生，一个由人民组成、人民治理并且为了人民的政府将在地球上永存。

在此，林肯没有提到北方，也没有提到南方，没有抨击任何人的动机，没有指责任何人，也没有关注胜利。但他用这266个简朴的词，解释了战争的意义。他的这些话，将与美国的思想一样永存。

林肯没有"重新建立"这个国家。他也没有重新缔造美国。他否认这样的观念。他所做的每个行动，都仅仅是捍卫作为建国者们核心观点的"那个命题"的一种努力。如果不是所有人生而平等的话，那么他们就没有上帝赋予的自由和自治的权利。对林肯来说，这是不证自明的。

令人高兴的是，这个令人敬仰的爱德华·埃弗雷特认识到了林肯的演讲天才。事后，他立即给林肯总统写了一个关切的便条："如果我能自认为，我对这两个小时仪式的中心思想的理解，能接近您在两分钟内的阐述，我就很高兴了。"[31]

## 2. 亚伯拉罕·林肯的苦恼

我们必须看看林肯在 1860 年的照片，并将它们与林肯在战争结束时拍摄的那些照片相比较，以此来理解这五年对林肯的影响。当林肯被选为总统时，他已经 51 岁了。在战争年月里，他似乎老了 25 岁。在乘上那列开往华盛顿的特殊列车前，林肯在伊利诺斯州斯普林菲尔德（Springfield）对他的邻居告别时，说自己是"老的"。

战争的残酷厄运降临在他身上。1862 年，失去心爱的儿子威利（Willy），对林肯是个残酷的打击。在那之后，林肯和他妻子玛丽（Mary）承受着痛苦。她痛苦得几乎要疯了。她甚至邀请那些声称能够与他死去的儿子联系的巫师到白宫。林肯至少参加过一次巫师作法的场合。他似乎对巫术不抱希望。作为莎士比亚（Shakespeare）作品的忠实读者，他应该读过"死人一定会在罗马街道上尖叫和唠叨"这个诗句［《哈姆莱特》（*Hamlet*），第一幕，第一场］。林肯为战争的繁忙事务所累，这很可能使他放纵了他多愁善感、奢侈、情绪不稳定的妻子。

他们之间的关系不像以往那么亲密了，因为玛丽不能被信任了。这不是说，玛丽曾想伤害她的丈夫。从她与他结婚那天起，她就崇拜他，并寻求他政治上步步高升。但玛丽被华盛顿社会残酷地排斥了。她太信任来自马萨诸塞州的参议员查尔斯·萨姆纳（Charles Sumner）了。萨姆纳在国会中，与极端共和党人站在一起。而且，这些极端分子日益对林肯温和的南方重建计划不满。

在美国内战期间，林肯和他的家人在华盛顿东北部的退伍军人收容所度过夏季。这里距总统的白宫有三英里远，这个住所比白宫更凉

## 第十章 自由的新生（1863—1865）

快，没有那么热。在那儿，只有少数几个公差跟着过度操劳的总统。林肯一定是太过劳累了，他常常以咖啡和烤面包作为早餐，时常不吃午饭。他在总统任期内，明显太耗精力了。他的衣服经常不合身，现在穿在身上时，好像是挂在他这个六英尺四英寸高的衣架上似的。林肯经常自己单独骑马三英里到办公室。不幸的是，他的行动并非未被人注意。他担任总统时，每天都冒着被刺杀的风险。

林肯以一种宿命论的观点看待死亡。他认为，如果他愿意放弃自己生命的话，任何人都能杀他。*尽管战争将这种暴力情感释放出来，政治上的花言巧语将这种暴力感情煽动起来，很多美国人没有注意这种刺杀的可能性。毕竟在当时的美国还没有发生过刺杀事件。

在北方、南方和国外的媒体上，林肯的形象是残酷的。种族主义的文章和漫画公开出版。一家伦敦报纸，在漫画里将他画为衣衫不整、笨拙的玩牌者，即将进行一场注定失败的游戏。并不令人吃惊的是，在牌的正面，是个年轻的黑人。在那场纸牌游戏中，林肯的赢家是举止优雅、自信地微笑的杰斐逊·戴维斯。这可能是我们的常用语"打种族牌"的来源。如果一些敌对的报纸没有将林肯描绘为黑人，那林肯就被愚弄地描绘为在黑人的陪伴下，与黑人们跳舞和交际。林肯在正式场合是十分害羞的。他不与白人唱歌和跳舞，更别提与其他种族了。这些漫画是用来激起针对总统的种族仇恨的。

"那只长颈鹿"，是战前富有的宾夕法尼亚州铁路律师埃德文·M. 斯坦顿提到林肯时的轻蔑表示。但当林肯需要他时，林肯毫不犹豫

---

\* 在柏拉图（Plato）的《对话集》中的一个著名篇章里，苏格拉底（Socrates）提醒我们，如果国王愿意放弃他自己的生命的话，最底层的公民都能杀他。

地将这位能干的主战派民主党人纳入他的内阁。林肯也是如此对待大多数人的。他一生都态度谦虚,并以此来征服政治圈子中的那些人。斯蒂芬·道格拉斯(Stephen Douglas)、威廉·西沃德(William Seward)、罗杰·B.坦尼(Roger B.Taney)、查尔斯·萨姆纳、萨尔蒙·P.蔡斯(Salmon P.Chase)、乔治·B.麦克莱伦等人,仅仅是低估亚伯拉罕·林肯的那些人中少数有权势的人。

林肯以自己的幽默来排解自己和他人的痛苦。他经常给他办公室的来访者讲一个有趣的故事或搞笑的逸事。办公室的人通常期望一位军官或其他热心的造访人,这样他们就可以站在总统的门口,听一些老"段子"。林肯讲幽默故事的爱好,被漫画家不道德地画为讽刺漫画,其中林肯站在安提塔姆战场中联邦军士兵的死尸上,大字标题是:"这使我想起了一个小故事。"

林肯召集内阁讨论《解放宣言》那天,他努力用一个他最喜欢的幽默家阿耳特弥斯·沃德(Artemis Ward)的一个幽默故事,打破会议的尴尬气氛。*

他意味深长地告诉他们说:"可怕的压力日日夜夜都在烦扰我,如果我不笑的话,我就死了。你们也同我一样,也需要这剂药。"[32] 几乎没有迹象表明,他们欣赏林肯那天的开导。除了叼着雪茄的西沃德,只有他能同林肯分享有趣的故事和真正的友谊,林肯内阁成员大多是严肃的人。他利用他们的才能。没有很多迹象表明,他喜欢与他们在一起。他们对林肯的感觉,也是如此。

林肯日益绝望地寻找一位战将。麦克道尔(McDowell)早就让

---

\* 这是林肯喜欢的、沃德的"尤蒂卡(Utica)暴行"的故事。

他失望了。麦克莱伦效力林肯一年多,也让林肯失望了。波普(Pope)和伯恩赛德(Burnside)也是如此,还有胡克。米德是比较成功的,至少是在防御战上。但是,米德抱怨他从来没有得到林肯的完全信任。

格兰特是不同的。林肯一开始就喜欢他。格兰特是伊利诺斯州人。他为人沉稳,办事有效率。林肯希望,格兰特能支持他有关联邦政治重建的想法,但更重要的是,在"重建联邦这件事上",格兰特主要地还是抓军务。与其他联邦将军们相比,格兰特有个优点:他从不抱怨。他利用分配给自己的资源进行战斗。

林肯为了这么一位军事英雄,一位他能夸耀的人,已经等待了很长时间了。甚至在维克斯堡战斗结束前,林肯就对他这位伊利诺斯州老乡赞赏有加:"无论格兰特将军是否完满攻克维克斯堡,他的战役从这个月[1863年5月]初开始一直到22日,是世界上最精彩的战斗之一。"[33]那场战斗没有那么精彩,但结果也并不糟糕。与林肯的其他将军的才能比,格兰特当然是出色的。

林肯沮丧地再次听到有关格兰特酗酒的抱怨。他谨慎地派陆军部部长助理查尔斯·达纳(Charles Dana)去拜访格兰特。表面上,达纳是到那儿去视察格兰特的军队。格兰特估计,达纳是来调查他的。[34]格兰特精明地向林肯的"探子"开放他的指挥部。结果证明,这是个英明的举动。达纳呈交了一份有激情的、关于格兰特智慧、才能和对联邦事业忠诚的报告。[35]

只有一次,林肯发现有必要制服西线的指挥官。格兰特的父亲来到格兰特的军营,他不是来祝贺儿子的,而是来从儿子的指挥权中谋利的。耶西·格兰特(Jesse Grant)的几个肆无忌惮的同伙是投机商,计划从被占领区的棉花中谋利。使事情更加棘手的是,他们中一些人

是犹太人。格兰特将军没有禁止耶西·格兰特及其在联邦军营中的朋友,相反,他颁布了一个对"犹太人整体"的禁令。³⁶

震惊的犹太领导人,冲到总统办公室要求解除这个禁令。³⁷ 林肯并不完全了解这些问题。他对犹太人说了个圣经笑话:"以色列(Israel)的子民,从迦南(Canaan)这块幸福之地被驱逐了吗?"犹太领导人迅速回应:"这就是我们来亚伯拉罕老爹这里寻求保护的原因。"³⁸ 麻烦缠身的林肯,一定对这个诙谐的反驳感到满意。在写出撤销格兰特禁令的命令之前,总统说:"他们马上就会得到保护。"³⁹

在维克斯堡战斗结束后,林肯想让格兰特去料理田纳西州的事务。在奇卡冒加(Chickamauga)战斗中,威廉·S.罗斯克兰(William S.Rosecrans)将军取得了一个良好的开局后,遭到叛军的重创。在林肯看来,罗斯克兰像个"脑袋被撞了的人"。格兰特迅速调走罗斯克兰,并用乔治·托马斯(George Thomas)将军替代他。⁴⁰ 对于联邦的事业来说,这是个明智的举动。弗吉尼亚人托马斯在战斗中意志坚强,赢得了"奇卡冒加石人"的称号。但他的属下,喜欢称他为"无聊的人"。在向田纳西州查塔努加(Chattanooga)进军过程中,格兰特命乔·胡克将军攻取卢考特山(Lookout Mountain)。胡克成功夺取。⁴¹ 然后他让托马斯夺取邦联军队在密苏诺山脊(Missionary Ridge)脚下的阵地,并拦截邦联军队。托马斯士气高昂的军队,接到任务并压制敌人。他们在经过"一番昏天暗地的"激烈战斗后,夺取了密苏诺山脊。⁴² 格兰特和林肯都为之欣喜。

用林肯的话说,他一直都在寻找一位能够"面对困难局势"的军事指挥官。林肯的意思是指,这位将军在被李将军的部队团团包围时,能够面对联邦军队所遭受的重大人员伤亡。总统理解李将军和一些邦联军队领导人所知道的事：如果北方在人力和物资上占据极大优势的话，那么北方打垮南方只是个时间的问题。到目前为止，格兰特是诸位将军中，最机智、最足智多谋、最勇敢的一位。他当然能面对困难局面。林肯将格兰特调回东线，授予他指挥所有联邦军队的权力。格兰特被提升为陆军中将。这是国会曾经授予乔治·华盛顿的头衔。

格兰特指挥美国军队有自己的独到之处。他回到华盛顿后，迅速入住到距白宫只有几个街区的、著名的威拉德饭店（Willard Hotel）。一位不耐烦的店员告诉将军，只有顶层的一个小房间，可以给这位将军和他14岁的儿子住。格兰特同意入住。直到他在饭店登记簿上签下"U.S. 格兰特及其儿子加雷纳（Galena），伊利诺斯州"时，那个店员才知道这位有权势的客人是谁。店员匆忙解释，并给这位刚上任的陆军中将安排了饭店里最好的客房。[43] 大厅里的其他客人开始鼓掌。*

在短期之内，格兰特就包围了李将军在弗吉尼亚的部队。这是一场可怕的战斗，当木头着火后炙烤着伤员时，他们尖声叫喊。史波特斯凡尼亚法院（Spotsylvania Court House）附近，格兰特顽强地追击李将军的部队，忍受着极大伤亡并造成敌人更多的伤亡。格兰特告诉他的一位同僚："如果你看到总统的话，告诉他：没有退路了。"[44] 情况确实如此。

这不是针对格兰特说的。

也不是针对林肯说的。

也不是针对美利坚合众国说的。

---

\* 这是格兰特第一次来威拉德饭店大厅。后来，身为总统的格兰特，将那些在威拉德饭店大厅停留、希望游说政府高官的人称为"说客"，因此产生了这个词。（Online source:http://www.c-span.org/questions/weekl75.asphttp://www.c-span.org/questions/weekl.）

起初，北方人毛骨悚然地听到格兰特的只言片语："我建议将敌人赶出这条战线，即使它需要整个夏天。"[45] 但不久以后，当大量伤亡的名单出现在北方报纸上时，人们了解了，在附近的弗吉尼亚林地进行的战争的恐惧。胡克和伯恩赛德在他之前，也面对过这种形势。他们都退回去了。正如林肯所料，格兰特面对困境坚持进军。但也付出了相应的代价。在科尔德港（Cold Harbor）战斗前夜，联邦士兵们将自己的名字缝在衣服里面。*

他们想在战斗结束后，自己的尸体能够被辨认出来。[46]

格兰特在谈到他下达攻击科尔德港的命令时说："发出这个命令，我比自己发出的其他任何命令都后悔。"[47] 他可能真的很后悔。1864 年 6 月 3 日早晨，仅仅 30 分钟时间里，格兰特军队士兵死伤达 7 000 人。[48]

人们很快就称格兰特为"屠夫"。甚至连林肯夫人也那么叫他。并没有人说罗伯特·E. 李是屠夫。然而，正是李将军的防御战术，才造成了这么大的人员伤亡。李将军知道，在里士满防御战中，他每损失两个士兵，就杀死对方一个士兵。[49] 李将军享有虔诚的基督教骑士的名声，此事不假。但这不能使我们无视，他是个致命的对手这一事实。有关李将军的新闻，经常登上北方的报纸。他知道林肯的政治敌对势力在日渐增强。他也知道，南方在 1864 年唯一的机会，是使北方遭受更大的战争损失。这样会使国内选民感到痛苦，借以打败林肯和共和党。

林肯支持他的将军。格兰特有效并坚定地做了自己的工作。他没

---

* 科尔德港（Cold Harbor）就在里士满（Richmond）东北部十英里处。

有理会政治事务，他没有要求林肯给予过多的支持，他甚至找到一个排解这些压力的方法，用自己的瓶子兑换小刀和削尖的棍子。

格兰特冷静的自信、不矫揉造作，给很多人留下印象。马萨诸塞州一位主要的共和党人乔治·S.布特维尔（George S.Boutwell）说："一个人能够为个人的痛苦叙述所打动，而又能在荒野战争的恐怖环境中安然大睡，这个人的性格很难让人理解。"[50]

战争一定是令人恐惧的。年轻的联邦士兵行军、作战，然后在"鬼哭狼嚎的林地"中宿营时，他们的兄弟两年前也曾在此战斗并牺牲在此，他们一定会想起什么呢？赫尔曼·梅尔维尔（Herman Melville）在"荒野中的军队"这首诗中，捕捉到了这种令人不安的感觉：

> 在林间空地，他们碰到一个个头骨，
> 生锈的枪躺在松果旁，
> 绿色的军鞋和残破的制服中混杂着尸骨，
> 还有搂抱在一起的尸体；
> 如此深仇宿怨。一些恍如梦境，
> 同伴们陷于悲哀：
> 在荒野的边缘，石壁发起攻击，
> 但那一年那个人离去了。

林肯因联邦军队和整个联邦为这场残酷的阵地战付出的代价而痛心。因为林肯不仅仅是为北方的损失悲痛。他认为整个国家包括南方和北方是一体的。当弗吉尼亚彼得斯堡（Petersburg）附近的战报传来时，整个国家都理解了它的意义。南方只有13岁的男孩死在那里，紧挨着倒下的是白胡子爷爷们。付出这么大的代价，谁的心能够无动于衷?

北方或南方的家庭，很少有对这样的牺牲无动于衷的。林肯的家庭也不例外。当林肯的表妹艾米丽·海勒姆（Emilie Helm）在弗吉尼亚的门罗（Monroe）要塞被逮捕时，她拒绝发誓效忠于美国。艾米丽与玛丽·林肯（Mary Lincoln）同母异父的弟弟本·海勒姆（Ben Helm）结婚。本·海勒姆已经在亚特兰大（Atlanta）阵亡了。林肯给捕获这位年轻寡妇的联邦军队指挥官发电报说："把她送到我这里来。"林肯和妻子没有女儿，他们将她看作自己的女儿。[51] 当她到白宫时，林肯和夫人都拥抱她。艾米丽·海勒姆后来讲了林肯当时对她说的话，林肯先生抱着我说："妹妹，你知道，我曾经努力让本到我这里来。"[52] 我们都哭了。在一定意义上，林肯拥抱的是整个国家。

### 3. "长亚伯拉罕再干长点儿"

尽管联邦军队在1863年取得大胜，北方人民日益增长的厌战情绪，是南方邦联最后的一线希望。《解放宣言》已经打破了北方民众的统一。民主党公开抨击它。当民主党控制了伊利诺斯州和印第安纳州议会时，他们通过决议，要求以撤销《解放宣言》，作为这两州继续支持联邦战争的条件。俄亥俄州（Ohio）民主党人克莱门特·瓦兰迪格哈姆（Clement Vallandigham）于1863年5月1日发表演讲，公开指责战争是解放黑人而奴役白人的。[53] 他要求联邦接受法国的调解意见。法国建议承认南方独立。最近解除了波托马克军团指挥权的安布罗斯·伯恩赛德将军，迅速将瓦兰迪格哈姆押送至俄亥俄州军事

## 第十章 自由的新生(1863—1865)

法庭。瓦兰迪格哈姆被判不忠罪入狱。他幸运地没有被枪毙。即使这是他应该受的牢狱之灾,林肯也认为判得太重了。总统命令将瓦兰迪格哈姆流放到邦联军队去。精明的瓦兰迪格哈姆,从南方逃到加拿大,他在寒冷的流放地竟选俄亥俄州州长。[54] 瓦兰迪格哈姆,只是试图阻止联邦战争的、日益增多的"铜头蛇"之一。*

当反战的民主党人因林肯处理瓦兰迪格哈姆的方式,而指责他是暴君时,林肯作出令人难忘的答复:"难道我必须枪毙一名临战逃跑的单纯、年轻的士兵,而丝毫不能碰一个老谋深算、煽动这个年轻人逃跑的鼓动者吗?"[55]

在发布了《解放宣言》以后,林肯向黑人士兵和水手开放了美国军队军衔。弗雷德里克·道格拉斯积极响应,他游历整个北方,鼓励黑人参军。他长期的演讲主题是:"为什么黑人应该参军?"道格拉斯说:"你们将挺直腰板,坚定地向前走,心情放松,不会再像以前那样容易受人侮辱了。"他告诉热切的听众:"那个为美国战斗的人,可以宣称美国是他的国家,并使他的这个声明受到他人的尊重。"[56]

不仅自尊至关重要。道格拉斯想要为黑人争取社会和政治权利上的完全平等。他对一群费城(Philadelphia)人说,"一旦让黑人穿上标有'美国'的军装;袖口上有一枚鹰徽的纽扣,肩上有一支滑膛枪,兜里装着子弹","那么,在这世上或地下就不会有能够否认他已经获得美国公民权的势力了"。他以自己的尊严,以自己赋予这项事业的道德力量,激励听众:"我再说一遍,这是我们的机会;如果我们

---

\* 反战的铜头蛇,指南北战争时同情南方的北方人,这个名称来自带有自由头像的铜便士。他们将这种硬币磨制成翻领针,佩戴在衣领上。忠实于联邦的北方人,赋予这个词两重含义,将这些同情南方的北方人比作一种同名的毒蛇。

没有抓住这次机会的话，这将预示着悲哀。"⁵⁷ 美国黑人听从了这个废奴主义的号召；在战争结束时，有20多万黑人"集结到这面旗帜下"。

1864年是选举年。绝大多数黑人都不能投票，但愤慨和怨恨的白人能投票。对很多民主党人不断上涨的反黑人的情绪，林肯必须作出回应。他是在一封广为流传的信中作出回应的：

> 你们说你们将不为解放黑人而战。他们中的一些人，似乎愿意为你们而战。但是，没关系。为你们而战，只是挽救联邦。我发布解放宣言，目的是帮助你们挽救联邦。无论何时你们征服了对联邦的全部抵抗，而我仍催促你们继续战斗的话，那将是一个合适的时间，对你们来说，那时，你们可以宣布不为解放黑人而战。
>
> 我本来以为，在你们为联邦进行的战斗中，黑人在多大的程度上不再帮助敌人，就在多大程度上削弱了敌人对你们的抵抗。你们不这样认为吗？我本来以为，在挽救联邦的过程中，黑人作为士兵无论做什么，都是在同样的程度上减少白人士兵的负担。这在你们看来，有何不同吗？
>
> 但像其他人一样，黑人的行动也需要有动机。如果我们不为他们做任何事的话，他们为什么要为我们做事呢？如果他们为我们冒生命危险，他们一定是为自由的承诺，这个最强烈的动机鼓舞。既然作出了这个承诺，就一定要遵守这个承诺……
>
> 和平并不像看起来那么遥远。我希望它马上到来。……[那么]将有一些黑人能够默默地、坚定地、从容自若地记住，他们曾经帮助人类实现这个伟大成就。而我担心的是，将有一些白人不能忘记，他们以不良心态和不实之词，曾经努力阻碍过这项事业。⁵⁸

第十章 自由的新生（1863—1865）

我们再次看到，林肯以无法抵抗的逻辑胜过了他的对手。那些人愿意让南方黑人在受奴役的状态下种植庄稼，为叛军提供粮食，他们怎么能声称忠诚于联邦呢？

当林肯派格兰特到东线，并授予他全权指挥联邦军队时，人们期待着发生重大事件。在一次战略会议上，格兰特提出同时攻击颓势中南方的计划，林肯看到了这一计划的威力。在战争的第三个冬天，被联邦封锁的南方蟒蛇末日来临了。林肯对着格兰特的计划大喊："我明白了。那些没有剥皮的，可以拖着一条腿。"这个前线的隐喻，没有难住制革工人的儿子格兰特。它的意思是，即使一支或更多的联邦军队不行动，他们仍会"拖着一条腿"帮助主力推进，以阻止邦联军队通过内线调整得到加强。

一些共和党极端派对林肯的作战方针不满。他们想要一场更猛烈、更具惩罚性的战争。他们鼓动前财政部部长塞尔蒙·P. 蔡斯来反对林肯先生。林肯不担心蔡斯的诡计。他让蔡斯知道，他正考虑让蔡斯接替身体状况迅速恶化的首席大法官罗杰·B. 坦尼。蔡斯上了圈套，声明他支持林肯再次竞选。

1864 年 6 月，共和党再次提名林肯。国会中的激进分子们并不热心。急切地想要获得支持战争的民主党人的支持，共和党提名田纳西州的军事长官安德鲁·约翰逊（Andrew Johnson）、这位杰克逊民主党人为副总统。

在彼得斯堡的战斗中，格兰特表面上陷入了僵局。他对李将军在科尔德港的残余势力发起的攻击，以极大的联邦军伤亡而失利。

威廉·特库姆塞·谢尔曼（William Tecumseh Sherman）将军是位身材高大、满头红发、经常叼着雪茄的西点军人，忍受不了废话。

战争初期，他得了神经衰弱。还有很多人认为他疯了。他是预见到这场战争长期、血腥和极具破坏性的少数几个人之一。谢尔曼看起来不修边幅。尽管他比格兰特年长、在联邦老部队中比格兰特地位高，但他心甘情愿地听从格兰特的指挥。谢尔曼说："当我疯了时，格兰特支持我。而当他喝醉时，我支持他。我们现在总是互相支持。"[59]

当格兰特在彼得斯堡泥泞、血腥的围攻中陷入困境时，谢尔曼迅速率军向大西洋海岸挺进，有流言说谢尔曼可能要被提拔到格兰特之上。如果有人认为通过散布这样的谣言，他们就在联邦高层指挥员中播下了纷争的种子的话，他们就低估了格兰特和谢尔曼。格兰特给他忠诚的朋友写信："对于你的提升，没有人比我更高兴的了。如果要把你放到我的位置，我会服从。并且，这不会丝毫改变我们的私人关系。"[60] 可能除了李将军和杰克逊外，很难想象参与美国内战的其他任何将军会写下这番话。

即使自己的弟弟是位有影响的美国参议员，"金橘"谢尔曼也憎恨政治家和媒体。令人感到讽刺的是，这没有使他成为任何黑人的朋友。谢尔曼现在提供的计划，看起来是危险的。他的计划是，向世人揭露南方邦联的弱点。他从田纳西州到佐治亚州（Georgia）。"我的目的是，惩罚叛军，挫败他们的高傲，追踪他们到最隐秘的巢穴，让他们害怕和恐惧我们。"[61]

谢尔曼被称为美国第一个"现代"武士，第一个"全面战争"的实践者。他是毁灭性的。他说，"我能使佐治亚州鬼哭狼嚎"，他也确实做到了。但在他的军队在60英里宽的范围内，留下被烧光和熏黑的种植园后，并没有谢尔曼军队枪毙、吊死或强奸平民的记载。他烧毁公共建筑。他的"无赖们"通常杀死或赶走他们能发现的家畜。

# 第十章　自由的新生（1863—1865）

当谢尔曼的军队发现从安德森维尔（Andersonville）一个臭名昭著的邦联监狱中逃跑出来的快要饿死的联邦战俘时，他们挥动"可怕的利剑"的意志更坚决了。

谢尔曼得到消息，他的邦联军队对手、葛底斯堡战斗英雄约翰·贝尔·胡德（John Bell Hood）将军，在向俄亥俄河（Ohio River）进军。他知道，胡德希望借此避免成为谢尔曼在田纳西部队的打击目标。谢尔曼咆哮道："如果他要去俄亥俄，我就给他送给养去。"谢尔曼屡屡胜利的游击部队，是美国"震慑行动"（shock and awe）的第一个例子。他摆脱了笨重的辎重火车，以使军队能更迅速地行动。他的军队靠大地生存。

不满的共和党极端分子与废奴主义者联合，拒绝那些要求有任命权工作的申请人。甚至一些铜头蛇在俄亥俄州举行的第三党大会上，提名联邦的约翰·查尔斯·弗里蒙特将军。这种活动有可能确保民主党在1864年的一次胜利。

林肯的地位没有被动摇。他在电报间收到了弗里蒙特挑战性的文字。林肯在总统任期内的很多时间是在电报间里。那位发报员告诉总统，大约400名代表已经在克里夫兰集合。大会组织者曾许诺将有数千人与会。林肯拿着圣经，从撒母耳记上篇（22：2）开始读："每一个不幸的、欠债的、不满的人，都集合在他跟前。因此，他成为他们的领导者。大约有400人跟随着他。"[62] 不久，那位有名的"探路者"就开辟出一条退路。秋季过后，弗里蒙特就退出竞选，林肯的军事命运也有了转机。

林肯主要的竞争对手乔治·B.麦克莱伦，在芝加哥威格瓦姆（Wigwam）会议中心，轻易地获得了民主党的提名，1860年林肯也是在这个会议中心被提名的。麦克莱伦有他自己的政党统一问题。同样是那个富于激情地推选他的民主党大会，却接受了铜头蛇瓦兰迪格哈姆提出的一个纲领。瓦兰迪格哈姆的"和平"纲领称联邦的战争努力是"一种失败"，建议与南方邦联休战并进行和平谈判。联邦的战争机器一旦停止了，当然就不能再次启动了。接受瓦兰迪格哈姆的政纲，基本上就意味着民主党要求在美国内战中投降。

麦克莱伦焦头烂额。像往常一样，他犹豫了。（林肯笑话说："他在愁眉不展呢。"63）最终，他反对瓦兰迪格哈姆提出的政纲。他说，如果他接受了那个铜头蛇的观点，"我就无颜面对在这么多血腥战斗中幸存下来的英勇的陆军和海军战友了"。64

军事上的胜利改变了政治形势。首先，美国海军上将大卫·格拉斯哥·法拉古特（David Glasgow Farragut）率军穿过布满水雷的水域，去夺取阿拉巴马州莫比尔（Mobile）。他说："该死的水雷，全速前进。"65然后，联邦最伟大的骑兵首领菲尔·谢里丹（Phil Sheridan）将军，征服了弗吉尼亚宽阔的谢南多亚山谷（Shenandoah Valley）。这个山谷是"南方邦联的面包篮子"。南方邦联的人，将不能再到这个河谷来找玉米粉和硬面饼了。现在，谢里丹说："一只乌鸦飞过去，也必须叼着它的口粮。"

最后，9月2日，林肯将再度当选的消息传来。谢里曼发电报说："亚特兰大是我们的，而且是公平取得的。"66谢里曼继续着他"向大海进军"的传奇。他拆毁了所有铁路线。他的部下将铁轨加热，并将它们弯曲在电报线杆上，他们称之为"谢里曼领结"。谢里曼就是要使

第十章　自由的新生（1863—1865）

战争如此残酷，要让南方人至少要在几代人之后才能再次诉诸战争。*

如果有位总统曾经想要推迟或取消当选，他就是林肯。在那一年的大部分时间里，他以为自己输定了。失败，就是放弃为联邦进行的战斗。但是他说："没有选举，我们不能有一个自由的政府。如果叛军能强迫我们取消或推迟选举，也就等于说，它已经征服和摧毁了我们。"⁶⁷

林肯相信人民。人民最终也相信他。能得到波托马克军钟爱的麦克莱伦将军的"士兵选票"，一定令林肯感到特别满足。林肯赢得了212张选举人票，和2 213 635张普选票（55.1%）。麦克莱伦仅从特拉华州、肯塔基州和新泽西州，获得了21张选举人票，并获得了1 805 237张普选票（44.9%）。仍在叛乱的州的80张选举人票没有投出，使麦克莱伦没有当选。漫画家有创作的机会了。一幅漫画上画着，一个伸长的总统手里拿着一张纸，纸上写着"再来四年"。

漫画的标题是，长亚伯拉罕再干长点儿。

谢尔曼将军给总统发电报。他将佐治亚州萨凡纳港，作为送给总统的圣诞礼物。幸运的是，美丽的萨凡纳港已经投降，并免于被火焚。优美的查尔斯顿也是如此，该城曾那样喜气洋洋地庆祝《脱离法令》（Ordinance of Secession）。南卡罗来纳首府哥伦比亚（Columbia）就没有这么幸运了。30年来，那里玩火的政治家们一直密谋分裂联邦。当林肯得知哥伦比亚被烧毁时，他以圣经语录低吟："处于黑暗中的人民，已经看到伟大的光明了。"这句话取自马太福音。

---

\* 总统吉米·卡特（Jimmy Carter）经常回忆1976年时，爱荷华州（Iowa）高中乐队演奏"向佐治亚进军"这首乐曲向他致意的情景。这是一首庆祝谢里曼进军的乐曲。这些令人痛苦的记忆，持续了多么长的时间啊。

他将精神术语下的很多事情看作是所有战争的最恐怖的基础。在关键的1864年，他给一个朋友写信说："我并没有声称已经控制了局势，而是明确承认，局势控制了我。"[68] 这是一个令人震惊的声明，它来自一个富于人类理性和"最具征服力精神"的人。林肯是个有动力的人。他在伊利诺斯州斯普林菲尔德的律师合伙人比利·赫恩顿（Billy Herndon）说，他的雄心就是一台不知休息的小发动机。林肯一定知道，他的才智远远超过了其他任何人。他的身体也很强壮。他年轻时，曾经获得过一次摔跤冠军。即使到老年后，他仍然能挥动手臂那么长的双刃斧。他一直保留着一把斧头，有时用一下。林肯被指责是个独裁者。即使他最坚定的支持者也承认，其他任何总统都没有行使过这么大的权力。然而，林肯在信中对朋友坦言，他自己被局势所控制。他好像是个在旋风中骑马的天使。

### 4. 胜利的联邦

林肯以压倒性的优势再次当选，注定了南方邦联的厄运。现在，不会有外国干预的希望了。美国海军的封锁，扼杀了南方的战争努力。美国海军军舰"奇尔沙治"号（Kearsarge）的炮火，连续轰击南方邦联掠夺商船的"阿拉巴马"号。"奇尔沙治"号将"阿拉巴马"号击沉在法国瑟堡（Cherbourg）附近的海底。杰斐逊·戴维斯视察所到之处，南方邦联都是满目疮痍的景象。到1865年年初，在联邦陆军和海军中服役的黑人，已经多于南方邦联所有军队中的白人。

戴维斯甚至不得不自食最大的苦果：罗伯特·E.李建议，招募奴隶参军，并承诺如果南方获得独立，就给予他们自由。佐治亚州的豪厄尔·考伯（HowellCobb）回应："如果奴隶将成为优秀士兵，那么我们全部的奴隶制理论都是错的。"[69]

事实也是如此。

著名的马萨诸塞州54团（Fifty-fourth Regiment）在南卡罗来纳州瓦格纳（Wagner）要塞证明了自己。这个"有色的"团——美国陆军中的种族隔离一直到1948年才结束——在波士顿（Boston）一个有教养家庭出身的年轻、勇敢的陆军上校罗伯特·古尔德·肖（Robert Gould Shaw）领导下参战。当肖上校在战斗中牺牲后，他的尸体被轻蔑地扔到掩埋他的黑人士兵尸体的沟里。肖的父亲是马萨诸塞州著名的律师。他拒绝了挖出儿子尸体的建议，说罗伯特荣幸地与他的同伴们埋在一起。像这样的故事，深刻地改变着北方人的观念。*

正如我们看到的，直到林肯发现格兰特和谢尔曼获胜的团队时，他对属下的很多将军都很失望。但他从来没有机会去抱怨一个十分忠诚的佐治亚州人，这人是蒙哥马利·坎宁安·梅格斯（Montgomery Cunningham Meigs），一位联邦军需将军。弗吉尼亚人温菲尔德·斯科特（Winfield Scott）在1861年年初坚持任命梅格斯，以弥补陆军部部长西蒙·卡梅伦（Simon Cameron）所造成的混乱和腐败局面。梅格斯不久就使联邦军队的战利品从马匹到楔形的小帐篷都井井有条。他为伤员建立了很多医院。[70]作为十分忠诚、不知疲倦和精明的组织者，梅格斯在战前监督国会大厦的建造。当时，他的上司是杰斐逊·戴维斯。现在，他的上司是亚伯拉罕·林肯。由于梅格斯的不懈努力，联邦军

---

* 马萨诸塞州著名的54团的故事，在好莱坞（Hollywood）电影《荣誉》中完美地展现出来。它在很多方面都是准确的，除了一个例外：安德鲁（Andrew）州长从未允许他勇敢的部队，没穿好靴子就离开马萨诸塞州。

队的军需供应、衣物和帐篷供给比历史上的任何一支军队都好。除了食物和武器外，所有物资的供应都是由梅格斯负责。此外，他开始将靴子和衣服依大小排列。因此一旦战争结束，这将有力地推动美国经济的发展。[71]

因为梅格斯将军必须派出战时流动医院来照顾联邦和邦联的无数伤员。可以理解的是，他痛恨他的西点同伴们，他认为他们背叛了作为军官的誓言。他曾经在罗伯特·E.李将军手下服役。现在，当他被派去为巨大的、新建的联邦士兵公墓选址时，梅格斯将军毫不犹豫地选择卡斯蒂斯-李豪宅（Custis-Lee Man-sion）前面的草坪。梅格斯知道，将阵亡的联邦士兵安葬在这里，那位邦联指挥官的家属就再也不会回到他们的老宅了。[72]但 1864 年 10 月，梅格斯将军遭遇了自己家庭的悲剧。联邦陆军少将约翰·罗杰斯（John Rodgers）阵亡，梅格斯将军目睹了自己儿子的尸体被埋葬在李将军夫人的玫瑰园中。[73]罗伯特·E.李华丽的府邸，从此成为阿灵顿国家公墓（Arlington National Cemetery）。这是一个神圣的地方。*

1865 年 3 月 4 日，林肯第二次宣誓就职。作为联邦象征的国会大厦里挤满了人。他这次宣誓由首席大法官萨尔蒙·P.蔡斯主持。这个人去年还曾阴谋夺取林肯的总统位置。副总统约翰逊乘火车从田纳西

---

*战后，罗伯特.E.李的儿子，乔治·华盛顿·卡斯蒂斯·李（George Washington Custis Lee），请求美国政府归还他父母的府邸。1882 年，美国最高法院（Supreme Court）以五票赞成四票反对裁定：对李将军府邸的占用是不适当的，因此必须归还给李家后人。罗伯特·E.李的后人，以 15 万美元的价格将这份财产卖给美国。十年后，梅格斯将军也被埋葬在阿灵顿国家公墓，这个英雄们的长眠之地。阿灵顿国家公墓网址：http://www.arlingtoncemetery.net/arlhouse.htm。

第十章 自由的新生(1863—1865)

到这里,由于长途劳顿和伤寒症的影响,使他体力消耗太多而不能在仪式上举杯庆贺。但他在国会大厦内发表了一次冗长的、令人尴尬的演讲。林肯对负责仪式后游行的司仪官说,"不要让约翰逊出去讲了"[74]。安德鲁·约翰逊一直也摆脱不了这件丢脸的事。

那天,空气潮湿并且有风。当林肯在热烈的掌声中出现时,天气转阴为晴了。阳光照耀在刚刚竣工的国会大厦的穹顶上。林肯敦促国会完成这项持续了几十年的工程,让国会大厦成为联邦胜利的象征。自由女神像位于国会大厦的椭圆顶部。它最初是由马车运到华盛顿的。让人感到讽刺的是,在运送自由女神像的赶车人和劳力中,有很多是奴隶。当她被置于国会大厦顶部后,她一直屹立至今,那些奴隶们也自由了。

这时林肯发表了美国历史上最伟大的就职演说。在描述战争时,他注意到,奴隶制是战争的原因。林肯力劝他的听众们,不要认为他们自己都是正确的。他提供了当时美国公众社会中也许是最令人震惊,也最引人思考的观点。[75]

> 我们天真地希望、热诚地祈祷,战争这种巨大的惩罚能够迅速地结束。然而,如果上帝愿意的话,它会持续,直到奴隶们250年无报酬劳动所累积起来的财富被耗尽,直到在睚眦必报的相互复仇中流尽每一滴血。正如3000年前所说的,现在依旧适用的一句话:"上帝的裁断,既是真实的,也是公正的。"\*

---

\* "上帝的裁断,既是真实的,也是公正的。"(诗篇 19:9)

385　林肯以这些不朽的话结尾：

> 不对任何人怀有敌意，向所有人行善，坚定地行使上帝赐予我们判断正义的权利，让我们努力完成我们在做的工作吧；医治国家的创伤，关心那些厌恶战争的人，照顾那些遗孀和孤儿，去做所有那些能在我们中间和我们与其他国家之间，实现并维护一种正义和永久和平的事。

林肯是以柔和的语调说出这些话的，并不像好莱坞所描绘的男中音那样。在广大人群中的每个人，都能清晰地听见他的话。其中包括弗雷德里克·道格拉斯。

也包括约翰·威尔克斯·布斯（John Wilkes Booth）。

后来，林肯在白宫向欢庆的群众致意。弗雷德里克·道格拉斯被一个招待人员拒之门外，他从一个窗户爬进来，加入被接见的群众中。林肯看到他后，喊道："啊，道格拉斯！"他对这位伟大的废奴主义者说，我想知道您对我演讲的评价。道格拉斯回答说："总统先生，这是篇神圣的杰作。"道格拉斯以后在提起他与林肯的关系时说，林肯是他所认识的、唯一一位没有使他立即意识到自己是黑人的白人。

1865年4月2日，里士满被联邦军队占领。李将军给戴维斯总统送信说，他必须放弃这条战线。送信者到达时，戴维斯正在教堂里。人们注意到，总统离开教堂的靠背长椅时脸色苍白。邦联政府疯狂地收拾行装，撤离了那座城市。他们试图烧毁主要的军事设备，以防北方人得到它们。不想火势失去控制，整个城市很快就陷于火海中。两天以后，林肯总统来到这座城市。在他徒步去邦联的白宫时，他让人

## 第十章 自由的新生（1863—1865）

看管好他的小儿子泰德（Tad）。当他坐在杰斐逊·戴维斯的办公桌前时，外面很多士兵和自由的黑人在欢呼。弗吉尼亚州的白人，大都站在关闭的窗户后，阴郁地向外观望。联邦军方迅速、稳固，但温和地控制了这座老城。身体不佳的罗伯特·E. 李夫人抱怨一名黑人联邦士兵在她房子外警卫，军方立即换了一名白人士兵。星条旗再次飘扬在由托马斯·杰斐逊设计的国会大厦的上空。

里士满陷落一周后，李将军同意在阿波马托克斯（Appomattox）法院大楼与格兰特将军见面。由于政府管理上的混乱，他饥饿的士兵收到的几货车箱军火，而不是定量配给品。弗吉尼亚南部的乡村，几乎不能维持自己的生存了。李将军拒绝了下级军官提出的将军队带进山里，打游击战的请求。李将军已经目睹了游击战在密苏里州是如何逐步变质的。他不想再参与这残忍的、历时几十年的流血战争了。

格兰特在接到李将军的投降书前有轻微头痛。但他一读到这受人欢迎的消息时，他的头立刻就不痛了。[76]李将军骑着他的坐骑"旅行者"，来到位于弗吉尼亚阿波马托克斯法院大楼的威尔伯·麦克利安（Wilbur McLean）的家中。1865年4月9日，会议将在那里举行。李将军身材魁梧，穿着最精制的军服，挎着刻有纹饰的佩剑。格兰特将军来了，他因迟到而道歉。他身穿着一件褶皱的便服夹克，陆军中将军衔的几颗星\*不协调地粘在他的肩上。他的靴子上还粘着泥巴。

格兰特尽其所能地减轻李将军的苦恼。他愉快地谈到他们在墨西哥战争时的岁月。他记得李将军，但李将军却记不起他了。当写完投降条款时，格兰特让伊利·帕克（Ely Parker）上校这位纯血统的塞内

---

\* 格兰特是自乔治·华盛顿之后，获得这个军衔的第一个美国人。

卡族印第安人，用他漂亮的书法将条款抄写一份。李将军僵住了。他最初以为帕克上校是位黑人，他在场是对他的一种侮辱。李将军约束着自己，努力保持自己的尊严和军人的克制。他请格兰特修改条款，允许他的部下保留大多数属于他们自己的马匹。格兰特拒绝修改，但他说，要保留自己的马是可以理解的，任何声明马匹属于自己的人，可以留下那匹马。他们将需要马在"他们的小农场"上春播。

格兰特十分温和和尊敬地对待李将军。当联邦军队开始为投降的消息欢呼时，格兰特立即命令他们停止这样做。他认为，不应该做任何羞辱这些叛军的事，因为他们再次成为"我们的同胞"。他同时下令，将成千上万份联邦配给物资分发给"饥饿的叛军们"。* 李将军及其部下28 000名北弗吉尼亚士兵，被格兰特有条件地释放了。他们只能返回家乡，再次在美国的法律下生活。

格兰特在他的备忘录中，记录了他那天在阿波马托克斯的思想活动：

> 李将军的感受如何，我不知道。像他那样尊贵的人，表情漠然，他人是不可能辨别出他内心是高兴地感到这个结局终于来到了，还是对这个结果感到悲伤的。李将军太有男子气概，而不能表现出这种感受。无论他感觉怎样，我丝毫没有觉察到。在收到他的信时，我的心情是高兴的，但现在是悲伤和压抑的。我没有为一个英勇奋战了这么长时间，为了一个事业忍受了很多的对手

---

\* 诗人约翰·格林利夫·惠蒂尔（John Greenleaf Whittier），在《芭芭拉·弗里希》（Barbara Freitchie）中这样描写南方入侵马里兰："在这些饥饿的叛军眼里，上帝的花园是美丽的。"李将军的部队已经挨饿好几年了。

的失败而欣喜。尽管我认为那项事业是人们曾经为之奋斗的最恶劣的事业之一,是最不可饶恕的事业。然而,我不怀疑,那些与我们为敌的广大民众的真诚。[77]

格兰特挑选两次负伤的联邦英雄约书亚·劳伦斯·张伯伦(Joshua Lawrence Chamberlain)将军,去接受南方军队的正式投降。张伯伦在勇敢和骑士精神的任何一方面,都可以与如 J.E.B. 斯图亚特和石壁杰克逊那样失败的南方人相媲美。光着脚、衣衫褴褛的南方邦联士兵集结两天后,放下了武器和他们珍爱的军旗,张伯伦安排了一个精明的礼仪。在所有联邦队列中,那些曾经艰苦奋战的老兵们鼓掌喊道:"拿起武器!"邦联将军约翰·贝尔·戈登(John Bell Gordon)掉转马头,作出优雅的回应。当戈登将马刀立在他脚尖时,他的马几乎与他同时鞠躬:"还礼!"[78]

张伯伦后来描述当时的场景:

当他们迈着整齐有力的步伐、挥舞着战旗来到时……人群攒动,在疏散了人群之后,才看到身穿红色军服的队伍……队伍前列是高傲的邦联军旗……在我们面前,呈现出来的是人类高傲的耻辱;没有劳役、痛苦,也没有死亡、灾难和绝望……能够使他们的意志屈服;现在站在我们面前的人,瘦削、疲惫、饥饿,但仍然笔直,目光平视着我们,这唤起了那种曾经将我们联系在一起的记忆,这种联系不是任何其他的联系……在我们这边,没有军号声,没有战鼓声,没有欢呼声,没有说话声,没有人交头接耳或自命不凡，没有人活动……但有种让人敬畏的宁静，人们都屏住呼吸，好像死者在经过一样……我们情不自禁地下跪，所有人一起下跪，向上帝祈祷，请求他怜悯和宽恕我们所有人！[79]

在我们这个世界的历史中，在这个庄严的时刻，赋予格兰特的声望太少了。我们只需比较一下，30年前墨西哥和加拿大的叛乱是如何结束的。1836年，山塔·安娜（Santa Anna）将所有阿拉摩（Alamo）反叛者处以死刑。这些人包括，来自北方的"英国人"和当地的西班牙裔得克萨斯人。1837年，英国在加拿大绞死几十个叛乱的领导人。这些领导人无非是要求享有与他们在美国的数百万邻居一样的代议制政府。[80]

以如此尊敬和同情的态度对待被打败的对手，格兰特忠实地执行了林肯的政策。林肯已经发誓"让他们从容地振奋起来"。他"不要血腥的活动"。当被问及打算如何处理南方邦联领导人时，林肯的双手做出"驱赶"的动作，好像他在从厨房菜园中赶鹅一样。

返回华盛顿后，几百尊大炮齐鸣，庆贺这个来自阿波马托克斯的消息。林肯总统出现在他官邸的一个窗户前，向激情洋溢的人群致敬。他的小儿子泰德，兴奋地向高兴的人群挥舞着从邦联缴获的旗帜。林肯请求乐队演奏"美国南部"这首乐曲。他说，这首乐曲曾经、现在也是他最喜欢的曲调。按照司法部部长的说法，这首乐曲是联邦的财产。在林肯严肃地谈到路易斯安那州应以适当的条款返回联邦时，演员约翰·威尔克斯·布斯悲痛地对一个同谋者说："那意味着黑人的公民权！"他发誓，这将是林肯的最后一次演讲。事实确实如此。

4月14日，星期五晚上，林肯总统和夫人去福特剧场观看喜剧"我

## 第十章 自由的新生（1863—1865）

们的美国表兄弟"。林肯夫妇迟到了，当总统一行进入总统包厢时，演出中断。管弦乐队演奏"向长官致敬"的乐曲，林肯向鼓掌的观众致意。刚过晚上十点，总统包厢中一声枪响，并飘出一股烟来。一个男人挥舞着一把长匕首，跳下舞台，他靴子上的马刺绊在装饰包厢的凸出物上。"从此以后，就没有暴君了！"\*他边叫喊着，边跛着向舞台出口奔去。很多观众立刻认出，他是约翰·威尔克斯·布斯，美国最著名的演员之一。

人们抬着失去知觉的总统，在寒冷、朦胧的夜晚，穿过第十大街上的剧场，来到彼得森（Peterson）家。在那儿，这个六英尺四英寸的巨人，被斜放在屋子后面的一张床上。死神即将来临了。被1862年儿子威利的死弄得神魂颠倒的林肯夫人，此时近乎发疯了。儿子罗伯特·托德·林肯（Robert Todd Lincoln），甚至她的好朋友参议员查尔斯·萨姆纳都安慰不了她了。最后，直率、独断专行的陆军部部长爱德文·M. 斯坦顿（Edwin M.Stanton），命令士兵"将总统夫人从这里拖出去，不让她进来"。

整个夜晚，可怕的消息，传达到斯坦顿设在前厅的指挥处。副总统约翰逊也是暗杀对象，但是德国移民乔治·阿彻罗德特（George Atzerodt）喝多了，没有完成袭击任务。在4月15日早晨7点22分，医生们证实总统已经停止呼吸了。痛哭流涕的斯坦顿站起来说："现在，他属于这个时代了。"[81]

布斯逃离华盛顿，骑马穿过乔治王子县（Prince George County），来到马里兰南部。他在那儿躲在塞缪尔·穆德（Samuel

---

\* "从此以后，就没有暴君了！"是弗吉尼亚州的格言。

Mudd）医生家里。穆德医生与布斯很熟识。他包扎了这位刺客受伤的腿。但是布斯和同谋者戴维·海罗德（Davey Herold）黎明就动身前往弗吉尼亚了。布斯期待着一个英雄的欢迎仪式。相反，人们对他都避之犹恐不及。

北方陷入最深切的悲痛中。此前，没有总统遇刺。很多人认为，处于逃亡状态的杰斐逊·戴维斯是这个卑鄙行为的幕后人。（从未发现戴维斯政府与布斯阴谋间有任何联系。*）副总统约翰逊宣誓就职，但他是那位遇害的伟大解放者的一个不合格的替代者。

几乎所有地方，都处于悲痛之中。在北卡罗来纳，一位军官写道："我以前或此后，从没有见过这么多人，被一种感情所支配；所有人一同哭泣。"[82] 担心获得自由的黑人可能会报复那些也许对此负有责任的南方人，陆军上校约翰·伊顿（John Eaton）去了孟菲斯（Memphis）几个黑人教堂后，惊奇地发现没有一个人说报复的话。伊顿写道："他们是绝望的……但是没有人低声商议报复那些与林肯立场相反的人。"[83] 李将军说，这个刺杀事件对南方是场灾难，是"这个国家中前所未有的罪行，是一件每个美国人都应抨击的事"[84]。他的话被人们广泛赞同地引用。一个南方妇女对谢尔曼将军说，她对林肯被刺感到高兴。谢尔曼回应说："夫人，南方失去了它最好的朋友。"[85]

在世界范围内，哀悼林肯的消息涌入美国。4万法国人违抗他们恶意的皇帝，捐送了一个特殊的纪念章。一个代表团将它交给驻巴黎

---

\* 4月26日，联邦军队在弗吉尼亚州鲍灵格林（Bowling Green）附近一个燃烧的牲畜棚里枪毙了布斯。他的另一个同谋者被审讯后绞死。穆德医生被投入监狱。在这场阴谋中，没有其他人被处死。

的美国大使。他们说:"告诉林肯夫人,这个小盒子里,装着的是法兰西的心。"[86] 维多利亚女王(Queen Victoria)以一个寡妇的身份给另一位寡妇林肯夫人,写了一封感人的私人信件。*

《伦敦时报》忏悔它对林肯进行的不道德攻击。在整个内战期间都攻击林肯的、英国幽默漫画杂志《笨拙》,刊登了这首深感懊悔的、动人的诗:

> 是的,他活在人们的记忆中,而我因嘲笑他而感到羞耻,
> 使我的写作迟钝,以致中断——
> 要使自己跻身于贵族的努力,
> 这个劈木材作为围栏的人,天生就是人民的国王。[87]

然而,坚定的共和党人艾丽丝·卡里(Alice Cary)不同意这种看法。他对《笨拙》周刊作出了攻击性的回应:

> 他现在所需的,是个迟到的皇冠,
> 他那来源于嘲笑和讥笑的名声保住了
> 当每个农夫将自己的耕犁
> 轻轻地放在他的坟墓上。[88]

为林肯出殡的火车,沿着四年前带他来华盛顿的相同路线返回。

---

\* 女王的信无疑是真诚的,但也是她政治才能的精明体现。英国无疑会担心加拿大的安全,如果同仇敌忾的联邦有报复情绪的话。关于美国要求赔偿因阿拉巴马号舰和其他几艘英国建造的、在南方进行商业掠夺的船所造成的破坏,英国最终同意国际仲裁。

将林肯 1860 年的照片，与他死前一周的照片比较，就会显现出在这五年里，他老了至少 25 岁。现在，当初在 1861 年聚集在铁路两旁，为当选总统欢呼的那些普通百姓，有很多人没有来。他们不愿意看到，当年载着林肯驶向荣誉的列车，在 1865 年作为他的灵车在此经过。

林肯的遗产是自由和统一。在韦伯斯特（Webster）笔下，林肯的言论和行动都名垂千古。热诚的美国诗人亨利·沃兹沃思·朗费罗（Henry Wadsworth Longfellow）在一首名为"造船"的诗中，歌颂了林肯长期操劳而挽救的联邦：

> 你，仍继续航行，啊，国家的航船！
> 继续前行，哦，强壮而伟大的联邦！
> 带着所有恐惧的人类
> 带着对未来的希望，
> 你在死亡面前从不犹豫！ [89]

1. Borritt, Gabor S., ed., *Lincoln's Generals*, Oxford University Press, New York: 1994, p.85.
2. McPherson, James M., *Hallowed Ground: A Walk at Gettysburg*, Crown Publishers, New York: 2003, p.80.
3. McPherson, p.81.
4. McPherson, pp.81-82.
5. McPherson, p.85.
6. Sears, Stephen W., *Gettysburg*, Houghton Mifflin Company, Boston: 2003, p.294.
7. McPherson, James M., *The Illustrated Battle Cry of Freedom*, Oxford University Press, New York: 2003, p.222.

| | |
|---|---|
| 8 | McPherson, *Battle Cry*, p.222. |
| 9 | Sears, p.321. |
| 10 | Moe, Richard, *The Last Full Measure: The Life and Death of the First Minnesota Volunteers*: Henry Holt and Company, New York: 1993, p.277. |
| 11 | Moe, p.277. |
| 12 | McPherson, James M., *For Cause and Comrades: Why Men Fought in the Civil War*, Oxford Univeristy Press, New York: 1997, p.21. |
| 13 | Borritt, p.89. |
| 14 | McPherson, *Battle Cry*, p.498. |
| 15 | Ward, Geoffrey C., *The Civil War: An Illustrated History*, Alfred A.Knopf, New York: 1990, pp.270-271. |
| 16 | Bunting, Josiah Ⅲ, *Ulysses S. Grant*, Henry Holt and Company, LLC, New York: 2004, p.39. |
| 17 | Borritt, p.98. |
| 18 | Basler Roy, ed., *The Collected Works of Abraham Lincoln*, Vol.VI, Rutgers University Press, New Brunswick, N.J.: 1953, p.328. |
| 19 | Basler, Vol.VI, p.329. |
| 20 | Sears, p.495. |
| 21 | Foote, Shelby, *Stars in Their Courses: The Gettysburg Campaign*, The Modern Library, New York: 1994, pp.258-259. |
| 22 | Foote, p.259. |
| 23 | Foote, p.260. |
| 24 | Foote, p.260. |
| 25 | Carhart, Tom, *Lost Triumph: Lee's Real Plan at Gettysburg-And Why It Failed*, Penguin Group, New York: 2005, p.xiii. |
| 26 | McPherson, pp.526-527. |
| 27 | Morison, Samuel Eliot, *Oxford History of the American People*, Vol.Two, The Penguin Group, New York: 1972, p.451. |

28 | Wills, Garry, *Lincoln at Gettysburg*, Simon & Schuster, New York: 1992, p.21.
29 | Wills, p.25.
30 | Wills, p.25.
31 | Basler, Vol. VII , p.25.
32 | Anastaplo, George, *Abraham Lincoln: A Constitutioral Biography*, Rowman & Littlefield, Lanham, Md.: 1999, p.226.
33 | Goodwin, Doris Kearns, *Team of Rivals: The Political Genius of Abraham Lincoln*, Simon & Schuster, New York: 2005.
34 | Bunting, Josiah III , *Ulysses S. Grant*, Times Books, New York: 2004, p.51.
35 | Bunting, p.51.
36 | Goodwin, p.529.
37 | Goodwin, p.529.
38 | Goodwin, p.529.
39 | Goodwin, p.529.
40 | Bunting, p.53.
41 | Bunting, p.53.
42 | Bunting, p.53.
43 | McFeely, William S., *Grant: A Biography*, W.W.Norton & Co., New York: 1981, p.153.
44 | Bunting, p.58.
45 | Bunting, p.58.
46 | Bunting, p.58.
47 | Bunting, p.58.
48 | Bunting, p.59.
49 | McPherson, *Battle Cry*, p.643.
50 | McFeely, p.152.
51 | Turner, Justin G.and Turner, Linda Levitt, *Mary Todd Lincoln: Her life and Letters*, Alfred A.Knopf, New York: 1972, p.155.

第十章 自由的新生（1863—1865）

52 Turner and Turner, p.156.
53 Donald, David Herbert, Baker, Jean H., and Holt, Michael F., *The Civil War and Reconstruction*, WW.Norton & Company, Inc, New York: 2001, p.291.
54 Donald, Baker, and Holt, p.291.
55 McPherson, p.517.
56 Goodwin, p.549.
57 Goodwin, p.550.
58 Basler, Vol.VI, pp.406-410.
59 Online source: http: //www.mycivilwar.com/leaders/sherman_william.htm.
60 McFeely, p.210.
61 Borritt, p.152.
62 Goodwin, p.624.
63 Waugh, John C., *Re-Electing Lincoln*, Crown Publishing, New York: 1997, p.300.
64 Waugh, p.301.
65 Waugh, p.295.
66 Waugh, p.297.
67 Morison, p.483.
68 Basler, Vol.VII, p.282.
69 McPherson, p.734.
70 Nevins, Allan, *The War for the Union, Vol. III*, The Organized War, Charles Scribner's Sons, New York: 1971, p.293.
71 McPherson, *Battle Cry of Freedom*, p.264.
72 Arlington National Cemetery, online source: http: //www.arlingtoncemetery.net/meigs.htm.
73 Ward, p.316
74 Donald, David Herbert, *Lincoln*, Simon & Schuster, New York: 1995, p.565.
75 Donald, p.567.
76 Grant, U.S., *Personal Memoirs of U.S.Grant*, Vol. II, Charles L.Webster &

| | Company, New York: 1885, p.485.
---|---
77 | Grant, pp.489-490.
78 | Winik, Jay, April 1865: *The Month That Saved America*, HarperCollins, New York: 2001, p.197.
79 | Winik, pp.197-198.
80 | Morison, p.499.
81 | Peterson, Merrill D., *Lincoln in American Memory*, Oxford University Press, New York: 1994, p.4.
82 | Peterson, p.4.
83 | Peterson, p.7.
84 | Crocker, H.W. III, *Robert E.Lee on Leadership*, Prima Publishing, Roseville, Calif.: 2000, p.164.
85 | Flood, Charles Bracelyn, *Grant and Sherman: The Friendship that Won the Civil War*, Farrar, Stauss and Giroux, New York.2005, pp.332-333.
86 | Peterson, p.25.
87 | Peterson, p.25.
88 | Peterson, p.25.
89 | Morison, p.286.

## 第十一章
## 粘合国家的创伤（1865—1877）

1865 年的美国拥有世界上最庞大的陆军和第二大的海军。[1]利用这支庞大的力量，美国迫使法国离开墨西哥，并且促使加拿大人组成联邦以求自卫。在李将军投降和邦联崩溃之后，格兰特将军和谢尔曼将军成功地抵制了安德鲁·约翰逊总统（Andrew Johnson）要审判叛乱领导人的报复性计划。经过了一个短暂的合作时期后，约翰逊主战派民主党人（War Democrat）和国会中的激进派共和党人在重建问题上展开的斗争，严重阻碍了在所有人——包括 400 万被解放的奴隶——的权利都得到充分保证的基础上把战败的南方各州重新带回到联邦中来的努力。国会中的激进派们最后力图把约翰逊赶下台，但是他们等候的时间太久了，提出的指控十分拙劣，而且无法拿出一个可以接受的选择来代替约翰逊失败的领导。尤利塞斯·S. 格兰特（Ulysses S.Grant）在就任总统的时候宣誓说:"让我们拥有和平。"总的来说,他推行了明智并且人道的政策,特别是对印第安人来说尤其如此。格兰特的外交政策防止了在美国内战的索赔问题上与英国进行战争。格兰特本人是诚实和真诚的,但是他的政府仍然由于他的一些最亲密的助手的腐败行动而受到玷污。在1876年危险争执的大选中,尤利塞斯·S.格兰特的领导帮助避免了内战。但是随着联邦军队于1877年从南方撤出,重建结束了。因为没有一个全国性的民主党的支持,美国黑人不得不再等候90年的时间,才能使他们的权利在南方得到维护。

## 1. 接受检阅

出于对罗伯特·E.李(Robert E.Lee)的尊敬,格兰特将军在阿波马托克斯(Appomattox)下达了严格的命令,不许胜利的联邦军队欢呼,只允许对那些身着褴褛的灰色军装的英勇战士表示敬意。但是6个星期后,北方人民和伟大的共和国的军队决定庆祝他们的胜利。

南方的小城市华盛顿特区将是举行这次地球上最大的凯旋阅兵的舞台。现在,联邦的军队人数达到90万——包括白人和黑人。[2] 这支庞大军队的2/3,米德(Meade)的波托马克军团和谢尔曼的田纳西军团,共计60万人将接受检阅——他们组成了共和国的大军团(Grand Army of the Republic)。将这些充满活力的年轻人集合起来可不是一

# 第十一章 粘合国家的创伤（1865—1877）

件容易的事，哪怕仅仅是为了阅兵。*

当波托马克军团仪容整洁的士兵和谢尔曼的那些"向大海进军"的散漫的、行为粗野、不修边幅的老兵相遇的时候，骚乱爆发了。格兰特将军不得不介入，命令这两个相互竞争的联邦军团分别在波托马克河的两岸扎营。[3]

这些强壮、坚决的年轻人身着蓝色军服，60人一排，沿着宾夕法尼亚大街列队行进。他们接受站在白宫前面的总统、内阁成员、国会领导人以及外国使团的检阅。仅仅检阅波托马克军团就花了5月23日一整天的时间。第二天，轮到谢尔曼那些消瘦的、久经战火考验的士兵们接受那些集合在一起的要人们检阅了。谢尔曼已经因为他的士兵不适合军人身份的行为举止而向他的西点军校（West Point）同学米德将军表示道歉。在这一天，田纳西军团迈着漂亮的正步，按照精确的阅兵训练规定行进。坚忍不拔、冷酷无情、有时候饮酒过度的威廉·特库姆塞·谢尔曼承认，这是他一生中最高兴的一天。[4]

那天晚上，一个晴朗寂静的夜晚，军营中的士兵们一时兴起，把蜡烛插在他们的步枪上，开始不停地齐步行进。[5] 很快好几群人加入了进来。士兵们声嘶力竭地不断欢呼。《纽约论坛报》的一个记者写道，这次游行看起来"就像一座大城市里的煤气灯突然变活了，并且跳起舞来一样"[6]。这一切都是自发产生的，并没有接到命令。

他们在一生中剩下的时间里都不会忘记这一时刻。他们感到这个考验的时刻将永远令他们铭记。对于他们中的许多人来说，这就是他

---

\* 温斯顿·丘吉尔也许能够理解他们的活力。他曾经描写自己与死亡擦肩而过的经历："没有什么比被击中但却无恙更令人兴奋了。"

们的生活而且他们将用全部余生来重新体验它。奥利弗·温德尔·霍姆斯（Oliver Wendell Holmes）——后来成了最高法院一个伟大的法官——谈论这种感情说：

> 经历过战争的这一代人因其经历而与众不同。我们有如此巨大的好运，在我们的年轻时代，我们的心灵被战火触及。这使我们从一开始懂得，生活是深奥和充满热情的。当我们不许藐视除了冷漠以外的其他事情的时候，当我们不能假装低估雄心所带来的世间奖赏的时候，我们用自己的眼睛去观察，我们的目光越过了这片黄金之地，超过了荣誉的雪山顶峰，我们必须把这些报告传给我们的后人。[7]

有时候，仅仅是有时候，霍姆斯知道，他们感到，他们与他们倒下的战友之间的共同之处超过了与他们未入伍的亲戚朋友之间的共同之处："冲在我们前面的那些阵亡者的军队，他们身上的伤口像星星一样多。"[8]

## 2. 边界上的雷声：南方和北方

"我疯了！我疯了！"一个身材高大健壮的年轻人浑身是血，一边跑过华盛顿阴暗的街道，一边高声尖叫。他的手里挥舞着一把长长的、血迹斑斑的尖刀。刘易斯·鲍威尔（Lewis Powell）是布斯（Booth）阴谋集团的一员。在1865年4月14日那个致命的夜晚，他负责谋杀国务卿西沃德。西沃德作为一起马车事故的受害者，此时正躺在

# 第十一章 粘合国家的创伤（1865—1877）

他家里的床上。鲍威尔与一个仆人擦肩而过，声称他给受伤的西沃德送药。⁹ 在冲上楼的时候，鲍威尔被西沃德的儿子弗雷德里克（Frederick）拦住了。他的手枪重重地砸向小西沃德，把他击倒在地。然后他攻击了戴着一个很大的颈部支架而无法动弹的国务卿。鲍威尔用刀不断地向西沃德捅去，刺进了他的颈静脉，几乎把这个老人的脸颊都划断了。¹⁰ 在鲍威尔企图逃跑时，西沃德的小儿子奥古斯塔斯（Augustus）也身中7刀。在西沃德房子前面，鲍威尔把他的鲍伊猎刀刺入了一个国务院信使的胸膛。几个街区之外，在这个恐怖的大雾弥漫的夜晚，美国总统被一个刺客的子弹击中而奄奄一息。

威廉·H. 西沃德（William H.Seward）是一个高个子，肩膀前倾的人，有一个向后缩的下巴和大大的、像鸟一样的鼻子。他本来是亚伯拉罕·林肯（Abraham Lincoln）的竞争对手。几乎每个人都希望共和党提名这个嘴里老是叼着一支雪茄的纽约人，作为1860年的总统候选人。后来，他努力像一个首相那样，为毫无经验的劈栅栏木（Rail Splitter）的总统\*管理政府。然而，他最终被林肯的机智和技巧所控制，西沃德像林肯真诚可信的朋友和顾问那样发挥作用。正常情况下，西沃德本来会死于那个可怕的夜晚。但是，他却奇迹般地活了下来，并且恢复了健康。他在美国外交政策领域中的最大成就还等着他去完成。我们还需要西沃德的全部经验。

美国人并不喜欢拿破仑三世，就像这个法国皇帝自称的那样。因为路易·拿破仑（Louis Napoleon），这个军事天才拿破仑·波拿巴（Napoleon Bonaparte）的侄子，是在法兰西第二共和国的体制下上台

---

\* 林肯总统的绰号。——译者注

掌权的。他向法国人许诺民主和改革。然而,他可不是安德鲁·杰克逊(Andrew Jackson)。

路易·拿破仑很快就发动了政变,推翻了共和国体制并且建立了"第二帝国"。拿破仑三世是一个荒唐可笑的人物,根本无法造成威胁。他身着精心制作的军服,佩戴自己授给自己的勋章。他得意地炫耀他的长长的、上过蜡的、离他那过分显眼的鼻子足有6英寸远的胡须。他赢得的仅有几场战役都是在情妇的闺房中进行的。他就是一个会走路的蠢人。

这个法国自由的破坏者想利用美国内战的时机阴谋破坏西半球的自由。他说服了奥匈帝国愚蠢的马克西米利安大公(Archduke Maximilian)参加法国支持下的在墨西哥建立一个"帝国"的努力。

这是对门罗原则的公然破坏,该原则声称美国不能允许任何欧洲国家在美国建立新的殖民地。但是在美国为了自己的生存而战的时候,从马纳萨斯战役到阿波马托克斯投降期间,国务卿威廉·西沃德除了对这个法国皇帝进行抗议之外,什么都做不了。

然而,随着战争的结束,局势发生了剧烈变化。1861年在第一次马纳萨斯战役中因"溃败"而成为嘲笑和蔑视对象的联邦军队,现在已经用他们那看不到头的队列充斥着这个国家首都尘土飞扬的街道,震撼着它的建筑。参加大阅兵的外交家们不得不向他们远隔重洋的政府报告说,不能把美国的武装力量视同儿戏。

格兰特将军命令菲尔·谢里丹(Phil Sheridan)将军带领50 000名经验丰富的老兵前往得克萨斯的美墨边界。[11]这是在提醒拿破仑三世,在墨西哥他已经不再受欢迎了。

国务卿西沃德派斯科菲尔德(Schofield)将军前往法国执行一项

## 第十一章 粘合国家的创伤（1865—1877）

秘密使命。西沃德告诉这位将军说："把你的腿伸到拿破仑的桃花心木（书桌）下面，告诉他必须撤出墨西哥。"[12]

西沃德不想羞辱法国人民。因此在公开场合，他非常机敏地声称："当皇帝能够向我们提供……法国在墨西哥的军事行动可以指望在什么时候停止的明确信息时，我们将感激不尽。"[13] 在一份公开发表的通报中，他就是这样写的。

当他接到这个信息的时候，拿破仑那打蜡的胡子肯定会悲哀地耷拉下来。西沃德实际上是在用一种外交方式说：滚开！

他迅速地滚开了。在西沃德的信发出一年之内，拿破仑撤出了法国军队，这是马克西米利安"大公"和他那伪造的帝国唯一的支柱。[14] 没有了法国的军事援助，墨西哥总统苏瓦雷茨（Juarze）很快就活捉了可怜的马克西米利安。他被带到一支墨西哥行刑队前，成了拿破仑轻率阴谋的牺牲品。《波特兰（缅因州）文摘报》[Portland (Maine) Transcript] 可能说出了大多数美国人的心声，它写道："如果应该枪毙某个人的话，那个人就是路易·拿破仑。"[15] 对于国务卿西沃德来说，这是一次不流血的胜利。美国的荣誉得到了维护，美国的目的未开一枪就实现了。

当美国人朝北向他们的另一条边界望去的时候，他们在加拿大看到了一个有诱惑力的目标。在美国地图上，加拿大常常显得十分突出——而且带有英国皇室的红色。北方人对于英国感到特别愤怒，因为那里的统治精英公开与邦联站在一起。他们不仅支持叛乱，英国的步枪、英国的子弹，还有英国的大炮都被出售给邦联军队来屠杀联邦士兵。不仅如此，南部邦联海军的私掠船，邦联"亚拉巴马"号、"佛罗里达"号、"谢南多亚"号都是在英国的船坞中建造和装备的。然后，还有莱尔德撞角的问题。*

这些强大的军舰都做好了下水的准备,并且被转交给邦联在英国的代表。\*\* 只是美国公使查尔斯·弗朗西斯·亚当斯(Charles Francis Adams)在最后一分钟的猛烈抗议——以及大胆的战争威胁——才防止了他们给联邦造成更多的麻烦。

许多美国人似乎忘了林肯"不要怨恨任何人"的动人呼吁。他们渴望与英国这个母国算账。联邦士兵用新词唱的"扬基歌"(Yankee Doodle)表达了这种情绪:

> 首先他将镇压那些脱离联邦的州,
> 全面地和永久地。
> 然后从英国的皇冠上,
> 他将把加拿大切下来。[16]

由于爱尔兰裔美国人建立了名为芬尼亚会的组织,也使局势变得更加复杂。他们希望夺取加拿大,并且把它作为使他们自己的祖国从英国那里获得独立的抵押。数十年来,他们已经对北纬49度线以北的领土进行了多次袭击。现在,联邦军队中许多久经战火考验的爱尔

---

\* 撞角是在战舰船头上安装的长7英尺的实心铁角。战舰用它可以把美国商船队中的木质船撞成碎片。美国商船队从来没有完全从内战的损失中恢复过来。

\*\* 在利物浦主要的邦联代表是海军上校詹姆斯·邓伍德·布洛克(James Dunwood Bulloch)。战后,他给在纽约出生的外甥讲述关于公海上阴谋诡计的激动人心的故事。这个外甥,年轻的西奥多·罗斯福,从来没有忘记詹姆斯舅舅的故事。(网络来源:http://www.civilwartalk.com/cwt_alt/resources/articles/acws_laird_rams.htm。)

第十一章　粘合国家的创伤（1865—1877）

兰裔美国老兵准备采取行动。他们用一种爱尔兰式的幽默编写了自己的进行曲：

> 我们是芬尼亚兄弟，懂得如何打仗，
> 我们为爱尔兰而战，那是我们热爱的土地。
> 我们与那些身着蓝色军服的小伙子们一起打赢了许多战役，
> 我们将去占领加拿大，因为我们没有其他事可做。[17]

面对着这种危险的局势，英国人和加拿大人表现得非常得体。策略也许是一个法国词，但是表现出它的，却是英国人和加拿大人，而不是拿破仑三世。美国人被维多利亚女王送给悲伤的林肯夫人的一封信打动了。女王写道："这封信是一个寡妇写给另一个寡妇的。"这是在精明地提醒美国人，她所爱恋的已故丈夫阿尔伯特亲王在1861年曾进行干涉，防止了英国和美国之间的战争。

当英国人和加拿大人得出结论，他们必须把加拿大诸省统一在一个联邦政府之下的时候，国务卿西沃德正在取得另一个外交胜利，从俄国手中购买阿拉斯加。马萨诸塞州参议员查尔斯·萨姆纳（Charles Sumner）建议参议院批准西沃德的阿拉斯加购买案，将它作为"占领整个北美大陆的明显一步"。[18]

在加拿大，约翰·A. 麦克唐纳（John A.MacDonald）爵士领导了建立联邦的运动。这位受人民爱戴的"约翰·A 爵士"警告加拿大人，除非他们在英国王冠下联合起来，否则他们人口稀少的领土无法抵抗扩张成性的美国佬。加拿大的民族主义者达西·麦吉（D'Arcy McGee）向他犹豫不决的听众们这样总结面临的危险，美国人"垂涎佛罗里达,并且占领了它;他们垂涎路易斯安那,并且购买了它;他们垂涎得克萨斯,并且窃取了它;他们挑起了与墨西哥的争吵,以他们得到加利福尼亚而告终"。没有"英国强壮的手臂保护我们,我们无法独自生存"。[19]

美国人并不欢迎加拿大联邦。他们憎恨在这个大陆上出现一个加强的王权。联邦的战争英雄乔舒亚·劳伦斯·张伯伦(Joshua Lawrence Chamberlain),现在是缅因州受人欢迎的州长,说道:"如果(联邦)成功,结果只会对我们有害。美国在(加拿大)各省中的朋友们都积极反对该计划。"[20] 他代表了许多人的意见。

在加拿大,这种美国的"朋友"并不多。女王在1867年3月29日签署了英属北美法案。该法案是在西沃德签署阿拉斯加购买案之前不到24小时签署的,它承认了加拿大联邦的自治领地位。这样就为加拿大人建立起了一个统一并且在很大程度上是自治的政府——并且在某种程度上说,可以对抗美国咔咔作响的马刀。关于自治领这个词,英国外交大臣斯坦利勋爵强烈要求加拿大王国改成这个名字,从而巧妙地避免了刺激美国佬。[21] 英国人和加拿大人表现出了平静的勇气和坚忍不拔的决心。

国务卿西沃德微笑着把阿拉斯加装入了美国的口袋。这块巨大的领土从西面包围了皇家加拿大人。他笑着面对关于"西沃德的冰袋"和"西沃德的荒唐之举"这样的尖声抱怨。他实现了詹姆斯·诺克斯·波尔克(James Knox Polk)总统领导下的民主党人不敢去做的目标。西沃德这个共和党人为美国获取了"5 440平方英里的土地"——不费一枪一弹。而且,作为老谋深算的西沃德的典型举动,他是从南方来接近这条边界线的,一直推进到阿拉斯加锅柄状的狭长突出地带。

## 3. 重建和复兴

林肯的被刺给北方的感情造成了深刻的变化。现在许多人不那么愿意追随林肯在南北双方之间达成和解的温和政策了。马萨诸塞州的作家赫尔曼·梅尔维尔（Herman Melville）在他的诗《殉教者》中抓住了北方公众的这种阴暗情绪：

> 那天是美好的星期五
> 是出现奇迹和犯罪的日子，
> 当他们在他最可惜的年代杀死了他的时候
> 当他们在他全盛时期杀死了他的时候
> 他和蔼而平静——
> 当时他充满了渴望
> 想挽救那些充满了罪恶观念的人，
> 而且，尽管他是征服者，他仍然是和善的；
> 但是，他们杀死了善良的他
> 他们疯狂而盲目地，
> 从背后杀死了他。
> 人们在大声地哭诉
> 这片土地已经丧失了它的吸引力；
> 但是人们在哭泣中
> 显示出了他们的坚强严厉：

小心那些哭泣的人们,

当他们显示出铁拳的时候。

他躺在他的血泊中——

脸庞像父亲一样,

他们杀死了他,这位宽恕者——

复仇者将取而代之,

复仇者明智地采取严厉措施。

正义的一方将会做

上帝要求他做的事情,

弑亲者被逮捕,

因为他们疯狂而盲目地

杀死了和善的他

他的血沾满了他们的双手。

人们在大声地哭诉,

这片土地已经丧失了它的吸引力:

但是人们在哭泣中,

显示出了他们的铁拳:

小心那些哭泣的人们,

当他们显示出铁拳的时候。[22]

格兰特将军和夫人在那个致命的夜晚谢绝了林肯夫妇看戏的邀请。他们提出了一个彬彬有礼的借口,说要赶去新泽西的火车,但事实是朱丽亚·登特·格兰特(Julia Dent Grant)不喜欢林肯夫人经常的一些难以容忍的举止。[23] 格兰特夫人在马里兰州勒阿弗尔德(Havre de Grace）的火车月台上听到了扭打的声音。列车的司闸员，与那天晚上林肯的警卫不同，对危险十分警觉。他和一个企图登上格兰特私人车厢的杀手扭打了起来。[24] 直到他们的火车在费城停车的时候，格兰特将军才告诉他的妻子，林肯已经被刺这个可怕的消息。格兰特夫人问她的丈夫，约翰逊副总统现在是否已经就任总统。是的，将军回答说："而且，出于某些原因，我对这个变化感到十分害怕。"[25]

安德鲁·约翰逊刚入主白官就准备对李将军和南方领导人进行起诉。新总统宣称："必须让人们认识到叛国罪的可憎，叛徒必须受到惩罚。"[26] 来自俄亥俄州的激进共和党参议员"虚张声势的本"·维德（"Bluff Ben" Wade）主张惩罚主要的叛乱者。维德建议对一小群最恶劣的罪犯——也许是"13个人，仅仅是13个人"[27]——进行审判。根据来自缅因州的众议院詹姆斯·吉莱斯皮·布莱恩的说法，约翰逊的回答是，他不能证明只绞死这么少的人是正确的。[28] 可能是记起了林肯关于"不会有血腥的工作"的话，甚至连本·维德也开始担心，也许约翰逊会做得太过分。[29]

当一个联邦大陪审团在弗吉尼亚州诺福克（Norfolk）组成，起诉李、朗斯特里特（Longstreet）以及邦联军统帅部犯有叛国罪的时候，李立刻写信给格兰特将军。李以他惯有的彬彬有礼的态度问道，这种起诉怎么能与李和他的军队在阿波马托克斯得到的许诺相一致呢？不能，格兰特毫不犹豫地这样说。格兰特立刻写信给陆军部部长斯坦顿（Stanton）说："只要他们遵守自己的诺言，那些在阿波马托克斯和

以后被假释的军官和士兵们……就不能因叛国罪而受审。"³⁰*

但是，约翰逊坚持这么做。他决心实施他突然获得的新权力。格兰特到白宫会见了约翰逊以表明他的立场。约翰逊尖刻地问道，一个下级有什么权力"进行干涉来保护一个主要的叛国者不受法律制裁"？³¹

格兰特是一个以能够控制自己的情绪而闻名的人。但是现在却失控了。他大发雷霆。格兰特告诉约翰逊，如果李知道他和他的士兵会成为犯罪起诉对象的话，他是绝不会投降的。而且如果他们不投降，战争可能会无限期地拖延下去，给联邦和邦联军队造成多得多的生命损失。然后格兰特把他炮火一般的言词转向了被惊得目瞪口呆的约翰逊："我宁愿辞职也不会执行任何逮捕李或他的任何指挥官的命令，只要他们遵守法律！"³² 格兰特也从他忠实的朋友谢尔曼那里得到了同样的保证。

灰心丧气的约翰逊问格兰特："那么，什么时候才能审判这些人？"

"永远不审判，"格兰特回答说，"永远，除非他们违背了他们的誓言。"³³

安德鲁·约翰逊那样固执和有偏见的人都知道自己被击败了。作为一个南方人，一个主战派民主党人，他知道自己在控制国会的共和党人中几乎得不到什么支持。他也知道在他和格兰特之间发生的任何争执中，这个国家都会支持它所爱戴的战争英雄。约翰逊的司法部部长命令在诺福克的美国律师们取消起诉。³⁴

---

*在李投降之后，其他邦联军队在6个星期之内根据同样的条件投降了。杰斐逊·戴维斯在佐治亚被捕，并且被关押在弗吉尼亚的门罗要塞（Fortress Monroe）。

## 第十一章 粘合国家的创伤（1865—1877）

格兰特对罗伯特·E.李的信任是完全有理由的。李的性格与主要的脱离主义者埃德蒙·拉芬（Edmund Ruffin）完全不同。拉芬是如此的渴望流血以至于他在萨姆特堡垒（Fort Sumter）开了内战的第一枪，对着他自己的脑袋开了内战的最后一枪。[35] 一旦被免于联邦起诉的威胁，李很快前去就任草创中的华盛顿学院的院长。他把生命中最后的5年时间都用在了教育上。*

约翰逊声称他将追随林肯温和的重建政策，但是很快就清楚了，他的动机与林肯的完全不同。约翰逊曾经公开敌视那些贵族式的奴隶主。但这更多的是出于阶级嫉妒心理——他买不起奴隶——而不是出于对奴隶的公正。约翰逊同意宽大对待许多前邦联领导人，条件是他们得亲自向他乞求。他很快就表明了这一态度。他毫不关心被解放奴隶的民权。他告诉密苏里州的民主党州长说："这个国家是属于白人的，而且我向上帝起誓，只要我还是总统，它就得由白人来统治。"[36]

约翰逊渴望尽可能快地接受重新建立的南方各州政府。但是当南方举行的选举把16名邦联的高级官员、4名南方的将军和5名上校送到华盛顿的时候，国会中的共和党人——不仅仅是激进派——都产生了强烈的反感。[37] 一个年轻的法国记者乔治·克莱孟梭（Georges Clemenceau）对这一纠纷做了一针见血的分析："当任何一个人连续4年卷入美国那样的斗争时，（他所渴望的就是）不要失去经过了如此多的痛苦牺牲才获得的胜利果实。"[38]**

---

\* 当罗伯特·E.李在1870年去世时，他在南方和北方都受到了普遍的哀悼。华盛顿学院目前作为华盛顿和李大学正在繁荣发展。

\*\* 克莱孟梭的话是预言性的。这肯定是半个世纪之后他所持有的观点，当时，作为第一次世界大战中法国的总理，他力图保持艰苦赢得的对德胜利成果。

国会设立了一个新的组织——被解放黑人事务管理局,来帮助刚刚获得自由的南部黑人。奥利弗·O. 霍华德(Oliver O.Howard)将军,联邦军队中一个勇敢的独臂英雄,被任命为它的局长。*

许多被解放的奴隶错误地认为,每个家庭都能得到"40英亩土地和一头骡子"来开始他们作为自耕农的新生活。[39]相反,被解放黑人事务管理局却力图说服黑人农业工人回到原来的土地上去挣取合理的工资,并且取得了不同程度的成功。在帮助被解放奴隶的努力中,管理局常常发现自己也在力图帮助身无分文的白人农民。

这本来可能成为南方复兴的模式。一项同时帮助南方的白人和黑人的联邦政府计划本来可能成为早期的马歇尔计划。然而,令人感到悲哀的是,情况并非如此。

这个计划要想成功,民主党就必须在重建中支持共和党,但是全国性的民主党不愿意这么做。

当控制国会的共和党人们回到华盛顿的时候,他们被所看到的东西惊呆了。**

他们知道如果北方民主党人与这些战败的南方民主党人联合起来的话,共和党人将居于少数。更糟的是,他们担心丧失所有他们曾经为之奋斗的东西。国会在1865年年初通过了宪法第13条修正案。这条修正案在全美国废除了奴隶制。林肯政府全面支持这一修正案。因此,当修正案被迅速通过的时候,作为战时措施发表《黑人解放宣

---

\* 正是为了纪念霍华德将军,美国历史上一所伟大的黑人高等教育机构以他的名字命名——华盛顿的霍华德大学。

\*\* 这个时期,国会全年都没有开会。旧的国会在1865年3月休会。1864年选举出的国会——一个强大得多的共和党国会——直到1865年12月才重新开会。

## 第十一章 粘合国家的创伤（1865—1877）

言》时必要的例外规定就得到了纠正。

国会推翻了约翰逊对授权建立被解放黑人事务管理局和制定新的民权法律的法案的否决。民主党的报纸用头版头条报道了约翰逊的否决："好啊！白人的伟大而光荣的胜利！"[40]温和的共和党人则对此感到深深的失望。[41]他们希望与约翰逊合作。他们也不喜欢激进分子报复性的重建计划。但是约翰逊的不妥协态度导致共和党联合起来反对他。联合起来推翻否决的投票，仅仅是新总统与国会之间日益增长的敌意的象征。

其间，在整个南方，种族间的紧张关系还在升温。南方黑人没有经历解放后的狂欢，而是很快就成为暴力行动的对象。[42]

在田纳西州孟菲斯，1866年5月，两辆运货马车在城市的街道上相撞，这是在美国任何一个城市都经常发生的事件。但是这次，一辆运货马车是白人的，另一辆是黑人的。孟菲斯的白人警察逮捕了黑人，而联邦军队中的黑人老兵则出面干涉，指责警察是种族偏见的牺牲品。白人暴徒很快集合起来。暴乱席卷了整个城市。[43]随后3天的暴乱中，白人警察袖手旁观，导致了城市中46名黑人被杀，数百所住宅、学校和教堂被焚。[44]城市的官员什么也没有做。

那年夏天，在新奥尔良，一次组织起来支持黑人选举权的集会受到攻击，随后的暴乱中有40人被杀，不得不动用联邦军队来恢复秩序。[45]约翰逊总统的政策由于这次以及其他类似事件而受到严重的败坏。北方人开始认为，需要在战败的南方采取更加强硬的手段。[46]

臭名昭著的"黑人法典"在南方许多州都得到了通过。这些法律严重限制了黑人劳工签署合同、进入许多职业、提出诉讼、参加陪审团（除非接受审判的是一个黑人），甚至外出寻找新工作的权利。

405 似乎《黑人解放宣言》本身的结果都处在危险之中。

国会中的共和党人力图作出适当的反应。他们很快就认识到，在民主党人约翰逊动用总统权力反对他们的情况下，重建是不可能的。⁴⁷一开始，战败的南方人愿意做那些为了重新获得其原有地位而必须做的事情。但是约翰逊大声疾呼，说他支持"一个白人的政府"，这就鼓励了原来的叛乱者们抵抗联邦的权威。⁴⁸

很快，国会中的共和党人提出了另一项宪法修正案，要求所有的州给予被解放的奴隶公民权，并且对所有的公民提供"平等的法律保护"。众议院约翰·宾厄姆（John Bingham，俄亥俄州）和参议员雅各布·M. 霍华德（Jacob M. Howard，密歇根州）这两个国会中主要的共和党人提出了第14条修正案。第14条修正案也要求限制那些不服从这一修正案的州在国会中的代表名额。共和党人把批准第14条修正案作为允许南方代表重新被接纳进入国会的条件。⁴⁹

危险在于法律失去了牙齿，实施法律的手段很快就消失了。在1865年结束以前，联邦庞大的陆海军就已经在复员之中。穿军装的人数从100万以上（其中十分之一是黑人）下降到只有152 000 人。⁵⁰

白宫和国会的关系在1866年继续恶化。马萨诸塞州参议员查尔斯·萨姆纳抱怨说："杰斐逊·戴维斯在门罗要塞（的单人牢房）里，但是安德鲁·约翰逊却正在完成他的工作。"⁵¹约翰逊接见了由弗雷德里克·道格拉斯（Frederick Douglass）率领的一个黑人领袖代表团。这些黑人领袖们呼吁约翰逊把黑人投票权作为重建的一个部分加以支持。约翰逊的态度彬彬有礼，但没有明确承担责任。此后，他对他的秘书咆哮说："那些该死的畜生们认为他们可以让我上当。我认识那个该死的道格拉斯，他和其他黑鬼一样，他会更快地割断白人的喉

# 第十一章 粘合国家的创伤（1865—1877）

咙！"⁵²

约翰逊决心挑战国会中的共和党人。他准备乘火车进行一次长途旅行。他将"做巡回政治演说"来向人民解释他的政策。他说服了当时陆军中的头号将领尤利西斯·S.格兰特陪他一起去。格兰特力图和他的总司令搞好关系，表示同意。一开始，这次旅行十分顺利。在通过纽约市的中央公园时甚至进行了一次有趣的高速马车比赛。格兰特紧紧勒住缰绳，以一种危险的速度，与载着总统的那辆马车进行友好比赛。约翰逊的那辆豪华马车是富有的工业家艾布拉姆·休伊特的财产，也是由他驾驶的。除了美国总统之外，车上还坐着国务卿西沃德、纽约市长以及地方显要。格兰特是一个著名的好骑手，因此，他毫不令人吃惊地取得了胜利。他的马车上坐着米德将军、乔治·A.卡斯特将军以及法拉古特（Farragut）海军上将。格兰特已经从思维敏捷的车主、纽约有权势的金融家伦纳德·杰罗姆（Leonard Jerome）的手中接过了缰绳。⁵³ *

事实上，出来看约翰逊的人群都在冲着格兰特大声欢呼。格兰特也越来越反感约翰逊对国会粗俗的、漫骂性的攻击。

约翰逊完全缺乏尊严，他对人群中嘲弄声音的反应是和他的质问者陷入粗俗的争吵之中。他甚至叫骂着说，他要绞死国会中激进派的领导人众议员撒迪厄斯·史蒂文斯（Thaddeus Stevens）以及著名的废奴主义者温德尔·菲利普斯（Wendell Phillips）。⁵⁴ 在格兰特写给妻子的信中，他把约翰逊的那些长篇演说看成是"国家的耻辱"⁵⁵。格兰

---

* 杰罗姆漂亮的女儿很快就将嫁给英国的伦道夫·丘吉尔（Randolph Churchill）勋爵，并且使他变成了温斯顿·伦纳德·斯潘塞·丘吉尔（Winston Leonard Spencer Churchill）的祖父。伦纳德·杰罗姆是《纽约时报》的所有者。

特特别反感约翰逊对美国黑人的强烈憎恨。[56] 约翰逊从来就不是林肯的共和党的成员,仅仅是因为在内战期间需要努力实现国家更大的团结,他才作为一个主战派民主党人进入了 1864 年大选的候选人名单。

格兰特一有机会就称病离开专列。不管就个人而言,还是就政治而言,约翰逊的演说都变成了总统的一场灾难。选民们拒绝了约翰逊要求支持的刺耳呼吁,他们在 11 月把一个共和党人占压倒优势的国会送回了华盛顿。[57]

国会中的共和党领导人现在不服控制。他们决心按照自己的计划来重建南方。他们通过了一个把战败的南方分成若干军管区的重建法案。被任命的军事总督将从格兰特将军而不是总统那里接受命令。因为已经看到过约翰逊曾经多么聪明地利用过他手中的任免权,国会通过了《官员任期法》(Tenure of Office Act)。根据这一明显违宪的措施,在继任人得到类似的批准之前,总统不能免除一个得到参议院批准的官员职务。

人们利用重建法案以"忠诚"为理由免除了南方 6 个州的州长以及数千名州和地方官员。一支占领军镇压了包括老兵组织、请愿游行者以及历史协会等南部地方主义者的多次示威运动。[58] 国会中的激进派决心在被征服的南方镇压这种反叛情绪。

甚至林肯与某些更为激进的共和党人之间都存在着纠纷。当他看到参议员萨姆纳、俄亥俄州的"虚张声势的本"·韦德以及头发灰白的老撒德·史蒂文斯领导了对白宫的可怕游行时,林肯讲了他的印第安纳州"胡扯学校"(blab school)的一个小男孩的故事,他每次读到圣经里关于巴比伦熔炉中出现的三个年轻以色列人的那一节时都会哭。那三个发音奇怪的名字沙德洛克(Shadrach)、麦夏克(Meshach)、

# 第十一章 粘合国家的创伤（1865—1877）

阿波尼哥（Abednego）对于这个印第安纳州的小男孩来说，太难念了。他所能做到的就是一边抽泣着一边说"这里那三个该死的小伙子又出现了"！林肯幽默而机智地设法控制住激进派，并且很少与他们公开发生冲突。而约翰逊对此甚至连试都不试。

南方白人对他们所谓的北方专制进行了痛苦的抵抗。他们把那些来到南方帮助重建工作的北方人谴责为"毛毡提包客"（carpetbaggers）——即那些把他们所拥有的一切放到一个廉价的、劣质的毛毡提包里的投机者。那些愿意与联邦权力机构合作的少数南方人——像前邦联将军詹姆斯·朗斯特里特（James Longstreet）——则被骂成是无赖。[59] 能干的、有学问的黑人政治家则被谴责为突然发现自己登上了立法舞台的毫无准备的、目不识丁的前奴隶。

约翰逊总统力图阻止第 15 条修正案被列入宪法。它将给予黑人成年男性投票权。甚至他的军事助手威廉·G. 摩尔（William G. Moore）上校，都在日记中写道"总统有时表现出对黑人的病态的烦恼和反对的情绪"[60]。有一次，当他看到有大量黑人在白宫工作时，约翰逊生气地问，是不是所有的白人都被解雇了。[61]

约翰逊经过仔细考虑，决定在任免权问题上继续冒险。约翰逊免除了埃德温·M. 斯坦顿（Edwin M. Stanton）陆军部部长的职务。斯坦顿把所有内阁讨论的情况都报告给了激进派。但是当免职的命令送到斯坦顿的手里时，这位被林肯称为战神（Mars）*的暴躁的前民主党人把自己关在办公室里拒绝离开！[62]

---

\* Mars 是罗马的战神。林肯有幽默感，尽管斯坦顿没有。

### 4. 弹劾

激进派暴怒了。撒迪尼斯·史蒂文斯众议员甚至提出了一项议案，在弹劾与审判结果尚未决定的时候，暂时剥夺约翰逊总统的权力。对于格兰特将军来说，这太过分了。他认识到史蒂文斯的行动是明显违宪的。他向他所蔑视的约翰逊保证，他将抵抗任何未经适当的弹劾与审判就逮捕总司令的企图。[63]在格兰特告诉国会，他不会参与任何这种史无前例的行动以后，史蒂文斯的逮捕计划就破产了。[64]

撒德厄斯·史蒂文斯很难确保自己的领导者形象。当然，他有一些值得尊敬的品质。他曾是种族歧视的早期热心反对者。他甚至在1838年拒绝签署宾夕法尼亚州的新宪法，因为它未能把选举权扩展到宾夕法尼亚的黑人身上。[65]他也是国会中第一批鼓吹全部解放南方400万黑奴并且给他们以平等的公民和政治权利的议员之一。但是史蒂文斯没收南方种植园主的土地，并且把它们分给北方移民和被解放的奴隶耕种的战后计划，甚至对于他自己的激进派同事来说，也过于极端了！[66]*他逮捕约翰逊总统的计划，仅仅是扩大了史蒂文斯作为一个不肯宽恕和没有节制之人的名声。

格兰特的干预仅仅是延缓了弹劾的进程。众议院对总统提出了11项指控，其中10项涉及蓄意违反《官员任期法》。

当弹劾案在1868年3月被提交参议院的时候，全国都紧张得屏住了呼吸。仅仅在3年的时间里，美国人民就经历了这个国家最具有

---

\* 史蒂文斯尽管受到当时的需要所驱使，而且也缺乏幽默感，但他仍然具有诚实的美德。当他去世以后，他在遗嘱中要求，把他葬在宾夕法尼亚州少数几个种族融合的公墓中的一个。他的墓志铭是："人人生而平等。"（福纳和马奥尼，《美国的重建》，第91页）

## 第十一章　粘合国家的创伤（1865—1877）

破坏性的战争的血腥结局、总统被暗杀、喧嚣的重建时代，以及现在这个——第一个总统弹劾事件。

《国家》杂志报道说，在弹劾一开始被提交参议院的时候，众议院议员们就"只会尖叫、没有重点，而且对于法律的细微之处过于疏忽了"[67]。按照宪法的规定，最高法院的萨尔蒙·P. 蔡斯（Salmon P.Chase）大法官主持弹劾案的审理。他为证据制定了很高的标准。*弗雷德里克·道格拉斯的德国朋友奥蒂利亚·阿辛（Ottilia Assing）认为，蔡斯是一个"叛徒"，在为她的柏林报纸所写的报道中，她愤怒地声称蔡斯"燃烧着想当总统的欲望"[68]。（如果约翰逊继续留任的话，有些人认为，蔡斯获得民主党1868年总统候选人提名的机会将大大增加。）

7个共和党参议员挽救了约翰逊，使他免于被定罪和解职。其中3个是很受尊敬的温和派共和党人，他们并不惧怕激进派的怒火：威廉·皮特·费逊登（William Pitt Fessenden，缅因州）、詹姆斯·格兰姆斯（James Grimes，爱荷华州）和莱曼·特朗布尔（Lyman Trumbull，伊利诺斯州）。[69]费逊登的话代表了许多人的意见，他说："总统是因为被指控的某些特定罪名受审，而不是因为其他原因。因为一个未被指控过的罪名……就企图审判并谴责任何人，不管他是否可能被认为有罪……是违反司法的每一项原则的。"[70]

格兰特支持对约翰逊的弹劾"因为他是一个如此令人憎恨的撒谎者"，但是毫不令人吃惊的是，格兰特在参议院中的支持者们却并不

---

\* 蔡斯在这方面是有良好先例可循的。马歇尔大法官在1805年因叛国罪审判艾伦·伯尔（Aaron Burr）的时候就曾经这样做过（而且副总统伯尔本人在1804年弹劾蔡斯法官的时候也曾经这样做过）。

支持弹劾。[71] 其原因从日历上可以看出来。离下一次总统大选只有 8 个月。那些希望格兰特当总统的参议员们不想让本·韦德参议员取代约翰逊的位置。*他们害怕韦德一旦做了总统可能会决定谋求连任。[72]

约翰逊在参议院中仅仅以 1 票之差免遭定罪。他逃脱了，就像温斯顿·丘吉尔描写他的一个对手那样，"没有颂歌也没有绞架"（unsung and unhung）。但是我们流血的国家却未能摆脱安德鲁·约翰逊的报复性统治。

在他的那本《勇敢者的画像》（*Profiles in Courage*）中，约翰·F. 肯尼迪（John F.Kennedy）因堪萨斯州参议员埃德蒙·罗斯（Edmund Ross）投票反对弹劾约翰逊，而将其收入该书中。年轻的杰克·肯尼迪有当总统的野心，自然希望不要削弱这个职位的权力。但是一次成功的弹劾过程本来能够表明，总统是一个重要的职位，因此它不能由一个像安德鲁·约翰逊那样卑劣的人来担任。

在这次失败中，激进派可以受到三个方面的指责。首先，他们本来应该细心地挑选出一个比"虚张声势的本"·维德更能激发信心的人物来担任他们的参议院主席。其次，他们本来应该更加迅速地采取行动弹劾可憎的约翰逊，以避免把弹劾案和 1868 年的总统大选纠缠在一起。第三，他们本来应该以更加重大的理由弹劾约翰逊。约翰逊做了一切可能的事情来阻碍国会的法律。在宪法上，总统有责任"确保法律得到切实地履行"。应该是这一点，而不是公然违宪的《官员任期法》，构成弹劾的正当理由。

---

\* 自从约翰逊在 1865 年继承了林肯的总统职务之后，副总统职位就一直空缺。按照当时的法律，参议院主席维德是总统继承名单上的下一个人。

安德鲁·约翰逊的总统任期——只差 6 个星期就到糟糕的 4 年了——是一场国家的悲剧。

## 5."让我们拥有和平"

1868 年 5 月，共和党在芝加哥召开了它的第四次全国提名代表大会。这次代表大会是在约翰逊被宣判无罪仅仅 4 天之后召开的。格兰特被提名为总统候选人是预料之中的结果。在代表大会的讲台上方，挂着一张格兰特将军的大幅肖像。一幅标语向不高兴的民主党人发出挑战说："和他竞争吧！"[73]

当尤利塞斯·S.格兰特被告知共和党代表们一致提名他为总统候选人时，他说："让我们拥有和平。"这句话变成了竞选期间、格兰特的总统任期以及他一生的格言。

当民主党人 7 月 4 日在纽约市的坦慕尔大厅召开他们的全国代表大会的时候，他们除了提名纽约州长霍雷肖·西摩（Horatio Seymour）之外别无选择。在内战期间，西摩"和那些南方的同情者们走得很近"[74]。西摩州长在 1863 年曾经把纽约市拒绝服兵役的暴乱者称为"我的朋友们"，并且公开把林肯总统比作英国的国王查理一世。[75]*

漫画家托马斯·纳斯特（Thomas Nast）曾经画过一幅西摩的漫画，背景是烈火熊熊的纽约市。漫画的文字说明把西摩描绘成一个魔

---

* 查理一世身高 4 英尺 11 英寸，这位英国最矮的国王在奥利弗·克伦威尔于 1649 年被砍下头之后他就变得更矮了。

鬼。它的标题是"前进"！ 76

1868年大选被双方丑恶的种族主义玷污了。民主党人和粗俗的报刊唤起了南方和北方选民反对黑人的情绪。但是"受人尊敬的"《哈珀斯周刊》（Harper's Weekly）也使用了托马斯·纳斯特在政治上有害的技巧来达到它的可疑目的。纳斯特是美国伟大的漫画家之一。然而，他强烈地反对天主教，并且憎恨爱尔兰移民。他的一幅漫画表现了民主党的总统候选人西摩和一个手里挥舞着匕首的内森·贝德福德·福雷斯特（Nathan Bedford Forest）热情地握手。这位原邦联将军是三K党的全国领袖（Grand Dragon）。这已经够糟的了，可是和这两个人在一起的还有一个长得像猩猩一样的爱尔兰人，他们三人都踩在一个躺在地上的勇敢的黑人联邦士兵的尸体上。77

少数几个被用来攻击格兰特的问题之一是他的内战期间发布的第11号命令。格兰特猛烈抨击了那些经常到联邦军队的军营中做买卖的小贩们。他们因为向想家的年轻士兵们高价出售劣质食品和其他他们渴望获得的商品而臭名远扬。但是格兰特没有把抨击的焦点放在那些做坏事的人和他们的特定行动上，相反他却禁止犹太小贩进入他的军营。战争期间人们的反应是迅速的。林肯总统立刻下令撤销了格兰特的命令，这是他唯一一次这么做。

竞选中，格兰特对于曾经发布过这样一个命令表示遗憾。"请向摩西先生（前邦联中的一个犹太人）保证，我并没有任何宗教或种族偏见，而只想让每个人都能根据他自己的品德来得到判断。"他写道。但是，接下来他走得更远。"我承认，第11号命令并不符合这个声明，不过在当时我没有支持这一命令。如果不是在当时的那种情况下，不需要即刻作出反应的话，第11号命令本来是不会下达的。" 78 格兰特对于自己所犯错误的坦率承认，为他在国内赢得了巨大的声望。

尽管格兰特的当选有望结束宾夕法尼亚大道两端的痛苦对抗，不过在共和党人的领导下重新建立统一的政府被证明并不是一个简单的任务。在南方，反抗仍在继续。三K党对黑人被解放和那些同情他们的白人发起了恐怖行动。前邦联将军内森·贝德福德·福雷斯特被认为是内战中最伟大的军事天才之一。他既无畏又凶猛，是一个十足的军事家。他以前也是一个奴隶贩子，是那些在皮洛堡（Fort Pillow）残酷枪杀黑人战俘的士兵们的指挥官。（他说："200码长的一段河流都被血染红了。希望这些事实能够向北方佬表明黑人士兵不能和南方人对抗。"[79]）现在福雷斯特是三K党的全国领袖。1871年，仅仅在一个县，就有163名南方黑人被谋杀。在新奥尔良附近的各个教区\*，总共有300名黑人被杀。[80]\* 宪法第15条修正案赋予的选举权只是给那些有足够的勇气去履行它的黑人的。

共和党人把注意力集中在南方局势上的努力正是被他们某些非常成功的战时政策所挫败的。共和党控制下的国会通过了《宅地法》，向农民开放了西部的大片土地。在扩张奴隶制问题上煽起的激动情绪限制了内战前美国向西部的扩张。

格兰特宣誓就任总统之后不久，1869年5月10日联合太平洋铁路和中央太平洋铁路在犹他州的突顶山（Promontory Point）接轨的消息令美国人激动不已。这条横贯大陆的铁路再一次成为共和党政策的结果。内战前，杰斐逊·戴维斯就曾经担任过皮尔斯（Pierce）总统的陆军部部长，后来又担任过密西西比州的美国参议员。他领导南方

---

\* 在路易斯安那州，县被称为教区，这是法国统治时期遗留下来的习惯。

的同事们拒绝批准向这条铁路的建筑工作提供联邦援助,除非它采取一条更加靠南的路线。当然,这条铁路的完工把整个国家更加密切地联系在一起,但是它也强调了西部的开放,并且转移了人们对于南方局势的注意。

工会开始在北方争取更高的工资和更好的工作环境。战争要求人们付出的牺牲已经不再能够作为未能注意工人所关心的问题的借口了。典型的例子就是一个劳工活动家的呼声:"未来美国的工人将会要求更加公平地分享他们的工厂所创造出来的财富,并且更加公平地获得在许多血腥的战场上由他们的成年男子所保卫的那些自由机构的权力和幸福。"[81]

实际上,正是在重建这段时期内(1865—1877)美国工人参加工会的比例是19世纪所有时期中最高的。[82]

工人们,他们中的许多人都是内战时期联邦军队中的老兵,越来越厌恶那些不断"挥舞着血染的衬衫"来争取他们的选票的某些共和党政治家们滑稽可笑的姿态了。[83]* 民主党在它的许多竞选呼吁中都会有喧闹的种族主义呼声。可是这并不能改变它从历史上就有的对工人的吸引力。

共和党人也受到了那些言之有据的腐败指控的伤害。格兰特手下太多的官员和亲密助手都表明他们渴望从公司的馈赠中分一杯羹。格兰特不明智地让他贪婪的父亲杰西(Jesse)担任肯塔基州一个重要

---

* 众议员本·巴特勒曾经挥舞着一件血染的衬衫——声称这是从俄亥俄州一个被三K党人所打倒的"毛毡提包客"身上脱下来的——来支持对约翰逊的弹劾。这是他发明了"违禁品"(contraband,指"逃跑加入北军的黑奴")这个词来称呼逃奴之后的又一个发明。有讽刺意味的是,巴特勒是一个前民主党人。

第十一章　粘合国家的创伤（1865—1877）

的邮局局长职位。其他可疑人物的任命还包括他的内弟亚伯·科尔宾（Abel Corbin），他的日程安排秘书以及几个内阁成员。尽管就个人而言格兰特是诚实的，而且并没有从这些鬼把戏中获利，但是他仍然过于天真地相信人们的外表了。

在他总统任期之初，格兰特把他的社交时间花在华尔街的金融家杰伊·高尔德（Jay Gould）与吉姆·菲斯克（Jim Fisk）身上。他们力图说服总统拖延用黄金收购绿背纸币的行动。格兰特没有认识到他们是想垄断黄金市场。

在度假的时候，格兰特总统接到了科尔宾写来的一封长信。他的内弟列举了总统为什么应该搁置政府出售黄金的所有理由。[84] 当格兰特得知他的内弟和这两个狡猾的金融家是同谋的时候，他暴怒了。他甚至拒绝回信。但是，当地的电报局却发回了一个可能被极大地误解了的信息。信使写道："信件已经正常收到。"但是被发出的信息却是："信件已经发出，没有问题。"[85] 这是一个残酷的讽刺。作为一个常胜将军，U.S. 格兰特因其所写的命令简练清楚而闻名。没有一个人曾经误解过格兰特的一道命令。但是格兰特却并没有写这件被歪曲了的短信。

很快，格兰特就命令财政部部长乔治·鲍特韦尔（George Boutwell）把出售的黄金增加到 400 万美元。[86] 菲斯克和高尔德从他们的计划崩溃所造成的后果中毫发无损地逃脱了，但是他们的阴谋却致使数千名轻信的投资者破产。这被称为华尔街的"黑色星期五"，而且它玷污了格兰特的名誉。吉姆·菲斯克厚颜无耻地为自己辩护，告诉他的亲信们："孩子们，除了荣誉以外，什么都没有损失。"这一误入歧途的垄断黄金市场的企图，其结果就是给格兰特的总统任期投

**对安德鲁·约翰逊的弹劾**。格兰特作为这个国家的首要将领,不支持共和党人在弹劾之前就逮捕或剥夺安德鲁·约翰逊总统权力的计划。即使他支持弹劾,格兰特也不能容忍任何违宪的措施。约翰逊在众议院被弹劾,但是在参议院却免遭定罪。

**横贯大陆的铁路(1869年钉下了接轨的金色道钉)**。林肯总统签署了由共和党控制的国会通过的关于修建横贯大陆的铁路的法案。1869年5月10日,当中央太平洋铁路和联合太平洋铁路的施工队会师的时候,他们在犹他州的突顶山上钉下了一个金色的道钉。

# 第十一章 粘合国家的创伤（1865—1877）

**作为总统的格兰特。** 格兰特对提名委员会说："让我们拥有和平。"他的目标是缓和北方与南方的关系。作为总统，他鼓吹对印第安人采取人道政策，并且支持美国黑人的民权。他勇敢地执行三K党法案。一些有问题的任命使得腐败行动危险地接近了格兰特的职位，使得他真实的成就记录失去了光泽。在1876年有争议的大选中，他坚定的态度避免了一场宪法危机。

"**高个子的亚伯拉罕·林肯再干长点儿。**"1864年《哈珀斯周刊》上新当选的林肯的漫画。

**大平原上的印第安人捕猎野牛。** 勇敢而灵巧的大平原印第安人感到他们的生活方式受到了铁马（他们这样称呼铁路）和潮水般涌入的新移民的威胁。拓居者们决心破坏大草原，在这里进行现代化农业生产。印第安骑手的马是被西班牙征服者带到新世界的马所繁衍的后代。1876年，苏族人在比格霍恩歼灭了乔治·阿姆斯特朗·卡斯特将军和他的第7骑兵团之后，大平原的印第安人为了保持他们受到危险的生活方式，进行了漫长而又毫无希望的战斗。

下了阴影。

这是无耻的腐败行动、可悲的权钱交易。除了贪婪之外，它没有更加高尚的目标。它成了马克·吐温（Mark Twain）和查尔斯·达德利·华纳（Charles Dudley Warner）合著的那本非常成功的小说《镀金时代》的主题。阿尔弗雷德·塞耶·马汉（Alfred Thayer Mahan）海军中校在国会面前作证说，运往波士顿海军船坞的100万立方英尺木材完全失踪了。激进的共和党人本·巴特勒（Ben Butler）在重新装修那艘著名的游艇"美利坚"号——用纳税人的钱——供他个人使用的时候被抓个正着。[87]

## 第十一章 粘合国家的创伤（1865—1877）

在那些从这个国家铺设铁路的狂热里谋取了巨大利益的铁路公司，不受限制地大把花钱行贿的举动中，共和党人面临着更多的困境。*副总统斯凯勒·柯尔法克斯（Schuyler Colfax）的政治生涯在1872年静静地走上了下坡路。有人揭露说，他、缅因州众议员詹姆斯·吉莱斯皮·布莱恩（James Gillespie Blaine），甚至以正直著称的众议员詹姆斯·艾布拉姆·加菲尔德（James Abram Garfield）都从兴业银行那里接受了馈赠的股票。兴业银行是由联合太平洋铁路公司的创办人建立的一个外围组织。[88]

马萨诸塞州参议院查尔斯·萨姆纳对他激进的南方计划并不满意。1869年，在盯着北方边界的时候，他大胆地提出了一个荒谬的指控。他声称，由英国建造的私掠船，南部邦联海军的"亚拉巴马"号不仅导致美国直接损失了1500万美元，而且还间接地使战争延长了整整两年！其代价将以十亿美元计。许多希望报复的人认为，加拿大将是对英国在美国内战期间不公正行动的一个合适补偿。年轻的亨利·亚当斯（Henry Adams）是战时那位伟大的驻英公使查尔斯·弗朗西斯·亚当斯（Charles Francis Adams）的儿子。小亚当斯认为萨姆纳的要求是极端愚蠢的。[89]

只有一个拥有像格兰特那样巨大威望的人，才能够成功地抵抗萨姆纳所煽动起来的沙文主义情绪。格兰特是第一个获得四星上将军衔

---

\* 在开国元勋中，只有亚历山大·汉密尔顿（Alexander Hamilton）没有对富人和有权势者利用政府关系为自己谋利的行动而感到困扰。汉密尔顿也许会指出，国家从一个现代化的铁路体系中获得巨大好处，并且把普遍出现的贪污受贿作为需要付出的一小笔代价。实际上，如果共和党人没有向加利福尼亚州许诺修建一条横贯大陆的铁路，这个黄金之州巨大的黄金资源就可能被用于支持南部邦联了。

的美国人。这使他在战争与和平问题上具有其他的美国人所无法挑战的权威。他与他那非常能干的国务卿、纽约人汉密尔顿·费希（Hamilton Fish）密切合作。格兰特在 1871 年签署了《华盛顿条约》。根据这一条约，英国同意把美国关于"亚拉巴马"号的赔偿要求提交仲裁。

日内瓦法庭在多次激烈争论的会议上讨论了这个案件，大西洋两岸都存在着对战争的恐惧。尽管如此，最终，受人尊敬的国际法官判决英国负有赔偿责任。查尔斯·弗朗西斯·亚当斯是美国出席国际法庭的代表。法庭要求英国向美国支付 1550 万美元的破坏赔偿。这一次她迅速同意了。英国的外交家们甚至把这张被注销的支票贴在外交部的墙上，作为对未来外交大臣的警告。[90] 从那时到现在，1871 年《华盛顿条约》一直被认为是格兰特政府的一个外交胜利。[91]

格兰特总统在支持被解放奴隶受到威胁的权利的同时，也真诚地寻求地区之间的和解。格兰特迫使国会通过了三 K 党法案。该法案授予联邦政府新的权力，以镇压这个"看不见的帝国"。格兰特迅速签署了这个法案，并且以巨大的效率使用它来反对三 K 党那些蒙着白被单的夜间袭击者。格兰特的当选和再次当选受到了弗雷德里克·道格拉斯的热情支持。他向不满的被解放的奴隶们抱怨说，尽管共和党人过于经常地"忽视我们，可是民主党人却在杀死我们"！

许多高等教育机构——菲斯克（Fisk）、塔斯基吉（Tuskegee）、亚特兰大（Atlanta）和霍华德（Howard）——都见证了北方人支持教育和提升被解放奴隶的地位的真诚努力。南方一些最好的人们也鼓励这些努力。

最终，北方对于南方一小撮顽固分子的抵抗感到厌烦了。宪法第 13、14 和 15 条修正案已经确立了在法律上对平等地位正式的、合乎

## 第十一章 粘合国家的创伤（1865—1877）

宪法的保护。但是，在近一个世纪的时间里，这些被证明是空洞的保证。重建失败了。美国人渴望结束在南方无休止的煽动和周期性发生的骚乱。大部分北方人已经被民权问题上的冲突和争论弄得精疲力竭，他们希望能够过他们自己的生活。他们渴望忽视政治并在他们的个人追求中寻找获得幸福的手段。[92]

当北方的人民把他们的注意力转向经济追求的时候，黑人和南方白人却在经受无边的苦难。在19世纪余下的时间里，南方是一个"经济上完全没有希望的地区"[93]。这本来是可以完全避免的。如果北方的政治家们能够追随林肯的开明原则的话，如果他们能够保证平等权利，并且镇压像三K党那样的恐怖分子的话，他们本来是能够帮助那些战败的同胞复兴的。正是因为缺乏想象力，他们没有看到在一个恢复了所有人自由的联邦中复兴的机会。正如道格拉斯所写的："废除奴隶制不仅解放了黑人，而且也同样解放了白人。"[94]

随着1873年经济恐慌的来临，萧条进一步加深了，格兰特总统面临着要求通货膨胀的巨大压力。债务人，尤其是在西部各州，呼吁华盛顿给他们救济。[95]

共和党的竞选官员们也感到惊慌。他们恳求格兰特采取农场主和牧场主们所要求的措施，印刷1亿美元的绿背纸币。格兰特的内阁也支持这个通货膨胀法案。[96]总统后来这样描写他所面临的压力——以及他的最终行动：

> 我唯一的一次违背自己的判断，出于党派理由决定，采取某些权宜之计，就是在通货膨胀法案的问题上。在我的一生中，我从未像签署这个法案那样如此地被迫去做一件事——从来没有过。人们告诉我，否决这个法案将会摧毁共和党在西部的力量……

我决定写一封信表示这个法案并不意味着通货膨胀……我非常认真地写了这封信,并且列出了我能够想起的所有观点来表明这个法案是无害的。当我写完了这封奇妙的信件后,我读了一遍并且对自己说:"这有什么好处呢?你不会相信它的。我知道这不是真的。"……我决定做我认为是正确的事情(并)否决了法案。[97]

他真的否决了通货膨胀法案。那些共和党领导人们对于这个行动的政治后果没有猜错。在当年秋天,共和党经历了它历史上最惨痛的失败。众议院的力量对比,从共和党人以 194 席对 92 席的多数,变成了民主党人以 181 席对 107 席的多数。[98] 共和党人损失了 87 个议席。

此后,格兰特在南方帮助被解放奴隶的真诚努力,也受到了政府分裂状态的阻挠。

1874 年选举虽然对共和党人来说是灾难性的,不过对于此后的政治漫画家来说,它却是一个天赐良机。难以控制的托马斯·纳斯特为《哈珀斯周刊》画了一幅解释选举结果的漫画——至少令共和党的忠诚党员感到满意。他画了一头受到惊吓的大象——指的是共和党选民而不是共和党,以及一头披着狮子皮在高兴地狂舞的公驴。纳斯特这幅漫画的文学来源是伊索寓言,一头披着狮子皮的驴子吓坏了丛林中的所有动物。民主党人用谈论"君主专制"——意思是格兰特准备史无前例地竞选第三次连任——的方法吓坏了许多共和党选民。这里,纳斯特从当时民主党的主要报纸——詹姆斯·戈登·贝内特(James Gordon Ben-nett)的《纽约论坛报》(*New York Herald*)——采用的一次噱头中得到灵感。《纽约论坛报》曾经搞过一次恶作剧,声称动物园里的动物逃了出来,正在冲向中央公园去捕食那些毫无防范的路人。

因此,纳斯特用一种令人难忘的方式为我们创造了两党的象征——共和党大象和民主党驴子。[99]

内战以后的这些年里,一个明显而重要的发展就是:美国人已经不再把他们的目光盯着南方了。1800—1860年,南方一直支配着这个国家的政治。内战以后,纽约州和俄亥俄州成了最重要的州。不管人们注意的焦点是集中在北部和中西部大量出现的城市、大平原的农业地带、筑垒设防的边界地区,还是集中在煤矿、铁矿和铁路车站,南方的重要性都降低了。

对于美国黑人来说,这是一个悲剧,他们中的大多数人都继续生活在他们出生的州里。对于南方白人来说,这也是一个悲剧;尽管国家已经恢复过来并且向更大的繁荣前进,南方却衰退了。把各个种族隔离开的《吉姆·克劳法》令南方所有能干的和有献身精神的人们都受到了压制。

### 6. 自由队伍的悲剧性分裂

内战前,所有改革家都为了结束奴隶制和给妇女选举权而携手合作。妇女选举权的主要支持者都是反对奴隶制的鼓吹者。几乎所有的废奴主义者也都支持妇女的投票权。似乎这两个目标是紧紧联系在一起的。但是在宪法第15条修正案上出现的辩论,导致这两个持续至今仍然有影响的运动,发生了分裂。苏珊·B. 安东尼(Susan B.Anthony)突然说她"宁愿砍掉自己的右手,也不愿为黑人男性而不是妇女争取投票权"[100],她的话代表了她所属的运动中大部分人的意见。

当弗雷德里克·道格拉斯在早期的一次妇女代表大会上离席而去

时，安东尼小姐讽刺他说:"自从你突然神秘地在奥尔巴尼消失后，就没有你的消息了……"[101] 他甚至拒绝出席另一次会议。

分裂的理由十分简单。共和党人准备给予北方和南方的黑人男性投票权，但是他们不愿意给妇女投票权。他们认为对于目前时代而言，这个运动过于激进。国会中的民主党人既反对给妇女投票权，也反对给黑人男性投票权。在给一个妇女改革家朋友的信中，道格拉斯解释了他的动机。像通常一样，他的考虑不仅是原则方面的，还有实际方面的:

> 在我看来，妇女的投票权和男子的投票权一样神圣，我在任何时候都非常愿意举双手赞成这一权利……(但是) 现在我把自己献身于一个如果不是更加神圣，至少也是更加紧迫的目标，因为它事关这个国家长期被奴役的人民生死存亡的问题。当黑人被刺死、绞死和烧死，并且成为北方的恶意行为和南方的谋杀行为目标的时候，他们的要求对我来说是头等重要的……(如果宪法第 15 条修正案没有把妇女包括在内的话，苏珊·B. 安东尼和伊丽莎白·凯迪·斯坦顿会反对这一法案。) 她们的原则是，在妇女没有投票权的时候，黑人也不应该被授予投票权。[102]

这是一个残酷的困境。整个南方和北方的数百万妇女都是有文化的。与道格拉斯不同，大多数被解放的奴隶却都是文盲。在许多蓄奴州，有人甚至反对教黑人认字的法律。妇女对这个国家的政治辩论曾经有过重大贡献。她们在内战中为国家做出了巨大牺牲。现在她们的要求怎么能被置之不理呢? 同时，在共和党人看来，给予黑人男性投票的机会似乎是唯一确保内战来之不易的成果得以保持的途径。有了受到联邦军队保护的投票权,南方黑人领导人就能够第一次进入国会了。参议员布兰奇·K.布鲁斯(Blanche K.Bruce)和海勒姆·R.雷维尔斯(Hiram R.Revels)以及众议员本杰明·S.特纳(Benjamin S.Turner)、乔赛亚·T.沃尔斯(Josiah T.Walls)、约瑟夫·H.雷尼(Joseph H.Rainey)、罗伯特·布朗·埃利奥特(Robert Brown Elliot)、罗伯特·D.德拉吉(Robert D.De Large),还有杰斐逊·H.朗(Jefferson H.Long)都代表了南方的选民。如果宪法第 15 条修正案没有被通过的话,他们极有可能无法留在这些公职的位置上。

在当时几乎没有人知道,争取妇女选举权的斗争,需要花整整半个世纪才能实现它的目标——或者,即使宪法第 15 条修正案得到了批准,黑人男性参政的时期都被证明短得可怜。即使如此,1870 年宪法第 15 条修正案的通过,最终为 1920 年宪法第 19 条修正案提供了逻辑基础。许多州在联邦通过这一宪法修正案之前,就已经承认了妇女的投票权。

### 7. 1876 年精神

当建国百年大庆临近的时候,美国人有许多理由庆贺自己。他们宣告了独立,并且在反对英国王权的一场漫长的、但最终取得胜利的斗争中坚持了下来。他们接受了一支法国盟军,可是在看着这支强大的法国军队和平地乘船离去时,却感到如释重负。\* 他们起草并通过了一份世界上史无前例的宪法,建立了"这个时代的新秩序"。在1789年,他们新的联邦制共和国从缅因的森林扩展到佛罗里达边界,向西直到密西西比河。他们谈成了历史上最大的一次土地交易——购买路易斯安那。美国人打了1812年战争。他们击退了英国从加拿大发动的入侵,抗击了焚烧他们首都的敌人,并且最终战胜了英国人在新奥尔良最为严重的威胁。在国家扩张的这个非凡时期,美国人把他们的民主机制带到了整个大陆,远达太平洋。经过了4年悲惨的内战之后,他们挽救了他们的联邦和自由。他们解放了400万奴隶。通过宪法修正案,美国人废除了奴隶制,宣告人人都受法律的平等保护,并且为那些刚从奴役下解放出来的人们提供了投票权。似乎,美国已经真的看到了"自由的新生"。内战后,美国人开始用单数来称呼他们的合众国:是美国,而不是联合州。[103]

这个国家也避免了军事独裁。格兰特和谢尔曼在战场上像拿破仑一样大胆和富有创造力。他们像俾斯麦一样一心想统一国家。谢尔曼的对手,邦联将军约瑟夫·约翰斯顿(Joseph Johnston)说,自从恺撒时代以来,没有一支军队以如此不可阻挡的力量挺进过。但是格兰特和谢尔曼两人都往往服从于民选代表的命令。\*\*

美国也避免了在这块大陆上进行报复性的战争。我们没有进行战

---

\* 华盛顿将军在独立战争期间严重担心的问题之一是,法国可能不会派出足够的军队。另一个同样严重担心的问题是,法国可能派出足够多的军队,以至于美国人到头来发现自己又成了殖民地。这就需要在行动时非常小心地保持平衡。

\*\* 南方的李和杰克逊也是如此。这些伟大的将军们愿意服从文职上司无疑是西点军校训练的结果,这是美国军事学校那些"一长串身着灰色军服的"杰出的毕业生们的又一长处。

第十一章　粘合国家的创伤（1865—1877）

争就把法国人赶出了墨西哥。尽管对于英国在战争中支持叛乱一方的做法义愤填膺，可是这个国家却没有采取入侵英属加拿大的行动。

在物质上，美国的财富和力量甚至能够令富兰克林和杰斐逊那样富有远见的人感到震惊。在每一个地方，风帆都被蒸汽所取代。修建运河——它曾经对像华盛顿那样关注未来的领导人具有如此强大的吸引力——迅速地让位给了修建铁路。随着标志横贯大陆的铁路接轨的金色道钉被钉下之后，美国人立刻开始了修建支线的工作，用钢轨把这个国家连成一体。移民们蜂拥进入这个国家。即使在内战中有54万人死亡，19世纪60年代的美国人口也暴增了26%。1860年美国有31 443 321人，其中1/7是奴隶，13%是移民。到了1870年，随着奴隶制的废除，美国人口增加到39 818 449人，其中移民占14.2%。[104]

对于那些物质主义时代的批评家而言，美国生活中的物质变化是令人眩晕的。内战的老兵们说，他们似乎是在一个与他们从战场上所回到的国家完全不同的国家中成长起来的。对于那些出生在内战后，并且生活在19世纪余下的时间里的美国人而言，他们所看见的国家肯定是一个完全不同的世界的一部分。

在农业和工业领域中所取得的突破，为比有史以来任何时期都多的人口提供食物成为可能。美国变成了世界上一个重要的食品出口国。冷冻和罐装技术为肉类和蔬菜创造了一个大陆性的市场。大多数美国人希望更多地分享自由所带来的物质繁荣。他们不会对富饶的土地嗤之以鼻。当塞缪尔·冈珀斯说他所代表的美国工人只是想要"更多"的时候，他们都赞同他的话。

尤利塞斯·S.格兰特总统希望1876年能够在费城举办一个纪念

建国 100 周年国际博览会（International Centennial Exhibition）。他渴望以这样一个光荣和尊严的事件结束他的两届总统任期。对于这位阿波马托克斯的胜利者来说，担任总统并不愉快。腐败事件玷污了他的政府声誉。

在 1876 年 5 月 10 日开幕之后，将近 1 000 万人涌向费城，参观这个纪念建国 100 周年国际博览会。[105] 格兰特总统和巴西皇帝唐·佩德罗（Dom Pedro）出席了开幕式。德国作曲家理查德·瓦格纳（Richard Wagner）因为他那庄重华丽的作品"百年进行曲"（Centennial March）而收入了 5 000 美元。[106]* 美国的百年纪念博览会是在 1851 年伦敦的水晶宫博览会之后举办的。那次博览会是维多利亚女王的丈夫阿尔伯特（Albert）亲王出色组织的。从那时起，这种展示科学、技术和商业成果的活动就成为进步时代的特点。美国参与这一竞争是这个伟大的共和国力量和威望不断上升的标志。美国人对于他们的民主制度能够与欧洲帝国列强平起平坐，感到十分满意。

在百年纪念博览会上引起巨大轰动的一件吸引人的事物，是一只向前延伸的巨大的女性手臂，手中握着一个巨大的火炬。这仅仅是一个纪念雕塑的一部分，一个法国人民馈赠的礼物。它的一部分被预先送来以激起人们的兴趣，这座雕像正式的名称是"自由照耀世界"。现在我们称它为自由女神像，它最初是由法国一个著名的自由之友爱德华·德·拉伯雷（Edouard de Laboulaye）设计的。他曾勇敢地反对暴君拿破仑三世的亲奴隶制政策。在林肯总统遇刺后，拉伯雷

---

* 马克·吐温的话可能体现了这位伟大的作曲家的作品《风暴和剧变》（Sturm und Drang）的本质。他说："有人告诉我瓦格纳的曲子比它听起来要好。"

第十一章　粘合国家的创伤（1865—1877）

希望能够送一份体现这位伟大的解放者思想的礼物。他与阿尔萨斯一个年轻的雕塑家弗雷德里克·奥古斯特·巴托尔迪（Frédéric-Auguste Bartholdi）讨论了这一想法。很快，法国人就认同了这种创意。他们通过买一种彩票，热情地捐款，募集了建造这座庞大的雕像所需要的资金。巴托尔迪把这只手臂和火炬带到博览会上，以点燃美国人的想象力——他也的确做到了。巴托尔迪到达纽约宏伟的港口，这给了他关于自由女神像安放位置的灵感。*

百年纪念博览会上的第二个奇迹是亚历山大·格雷厄姆·贝尔（Alexander Graham Bell）展示的。这位年轻的苏格兰移民带来了他新发明的一个工作模型——电话。在巴西皇帝向贝尔打招呼前，几乎没有什么人对电话感兴趣。唐·佩德罗曾经在他的聋哑学校遇见过贝尔。现在，他要求看一看这位年轻的发明家的新装置。当人群聚集起来的时候，他们听到了哈姆雷特的独白："生存还是毁灭。"

贝尔不得不向他的助手沃森借钱吃午饭。直到几个月后，他的发明才最终被博览会的评审员承认为，"自从电报发明以来最伟大的奇迹"[107]。贝尔的电话很明显优于电报。电报从来不能拥有大量的使用者，但是电话很快就传播到成千上万的公司、政府机构以及数百万美国家庭之中。

不是每个人都对百年纪念博览会感到敬畏的。日本参加博览会的代表略带机智而又十分坦率地描述了开幕的那一天：

---

\* 巴托尔迪对于自由女神像的热情也受到他个人经历的影响。在他到达美国的时候，他自己热爱的阿尔萨斯—洛林地区已经在1870—1871年的普法战争之后，被法国割让给德国了。

第一天人群像绵羊一样地涌来，跑到这里，跑到那里，跑到每一个地方。一个人领头，就有 1 000 个人跟在后面。没有人能够看到什么东西，也没有人能够做什么事情。所有的人都在拥挤、推搡、哭泣、叫喊，发出大量的噪音、无数次的诅咒，直至非常疲劳，然后回家了。[108]

### 8. 危险的争吵

如果他希望谋求本党总统候选人提名的话，尤利塞斯·S.格兰特本来无疑是能够在 1876 年第三次赢得大选的。他只有 54 岁，仍然比大多数总统第一次就职时年轻。但是他已经说过在 1876 年他不会谋求连任，他决心信守诺言。甚至连小比格霍恩战役都无法动摇格兰特离职的决心。乔治·阿姆斯特朗·卡斯特上校和第 7 骑兵团的 265 名官兵在 1876 年 6 月 25 日阵亡了。\*卡斯特的死导致了许多对苏族人进行报复的叫喊。在格兰特的两届总统任期中，印第安人与美国军队发生了不下 200 次冲突。[109]格兰特尤其关心公平对待印第安人的问题。在这个问题上，他毫不犹豫地反对公众舆论，特别是那些在边疆地区拓居者的观点。

自从 1861 年以来民主党人就一直在野。他们感到 1876 年将是他们的年代。1873 年的经济恐慌是一个错误的名称，因为这次经济萧条的后果在 19 世纪 70 年代的大部分时间里都能被感受到。民主党人挑

---

\* 不，卡斯特不是从将军被降级为上校的。由于内战后陆海军规模的大幅度缩减，许多希望继续留在现役中的人只得接受较低的军衔。

第十一章 粘合国家的创伤（1865—1877）

选了纽约州的州长塞缪尔·J. 狄尔登（Samuel J.Tilden）作为他们的总统候选人。作为狄尔登的竞选伙伴，民主党人挑选了印第安纳州参议员托马斯·亨德里克斯（Thomas Hendricks）。亨德里克斯曾经勇敢地反对过废除奴隶制的宪法第 13 条修正案，和给予刚被解放的奴隶以美国公民权以及法律平等保护的宪法第 14 条修正案。[110]

当民主党州长塞缪尔·狄尔登清洗了纽约市因腐败而臭名昭著的特威德集团时，他已经闻名全国了。威廉·马西·特威德（William Marcy Tweed）是该市的民主党大亨——他被称为"特威德老大"。他盗窃了数百万美元。当漫画家托马斯·纳斯特开始从事揭露特威德罪行的活动时，他把这位政客画成了一个巨大的钱袋。纳斯特把该市民主党政治机器的总部坦慕尼大厦（Tammany Hall）描绘成一个老虎的形象。在一幅漫画中，纳斯特描绘了特威德集团的人围成一个圆圈，在"谁偷了人民的钱"的标题下，每个人都指着他右边的人。据说特威德希望有人能够制止纳斯特"那些该死的漫画"。[111] 他对于贵族式的《纽约时报》在社论中写了他些什么并不关心，因为他的选民中有许多人是不懂英语的移民。但是他抱怨说，他们能够看懂漫画。纳斯特对于特威德的描绘是如此的精确，以至于1876年当特威德企图逃往西班牙来躲避因诈骗受到的起诉时，西班牙政府都使用纳斯特的漫画来指认这位"老大"！[112]

因为扳倒了他的民主党同事而获得了巨大的声望，狄尔登作为改革家的声望几乎高得不能再高了。他苦心研究了格兰特政府的腐败行动。狄尔登曾经是一个体弱多病的年轻人。他并没有像包括格罗弗·克里夫兰和老西奥多·罗斯福在内的那些纽约名人那样参加战争，而且他也没有结婚。[113] 这些很难说是一个受人欢迎的候选人的特征。狄尔

561

登的学识也没有给人留下深刻印象。萨尔蒙·P.蔡斯大法官可爱的女儿凯特·斯普雷格（Kate Sprague）据说曾经认为："我担心当南方宣布脱离联邦的那一天，（民主）党的智囊也随之而去了。"[114]

为了对付他，共和党人挑选了俄亥俄州的州长卢瑟福·伯查德·海斯（Rutherford Birchard Hayes）作为总统候选人。在海斯身上，他们找到了一个记录清白——尽管有些乏味——的内战英雄。

民主党在1876年大选的胜利似乎是不可避免的。这个党自从1856年以来就从未赢得总统选举。许多党的发言人都声称，联邦军队的老兵"投起票来好像开火似的"。共和党的罗伯特·英格索尔（Robert Ingersoll）狠狠地抨击民主党人说："每一个枪杀联邦士兵的人都是民主党人。"[115]（英格索尔是一个著名的无神论者，他肯定从来没有听到过林肯的那句名言"不要怨恨任何人"。）这种缺乏逻辑和狂热的情况，导致许多有思想的美国人对于在严肃的问题上进行一场理性辩论的自由前景感到绝望，至少在选举年中是如此。

1876年大选中，自从一无所知党崩溃以来就已经湮没的一个丑恶因素重新出现了：那就是反天主教主义。格兰特总统在1875年曾经对国家的公立学校中存在的威胁发出过警告。他曾经对一支重新组建的田纳西州军队说，不要动用"一块美元"的公共资金来资助那些宗派主义强烈的学校。托马斯·纳斯特表现出自己是一个保卫美国黑人民权和攻击城市腐败的真正天才。但是他也无耻地反对天主教。纳斯特把格兰特画成是一个"绝对正确"的人。在漫画中，他被画成正在共和党的政纲上钉上一项条款，鼓吹仅仅资助公立学校。纳斯特唯恐有人会不理解这一点，他在奋力锤打的格兰特身后画上了一顶教皇的三重冕。[116]更糟的是，纳斯特对于穷人和受威胁的黑人的同情心并没

第十一章 粘合国家的创伤（1865—1877）

**托马斯·纳斯特：驴和象。** 我们两个全国性政党的象征——来自这位具有无与伦比的天才但偶尔也有些尖酸刻薄的托马斯·纳斯特的笔下。

**托马斯·纳斯特：特威德老大。** 纳斯特对于特威德的描绘是非常精确的——而且也具有破坏性，以至于西班牙政府都用漫画来指认这位逃走的特威德老大。

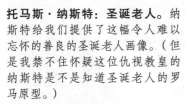

**托马斯·纳斯特：圣诞老人。** 纳斯特给我们提供了这幅令人难以忘怀的善良的圣诞老人画像。（但是我禁不住怀疑这位仇视教皇的纳斯特是不是知道圣诞老人的罗马原型。）

563

**布克·T. 华盛顿**。华盛顿博士是美国最受尊敬的教育家之一。他在亚拉巴马州建立的塔斯基吉学院获得了世界性的声望。在他受到高度评价的自传《从奴隶制中崛起》(Up from Slavery)中,他主张黑人自助自立。他决心不直接挑战种族隔离的法律,而是从他自己的社区内部为改革努力。因为1901年他被西奥多·罗斯福总统请到白宫赴宴,华盛顿博士和总统都受到了暴风雨般的指责。华盛顿的温和主张与W.E.B.杜波依斯的观点以及新成立的全国有色人种协进会(National Association for the Advancement of Colored People, NAACP)更富有战斗性的战略相冲突。

**威廉·詹宁斯·布赖恩**。布赖恩以他的"黄金十字架"演说震动了1896年民主党全国代表大会。他反对民主党总统格罗弗·克里夫兰稳健的货币政策。36岁的布赖恩乘火车进行了一次大范围的"在小镇短暂停留"的竞选运动。他那大草原的人民党主义令东部的银行家和制造商利益集团感到惊恐不已。他3次竞选总统,最终担任了伍德罗·威尔逊不幸的国务卿。在田纳西州著名的斯科普斯审判案中遭到了屈辱的失败后不久,他于1925年去世。

## 第十一章　粘合国家的创伤（1865—1877）

**自由女神像。** 法国人民送给美国的这个礼物的名字是"自由照耀世界"。雕塑家奥古斯特·巴托尔迪和他的资助者希望，它将在欧洲国内激发自由和共和精神，但是埃玛·拉扎鲁斯的诗——《新塑像》——却把纽约港口的这个女神像变成了移民的象征。《纽约世界报》的发行人约瑟夫·普利策呼吁小学生们捐出他们的零钱来建造女神像的底座，这是他市场天才的一个表现。

有扩及受压迫的爱尔兰人身上。他把他们的形象描绘成野蛮的、阴险的、甚至像猿猴一样。[117] 格兰特在这方面走得如此之远，甚至建议通过一项联邦宪法修正案，禁止哪怕是间接要求资助天主教学校的呼声。当詹姆斯·G.布莱恩（James G.Blaine）参议员提出这项修正案的时候，每一个共和党参议员都支持它。[118]* 尽管这项修正案未能通过，共和党人仍然使它称为许多西部州宪法的一个组成部分。

当投票结束的时候，一场危险的争执爆发了。似乎很明显，狄尔登获得了胜利。他赢得了4 288 546张普选票（51%）。海斯以4 034 311张普选票（48.0%）屈居第二。但是在当时就和现在一样，决定谁

---

* 很清楚，不是所有这些共和党人都是反天主教的。许多人真诚地认为公立学校是共和政府的堡垒。有意思的是，这两大政党在今天的立场倒了过来。现在是民主党支持全国教育协会（National Education Association），反对让父母为孩子们择校的立场。

赢得总统职位的是选举人票。在 1876 年特别危险的是，一个州的选举人们采取不同的立场是允许的。在南卡罗来纳州、路易斯安那州、俄勒冈州和佛罗里达州，选举人们都分别支持不同的候选人。因为前邦联各州仍然处于重建中，问题更加复杂了。联邦军队驻扎在整个南方。尽管如此，仍然存在着广泛的指责，声称南方存在胁迫选民的行动：白人"救赎者"（Redeemer）组织联合起来恐吓黑人，防止他们履行宪法赋予的投票权。在南卡罗来纳，前邦联将军韦德·汉普顿（Wade Hampton）领导了一场胁迫被解放奴隶的运动。作为对哈姆堡（Hamburg）5 名黑人民兵和 1 个市司法官遭到谋杀的反应，一个前奴隶警告共和党人说，民主党人"将会蹚过齐膝深的鲜血"来重新掌握国家权力。[119]

令问题变得更加危险的是，众议院是由民主党人控制的，而参议院则是由共和党人控制的。更糟的是，在那里甚至出现了关于武装冲突的谈论。[120] 一场新内战会爆发吗？甚至许多高尚的共和党人都愿意扭曲规则，因为他们害怕遵守规则可能意味着一个民主党政府。

他们在内战期间已经看到了不忠的铜头蛇加入了杰斐逊和杰克逊的党。当民主党人提名费尔南多·伍德（Fernando Wood）参加拟议中的选举人委员会时，这些共和党人们感到心惊胆战。[121] 在萨姆特要塞（Fort Sumter）受到炮击的时候，伍德正在担任纽约市长。当时他建议这座城市退出联邦，加入邦联！

共和党人知道，民主党人强烈反对黑人投票权和为了保障黑人自由而通过的 3 个宪法修正案。能够真正相信这样的一个党会领导联邦避免付出如此令人难以置信的代价吗？但是如果选举结果得不到尊重，那么他们所挽救的又是一个什么样的联邦呢？

## 第十一章　粘合国家的创伤（1865—1877）

海斯州长准备接受他的失败——至少开始时是这样。他在给儿子的信中写道："你的母亲和我对于结果并不感到失望，不管我们是多么地希望事情会是另一个样子。我们逃避了一个沉重的责任、繁重的工作、巨大的忧虑和担心以及因失败而承担的大量责任。"[122]

在1876年整个大选危机期间，格兰特总统是一个有力的支柱。他向他伟大的朋友谢尔曼将军下达了严格的命令，要求他保卫选举结果，并且在所有有争议的州里维持秩序。格兰特写信给谢尔曼说："没有一个配得上总统职位的人，会愿意通过阴谋诡计来获取这个职位。两党都经受得起失望的选举结果，但这个国家却经受不起选举结果被怀疑为受到非法和错误行为的玷污。"[123]

这些是高尚的言词——而且它的含义也是真诚的。不是所有站在共和党一边的人都是如此严谨认真的。芝加哥的商人查尔斯·法韦尔（Charles Farwell）可能买通了路易斯安那州计票委员会（Returning Board）的成员——确保计票结果有利于海斯。[124]另一方面，民主党人更加狡猾。狄尔登在佛罗里达州的代理人打电报给这位民主党候选人的侄子——采用了一种编写得非常巧妙的密码。在这份提到了"玻利维亚""伦敦""格拉斯哥""法国"和"俄国"的电报中，W.T.佩尔顿（W.T.Pelton）上校——他住在格拉姆西公园（Gramercy Park）他叔叔的房子里——被要求提供20万美元。所有这些都是必须贿赂其成员的计票委员会的代号。为民主党全国委员会工作的佩尔顿答复说："太多了。"[125]

国会成立了一个选举委员会决定哪个党的候选人名单应该被作为胜利者接受。民主党的狄尔登在没有争议的选举人票中获得了184票。而为了赢得选举仅仅需要185张选举人票即可。很难看出共和党的海斯怎样能赢得所有那些有争议的选举人票。

但是这种事真的发生了。选举委员会包括了像卢修斯·Q.拉马尔（Lucius Q.Lamar）众议员（密西西比州）和约翰·B.戈登（John B.Gordon）参议员（佐治亚州）那样的南方民主党人。拉马尔曾经担任过罗伯特·E.李将军的军法署署长。戈登在阿波马托克斯曾经富有骑士风度地向约书亚·劳伦斯·张伯伦（Joshua Lawrence Chamberlain）的致敬回礼。可是，为了赢得佐治亚州参议员选举，他却不那么有骑士风度地谋求三K党的支持。在委员会的共和党人中间，有来自俄亥俄州的众议员詹姆斯·A.加菲尔德，他是一个内战英雄，还有约翰·谢尔曼（John Sherman）参议员，那个伟大的联邦将军的兄弟。直到1877年3月2日——总统宣誓就职前仅仅3天——选举委员会才把全部有争议的选举人票都判给了海斯。他在选举人票上以185票对184票当选。作为让海斯当选的回报，民主党人得到了联邦军队撤出南方的许诺。重建结束了。

在他们这方面，共和党人则得到了模糊的保证，说南方黑人的民权将得到尊重。这被证明是一个可怕的交易。在接下来的20多年中，黑人被排斥出南方的政治活动。直到1965年，黑人才能够自由投票。在美国人面前，还有内战重新爆发这一更为巨大的危险。经过了11年的占领之后，无论是北方还是南方的人民都越来越厌倦军管。自由不能无限期地依靠刺刀来维持。

许多民主党报纸把海斯谴责成"骗子"和"卢瑟骗子·B.海斯"（Rutherfraud B.Hayes）。他是在怀疑的阴云下就职的。在他任期的头两年里，他一直受到对其总统职位合法性的痛苦攻击。

《纽约太阳报》（New York Sun）对于总统不是一个犹太人感到遗

憾。那样的话，他就不得不在那极为神圣的一天对他窃取选举的行动作出补偿。[126] 这是曾经出现过的最古怪的政治攻击。多年来，《太阳报》都刊登在额头上印有"骗子"字样的海斯照片。[127]

私下里，海斯对于这些指责毫不接受。他相信南方黑人在许多有争议的地区都是被迫投票的。如果这种情况没有发生，他知道自己的普选票总数本来会超过狄尔登。海斯在这方面无疑是正确的。那些日子里，那些能够投票的黑人选民（将近50万人）中有90%都支持林肯的党。1878年，另一家纽约报纸发表了佩尔顿的密码电报。这些文件表明，狄尔登的侄子深深卷入了贿赂南方计票委员会的行动。再加上作为大城市的民主党机器普遍特征的投票诡计，海斯的观点是能够得到确认的。随着这些事情被揭露出来，民主党对于海斯总统职位的攻击破产了。[128]

对于格兰特总统任期的最后评价，也许可以由一个非常了解他的人来作出。弗雷德里克·道格拉斯对这位阿波马托克斯的胜利者十分感激：对于黑人的解放和对于印第安人实行人道政策而言，格兰特应比其他人受到更多的感激。在保护自由不受暴力侵犯方面，他的道德勇气超过了他的政党。[129]

1. Tucker, Spencer C., *A Short History of the Civil War at Sea*, SR Books, Wilmington, Del: 2002, p.174.
2. Bailey, Thomas A., *A Diplomatic History of the American People*, Prentice-Hall, Inc., Englewood Cliffs, N.J.: 1980, p.353.
3. Catton, Bruce, *This Hallowed Groud: The Story of the Union Side of the Civil War*, Castle Books, Edison, N.J.: 2002, p.398.
4. Catton, p.399.

| | |
|---|---|
| 5 | Catton, p.400. |
| 6 | Catton, p.400. |
| 7 | Online source: http: //www.people.virginia.edu/~mmd5f/memorial.htm. |
| 8 | Online source: http: //www.people.virginia.edu/~mmd5f/memorial.htm. |
| 9 | Winik, Jay, *April 1865: The Month That Saved America*, HarperCollins, New York: 2001, p.225. |
| 10 | Winik, p.225. |
| 11 | Bailey, p.353. |
| 12 | Bailey, p.354. |
| 13 | Bailey, p.354. |
| 14 | Bailey, p.356. |
| 15 | Bailey, p.357. |
| 16 | Bailey, p.374. |
| 17 | Bailey, p.375. |
| 18 | Waite, P.B., *The Life and Times of Confederation, 1864-1867*, University of Toronto Press, Toronto: 1962, p.305. |
| 19 | Moore, Christopher, *1867: How the Fathers Made a Deal*, McClelland & Stewart, Inc., Toronto: 1997, p.240. |
| 20 | Waite, p.304. |
| 21 | Waite, p.304. |
| 22 | "The Martyr" was originally published in *Battle Pieces and Aspects of the War*, Herman Melville, Harper & Brothers, New York: 1866. |
| 23 | Bunting, Josiah Ⅲ, *Ulysses S. Grant*, Henry Holt and Company, New York: 2004, p.71. |
| 24 | Bunting, p.71, emphasis added. |
| 25 | Bunting, p.71. |
| 26 | Bunting, p.72. |
| 27 | Trefousse, Hans L., *Andrew Johnson: A Biography*, W.W. Norton & Company, |

| | |
|---|---|
| | New York: 1989, p.198. |
| 28 | Trefousse, p.198. |
| 29 | Trefousse, p.198. |
| 30 | Smith, Jean Edward, *Grant*, Simon & Schuster, New York: 2001, p.417. |
| 31 | Smith, p.418. |
| 32 | Smith, p.418. |
| 33 | Smith, p.418. |
| 34 | Smith, p.418. |
| 35 | Ward, Geoffrey C., *The Civil War: An Illustrated History*, Alfred A. Knopf, New York: 1990, p.382. |
| 36 | Smith, p.422. |
| 37 | Smith, p.422. |
| 38 | Donald, David Herbert, Baker, Jean H., and Holt, Michael F., *The Civil War and Reconstruction*, W.W.Norton & Company, New York: 2001, p.:79. |
| 39 | Monson, Samuel Eliot, *Oxford History of the American People*, Vol.Two, The Penguin Group, N.Y.: 1972, p.515. |
| 40 | Trefousse, p.243. |
| 41 | Trefousse.p.243. |
| 42 | Morison, p.514. |
| 43 | Foner, Eric and Mahoney, Olivia, *America's Reconstruction: People and Politics after the Civil War*, HarperCollins, New York: 1995, p.82. |
| 44 | Smith, p.424. |
| 45 | Smith, p.425. |
| 46 | Foner and Mahoney, p.82. |
| 47 | Trefousse, p.233. |
| 48 | Trefousse, p.233. |
| 49 | Morison, p.510. |
| 50 | Donald, Baker, and Holt, p.481. |

| | |
|---|---|
| 51 | Morison, p.511. |
| 52 | Smith, p.426. |
| 53 | Smith, p.426. |
| 54 | Bunting, p.78. |
| 55 | Smith, p.427. |
| 56 | Bunting, p.78. |
| 57 | Smith, p.426. |
| 58 | Morison, p.512. |
| 59 | Morison, p.513. |
| 60 | Trefousse, p.341. |
| 61 | Trefousse, p.341. |
| 62 | Morison, p.516. |
| 63 | Smith, p.444. |
| 64 | Smith, p.444. |
| 65 | Foner and Mahoney, p.91. |
| 66 | Foner and Mahoney, p.91. |
| 67 | Smith, p.455. |
| 68 | McFeely, William S., *Frederick Douglass*, Simon & Schuster, New York: 1991, p.262. |
| 69 | Rehnquist, William H., *Grand Inquests: The Historic Impeachments of Justice Samuel Chase and President Andrew Johnson*, William Morrow, New York.1992: p.240. |
| 70 | Rehnquist, p.241. |
| 71 | Smith, p.454. |
| 72 | Smith, p.454. |
| 73 | Bunting, p.82. |
| 74 | Morison, p.518. |
| 75 | Rehnquist, William H., *Centennial Crisis: The Disputed Election of 1876*, Alfred |

| | |
|---|---|
| | A. Knopf, New York: 2004, p.75. |
| 76 | Bunting, p.83. |
| 77 | Foner and Mahoney, p.89. |
| 78 | Smith, p.460. |
| 79 | Ward, p.335. |
| 80 | Morison, p.519. |
| 81 | Donald, Baker, and Holt, p.490. |
| 82 | Donald, Baker, and Holt, p.490. |
| 83 | Morison, p.517. |
| 84 | Bunting, p.20. |
| 85 | Bunting, p.20. |
| 86 | Smith, Jean Edward, *Grant*, Simon & Schuster, New York: 2001, p.489. |
| 87 | Morison, Samuel Eliot, *The Oxford History of the American People*, Vol.2, The Penguin Group, New York: 1994, p.35. |
| 88 | Morison, p.35. |
| 89 | Bailey, Thomas A., *A Diplomatic History of the American People*, Prentice-Hall, Inc., Englewood Cliffs, N.J.: 1980, p.378. |
| 90 | Bailey, p.388. |
| 91 | Rehnquist.*Crisis*, p.16. |
| 92 | Donald, Baker, and Holt, p.479. |
| 93 | Donald, Baker, and Holt, p.500. |
| 94 | Gates, Henry Louis Jr., ed., *Douglass*, Library of America, New York: 1994, p.885. |
| 95 | Bunting, p.141. |
| 96 | Bunting, p.141. |
| 97 | Bunting, p.141. |
| 98 | Bunting, p.142. |
| 99 | Safire, William, *The New Language of Politics*, revised ed., Collier Books, New York: 1972, cited online at: http: //www.gop.com/About/AboutRead. |

aspx?AboutType=6.
100  McFeely, William S., *Frederick Douglass*, Simon & Schuster, New York: 1991, p.266.
101  McFeely, p.267.
102  McFeely, p.269.
103  Bailyn, Bernard, Davis, David Brion, Donald, David Herbert, Thomas, John L., Wiebe, Robert H., and Wood, Gordon S., *The Great Republic: A History of the American People*, Little, Brown and Company, Boston: 1977, p.769.
104  TIME Almanac, 2004, Pearson Education, Inc., Needham, Mass.: 2003, pp.175, 179.
105  Grosvenor, Edwin S.and Wesson, Morgan, Alexander Graham Bell, Harry N.Abrams, Inc., New York: 1997, p.69.
106  Grosvenor and Wesson, p.69.
107  Grosvenor and Wesson, p.73.
108  Rehnquist, *Crisis*, p.8.
109  Morison, p.59.
110  Rehnquist, *Crisis*, p.79.
111  Bailyn, p.804.
112  Zwick, Jim. "Political Cartoons of Thomas Nast," http: //www.boondocksnet.com/gallery/nast_intro.html In Jim Zwick, ed., *Political Cartoons and Cartoonists*. http: //www.boondocksnet.com/gallery/pc_intro.html（25 February 2004）.
113  Rehnquist, *Crisis*, p.76.
114  Rehnquist, *Crisis*, p.76.
115  Morison, p.38.
116  Donald, Baker, and Holt, p.630.
117  Donald, Baker, and Holt, p.618.
118  Donald, Baker, and Holt, p.632.
119  Bunting, p.143.

第十一章 粘合国家的创伤（1865—1877）

120　Trefousse, Hans L., *Rutherford B.Hayes*, Times Books, New York: 2002, p.79.
121　Rehnquist, *Crisis*, p.114.
122　Trefousse, *Hayes*, p.75.
123　Rehnquist, *Crisis*, p.101.
124　Rehnquist, *Crisis*, p103.
125　Rehnquist, *Crisis*, p103.
126　Trefousse, *Hayes*, p.105.
127　Trefousse, *Hayes*, p.98.
128　Trefousse, *Hayes*, p.104.
129　Bunting, p.116.

## 第十二章
## 一个比镀金更加辉煌的时代?（1877—1897）

为什么不挑选伟人担任总统？这是布赖斯勋爵（Lore Bryce）的两卷本著作《美利坚联邦》（*American Commonwealth*）中的一个重要主题。当时和以后的许多美国人都不加批评地接受了这位英国绅士对于我们这个伟大共和国的轻蔑评论。今天，我们可以反击布赖斯的挑战，指出那个时候英国的统治者也肯定不比我们的民选总统伟大到哪里去。根据对我国经历的这一研究，有一件事应该是清楚的：我们美国人挑选了可敬的、明智的和正派的人担任总统。在这个时代的白宫中，我们有海斯（Hayes）、加菲尔德（Garfield）、阿瑟（Arthur）、克里夫兰（Cleve-land）、哈里森（Harrison）和麦金莱（McKinley）。所有这些总统都受到过历史学家的抨击。他们可能不像应有的那样"伟大"，但是今天世界上的大多数国家仍然会祈求由这种人来管理自己。为什么我

第十二章 一个比镀金更加辉煌的时代？（1877—1897）

们美国人不能更多地感激他们呢？

## 1. 镀金年代？

"骗子们的国王！"1872年揭露兴业银行（Crédit Mobilier）舞弊案的报道在它的标题中这样尖叫道。大众媒体都在怒吼："这是一件庞大的受贿案。"随之而来的丑闻使横贯大陆铁路（Transcontinental Railroad）这一不朽的成就也黯然失色。对于许多美国人而言，这家金融公司的外国名字使得整件事情甚至更为可疑。几代人以来，美国学生一直被教育说，只有在付出了把声名狼藉的政治家的口袋塞满现金这个代价之后，"金色道钉的驱动力"才得以实现。很明显，在横贯大陆的铁路修建过程中是出现了腐败现象。即使如此，这个亚伯拉罕·林肯所支持和鼓励的计划仍然只花了七年时间就完成了它的目标。加拿大同样腐败盛行，而且它那由政府实施的铁路建筑工程花了20年才完工。俄国的横贯西伯利亚大铁路花了40年时间，并且同样充斥着腐败行为。

政府用于修建铁路的拨款并非馈赠，它们是需要偿还贷款的。而且这笔资金——连同利息——也的确偿还了。到1898年，美国政府已经收回了63 023 512美元的本金和104 722 978美元的利息。[1]哈佛大学教授雨果·迈耶（Hugo Meyer）认为，美国纳税人并没有在修建横贯大陆的铁路工程中受骗："对于政府而言，整个成果从财政上来看是辉煌的。"[2]如果政府的兴趣仅仅是在投资上的话，这本来可以说是一个巨大的成功。但是我们也获得了一个庞大的国家机构，它在医治内战给这个国家造成的创伤方面提供的帮助是无法衡量的。那些火车不仅以更为低廉的价格把货物运输到更远的地方，从而降低了商品的价格，同时也运载了"渴望自由呼吸"的移民，那些火车还运载了对这些铁路进行谴责的报纸，这些报纸谴责铁路的报道使得它们成为真正的全国性刊物。

铁路深深地改变了美国。1883 年以前，在美国还不存在今天我们所知道的那种时区。在每个地方，当地的太阳升到最高的时候就是中午了。火车时刻表迫使国会立法建立"标准时区"[3]。这是铁路在国会进行"院外活动"的方式之一。我们能认为它是腐败吗？恐怕很难。

我们一直被教育说，19 世纪后半期，用马克·吐温（Mark Twain）特有的表达方法来说，是一个"镀金年代"。吐温的意思是，它的光辉仅仅是表面上的，仅仅是一层薄薄的闪光表面。《纽约时报》（New York Times）把那些建立大公司的工厂主抨击为"强盗式资本家"。这个称号长期流传了下来。但是《哈珀斯周刊》（Harper's Weekly）却透过宣传看到了本质："不管（范德比尔特船长，Commodore Vanderbilt）在哪里'铺设'竞争的铁路线，运费都在持续下降，不管他怎样出钱买通他的对手……还是他们买通了他，运费再也不会回升到旧的标准上去了。"[4] 而从那些更低的运费中受益的正是美国人民。"资本家们"以前从来没有屈尊为小人物的需要提供过如此完善的服务。

铁路把这个国家联系成了一个整体。从 1870 年到 1900 年，铁路的总长度从 52 922 英里增加到 193 346 英里。[5] 铁路在 100 年内支配了美国人的生活。钢产量从 1867 年的 1643 吨增加到 1897 年非同寻常的 7 156 957 吨。[6] 到 19 世纪末，美国在钢产量上超过了英国和德国[7]——这个事件具有深远的政治和军事意义。这一时期美国的发

## 第十二章 一个比镀金更加辉煌的时代？（1877—1897）

明——电话、白炽灯泡、留声机、缝纫机、打字机和汽车——不仅是个彻头彻尾的奇迹，也不仅永久地改变了美国人的生活，而且还有助于世界经济的转型。

在谈到所有这些东西的时候，我们一定不能忽略这样一个事实，即所有这些增长并不是在全国均匀分布的。从来就并非如此。受到战争破坏的南方经历了经济衰退和使种族隔离合法化的吉姆·克劳法（Jim Crow laws）的影响。它们既阻碍了黑人也阻碍了南方白人的进步。移民们挤在北方城市的贫民窟中。这些处境恶劣的邻人们呼吁改革。平均每个移民家庭得花近15年的时间才能走出贫民窟，[8]即使这样，这些恶劣的地方都要比他们"老国家"中的那种贫穷状况好。不可否认，19世纪后半期，在我们的政治体系中存在腐败。但是，在当时就像现在一样，自由政府和自由报刊释放了改革的巨大动力。

### 2. 改革、罗斯福父子和社会反应

拉瑟福德·B. 海斯总统（President Rutherford B.Hayes）被讽刺为"骗子拉瑟"（*Rutherfraud*），选举委员会在1877年总统宣誓就职日两天前才把总统职位交到他手中。海斯帮助美国人民认清了真相。他在总统职务上所做的事情没有一件能够证实"骗子"这个绰号是有理的。他正直、聪明，有尊严，并且建立了一个杰出的内阁。他把诸如德国移民卡尔·舒尔茨（Carl Schurz）和威廉·埃瓦茨（William Evarts）这样的改革者吸收在内阁中。埃瓦茨的法律技能挽救了安德鲁·约翰逊，使他在弹劾期间免遭解职。那些被称为共和党坚定分子（*Stalwarts*）的忠诚党员们都被吓坏了。当海斯提名一个前邦联分子

进入他的内阁时,他们甚至更为愤怒。他选择了田纳西州的戴维·M.基(David M. Key)担任邮政局长。海斯也把肯塔基州的约翰·马歇尔·哈伦(John Marshall Harlan)推荐到美国最高法院。作为一名前蓄奴者,哈伦开始了他为所有美国人争取平等权利的漫长而又杰出的生涯。具有重大象征性意义的是,海斯提名弗雷德里克·道格拉斯(Frederick Douglass)出任哥伦比亚特区的司法官(U.S. Marshal for the District of Columbia)。[9]这是当时一个美国黑人所能够获得的最高和最显赫的任命。

海斯干净的政府记录使得某些"政党分肥"体系的玩世不恭的信仰者们把他嘲讽为"海斯老祖母"(Granny Hayes)。当美丽聪明的第一夫人拒绝在白宫供应酒类的时候,这些冷酷的政党政客们就更加感到厌恶了。[10]"柠檬水露西"是一个亲切的和多才多艺的女主人。她履行其官方责任的方式受到了美国人和朱莉亚·登特·格兰特夫人(Mrs. Julia Dent Grant)的尊敬。海斯夫人在白宫期间,"水流得像香槟酒一样"。

因为他承诺过只担任一届任期,海斯在官职委任问题上与自己党内的坚定分子做斗争时没有退缩。文官改革被提上了国家的日程。并非所有的坚定分子都是无能的政党掮客。像纽约州参议员罗斯科·康克林(Roscoe Conkling)那样富有议会经验和精力充沛的忠诚党员们都把他们视为一种道德姿态的行动抨击为"假悲伤的行政改革"(snivel service reform)。康克林反对他的总统更多地以能力为基础来任命公共官员,而不是把它作为对政党服务回报的做法。"当约翰逊博士把爱国主义阐述为一个恶棍的最后避难所的时候,他没有意识到当时尚未充分发展出来的能力并且使用了'改革'这个词。"[11]

第十二章　一个比镀金更加辉煌的时代？（1877—1897）

康克林反对海斯的行动成功地拖延了"改革"努力。19 世纪 80 年代，纽约州在选举中的价值就像今天加利福尼亚州的一样大。像康克林那样有权势的党魁是不能被视同儿戏的。即使如此，海斯还是免去了切斯特·艾伦·阿瑟作为纽约港收税官的职务。虽然这个头衔听起来似乎不那么重要，但实际上这个职位正是国内那些政党赞助人特别想要的"美差"。高大英俊、有着浓密络腮胡子的阿瑟是一个有能力的公共官员。然而重要的是，他是康克林的人。

为了接替这个康克林的盟友，海斯提名了老西奥多·罗斯福（西奥多·罗斯福的父亲）担任这一职务。他在 1878 年 10 月将罗斯福的名字送到了参议院。康克林呼吁他的议员同僚们支持"参议院礼貌否决"的传统。（这个传统意味着如果某个州的美国参议员和总统同属一个政党的话，那么总统在得到他们的同意之前，就不能任命该州的官员。这一传统直到今天还在继续。）康克林知道他在为自己的政治生命而战。他咆哮着怒骂那些改革者，污蔑他们为"做女帽的男士"（man milliners）*——这是一个对同性恋者不那么遮遮掩掩的称呼。[12]

老西奥多·罗斯福并非一个职业政治家。他是纽约一个荷兰大家族的后裔。老罗斯福是一个忠实的丈夫、父亲和社区领导人，他憎恨政治中的混战。他根本没有准备好介入这个国家的激烈争论，特别是在总统官职委任问题上的丑恶政争中去。老罗斯福对于政治和人身攻击的反应是退缩。他的提名被康克林在参议院中的朋友们以 31 对 25 票否决了。这个在尊敬他的家庭和朋友们的广泛圈子中被称为"有伟大心灵"的人受到了深深的伤害。在他们的父亲被参议员否决之后，

---

\* milliner 指的是制作女帽的人。

小罗斯福写信给他的姐姐芭米（Bamie）说："我们非常幸运，有一个我们能够爱他、尊敬他，超过世界上任何男人的父亲。"[13] 当他的父亲在仅仅4个月后死于胃癌时，小罗斯福悲痛欲绝，几乎崩溃了。对于西奥多·罗斯福来说，他很难不相信正是他尊敬的父亲所经历的那场野蛮的确认提名斗争杀死了他。\* 在他的余生中，西奥多·罗斯福将以违背常理的热情和力量与"庞大的利益集团"做斗争。[14]

海斯在职的最后几年中充满了暴风雨。尽管出现了旧金山的排华暴乱和要求他签署法案的沉重压力，他仍然否决了民主党人在1879年通过的排华法案。他也否决了民主党人在南方压制黑人选民权利的企图。海斯在俄亥俄州的朋友，詹姆斯·A.加菲尔德（James A.Garfield）众议员，声称这个否决声明是迄今为止他所写的最出色的声明。[15] 海斯也对美国的婚姻状况表示了越来越大的关注。他走得如此之远，以至于甚至要求国会禁止一夫多妻者（*polygamists*）担任公职或进入陪审团。[16]

由于实现承诺只担任一届任期，海斯限制了他的政治影响力。即使如此，他仍然相当满意地看到在1880年他的好朋友被提名继任他的职务。詹姆斯·A.加菲尔德在前总统格兰特谋求第三次连任的大规模宣传活动失败之后，被共和党代表团选中。当共和党内亲格兰特的坚定分子那一派把遭到罢黜的切斯特·艾伦·阿瑟作为副总统提名人放到选票上的时候，海斯甚至表现得更为达观。俄亥俄州和纽约州已经成了总统大选的关键，共和党人细心地平衡了他们的选票。

---

\* 在我自己经历过三次成功的确认提名之后，我能够证明哪怕是最形式主义的确认提名都是一种令人紧张的经历。

## 第十二章　一个比镀金更加辉煌的时代？（1877—1897）

加菲尔德战胜了缺乏活力的民主党候选人温菲尔德·斯科特·汉考克（Winfield Scott Hancock），当选为总统。就像以前的温菲尔德·斯科特将军那样，汉考克曾经是一个伟大的将军，但却是一个可怜的候选人。加菲尔德—阿瑟候选人名单仅仅赢得了 9 500 张选票的多数。但毕竟他们赢了。加菲尔德的竞选强调他杰出的战争记录。他们一再传播加菲尔德骑马闯入华尔街惊慌失措的人群的戏剧性故事。就是在那一天，林肯被刺的消息传来。加菲尔德勇敢地闯入人群，用下面这些话使他们平静下来："公民们！上帝还在主宰，华盛顿的政府还活着！"他及时的行动可能避免了一场骚乱或金融崩溃。加菲尔德是一个多才多艺的人。在面对人数众多的移民听众时，他讲德语。作为朋友们的娱乐，他可以让他的朋友们大声朗诵莎士比亚名作，他则同时将它们翻译成拉丁文和希腊文，用双手把它们写下来。

这个国家几乎没有机会来拥抱这位有天赋的人。1881 年 7 月 2 日，在他宣誓就职仅仅 4 个月后，一个充满怨恨的求官者开枪打死了加菲尔德。查尔斯·A.吉托（Charles A.Guiteau）跟踪这位年轻的总统到了华盛顿的联邦火车站（Union Station）。他一边叫着"我是一个坚定的党员，现在阿瑟是总统了"，一边从背后向加菲尔德开了枪。总统拖延过了华盛顿酷热的夏天。许多医生来到白宫尝试他们的医术。然而，总统还是越来越虚弱了。他们紧急招来亚历山大·格雷厄姆·贝尔（Alexander Graham Bell），用他的电话设备确定子弹的位置。贝尔回忆说："整个世界都在注视着，逝去的每一个小时都充满了希望和恐惧。只要子弹的位置没有确定，就没有人敢冒险预言结果会怎样。"[17] 当他除了静电噪音之外什么都听不见时，贝尔感到十分沮丧。贝尔甚至去买了一片猪肉并且把一颗子弹射了进去。他的装备运作得完美无瑕。但是总统的医生忘了告诉贝尔，受伤的加菲尔德躺在装有钢弹簧的床垫上。这在电线里造成了静电噪音。那些把他们未经清洗的手指伸入总统伤口的人，现在把贝尔失败的消息泄露给了报界。报界的一些人甚至指责贝尔是个骗子。[18] 可怜的贝尔知道他在美国比故乡苏格兰有更大的自由，但是他也得不到英国严格的诽谤法的保护了。

美国在仅仅 16 年内就经历了她的第二次总统被刺案。吉托很快就受到了审判、认罪，并且被绞死了。一个与之相关的问题是，阿瑟总统是与康克林以及党的坚定分子们结盟呢，还是会继续加菲尔德过于短暂的总统任期中规划出来的改革之路。阿瑟是一个居住在城市里的纽约人，被他的朋友们称为"我们的切特"。他时髦并且举止温和，很快就把香槟酒和威士忌带回了总统接待宴会。而这就是党的坚定分子们得到的全部东西。[19] 令他们目瞪口呆的是，阿瑟在 1883 年签署了彭德尔顿文官改革法案（Pendleton Civil Service Reform）。阿瑟也把这个国家卷入了一项海军重建计划。他在担任纽约港收税官的时候就肯定已经看到了这项计划的必要性。他仿效海斯的先例，否决了第二次排华法案。

然而，阿瑟过河后拆了太多的共和党坚定分子（movers）和动摇者（shakers）的桥，以至于他无法考虑第二届总统任期了。我们现在知道他暗地里正经受着布赖特氏病，即肾功能障碍的折磨。在离开白宫不久他就去世了。一个当时的人说得好："我仅仅是 5 500 万人中的一员，然而根据我这五千五百万分之一的观点来看，很难比阿瑟总统的政府做得更好的了。"[20] 实际上，马克·吐温用自己的话表达了更多的意见。作为一个出版商，他宽宏大量地评价阿瑟说："没有人在担任总统的时候，像他这样受到如此深刻和广泛的不信任，也没有人在退休时……受到比他更为广泛的尊敬。"[21]

## 3. 格罗弗·克里夫兰:"讲真话!"

1884年大选导致了另一场声嘶力竭的争论。许多共和党人希望让另一位内战英雄,威廉·特库姆塞·谢尔曼(William Tecumseh Sherman)将军,作为总统候选人竞选。他最近退出了现役。但是谢尔曼用这一难忘的拒绝"抵制了"他们:"如果被提名,我不会去竞选。如果当选,我不会就职。"这样共和党人就挑选了缅因州的詹姆斯·吉莱斯皮·布莱恩作为他们的标准代言人。布莱恩曾经担任过众议院议长、联邦参议员以及国务卿。布莱恩是一个出色的演说家,在共和党温和派中有一群热诚的追随者。作为曾经产生过海斯和加菲尔德的共和党内"混血"派(Half-Breed)的领导人,布莱恩支持文官制度改革措施,并且力图与南方达成和解。在此之前,他曾经两次谋求获得他的党的总统候选人提名,但是都失败了。当他被指责在铁路舞弊案中滥用众议院议长职位的时候,他曾经被靠边站了。不过在一场按照党派立场进行的投票中,对他的指控得到了澄清。现在,对这个被其支持者们称为"羽饰骑士"(the Plumed Knight)的人来说,赢得总统职位的障碍似乎已经扫清了。

民主党候选人是纽约州的格罗弗·克里夫兰(Grover Cleveland)州长。克里夫兰是一个身材像熊那样粗壮的人,一个留着像海象那样下垂的大胡子的单身汉。他没有在内战时期服过兵役,布莱恩也没有,所以在竞选中就不存在"染血的衬衣"问题了。与布莱恩不同,克里夫兰有为改革而斗争的名声,尽管这意味着与他自己政党的领导人意见相左。就克里夫兰而言，与民主党党魁们进行的斗争使他成了一个全国性的人物。克里夫兰的崇拜者们说："我们因为他与那些人为敌而喜欢他。"克里夫兰主张降低关税，反对共和党的"贸易保护主义"，但是他同意他们认为需要"健全的货币"的观点。这样，他认为，货币必须以黄金为后盾。

如果竞选停留在这种高水平的层次上进行，那么克里夫兰可能会轻易获胜。但1884年大选将是又一次残酷的斗争。当德裔美国移民领导人卡尔·舒尔茨站出来支持克里夫兰的时候，导致了大量其他有影响的共和党改革者们也一起支持这位粗壮结实的纽约人。这些改革者们被称为"骑墙派"（Mugwumps）。这个印第安词的意思是酋长，[22]但是幽默作家们立刻说这个词意味着他们是骑墙派（他们的 mugs 在阵营的一边，而他们的 wumps 在阵营的另一边）。

共和党的中坚分子们十分绝望。不过当一个低俗的故事从克里夫兰的家乡，纽约州布法罗（Buffalo）流传出来的时候，他们似乎得救了。克里夫兰有一个私生子。他不得不把这个孩子的母亲送到疯人院去。震惊的民主党领导人要求克里夫兰否认这个故事。布法罗当地的一个编辑建议，克里夫兰应该说，这个孩子真正的父亲是他后来的法律合伙人约翰·福尔瑟姆（John Folsom）。福尔瑟姆也曾经和那个女子有过暧昧关系。暴怒的克里夫兰问道："这个人是不是疯了？他真的会傻到认为……我会为了自己而损害人们对我死去的朋友的回忆吗？"[23]克里夫兰坚决拒绝做任何这样的事情。他立刻承认自己是这个孩子的父亲。令人难忘的是，他命令他的竞选助手们"讲真话"。当民主党人给他带来证据，表明布莱恩夫人在与布莱恩结婚之前也曾经怀孕时，克里夫兰抓起这些文件，把它们撕成碎片，扔到火里，"对

第十二章 一个比镀金更加辉煌的时代？（1877—1897）

方可以垄断这次竞选中所有的肮脏勾当"，他告诉他们。[24]

共和党人们非常高兴。"妈妈！我的爸爸在哪里？"成了美国东西海岸之间人们有节奏呼喊的口号。甚至在英国，幽默杂志《帕克》（Puck）也在嘲弄克里夫兰。它刊登了一幅漫画，在画中当一个抱着哭泣孩子的妇女羞愧地用手盖住自己的脸的时候，白宫外面的克里夫兰却堵上了耳朵。

然而，共和党人很快就有理由和那个孩子一起哭泣了。卡尔·舒尔茨和骑墙派们再次挑起了布莱恩认为他已经克服了的关于腐败的指责。他们公布了一封布莱恩所写的信，在信中他处理了小石城和史密斯堡之间的铁路问题。布莱恩因为他在这一事件中所起的作用而收了 10 万美元巨款。不过，对他竞选总统的目标真正起到破坏性作用的是布莱恩亲手写的一句旁注："把这封信烧了。"[25] 像西奥多·罗斯福（纽约州代表）和亨利·卡伯特·洛奇（马萨诸塞州代表）那样的老大党（Grand Old Party，美国共和党的别称）*的年轻党员们在继续支持本党的候选人的时候，就不得不捂上自己的鼻子以免闻到不好的味道。[26] 但是，现在当全国的民主党人高呼他们自己的口号时，就轮到共和党人堵住耳朵了。

这些民主党人的口号是：

布莱恩，布莱恩，你应该感到羞愧，

---

* 今天的民主党把它的起源上溯到 1791 年由弗吉尼亚州的詹姆斯·麦迪逊和托马斯·杰斐逊对纽约州进行的著名的"采集植物探险"（Botanizing Expedition），因此，它比 1854 年在威斯康星州里本（Ripon）建立的共和党更为古老。然而，在 19 世纪 80 年代，似乎永远都是老大党（GOP）在执政。

一个缅因州来的头号大骗子。<sup>27</sup>

共和党的竞选领导人希望,本·巴特勒(Ben Butler)作为绿背纸币党的候选人可能从克里夫兰那里吸引走足够的选票,从而使他们那位多少已经有些萎靡不振的羽饰骑士当选。巴特勒有个外号"勺子",据说在内战期间,他非常希望能够从南方种植园偷走大量白银。现在,共和党领导人向这位勺子先生秘密提供资金,以便他能够租用一节私人列车车厢周游全国,进行反对民主党候选人所主张的"健全货币"的斗争。<sup>28</sup>

共和党在 1884 年总统大选中获胜的机会被一个他们自己最狂热的支持者给毁了。一位名叫塞缪尔·伯查德(Samuel Burchard)的长老会牧师在一次纽约的共和党人集会上发表演说。在讲台上,布莱恩就坐在他身边,伯查德牧师对骑墙派大肆嘲讽。然后,他严厉谴责民主党是"喝朗姆酒的、信仰天主教的和进行叛乱"的党。这样,布莱恩几乎就没有任何机会在坚决支持民主党的南部赢得任何一个州了,但是伯查德对于酒类的思虑不周的攻击同样也惹火了北部喝啤酒的德国人。他用罗马天主教教义(Romanism)这个词进行的盲目反天主教的攻击则冒犯了全国范围的移民。

布莱恩无法否认这位不尊重人的牧师的演说。这一关于禁酒的放肆言论给布莱恩的对手提供了获胜所需要的全部弹药。纽约是大选的关键。当他们看纽约州投票结果的时候,布莱恩的竞选经理可怜巴巴地说:"再等一等,等你得到贫民窟的消息再说。"<sup>29</sup> 出版商约瑟夫·普利策(Joseph Pulitzer)是一个来自匈牙利的移民,在他给《纽约世界报》(New York World)撰写社论的时候,为克里夫兰发出了最强烈

## 第十二章 一个比镀金更加辉煌的时代?（1877—1897）

的呼吁:"有4个原因选克里夫兰: 1. 他是一个诚实的人。2. 他是一个诚实的人。3. 他是一个诚实的人。4. 他是一个诚实的人。"[30] 谁能否认这一点呢?谁又能严肃地说布莱恩没有欺骗呢?

全国的选举结果非常接近。"好人格罗弗"以4 874 986张普选票和219张选举人票获胜。布莱恩则获得了4 851 981张普选票和182张选举人票。纽约的36张选举人票促成了这次胜利。克里夫兰仅仅以1 149票的多数拿下了他的家乡州。[31] 经过了24年的政治在野之后，愉快的民主党人回答了"我的爸爸在哪里"这个奚落:"去白宫了，哈!哈!哈!"

克里夫兰的当选成为自由的纪念碑。内战证明了林肯所说的:"从选票走向子弹"是没有任何吸引力的。但是，为了使美国从它所声称的自由中获益，选举就必须给人民的选票以公正的机会，能够把"废物们赶出去"。1884年，共和党的巡回竞选的大帐篷里就有太多的废物——还有相当多的小丑。

格罗弗·克里夫兰所领导的国家正面临着困境。共和党人关于自由土地、自由劳工和自由企业的理想是引人注目的。但是，19世纪70年代的世界性农业萧条严重地冲击了美国的农业地带。小麦的价格从1881年的每蒲式耳1.19美元下降到1894年的每蒲式耳只有49美分。同期内谷物价格从每蒲式耳63美分下滑到18美分。[32] 为了增加他们的产量，农民们大量投资购买新的机器设备。尽管如此，当信贷收缩的时候，农民们却发现自己处于危险的境地。这就是为什么他们越来越多地要求铸造银币，维持低值的绿背纸币，降低关税，以及做其他任何能够在某种程度上缓和他们困境的事的原因。这被称为大草原人民党主义(Prairie Populism)。它则把自己叫作格兰奇运动(Granger

Movement，又称农民协进会运动）。一度，多达80万农民加入这个运动。农民协进会尝试建立"消费合作社"，也就是在谷物的储存和销售方面采取合作行动的计划。[33] 农民协进会是一个社会和文化组织，其章程禁止它卷入政治活动。尽管如此，但是召集农民举行一次正规的农民协进会会议，然后再投票"休会"是非常简单的事情。组织者可以对聚集起来的人群进行长篇大论的关于经济和政治问题的演说。随着农业地带更深地陷入萧条之中，玛丽·莉丝（Mary Lease，"堪萨斯的女巫"）呼吁农民们"少种些谷物，多造些地狱"[34]！

美国城市的面貌正在迅速发生变化。从他在1876年第一次展览他的电话以来，到1885年，亚历山大·格雷厄姆·贝尔已经看到他的贝尔电话公司拥有了134 000个用户，这些用户主要都居住在城镇中。这是英国登记的用户的十倍。[35] 托马斯·A.爱迪生（Thomas A.Edison）在1879年发明了电灯，并且把光传遍了世界。威廉·H.范德比尔特（William H. Vanderbilt），船运和铁路的范德比尔特大家族的一员，是这一难以置信的发明的早期资助者之一。银行家J.皮尔庞特·摩根（J. Pierpont Morgan）也是资助者，他给在巴黎的亲戚写信说："在当时，保密是如此重要，以至于我不敢把它落到纸面上。研究课题是爱迪生的电灯——其重要性可以从伦敦《泰晤士报》的社论中看出来……而且，它对于煤气股票产生的效果是，自从爱迪生成功的谣言传出以来，煤气股价下跌了25%~50%……"[36]

我们在这里看到的是，拥有巨大财富的人们对于杰出发明家的支持，以便用一种及时的方式把他的新产品带入市场。我们也看到了自由企业的推动力：甚至一个电灯的谣言就可以在一夜之间使煤气股票贬值。他们并不想为了"保护"煤气工业而扼杀电灯。今天，我们知

## 第十二章 一个比镀金更加辉煌的时代?（1877—1897）

道煤气所受到的打击并不是完全来自电力的竞争。现在美国人用煤气来给他们的住宅保暖。但是这个小插曲告诉我们，市场的活力能够以更低的价格把更多和更好的产品带给更多的人。它为无数人提供了更好的生活。今天的通用电气公司（General Electric Company）就是由托马斯·A.爱迪生的创造性天才创立起来的。

美国正处于第二次工业革命时期。在内战刚刚结束时，美国的钢产量只有2万吨，到1895年它的钢产量已经超过了英国，达到600万吨。[37] 钢材被用于新的用途。它不仅是建造火车机车以及现在的客车和货车车厢的重要材料，主要的建筑物也越来越多地使用钢材。把曼哈顿，纽约市的一部分，和独立的布鲁克林市连接起来的雄伟的布鲁克林大桥就是工程师约翰和华盛顿·罗布林（John and Washington Robeling）的作品。布鲁克林大桥于1883年开通，直到今天还在使用。法国人古斯塔夫·艾菲尔（Gustave Eiffel）给很快就将为纽约港争光的自由女神像提供了钢质"骨架"。\* 安德鲁·卡内基，像贝尔一样是苏格兰移民，在组织钢铁工业的道路上发挥了领导作用（卡内基在内战时期是一个电报专家，如果他不改行的话，本来是可能会由于贝尔发明了电话而失业的）。约翰·D.洛克菲勒在1879年组织了标准石油托拉斯（Standard Oil Trust）。托拉斯这个词被用来描述一种新的工业组织形式。

但是洛克菲勒的方式——尽管它们使得一场开始于美国的世界范

---

\* 当这位工程师著名的埃菲尔铁塔（Eiffel Tower）于1889年在巴黎开放时受到了法国作家的指责，他们说它太"美国式"了。就事实而言，的确如此。钢质支架为像克莱斯勒大楼.Chrysler Building）、帝国大厦（Empire State Building）以及现在被摧毁了的世贸中心（World Trade Center）这样现代化的"摩天大楼"的建造奠定了基础。

围的运输革命成为可能——将唤起这个国家日益增长的反对托拉斯的势力。托拉斯对美国政府施加的压力在 19 世纪末成为人们高度关注的问题。幽默作家马克·吐温捕捉到人们的这种情绪，他说："正是这个外来因素（托拉斯）造成了我们的罪行。除了国会以外，美国本土没有犯罪的阶级。"

克里夫兰总统并没有假装在"管理这个国家"。谁能管理一个如此庞大的国家呢？但是他在维多利亚女王送给美国人民的那张典雅的"决心"桌（Resolute desk）边不断地勤勉工作着。*当他否决了数百份为内战士兵提供退休金的法案时，他勇敢地面对着强大的退伍士兵院外活动集团的憎恨。对一个自己曾经雇佣替身服役而不是亲身参加战斗的人来说，这么做特别需要决心。然而，克里夫兰坚信，国会在试图让那些"开小差的和逃兵"也从公共财政中分一杯羹。[38]

然而，格罗弗·克里夫兰并非光工作不娱乐。这位 48 岁的单身汉还能挤出时间来向他曾经如此豪爽地保护其名誉的那位朋友的女儿——可爱的弗朗西斯·福尔瑟姆小姐（Miss Frances Folsom）——求爱。尽管饶舌者可能会说她的年龄只有他的一半，而体重还不到他的一半，[39] 不过当选为总统大大地改善了这个男人的婚姻前景却是众所周知的事实。他和弗朗西斯于 1886 年 6 月 2 日在白宫结婚。"进行曲之王"（The March King）约翰·菲利普·苏泽（John Philip Sousa）——一个葡萄牙移民的儿子——在结婚典礼上指挥海军陆战队军乐队演奏。这是第一次在那里举行的婚礼，不过克里夫兰认为，

---

* 这张用英国皇家海军决心号战舰上取下的木材做成双层底座的书桌，被放在白宫的住宅区内，直到肯尼迪总统时期，它才被搬到椭圆形办公室。今天它还在那里。

第十二章 一个比镀金更加辉煌的时代?（1877—1897）

这是一个不适宜称之为家的地方。所以，他为自己和新娘买下并重新布置了一所舒适的乡村住宅。这所被叫做"红顶别墅"（Red Top）的房子位于今天华盛顿被称为克里夫兰公园的相当漂亮的郊区。

根据当时一个广为流传的故事，当克里夫兰的新夫人叫醒她那位鼾睡的丈夫，告诉他屋子里有窃贼的时候，他睡意蒙眬地安慰她："不，不，我亲爱的，参议院可能会有，但众议院\*不会。"[40]

## 4. 黄金门廊

在风笛悲哀的乐声中，纽约第79卡梅伦高地团行进在曼哈顿用黑纱装饰起来的大街上。这个团是由纽约市的苏格兰移民组成的。他们身着全套高地服饰，包括苏格兰方格呢短裙、被称为苏格兰帽的苏格兰军帽以及苏格兰式大衣。1885年7月，他们参加了尤利塞斯·S.格兰特（Ulysses S.Grant）将军的葬礼队伍。忧伤的美国人排了两天两夜的队来瞻仰吊唁这位63岁的阿波马托克斯战役的胜利者。格兰特在全国受到真诚的哀悼。温菲尔德·斯科特·汉考克将军领导了一英里长的吊唁队伍。克里夫兰总统带领全国悼念这位去世的英雄。豪华的专列把这个国家新的工业精英们带来参加这一引人注目的事件。这种展示财富的浮华方式令许多人斥之为没有品位。对他们而言，这是镀金时代无节制行为的一个显例。但是美国的新企业家阶层却对自由企业体系感到自豪。格兰特的战功为他们挽救了这一体系。他们同样坚定地相信，是他们的工业实力赋予了格兰特获胜的力量。在港口，

---

\* 在英语中，House既可以指屋子，也可以指众议院。——译者注

铁甲战舰鸣礼炮 21 响。前总统海斯和阿瑟守卫在将军的坟前。联邦将军谢尔曼和谢里丹（Sheridan）与原邦联的英雄西蒙·玻利瓦尔·巴克纳（Simon Bolivar Buckner）和菲茨休·李（Fitzhugh Lee）站在一起。[41]

格兰特打赢了他最后的战役。他在和死神赛跑以完成他的《个人回忆录》（*Personal Memoirs*）。在他去世前不到一年，格兰特被诊断出患有喉癌。它很快扩散到舌头。在那一年的许多时间里，格兰特要么被止痛药弄得头晕眼花，要么就是痛得喝水都火烧火燎的。使得格兰特成为一个伟大将军的品质，也同样使他成为一个伟大的作家——勇气、虔诚、专注，以及清晰和引人注目的表达能力。在战争中没有一个人会误解格兰特将军的命令。甚至连他的敌人也不会。在举国关注着这一幕时，他在一天天地顽强写作。[42]

他必须这样。格兰特已经几乎一贫如洗了。在前总统能够获得大量退休金之前的时代里，格兰特把他所有的钱都投到了华尔街格兰特和沃德投资公司（Grand & Ward）中去了。费迪南德·沃德（Ferdinand Ward），他年轻的合伙人，没有履行财政义务并且欺骗了他。当沃德锒铛入狱的时候，格兰特和他的家庭破产了。[43]

塞缪尔·兰霍恩·克莱门茨，以马克·吐温的名字为人们所熟知，出手帮助了格兰特。他的新出版社与格兰特签订了最慷慨的合同，购买他的回忆录。一年后，马克·吐温可以交给朱莉娅·格兰特一张 20 万美元的支票。在当时，这是当时人们签署过的最高的版税支票。[44]

当时，尤利塞斯·S.格兰特两卷本的《个人回忆录》卖出了 30 万套，为格兰特的继承人挣得了 45 万美元。[45] 格兰特写出了一部文学巨著。内战历史学家詹姆斯·麦克弗森（James McPherson）这样评价这部著作:"在了解格兰特写作这部著作的环境之后,再读《个人回忆录》,我们就能明白他在军事上获得成功的原因所在。"[46] 罗伯特·E. 李本来在任何一个国家中都会成为伟人,但是 U.S. 格兰特的著作却表明了自由在美国所独具的可能性。

1886 年美国人的注意力再次集中在纽约。克里夫兰总统来此主持了自由女神像的馈赠仪式。无数人拥挤在岸边观看这一仪式。当弗雷德里克-奥古斯特·巴托尔迪(Frédéric—Auguste Bartholdi)揭起了覆盖在巨大雕像上的法国三色旗的时候,港口现场欢声雷动。海军战舰、客船及港口中的无数小艇都用国旗和彩旗装饰甲板。礼炮轰鸣,军乐队演奏,汽笛长鸣。甚至当仪式的主席、纽约参议员威廉·埃瓦茨(William Evarts)徒劳无益地想让自己的讲话被人们听见时,总统却仍然保持着他那威严的风度。

这个事件几乎从未平息。当法国馈赠者完成了这座巨大雕像的时候,美国所募集的资金却不足以支付建筑这座女神像的底座的费用。出版商约瑟夫·普利策并没有乞求这个国家的新富豪们为底座付账。在他那营销天才的驱动下,他的《纽约世界报》反而向美国的儿童们发出呼吁,要求他们为此捐出自己的零钱。在指责那些拒绝为一座矗立在纽约的雕像捐款的美国人持有地方主义偏见的同时,普利策也警告说其他美国城市——费城、波士顿甚至明尼阿波利斯——会为这座雕像招标,以刺激纽约人行动起来。[47]

普利策的努力激起了艺术家们募集资金,一场"援助巴托尔迪的底座"的大规模活动发动起来。在这次活动中,33 岁的诗人埃玛·拉扎鲁斯(Emma Lazarus)写下了将彻底改变后代人对于自由女神像的理解的诗句。它们值得在此全文引用:

"新塑像"

一尊雄伟坚毅的自由女神

虽不像希腊巨大的铜像

以压倒一切的形体雄视四方

却别具一格,将屹立浪涌霞飞的海岸

她的名字是流亡之母,她的火炬

是牢笼之光,灯塔般的巨臂

燃烧着世界的希望,柔和的目光

号令两大都市港口的空中桥梁。\*

"古老之乡,保持你历史的壮观!"

她静穆的双唇呼喊:"把那些疲惫的人、贫穷的人

那向往自由呼吸的广大民众,

那些被你们的丰饶海岸所拒绝的不幸之人,

风雨颠簸后的无家可归者,统统交给我吧:

我高擎明灯屹立于黄金门廊!"\*\*

我们的法国捐赠人有三个目标。首先,他们希望纪念美法联盟一百周年。其次,他们力图激励法兰西第三共和国的公民们,仿效美国的自由和联邦的共和国理想。最后,他们希望鼓励其他欧洲国家抛弃过时的等级君主制思想。在艺术上,埃玛·拉扎鲁斯的诗歌体现了她本人强大的想象力。"新塑像"使得自由女神像成为离开欧洲"丰

---

\* "两大都市"在这里指的是纽约和布鲁克林,它们在当时是两座独立的都市。拉扎鲁斯的诗句最终被刻在自由女神像的底座上。

\*\* 译文参考 http://www.usinfo.org/PUBS/Basi cReadings_gb/63.htm,有修改。——译者注

第十二章 一个比镀金更加辉煌的时代?（1877—1897）

饶的海岸"进入美国"黄金门廊"的移民们的象征。拉扎鲁斯的作品是一个表明在自由制度下能够发生些什么的独特例子。这些用来表达一种新的、完全不同的思想的语言，其力量足以改变多年的努力、无数美元的投资，225 吨钢铁以及 305 英尺 1 英寸高的雕像所代表的东西。[48] 在这里，美国也是一个非同寻常的地方。言论和出版自由、宗教自由——所有这些都正在打开新的大门——实际的大门和象征性的大门。

但是，美国已经从她试图实现埃玛·拉扎鲁斯以其令人敬畏的诗句提出的理想面前后退了。想一想格罗弗·克里夫兰签署的排华法案。想一想 19 和 20 世纪之交关于"值得要的"和"不值得要的"移民进行的辩论。这些观点吸收了一种庸俗的社会达尔文主义。不公正的和限制性的移民法案在 20 世纪 20 年代得到了批准。随之就是在 1939 年，可耻地拒绝德国班轮圣路易斯号（SS. St. Louis）上的犹太人入境避难。数百名绝望的犹太人因此就注定要面对希特勒的惩罚。在我们自己的时代中，越南"乘船外逃的难民"受到了欢迎。虽然，我们承认美国常常不能按照我们自己的最高理想行事，可是我们仍然必须指出，这个国家欢迎了数百万"向往自由呼吸"的人们。地球上没有其他哪个国家提供了如此多的自由和幸运的机会。在美国接受自由女神像的同一个年代中，我们的人口剧增了整整 25%。1880 年，根据官方统计数字，美国的人口数为 50 155 783 人。其中，13.1% 是在外国出生的。到了 1890 年，美国人口增加到 62 947 714 人，其中 14.5% 是移民。[49] 无论如何，这都是一个令人震惊的数字。没有哪个国家能与之相比。

约瑟夫·普利策和埃玛·拉扎鲁斯，在自由女神像的故事中所处的显著地位，表明了美国自由故事中的另一个重要变化。普利策是一个新近才来的移民。拉扎鲁斯则来自一个古老显赫的纽约家族。他们俩都是犹太人。美国早在 1654 年就开始有犹太移民了,当时 24 名西班牙和葡裔牙裔犹太人(Sephardic)来到了新阿姆斯特丹。*然而,欧洲犹太人数量的显著增加是从 19 世纪后半期开始的。

就像其他许多团体一样,犹太人是被自由和机遇吸引到美国来的,他们在原来的旧国家中受到军国主义、政治暴君和缺乏宗教自由状况的压迫。

对犹太移民来说,欧洲日益邪恶的反犹主义浪潮使得美国特别有吸引力。美国不仅仅是埃玛·拉扎鲁斯诗歌中的"黄金门廊",在欧洲众多犹太人的意第绪语中,美国就是黄金土地(*die goldeneh medina*)的意思。

### 5. 赢得西部

> 只有死印第安人,才是好印第安人。
> ——菲利普·P·谢里丹(Philip H. Sheridan),1869[50]

菲尔**·谢里丹并不是一个野蛮的人。他是一个曾经摧毁过谢南多亚山谷(Shenandoah Valley)的坚强的、久经战火考验的联邦骑兵指挥官。但是我们往往以一种片面的和有些丑陋的情绪来回忆人。就像在莎士比亚的戏剧《裘里斯·恺撒》(*Julius Caesar*)中马克·安东

---

\* 西班牙和葡裔牙裔犹太人是从西班牙和葡萄牙来到新世界的。

\*\* 菲尔是菲利普的昵称。——译者注

## 第十二章 一个比镀金更加辉煌的时代?（1877—1897）

尼（Marc Antony）所说的："一个人所做的恶事往往在他死后长存，而善行却经常被和他的尸体一起埋葬。"我们不大可能记住谢里丹将军曾经说过的一句更加人道的话，而且，我们希望，也是他更为深思熟虑的话："我们夺走了他们的故土和他们赖以谋生的手段，摧毁了他们的生活方式、他们的生活习惯，给他们带来了疾病和衰落，正是出于这个原因，为了反抗这些东西，他们发动了战争。人们所期望的东西还能比这更少吗？"[51]

随着 1862 年这个国家陷入了内战的困扰，边疆也被打破了。当来自达科他地区的苏族人在那年把战火带到明尼苏达州的时候，他们在被美国陆军镇压之前杀死了近千名移民。关于谋杀、强奸和破坏的故事使广大的民众感到不寒而栗。林肯总统由于联邦军队的失败和自己儿子的阵亡而忧心忡忡。不过，他仍然抽出时间仔细审阅了 303 名被定罪的苏族战士的所有审判记录。他把这份名单减少到 38 人。然而，他的仁慈受到了明尼苏达州州长拉姆齐（Ramsey）的抨击。当拉姆齐在后来到华盛顿担任参议员的时候，他严厉斥责林肯。他指责说是林肯那些宽容的行动导致了共和党在当年秋天的选举中失败。"我不能为了拉选票就去绞死人。"林肯温和地回答道。[52]

林肯的克制在 19 世纪后半期的总统中是很典型的。没有总统会支持对印第安人采取严厉政策。所有的总统都呼吁公正和仁慈。但是，这个时期没有一个总统寻求一种坚定的但欠思考的和平政策，即杰克逊在 19 世纪 30 年代重新安置印第安人的政策。

随着人们在达科他地区布莱克山（Black Hills）中突然获得了令人震惊的发现（"在那些山里有黄金！"），为苏族人保留这些土地的努力就彻底崩溃了。[53] 当 1876 年印第安酋长坐牛和疯马在小比格霍恩

(Little Big Horn)包围并且消灭了乔治·阿姆斯特朗·卡斯特上校率领下的第七骑兵团的数百士兵之后,许多美国人都渴望报复。

格兰特总统希望召集宗教领导人作为印第安人的代理人来提供帮助,他可能以温和的待遇——一种"以善意进行征服"——来安抚大平原地区的印第安人。他告诉一群来访的教友会教徒说:"如果你们能将印第安人培养成教友会信徒,那就能够让战争远离他们。"然后他在签名处写道:"让我们拥有和平吧。"[54] 格兰特任命劳里·塔特姆的行动就典型表明了他企图给印第安人找一个能干而诚实的代理人。然而,甚至连行事温和的塔特姆最终都变得相信武力是必要的。塔特姆认为,格兰特总统的和平政策和基督教福音传道都不能制止大平原印第安人顽固的暴行。[55] 美国历史上没有一个人比 U.S. 格兰特对印第安人表现出更大的善意。然而,他的政策却没有取得值得一提的更多成就。

印第安人被迫离开蒙大拿州(克劳族和黑脚族,Crow and Blackfeet)和新的科罗拉多州(犹特族)领土上的部落保留地。[56] 内兹佩尔塞族(Nez Percé)的约瑟夫酋长在渴求黄金的采矿者们涌入他在爱达荷地区领地时进行了反击。在他向加拿大边境迁徙的时候,他把美国陆军拖入了一场漫长的、令人精疲力竭的追击之中。直到今天,他的战术还继续受到军事参谋学院的研究,但是他还是在离他的隐蔽地不到 30 英里的地方最终被击败了。他雄辩地告诉他那些心碎的人民,他将会投降(1877 年 10 月 5 日):"听我说,我的酋长们,我累了,我的心情沮丧又悲伤。在太阳现在停留的地方,我永远也不会再战斗了。"[57]

两党领导人和社会各界都不能找到正确的道路。铁路工人和猎人

## 第十二章 一个比镀金更加辉煌的时代?（1877—1897）

利用火车所带来的新的机动性，猎杀了无数头野牛。他们捕杀的数目远远超过了为工作队和拓荒者提供粮食的需要。看到数百头庞大的野牛被留在太阳底下腐烂真是一种令人震惊的奇观。然而，这些野牛屠杀者并非是史无前例的。印第安人自己有时候也会把整群野牛赶下悬崖，然后只割走它们的舌头——这是一种高价的美食。

一个年老的苏族人说："他们对我们许下了很多诺言，多得我都记不全了。但是除了一个许诺之外，其他的他们都没有履行。他们许诺要拿走我们的土地，他们也真的拿走了。"[58] 他说出了所有部落的心里话。政府曾经断断续续地做过改正的努力。1887 年，在像卡尔·舒尔茨、亨利·惠普尔主教（Henry Whipple）那样的改革者，以及海伦·亨特·杰克逊（Helen Hent Jackson）等作家的抗议推动下，国会通过了道斯法案（Dawes Act）。[59] 克里夫兰总统签署了这一法案。根据法案规定，政府鼓励印第安人，帮助他们变成个体自耕农。但是尽管他们名下有土地，印第安人实际上缺乏农业经验。他们无法支付为了在土地上耕种庄稼所需要的日益沉重的投资。因此，他们仍旧是那些肆无忌惮的土地投机者的猎物。[60]

在这种情况下，一些美国的自由制度就抑制了公正。大多数美国人希望给印第安人公正。这些美国人生活在东部与中西部迅速发展的城市和人口稠密的州中。他们远离边疆。边疆地区的陪审团是由那些牢牢记住印第安人恐怖袭击的男人们组成的。在许多袭击中，他们自己的家庭成员遭到屠杀。要想让这些陪审团的成员们承认移民对印第安人犯下了罪行是极为困难的。

一个又一个的总统任命了一个又一个的委员会来调查并报告

印第安人事务,并且就处理这些事务的最好方式提出建议。这些报告充满了印第安人所受到的不公正待遇,以及政府背信弃义行动的雄辩言词:它们用尽可能热切的言词提出了一连串简单方便的权宜之计,包括讲真话、履行诺言、进行公平的谈判、公正地对待所有方面和所有事情。这些报告被包含在政府的年度报告中,而这就是它们的结局。也许能够毫不夸大地说,在10 000个美国公民中没有一个人曾经读过这些报告或者知道它们的存在,这些报告中的任何一份只要能够在全国范围内传播,被这片土地上有着正确思想、正确感情的男女们读到,其本身就能够成为"战斗动员文件",它将掀起一场革命,直到印第安人所受的不公正待遇——这种情况在今天仍然可能存在——得到纠正,否则这场革命就不会消失。[61]

坐牛,这位曾经打败过卡斯特的伟大的苏族酋长,参加了"野牛比尔"·科迪("Buffalo Bill" Cody)的牛仔戏巡回表演。几千名美国人和欧洲人很高兴能看到这位著名的战士。但是,他最终在与部落警察的一次冲突中被杀了。[62]

有讽刺意味的是,1890年,几乎就是在人口调查局宣布关闭美国边界的时候,在达科他地区翁迪德尼(Wounded Knee)发生了一次悲剧性的冲突。500名美国士兵企图解除一小队由大脚(Big Foot)酋长领导的苏族人的武装。他们遇到了抵抗。一种"鬼舞"(Ghost Dancing)现象引起了双方的紧张。突然,一位部落的巫医把尘土撒向空中,这是命令战士开火的信号。[63]巫医向苏族战士保证他们不会死,因为他们现在穿上了"魔鬼的衬衣"。残酷的肉搏战爆发了。

## 第十二章 一个比镀金更加辉煌的时代?（1877—1897）

一个苏族战士用温切斯特步枪射击，打飞了乔治·C. 华莱士（George C.Wallace）上尉的脑袋。[64] 当联邦军队撤退的时候，一些士兵用致命的霍奇斯机枪（Hotchkiss gun）扫射。速射火力至少杀死了 150 人，打伤 50 人。死者中有许多是被交火误伤的妇女儿童。[65] 这是一件既可怕又可耻的事件，但它并不像好莱坞所描写的那样是一次无缘无故的任意屠杀。西部的军事力量对比是一边倒的，不过这并不意味着暴力行动也是单方面的。在他被征服之前，阿帕奇族（Apache）的领导人杰罗尼莫（Geronimo）躲避搜捕长达 15 年。在这段时间内，他设法杀死了 2 500 名美国平民。[66]

达科他州乡村也召唤着一个年轻的纽约人。小西奥多·罗斯福刚刚作为纽约州的州议员开始自己的政治生涯，就遭到双重悲剧的打击。在同一天——1884 年 2 月 14 日——他的母亲和年轻漂亮的妻子在曼哈顿的同一幢褐砂石房屋内去世。从此，情人节\*再也没有被罗斯福家族提起过。被这一巨大悲痛所压倒，西奥多·罗斯福"匆匆离开前往新的土地"。他把自己遗产的主要部分投资在达科他地区的牧场上。在那里，这位瘦高个儿的年轻新贵被边疆生活常常面临危险的挑战磨砺得更加坚强了。他面临着牲畜受惊、水灾和暴风雪。

罗斯福曾经一度担任过当地的代理警长，这样他就能够追捕那些曾经偷过他一艘毫无价值的小船的无赖之徒。这位富有的东部人并不需要那艘小船。但是根据荒野上的法规，如果一个人让一群乌合之众捉弄了，那他就算不上是一个人。西奥多·罗斯福抓住了那些违法者

---

\* 情人节就是每年的 2 月 14 日。——译者注

并且把他们拖回来接受审判。*后来有一次,他走进一家酒吧间。在那里,一个醉鬼威胁地掏出了他的六轮手枪,并宣布"四只眼"将请屋子里的所有人都喝一杯。"四只眼"指的是西奥多·罗斯福的如牛奶瓶底厚的夹鼻眼镜。西奥多·罗斯福记下了后来发生的事情:

> 他站在那里,身子倾向我,每只手里都握着一把手枪,嘴里骂着各种各样的脏话。他很愚蠢,站得太近了,他的脚后跟靠在一起,所以他站得并不稳。当他一再命令我应该请他们喝酒时,我的反应是说:"好吧,你让我请我就请。"并且站起身来,向他的身后看去。当我站起来的时候,我用右拳对他下巴的一侧来了一个又快又狠的猛击,然后用左手像这样来了个直拳,接着又用右手给了他一下。他的枪响了,不过我不知道仅仅是因为他的手痉挛了一下而扣动了扳机呢,还是他真的想对我开枪。他跌倒的时候,头碰在了酒吧台的桌角上。这可不是人们想冒险试试的事情,如果他还在动的话,我就要用膝盖顶他的肋骨了,不过他已经失去了知觉。[67]

西奥多·罗斯福在西部的生动经历改变了他和他的国家的生活。他生动的写作点燃了整整一代人的移民之火。他从来没有忘记荒野。他也不会让其他任何人忘记。在这里,他是从乔治·华盛顿和丹尼尔·布

---

\* 有意思的是,他并没有自己进行惩罚。在许多情况下,盗马贼和偷牛人在西部会受到私刑。司法机关有的时候来得很慢,跟不上移民的步伐。在加拿大,自治领政府对于拓荒有更加严格的控制,因此,"荒蛮的西部"并不是真正适合加拿大皇家骑警(皇家骑警队、Mounties)统治的地方。

恩（Daniel Boone）到刘易斯和克拉克以及山区居民们，作为西部边疆开拓者所形成的美国特有传统的一部分。

不仅如此，西奥多·罗斯福在西部的经历使他成为一个毕生的自然资源保护者。有头脑的美国人读西奥多·罗斯福的著作就像他们读约翰·缪尔（John Muir）关于"约塞米蒂的财富"\*和约翰·韦斯利·鲍威尔（John Wesley Powell）关于大峡谷的作品\*\*一样，这使他们决心挽救濒于灭绝的旷野。在这个迅猛发展和无节制开发自然资源的时代，我们也能够指出美国第一批大规模国家公园建立的日期。\*\*\*在这方面，美国的印第安人可能发挥了他们的影响。在他们本土的宗教中，"高贵山岭的权威"（purple mountains' majesty）不仅仅是使人畏惧的，也是神圣的。西奥多·罗斯福帮助所有的美国人开始重视西部这一无价的财富。

## 6. 社会福音

在征服西部的同时，许多有权势的人认为他们是被上帝选中的、使他们的国家现代化、并且以更便宜的价格把更多的商品和服务带给更多人的工具。这一重要的过程也包括在"血汗工厂"中使用童工和母亲艰苦工作的事实，这些并没有令那些工业的新

---

\* "约塞米蒂的财富"，《世纪杂志》（*Century Magazine*），第 XL 卷，1890 年 8 月，第 4 号。

\*\* J.W. 鲍威尔（1875 年）《对于西部科罗拉多河及其支流的开发》（*Exploration of the Colorado River of the West and Its Tributaries*）。

\*\*\* 格兰特总统早在 1872 年就签署了建立黄石国家公园的法案，这是他的另一个伟大但却不为人所知的成就。

领导人们感到不安。对于每天工作 10 个小时的产业工人来说,上帝仁慈的巨大声音很快就渐渐消逝了。"当你去世后你将会在天堂中有一席之地",是对于宗教安慰的痛苦而又尖锐的评论。

正如经常发生的那样,美国的改革精神呼吁采取行动来纠正这些错误。简・亚当斯(Jane Addams)决心做些什么来改变她在芝加哥拥挤的移民贫民窟中所看到的情况。因此,她在 1889 年创立了赫尔大厦。她对大厦的描述给了我们一个关于当时大量出现的廉价出租房屋状况的独特介绍。

赫尔大厦是一幢宽敞的老式住宅,建造得很好,而且有一些比它建成(1856 年)的那个时代的生活方式更为现代的华丽装饰。它有过许多用途,尽管由于岁月变迁而有所毁坏,但是主体部分仍然完好并且经过了适当的维修和仔细的布置。它那宽广的大厅和敞开的壁炉使它呈现出高雅的面貌。过去它曾经位于郊区,但是城市已经渐渐扩大到它的周围,现在它位于三或四个多少有些截然不同的外来移民居住区的交界处。在哈尔斯蒂德大街(Halstead Street)与河流之间居住着一万名意大利人:那不勒斯人、西西里人和卡拉布里亚人,偶尔还有伦巴第人和威尼斯人都杂居在一起。南方的第 12 大街上居住着许多德国人,而在旁边的街道上则几乎住满了波兰和俄国的犹太人。在更往南的地方,这些犹太人居住区并入了一个巨大的波希米亚人居住区,它是如此巨大以至于芝加哥被列为世界第三大波希米亚城市。在西北方居住着许多法裔加拿大人,虽然他们已经在美国居住了很长时间,但是他们的排外性仍然很强。在北部居住着许多爱尔兰人和刚到

## 第十二章 一个比镀金更加辉煌的时代?（1877—1897）

美国的第一代移民。在西部和更北部的街道上居住的是富有的讲英语的家庭。他们中许多人都有自己的住房，并且已经比邻而居好几年了。我认识的一个人就仍然住在他的老农庄里。在波克大街和哈尔斯特德大街（Polk and Halsted Streets）的拐角处是第19行政区的第14分区。这个行政区拥有近五万人，在上次总统大选中登记了7 072名选民。它没有和什么不同寻常的政治丑闻联系在一起，但是它的市议员大体来说都是沙龙的举办者，而且它处理政治问题的方式，与那些拥挤的行政区中的小政治家们不受限制的行动没有什么不同……大街的肮脏程度难以言表，学校的数量不足，工厂立法也没有实行，关于卫生设施的所有法律都不断受到挑战。数百所房屋没有同城市的下水道连接起来……一个肆无忌惮的承包商声称，没有一间地下室是过于黑暗的，没有一间阁楼是过于污秽的，没有一间屋后的简陋木棚是过于临时凑合的，没有一间出租的房屋对于他的工作间而言是太小的，因为所有这些情况都意味着降低租金。[68]

简·亚当斯提供定居房屋的工作将为数千人提供安身之处和友爱之情。从母亲似的关爱到教授音乐以及关于公民权和哲学的课程的每一样东西，都可以在赫尔大厦中找到。美国人抱怨说这些移民身上的气味很糟糕。简·亚当斯为他们提供了澡盆——并且记录了他们渴望洗澡的心情。在亚当斯小姐指出，我们给予移民男子投票权，却"给他们起外号以嘲弄他们过去或现在的职业，并且感到没有义务邀请他们到我们的家中做客"的时候，她触及了美国所宣称的基督教原则的核心。[69] 她呼吁一种打开大门的民主。

在儿童心理学家提出"未能健康成长"综合征之前几十年,简·亚当斯已经给它下过定义了。"我们得知,母亲对婴儿无法抗拒的爱,孩子出生时的喜悦所具有的心理价值,能够引起婴儿的'生存意志',同时,那些因为没有人'说服他们活下去'而'感到不满'的婴儿",导致了收容所中高死亡率的进一步提高。[70]男孩俱乐部、女孩俱乐部、为工作的母亲组织的聚会场所——一个整体!这就是赫尔大厦的日常开销。看到她的努力以"基督的精神"为穷人提供了实际帮助,简·亚当斯说:"如果你不在晚上照料婴儿,你就不能感到,当你把那只受到惊吓而不住颤抖的小手放在自己手中时,它就逐步安稳下来的那种感觉。如果你不把小孩抱到院子里去度过一个早晨,你就不能看到当他们看见知更鸟给自己洗澡时的那种极大的高兴和喜悦的表情。"[71]

肉类加工托拉斯、铁路托拉斯、石油托拉斯、钢铁托拉斯。这是一个由托拉斯支配的时代。不过,在一个寒冷的午夜,一群拥挤在赫尔大厦客厅里的疲倦的、身上被烟熏得污迹斑斑的消防队员们却表现出了一种更加古老的信任[*]。马厩着了火,马匹并没有都被烧死,许多马被严重烧伤。需要有法院的命令才能让处于市里限制之下的枪支开火,但是法院要到早晨才开门。这期间,马匹在垂死挣扎。亚当斯小姐能够指挥这些强硬的男人们去杀死可怜的马儿吗?她说:"我没有法律授权,但是我将承担责任。"她没有回去睡觉,而是在消防队员们解除这些马匹痛苦的时候和他们站在一起。[72]

今天我们倾向于认为这种高尚品德是非常遥远的,甚至是不可信的。修道院院长特勒撒(Mother Teresa)却相信。她在加尔各答的街

---

[*] 在英语中,托拉斯和信任是同一个词,都是 trust。——译者注

道上，照顾那些在路边的臭水沟中濒临死亡的不可接触者，那个地方与她的家相隔半个世界。但是这种仁慈在这里，在芝加哥也能看到，它带有美国的特色。

## 7. "黄金十字架"

克里夫兰对于降低关税的承诺，使他付出了在1888年未能再次当选的代价。共和党挑选了印第安纳州的本杰明·哈里森（Benjamin Harrison）作为总统候选人。哈里森是威廉·亨利·哈里森（William Henry Harrison）的孙子，也是一个战争英雄。共和党竞选人员巧妙地在纽约的爱尔兰裔美国人中间开展工作。他们表明，克里夫兰是服从英帝国的命令而降低"保护性"关税的。他们的竞选漫画显示，克里夫兰身披英国国旗而哈里森则在挥舞星条旗。他们指责说，克里夫兰"受雇于残酷的爱尔兰人，帮助她来奴役美国人的"[73]。这一指责发挥了作用。

克里夫兰实际上在全国范围内赢得的普选票比哈里森还多。哈里森以14 363票——仅仅是1.1%——的多数拿下了纽约州。凭着纽约的36张选举人票，哈里森当选了。自从1860年林肯那次大选以来，纽约州只有两次没有和胜利者站在一起。通常，纽约州的选举人团提供赢得大选所需要的差额票。为了赢得纽约州大量的黑人选民和移民——包括许多天主教徒和犹太人——的支持，就需要对少数民族关心的问题予以更多的注意。因此，开国元勋们建立一个选举人团的明智之处就再一次体现出来了。选举人团往往是为了保护少数人免受多数人的暴政而发挥作用的。少数人的权利对于自由而言是至关重要的。

克里夫兰从来没有对这个结果提出质疑。他没有抱怨说他被偷走了原属于自己的大选胜利。他也没有否认他在关税问题上的观点。他在谈到签署降低进口税的法案时说："我宁愿在关税措施上留下自己的名字,也不愿当总统。"[74]

共和党人真诚地相信,高关税不仅对于保护年轻的美国工业,而且对于保护工人都是必要的。他们拒绝自由贸易者认为竞争将在不断高涨的繁荣大潮之下,使每个企业水涨船高的观点。

除了在关税问题上进行的斗争之外,政治也受到了在货币问题上不同观点的支配。格罗弗·克里夫兰同意许多东部人,包括大多数共和党人的意见,认为这个国家需要坚定地奉行金本位制。然而,这些"金甲虫们"却受到了鼓吹自由铸造银币和希望通过印刷"绿背纸币"来造成通货膨胀的人们的反对。"为什么这个伟大而光荣的国家的成长要受到这些可怜的'硬通货'理论,那个逝去时代的发霉理论的阻碍和抑制——它的行动被这一理论所延迟,它生命的血液被这一理论所冻结"。金本位制的反对者杰伊·库克问道。[75]

哈里森总统主持了3个至关重要的立法,其中两个受到了俄亥俄州共和党参议员约翰·谢尔曼（John Sherman,谢尔曼将军的兄弟）的支持。

1890年谢尔曼反托拉斯法是控制"每一个合同,不管它是否与托拉斯形式联系在一起,或企图限制州际或国际的商业贸易的阴谋"的第一个企图。这个法律条款的暧昧表述,使最高法院有机会把它的规定运用到工会身上。[76]

本杰明·哈里森总统在1890年还签署了谢尔曼白银收购法案（Sherman Silver Purchase Act）。这个法案是以"互投赞成票"支持西部各州主张双本位制——即同时以黄金和白银作为货币基础——的国会议员的行动。77 为了报答东部议员在白银问题上对他们的支持,这些西部议员支持撤销克里夫兰低关税政策的麦金莱关税法案。

1890 年的麦金莱关税法案把税率提高到历史上的最高水平。它也导致了价格水平的急剧上涨,从而对共和党在当年的选举前景造成了巨大破坏。78 只有 88 名共和党议员能够在众议院重新当选,然后去和 235 名民主党议员对抗! 79

关税的急剧升高在这个国家的财政金融系统中引起了怀疑情绪。美国的农业地区也痛苦地感受到了这种不稳定状态。在那里,新的人民党从绝望的农民那里争取到了选票。玛丽·莉丝再一次说出了许多人心中的话:

> 两年前,我们被告知去工作并且种植出大量的谷物,那就是我们需要做的所有事情。我们去劳动、去犁地、去种植;下雨了,太阳照耀了,大自然微笑了,我们按他们说的那样,种出了大量的谷物,然后发生了什么呢?谷物 8 美分、燕麦 10 美分、牛肉 2 美分、黄油和鸡蛋完全没有价值——那就是发生的事情。然后,政治家们说我们遭到了生产过剩的影响! 80

19 世纪以前,对于大多数农业社区而言,生产过剩几乎是不可能的。赛勒斯·霍尔·麦考密克(Cyrus Hall McCormick)的收割机有助于在 19 世纪 80 年代的世界市场上形成一支美国的农业力量。81

如果没有能够"犁开大平原"的犁,在中西部富饶肥沃的土地上进行收割,本来是不可能的。约翰·迪尔(John Deere)是一个接受了赫拉斯·格里利的"年轻人,到西部去"建议的佛蒙特州年轻铁匠。迪尔在伊利诺斯州定居下来。在那里,他那锃光发亮的钢制干草叉和铲子使他小有名气。很快,农民们就向他提出了一个严重的问题。他们从故乡带来的铸铁犁对于新英格兰的沙质土壤是足够用了。但是,在这里,中西部那富饶肥沃的泥土往往会粘在犁板上,使得农民每前进几英尺就停下来清理它。迪尔从英国进口了一种高质量的钢犁,并且发明出了一种使全世界的农业都发生革命性变化的"自动去泥"的犁。150年后,公司的口号——"没有什么能跑得像迪尔犁一样"——就可以上溯至那第一个约翰·迪尔犁。[82]

犁、联合收割机、收割机——所有这些都比仅仅维持耕作需要很多的现金投资。它解释了为什么如此多的移民和如此多的刚刚获得自由的南方黑人,不能从林肯任期内刚刚通过的慷慨的《宅地法》(Homestead Act)中获得好处。在接受政府160英亩土地赠与的40万人中,最终有2/3都放弃了耕作。[83]弗雷德里克·道格拉斯(Frederick Douglass)了解这一使人畏惧的可能性。他呼吁南方黑人不要加入那些前往广阔的大草原,以躲避种族歧视的"大批离去者"的行列。相反,他呼吁他们留下来,在自己的故乡州内为他们的权利而斗争。[84]

"这儿有共产主义者!"这是托马斯·纳斯特(Thomas Nast)的另一幅杰出的卡通画的标题。早在1874年,纳斯特就描绘了一个工人和他穷困的家庭在吸引人的纲领诱惑下参加游行示威的情景。这幅画是他害怕和讨厌共产主义在无数美国人中间传播的明显证据。纳斯特对那个工人的生动描绘,除了他哭泣的妻子和孩子外,还包括一个典型的肮脏侮辱:在纳斯特的画中,共产主义纲领被写在圣帕特里克

## 第十二章 一个比镀金更加辉煌的时代？（1877—1897）

节（St. Patrick's Day）盛装游行的一个爱尔兰的天主教兄弟会组织的典型服装上。*

纳斯特无疑认为，像宾夕法尼亚州煤矿区的摩莱梅吉尔社（Molly Maguires）那样的无组织团体所采取的暴力行动，是对所有辛勤劳动的爱尔兰裔美国人的背叛。这些团体采用诸如联合抵制之类的合法战术在美国赢得了同情。然而，当他们反对矿井中恶劣工作条件的行动发展到胁迫其他工人参与，并且声称要谋杀矿业公司官员的时候，他们就失去了公众支持。[85]

实际上，总的来说，天主教徒特别是爱尔兰裔美国人都证明自己是建立劳工组织和反对共产主义的不知疲倦的鼓吹者。美国有组织劳工的历史中，充满了像劳动骑士团（Knights of Labor）的特伦斯·文森特·鲍德利（Terence Vincent Powderly）、矿工联合会（United Mine Workers）的约翰·米切尔（John Mitchell）以及更近一些的长期担任劳联—产联（AFL—CIO）主席的乔治·米尼（George Meaney）这样的爱尔兰名字。所有这些人都反对卡尔·马克思《共产党宣言》中的呼吁。

为了确保工人的组织权，巴尔的摩的红衣主教吉本斯（Cardinal Gibbons）于1887年前往罗马说服教皇利奥十三世（Pope Leo XIII）不要谴责劳工运动。詹姆斯·吉本斯是美国的第一个红衣主教。他出生在巴尔的摩一个贫穷的爱尔兰人移民家庭。他的访问目标在1891年得以实现，当时教皇发布了《劳工问题通谕》（Rerum Novarum），这

---

* 这位有天赋的纳斯特为我们创造了现代的圣诞老人——圣尼古拉斯——的和蔼形象。很明显，纳斯特轻率地没有意识到，这位善良圣徒的天主教的经历。

是一个"关于工人状况"的通谕式信件。

在通谕中,教皇表明了共产主义对所有私有财产的攻击是如何否认了工人享有自己劳动成果的权利——这是一个天生的矛盾。但是,教皇也支持工人为了获得"能够维持生活的工资"而组织起来的权利。

塞缪尔·冈珀斯(Samuel Gompers)作为正在兴起的劳工运动的领导者,受到了美国劳工联合会(American Federation of Labor, A.F.of L.)中爱尔兰人的强烈支持。冈珀斯是一个来自英国的犹太移民。他强烈反对劳工运动中的共产主义和社会主义影响。[86] 他希望仅仅采取经济行动。他拒绝接受任何旨在重塑美国政府民主形式的一揽子政治行动计划。当被问到工人需要什么的时候,冈珀斯简洁地回答道:"更多。"更多的工资、更多的业余时间、对于工作中危险事故的更多保护、在晚年有更多的福利、更多……

冈珀斯对政治的唯一兴趣就是"报答我们的朋友并惩罚我们的敌人"[87]。他的影响力是美国从来未能像英国和其他许多欧洲国家那样建立一个工党的主要原因。冈珀斯对于工人的天然同情也使他拒绝仅仅为白人服务的工团主义。冈珀斯从来不寻求加入政府,他只希望为他的成员们谋求更多的东西。

亨利·克莱·弗里克(Henry Clay Frick)是一个公认的工会敌人。当他的老板安德鲁·卡内基动身前往苏格兰进行多愁善感的返乡之旅时,弗里克利用这个机会大幅度削减了钢铁工人联合会(Amalgamated Iron and Steel Workers Union)的工资。[88] 弗里克希望分裂这个工会。他甚至拒绝与工会领导人谈判。当工人们实行罢工时,他雇用了平克顿侦探公司(Pinkerton Company)的侦探作为私人警察力量,接管位

第十二章 一个比镀金更加辉煌的时代?（1877—1897）

于宾夕法尼亚霍姆斯泰德（Homestead）的卡内基公司钢铁厂。[89]《纽约论坛报》(New York Tribune)报道说，平克顿的侦探们在他们的船只接近工厂在河边的入口时首先开枪。[90]在接下来的冲突中，13人死亡100人受伤。焦虑不安的卡内基在苏格兰要求派出联邦军队。[91]他希望用军队粉碎这次罢工。弗里克躲过了一个无政府主义者的子弹，这使他决心给卡内基的工人们"一个他们将永远不会忘记的教训"[92]。卡内基非常重视他的进步主义雇主形象。在他的苏格兰返乡之行中，当伦敦的报纸谴责他的时候，他感到十分惊恐。这些报纸关于罢工的报道破坏了他长期以来所盼望的衣锦还乡的旅行。

霍姆斯泰德罢工并不是镀金年代里最为暴力的冲突。但它仍然在全世界引起反响。这对于卡内基来说是个问题，在他那本被广为阅读的著作《财富的福音》(The Gospel of Wealth)中，他谈到了自己有父亲般关怀的责任。他声称他的许多慈善行动——为图书馆、音乐厅、大学提供捐赠——都是在用上帝赐予他的财富来履行一种启蒙的工作。他是一个世界性的人物。他曾经款待过俄国作曲家彼得·伊里奇·柴可夫斯基（Pyotr Illyich Tchaikovsky）。这位音乐大师曾经在纽约的卡内基音乐厅指挥过公演。[93]卡内基写道，资本主义制度在如何为社会生产最多有利的成果方面考虑得最为周到——因此富人就变成了他那些较为贫穷的同胞们唯一的代理人和信托人，富人们用他们出众的智慧、经验以及管理才能为穷人服务——这比穷人想要或能够为自己做的更好。[94]

另一方面，他的工人们每天工作12小时，只有星期天、圣诞节和7月4日国庆日例外。[95]一个熟练工人每个月能挣280美元，但是非熟练工人每小时只能挣14美分，一个月不到50美元。老工人群体

（爱尔兰人、威尔士人、英国人和德国人）往往与新来的、不那么熟练的移民工人群体产生竞争。这些新移民工人从匈牙利、波希米亚、意大利和波兰像潮水一样涌入。[96] 钢铁工人安德鲁·开普勒（Andrew Keppler）在一次可怕的工业事故中丧生。融化的金属从长柄勺中溅了出来。他的朋友们疯狂地企图把他的身体拉出来，可是他还是被压在了钢板下面。[97] 在卡内基的工厂中每年有 300 起这样的死亡事故。[98]

压制不住的玛丽·莉斯对卡内基的《财富的福音》作出了强烈的反应："你可以说我是个无政府主义者、社会主义者或共产主义者。我不在乎，但是我坚信这个道理，即如果一个人一天吃不上三顿饭而另一个人却拥有 2 500 万美元，那么后者肯定占有了一些属于前者的东西。"[99]

共和党领导人呼吁卡内基不要降低工资——至少在大选年不要这样做。[100] 可是亨利·克莱·弗里克——按照卡内基的命令行事——取得了与工会斗争的胜利。钢铁业的工人们在以后的 50 年时间里都不会再被组织起来了。安德鲁·开普勒的一个朋友后来说，正是那颗无政府主义者的子弹穿透了罢工的心脏。[101]

格罗弗·克里夫兰在谋求连任的竞选中，谴责亨利·克莱·弗里克"对工人进行压榨以扩大和增加那个富人的财产"[102]。他说，工人们"有权坚持他们工作的永久性"[103]。

本杰明·哈里森是聪明的、诚实的和努力工作的，他也是冷淡的和缺乏生气。几乎没有什么美国人被他强烈吸引。他的两个最杰出的任命都是在相当低的级别上作出的：任命弗雷德里克·道格拉斯（Frederick Douglass）为美国驻海地公使和任命西奥多·罗斯福为公共服务局专员（civil service commissioner）。

## 第十二章 一个比镀金更加辉煌的时代?（1877—1897）

当弗朗西斯·福尔瑟姆·克里夫兰在 1889 年 3 月 4 日离开白宫时，她告诉管家照看好这个地方，因为她希望能够回来。管家问她什么时候回来，她带着迷人的微笑说："从今天起 4 年后。"[104]

她的确回来了。

卡内基本人说，是霍姆斯泰德的白宫在 1892 年使克里夫兰当选的。[105] 格罗弗·克里夫兰的两个互不连贯的任期使他成为一个独一无二的美国总统。*人民党候选人詹姆斯·贝尔德·韦弗（James Baird Weaver）获得了 100 多万张选票，他赢得了以前支持共和党的几个西部州。

克里夫兰总统非常期待在芝加哥举行的哥伦布世界博览会（World's Columbian Exposition）的开幕仪式，这一世界性事件是为了纪念哥伦布到新世界的航行 400 周年而举办的。这个博览会上出现了第一部弗雷斯的观光摩天轮（Ferris Wheel）、爱迪生的活动电影放映机原型以及其他许多奇妙的东西。来自全世界的参展者们争夺空间来吸引无数的参观者。博览会最吸引人的一个部分就是那座白色城市的设计。它是建筑师、风景规划者和城市设计者们进行的"城市美化"运动的一个充满希望的开端。

但是白色城市也有不利之处——它似乎没有为美国黑人提供位置。甚至在当时，这个国家就已经最恶劣地爆发了对黑人的某些暴力行动。在 1892 年出现的 226 起私刑事件中，2/3 以上的牺牲者都是黑

---

\* 这个记录再也没有出现过，因为今天两党都避免让未能获得连任的总统申请候选人提名。想象一个吉米·卡特在 1984 年再次竞选或者乔治·H. 布什在 1996 年第二次成为总统候选人会是什么样子。

人。[106] 像艾达·B. 韦尔斯（Ida B.Wells）这样杰出的年轻作家都在抗议把黑人的影响排除在博览会之外的行动。但是当组织者们提供了一个"有色人种日"（Colored People's Day）作为让步时，抗议似乎得到了更多的支持。韦尔斯小姐公开恳求弗雷德里克·道格拉斯不要贬低自己的身份在指定的"有色人种日"那一天发表演说。[107]

当这位伟大的演说家起身发言的时候，韦尔斯的预感似乎被证实了。他受到了人群外围的一些要求公平对待有色人种的人们激烈的质问和侮辱。这位老废奴主义者的声音变得"结结巴巴"，但是接着他就抛开讲稿并且咆哮着回击他的那些责难者："人们谈论黑人问题，但是这儿没有黑人问题。问题在于：美国人民是否有足够的忠诚、足够的荣誉、足够的爱国主义来实践他们自己的宪法！"[108] 这头老狮子在没有讲稿的情况下咆哮了一个小时。他的责难者们沉默了。很快，艾达·韦尔斯就道歉了，并且说他的演说比曾经发生过的其他任何事情都更能让美国黑人的困境引起世界的注意。[109]

弗雷德里克·道格拉斯在哥伦布世界博览会上的表现，可以归因为他作为海地政府代表的角色。不论是在担任美国驻海地公使期间还是以后，道格拉斯都渴望帮助这个黑人共和国取得成功。不管其动机是多么值得称赞，道格拉斯却无视于海地独裁者弗洛维尔·海泼赖特（Florvil Hyppolite）的残忍暴政。这也许是他漫长而光荣的公共生活中最可悲的插曲。\*

格罗弗·克里夫兰很快就有理由希望，如果他在1892年大选中

---

\* 即使在今天，美国人也极难找到一个为了长期受苦的海地人民利益，而能够与之进行合作的海地领导人。

## 第十二章 一个比镀金更加辉煌的时代?（1877—1897）

失败就好了。一系列的银行破产导致了 1893 年的金融恐慌，这个国家陷入了严重的经济危机之中。[110] 困难的时代将给克里夫兰不愉快的第二届任期蒙上了阴影。当一个富有的纽约人把他的儿子带到白宫来见总统的时候，克里夫兰拍着这个小男孩的头。"我的小伙子，"他告诉年轻的富兰克林·德拉诺·罗斯福（Franklin Delano Roosevelt）说，"我对你有一个奇怪的希望，但愿你永远不会成为美国总统。"[111] 由于忠于自己的信仰，他说服国会废止了 1890 年的白银收购法案。农民们感到自己受到了背叛。

更糟的是，克里夫兰接到了一份毁灭性的医生报告：他的下颚患上了癌症。在放疗或化疗被发明之前的时代里，动手术是唯一的希望。但是总统的状况必须保密。随着经济危机达到顶峰，总统开刀的想法可能会对国家的经济产生破坏性影响。在副总统艾德莱·史蒂文森是白银法案的忠实支持者的情况下就更是如此。\*

总统偶然登上了一艘属于他的一个富裕朋友的游艇，这艘名叫"奥奈达"（*Oneida*）的船停泊在纽约的东河（East River），它成了一个很好的手术室。他告诉游艇的船长："如果你要触礁的话，那就彻底地狠狠地撞上去，这样我们就都能沉到水底。"[112] 部分颚骨被摘除之后，总统重新出现在丝毫没有疑心的公众面前。

克里夫兰在处理 1894 年普尔曼（Pullman）罢工问题时严重地背离了劳工。乔治·普尔曼（George Pullman）发明了一种铁路"卧"车。普尔曼提出了对工业进行家长式管理的设想。他的位于芝加哥郊外的

---

\* 史蒂文森副总统是那位在 20 世纪 50 年代曾经两次和德怀特·D. 艾森豪威尔竞选总统失败的艾德莱·E. 史蒂文森州长的祖父。

企业生活区就是一个例子。普尔曼公司为工厂工人提供了出租房屋。公司的文件自夸道:"所有那些丑恶的、不和谐的和道德腐化的东西都被清除了,而所有那些能够激励自尊的东西则得到了慷慨的供应。"[113]然而,现实并不是完全符合这一理想。高昂的房租迫使各个家庭接受寄宿者。[114]普尔曼在雇工时优先选择公司住房居民的政策意味着搬出去的工人就要冒失去工作的风险。在经济危机不断加深的时期,房租仍然很高,但是工资却降低了。在从工资中扣除房租之后,各家就仅仅剩下几个铜子了。[115]

尤金·维克托·德布斯(Eugene Victor Debs)的美国铁路工会(American Railway Union,ARU)实行了罢工。随着工人们开始拒绝驾驶普尔曼列车,联邦政府声称,美国的邮件无法送达。尽管工会已经试图让邮车例外,克里夫兰总统仍然下令联邦军队确保邮件的运送。德布斯向美国劳工联合会的领导人呼吁支持。

塞缪尔·冈珀斯拒绝了他的要求。他认为这不是一个冒险进行罢工的好时机。如果德布斯坚持的话,冈珀斯和美国劳工联合会的领导人们担心美国铁路工会将被镇压。[116]

共和党领导人徒劳地恳求普尔曼保持理智。俄亥俄州的马克·汉纳(Mark Hanna)已经在为使威廉·麦金莱(William McKinley)在1896年当选而努力。在他的朋友们面前,汉纳爆发了他对普尔曼的怒火:"一个不能与他的手下妥协的人,是个该死的蠢货!"[117]

克里夫兰无视伊利诺斯州州长约翰·彼得·奥尔特盖尔德(John Peter Altgeld)的抗议。奥尔特盖尔德是一个德国移民,也是一个民主党人。他大胆地反对克里夫兰动用联邦军队,声称这违反了宪法。充

## 第十二章　一个比镀金更加辉煌的时代？（1877—1897）

满敌意的报纸要求知道，这个竟敢就宪法问题教训总统的移民是谁。《费城电讯报》（*Philadelphia Telegraph*）对奥尔特盖尔德大加谴责。"伊利诺斯州那些奇怪的、愚蠢的人民……竟然会允许这个来自符腾堡做香肠的人担任该州州长，并且狂妄到了敢粗俗蛮横地冒犯美国总统的地步。"[118]克里夫兰顽固地声称："如果我动用美国的每一个士兵到芝加哥去送明信片，那么明信片就应该能够送达。"[119]普尔曼罢工被粉碎了，德布斯因为违反了法院强制令而被判入狱。在监狱中，德布斯阅读了卡尔·马克思的著作，并且成为一个社会主义者。

冈珀斯关于罢工的看法被证明是正确的，但是他对此并不感到高兴。他给克里夫兰总统写了一封措辞强硬的信件，抗议他动用军队的行动。"人民已经用他们的投票回答了你……动用军事力量粉碎罢工的行动。"冈珀斯在1894年国会选举民主党经历了惨重失败之后写道："尽管这个变化可能不会给我们带来什么好处，这一谴责仍然值得赞赏并被牢记。"[120]

普尔曼罢工仅仅是1894年1300次罢工中的一次。[121]它是一个动用法庭强制令来反对劳工的生动事例。冈珀斯的美国劳工联合会将继续力图"报答我们的朋友并惩罚我们的敌人"。

就像在所有经济危机时期一样，美国黑人受到的打击最大。除了经济不幸之外，还有日益增长的种族隔离势力。艾达·韦尔斯在她的著作中揭露了这个国家可耻的私刑。在她生涯的早期，弗雷德里克·道格拉斯曾经激励过她。现在，轮到她来激励他了。[122]

1894年，道格拉斯在一篇题为"这个时代的教训"（*The Lessons of the Hour*）的演说中提出了挑战。

在演说中，他谴责了关于强奸问题的指控。他尖锐地问道，为什么当一个白人妇女单独待在南方种植园的时候没有人指控强奸呢？

这种伪造的指控的真正目标，他说，是剥夺黑人的公民权。他说，关于强奸的可恨叫嚷是伴随着"通过立法行动贬低黑人地位，废止所有保护投票权的法律以及在南部所有的火车车厢、车站与其他公共场所中划出肤色界线……的那些众所周知的努力同时出现的"[123]。

弗雷德里克·道格拉斯接着转而提及他自己社区中那些希望把黑人迁移到非洲来减轻这个国家不公正状况的人们。道格拉斯甚至不希望把他的黑人同胞与非洲视为一体："所有这些关于故乡的谈论都是毫无意义的。美国黑人的故乡就是美国。他的骨头、他的肌肉、他的精力都是美国的。270年来，他的祖先都是在美国的土地上生活、劳动和去世的。"[124]

这是他最后的一次伟大努力。即使在吉姆·克劳法（Jim Crow）的阴影笼罩着这片土地的时候，他也从未放弃。当一个年轻的追随者问，他应该利用这一生来做些什么的时候，弗雷德里克充满热情地回答道："鼓动、鼓动、鼓动。"1895年，他在华盛顿特区雄伟的锡达山大厦（Cedar Hill）中去世。全世界都在哀悼他。争取妇女投票权运动的伟大领导人伊丽莎白·凯蒂·斯坦顿（Elizabeth Cady Stanton）回忆起他们俩的第一次会面："在弗雷德里克·道格拉斯之后讲话的其他所有演讲者，看上去都成了胆小鬼。他像一个非洲王子似的站在那里，在愤怒中透出庄严。"[125]

诗人维切尔·林赛（Vachel Lindsay）描绘了另一个在愤怒中透出庄严的美国人。1896年大选是对美国民主的一个根本性挑战。经济危机使得许多人陷于绝望。威廉·詹宁斯·布赖恩（William Jennings Bryan）谈到了这种绝望的情绪：

## 第十二章 一个比镀金更加辉煌的时代?（1877—1897）

> 大草原的复仇者，山上的雄狮，
> 布赖恩，布赖恩，布赖恩，布赖恩，
> 伟大的行吟诗人，说话像攻城的火炮，
> 用他那来自西部的巨岩粉碎普利茅斯的顽石。

在1896年的民主党全国代表大会上，这位36岁的内布拉斯加的代表，有机会用他在竞选政纲中的发言影响大量的群众。竞选政纲直接对格罗弗·克里夫兰这个当时正在白宫里的民主党人进行批判。不论怎样，全国人民都因为他们记忆中的这次最严重的经济危机而指责金本位制。当布赖恩结束他的演讲时，代表们群情激奋。他那火一般的结束语抓住了他们的心：

> 在我们背后的是这个国家和世界上的劳动群众，我们受到商业利益、劳工利益以及各地辛勤劳动者们的支持，我们将回答他们对于金本位制的要求，告诉他们：不能把这个用荆棘编成的王冠强加在劳工的头上，不能把人类钉在这个黄金十字架上。

在"银根紧缩"时期——即在经济危机时期或者在高利率时期——很难为金本位制辩护。实际上，金本位制的含义就是联邦政府将使用黄金作为通货，或者"发行"能够兑换黄金的纸币。而"结束金本位制"将导致通货膨胀。通货膨胀往往受到那些债务人的支持，因为他们可以用自己手中贬值了的美元来还债。

胸膛宽大的、秃顶的布赖恩完全能够依靠他声音的力量争取支持者。他的"黄金十字架"演说使得他获得了民主党的总统候选人提名。

（他的成就并不像看上去那么不同寻常。民主党的许多主要领导人都知道，在面临巨大的经济困难时期，控制总统职位的那个政党往往会遭到失败的命运。*）

布赖恩并未被需要进行一场同时反对共和党人和克里夫兰派民主党人的竞选这一使人畏缩的任务吓住，他赢得了人民党的支持。接着他就乘火车进行了一场史无前例的行程13 000英里、"在小镇短暂停留"（whistle stop）以争取选民的旅行。[126] 他对无数人发表讲话。

大草原似乎点燃了布赖恩那炽热的言词。他告诉农民们，他们对于国家的繁荣是多么的重要："烧毁你们的城市而留下我们农场的话，你们的城市还会像魔术一般重新成长；但是如果摧毁了我们的农场，这个国家每个城市的大街上都会杂草丛生。"

为了对抗布赖恩，共和党提名威廉·麦金莱为总统候选人，他是麦金莱关税法案的作者。麦金莱曾经作为来自俄亥俄州的议员在国会中服务，现在他是这个七叶树之州的州长。他的竞选与布赖恩在全国进行狂热的竞选演说旅行形成了鲜明的对比。共和党把几千名选民带到他们的候选人面前。麦金莱上演了一出"前门廊竞选"，他对这些彬彬有礼、秩序井然的群众发表演说，给他们提供呆板的说教和听起来让人舒服的陈词滥调。他本来可能会像"一个寻找底座的铜像"那样被击败的，但是与布赖恩那种热情洋溢地蛊惑民心的做法相比，他在美国人面前表现出了一种尊严可靠的形象。[127] 在面临这种选择的时候，美国人通常宁愿选呆板的人，也不愿选危险的人。

---

* 如果民主党领导人认为他们能够使布赖恩成为一个毫无价值的候选人，并因而最终摆脱他的话，他们失算了。布赖恩在3次全国性竞选中成为他们党的候选人，并且直到1925年去世时一直都是民主党内的主要人物！

## 第十二章 一个比镀金更加辉煌的时代?（1877—1897）

马克·汉纳参议员为麦金莱管理他的竞选活动。汉纳强调麦金莱那令人尊敬的内战记录，通常这是会给一个总统候选人加分的。*汉纳是一个从大企业那里"征收"竞选捐款的老谋深算的党魁。选民们被告知，麦金莱是"繁荣的先驱代理人"。当雇主们说，如果布赖恩在星期二当选的话，那星期三就不必打扰工人出来工作了，一些工人从中得到了暗示。[128]

当选票最终被计算出来的时候，麦金莱在西北部和工业化的中西部各州取得了胜利：他获得了 7 104 779 张普选票（50.2%）和 271 张选举人票，布赖恩获得了 6 502 925 张普选票（46%）和 176 张选举人票。对于一个从来没有担任过重要官职的年轻民主党人来说，这已经是相当值得尊敬的表现了。这次竞选使得布赖恩在整整一代人的时间内成了一个全国性的人物。

在布赖恩点燃大草原的烈火之时，西奥多·罗斯福却仍然没有受他的影响：

> 布赖恩先生越来越公开地唤起那些政治煽动家们内心卑鄙的敌意和仇恨，他们企图把辛勤工作的人们导向毁灭，以便对节俭和小康的人们进行报复。他所鼓吹的那些原则愚蠢和邪恶到了适合于无政府主义领导人口吻的地步。他像欧洲共产主义者的梦想那样异想天开和充满恶意，希望取消华盛顿和林肯的政府以及由我国的先辈遗留下来的有序的自由体系，代之以无法无天的混乱状态……与我们现在所拥有的民有、民治、民享的政府不同，布

---

\* 麦金莱当时是拉瑟福德·B.海斯担任将军的那支俄亥俄部队中的一个年轻军士。

赖恩先生将用一个群氓政府取而代之。[129]

## 8. "来自新世界"

400年来,美国被欧洲称为新世界。19世纪末,对于古老的欧洲而言,美国仍然保有它的魅力。当捷克作曲家安东尼·德沃夏克(Antonín Dvorák)在1892年到达纽约的时候,他从海华沙(Hiawatha)的传说中得到了灵感。在纽约,他谱写了第9交响曲——《来自新世界》——作为在卡内基音乐厅初次演奏的曲目。珍妮特·瑟伯(Jeannette Thurber)雇用了德沃夏克从布拉格来到纽约,领导国立音乐学院(National Conservatory of Music)。瑟伯夫人是一个富商的妻子。[130]作为一个非常务实的波希米亚农民的儿子,德沃夏克欣然接受了这个比在奥匈帝国能多挣20倍薪水的机会。德沃夏克深受当时所谓的黑人灵歌(Negro spiritual)的影响。亨利·伯利(Henry Burleigh)经常在他的家里为这个伟大的作曲家唱这些歌曲。他说德沃夏克"在精神上浸透了这些古老的调子"[131]。德沃夏克赞扬瑟伯夫人对有美国特色的音乐的关注。"我相信,这个国家在音乐上的未来必然是建立在所谓的黑人灵歌基础上的,"他告诉她,"这些可以成为严肃的和原创的作曲学派的基础,在美国得到发展。这些美妙多变的旋律是大地的产物。它们就是美国的民歌,你的作曲家们必须借助它们。"[132]

当他想念故乡的时候,德沃夏克离开纽约前往爱荷华州去度假。德沃夏克可以带上一桶啤酒到密西西比河边去听劳工们的歌声,并感受他们的心情。就是在那里,在斯皮尔维尔(Spillville)的波希米亚

第十二章 一个比镀金更加辉煌的时代？（1877—1897）

移民村，他完成了第 9 交响曲。他特别喜欢看印第安人表演他们的民族音乐和舞蹈。指挥家伦纳德·伯恩斯坦（Leonard Bernstein）后来就是从捷克的、法国的、苏格兰的，甚至中国的源头去追溯德沃夏克的《来自新世界》主旋律的来源。[133] 在它震撼人心的旋律中，我们能够感受美国"熔炉"的主题。

美国镀金时代新富豪精英们在当时和现在都受到了许多批评。然而，不能忘记的是，他们对这个伟大而自由的共和国的实力和活力作出的巨大贡献。他们也在慈善和高雅文化方面尽了自己最大的努力。他们不仅力图维持欧洲文明的精华，而且还资助了像安东尼·德沃夏克那样的艺术家们，他们对世界文化作出了新的和美好的贡献。

我们可以强调镀金时代的政治腐败，因为当时美国的诗人、作家和记者已经就这个问题说了很多。他们对那些狡猾的交易感到震惊。他们要求改革。那些寻求诚实政府的人们被特威德集团（Tweed Ring）和威士忌酒集团（Whiskey Ring）吓坏了。这些腐败令那些从小就受到教育，认为共和国政府生来就是更多地为人民负责，而不像欧洲君主制政府那样腐败的美国人感到尴尬。詹姆斯·拉塞尔·洛厄尔（James Russell Lowell）对这个问题说了很多，他写道：

> 看看你的州议会，看看你的利益集团；
> 在产生腐败方面正在向欧洲挑战。[134]

实际上，欧洲很难嘲笑美国。仅仅由富人行使并且仅仅为富人服务的权力是那里的准则。这就是为什么只有像詹姆斯·麦克尼尔·惠斯勒（James McNeill Whistler）和亨利·詹姆斯（Henry James）

那样少数的美国流亡艺术家和作家去欧洲,而几乎没有普通人去欧洲,同时却有无数的欧洲人到美国的原因。自由女神像在召唤着他们。

我们能够为这个时代担任美国最高职务的人们自豪。加菲尔德和阿瑟从人们对他们过去办事记录的怀疑中崛起,为白宫树立了光辉的榜样。这一时期美国的其他总统——海斯、哈里森和克里夫兰——都是可敬的、勤勉的和认真的人。考虑到这个时代的革命性变化,以及把美国的发展与其他国家进行比较,这是一份值得称道的记录,比镀金更加辉煌。

1. Ambrose, Stephen E., *Nothing Like It in the World: The Men Who Built the Transcontinental Railroad: 1863-1869*, Simon & schuster, New York: 2000, p.377.
2. Ambrose, p.377.
3. Rehnquist, William H., *Centennial Crisis: The Disputed Election of 1876*, Alfred A.Knopf, New York: 2004, p.95.
4. Gordon, John Steele, *An Empire of Wealth: The Epic History of American Economic Power*, HarperCollins, New York: 2004, p.211.
5. Gordon, p.235.
6. Gordon, p.248.
7. Gordon, p.248.
8. Gordon, p.244.
9. Trefousse, Hans L., *Rutherford B.Hayes*, Times Books, New York: 2002, p.89.
10. Morison, Samuel Eliot, *Oxford History of the American People*, Vol.3 The Penguin Group, New York: 1972, p.40.
11. Trefousse, p.96.
12. Brands, H.W., *T.R.: The Last Romantic*, Basic Books, New York: 1997, p.78.

13 | Brands, p.79.
14 | Brands, p.80.
15 | Trefousse, p.113.
16 | Trefousse, p.125.
17 | Grosvenor, Edwin and Wesson, Morgan, *Alexander Graham Bell*, Harry N.Abrams, Inc., New York: 1997, p.105.
18 | Grosvenor and Wesson, p.107.
19 | Morison, p.40.
20 | Jeffers, H.Paul, *An Honest President*, HarperCollins, New York: 2000, p.192.
21 | Online source: http: //www.whitehouse.gov/history/presidents/ca21.html.
22 | Graff, Henry F., *Grover Cleveland*, Times Books, New York: 2002, p.55.
23 | Jeffers, p.110.
24 | Jeffers, p.110.
25 | Morison, p.44.
26 | Morison, p.44.
27 | Jeffers, p.111.
28 | Morison, p.44.
29 | Jeffers, p.118.
30 | Jeffers, p.117.
31 | Morison, p.45.
32 | Bailyn, Bernard, Davis, David Brion, Donald, David Herbert, Thomas, John L., Wiebe, Robert H., and Wood, Gordon S., *The Great Republic: A History of the American People*, Little, Brown and Company, Boston: 1977, p.850.
33 | Bailyn et al., p.851.
34 | Morison, p.105.
35 | Morison, p.69.
36 | Israel, Paul, *Edison: A Life of Invention*, John Wiley & Sons, Inc., New York: 1998, p.174.

| | |
|---|---|
| 37 | Morison, p.72. |
| 38 | Morison, p.46. |
| 39 | Morison, p.45. |
| 40 | Jeffers, p.186. |
| 41 | Schlesinger, Arthur, M.Jr., ed., *The Almanac of American History*, G.P. Putnam's Sons, New York: 1983, pp.357-358. |
| 42 | Smith, p.626. |
| 43 | Smith, p.609. |
| 44 | Smith, p.627. |
| 45 | Smith, p.627. |
| 46 | Smith, p.627. |
| 47 | Online source: http: //www.libertystatepark.org/statueofliberty/so13.shtml. |
| 48 | Jeffers, p.187. |
| 49 | *TIME (Magazine) Almanac*, 2004, New York: pp.175, 179. |
| 50 | Smith, p.516. |
| 51 | Smith, p.516. |
| 52 | Donald, David Herbert, *Lincoln*, Simon & Schuster, New York: 1995, pp.393-395. |
| 53 | Morison, p.60. |
| 54 | Utley, Robert M.and Washburn, Wilcomb E., *Indian Wars*, Houghton Mifflin Company, Boston: 1977, p.227. |
| 55 | Utley and Washburn, p.227. |
| 56 | Morison, p.61. |
| 57 | Morison, p.61. |
| 58 | Utley and Washburn, p.294. |
| 59 | Morison, p.63. |
| 60 | Morison, p.63. |
| 61 | Ravitch, Diane, ed., *The American Reader: words That Moved a Nation*, |

## 第十二章 一个比镀金更加辉煌的时代？(1877—1897)

| | |
|---|---|
| | HarperCollins, New York: 2000: pp.291-292. |
| 62 | Utley and Washburn, p.298. |
| 63 | Utley and Washburn, p.299. |
| 64 | Utley and Washburn, p.299. |
| 65 | Utley and Washburn, p.300. |
| 66 | Jeffers, p.207. |
| 67 | Brands, H.W., *TR: The Last Romantic*, Basic Books, New York: 1997, p.184. |
| 68 | Elshstain, Jean Bethke, *Jane Addams and the Dream of American Democracy*, Basic Books, New York: 2002: p.98. |
| 69 | Elshtain, p.95. |
| 70 | Elshtain, p.83. |
| 71 | Elshtain, p.97. |
| 72 | Elshtain, p.94. |
| 73 | Jeffers, p.220. |
| 74 | Jeffers, p.222. |
| 75 | Bailyn et al., p.790. |
| 76 | Schlesinger, p.370. |
| 77 | Schlesinger, p.370. |
| 78 | Morison, p.48. |
| 79 | Morison.p.48. |
| 80 | Bailyn et al., p.878. |
| 81 | Bailyn et al., p.786. |
| 82 | Online source: www.deere.tom. |
| 83 | Bailyn et al., p.778. |
| 84 | McFeely, p.300. |
| 85 | Bailyn et al., p.796. |
| 86 | Harvey, Rowland Hill, *Samuel Gompers: Champion of the Toiling Masses*, Stanford University Press, New York: 1935, p.101. |

| | |
|---|---|
| 87 | Harvey, p.101. |
| 88 | Bailyn et al., p.881. |
| 89 | Bailyn et al., p.881. |
| 90 | Krass, Peter, *Carnegie*, John Wiley & Sons, Inc., Hoboken, N.J.: 2002, p.285. |
| 91 | Morison, p.85. |
| 92 | Krass, p.294. |
| 93 | Krass, p.272. |
| 94 | Carnegie, Andrew, "Wealth, " *North American Review*, 148, no.391 (June 1889): 653, 657-662. |
| 95 | Krass, p.295. |
| 96 | Krass, p.277. |
| 97 | Krass, p.268. |
| 98 | Krass, p.295. |
| 99 | Krass, p.295. |
| 100 | Krass, p.288. |
| 101 | Krass, p.290. |
| 102 | Jeffers, p.248. |
| 103 | Jeffers, p.248. |
| 104 | Jeffers, pp.227-228. |
| 105 | Krass, p.296. |
| 106 | Morison, p.110. |
| 107 | McFeely, William S., *Frederick Douglass*, Simon & Schuster, New York: 1991, p.371. |
| 108 | McFeely, p.371. |
| 109 | McFeely p.371. |
| 110 | Morison, p.111. |
| 111 | Meacham, Jon, *Franklin and Winston: An Intimate Portrait of an Epic Friendship*, Random House, New York: 2003, p.150. |

112　Jeffers, p.272.
113　Brands, H.W., *The Reckless Decade: America in the 1890s*, St. Martin's Press, New York, 1995, p.147.
114　Brands, *Reckless*, p.147.
115　Morison, p.112.
116　Morison, p.113.
117　Brands, *Reckless*, p.149.
118　Brands, *Reckless*, p.153.
119　Graff, Henry F., *Grover Cleveland*, Times Books, New York: 2002, p.119.
120　Harvey, p.78.
121　Bailyn et al. p.883.
122　McFeely, p.377.
123　McFeely, p.380.
124　McFeely, p.380.
125　McFeely, p.383.
126　Morison, p.116.
127　O'Toole, Patricia, *When Trumpets Call: Theodore Rooseveh After the White House*, Simon & Schuster, New York: 2005, p.15.
128　Morison, p.116.
129　Brands, p.299.
130　Gutmann, Peter online source: http: //www.classicalnotes.net/classics/newworld.html.
131　Gutmann.
132　Gutmann.
133　Gutmann.
134　Morison, p.37.

## 第十三章
## 美国发电机——在战争的阴影下（1897—1914）

1896年，威廉·詹宁斯·布赖恩将古老的圣经思想与当代现实问题联系起来。他谴责"黄金十字架"和"荆棘编成的王冠"。布赖恩旋风似的竞选旅行给无数人留下了印象，布赖恩也充分表现了自己。威廉·麦金莱是一个表里如一、可靠和一点都不迟钝的人。就是在他的治理下，美国经济得到扩张，而且，与他的愿望背道而驰的是，美国成为一个扩张的海外帝国。西奥多·罗斯福是共和党人对布赖恩和布赖恩主义的回答——几乎可以说是矫正它们的手段。当一颗无政府主义者的子弹把老罗斯福推上总统宝座的时候，白宫真的变成了他所称呼的那样：天字第一号讲坛。老罗斯福把现代总统职位规划得与他的前任截然不同。当威廉·H. 塔夫脱（William H. Taft）被证明是一个无能的继承人时，他的失败看起来更多的是形式上的而不是实质上的。

# 第十三章 美国发电机——在战争的阴影下（1897—1914）

1912年共和党的大分裂使得西奥多·罗斯福和塔夫脱，这两个长期以来的朋友和政治盟友，在我们历史上最可悲和最有影响的政治斗争中陷入了相互敌对的境地。伍德罗·威尔逊（Woodrow Wilson），一个南方牧师的儿子，着迷于总统作为道德领袖的地位。威尔逊的第一届任期以重要的劳工和银行立法为主要标志。威尔逊不同意开国元勋们关于制约和平衡的观点，这导致了一场致命的冲突，但这一点直到日后才显示出来。当欧洲国家慢慢地陷入世界大战的深渊时，威尔逊却成功地操纵美国使它置身事外。当美国进入这个历史上最为血腥的世纪时，情况将发生变化。改革者们特别渴望不要介入欧洲自相残杀的内部冲突，相信战时限制政策将意味着他们最喜爱的变化希望的终结。当然，变化还是来临了，但这并非他们所寻求的那种变化。

## 1."一场辉煌的小战争"

夜晚，西奥多·罗斯福局长昂首阔步地走在纽约市的街道上。作为纽约市警察总局最显赫的官员，他因对那些没有切实履行其职责的"纽约警察"进行了突然袭击而树立了自己的声望。为了确保他的夜间巡逻不会被报纸忽略，西奥多·罗斯福带上了他的朋友雅各布·里斯（Jacob Riis），一个来自丹麦的犹太移民。里斯是一个因主张改革而闻名的记者。

一天深夜，在一家饭馆外面，罗斯福和里斯看到一位店主不耐烦地用他的手杖敲打着街面。店主愤怒地咆哮着："警察都在哪儿睡觉呢？"他不知道，正听自己说话的那个人就是纽约市警察总局的局长。[1]

公众喜欢阅读他们这位夜巡"警官"的冒险故事。他们模仿巴格达那位身着伪装在公众中巡行的著名维齐尔\*的名字,把西奥多·罗斯福称为"哈伦·艾尔·拉什德·罗斯福"(Haroun al Rashid Roosevelt)²。但是他并非经常受到其下属的热爱。被罗斯福滑稽模仿的那些睡着了的警官们力图报复。一天晚上,他们突袭了一个社交晚餐会,芝加哥哥伦比亚博览会的一个异国舞蹈演员"小埃及"计划在会上表演。据说罗斯福也出席了这个晚餐会,他们希望能够当场抓住他。然而,只有这一次,罗斯福局长在他的纽约官邸里睡着了。当被告知那些企图报复的警察们想让他出丑时,西奥多·罗斯福放声大笑。他整晚都和妻子伊迪斯以及他们幼小的孩子们在一起。

当他的朋友声称一个德国牧师——一个臭名昭著的反犹主义者——将被允许在纽约市发表演说的时候,杰克\*\*·里斯感到震惊。毕竟,泰迪\*\*\*是言论自由的坚定支持者。但是为了表达他自己对这位演讲者所传达的内容充满憎恨的感情,西奥多·罗斯福从纽约市警察总局精心提供了一支庞大的、由身体强健的警察组成的护送队伍——他们全都是犹太人。

当威廉·麦金莱于1897年使共和党人在华盛顿重新掌权后——经过了格罗弗·克里夫兰的光荣执政之后——对于西奥多·罗斯福来说,甚至曼哈顿那不断崛起的高大建筑都显得太压抑了。他的朋友、著名的博物学者约翰·伯勒斯(John Burroughs)抓住了罗斯福的本质,他说西奥多·罗斯福是一个有着多方面兴趣的人,而且"每一方面的

---

\* 维齐尔是穆斯林政府高官的称呼。——译者注
\*\* 雅各布·里斯的昵称。——译者注
\*\*\* 西奥多·罗斯福的昵称。——译者注

## 第十三章 美国发电机——在战争的阴影下（1897—1914）

兴趣就像一块电池."³ 亨利·亚当斯（Henry Adams），两位亚当斯总统的曾孙和孙子，中肯地把西奥多·罗斯福称为"纯粹的艺术品"⁴。

西奥多·罗斯福的朋友、马萨诸塞州参议员亨利·卡伯特·洛奇（Henry Cabot Lodge）为了给这个来自达科他地区的精力充沛的牛仔，在新组成的麦金莱政府中谋取一个重要职位，积极进行游说。西奥多·罗斯福对海军事务特别感兴趣，刚刚从哈佛大学毕业，他就撰写了《1812年战争中的海军史》（*The Naval History of the War of 1812*）一书。这本书过去和现在都被认为是经典著作。罗斯福很早就相信，美国需要一支现代化的、强大的海军。他和洛奇与海军上校阿尔弗雷德·塞耶·马汉关系密切。马汉在他的巨著《海权对历史的影响》（*The Influence of Sea Power Upon History*）中声称，一个国家因控制海洋所形成的"投射力"是其世界强国地位的关键所在。西奥多·罗斯福写信给马汉说，他只用了两个晚上就"贪婪地"读完了这部巨著。⁵ 马汉的著作不仅对美国重要的思想家有说服力，而且对于英国、日本以及最不幸的、德国的重要人物也有同样影响。威廉二世狂热地阅读了这部著作，并且在每一艘德国军舰上都放了一本。⁶

麦金莱总统对于让难以控制的罗斯福加入他的内阁并不热心。他已经把海军部部长的位置许诺了懒散的约翰·朗（John Long）——一个不会"把船撞沉"的新英格兰政治家。麦金莱告诉西奥多·罗斯福的许多支持者之一说，他担心这个年轻的发电机。总统说："我想要和平，人们告诉我说你的朋友西奥多——对他我只是略有所闻——常常和每个人都发生争执。我担心他太好斗了。"⁷

如果麦金莱能够扫视一下西奥多的私人信件的话，那么他就更有充分的理由担心了。"泰迪"在当时甚至写信给朋友声称，他想征服加拿大并且把西班牙人赶出古巴！"在给姐姐芭米（Bamie）的信中，泰迪谈到了他自己对总统的感觉：麦金莱"是一个正直可敬的人，非常有能力，作为一个战士也有良好的记录……然而，他不是一个强硬的人，除非他得到足够的支持，否则在面临严重危机的时候我对他会感到相当不安的"⁹。

为了确保西奥多·罗斯福是一个忠实的共和党人，总统大发慈悲，提名这位纽约人担任海军部助理部长。这是一个决定性的举动。泰迪这块电池很快就让海军振作起来。

最近50年来，美国以越来越大的关心注视着邻国古巴情况的发展。在内战前，许多亲奴隶制的"军事冒险家们"都希望从软弱的西班牙王室手里夺取这个"安的列斯群岛（Antilles）中的珍珠"。内战之后，古巴继续实行的奴隶制成了美国吞并它的障碍。但是当寻求摆脱西班牙统治而独立的古巴叛乱者们开始进行鼓动时，美国的同情者们就全面支持这些寻求自由的起义者了。当大规模起义在1895年爆发时，数百万美国人高呼"*Cuba libre!*"（"自由古巴！"）

西班牙派出瓦莱里亚诺·韦勒（Valeriano Weyler）将军镇压起义。美国报界疯狂了。韦勒将军通过把起义地区的古巴农民围捕起来关入集中营的做法对起义者实行"焦土"战术。这种再集中政策（*reconcentrado policy*）导致了数千人因饥饿和疾病死亡。韦勒在那些"黄色报刊"（Yellow Press，因这些一美分一份的、报道耸人听闻消息的报纸所用便宜的新闻纸而得名）上受到诋毁。约瑟夫·普利策的《纽约世界报》和它的竞争对手《纽约日报》（*New York Journal*）每天都充斥了来自古巴的暴行故事。那位傲慢的年轻百万富翁，威廉·伦道夫·赫斯特（William Randolph Hearst）是《纽约日报》的所有者。赫

## 第十三章 美国发电机——在战争的阴影下（1897—1914）

斯特和普利策正在进行一场发行量的竞争，他们利用古巴发生的恐怖事件来争取读者。正如记者的一句老话所说的：哪里在流血，就去哪里。

在战争的间歇期，赫斯特把一个伟大的美国画家弗雷德里克·雷明顿（Frederic Remington）派往古巴。雷明顿打电报给赫斯特说："这里没有麻烦，也不会再有战争，我希望回国。"赫斯特很快回电："请留在那里。你只要提供绘画就行，我来提供战争。"[10] 普利策的《纽约世界报》用如下的言词煽动反西班牙情绪："路边有血、田野里有血、门口的台阶上有血，血，血，血！年老的、年轻的、体弱的、残疾人——所有这些人都被毫不留情地屠杀了……就没有一个足够明智、足够勇敢和足够强大的国家在这片浸透了鲜血的土地上恢复和平吗？"[11]

读者们被诱导相信，所有这些恐怖事件都是在韦勒将军的直接命令下发生的。当一个新内阁在马德里就职时，它企图平息古巴的风暴。韦勒被召回了。他的再集中政策也随之减缓。很快，情况表明秩序与和平将在古巴恢复。

就在这个时候，美国把"缅因"号战列舰派到了古巴的哈瓦那（Havana）。我们希望"显示美国国旗的存在"，并且让那些亲韦勒的古巴人知道，美国人是不会容忍在古巴的美国公民及其财产受到侵犯的。麦金莱总统的好朋友、参议员马克·汉纳反对这一行动。他认为这是不必要的挑衅。他说，这就"好像仅仅为了寻开心，而在一口油井里划火柴一样"[12]。

赫斯特报系截获并发表了西班牙驻华盛顿公使迪普伊·德·洛美（Dupuy de löme）写的一封信。在外交上最不策略的一场骚乱爆发了。现在，所有的美国人都能读到德·洛美对于麦金莱致国会咨文的非常消极的评论了。这位倒霉的公使说，咨文表明了"麦金莱是什么东西，一个软弱无能只会讨群众欢心的人"[13]。这话并不比许多美国批评家对这位温和的总统所作的评论更为难听，但是对于美国人来说，这话出自一个外国人之口却是不可容忍的。很快，这位不幸的德·洛美先生就卷铺盖回国了。

麦金莱总统并不想仓促地参战。他甚至拿这件事和他的白宫医生开玩笑。陆军上校伦纳德·伍德（Leonard Wood）是西奥多·罗斯福的一个好朋友。麦金莱说："那么，你和西奥多宣战了吗？""没有，总统先生，不过我们认为你会宣战的。"[14]

德·洛美刚离开美国前往西班牙，就从哈瓦那传来了恐怖的消息。美国海军"缅因"号战舰在港内发生了爆炸，夺走了许多美国人的生命。250多个水手当场死亡，还有更多的人可能因烧伤和其他伤势而死。"黄色报刊"发狂了。全国范围内赫斯特报系的报纸都在狂叫："缅因舰是背信弃义的西班牙人炸毁的。"[15]

西奥多·罗斯福没有等待海军官方的调查结果就决心采取行动。当感到身体不适的海军部部长朗在星期五下午离开时，代理部长罗斯福立刻打电报给乔治·杜威（George Dewey）海军准将，命令海军亚洲分舰队：

> 杜威，香港：命令分舰队……开往香港。加足煤。在对西班牙宣战的情况下，你的任务将是确保西班牙分舰队不能离开亚洲海岸，然后对菲律宾群岛采取进攻行动。留下"奥林匹亚"号直到获得进一步的命令。
>
> 罗斯福[16]

## 第十三章 美国发电机——在战争的阴影下（1897—1914）

国会议员们强烈要求麦金莱对西班牙宣战。一个参议员向国务卿咆哮道："你的总统不知道宣战权在谁的手上吗？"[17]这使麦金莱政府面临一种危险的前景，不管总统是否要求，国会都将宣战。没有什么会比这种情况使得总统看上去更加软弱无能了。更糟的是，总统在1896年打败的竞选对手威廉·詹宁斯·布赖恩正在大声疾呼：要求"解放古巴和自由铸造银币"。如果麦金莱不能采取行动，民主党人会不会仅仅为了政治上的好处就接过古巴独立的目标呢？[18]赫斯特的《纽约世界报》*上刊登的一幅漫画把麦金莱描绘成一个坚决的老妇人，徒劳无益地试图用她的扫帚平息风浪。在狂风上贴着"人民"的标签，而在巨浪上则贴着"国会"的标签。[19]

西奥多·罗斯福对于总统未能公开宣战极为反感。"麦金莱的脊梁不会比一块巧克力蛋糕更硬！"泰迪叫嚷着。[20]当海军调查委员会正式报告说，是一枚来自外界的潜艇水雷导致了"缅因"号的爆炸时，它并没有指明是西班牙干的。它也不必指名。在全国范围，呼声已经高涨：

记住"缅因"号
杀死西班牙人！[21] **

华尔街并不想要战争。大多数欧洲国家认为美国可能战败。商业领导人对美国在古巴的主要投资感到担心。罗斯福大胆地与汉纳参议

---

\* 原文如此，《纽约世界报》应为普利策的报纸。——译者注
\*\* 1976年由海曼·G.里科弗海军上将进行调查，得出的结论是，"缅因"号战列舰是由于舰内煤炭自燃而被摧毁的。

员进行对抗。汉纳,这个华尔街在国会的代理人坚决反对战争。西奥多·罗斯福在华盛顿进行的一次演讲中说,"我们将为了古巴的自由而进行这次战争,商业界和金融家的利益在参议院中可能是十分重要的",但是美国人民关心的是道义。"现在,参议员,"罗斯福直接向汉纳发问,"请问我们能宣战了吗?"[22]

泰迪的顶头上司,海军部部长朗,本来希望通过让他参加总统的内阁会议来限制他。但是西奥多·罗斯福却就对西班牙作战的必要性问题对年迈的内阁成员们做了一通训话。即使如此,善良的麦金莱仍然犹豫不决。"我曾经经历过一次战争,"这位内战时期的老兵英雄说,"我曾经看到过堆积如山的死尸,我可不想看到另一次战争。"[23]

马德里的西班牙政府力图避免战争,它作出了为时过晚的让步。然而,西班牙人民却敌视与那些美国"猪"的任何妥协。

麦金莱在反对战争方面并不孤独。一群有影响的美国人雄辩地大声疾呼反对帝国主义。马克·吐温机智地对沙文主义者的要求大肆嘲讽,爱尔兰裔美国幽默作家芬利·彼得·邓恩(Finley Peter Dunne)也是如此。工业家安德鲁·卡内基和受人尊敬的原"骑墙派"代表卡尔·舒尔茨都批评匆忙宣战的行动。有影响的众议院议长、来自缅因州的共和党人托马斯·B. 里德(Thomas B. Reed)也反对向西班牙宣战。西奥多·罗斯福把这些人嘲笑成"政治改良派"(goo goos),这是对这些支持"好政府"的思想高尚之人的一个不讨人喜欢的称呼。

泰迪对他的姐姐芭米承认,他是"有些沙文主义"。实际上,在美国没有沙文主义者。然而,决定这个国家命运的是佛蒙特州参议员雷德菲尔德·普罗克特(Redfield Proctor)的演说。这位经验丰富和高度受人尊敬的普罗克特参议员并非沙文主义者,他去过古巴。他采

## 第十三章 美国发电机——在战争的阴影下（1897—1914）

用一种平静的和深思熟虑的语气在参议院发表的演说改变了人们的思想。他确认了那些有关暴行的故事是真的。那里的人民"像猪一样生活着，像苍蝇一样死去"。"对我来说，最有力的呼吁并不是韦勒将军的野蛮行径，也不是'缅因'舰的损失……而是（古巴）那150万人民为了争取自由和从我所知道的最坏的暴政下解脱出来而斗争的景象。"[24]

里德议长嘲讽地说普罗克特支持战争的姿态至少对他们家的生意有好处（普罗克特家族在佛蒙特拥有一家大理石公司，它可以制造墓碑）。[25] 但无论是里德还是总统都无法再坚持下去。国会很快投票支持战争。

助理海军部部长罗斯福迅速辞职。亨利·亚当斯惊得目瞪口呆。"他的妻子去世了吗？他和每一个人都吵架了吗？还是他彻底疯了？"[26] 西奥多决心参加战斗。西奥多·罗斯福说他"必须按照我鼓吹的原则行事"[27]。虽然他既勇敢又强壮，但是今天的军队是绝不可能接受西奥多·罗斯福的。不仅是因为他儿时得过哮喘，还因为他的视力实在太差，如果没有眼镜的话，他几乎就是个瞎子。他已年近40。不管怎样，泰迪和他的朋友伦纳德·伍德一起，很快就招募了一群志愿者。

泰迪接受了中校的任命，成为他和伍德上校拉起来的那个团的副指挥官。泰迪召集了他在常春藤联盟中的所有朋友，在达科他地区的牛仔伙伴，以及来自大草原的印第安战士。很快，这个团就得到了"义勇骑兵团"的外号。西奥多·罗斯福后来把他们描述为"印第安人和牛仔、矿工、包装工人和大学运动员、来自西部平原的不明血统者以及纽约人"[28]。

然而，在义勇骑兵团到达古巴之前，海军就已经在菲律宾对西班牙展开作战行动了。没有人认为美国人能够打败西班牙人。当美国军舰在香港起锚的时候，他们的英国主人这样说他们："一群好小伙子，但不愉快的是，我们将再也看不见他们了。"29 杜威海军准将在马尼拉湾发动了猛烈攻击。在1898年5月1日突然出现在西班牙舰队面前时，杜威向美国海军"奥林匹亚"号的舰长查尔斯·V.格里德利（Charles V.Gridley）下命令说："准备好了就可以开火，格里德利。"格里德利已经准备好了，横行全球4个世纪的西班牙舰队在几分钟内就被摧毁了。\* 在"奥林匹亚"号的甲板下面，温度高达华氏150度。即使如此，水手们仍然士气高昂。他们脱得一丝不挂，只穿着鞋子，并且唱着当时流行的爵士小调："今晚在那个古老的小镇上将有一段火热的时光。"30 \*\*

当义勇骑兵团在古巴登陆时，他们很快就发现战争并非游戏。对抗他们的西班牙士兵训练有素，纪律严明，并且是优秀的射手。他们装备了7×57毫米口径的德国毛瑟枪，这是当时世界上最好的步枪。西奥多·罗斯福说，毛瑟枪的声音听起来就像"撕裂绸子"一样。31 最危险的是毛瑟枪使用的是无烟火药，那些躲藏在稠密的矮树丛里的射手很难被发现。1898年7月1日，义勇骑兵团在圣胡安山（San Juan Hill）投入了战斗。当后撤的西班牙士兵变成

---

\* 格里德利舰长没有机会享受他那世界性的名誉了。在这次伟大胜利后不到一个月，他在日本神户病故。为纪念他，此后一系列海军舰只都以他的名字命名。约翰·克里（John Kerry）所服役的、在越南沿海执行任务的美国海军"格里德利"号驱逐舰就是其中一艘。

\*\* 美国人在马尼拉湾的胜利将开始美国海军与菲律宾漫长的合作历史。许多美国水手能够前往狂野的自由港阿朗戈波城（Alongopo City）。它是亚洲最臭名昭著的酒馆和妓院的所在地。不过公平地说，这个"波镇"（Po Town）也是美国士兵服役期间某些持续时间最长的婚姻的家乡。

第十三章　美国发电机——在战争的阴影下（1897—1914）

溃逃时，陆军将军"战斗的乔"·惠勒（"Fighting Joe"Wheeler），一个南部邦联军队中的老兵，激动地喊道："我们打跑了这些该死的北方佬！"³²

第一个阵亡的义勇骑兵团士兵是纽约人小汉密尔顿·菲什（Hamilton Fish Jr.）。他是U.S.格兰特政府杰出的国务卿萨金特·菲什（Sergeant Fish）的外甥和同名人，也是西奥多·罗斯福所招募的那些富有魅力的"第五大街男孩"中的一员。³³B.F.古德里奇（B.F.Goodrich）和珠宝商的儿子比尔·蒂凡尼（Bill Tiffany）是这场战争中的另外两个著名的幸存者。弗兰克·诺克斯（Frank Knox）一直活到在西奥多·罗斯福的堂侄富兰克林的政府中担任海军部部长。

义勇骑兵团中的另一个名人是布基·奥尼尔（Bucky O'Neill）。奥尼尔曾经与印第安人战斗过，还作为亚利桑那州普雷斯科特（Prescott）的治安官追捕过罪犯。他一边抽着永不离嘴的雪茄，一边大叫说能够杀死他的西班牙子弹还没有造出来呢。就在这时，一颗德国毛瑟枪子弹从他的嘴里打了进去，炸飞了他的后脑勺。³⁴

这场战争最富喜剧性的是，一旦美国人到达了古巴，他们就发现战争的真实一面了。巨大的陆地蟹就像秃鹰一样在撕扯着尸体。³⁵在对圣胡安山的进攻中，罗斯福中校嘲讽那些蹲下来躲避子弹的正规军士兵。"我骑在马上都不害怕，你站着还害怕吗？"他问道。可是，当一名蜷伏着的士兵直起身来的时候，这个可怜虫立刻被一个瞄得很准的西班牙射手击倒了。³⁶很快，西奥多·罗斯福就意识到，最好还是从他那匹得克萨斯马上下来，步行前进。

484

在偶然遇到了一支后撤的正规军黑人连队时，罗斯福掏出了他的左轮手枪威胁说要毙了他们。他说，如果他们怀疑他的话，他们可以问问他的士兵,他是否说话算话。西奥多·罗斯福在他的畅销书《义勇骑兵团》中写道:"我的牧牛人、猎手和矿工们全都点着头说……'他经常这么做,他经常这么做'。"37

西奥多·罗斯福不知道这些黑人士兵实际上是奉命后撤的。这些坚强的士兵已经在平原地区的作战中以"布法罗战士"而闻名。他们善意地加入了罗斯福对圣胡安山的进攻——并且也分享了他的胜利所带来的不朽荣誉。泰迪在圣胡安山的那个"拥挤的时刻"使得他名闻全国。在他一生中余下的日子里,罗斯福就以义勇骑兵团而闻名。这位中年丈夫和父亲、坐办公室的官僚,在白热化的战斗中证明了自己。

战争很快地持续下去。美国人在海上获得了可以和陆上相提并论的胜利。当"战斗的鲍勃"·埃文斯("Fighting Bob" Evans)的旗舰、美国海军"爱荷华"号战列舰,在古巴的圣地亚哥遭遇并摧毁了西班牙舰队时,他的士兵们高声欢呼起来。埃文斯上校下令:"孩子们,不要欢呼,那些可怜人快要死了!"38 西班牙海军上将塞韦拉(Cervera)的舰队也被证明是非常杰出的。那些甲板被擦得纤尘不染,黄铜配件也闪闪发光的军舰,冒着"爱荷华"号的致命火力发动了猛烈进攻。虽然存在着关于西班牙人懦弱的各种愚蠢的言论,可是美国人还是对西班牙那些老式军舰上注定要失败的士兵们的勇气表示了巨大的尊敬。

在半个世界之外,美国人非常感激地接受了英国的干涉。当杜威海军准将于8月13日炮击马尼拉的西班牙海岸阵地时,一支英国皇家海军分舰队插入了美国舰队和企图干扰美军攻击的德国小舰队之间。这些德国战舰实际上是在拿美国军舰训练它们的火炮!因为不愿意冒同时与英国人和美国人作战的风险,德国指挥官后退了。

第十三章 美国发电机——在战争的阴影下（1897—1914）

在美西战争期间，英国是唯一公开支持美国的欧洲强国。年轻的温斯顿·丘吉尔（Winston Churchill）当时是战地记者。他说道："美国人应该为他们在古巴的行动而受到尊敬……尽管作为一个国家……他们经常表现出厌恶那些有教养的人民。但他们的心是真诚的。"[39] 这些话代表了许多英国人的观点。英国也有它自己的政治改良派。美国驻伦敦公使约翰·海（John Hay）努力工作以争取英国对美国立场的支持。在年轻的时候，海曾经担任过林肯的秘书。当时，他曾经目睹过战争带来的恐怖。现在，他把西奥多·罗斯福的计划称为"一场辉煌的小战争"[40]。对于损失了50 000人——2000人阵亡，其余的病死——的西班牙来说，这是一次痛苦的经历。对于美国而言，385人阵亡和2 000人病死，则是这个国家崛起为世界强国所付出的代价。[41]

麦金莱总统现在面临决定应该如何处理美国的征服地的困难任务。古巴的独立将得到承认。这是肯定的。但是关岛、波多黎各和菲律宾怎么办呢？特别是在菲律宾问题上，麦金莱经历了激烈的内心斗争。他告诉一个卫理公会的代表说，他虔诚地相信，他的责任是"把它们全部接收过来并且教育这些菲律宾人，促进他们的进步，使他们文明开化和信仰基督教"[42]。经过西班牙3个世纪的统治，大多数菲律宾人已经成为基督徒了。[43] 很快，美国人在那里就会碰到与他们自己斗争的起义者了。麦金莱的决定被广泛批评为帝国主义攫取霸权的行动。真相是，在1898年菲律宾群岛很有可能落入德国或日本的手中。至少在美国的统治下，他们还有独立的许诺。作为额外的收获，麦金莱还抓住时机吞并了夏威夷群岛。

"日本人的眼睛已经盯住了它们。"他告诉一个助手说。[44] 洛奇参议员和马汉海军上校，还有其他人，已经说服总统相信，在现代这个庞大的铁甲舰队的世界中,夏威夷对于保卫加利福尼亚来说是必要的。

## 2. 义勇骑兵团政治

罗斯福上校和他的义勇骑兵团回到了长岛东端的蒙托克(Montauk),他们即将"退役"。在经过了一个短暂的荣誉服役期之后,他们光荣地退伍了。麦金莱总统亲自前往那里欢迎这些凯旋的英雄。西奥多·罗斯福跳下马背,努力摘下他的手套,和总司令握手。最后,在用尽一切努力都无法摘下手套之后,他用牙咬住手套猛拽下了它,这样他才能和总司令握手。那些显眼的牙齿、夹鼻眼镜、宽边软帽——所有这些都构成了传奇的材料和漫画家喜欢的素材。尽管他不喜欢外号,但是罗斯福对于整个国家来说都是"泰迪"[45]。义勇骑兵团送了他一座弗雷德里克·雷明顿(Frederic Remington)做的一幅"牛仔"雕像,并且流着眼泪向他告别。[46]

从政治上来说,西奥多·罗斯福回来的时机再有利不过了。托马斯·普拉特(Thomas Platt)参议员因为他温和的言论而被称为纽约的温和党魁(New York's Easy Boss)。如果共和党人再次提名他们那受到丑闻牵连的州长弗兰克·布莱克(Frank Black)参加州长竞选的话,他似乎注定要失败。布莱克的州政府无法解释用于维修伊利运河的那100万美元是怎样被滥用的。[47]普拉特不愿意抛弃一个忠诚的共和党人,但是他更不愿意失败。西奥多谦恭地前往普拉特位于曼哈顿第五大街旅馆(Fifth Avenue Hotel)的总部。在那里,普拉特与他的忠实支持者们举行会议。这些人被称为虔诚的教友(Amen Corner)。泰迪走到他面前,表示他能够合作。普拉特坚持要泰迪拒绝那些狂热的改革者

第十三章　美国发电机——在战争的阴影下（1897—1914）

们让他作为独立候选人竞选州长的呼吁。作为回报，这位参议员将把共和党的州长候选人提名给予这位义勇骑兵团的成员。

泰迪面带胜利的微笑表示同意。[48] 秋天的竞选是一场喧嚣的混乱。泰迪在他的火车、罗斯福专列的车尾处出现。他挥舞着他的军帽，并且被一群用喇叭大声广播他的演说的义勇骑兵团成员所包围。他的一个军士、南方人巴克·泰勒（Buck Taylor）高兴地告诉一群人："他履行了对我们作出的每一个诺言，对你们也是这样……他就像把一群绵羊带到屠宰场去那样领导我们登上了圣胡安山——他也会这样领导你们！"[49]

尽管他受到的支持程度是令人怀疑的，不过泰迪还是赢得了州长竞选——只是优势很微弱。该州共和党人的腐败行动还没有被人们忘却。在超过 130 万张选票中，西奥多·罗斯福只赢得了 18 000 票的多数。[50] 但是他毕竟赢了，而且通过这次胜利，他把关键的纽约州保留在共和党人的手中。这是至关重要的。麦金莱总统在对"这位上校"表示祝贺时，肯定是大大地松了一口气。当他在 1900 年谋求连任时，他需要纽约州的选举人票。

在中期，总统再次当选的前景看起来并不那么美好。获得一个海外帝国被证明是困难的——与西班牙人的统治相比，菲律宾起义者并不更喜欢美国人的统治。在镇压埃米利奥·阿奎纳多（Emilio Aguinaldo）的民族主义力量的战斗中，美国士兵们正在遭受伤亡。美国陆军被证明对这样的小战争完全缺乏准备。人们对麦金莱总统那个不称职的陆军部部长拉塞尔·阿尔杰（Russell Alger）的批评日益高涨。当西奥多·罗斯福私人拜访这位部长，希望他能够在一份购买武器的请求上签字时，部长的一个助手长叹道："上帝啊！我曾经把这个职

位管理得如此之好——随着战争的到来,一切都乱套了!"⁵¹

麦金莱政府为使参议院批准结束这场短暂战争的巴黎条约煞费苦心。麦金莱小心地派出了一个由民主党和共和党组成的混合代表团前往巴黎进行和谈。但是很明显,如果把获得菲律宾的问题与结束战争的问题分开来投票的话,它可能遭到失败。参议员亨利·卡伯特·洛奇写信给西奥多·罗斯福说:"这是我所知道的力量对比最接近、最困难的斗争。"⁵²

在一次关键性的投票中,政府甚至不得不使用副总统加雷特·A.霍巴特(Garrett A.Hobart)打破僵局的一票。这是这位副总统最后的官方行动。他于1899年11月去世,留下了一个至关重要的岗位有待填补。*

如果没有威廉·詹宁斯·布赖恩的支持,在和约问题上进行的斗争本来是会遭到失败的。布赖恩曾经是1896年的民主党总统候选人。现在,由于布赖恩的支持,参议院中的10名民主党议员投票赞成批准和约。⁵³马萨诸塞州的共和党参议员乔治·霍尔(George Hoar)企图把条约得到批准归咎于布赖恩。霍尔写信给他的同事贝·斯泰特尔(Bay Stater)和反对帝国主义联盟(Anti—Imperialist League)的主席乔治·鲍特韦尔(George Boutwell)抱怨布赖恩"是这整个菲律宾交易中美国罪行最大的人"⁵⁴。鲍特韦尔和霍尔这两个共和党"坚定的老党员"是直言不讳的反对帝国主义者,这表明在美国在世界扮演新的角色问题上,两大政党已经分裂到了什么程度。

---

\* 只有在参议院出现僵局的时候副总统才能投票。在宪法第25条修正案出现之前,当副总统去世或辞职时,这个第二号职位就会出现空缺。

## 第十三章 美国发电机——在战争的阴影下(1897—1914)

取笑帝国主义的要求是容易的。英国诗人拉迪亚德·吉卜林（Rudyard Kipling）建议我们"挑起白种人的重担"。不了解情况的人民则在谈论"使菲律宾变得文明开化"。这些思想在今天的我们听来是荒谬可笑的。但是，美国的干涉在一个重要的方面使古巴人的生活发生了巨大变化。恐怖的黄热病夺走了那里成千上万条生命。美国军队、西班牙军队、当地的古巴人都深受其害。当美国陆军军医沃尔特·里德（Walter Reed）对致病原因进行调查的时候，他从古巴医生卡洛斯·芬莱（Carlos Finlay）的工作中学到了东西。芬莱医生的研究表明，蚊子携带这种病菌。里德医生向西奥多·罗斯福的老上司伦纳德·伍德（Leonard Wood）将军提出建议，消灭病菌的携带者。伍德将军接受了这一挑战并且对这种昆虫发动了"战争"。到1901年，哈瓦那已经摆脱了这种致命的疾病。[55]

在菲律宾方面，美国的统治将证明是短暂的。西班牙400年的殖民统治并没有使菲律宾人建立起自治政府。从后来在太平洋发生的事件来看，尤其是第二次世界大战日本占领的那漫长而又残酷的3年，美国在保护和指导菲律宾人方面所起的作用，构成了我们与那个国家持久友谊的基础。

在另一方面，美国新建立的威望也给其他国家带来了好处。麦金莱从英国召回了约翰·海担任美国国务卿。海仔细研究了中国日益增长的骚乱状况并且看到欧洲的帝国主义列强——以及日本——渴望瓜分这个古老的中央帝国。1899年，海向列强分发了一封信件，呼吁它们防止这个国家的进一步分裂并且平等对待中国的所有贸易伙伴。这被称为"门户开放政策"，海也因此而闻名。

然而，海的高尚感情却被一小群中国人错误地理解了。一些年轻好斗的习武者们掀起了义和团运动。他们希望彻底驱逐"外国魔鬼"。欧洲人将他们称为拳民（boxer），他们在 1900 年的血腥行动则被称为义和团叛乱（Boxer Rebellion）。当义和团在北京包围外国使馆的时候，几千基督教传教士和中国基督徒遭到屠杀。在八国联军最终挽救了外交官和其他西方人之后，义和团运动被残酷镇压下去了。在全世界，黄色报刊的读者们在看到中国式金字塔的时候被吓得目瞪口呆。但是这个金字塔是用义和团员被砍下的头颅堆成的。当德皇威廉二世命令他的军队——八国联军的一部分——用古代"匈奴人"的残暴去镇压义和团的时候，全世界同样战栗不已。德国士兵将再也无法摆脱这个称号。

在 1900 年大选面前，共和党人力图把公众的注意力转移到"满满的饭碗"这一繁荣景象上来。为了填补副总统的空缺，他们提名西奥多·罗斯福州长。那位温和的党魁汤姆·普拉特很快就对待在奥尔巴尼的罗斯福感到厌倦，并企图通过"把他踢上楼梯"来摆脱他。

民主党人再次挑选了威廉·詹宁斯·布赖恩。这次，布赖恩又一次转变了立场，以反对帝国主义的名义进行竞选。著名的亚当斯家族的另一个成员，小查尔斯·弗朗西斯·亚当斯（Charles Francis Adams Jr.）对于麦金莱评价不高，但是他更不喜欢布赖恩："他是一个只会大量引用圣经的人，因为他毫无疑问有一张驴子一样的嘴。他讲话的时间比任何一个基督徒都长，但是讲出来的内容却比他们都少。"[56]

布赖恩再次进行在各个小城镇作短暂停留的旅行，乘火车在全国进行巡回演说。

然而，这一次，共和党人派出了西奥多·罗斯福和这个被称为伟大的平民（Great Commoner）的人进行对抗。泰迪的公众吸引力被证

第十三章　美国发电机——在战争的阴影下（1897—1914）

明可以与布赖恩媲美。泰迪头戴义勇骑兵团军帽进行竞选，在听众中引起了狂热的欢呼。布赖恩的自由铸造银币问题这一次在全国吸引不了多少公众的注意，因为育空（Yukon）和南非已经发现了黄金。这些"冲击"带来了大量的额外财富，一些自由铸造银币的鼓吹者已经能够忍受这些贵金属了。当投票结果最终被计算出来时，共和党人赢得了一边倒的胜利。麦金莱比他 1896 年的表现有所改进，赢得了 720 万张普选票（292 张选举人票），布赖恩获得了 630 万张普选票（155 张选举人票）。

在 1901 年 3 月 4 日麦金莱总统就职典礼上，纽约的党魁普拉特开玩笑说，他是来看"西奥多做修女的"[57]。然而，西奥多·罗斯福进的可不是女修道院。6 个月后，那位好心的麦金莱总统去参观在纽约州布法罗召开的泛美博览会（Pan American Exposition），他受到了祝福者们的热烈欢呼。他向一个手包着绷带的年轻人友善地伸出手去。无政府主义者利昂·乔尔戈什（Leon Czolgosz）连开两枪，击中了总统的胸部和腹部。*当秘密警察们用拳头狠揍这个暗杀者的时候，受伤的总统喊道："对他好一点儿，孩子们。"有一段时间，总统似乎逐渐康复了。医生的报告是如此鼓舞人心，以至于他那位勇敢的副总统认为，现在可以安心离开一段时间去休养了。他出发去攀登纽约的最高峰马西山（Mount Marcy）。马西山在靠近佛蒙特州边界的埃塞克斯县（Essex County）内，靠近云泪湖（Lake Tear of the Clouds）。突然，在他的下方，西奥多·罗斯福看到一个护林员向

---

\* 乔尔戈什很快就受到审判，被宣告有罪，并判处在纽约的新电椅上执行死刑。总统去世不到 5 周之后，他于 1901 年 10 月 20 日被处死。电椅是托马斯·爱迪生的一个不那么宜人的发明。

他跑来，手里挥舞着一张黄色的电报纸。泰迪知道这意味着什么。[58]他跳下四轮马车，疯狂地冲向火车站。一辆专列飞快地把他从布法罗以西 400 英里的地方，送到罗斯福的富有的朋友威尔科克斯夫妇（Wilcoxes）的豪宅中，罗斯福在那里就任总统。此时离他 43 岁的生日只差几周，他成了美国历史上最年轻的总统。

在总统的葬礼专列上，参议员马克·汉纳悲伤地回忆起和他这位最亲密的朋友之间的谈话："我告诉威廉·麦金莱，（在去年夏天费城举行的共和党全国代表大会上）提名这个粗野的人是个错误。我问他是否认识到如果他去世的话会发生什么事情。现在看吧，这个该死的牛仔成为美国总统了！"[59]

### 3. 西奥多·罗斯福在白宫

现在我们已经如此习惯于用白宫来指代总统职位了，以至于很难相信，在一个多世纪前这个总统官邸的官方名称是行政官邸（Executive Mansion）。但是西奥多·罗斯福不会让这个名称持续很久。在一份公告中，他把这座建筑物改名为白宫（White House）。这是罗斯福给总统职位带来的急剧变化之一。当然，他领导这个国家度过了对麦金莱去世所表示出的深切而真诚的哀悼期。但是，他并没有让这一悲剧延缓他的步伐：

> 以这种方式就任总统是一件可怕的事；但是对它感到害怕是更糟糕的事。这是一项任务，而且我必须尽我所能来完成它。这就是我要做的一切。[60]

## 第十三章 美国发电机——在战争的阴影下（1897—1914）

进入白宫后不久，总统听说布克·T.华盛顿在首都。华盛顿博士是美国首屈一指的黑人学院塔斯基吉学院（Tuskegee Institute）的院长。西奥多·罗斯福毫不犹豫地邀请这位杰出的教育家赴白宫晚宴。泰迪喜欢炫耀他的南方家世。他的母亲来自佐治亚州，他的两个英勇的叔父都曾在邦联海军亚拉巴马号上服役过。但是他对于这第一次在白宫晚宴上招待一个黑人在南方激起的抗议风暴却完全没有准备。*南方报纸因为这一"最该死的暴行"而谴责总统。一个来自南卡罗来纳州的民主党参议员作出的反应甚至更为恶劣。"干草叉本"·蒂尔曼说："罗斯福总统招待那个黑人的行动，使我们有必要杀死一千个黑人，直到他们能够再次认清自己的地位。"[61] 蒂尔曼的话并非夸大。每年都有数百个南方黑人死在暴徒的私刑下。作为美国参议院永恒的耻辱，蒂尔曼并没有立刻遭到驱逐！

比这个反应更令人震惊的是，华盛顿博士尽力在避免挑战那个垄断南方统治的白人民主党。他鼓吹妥协，并且也接受了种族隔离的负担。美国最高法院在1896年对普莱西诉弗格森案（*Plessy v.Ferguson*）骇人听闻的判决中甚至批准了种族隔离。华盛顿博士的畅销书《从奴隶中崛起》（*Up from Slavery*）建议美国黑人，在要求投票和社会平等的宪法权利之前先通过教育和训练改善自己。

这一非常"温和"的立场导致像W.E.B.杜波依斯（W. E. B. DuBois）那样年轻的黑人知识分子批评布克·T.华盛顿：

---

\* 林肯总统曾经采取过一个著名的行动：邀请弗雷德里克·道格拉斯到白宫和他个别地交换意见，并且邀请他参加他的第二次就职典礼，但这是第一次邀请一个黑人参加白宫晚宴。有讽刺意味的是，白宫领班也是一个黑人，他对此似乎并不赞成。

但是，只要华盛顿先生还在为不公正辩护，只要北方或南方没有正确评价选举的权利和责任，只要他们仍然无视种族隔离削弱了社会活力的效果，并且继续反对黑人接受更高级的训练和我们更聪明的头脑所抱有的野心——只要他、南方或者这个国家，还在这样做——我们就必须不停地坚决反对他们。我们必须通过一切文明的与和平的手段争取这个世界所赋予人类的权利，毫不动摇地坚持那些开国元勋的子孙们乐于忘却的伟大话语："我们认为下列真理是不言自明的：人人生而平等；造物主赋予他们若干不可剥夺的权利，其中包括生命权、自由权和追求幸福的权利。"

为了强调"政府的持续性"，西奥多·罗斯福要求许多麦金莱的内阁成员继续留任。他特别希望国务卿约翰·海留下来。西奥多·罗斯福的父亲在林肯总统任期内就认识海。当老西奥多提出为联邦士兵提供保险金主张的时候，海立刻把这个高尚的人引见给总统，林肯马上就批准了这个想法。\*现在，当年林肯白宫里的这个瘦弱的年轻人已经变成了一个健壮的、诙谐的、明智的政治家了。西奥多·罗斯福把他作为这个家族的一个老朋友看待。他希望约翰·海利用他在英国的上层联系，在中美洲运河问题上为美国谈判出一个更好的条约来。海获得了杰出的成就。根据 1901 年的《海—庞斯福德条约》（Hay—Pauncefote Treaty），现在美国可以在谈判、修建和防御一条横贯地峡的运河方面自由行事了。[62]（海拒绝对那些他称之为连字符的美国人

---

\* 在林肯接受罗斯福的保险金体系之前，已经有数以千计的北方家庭处于贫困之中。他们的年轻人把军饷浪费在昂贵的小吃、威士忌、赌博和嫖妓上。罗斯福的制度——至今仍在使用——允许这些人在发军饷之前，就把这些现金寄到他们家中，给他们贫穷的家人。

第十三章　美国发电机——在战争的阴影下（1897—1914）

给予任何注意。这毫不掩饰地是在指，反英的德裔和爱尔兰裔美国人。[63]）西奥多·罗斯福企图利用这一自由行事的权利来修建一条连接大西洋和太平洋的美国运河。

对罗斯福总统职位的另一个巨大考验发生在1902年，当时美国矿工联合会号召举行一次全国性的罢工反对无烟煤的矿主。这个国家完全依赖于煤矿，家庭、工厂以及公共建筑都依靠煤来取暖，火车和蒸汽船都靠煤来驱动。没有煤，这个国家将陷于瘫痪。

西奥多·罗斯福把矿主们召到白宫与约翰·米切尔（John Mitchell）和其他工会领导人会谈。"您是要求我们与一群歹徒会谈吗？"矿主团体的约翰·马克尔（John Markle）问道。[64]泰迪被激怒了，他这样评价马克尔的傲慢态度："如果我不是处于如此高的职位上，我可能会一手抓住他的屁股，一手抓住他的后脖颈子，并且把他从窗户扔出去！"[65]矿主们的态度在很快被泄露出去的乔治·贝尔（George Baer）的一封信中典型表现出来："劳工的权利和利益将会得到保护和关注，这些不是来自那些劳工煽动者们，而是来自那些被上帝明智地赋予管理这个国家财产利益的基督徒们。"[66]这种关于上帝意图的独断观点，使得矿主们作为一个群体在公众面前显得荒谬可笑。

矿工们罢工反对恶劣的工作环境。正如欧文·斯通（Irving Stone）在他关于激进律师克拉伦斯·达罗（Clarence Darrow）的传记中所写的那样："每年在1000个矿工中就有6人死亡；数百人由于爆炸和塌方致残；只有少数人能够免受哮喘、支气管炎、慢性风湿病、肺病和心脏病的折磨。在50岁时，矿工们就已经耗尽了精力，除了在矿渣场干活外，他们几乎不能从事其他任何工作。"[67]

当鞋带或衬衫袖子被碎煤机的齿轮卷住的时候，矿工们所面临的最恐怖的险境之一就出现了,他们会被卷入机器,慢慢地极度痛苦地死去。矿主代表乔治·贝尔完全否认矿工们遭受的痛苦:"为什么,他们甚至都不会说英语!"[68] 也许,泰迪会同意美国矿工联合会主席约翰·米切尔的意见,因为他对自己还是一个多病的、深受哮喘折磨的男孩时,挣扎着呼吸的情况记忆犹新。

西奥多·罗斯福把他的佩剑弄得咔咔作响(这是一件他喜欢做的事情)。他让人们知道,他正在考虑接管煤矿并且由军队来运行它们。

因为担心他可能鲁莽地作出类似举动,矿主们很快就同意建立一个仲裁小组解决问题。西奥多·罗斯福迅速任命了天主教的约翰·斯波尔汀主教(Bishop John Spalding)加入仲裁小组。大量天主教的矿工们信任他们的主教。另外,西奥多·罗斯福还起用了愿意接受这一工作的前总统、民主党人格罗弗·克里夫兰。很快,矿工和矿主们就达成了妥协,这个国家得到了挽救,免于瘫痪。这是总统"以权势压服对手"(jawboning)的第一个例子,也是罗斯福第一个伟大的成就。

西奥多·罗斯福并没有忘记南方对于他邀请华盛顿博士作出的激烈反应,他决定前往母亲的故乡做一次狩猎旅行。他希望修补好这个政治篱笆。因为西奥多·罗斯福已经接到了许多死亡威胁以及最近麦金莱遭到暗杀的事件,当他前往"早有准备的"南方时,秘密警察神经质地加强了对这位纽约总统的保护。* 然而,因为西奥多·罗斯福一再毫无收获,这次旅行变成了一次令人尴尬的失败。最后,西奥多·罗斯福的密西西比主人围住了一只小黑熊,打伤了它,并赶紧叫总统过

---

* 在1901年威廉·麦金莱总统被暗杀之后,他是35年内第3位被暗杀的行政首脑,国会投票决定向总统及其家庭提供秘密警察保护。不安分的罗斯福家族为他们的秘密警察工作制订了细致的计划。

## 第十三章 美国发电机——在战争的阴影下（1897—1914）

来给它最后一枪。有运动员风度的泰迪坚决拒绝了。他很想射杀灰熊，但是他不能让自己不公正地占一只吓坏了的、落入陷阱的动物的上风。《华盛顿邮报》（Washin gton Post）的漫画家克利福德·贝里（Clifford Berry）立刻提供了一幅他称之为"在密西西比划界"的漫画。贝里希望把它作为在南方的种族之间"划界"的评论。但是这个国家完全误解了它的讽刺含义。相反，这个国家对于泰迪放过了那只可怜的小熊的宽宏大量之举感到激动不已。很快，这就变成了"泰迪熊"的故事。在那个圣诞节，纽约时髦的施瓦茨（F.A.O. Schwarz）商店摆出了一只由德国史黛夫（Steiff）玩具公司制作的漂亮的玩具熊。在布鲁克林不那么豪华的地区，莫里斯·米德姆（Morris Michtom）制作了售价仅为1.5美元的长毛绒玩具熊。[69] 一股世界范围的对"泰迪熊"的狂热立刻开始了，而且在一个世纪之后它还没有任何衰落的迹象。泰迪熊俘获了世界各地的儿童们的心。

当西奥多·罗斯福把他的注意力转向强大的铁路托拉斯时，他接着就决定调查新成立的北方证券公司（Northern Securities Company）。银行家J.皮尔庞特·摩根（J. Pierpont Morgan）买下了北方太平洋铁路公司、联合太平洋铁路公司和伯灵顿铁路公司的控制股份。董事会由摩根本人、詹姆斯·J.希尔（James J.Hill）和E.H.哈里曼（E.H.Harriman）这样的工业巨头组成。摩根被称为华尔街的太阳神。有人这样说他："哪怕是最大胆的人在他那敏锐的目光注视下也会感到害怕。"[70] 因此，当西奥多·罗斯福命令他的司法部部长菲兰德·诺克斯（Philander Knox）在联邦法院对北方证券公司提起诉讼的时候，华尔街被震动了。西奥多·罗斯福说他们违反了1890年的谢尔曼反托拉斯法。但这是什么呢？大资本家们已经习惯了联邦政府用谢尔曼法来对付工会。总统怎么敢对他们挥舞这根大棒呢?

像一座活火山似的喷吐着雪茄烟,这位太阳神来到白宫让新总统了解他的立场。"如果我们做错了什么事情的话,(只要)把你的人(司法部部长诺克斯)派来找我的人就行了,他们能够解决问题的。"[71] 西奥多·罗斯福认为,这不是买卖私人游艇或者安排交换纯种赛马。他对华尔街的这位贵族跟他讲话的方式感到吃惊。西奥多·罗斯福的反应是:"这没用。"

当罗斯福政府最终于1904年在最高法院胜诉时,西奥多·罗斯福得意洋洋。法院判决北方证券公司实际上违反了谢尔曼反托拉斯法,并且命令解散这个庞大的托拉斯。

罗斯福已经赢得了作为"托拉斯摧毁者"的名声。法院判决的唯一不足之处是西奥多·罗斯福自己任命的法官奥利弗·温德尔·霍姆斯(Olive Wendell Holmes)投票支持了少数派。西奥多·罗斯福对霍姆斯感到十分恼火。他不会是最后一个对自己的最高法院法官提名感到失望的总统,但是很少有总统比他更鲜明地表示出他们的不满:"我用香蕉都能雕刻出一个比他更有骨气的法官!"[72]

泰迪作为总统的行动始终受到美国人民的强烈欢迎,即使他没有得到他的党内领导人和他在华尔街的朋友们的欢心。即使如此,泰迪还是凭自己的性子行事。他鼓吹艰苦的生活——并且也将它付诸实践。他喜欢领着其他国家的外交官、军官和气喘吁吁的文官们穿过华盛顿的岩溪公园(Rock Creek Park)进行他很快就变得非常著名的"越野"散步。泰迪向那些正在攀爬大岩石或者越过泥泞小溪的汗流浃背的散步者们大喊:"从上面爬过去、从下面穿过去或从中间走过去,但是绝对不要绕过去!"这可以说暗示了罗斯福的统治风格。在评价

## 第十三章 美国发电机——在战争的阴影下（1897—1914）

这位总统似乎是无限的热情时，英国公使一再说："你必须记住，西奥多实际上就是一个6岁的男孩。"不是很多6岁的男孩在达科他的星光下枕着马鞍入睡时都要读《安娜·卡列尼娜》，或者对违法者穷追不舍的。西奥多·罗斯福是自从托马斯·杰斐逊入主白宫以来最爱读书、也是真正具有学者气质的总统。（尽管如此，西奥多·罗斯福还是大声谴责这位蒙蒂塞洛的贤者忽视了海军。）不过，这位英国公使的确说出了西奥多·罗斯福生龙活虎的状态，以及他对于行动和冒险的那种孩子般的喜爱。

罗斯福的家人也给西奥多·罗斯福的白宫年代留下了很多花絮。小西奥多、阿奇（Archie）、克米特（Kermit）和昆廷（Quentin）常常陷入争吵。有一次，阿奇和克米特用白宫的电梯把他们的小马阿尔冈昆（Algonquin）带上了楼。他们想让他们生病的兄弟昆廷高兴起来。另一次他们在内阁会议上放出了一条四脚王蜥。这个国家非常高兴地看到西奥多·罗斯福把他的孩子们送到了华盛顿特区的公立学校。在那里，总统的孩子们和送奶马车夫、女裁缝以及邮递员的孩子们坐在一起。当时首都的公立学校还是实行种族隔离制度的，西奥多·罗斯福在一份致国会的咨文中对这一事实表示悲痛：

> 作为一个整体，我们的人民不可能通过践踏他们自己的任何成员来取得进步。自由的公立学校让每个男孩和女孩都有能接受良好的初等教育的机会，是我们的整个政治状况的基础……对于黑人和白人来说同样如此。[73]

西奥多·罗斯福的第一个妻子生的女儿在全国被称为艾丽

丝公主。这个既任性又被惯坏了的女孩挑衅似的退了学并且学会了抽烟。当朋友们恳求他管管她的时候，西奥多暴怒地回答说："我可以管理这个国家，或者我也可以管住艾丽丝，但我不能同时管住两个。"总的来说，第一夫人伊迪丝·克米特·卡柔·罗斯福（Edith Kermit Carow Roosevelt）以她的才智、魅力和耐心管理着整个家庭。一个朋友曾经问罗斯福夫人，当她看见西奥多·罗斯福在纽约奥伊斯特贝庄园（Oyster Bay）萨加玛山（Sagamore Hill）的家中自豪地摆弄猎物的獠牙、头颅和兽皮时，她有多么惊奇。罗斯福夫人宽容地告诉她的朋友，她只允许在餐厅中放置动物标本。那个位置在这位夫人的座椅的背后，这样她就看不到它们了。罗斯福夫人确保白宫是一个真正的文化中心。当时华盛顿特区只有歌舞杂耍剧场，白宫的文化氛围就是一个重要的成就了。

### 4. 西奥多·罗斯福和公平对待

在1901年，很少有美国领导人能够声称他们知道《另一半人是怎样生活的》（*How the Other Half Lives*）。这就是1890年罗斯福的朋友雅各布·里斯出版的一本摄影集的标题。它展现了数十万住在贫民窟中的人们悲惨的生活环境。特别动人的是其中那些无家可归的小孩们的照片。在共和党人中几乎只有西奥多·罗斯福一个人了解这些情况。当他担任纽约市警察局局长的时候，曾经和里斯一起巡视过布鲁克林区，调查过那里贫民窟的情况。他的父亲曾经建立了儿童援助协会（Children's Aid Society）。多年来，老罗斯福都在星期天晚上给那些贫困的孩子们读故事。他保证了他们至少在那天能够吃上一顿热乎

第十三章 美国发电机——在战争的阴影下（1897—1914）

的、有营养的饭。

西奥多·罗斯福已经知道的那些情况，很快也为全国所知，《麦克鲁尔杂志》（Mc Clure's Magazine）开始刊登一系列被称为"城市的耻辱"的文章。作家林肯·斯蒂芬斯（Lincoln Steffens）呼吁对构成贫民窟堕落基础的城市腐败进行改革。西奥多·罗斯福把许多不断挖掘关于贪婪和腐败故事的进步主义作家们称为"扒粪者"，警告他们不要把焦点只集中在社会的阴暗面上。然而，他还是率先进行了改革。

泰迪出身豪门。他的家庭在玻璃制品和房地产业上挣了数百万美元。他可以与长岛的社会精英们一起猎狐，尽情享受纵马追逐的乐趣，但是，泰迪会骑马跑 14 英里的路回到奥伊斯特贝庄园，以避免和那个"令人无法忍受的 400 人联谊会"一起度过一个晚上。*他批评那些虚荣的富人过着"不光彩的安逸生活"。[74]

西奥多·罗斯福毫不畏惧地对付势力庞大的铁路。根据埃尔金斯法案（Elkins Act，1903 年），对特惠顾客打折被规定为非法。而这正是标准石油托拉斯的约翰·D.洛克菲勒有效采用的手法。洛克菲勒根据他为铁路提供的巨大贸易量，可以要求并且接受铁路的巨额折扣。这种凌驾于其他独立的石油生产商之上的互利关系，有助于洛克菲勒把它的竞争者们逼到破产的境地。洛克菲勒擅长这种"卡脖子式的竞争"。当国会阻碍这一改革法案的通过时，西奥多·罗斯福让大家知道，洛克菲勒正在运用他的巨额财富"影响"那些摇摆不定的参议员。国

---

\* 400 人是对罗斯福时代在社交名人录中出现的、那些有着最好的社会关系，通常也是最富有和显赫的纽约人的简称。

会几乎没有别的选择，只能通过了总统的改革法案。[75]

就在此时，另一个"扒粪"的记者厄普顿·辛克莱（Upton Sinclair）出版了《丛林》（*The Jungle*）。他希望这本书会使美国人接受马克思主义。但它没有做到这一点。不过，它的确导致了读者们要求对辛克莱如此生动地进行揭露的肉类加工业进行改革。辛克莱描写了在生产罐头的过程中出现的耗子、污物、生病的牲畜以及粗野卑劣的人。他甚至描绘了掉进打开的大桶里的工人："有时候他们好几天都没有被发觉，直到他们除了骨头之外都变成了达勒谟（Durham）工厂的纯猪油。"[76]

幽默作家芬利·彼得·邓恩（Finley Peter Dunne）的爱尔兰风格的系列小品《杜利先生》（*Mr. Dooley*），这样评论辛克莱的小说所取得的巨大成功："这是一本需要在吃饭时一读再读的甜蜜的小册子。"[77]莫利先生对于总统在早饭桌上表现的描述把美国人都逗乐了："泰迪正在读着这本书，突然之间，他蹦了起来，把他的香肠扔出了窗外，大声喊着：'我中毒了，我中毒了！'"

所有这些煽动宣传的结果就是《食物和药品纯净法案》（Pure Food and Drug Act），泰迪非常感兴趣地签署了它。现在，很明显，西奥多·罗斯福已经与马克·汉纳参议员的哲学分道扬镳了。汉纳告诉他的一个俄亥俄老乡说，他们实际上"坚持着"共和党的原则。[78]西奥多，这位义勇骑兵团员、牛仔、喜欢捕猎大猎物的猎手，不会坚持任何他认为道德上错误的事情。

共和党内的忠诚党员们希望，有人能够把他们从这位牛仔总统的手中挽救出来。在提到使西奥多·罗斯福险些丧命的暗杀时，他们将之称为他的意外事件，并且恳求参议员马克·汉纳与西奥多·罗斯福争夺1904年的共和党总统候选人提名。汉纳参议员似乎非常愿意，但最终他的去世使得那些忠诚的党员们找不到一个可以参加竞选的人。

希望在1904年能够吸引那些心怀不满的商界领导人支持，民主党抛弃了布赖恩和激进主义，转而提名华尔街的律师奥尔顿·B. 帕克（Alton B.Parker）。当时还没有民意测验，西奥多·罗斯福不能确定他在多大程度上能够得到美国人民的支持。他担心民主党人可能用一些政治技巧来击败他。"他们可以通过让克里夫兰做政治演说而把布赖恩排除在外来赢得纽约州，通过让布赖恩做政治演说而把克里夫兰排除在外来赢得印第安纳州……"[79] 对他来说，泰迪在两党的极端之间保持稳定的中间道路。他这样解释他的观点："我在劳工问题上的行动应该经常和我在对待资本问题上的行动联系起来考虑，它们都可以简化为我最喜欢的一个公式——公平对待每一个人。"[80]

美国人明显地赞同这种公平对待的做法。他们以压倒多数把西奥多·罗斯福送回了白宫。罗斯福获得了7 623 486张普选票（56.4%）和336张选举人票，帕克仅仅获得了5 077 911张普选票（37.6%）和140张选举人票。除了原来的南部邦联各州之外，帕克只赢得了肯塔基州和马里兰州。这次竞选中，特别值得注意的是，社会党总统候选人尤金·V. 德布斯（Eugene V.Debs）对选民的强大吸引力，他获得了402 283张普选票（3%）。

当他以自己的名义和压倒多数的选票赢得一个完整的任期时，西奥多·罗斯福刚过46岁。他有一切理由感到他的领导得到人民的支持。当时，在权力的顶峰上，他犯了一个巨大的错误：他宣布"在任何情况下"他都不会在1908年作为候选人谋求连任。

**义勇骑兵团成员西奥多·罗斯福**。作为海军部的助理部长,西奥多·罗斯福使舰队做好了与西班牙作战的准备。然后,他志愿在古巴服役。他召集了他的朋友们组成一个团。这是一个由常春藤联盟的运动员、社会头面人物以及他在达科他地区那些粗野牛仔朋友们组成的混合团体。西奥多·罗斯福在圣胡安山那"拥挤的一小时"使他成名,并且成为他的全国性政治生涯的起点。

**简·亚当斯**。她是一个"有美德"的人。亚当斯小姐把毕生献给了芝加哥贫民窟中赫尔大厦里的穷苦人。有一次,当心烦意乱的消防队员们请求她授权他们杀死被火严重烧伤的马匹时,简·亚当斯下达了命令。她坚定地和他们站在一起,仅凭着道德的力量赢得了社区的尊敬。1912年,她用自己的巨大威望支持西奥多·罗斯福作为美国进步党候选人的竞选活动,但是在美国参加第一次世界大战问题上,她与西奥多·罗斯福发生了分裂。

第十三章 美国发电机——在战争的阴影下（1897—1914）

**西奥多·罗斯福总统。**罗斯福是最年轻的美国总统。他享有巨大的政治优势，把白宫称为天字第一号讲坛。他是一个反对托拉斯的人，但是他也警告不要过于搜集并揭发社会的丑事。他在巴拿马弄得"尘土飞扬"，在外交事务中挥舞大棒，并且因为平息了日俄战争而获得诺贝尔和平奖。罗斯福庞大而可爱的家庭中出现的滑稽事，令美国的报纸读者感到十分快乐。随着他的白色大舰队（Great White Fleet）在1909年完成了环球航行，西奥多·罗斯福自愿把白宫的钥匙让给了他的朋友威廉·霍华德·塔夫脱（William Howard Taft）。这是一个使他、塔夫脱以及整个国家很快就后悔的举动。

**塔夫脱和威尔逊在1913年的总统就职典礼上。**"投罗斯福的票，为塔夫脱祈祷，但是把宝押在威尔逊身上。"这就是那位年轻的哈佛教授塞缪尔·埃利奥特·莫里森（Samuel Eliot Morison）所提出的正确建议。西奥多·罗斯福和塔夫脱，这对曾经是最亲密朋友的痛苦分裂，使共和党的多数化为乌有，并且保证了新泽西州的民主党州长伍德罗·威尔逊的当选。在威尔逊第一届任期中，国会通过了许多进步主义的措施，获得了许多改革者的强烈支持。然而，在外交政策方面，威尔逊在墨西哥遭到了失败。他不知疲倦地工作，但最终未能成功地避免美国卷入在欧洲的大战。

这是一个让他和他的无数同胞都痛苦后悔的决定。

西奥多·罗斯福最持久的成就之一，肯定是他在保护自然资源方面的热情。自从华盛顿以来，没有一个美国总统在旷野中度过那么长的时间。甚至在还是一个年轻人的时候，西奥多·罗斯福就已经写出了一本关于美国鸟类的权威性著作。打猎、徒步旅行、划船、骑马：对这个无畏的探险家来说，都是他的第二天性。他和他的朋友、美国林业总局局长吉福德·平肖（Gifford Pinchot）密切合作，划出了一大片沙地作为国家公园。

当时，大多数其他政治家组成了一个坚决支持众议院议长主观狭隘观点的集团。乔·坎农（Joe Cannon）咆哮道："不为自然风景花一分钱！"[81]* 西奥多亲自和坎农议长进行了会谈，以挽救他为了灌溉干旱的西部土地而提出的《全国改造法案》（National Reclamation Bill）。[82]1907年他任命了一个内陆水道委员会（Inland Waterways Commission）来研究河流、土壤、水力以及运输这些互相关联的复杂问题。同一年，他在白宫就自然资源保护问题召开会议，这是推动该问题引起公众注意的一个史无前例的行动。[83]

在他不能从吝啬的国会获得他所渴望的法案的问题上，泰迪可以通过行政命令来采取行动——就像他在创立国家野生动物保护区方面所做的那样。当这两种办法都行不通的时候，泰迪可以宣传自然资源保护。尤其是在这方面，他更加把白宫视为他的"天字第一号讲坛"。泰迪的活力、热情、正直诚实以及他丰富的知识，都有助于在美国人的头脑中保持一个令人兴奋的天字第一号讲坛的概念。后来，在20世纪，

---

\* 华盛顿特区的坎农众议院办公大楼正是以这个共和党议长的名字命名的。

第十三章　美国发电机——在战争的阴影下（1897—1914）

就像我们将要看到的那样，美国人变得不那么渴望接受总统从天字第一号讲坛发出的"宣传"了。

作为总统，罗斯福利用这个天字第一号讲坛，唤起公众对于我们今天所说的家庭价值的注意。[84]在研究了政府报告和人口普查的统计后，罗斯福总统指出，自从独立以来，美国人的出生率第一次下降了。[85]他对于由新的工业秩序所造成的对家庭生活的这种挑战感到担忧。他从对家庭影响的角度来看待经济问题。正如他后来所说的那样："我不希望看到这个国家变成一个自私的繁荣国家，其中那些享受物质财富的人仅仅从满足他们自己需要的自私角度来考虑问题，而且，他们满足于不仅从国外进口他们的艺术和文学，甚至还进口他们的孩子。"[86]

罗斯福把他所鼓吹的东西付诸实施。他不仅有一个庞大和喧闹的家庭，而且他和伊迪丝的家庭还是一个"混合家庭"，包括他的第一次婚姻生下的女儿和第二次婚姻生下的5个孩子。甚至在白宫，总统也经常抽出时间和他那些可爱的孩子们玩闹嬉戏。更重要的是，和他们在一起时，他明显感到高兴。

503

## 5. 挥舞大棒

西奥多·罗斯福曾经说过："我非常喜欢一句非洲西部的谚语：'温言在口，大棒在手，你就可以远行。'"[87]在他的总统任期内，他一再证明了这一点。

然而，刚刚就任总统，罗斯福在美国对菲律宾的政策上就面临一个巨大的道德危机。反帝国主义者们得到了一份关于美国对菲律宾游击队暴行的军事报告。他们要求知道，这是什么样的"文明化"和"基督化"。西奥多·罗斯福力图防止这份报告泄露出去——这是华盛顿经常出现的错误。但是当这个国家被这些耸人听闻的故事吓得毛骨悚然时,西奥多·罗斯福开始反击了。

他给了他的好朋友亨利·卡伯特·洛奇参议员一份军方档案,里面记录了菲律宾起义者们对被俘的美国人所做的事情。我们的士兵遭受了巨大的折磨。他们的眼睛被挖出来。他们被开膛破肚、被慢慢地烤死、一些人甚至被阉割并且把他们的睾丸塞到嘴里。洛奇对这些恐怖行径的冷静的、不带任何感情的描述,在全国激起了一种情绪:"也许美国士兵的行动不是完全没有原因的。"[88]

对于美国而言,幸运的是,菲律宾的起义当时已经在崩溃。更幸运的是,政府派遣了能干的俄亥俄州律师威廉·霍华德·塔夫脱前往马尼拉出任菲律宾总督。满怀着真诚的善意,这位体重350磅的塔夫脱把明智和人道溶进了他的任务之中。他把菲律宾人称为他的"褐色小兄弟"。尽管在我们听来,这是一种粗鲁的侮辱,但是这种感情使美国人和菲律宾人相信,我们在那个岛屿上的作用将是人道的和暂时的。不久,在菲律宾群岛上进行的大规模土地改革就形成了一个正在崛起的中产阶级。美国士兵仍然保持着警惕:"菲律宾人可能是大个子比尔·塔夫脱的兄弟,但他可不是我的堂兄弟!"[89]塔夫脱在菲律宾取得的成功,为他的天才打开了更为广阔的舞台。美国人对于塔夫脱和西奥多·罗斯福之间所谓的电报往来的故事十分高兴。

在听到了这位不可或缺的总督生了重病的报告后,西奥多·罗斯福据说致电马尼拉:

西奥多·罗斯福:很担心你的病情。汇报。

## 第十三章 美国发电机——在战争的阴影下（1897—1914）

> 塔夫脱：我很好。骑了 25 英里马。
> 
> 西奥多·罗斯福：马没事吧？

很快，西奥多·罗斯福的目光就转向了北方。在阿拉斯加的克朗代克（Alaska's Klondike）地区和加拿大的育空地区发现的金矿，导致了美国和加拿大之间特别激烈的边境争端。加拿大要求在阿拉斯加的狭长地区获得更大比例的领土，这是绝对离奇的，西奥多·罗斯福对此坚决拒绝。他在 1902 年 3 月抱怨说："加拿大的这个要求完全没有历史依据。"他给朋友们看 20 年前的加拿大地图，那时候的边界就标定在他所说的地方。他对一个英国朋友说："如果我们突然要求新斯科舍省的一部分，你不会将这个问题提交仲裁。"[90] 在这个问题上，他的感情是如此强烈，以至于他甚至威胁说要派美国军队去加强边界。不过，实际上，他把最高法院法官奥利弗·温德尔·霍姆斯派到了英国，随身带去了一封措辞强硬的私人信件，以强调他不做让步的决心。

威尔夫里德·洛里埃爵士（Sir Wilfred Laurier），第一位来自魁北克的加拿大总理，希望通过调停来解决问题。威尔夫里德爵士承认，他需要"保住自己的面子"[91]。英国人正在为德国日益增长的海军力量感到担心，确保他们在边界委员会中的代表作出有利于美国人的裁决。加拿大人痛苦地号叫，可是西奥多·罗斯福却赢得了一个重要的胜利。

法国在马提尼克（Martinique）的西印度殖民地被某些人视为真正的天堂。该岛的首都圣皮埃尔（St. Pierre）被称为"加勒比海上的巴黎"。1902 年 5 月 8 日，在培雷火山（Mount Pelée）爆发，熔岩和火山灰覆盖了这个美丽的城市并导致 29 000 人死亡之后，美国人和欧洲人都感到了恐怖。只有 2 名幸存者获救。

菲利普·朱安·比诺－瓦列拉（Philippe Jean Bunau-Varilla）是一家企图开掘横贯巴拿马地峡的运河而陷于破产的法国公司的工程师，他十分警惕火山的爆发。他来到华盛顿，力图说服美国人，挑选巴拿马作为开凿运河的路线，而不要接受许多人所赞同的尼加拉瓜路线。如果美国人选择哥伦比亚的巴拿马地区，运河将离美国本土更远，这是事实，但这也会使比诺－瓦列拉的法国投资者获得解脱。而尼加拉瓜则非常渴望能够让这条美国运河通过他们贫穷的国土。

但是尼加拉瓜也有火山。当比诺－瓦列拉在一张尼加拉瓜邮票上看到摩摩通博火山（Mount Momotombo）的时候，他确保每一个国会议员都能得到一张这样的邮票。当摩摩通博火山喷出火焰熔岩的时候——这正好是在参议院就巴拿马和尼加拉瓜路线进行辩论的时候，甚至大自然也在配合行动。[92]

当国务卿约翰·海成功地与哥伦比亚外交部部长托马斯·埃尔兰（Tomas Herrán）签署了条约之后，似乎一切都已准备就绪。根据 1903 年迅速被美国参议院批准的《海—埃尔兰条约》，美国将一次性付给哥伦比亚 1 000 万美元以租用运河，此后每年再付 25 万美元的租金。埃尔兰是一个有教养的、值得尊敬的条约支持者。但是当《海—埃尔兰条约》被哥伦比亚参议院所否决时，西奥多·罗斯福暴怒了。他怀疑哥伦比亚人是想从美国人那里挤出更多的钱。哥伦比亚的独裁者何塞·马热昆（José Marroquín）可能企图拖延美国人，让他们一直等到 1904 年 10 月，那时法国的租约就到期了。这样，他就能够攫取美国准备付给法国股票持有人的 4000 万美元的绝大部分。[93] 在私下里，泰迪生气地说，不能允许"这个波哥大的敲诈者"阻碍世界的进步。

第十三章 美国发电机——在战争的阴影下（1897—1914）

巴拿马人也同样暴怒了。他们在 57 年里发动了 53 次反抗哥伦比亚人统治的起义。现在，似乎波哥大的那个遥远的统治者及其腐败的参议院将给他们提供多年来最好的机会。在白宫，西奥多·罗斯福和比诺-瓦列拉进行了会晤。西奥多·罗斯福可能并不鼓励比诺-瓦列拉去煽动巴拿马人反抗哥伦比亚，但是他无疑并没有采取什么行动阻止这样一次起义。比诺-瓦列拉很快就给他在巴拿马城的朋友们打电报说，美国海军的"纳什维尔"号军舰已经在 1903 年 11 月 2 日到达了科隆港外。对于那一小群巴拿马的起义者来说，这就是足够的保证了。在这一并非完全自发的起义爆发后不到 3 天，罗斯福就指令海，在 1903 年 11 月 6 日正式承认新的巴拿马共和国。[94]

比诺-瓦列拉迅速被授权代表这个新的共和国重新谈判一项运河条约。后来巴拿马人声称，这个法国人因为急于为他的法国股东获得 4000 万美元的赔偿，在谈判中让步太多，而收获太少了。巴拿马人后来还抱怨美国"永远"行使主权的 10 英里"运河区"不可容忍地侵犯了他们国家的尊严。他们也指责说，约翰·海是如此急于进行谈判，以至于比诺-瓦列拉甚至不得不使用海的家庭图章戒指在文件上"盖章"。欧洲人嘲笑泰迪的"牛仔外交"。美国许多人也谴责泰迪行事时表现出的那种"不妥当的匆忙"。

"海盗行为。"

"丑闻。"

"我们历史上最丢脸的事件。"

这些都仅仅是对西奥多·罗斯福的专横行动发出的批评。[95] 但是泰迪对此并不同意。他决心让巴拿马"尘土飞扬"。后来他将这件事作为他最大的成就之一："如果我按照传统的、保守的方式办事，我也许得向国会提交一份长达 200 页的尊严的国情咨文，而且可能会一直辩论到（1911 年）；但是我取得了运河区，而让国会去进行辩论，在辩论进行的同时，运河也开始动工了。"[96]

后来，当伍德罗·威尔逊政府表示遗憾，并且同意为哥伦比亚受到的破坏赔偿 2500 万美元时，反对者们声称赔偿的是运河钱。[97]

当西奥多·罗斯福在巴拿马运河问题上大声咆哮的同时，他却与德国就委内瑞拉问题进行静悄悄的外交。当英国人和德国人因为这个南美共和国长期未能支付其正当的债务而威胁要联合占领它的时候，西奥多·罗斯福告诉德国大使，任何欧洲国家占领西半球一个独立国家的行径都是对门罗主义的破坏。西奥多·罗斯福说，任何这种破坏都必然意味着与美国的战争。当英国退缩的时候，德皇感到被出卖了。罗斯福非常小心地不让这一对抗泄露出去。他将让德皇"满意地感到在世界面前他的尊严和名誉是安全的"，西奥多·罗斯福后来写道。[98]因此，罗斯福表现出他对于外交的多种用途的精确理解。拉美国家经常性的债务问题导致了外国干涉的持久性威胁。为了防止这类对门罗主义的侵犯，西奥多·罗斯福断言，他相信，美国应该不时地响应召唤，实施干涉以保卫这个半球。对门罗主义的这个"西奥多推论"，在当时是极有争议的，而且自那时以后就被美国抛弃了。但是它的确保证了在罗斯福总统任期内，这块大陆没有受到外国干涉。

当一个名叫拉苏里（Raisuli）的北非沙漠酋长把美国在当地的领事艾恩·珀迪卡里斯（Ion Perdicaris）扣为人质时，罗斯福面临着另一次外交危机。拉苏里企图借此向一个敌对的阿拉伯统治者施加压力。西奥多·罗斯福命令国务卿约翰·海发出了这样一条简洁的信息："我们想让珀迪卡里斯活着，否则拉苏里就得死。"他把珀迪卡里斯活着

## 第十三章　美国发电机——在战争的阴影下（1897—1914）

救回来了。

罗斯福挥舞大棒的名声，也增强了他作为和平缔造者的能力。当日本在 1904 年的一场突然的、压倒性的攻击中摧毁了俄国舰队时，大规模的战争爆发了。西奥多·罗斯福在 1905 年把交战双方都请到新罕布什尔（New Hampshire），并且炮制出了结束日俄战争的《朴次茅斯条约》（Treaty of Portsmouth）。他的努力使他成为第一个获得诺贝尔和平奖的美国人。[99]

西奥多·罗斯福担任总统的最后几年，因为一个无法抹杀的不公正行动而染上了污点。在种族关系最紧张的时候，军队中的黑人士兵被派到得克萨斯的布朗斯维尔（Brownsville）。当 1906 年叛乱爆发，一些平民被杀害后，被指控开枪的士兵拒绝承认，而他们的黑人战友们也拒绝指认他们。西奥多·罗斯福认为，这些士兵把对种族的忠诚置于对国家和军队的责任之上。他下令把整个第 167 连的黑人士兵全都不光彩地开除出军队。作为一个了解当时种族关系的丑恶真相，甚至公开谴责私刑的人，西奥多·罗斯福怎么能够指望这些黑人士兵信任当时军队中的或民间的司法体系呢？泰迪是作为一个民权的支持者而闻名的。实际上，他已经把自己的孩子送进长岛的一所种族融合的公立学校读书。即使如此，他的布朗斯维尔判决仍然是一个残酷的和不公正的举动。*

西奥多·罗斯福总统不断寻找能够迅速加强美国海军力量的途径。1905 年，他把一支舰队派往法国去运回海军英雄约翰·保罗·琼斯（John

---

\* 理查德·尼克松总统在 1972 年签署法案，恢复了这个被开除的部队番号。比尔·克林顿总统则取消了这一不光彩的开除命令。这两个有价值的行动都已经被耽搁得太久了。

Paul Jones）的遗体。自从琼斯 1792 年去世以来，他的遗体就被安葬在巴黎公墓。1906 年 4 月，具有历史天赋的罗斯福在海军学院主持了一场给人以深刻印象的葬礼。

在那里，在一群显赫的国际观众面前，他见证了琼斯的遗体重回美国。法国派出了一支庞大的舰队来到切萨皮克湾，向这位革命战争时期的舰长致敬。[100]

在临近总统任期结束的时候，西奥多·罗斯福决心最后一次挥舞他的大棒。他派出了一支强大的、现代化的美国舰队进行史无前例的环球巡航。白色大舰队（The Great White Fleet）——因战舰的船体都被漆成白色而得名——在几十个外国港口展示了美国国旗。*

国会在这次航行的距离和费用面前畏缩不前。因此，泰迪使用他的配额资金把舰队派到了日本的横滨（Yokahama）。然后他又迫使国会拨款让这支白色大舰队返航回国！

这次航行对美国的公共关系有很大收益。在他的整个第二届任期内，他越来越依靠他的忠诚能干的陆军部部长威廉·霍华德·塔夫脱。塔夫脱本来宁愿担任最高法院法官，但是西奥多·罗斯福和塔夫脱夫人却有其他的打算。共和党非常高兴能够让这个受人欢迎的、热情快活的俄亥俄人成为其候选人名单上的头号人物。民主党人则再一次挑选了伟大的平民——威廉·詹宁斯·布赖恩。现在布赖恩年事已高，但并没有变得更加聪明，他发动了以白宫为目标的第三次勇敢的竞选。

---

\* "与陆军不同，海军很久以来就有接受黑人当水手的传统。另外，海军兵种的特征使它反对任何在黑人与白人之间实行种族隔离的措施。"——摘自《海军》（The Navy），美国海军（退役）少将小 W.J.霍兰（W.J.Holland, Jr.）主编，第 47 页。虽然这段话说的是实情，但是黑人水手在很长时间里都被限制在像服务员和炊事员这样的岗位上。

## 第十三章　美国发电机——在战争的阴影下（1897—1914）

塔夫脱从西奥多·罗斯福所受的巨大支持和他的政府的进步记录中获益匪浅。当 1908 年的选票被统计出来以后，塔夫脱以 7 678 908 张普选票（321 张选举人票）对布赖恩的 6 409 104 张普选票获胜。社会党的候选人尤金·维克托·德布斯仍然很强大，获得了 420 793 张普选票。德布斯的大多数选票被公认为来自民主党人，而禁酒运动的候选人得到了 253 840 张普选票，大多数来自共和党人。布赖恩非常幽默地回应他的落选。他把自己比作一个小镇上的醉鬼，被酒店一而再，再而三地扔出后，这个头发蓬乱的人，从泥坑里爬起来后喊道："我终于知道了，你们都不想让我进去！"

在塔夫脱为顺利交接做准备的时候，西奥多·罗斯福作为总统仍然待在报纸的头版头条上。在他发布了陆军新的健身规定以后，一些长期坐办公室的军官大声抱怨，说对他们的要求太高了。他们说，没有人可以指望在 3 天内骑马跑 90 英里。"胡说！"西奥多·罗斯福说，而且，他接受了这一挑战。他向那些怀疑者保证，他一天就可以骑马跑 90 英里！随着总统任期只剩下几周，50 岁的泰迪在隆冬季节出发，不断换马前往弗吉尼亚州沃伦顿（Warrenton）。他忠诚的军事助手阿奇·巴特（Archie Butt）以及一小群意志坚强的随从跟他在一起。他在沃伦顿停下来，跟周围的人握手，并且对那里的小学生发表了演说。然后他翻身上马，驰回华盛顿。总统一行人在天黑后回到首都。冰封的路面使得骑马十分困难。西奥多·罗斯福没有听从人们要求他下马的呼喊，还是继续急驰。当他们到达白宫的时候，伊迪丝·罗斯福迎接了这一群身披冰霜的人，用热腾腾的饭菜热情地款待了他们。[101]

记者们请这位即将离任的总统评价一下美国前总统们的作用，他们没有从西奥多·罗斯福那里得到超然的和哲学性的评价。"就本总统而言,你可以说,美国不需要和我这个前总统发生任何联系了。我以后要做的那些事都将由我自己去干了。"¹⁰² 罗斯福对于他在近 8 年的时间里为国家掌舵感到十分高兴:"担任总统时,我就努力地做好总统。"¹⁰³

亨利·亚当斯从他的维多利亚式官邸中焦虑地把目光投向拉法耶特公园的对面。他扫视着经西奥多·罗斯福改变了的白宫。他说:"当我的西奥多离去时,这幢老房子看上去显得阴暗悲伤。"¹⁰⁴ 塔夫脱于 1909 年 3 月 4 日宣誓就职,能见度极低的暴风雪使人很难看见就职仪式的壮丽情况。西奥多·罗斯福希望他的继任者能有一些时间,把总统职位打上自己的印记。他非常合作地声称,自己将前往非洲进行狩猎旅行。

并不是每一个人都悲伤地看着他走的。一个批评家写道:"罗斯福先生将要离开我们一段时间,他这种离开的方式是非常恰当的。枪声响处,鲜血流出,他的匕首有用武之地了……丛林之王的皮将会在他的帐篷柱上晾干。"但是,当他回来后,西奥多·罗斯福将重新发挥他作为美国"发号施令者"(Dominant Noteand Big Noise)的作用,这位尖酸刻薄的观察家说道。¹⁰⁵ 泰迪的华尔街老对手——J. 皮尔庞特·摩根,据说已经为这位离任总统的旅行准备了如下的祝酒:"美国希望每头狮子都能恪尽其责。"*

---

\* 华尔街这位诙谐的"太阳神"当然引用的是纳尔逊勋爵在 1805 年特拉法加战役之前发出的著名信号:"英国希望每一个人恪尽其责。"

## 6. 塔夫脱的间歇期

美国已经为喘息期做好了准备。威廉·霍华德·塔夫脱在1908年大选中的胜利甚至比西奥多·罗斯福在1904年的胜利还要大。美国人以尊重和友爱之情支持他们的这位亲切的新总统。当时一个流行的故事说，总统站在有轨电车上给3位女士让座。[106]但塔夫脱是非常聪明、忠诚和能干的。就像任何革命运动时期一样，会有一个先驱者给人民指明新的道路，然后就会有一个必要的巩固时期。塔夫脱就是一个巩固者。在他的手中，西奥多·罗斯福的计划变成法律的、比罗斯福自己所做的还要多。[107]在他的4年总统任期中，塔夫脱政府提出的反托拉斯诉讼是罗斯福7年半任期中所提出的2倍。[108]这不是一项轻松的任务，因为托拉斯的力量使人畏惧。当时，仅仅美国钢铁公司（U.S.Steel）的预算就比整个美国政府还多！[109]塔夫脱几乎没有因为这些行动在改革者们中确立自己的声誉。他们只看到他在富有的朋友们陪伴下悠闲地在一家高尔夫俱乐部里打球。这就使他很难被视为一个反托拉斯者。

早期的不和在塔夫脱政府与西奥多·罗斯福的保护自然资源支持者之间引发了一场严重的冲突。当泰迪还在非洲狩猎野生动物时，他那伟大的朋友吉福德·平肖，就对自己的上司理查德·巴林杰（Richard Ballinger）提出了严厉的指控。巴林杰是塔夫脱的内政部部长。美国林业总局局长平肖指控这位部长腐败。更糟的是，他声称这位部长把联邦土地赠给一家由本杰明·古根海姆（Benjamin Guggenheim）和西奥多·罗斯福的老对头J.皮尔庞特·摩根控制的辛迪加。国会澄清了巴林杰并没有犯这些错误，但是改革者们却站在平肖一边。[110]即使如此，塔夫脱仍然解除了平肖的职务，从而在他自己与西奥多·罗斯福的党羽之间酿成了不和。

因为被塔夫脱总统任命为出席英王爱德华七世葬礼的私人代表，泰迪从非洲回国的行程推迟了。作为前国家元首，当他们排队通过伦敦大街时，西奥多·罗斯福的位置被排在欧洲所有国王的后面。许多美国人认为，让他们的泰迪排在那些被温斯顿·丘吉尔称为"一文不值的贵族"的公爵们之后是荒谬可笑的。但这是皇家礼仪。不管怎样，泰迪还是探出头来抢了他们的风头。有人说，他是每一场婚礼上的新娘，每一场葬礼上的尸体。他和许多国王们进行过会谈，但是他却在躲避当时英国的海军大臣丘吉尔。*在一个令人难以置信的半斤八两的例子中，西奥多·罗斯福认为，丘吉尔是一个有问题的自恋者！[111]

在罗斯福的白色大舰队环球航行这一杰出的外交成就之后，塔夫脱总统又派出了一支战列舰编队于1910年对英国进行友好访问。在那里，美国海军上将西姆斯（Sims）在伦敦市政厅进行的演讲中竟然失去了自制，发誓说如果英国受到了威胁，英国人能够"指望大洋彼岸的每一个人、每一块美元、每一艘军舰以及他们亲族的每一滴血"[112]。德国人被激怒了（但他们是正在计划威胁英国吗？），爱尔兰裔美国人和德裔美国人肯定不认为他们自己是英国人的亲族。总统毫不掩饰

---

\* 丘吉尔的职位使他负责指挥英国皇家海军，地球上最庞大的舰队。西奥多·罗斯福和丘吉尔本来应该有许多问题可以讨论的。

自己的意图，严厉斥责了他的海军上将。*在美国，制定外交政策的是总统和国会，而不是海军上将。

为了给总统职位打上自己的印记，塔夫脱企图降低对加拿大的关税。这是一个慷慨的、明智的行动［也是后来罗纳德·里根（Ronald Reagan）的北美自由贸易协定（North American Free Trade Agreement）——NAFTA 的先驱］。700 万加拿大人将能够进入 9200 万美国人的市场。[113] 然而，加拿大人并不领可怜的塔夫脱的善举的情，加拿大人仍然在 1902 年阿拉斯加的边界争论问题上，受到了西奥多·罗斯福大棒的伤害。当众议院议长、密苏里州民主党人钱普·克拉克（Champ Clark）发言支持这个条约时，他说他之所以支持他，是因为他希望看到星条旗能够飘扬在"北美的每一寸土地上"[114]。这一难以置信的愚蠢声明立刻在边界对面引发了一场暴怒。加拿大保守主义者们发出了战斗的吼声："不要跟美国人运货或做生意！"在 1911 年的一次特别选举中，他们使法裔加拿大总理威尔夫里德·洛里埃爵士遭到了惨败。[115] 更糟的是，西奥多·罗斯福把这项条约称为偏袒托拉斯的行动，并且对它进行了一场讨伐运动。[116] 对于美国伟大的加拿大朋友来说，这种做法是不公平的。

当美国和沙俄之间爆发争论的时候，塔夫脱经受了另一次外交挫折。从俄国来的美籍犹太人常常在美国的自由体制下富裕起来。现在，作为美国公民，他们又回到了他们的小村庄，并且把他们新近挣得的财富与母国贫穷的亲属们分享。俄国是非常反犹的，它力图要求这些

---

*尽管有了这一意外事故，但是威廉·S. 西姆斯海军上将仍然注定要在第一次世界大战中担任指挥官。他有敏锐的头脑和良好的幽默感。他曾经建议改进法国的信鸽来进行军事通讯：把信鸽和鹦鹉杂交，这样我们就用不着非得要传递的信息写下来了。

已经成为美国公民的犹太人再次永久地离开俄国。美国人对于这一侵犯主权的行动非常愤怒。国会中止了美俄贸易协定。作为报复,俄国杜马下令禁止所有美国犹太人访问他们的母国。[117] 这是一场糟糕的争吵。塔夫脱的行动再一次无可指责。但是如此友好并持续了如此之久的美俄关系,在他的任内发生了崩溃,也是事实。

### 7. 不沉的和不可想象的

在塔夫脱的任期内,白宫受到的压力增加这并不令人吃惊。美国正在经历着迅速的变化。在怀特兄弟1903年的历史性飞行之后,航空工业诞生了。亨利·福特(Henry Ford)用他的T型小汽车把更多的美国人带上了公路。(作为一个通过大规模生产来降低价格的先驱,福特告诉那些充满了渴望的顾客们:"你们能够拥有你们想要的任何一种颜色的汽车,只要它是黑的。")机动性的增加使危险也随之上升。到了1911年,车祸死亡人数增加到1291人。[118]

西奥多·罗斯福认为,他找到了这种日益加快的变化节奏的答案。1910年,他在堪萨斯州的奥斯瓦托米(Osawatomie)发表了影响深远的演说,在演说中他呼吁为公司和铁路制定更多的规章制度,逐步增加所得税,改革银行、劳工立法以及进行直接预选。他把他的计划称为新国家主义。[119] 它标志着与塔夫脱政府政策的尖锐对立,并且导致了共和党的分裂。民主党毫不令人吃惊地在那年11月掌握了国会。

塔夫脱感到了巨大的负担。塔夫脱忠实的军事助手、佐治亚州的阿奇·巴特少校也是如此。当他看到西奥多·罗斯福从欧洲回国后,这位英勇的南方人就对这个老义勇骑兵团员发生的变化作了评论:"他

## 第十三章 美国发电机——在战争的阴影下（1897—1914）

比离开的时候更加高大健壮，能做更大的善行或者恶举了。"[120] 巴特少校为西奥多·罗斯福和威廉·霍华德·塔夫脱都忠诚地服务过。为了给阿奇·巴特以他所急需的休息，塔夫脱总统派他加入了前往梵蒂冈的外交使团。此后他可以在欧洲休养一段时间，并且乘坐白星轮船公司的豪华新型客轮、皇家邮船泰坦尼克号的处女航享受回国旅程。

泰坦尼克号代表了最新的航海技术。她的钢制船舱和防水密封门使得许多报纸都给它贴上了"不沉"的标签。[121] 她从南安普敦到纽约的第一次航行中，乘客名单读起来就像是社交名人录。一些一等客舱的船票费高达当今的 4000~50 000 美元。

1912 年 4 月 14 日，这艘豪华的巨轮在一个没有月亮的夜晚撞上了冰山。事故发生在晚上 11 点 40 分。不到 3 个小时，她在凌晨 2 点 20 分沉没。直到最后，船上的乐队还在演奏"让我的上帝靠近你们"（Nearer My God to Thee）来帮助那些命运已经注定的乘客们从恐慌中安静下来。这并不是历史上最大的一次海难，但它的确是最耸人听闻的。* 约翰·雅各布·阿斯特（John Jacob Astor）和本杰明·古根海姆、伊西多尔·施特劳斯夫妇以及其他许多非常富有的英国和美国乘客都死了。尽管如此，三等舱乘客的大量死亡——大多数移民都挤在轮机舱里——导致了黄色报刊对特权的普遍谴责。死亡的乘客在 1500 人以上。一家加拿大报纸估计，仅仅死去的 12 名头等舱乘客的资产净值就有 1910 万美元。[122]（相当于今天的 23 亿美元。）泰坦尼克号

---

* 例如，1945 年 1 月 30 日当德国客轮"威廉·古斯特洛夫"（Wilhelm Gustloff）在波罗的海被一艘苏联潜艇击沉的时候，9343 人丧生。这艘客轮上运载了负伤的水手、士兵以及平民。他们企图逃离正在向东普鲁士挺进的苏联军队。（网络来源：http://in.rediff.com/news/2005/may/09specl.htm.）

船主因为完全没有提供足够数量的救生艇而受到了正当的批评。J. 皮尔庞特·摩根的控股公司因为拥有白星轮船公司，而因此最终承担了责任。[123]

相反，当时报界的批评却更多地集中在白星轮船公司的常务董事布鲁斯·伊斯梅（Bruce Ismay）的身上。伊斯梅按照一个水手的命令安静地登上了一条救生艇。许多人认为伊斯梅本来应该像史密斯船长那样"和他的船一起沉下去"的。[124]

据大家所说，阿奇·巴特少校以英雄般的坚定在冰水中直面死亡。他和泰坦尼克号上的其他男人们因为把优先权让给妇女和儿童的坚忍克己精神而赢得了赞誉。"喀尔巴阡"号汽船的阿瑟·亨利·罗斯顿（Arthur Henry Rostron）船长以 17.5 节的最大航速穿过危险水域到达了灾难现场。如果没有罗斯顿船长英雄的救援冲锋，712 名幸存者中几乎没有人能够在严寒的气温中生存下来。温斯顿·丘吉尔说："严格遵守妇女和儿童优先的伟大的海上传统，体现出的正是我们文明的荣耀。"[125]

并非完全如此。在伦敦进行的调查中，科兹莫·达夫·戈登（Cosmo Duff Gordon）爵士的证词显示，他所在的那条救生艇按照设计可以容纳 40 人，但是实际上仅仅搭载了 12 人。更糟的是，科兹莫爵士许诺给艇上的每个水手 5 英镑（相当于今天的 312 美元）。在证人席上，他坚持说，这笔钱仅仅是对那些在巨轮下沉的时候丧失了一切的可怜水手的补偿。但是，批评家们指责说，科兹莫爵士的钱是贿赂那些水手，让他们不要返回去把快死的乘客从寒冷的水中拉上船。像伊斯梅一样，科兹莫爵士的名誉再也未能恢复。他们似乎是富人对穷人的困境无动于衷的象征。[126]*

塔夫脱总统及夫人对于勇敢的阿奇的去世感到震惊。他们把他当成自己的儿子一样喜爱他。总统立刻命令在冰海地区进行巡逻。很快,美国海岸警卫队的快艇就承担了海上救生的责任。塔夫脱夫人呼吁美国的妇女们捐款,为那些把生的机会让给妇女和孩子的男人们建造一座泰坦尼克纪念碑。这座美丽的纪念碑就矗立在波托马克河边。**

### 8. 散漫的公麋党:1912年大选

塔夫脱力图避免和他的好朋友西奥多发生分裂。"我度过了一段困难的时期,"他写信给前总统说,"我力图尽责地执行你的政策。"[127] 实际上他也的确如此。然而,1912年年初,共和党内的许多人坚信,如果他们要赢得白官的话,他们就必须有一个新的领导人。把国会的控制权丢给民主党人对于共和党来说已经是一个可怕的打击了。许多人指责塔夫脱,尽管他的党控制国会的时间已经长得非同寻常了。

"我已置身于竞技场,战斗开始了,我被剥得一丝不挂。"西奥多·罗斯福在1912年2月最后对他的支持者们这样说。[128] 他将和自己挑选的总统争夺共和党总统候选人提名。泰迪造反似的竞选获得了某些重要支持。西奥多·罗斯福得到了那位被暗杀的总统的儿子吉姆·加菲尔德(Jim Garfield)以及马克·汉纳参议员的儿子丹·汉纳

---

* 达夫·戈登小姐——露西尔——的名誉却没有受到持久的破坏,她在巴黎开的时装店繁荣兴旺。法国人喜欢有一些丑闻的人。
** 泰坦尼克纪念碑直到今天仍然矗立在华盛顿特区,尽管为了给肯尼迪中心腾地方,它已经被挪动了。

（Dan Hanna）的支持。最重要的是这两个人都是来自总统的家乡俄亥俄州这个事实。[129] 塔夫脱的支持者们都是共和党的坚定党员或老战士。罗斯福的支持者——进步主义者——对他们进行了大量的嘲讽。（但是如果小罗斯福和洛奇在1884年没有拒绝加入"骑墙派"的话，他们自己还会和今天的坚定党员们站在一起吗？）在一次亲罗斯福的集会中，一些共和党的老战士们变得极为沮丧。"哦上帝，这有什么用呢？"他们说。"甚至连婴儿都在喊着支持罗斯福。他身兼三任：马戏团演员、演出指挥和大象。如果我们为大象端水的话，也许他会让我们在演出中露一小脸。"[130]

最沮丧的人是威廉·霍华德·塔夫脱。他并不想竞选总统。他这么做只是出于对他所热爱的老朋友西奥多的忠诚。他从来不像泰迪那样喜欢政治斗争。现在泰迪对他进行最残忍的攻击。"罗斯福是我最好的朋友。"塔夫脱在总统专列上对一个记者说。为此，他沮丧得哭了。[131] 但是当西奥多·罗斯福攻击独立的司法机构时，他开始斗争了。塔夫脱变得相信泰迪对于作为美国体系核心的制衡原则是一个威胁。塔夫脱的支持者们走得更远，谴责泰迪是一个煽动家，他的支持者们则是卖假药的江湖医生。[132]

西奥多·罗斯福在当年春天举行的大多数直接预选中获胜。他获得了278名代表的支持，塔夫脱只获得了78名代表的支持。威斯康星州的"战斗的鲍勃"·拉法耶特（"Fighting Bob" LaFollette），另一个进步的共和党人，获得了36名代表的支持。认识到共和党的这种分裂只会使民主党当选，塔夫脱宽宏大量地主张退出竞选，转而支持一个可能把共和党联合起来的"折中候选人"。"我将提名一个折中候选人，"西奥多·罗斯福回击道，"那就是我。"[133]

## 第十三章 美国发电机——在战争的阴影下（1897—1914）

当共和党的坚定党员们紧密支持塔夫脱的时候，他们用策略战胜了泰迪的支持者。拉法耶特本来可以与泰迪联合在那一天获胜的，但是他拒绝了。

杜利先生预见到即将来临的分裂。这将具有"芝加哥大火、圣巴托洛缪之夜的大屠杀、博伊奈战役（the battle iv th'Boyne）、耶西·詹姆斯的诞生以及暴风之夜（the night iv th'big wind）的联合效果"[134]。当那些其代表证有争论的代表没有被允许投票时，泰迪的人大叫：这是欺骗。但是塔夫脱的人使用的都是西奥多·罗斯福在1908年为了确保塔夫脱得到总统候选人提名而使用的那些手段。

尽管如此，西奥多·罗斯福怒火中烧。他对塔夫脱进行了最恶毒的人身攻击。他用这一呼吁来激励他的人马：我们"对未来毫无畏惧，不关心我们个人的命运；以坚定的心和明亮的双眼，我们站在哈米吉多顿（Armageddon）*，我们为上帝而战"[135]！

在将近一个世纪后，这种言辞可能有点令人难以置信，但这是一个人民——即使是最聪明的、其诚实正直无可否认——怎样在政治斗争热潮中激励他们自己行动的一个极好的例子。更糟的是，西奥多·罗斯福称塔夫脱是一个"智力像几内亚猪一样低下的傻瓜"。塔夫脱回击说，西奥多·罗斯福是一个"危险的妄自尊大者"和"煽动家"[136]。

在指责了奸诈和不公平之后，泰迪率领他的代表们退出了芝加哥举行的共和党全国代表大会。几周之后，他们在同一个会议厅再次召开会议，这一次他们称自己为进步党人。当进步党人掀开讲台上的旗

---

*"哈米吉多顿"一词出现在《新约圣经·启示录》中，指世界末日之时善恶对决的最终战场，位于以色列北部米吉多古城附近。——译者注

帜时，他们吃惊地发现塔夫脱的共和党会场经理居然在下面放上了带刺的铁丝网！共和党的坚定党员们已经准备好接受泰迪的代表们的攻击了。

当西奥多·罗斯福说，他感到"就像一头公麋"那样健康的时候，他给了这个新的政党一个名字。[137] 女权论者——那些主张妇女参政的人们都被这样称呼——支持进步党关于平等投票权的呼吁。赫尔大厦的简·亚当斯对此积极参与。她说："远离（政治）必然会失去分享社区生活的一个机会。"[138] 主要的改革者奥斯卡·施特劳斯（Oscar Strauss）也表示支持。他是一个犹太人，用一种令人精神振奋的方式，比其他的进步党代表更响亮地唱出："基督的士兵们向前进"（Onward Christian Soldiers）。[139] 西奥多·罗斯福的战士们，不管他们是不是基督徒，开始在美国参议员直接竞选、征收联邦所得税（这两项很快就作为宪法修正案而写入法律）、直接预选和立法创议权、全民公决以及罢免权（一些西部州，特别是加利福尼亚州很快就将这些改革措施变成了立法）等问题上迈步前进了。与这些最热情的不切实际的社会改良家、品格高尚的知识分子以及社会基层组织的老工作者们在一起，甚至连西奥多·罗斯福都承认，进步党吸引了远远超过"极端分子"人数的支持者。[140]

有经验的政客们知道共和党的分裂意味着什么：民主党人将会获胜。西奥多·罗斯福也知道这一点。[141]

唯一的问题是：什么样的民主党人将获胜。难以置信的是，威廉·詹宁斯·布赖恩做了他争取进入白宫的第四次尝试。刚刚从恶化的美加关系问题中脱身而出的众议院议长詹姆斯·比彻姆斯·"沙姆普"·克拉克（James Beauchamps "Champ" Clark）是一个强有力的竞争者。

第十三章 美国发电机——在战争的阴影下（1897—1914）

爱尔兰裔和德裔美国人喜欢任何能够狠拽英国狮子尾巴的人。威廉·伦道夫·赫斯特（William Randolph Hearst），一个黄色报刊的百万富翁发行商，把过去10年都花在煽动对日战争上了。在古巴发挥了令人讨厌的作用之后，赫斯特的报纸不停地空谈由移民和日本帝国主义造成的所谓"黄祸"问题。*现在，赫斯特实际上认为他可能被提名为总统候选人。

最后，民主党考虑了新泽西州的伍德罗·威尔逊州长。威尔逊刚当上州长一年多，但是他作为学者和普林斯顿大学充满改革精神的校长，已经确立了全国性的声望。西奥多·罗斯福尊重威尔逊，并且实际上在麦金莱被刺杀的阴暗日子里曾经在布法罗与他交谈过。在闷热的巴尔的摩进行了46轮投票之后，这位高个子、脸庞瘦削的"政治学教师"得到了提名。

秋季的选举朝着已经预先注定的目标前进。10月，西奥多·罗斯福的专列进入了密尔沃基（Milwaukee），这是拉法耶特的基地和进步主义煽动的温床。在前往他将发表另一场精彩演说的礼堂的路上，泰迪被一个行刺者击中了。幸运的是，他放在背心口袋里厚厚的一叠纸——泰迪的讲稿——和眼镜框把子弹挡了一下。泰迪拒绝去医院治疗，他走上讲台并且对被他的勇气所震惊和为他的毅力而欢呼的听众们发表了演说。[142]

哈佛大学知名的历史学家塞缪尔·埃利奥特·莫里森（Samuel Eliot Morison）在那一年进行了他的第一次投票。他问一个同事，他

---

*德国的威廉二世发明了这一种族主义的词汇。他把这个词表现在一张画上，并且把这张画拿给每一个访问柏林王宫的政治家看。

应该怎么投票:"投罗斯福的票、为塔夫脱祈祷、但是把宝押在威尔逊身上。"[143]

这被证明是一个明智的建议。尽管只获得了 41.9% 的普选票（6 293 152 张），威尔逊在选举人团中却赢得了巨大的多数，435 张选举人票。西奥多·罗斯福做了一件他以前从没有做过、以后也绝不会做的事情，作为第三党候选人参加第二次竞选。他获得了 4 119 207 张普选票（27.4%）和 88 张选举人票。塔夫脱只获得了 3 486 333 张普选票（23.2%）和 8 张选举人票，排在第三位。尤金·V. 德布斯再次作为社会党候选人参加选举。他在一辆称为"红色专列"的列车上，精力旺盛地进行竞选。德布兹获得的选票在 100 万张以上，但是没有赢得一个州。结果，西奥多·罗斯福和塔夫脱互相把对方踢出了局。威尔逊获得的普选票数，比布赖特在 1908 年灾难性的总统竞选中获得的票数还要少 110 952 张，但是他当选了。

公麋党在 1912 年的努力提供了一个可信的证据，如果人们需要这种证据的话，它表明，第三党竞选能够做到的唯一事情，就是使占主导地位的联盟发生分裂，并且让一个少数党的总统候选人当选。威廉·霍华德·塔夫脱本来无论如何都能打败威尔逊的。的确，他的政府曾经受过"一系列的政治挫折"[144]。但这些挫折大多数都不是他造成的。他有功于他的国家，他也肯定有功于他的朋友——西奥多·罗斯福。

## 9. 伍德罗·威尔逊和新自由

高个子、充满威严的新总统登上了众议院的讲台。在那里，1913

## 第十三章 美国发电机——在战争的阴影下（1897—1914）

年4月7日，伍德罗·威尔逊对国会两院发表了演说。[145] 总统亲自提交国情咨文和向国会的立法者们发表其他重要演说的惯例，是在一个多世纪前被托马斯·杰斐逊中断的。杰斐逊说，这个惯例与英国议会开会前，国王要发表国情或施政演说的做法太相似了，不过杰斐逊是一个拙劣的公共演说家，这也是事实，他也知道这一点。威尔逊是一个伟大的公共演说家，而他也知道这一点。

这个惯例不仅为总统的国情咨文提供了重要讲坛，而且也保证了此后的总统拥有提出重要立法的倡议权。威尔逊是第一个赢得总统职位的博士。他的专业是政治学。他决定给他所研究、教育和写作的政府机构带来重大变化。*

威尔逊也决心进行重要的经济改革。威尔逊总统是自从林肯以来第一个亲自前往国会大厦与他党内的成员交换意见的领导人。[146] 现在民主党控制了国会两院，但即使如此，想让威尔逊的经济方案获得成功，仍然需要艰苦的工作。威尔逊成功实现了他的目标，对这个国家的银行体系进行了大规模的检查。

1913年联邦储备法案（Federal Reserve Act）把这个国家分为12个地区，每个地区都有一家联邦储备银行来控制货币并提供现代化的银行系统。这个法案，由弗吉尼亚州文雅的参议员卡特·格拉斯（Carter Glass）起草，基本上一直保存到今天都没有什么变化，并且被视为威尔逊的主要成就之一。[147]

威尔逊在奋力推进改革。安德伍德关税法案（Underwood Tariff）

---

\* 威尔逊于1886年在马里兰州巴尔的摩的约翰·霍普金斯大学获得政治学博士学位。他是第一个，也是到目前为止唯一的入主白宫的博士。

由亚拉巴马州的参议员奥斯卡·安德伍德（Oscar Underwood）发起，把进口税平均降低了10%。威尔逊压制住了制造商和院外活动集团的反对，并且在一场艰难的讨价还价中取得了成功。这成为他的第二项主要成就。[148]*

1914年克莱顿反托拉斯法（Clayton Anti-Trust Act）是另一个威尔逊强烈支持的法案。该法案是由亚拉巴马州众议员亨利·德拉马尔·克莱顿（Henry de Lamar Clayton）发起的。美国劳工联合会主席塞缪尔·冈珀斯把克莱顿法叫做"劳工的自由宪章"。根据这一法案，工会将不再被认为是"限制贸易的组织"，就像它们在1890年谢尔曼反托拉斯法案中经常被认为的那样。劳工被明确地允许发动起来进行罢工、联合抵制和组织纠察队，但对人身和财产施加暴力仍然是该法律所禁止的。法院的禁令一度是在劳工纠纷中被用来反对工会的主要武器。克莱顿法案要求联邦法院在发布这类禁令时要更为克制。[149]

然而，所有这些都没有使威尔逊的第一届任期能够顺利度过。从来也没有完全顺利的总统任期。威尔逊不得不任命3次失败的民主党总统候选人威廉·詹宁斯·布赖恩作为他的国务卿。这个许诺确保了威尔逊在巴尔的摩能够获得民主党的提名。当然，布赖恩并不具备担任国务卿的条件。（他也不具备当总统的条件，不过这是另外一个问题。）

布赖恩把国务院当作喂养民主党驴子的马厩。甚至威尔逊总统最亲密的顾问爱德华·M.豪斯（Edward M. House）上校也承认，布赖

---

* 关税问题在美国政治中经常显得十分突出。在1913年批准征收联邦所得税的第14条宪法修正案以前的年代里，关税是联邦政府筹措资金的主要手段。

恩是一个"政党分肥主义者"[150]。布赖恩把那些趋炎附势者和奉承拍马者塞进使馆和领事馆,在一个至关重要的时刻,严重损害了美国外交官团体的专业性。*

布赖恩由于在外交宴会上禁止供应葡萄酒而令外国大使们感到惊讶。国务卿"不仅自己为了他的原则而受苦和克制自己的欲望,而且坚持其他人也应该像他一样受苦和克制"。一家英国报纸抱怨道。[151] 更糟的是,国务卿还签署了一份合同,要到当时流行的肖托夸(Chautauqua)野营集会上发表演讲。

全世界都看到了一个美国国务卿与魔术师、玩杂耍的人以及阿尔卑斯山民歌手出现在同一张海报上的奇观。布赖恩的热情,他的缺乏伪装以及他亲切的好人缘——所有这些品质都使他受到数百万人的喜爱。他是一个坦率的基督教福音传道者,这一事实也很重要。这个重要的美国宗教团体经常对布赖恩采取东部人的那种势利态度,以一种恩赐的姿态对待他。

布赖恩持有真诚的和平主义思想,在一个国际局势日益紧张的时代,这成了他不适合担任高级职位的主要原因。布赖恩坚信安抚性的条约是治国的工具。他献身于与尽可能多的外国商定这类条约。尽管在这个阶段英法之间几乎没有爆发战争的可能性,布赖恩仍然毫不犹豫地在一份要求签字国考虑使用武力之前,先"等一年"的新协议上做了附加签名。许多编辑发现布赖恩的这种热心是幼稚的。《孟菲斯

---

\* 公平地说,林肯曾经允许他的国务卿威廉·西沃德(William Seward)做过同样的事情。西沃德挑选了查尔斯·弗朗西斯·亚当斯(Charles Francis Adams)担任驻伦敦公使,这是一个明智的选择,但是其他许多关键性的重要职位都由平庸的党员担任。当然,林肯当时的注意力集中在内战上。

商业之声报》(Memphis Commercial-Appeal)嘲笑布赖恩与瑞士、丹麦和乌拉圭签署的"降温"条约说:"它使我们的头脑如释重负,与这些国家作战的想法的确是可怕的。"[152]前总统西奥多·罗斯福挖苦得更加厉害,他把布赖恩称为"用真假嗓音变换唱歌的歌手,是人类的长号手"[153]。甚至连冷静的前总统塔夫脱也被布赖恩处理外交政策的简化方式所激怒了。塔夫脱在给朋友的信中写道,布赖恩正在表现出"蠢驴般的崇高"[154]。

在一个重要的方面,伍德罗·威尔逊使自己的第一届任期变得十分杰出。当他提名路易斯·D. 布兰代斯(Louis D.Brandeis)担任最高法院法官的时候,他大胆地要求这个国家实践其建国信条。布兰代斯是一个很受尊敬的改革者,并且深受进步党人的爱戴。劳工因为他的"布兰代斯纲要"而喜欢他,这是一份揭示了管理阶层的决定会对工人,尤其是女工和童工的生活造成多么痛苦的影响的社会学论文。尽管威尔逊没有任命布兰代斯担任内阁职务,但是仍然将他视为新自由立法的建筑师。现在,威尔逊决定提名他作为第一个加入最高法院的犹太人。[155]在激烈的反对面前,有些反对是反犹主义的,威尔逊仍然支持了他提名的人,并且取得了一次标志美国是一个开放性社会的重大胜利。实际上,这就是新自由。

然而,对一群美国人而言,伍德罗·威尔逊的新自由听起来空洞无物。尽管美国黑人肯定得到了威尔逊的劳工和社会立法的帮助,他们发现民主党人对民权并不感兴趣。正如威尔逊的那些划时代的改革法案的发起人名单所显示的,为了使他的计划能够得到国会的通过,威尔逊高度依赖南方白人民主党员。因为当时大多数美国黑人都是林肯的党的坚定支持者,民主党在国会和总统选举中的胜利意味着数百

第十三章 美国发电机——在战争的阴影下（1897—1914）

名担任联邦官职的黑人将被扫地出门。[156] 威尔逊任命的一个佐治亚人坦率地说道："黑人的位置就是在玉米地里。"[157] 总统并没有因此而指责他。

威尔逊仅仅部分地扭转了联邦政府职务中的种族隔离状况，尽管他自称对于美国黑人的困境持同情态度。[158] 他在纪念葛底斯堡战役15周年的演讲中，并没有提到美国黑人作为美国公民的权利仍然受到否认的事实。如果，像《独立宣言》所说的和林肯1863年在葛底斯堡所重申的那样，"所有人生而平等"，那些在1913年听到被威尔逊遗忘了的葛底斯堡演说的人就不会这么向往了。[159]

更糟的是，威尔逊为美国历史上种族偏见最坏的一个例子提供了讲台。电影《一个国家的诞生》本来是一部无声影片，但是它却在房顶上大声喊出了对黑人的蔑视。这部史诗般的无声电影不是把三K党人描写成恐怖主义者和凶手，而是把他们描写成自由战士。这部影片是第一部在白宫放映的电影。威尔逊观看并且高度赞扬它。他热情地说："这就好像是在用光来写历史，我唯一的遗憾就是它真实得可怕。"[160]*

因为对变化的步伐缓慢而感到失望，甚至在华盛顿都出现了倒退现象，W.E.B.杜波依斯和其他富有献身精神的黑人和白人改革者们（包括简·亚当斯）联合起来，组成了全国有色人种协进会（National

---

\* 罗纳德·里根总统曾经对一个天主教团体谈论过《一个国家的诞生》。1982年，这个哥伦布骑士会（Knights of Columbus）在康涅狄格州的纽黑文集会。三K党人的仇恨对象不仅包括美国黑人，也包括天主教徒、犹太人和外国人。里根告诉骑士会成员，他对自己的好莱坞电影生涯感到自豪。"但是，"他说，"我从来没有看过那部电影……以后也不会看！"骑士会成员爆发出一阵响亮的、持久的掌声。

Association for the Advancementof Colored People，NAACP）。他们决心挑战在布克·T. 华盛顿的塔斯基吉学院中看到的那种"前进以便融洽相处"的态度。[161] 全国有色人种协进会开始了它长达半个世纪的、为美国黑人争取充分平等权利的斗争。

### 10."光芒正在熄灭"

当埃伦·艾克森·威尔逊（Ellen Axson Wilson）在 1914 年夏天因癌症死于白宫时，总统被巨大的悲痛击倒了。他和第一夫人已经结婚 29 年。她是这个关系密切和充分支持总统的家庭的中心。除了威尔逊夫人，他忠实的助手约瑟夫·塔马尔蒂（Joseph Tumulty）和他亲密的朋友与顾问、得克萨斯"上校"爱德华·M. 豪斯以外，伍德罗·威尔逊几乎没有什么人可以依靠。* 威尔逊被描述成一个热爱人类——从抽象的意义上说——的人。[162] 威尔逊很清楚这个特征："当和人们集体打交道时，我有一种权力感，但是，对单个人来说，我没有这种感觉。"[163] 他自己的非常能干的内政部部长富兰克林·K. 莱恩（Franklin K.Lane）说他是"纯洁的、强硬的、高尚的和冷血的"[164]。现在，随着威尔逊夫人的过早去世，他的生命中将会出现一个可怕的真空。

这一期间，在欧洲，死亡正在以另一种不同的方式席卷列强的边界。6月底，弗朗兹·斐迪南大公（Archduke Franz Ferdinand），这个不稳定的奥匈帝国的皇位继承人，对波斯尼亚—黑塞哥维那省萨拉热窝，这个美丽的中世纪城市进行"友好"访问。该省年轻的斯拉夫民

---

\* 豪斯是作为得克萨斯州州长得到这个荣誉军衔的。

## 第十三章 美国发电机——在战争的阴影下（1897—1914）

族主义者憎恨被条顿民族，而且大部分是天主教徒的奥地利人，从遥远的维也纳统治。在一个被称为黑手党的神秘的塞尔维亚地下恐怖主义集团的帮助下，一些学生决心刺杀大公。

1914年6月28日，在弗朗兹·斐迪南和他的妻子索菲亚（Sophie）驱车通过萨拉热窝的狭窄街道时，一群年轻的恐怖分子准备好了炸弹。"一个人被人群挤住，无法从口袋里掏出炸弹。第二个人看见一个警察站在他的身边，因此认为任何行动都太冒险了。第三个人因可怜大公的妻子，而没有采取行动。第四个人紧张得不知所措，溜回家去了。"[165] 但是21岁的加夫里洛·普林西普（Gavrilo Princip）没有退缩。当第一颗炸弹爆炸但没有伤到这对王室夫妇的时候，普林西普认为阴谋已经失败了。几分钟后，他吃惊地看到大公和大公夫人的汽车离自己只有5英尺远（汽车错误地转到了街道狭窄的一边）。普林西普知道他不能投掷炸弹，因为空间太小了。因此他拔出勃朗宁手枪，在近距离平射了两枪。他打中了弗朗兹·斐迪南的喉咙，切断了他的颈动脉。他的第二枪打中了索菲亚的腹部。两个人都在一小时之内死去。[166]

在维也纳，这位缺乏幽默感和严厉的弗朗兹·斐迪南并不受人民的爱戴。即使如此，刺杀帝国皇位继承人的行动还是必须受到惩罚。奥匈帝国决定利用这股"愤怒"作为摧毁塞尔维亚的借口。然而，奥地利人为此首先需要得到他们强大的盟国德国的支持。奥地利人担心，如果他们对塞尔维亚开战，俄国将会立刻行动来保护他们的斯拉夫兄弟。

在这个关键时刻，在欧洲的生活岌岌可危的时候，德国皇帝威廉二世给了奥匈帝国一张"空白支票"。德皇声称，不管奥匈帝国决定对塞尔维亚采取什么行动，德国都会支持她。[167]

欧洲真的坐在火药桶上了。如果奥匈帝国向塞尔维亚进军，俄国将援助塞尔维亚。如果俄国介入，德国就会对俄国宣战。如果德国攻击俄国，法国受到条约的约束，将立刻采取行动保卫俄国。而如果法国受到攻击，大不列颠将感到有义务和她站在一起。如果英国参加战争，那么加拿大、澳大利亚、新西兰、南非和印度也就加入了战争。几天之内，一场地区性冲突就转变成一次世界大战。

更糟的是，德国的统治者是欧洲"炸药的装填者"。他手里拿着炸药在整个大陆上东奔西跑。威廉二世的一个早期行动就是"不听忠告"，在1890年把"铁血宰相"俾斯麦解职。俾斯麦是绝对不会在一场巴尔干冲突中拿他的德意志帝国冒险的。他曾经轻蔑地说："整个巴尔干半岛连一个波希米亚掷弹兵的骨头都不值。"但是，俾斯麦也曾经做过预言，他说："如果未来爆发另一场战争的话，它将是由巴尔干半岛上某些该死的蠢事引起的。"

现在，正当总统在佐治亚州参加威尔逊夫人的葬礼时，欧洲已经不知不觉地陷入了战争。这不是一场地区性的有限战争。自从1815年拿破仑在滑铁卢战败以来的100年间，欧洲已经看到过多次这样的有限战争。这次将是一场比以前所看到过的任何战争都更为可怕的、更为全面的战争。

几百年前，美国还是世界地平线尽头一片有着无限机会并且受到乐观情绪激励的新土地。现在，在大洋的那一边，绝望已经笼罩了旧世界，而且唯一的机会似乎已经破灭。英国外交大臣爱德华·格雷爵士（Sir Edward Grey）曾谈到，在1914年8月，所有真正的有识之士都有的那种沉寂的预感：

# 第十三章 美国发电机——在战争的阴影下（1897—1914）

整个欧洲，光芒正在熄灭。在我们这一生中，我们将看不到它们再次点燃了。

| | |
|---|---|
| 1 | Morris, Edmund, *The Rise of Theodore Roosevelt*, Ballantine Books, New York: 1979, p.493. |
| 2 | Brands, H.W., *TR: The Last Romantic*, Basic Books, New York.1997, p.280. |
| 3 | Zimmermann, Warren, *First Great Triumph*, Farrar, Giroux and Strauss, New York: 2002, p.229. |
| 4 | Zimmermann, p.213. |
| 5 | Zimmermann, p.100. |
| 6 | Zimmermann, p.117. |
| 7 | Zimmermann, p.228. |
| 8 | Morris, p.513. |
| 9 | Zimmermann, p.228. |
| 10 | Roosevelt, Theodore, with additional text by Richard Bak, *The Rough Riders*, Taylor Publishing, Dallas, Tx.1997, p.113. |
| 11 | Bailey, Thomas A., *A Diplomatic History of the American People*, Prentice-Hall, Inc., Englewood Cliffs, N.J.: 1980, p.454. |
| 12 | Bailey, p.455. |
| 13 | Bailey, p.456. |
| 14 | Morris, p.606. |
| 15 | Bailey, p.456. |
| 16 | Morris, p.602. |
| 17 | Morris, p.602. |
| 18 | Bailey, p.461. |
| 19 | Bailey, p.461. |
| 20 | Morris, p.610. |

| | |
|---|---|
| 21 | Morris, p.608. |
| 22 | Morris, p.608. |
| 23 | Morris, p.600. |
| 24 | Morris, p.607. |
| 25 | Zimmermann, p.257. |
| 26 | Traxel, David, *1898: The Birth of the American Century*, Afred A.Knopf, New York: 1998, p.143. |
| 27 | Traxel, p.144. |
| 28 | Morris, p.647. |
| 29 | Traxel, p.135. |
| 30 | Traxel, p.137. |
| 31 | Traxel, p.179. |
| 32 | Traxel, p.181. |
| 33 | Roosevelt, p.121. |
| 34 | Morris, p.634. |
| 35 | Morris, p.646. |
| 36 | Traxel, p.193. |
| 37 | Traxel, p.197. |
| 38 | Traxel, p.206. |
| 39 | Gilbert, Martin, *Churchill: A Life*, Henry Holt and Company, New York: 1991, p.80. |
| 40 | Morison, Samuel Eliot, *The Oxford History of the American People, Vol.Three*, Penguin Books, New York: 1972, p.118. |
| 41 | Zimmermann, p.250. |
| 42 | Morison, p.123. |
| 43 | Morison, p.124. |
| 44 | Traxel, p.215. |
| 45 | Morris, pp.673-674. |

| | |
|---|---|
| 46 | Morris, p.673. |
| 47 | Brands, p.363. |
| 48 | Morris, p.675. |
| 49 | Morris, p.685. |
| 50 | Brands, p.368. |
| 51 | Traxel, p.143. |
| 52 | Beisner, Robert L., *Twelve Against Empire: The Anti-Imperialists, 1898-1900*, McGrawHill Book Company, New York: 1968, p.157. |
| 53 | Beisner, p.158. |
| 54 | Beisner, p.158. |
| 55 | Morison, p.127. |
| 56 | Beisner, p.125. |
| 57 | Morison, p.129. |
| 58 | Morris, p.741. |
| 59 | Morison, Samuel Eliot, Commager, Henry Steele, and Leuchtenburg, William E., *A Concise History of the American Republic*, Oxford University Press, New York: 1977, p.514. |
| 60 | *Theodore Roosevelt Inaugural* pamphlet, National Historic Site, New York, National Park Service.U.S.Department of the Interior. |
| 61 | Morris, Edmund, *Theodore Rex*, Random House, New York.2001, p.54. |
| 62 | Bailey, p.488. |
| 63 | Bailey, p.487. |
| 64 | Brands, p.455. |
| 65 | Brands, p.455. |
| 66 | Brands, p.457. |
| 67 | Harbaugh, William Henry, *Power and Responsibility: The Life and Times of Theodore Roosevelt*, Farrar, Straus and Cudahy, New York: 1961, p.169. |
| 68 | Harbaugh, p.169. |

| | |
|---|---|
| 69 | Morris, *Rex*, p.174. |
| 70 | Harbaugh, p.158. |
| 71 | Harbaugh, p.160. |
| 72 | Harbaugh, p.162. |
| 73 | Harbaugh, p.307. |
| 74 | Morison, p.136. |
| 75 | Harbaugh, p.164. |
| 76 | Morison, Commager, p.518. |
| 77 | Morison, Commager, p.518. |
| 78 | Harbaugh, p.215. |
| 79 | Brands, p.509. |
| 80 | Brands, p.509. |
| 81 | Morris, *Rex*, p.114. |
| 82 | Morris, *Rex*, p.114. |
| 83 | Morison, Commager, p.520. |
| 84 | Carlson, Allan, *The "American Way": Family, and Community in the Shaping of the American Identity*, ISI Books, Wilmington, Del.: 2003, p.1. |
| 85 | Carlson, p.2. |
| 86 | Carlson, p.1. |
| 87 | Bailey, p.499. |
| 88 | Morris, *Rex*, p.104. |
| 89 | Morris, *Rex*, p.102. |
| 90 | Harbaugh, p.188. |
| 91 | Harbaugh, p.188. |
| 92 | Harbaugh, p.202. |
| 93 | Bailey, p.491. |
| 94 | Bailey, p.493. |
| 95 | Bailey, p.495. |

| 96 | Bailey, p.497. |
| 97 | Bailey, p.497. |
| 98 | Brands, p.469. |
| 99 | Morison, Commager, p.498. |
| 100 | Online source: http: //eorr.home.netcom.com/JPJ/jpj.html. |
| 101 | Brands, p.634. |
| 102 | O'Toole, Patricia, *When Trumpets Call: Theodore Roosevelt after the White House*, Simon & Schuster, New York: 2005, p.21. |
| 103 | O'Toole, p.22. |
| 104 | Morris, *Rex*, p.526. |
| 105 | O'Toole, pp.15-16. |
| 106 | Morison, Commager, p.522. |
| 107 | Morison, p.155. |
| 108 | Morison, p.157. |
| 109 | Bailyn, Bernard, David, Brion Davis, Donald, Herbert David, Thomas, John L., Wiebe, Robert H., and Wood, Gordon S., *The Great Republic: A History of the American People*, Little, Brown and Company, Boston: 1977, p.840. |
| 110 | Morison, p.156. |
| 111 | Brands, p.663. |
| 112 | Gilbert, Martin, *A History of the Twentieth Century, Vol.I (1900-1933)*, William Morrow and Company, New York: 1997, p.208. |
| 113 | Morison, p.159. |
| 114 | Morison, p.159. |
| 115 | *The Canadian Encyclopedia, Year 2000 Edition*, McClelland & Stewart, Inc., Toronto: 2000, p.1302. |
| 116 | Morison, p.160. |
| 117 | Gilbert, p.236. |
| 118 | Gilbert, p.243. |

119　Bailyn et al, p.943.

120　Brands, p.670.

121　Online source: http: //www.uscg.mil/lantarea/iip/General/history.shtml.

122　"Estimated Wealth of 12 Men Lost in Titanic Disaster is $191 Million," *Truro Daily News*, St.John, New Brunswick, 27 April 1912, p.3.

123　Lynch, Don and Marschall, Ken, *Titanic: An Illustrated History*, The Madison Press Limited, New York: 1992, p.19.

124　Lynch and Marschall, p.192.

125　Gilbert, p.265.

126　Lynch and Marschall, pp.184-185.

127　Morison, p.162.

128　Gould, Lewis L., *Grand Old Party: A History of the Republicans*, Random House, New York: 2003, p.181.

129　Brands, p.697.

130　Brands, p.679.

131　Brands, p.707.

132　Brands, p.708.

133　Gould, p.187.

134　Gould, p.188.

135　Gould, p.188.

136　Brands, p.712

137　Morison, P.164.

138　Bailyn, p.963.

139　Brands, p.719.

140　Bailyn, et al, p.924.

141　Brands, p.717.

142　Brands, p.721.

143　Morison, p.166.

144 Bailyn et al, p.942.

145 Morison, p.168.

146 Heckscher, August, *Woodrow Wilson: A Biography*, Charles Scribner's Sons, New York: 1991, p.306.

147 Morison, p.169.

148 Bailyn et al, p.974.

149 Morison, p.169.

150 Heckscher, p.288.

151 Heckscher, p.295.

152 Bailey, pp.545-546.

153 Black, Conrad, *Franklin Delano Roosevelt: Champion of Freedom*, Public Affairs Press, New York: 2003, p.73.

154 Heckscher, p.295.

155 Heckscher, p.396.

156 Heckscher, p.290.

157 Morison, p.173.

158 Heckscher, p.292.

159 Heckscher, p.309.

160 Peterson, Merrill D., *Lincoln in American Memory*, Oxford University Press, New York: 1994, p.170.

161 Bailyn et al., p.958.

162 Morison, p.167.

163 Bailyn et al., p.946.

164 Morison, p.167.

165 Fromkin, David, *Europe's Last Summer: Who Started the Great War in 1914?* Alfred A.Knopf, New York: 2004, pp.134-135.

166 Fromkin, pp.135-136.

167 Fromkin, p.157.